【宋】杜大珪 編
顧宏義 蘇 賢 校證

名臣碑傳琬琰集校證

四

歷代碑誌彙編

上海古籍出版社

名臣碑傳琬琰集中卷四十九

李黄門清臣行狀[一]　太史晁補之[二]

崇寧元年正月己卯，資政殿學士、北京留守、大名府路安撫使李公薨①。其孤祥、祉、祓、褫考次事蹟，以諉前史官晁補之爲公行狀②。

李氏系出皋陶。唐虞之際，皋陶爲李，「李」之字或爲「理」，而二姓同出陳郡苦縣。其出漢將軍廣後者，爲涼武昭王暠③；暠之後爲唐，故李氏蕃天下。公諱清臣，字邦直。曾祖宗壽，自邦直贈太傅。祖士明，贈太師④。

---

① 資政殿學士北京留守大名府路安撫使李公薨　雞肋集卷六二李公行狀作「資政殿大學士、右光禄大夫、知大名府兼北京留守司事、大名府路安撫使李公薨。訃聞，上震悼，詔輟視朝。贈金紫光禄大夫，官子若孫六人，且賻其家甚厚」。按，東都事略、宋史李清臣傳亦云「資政殿大學士」，行狀此處似脱一「大」字。

② 以諉前史官晁補之爲公行狀　「行狀」下，雞肋集卷六二李公行狀有「謹按」二字。

③ 爲涼武昭王暠　「涼」原作「梁」，據庫本及晉書卷八七涼武昭王傳改。

④ 曾祖宗壽自邦直贈太傅祖士明贈太師　雞肋集卷六二李公行狀作「贈太傅宗壽，曾祖也。配尹氏，繼周氏，周、韓二國太夫人。贈太師、曹國公士明，祖也。配周氏，秦國太夫人」。

考革，贈太師、冀國公①。而陳氏寔生公②。祖以上兩世不仕③。冀國公中天聖五年進士第，調邢州任縣令以卒。世爲魏人，至公始以河患徙家洛師，而卜安陽吉，以其三世喪遷焉，故其族徙居安陽④。

公少孤，七歲自知讀書，日數千言，其暫經目輒誦⑤，已能戲爲文章。客有自都來，道浮圖火者，公立兄旁，言曰：「是所謂災，非火也。或有其蠹已甚⑥，天固警之乎？」作浮圖災解，類成學，兄大驚。年十有四，預鄉書高等。其試禮部，家抱以送⑦，群目盡傾。忠獻公韓琦異焉，妻以其兄之子。

中皇祐五年進士第，調邢州司户⑧，遷晉州和川令。時朝廷崇制舉，轉運使何郯行縣，取公文藁讀，即以材識兼茂明於體用科薦⑨。文忠歐陽見其文⑩，大奇之曰：「蘇軾之流也[三]。」以治平二年試秘書閣。試文至中

---

① 考革贈太師冀國公　雞肋集卷六二李公行狀作「贈太師、冀國公革，考也。配陳氏，冀國太夫人」。又，「太師」原作「太陽」，據文海本、雞肋集卷六二李公行狀改。

② 而陳氏寔生公　「陳」原作「程」，據雞肋集卷六二李公行狀及下文改。

③ 祖以上兩世不仕　雞肋集卷六二李公行狀作「曹國公而上兩世不仕」。

④ 故其族徙居安陽　「徙」，雞肋集卷六二李公行狀作「或從」。

⑤ 其暫經目輒誦　「暫」原作「哲」，據雞肋集卷六二李公行狀及宋史李清臣傳改；文海本作「所」。

⑥ 或有其蠹已甚　「或有」，文海本、雞肋集卷六二李公行狀及宋史李清臣傳作「或者」。

⑦ 家抱以送　「家」，雞肋集卷六二李公行狀作「家人」。

⑧ 調邢州司户　雞肋集卷六二李公行狀作「調邢州司户參軍。内丘令李鼎以事械州獄，而實誣也。吏阿守意，掠使服。公辨其誣守前，以狀抵使者，移訊得釋」。

⑨ 即以材識兼茂明於體用科薦　「材」原作「林」，據文海本、庫本、雞肋集卷六二李公行狀改。

⑩ 文忠歐陽見其文　「文忠歐陽」，雞肋集卷六二李公行狀作「文忠公歐陽修」。

書，未發也，脩迎語曰：「主司不置李清臣第一，則謬矣。」開視，果第一。考官韓維亦曰：「李清臣有荀卿筆力。」時大雨京師①，巨異數見[四]，言者多咎濮邸議②。及廷試，同發策者四人。或語公宜以五行傳「簡宗廟，水不潤下」爲證，則必優等矣。公曰：「此漢儒說，以某異應某事，清臣不能知。民間得無疾痛不樂可上者乎？」因言：「天地之大，譬之於腹心肺腑有所攻塞③，則五官不寧。民人生聚，天地之腹心肺腑也；日月星辰，天地之五官也。善止天地之異者，不止其異，而止民之疾痛不樂而已。」又以謂：「縣官百須，皆出於農。比者陳、鄧、許、亳飢，農民皆死，而他業之人自如也。今爲令，雜征苛取使出於他業之人，則農勸。」又論：「吏而奪農與商，以其强力遍爲之，而不役不征，甚者願還之於農商，無以爲吏，則吏警。」且欲崇禮制，黜無功。然竟以不附時議在次等，授秘書郎、簽書蘇州節度判官[五]。公以和川考滿④，當改官，舉者踰十人⑤，而轉運使薛向以爭驛事未可用[六]。判流銓張掞曰：「何不以狀白，無用向削？」公曰：「人以家保己，而己舍之，薄矣。願待之。」掞離席曰：「能如是，安可量？」然公竟以制舉遷。

英宗記公姓名，嘗語王廣淵曰：「韓琦固是忠臣，但於避嫌太審。如李清臣公議當用，尚數以親抑之。」既而詔舉堪館閣之選者，歐陽公首薦公。會以陳夫人喪⑥，服除，召試。神宗内出孟子爲政本農桑論，并學士院所

① 時大雨京師　「雨」下，雞肋集卷六二李公行狀有「霪」字。
② 言者多咎濮邸議　「咎」原作「議」，據雞肋集卷六二李公行狀改。
③ 譬之於腹心肺腑有所攻塞　「於」下，雞肋集卷六二李公行狀及長編卷二〇六治平二年九月甲戌條、東都事略李清臣傳有「人」字。
④ 公以和川考滿　「公」上，雞肋集卷六二李公行狀有「初」字。
⑤ 當改官舉者踰十人　雞肋集卷六二李公行狀作「舉者逾十人，應改官矣」。
⑥ 會以陳夫人喪　「以」，雞肋集卷六二李公行狀作「遭」。

策，皆入三，久虛等也[七]。擢集賢校理、知太常禮院①。

久之，齋宿於南郊。參知政事韓絳攝事，客去，留公曰：「學士平居不及執政門，形厚而神深②，貴人也。」未幾，絳宣撫陝西，即奏公掌機密文字，就遷太子中允、檢正中書吏房公事[八]。故事，賞軍功給空名宣敕，或留不塡。至是，宣撫司以爲請，務信且速。潞國公文彥博以爲不可給③，公亦執故事白絳，而好事者因詆公不當與韓公異。會慶州兵亂，其家屬應誅者凡九指揮④。公言：「慶兵造意，不謀妻子⑤，宜用恩州故事，配隸將士爲奴婢。」絳從之。及絳貶⑥[九]，公曰：「我豈負韓公者？」因通判海州⑦[一〇]。會直舍人院孫洙出守海州，與洙同制科、館閣⑧，一時觴詠傳淮海爲盛事。寬役法，免漕渠夫⑨，去而民思之。

遷太常丞，復同知禮院。忠獻韓公薨，公狀其行⑩。神宗謂王珪曰：「李清臣敘韓琦事甚典麗，良史之才

---

① 擢集賢校理知太常禮院　「校理」下，雞肋集卷六二李公行狀有「編修觀文殿御覽，同」八字。

② 形厚而神深　「神」原作「人」，據庫本、雞肋集卷六二李公行狀改。

③ 潞國公文彥博以爲不可給　「文彥博」，原作「文博彥」，據庫本、雞肋集卷六二李公行狀及宋史卷三一三文彥博傳乙改。

④ 其家屬應誅者凡九指揮　「指揮」原作「旨揮」，據庫本、雞肋集卷六二李公行狀改。

⑤ 不謀妻子　「不」上，雞肋集卷六二李公行狀有「初」字。

⑥ 及絳貶　雞肋集卷六二李公行狀作「絳之貶也，公尚以中允爲檢正官」。

⑦ 因通判海州　雞肋集卷六二李公行狀作「因求還所遷秩、補外，復以祕書郎通判海州」。

⑧ 與洙同制科館閣　「館閣」，雞肋集卷六二李公行狀作「館職」。

⑨ 免漕渠夫　「夫」原作「失」，據雞肋集卷六二李公行狀改。

⑩ 公狀其行　雞肋集卷六二李公行狀作「公被旨祭奠，因爲其行狀」。

也。」時公請補外，得知宿州①。上復謂宰相王安石曰：「可與一路。」又除提點京東西路刑獄②。建言創凉牢，寒則窒之③，遂遍行天下。京東盜賊爲天下劇，公設耳目方略，捕且盡④。遷太常博士，召充國史院編修官⑤。初，劉攽以史官召，而侍御史蔡確言其不可。執政復擬他官以進，上曰：「朕有人矣，李清臣可［一］。」既對，上曰：「卿博通今古，近臣罕卿比⑥。史官，朕妙選也，卿其悉意。」因賜五品服。公爲河渠、律曆⑦、選舉等志，文覈事詳，人以爲不減八書十志。

初，安南用師，公在京東，因撰平蠻書，言漢以來用事於南者上之。會郭逵奏大軍已至桄榔村，上以語近臣，頗不能知。上曰：「桄榔至某所五十里而近，至某所百里而遠。」嶮夷迂直，如指諸掌，左右皆驚。孫洙以書抵公曰：「上比論安南事，近臣不知，頗思通洽士矣。」公然後知上於奏牘無不覽⑧，且採其說矣。無幾何，遂召，仍權判太常寺。一日，公方召客飲，而中貴人踵門，公曰⑨：「中貴人何爲來哉？」俄呼曰：「傳宣李學士。」公遽出拜，則有旨撰楚國夫人墓銘。楚國夫人，英宗乳母也。時孫洙、王存、顧臨在坐，曰：「內制不以屬代言者，而以

---

① 得知宿州　「宿州」原作「肅州」，據雞肋集卷六二李公行狀改。
② 又除提點京東西路刑獄　「又」，雞肋集卷六二李公行狀作「乃」。
③ 寒則窒之　「窒」原作「至」，據雞肋集卷六二李公行狀改。
④ 捕且盡　「捕」上，雞肋集卷六二李公行狀有「購」字。
⑤ 召充國史院編修官　「修」原作「集」，據雞肋集卷六二李公行狀及東都事略、宋史李清臣傳改。
⑥ 近臣罕卿比　「臣」，雞肋集卷六二李公行狀作「時」。
⑦ 律曆　「曆」字原脱，據雞肋集卷六二李公行狀及宋史李清臣傳補。
⑧ 公然後知上於奏牘無不覽　「牘」原作「讀」，據庫本及雞肋集卷六二李公行狀改。
⑨ 公曰　雞肋集卷六二李公行狀作「客曰」。

命子，異眷也。」尋差詳定郊廟禮文，正其訛謬數十事，事具禮閣新編[一二]。時安燾使高麗，修起居注闕，上復批出曰：「可李清臣權①。」俄即真，兼直舍人院。後延和殿侍立，上顧益温，蓋載訪以禮樂之事。公於經訓成誦，敷奏尤悉。上亦自言古先述作之義，窮本極要，與講磨久之，慨然有意三代之英矣。踰年召試，以右正言知制誥。

上嘗與公言：「前人文章，自漢以來，不復師經。唐惟一韓愈，名好古，亦不過學漢文章爾。」公對如上旨。會上以府左右院暨司録獄，無以離合詳辨②，三司混金穀，視獄不專，詔曰：「稽參故事，宜屬理官。」初置大理寺，命公爲記[一三]。公以謂王者立政，以詔天下，必辭尚體要，則書爲近。乃倣古立言所以導事者，詞灝噩奇甚。其載上訓之略曰：「五教立未訓③，五法亟下，是曰暴民，治用弗格，以成上德意先教後法之序。」既進，上曰：「卿文章通經誥④，所增三十四字非不完也，崔台符等顧挂名於其間爾。」繼命撰修都城記[一四]，公又變其體以進，辭尤宏放。上意喜曰⑤：「與大理記文頓異，自成一家。」

假龍圖閣直學士使大遼。會御史獄簿責公唱和詩事甚急[一五]，且辭。上曰：「卿朕所自知，遠行無用此戚戚。」獄具，有司猶欲置公重地。上曰：「詞臣難得，孫洙没後，止此一人。」乃第令贖金。既還，爲翰林學士⑥。上欲厚慈聖光獻皇后家，封曹佾郡王，謂公曰：「卿何日當直？欲宣佾麻，異姓而王，非例也，爲朕述此

---

① 可李清臣權　「可」下原衍一「李」字，據庫本及雞肋集卷六二李公行狀删。

② 無以離合詳辨　「離合詳辨」，雞肋集卷六二李公行狀作「雜合訊辨」。

③ 五教立未訓　雞肋集卷六二李公行狀無「立」字，疑衍。

④ 卿文章通經誥　「通」，雞肋集卷六二李公行狀作「逼近」。

⑤ 上意喜曰　「意」，雞肋集卷六二李公行狀作「益」，似是。

⑥ 爲翰林學士　「學士」下，雞肋集卷六二李公行狀有「時錢藻充慈聖光獻皇后山陵頓遞使，又以公權知開封府」二十三字。

意。」其寵異他學士如此①。執政擬公本官試吏部尚書，上諭宰臣王珪曰：「安有尚書而猶承議郎者？」乃授朝奉大夫②[一六]。尋遷朝散大夫。上命清臣曰③：「吏部掌銓衡，閲人才多，卿宜具姓名以聞。」公即以德行④、政事、文學、論議爲四等百餘人以進，後頗收用，而公絶口不言，人亦莫知。

元豐六年，拜中大夫、守尚書右丞⑤。舒亶常以事劾公⑥[一七]，至是，亶以官燭飲食過常數，吏議從贓坐，執政惡亶，是吏議[一八]。公獨以謂：「亶誠有罪，非贓也。」同列曰：「清臣黨亶爾。」公曰：「亶固不愛臣，臣何爲黨之？」其事事持平類如此⑦。神宗不豫久，執政入問。公行語門下侍郎章惇曰：「延安郡王何不來侍藥？清臣特出白之⑧。」惇曰：「未可，恐壞大事。」退集都堂，公又語惇曰：「相公在此，門下侍郎何不早定議？」惇連問王

---

① 其寵異他學士如此　「如此」下，雞肋集卷六二李公行狀有「上欲更定官制，公具言所以損益者，上曰：『亟編類以進。』尋差詳定官制。寄禄官承議郎視正言」三十六字。

② 乃授朝奉大夫　「大夫」下，雞肋集卷六二李公行狀有「故事，宰相與參知政事同進擬差除。官制，獨中書省取旨，而尚書、門下不預。持權者病之，數于上前言聞會之迂。公請對，具陳尚書、門下所以不便之意，上乃命公仍領官制，有疑滯就質之。執政怒，摘前奏中語，謂公有不當議者，欲出之。上惜其去，復俾贖金。既入謝，因許以大任」一百又六字。

③ 上命清臣曰　雞肋集卷六二李公行狀作「上復曰」。

④ 公即以德行　「德」原作「施」，據雞肋集卷六二李公行狀改。

⑤ 守尚書右丞　「右丞」原作「左丞」，雞肋集卷六二李公行狀及東都事略、宋史李清臣傳作「左丞」，又本行狀下文有「哲宗即位，徙尚書左丞」云云，則作「右丞」爲是，據改。

⑥ 舒亶常以事劾公　「舒亶」上，雞肋集卷六二李公行狀有「初御史中丞」五字。

⑦ 其事事持平類如此　「事事」，雞肋集卷六二李公行狀作「論事」。

⑧ 清臣特出白之　「特」，雞肋集卷六二李公行狀作「將」。

珪曰①：「如何？」珪徐曰：「上自有子去②，然須垂箔。」議既定，公復曰：「若臨事有異者，鼎鑊不避也。」遽命取旨③，書「延安郡王爲皇太子」，又取旨書「太后權同軍國事④」。具入稾[一九]。

哲宗即位⑤，徙尚書左丞，時元豐九年也⑥。未幾，除資政殿學士、知河陽⑦[二〇]，又知河南府。歲飢，奏給祠部牒振鬻食者⑧，所活以萬計⑨。移知永興軍⑩。召還，爲吏部尚書。姚勔駁之⑪[二一]，改知真定府⑫。復以户部

① 惇連問王珪曰　「惇」原作「位」，據鐵琴銅劍樓本、庫本及雞肋集卷六二李公行狀改。

② 上自有子去　雞肋集卷六二李公行狀無「去」字。

③ 遽命取旨　「旨」，雞肋集卷六二李公行狀作「紙」。

④ 又取旨書太后權同軍國事　「旨」、「同」，雞肋集卷六二李公行狀作「紙」、「同聽」。

⑤ 哲宗即位　「即位」下，雞肋集卷六二李公行狀有「遷大中大夫。神宗祔廟，遷通議大夫」十四字。

⑥ 時元豐九年也　「也」下，雞肋集卷六二李公行狀有「初，神宗以上聖之資而躬問學，未明求衣，欲繼三代絶迹制度，文理燦然一新，而吏推行久。元祐初，大臣欲有所損益，公自以終始遭遇報上之意，發於誠心，固争簾前。雖與時議忤，然官制、免役、將法、保甲、冬教亦不復議，而言者攻之益急」九十一字。按，據宋史卷一七哲宗紀一，元祐元年春正月庚寅朔，改元。閏二月丙午，守尚書右丞李清臣爲尚書左丞。故行狀此處稱李「徙尚書左丞，時元豐九年也」者不確。

⑦ 除資政殿學士知河陽　「除」，雞肋集卷六二李公行狀作「遂罷爲」。

⑧ 奏給祠部牒振鬻食者　「牒」字原脱，據雞肋集卷六二李公行狀補。

⑨ 所活以萬計　「計」下，雞肋集卷六二李公行狀有「畿右倉粟不足支一月，又奏乞轉江淮米助經費，仍請自省曹擇官會一路歲費，計其所不足，仰給中都官。朝廷從之，爲歲給二十萬緡，謂之陵寢錢，至今畿右賴之」六十三字。

⑩ 移知永興軍　「軍」下，雞肋集卷六二李公行狀有「兼永興軍路安撫使。治尚夷易，不務奇聲近效，而民亦不敢犯，雍人爲之立生祠」三十一字。

⑪ 姚勔駁之　「姚勔」上，雞肋集卷六二李公行狀有「給事中」三字。

⑫ 改知真定府　「府」下，雞肋集卷六二李公行狀有「兼真定府路安撫使。真定，公舊遊，人聞其來也，老穉迎者夾道，自欒、鄗屬邢、相。有王宗正者，使臣也，盜公庫物，安撫使謝景温發之。宗正忿，陰走其妻詣使者，告前後帥饋送踰例，逮獄至數百人，道路洶洶。公至，立奏罷之，除宗正名，竄千里外。其治如治雍，而尤號無事」一百又二字。

尚書召爲宣仁后山陵使①，拜中書侍郎，時元祐八年也②［一二］。姚勔復駁之，上詔它官行下③。

紹聖元年，執政官及近臣繼出補外，或得罪去。而章惇自提舉杭州洞霄宮起爲宰相，嫉元祐用事者④，稍加貶逐。後復籍太師文彦博、司空呂公著已下三十餘人，欲盡竄嶺外。公與一二同列争上前，以爲「更先王法度⑤，不爲無過。然彦博、公著等皆累朝舊老，若從惇言，必駭物聽，非聖世所宜」。因出他舍，請避位⑥。上敕行李無出東府門，命中貴人蘇珪趣赴省供職⑦。惇持論如前，上曰：「豈無中道？如呂公著，更無預渠事也。」於是始議敕榜朝堂，有「餘置不問」之語。

西夏兵入鄜延，破金明寨去，經略呂惠卿遣將襲逐，而張輿戰没［一三］。奏至，惇怒曰：「失主將⑧，全軍斬！」蓋應斬者四千人。公曰：「亡將亦多端，先登争利⑨，輕身與敵。今全軍斬，異時亡將，全軍降虜矣。」上於是令

① 復以户部尚書召爲宣仁后山陵使　「宣仁后山陵使」，雞肋集卷六二李公行狀作「宣仁聖烈皇后山陵禮儀使」。

② 拜中書侍郎時元祐八年也　「拜中書侍郎」，雞肋集卷六二李公行狀作「未還，拜正議大夫、中書侍郎」。按，李清臣拜中書侍郎，宋宰輔編年録卷一〇、宋史卷二一二宰輔表三皆在紹聖元年二月丁未，故此云「元祐八年」者不確。

③ 上詔它官行下　「它官」下，雞肋集卷六二李公行狀有「讀趣」二字。

④ 嫉元祐用事者　「者」字原脱，據雞肋集卷六二李公行狀補。

⑤ 以爲更先王法度　「先王」，雞肋集卷六二李公行狀作「先帝」。

⑥ 因出他舍請避位　雞肋集卷六二李公行狀作「因出舍它館，懇請避位」。

⑦ 命中貴人蘇珪趣赴省供職　「赴」字原脱，據雞肋集卷六二李公行狀補。

⑧ 失主將　「失」原作「夫」，據文海本、庫本及雞肋集卷六二李公行狀改。

⑨ 先登争利　「先」上，雞肋集卷六二李公行狀有「或」字。

下呂惠卿隨宜裁處，後得惠卿奏，誅衙兵十六人而已。初，宰相呂大防貶荊湖間①，逾年應朞叙②，公令中書檢舉議復，沮不行。後同列與公進當貶人姓名，或指姚勔曰：「此南方博徒也。」意勔常再駁公除詔以激之③。公徐前曰：「勔或所見不同，豈可以臣故重之？」上以爲然，勔得罪薄。公在中書，既論疏不合，有飛語欲中公。公懼，丐罷政，知真定府④[二四]。

今上即位，以禮部尚書召⑤。久之，拜門下侍郎，時紹聖四年也⑥。哲宗祔廟，遷右光禄大夫。時太常議「父子曰世，兄弟曰及」，及事下給事中、舍人等議，或異太常，以謂：「今天子承哲宗統，則哲宗自當爲一世。」公上疏是太常，議乃定⑦[二五]。

① 宰相呂大防貶荊湖間　「呂大防」下，雞肋集卷六二李公行狀有「等」字。

② 逾年應期叙　庫本作「逾年貶期滿」。

③ 意勔常再駁公除詔以激之　「詔」原作「占」，據雞肋集卷六二李公行狀改；庫本作「官」。

④ 公在中書既論疏不合有飛語欲中公公懼丐罷政知真定府　雞肋集卷六二李公行狀作「公在中書，既論數不合，有飛語搆大獄，意在中公，公懼，復丐罷政，章六上，賴哲宗察其無他，拜資政殿大學士、知河南府，又移知成都府，不行。嫉公者猶風指監司窺公，而公謹審，至無隙以伺，迺摘中書舊事，奪公大學士。初，宰相蔡確貶死，至是母明令其孫渭上書訟確冤。前此，宰相劉摯等亦貶矣，因爲奇禍誣摯等以自解，書留中不出。渭又請待漏訴之，公心知其誣，而念渭嘗以聞矣，却之不可，乃封其狀省中。而嫉者竟以是擠之，復知真定府、兼真定府路安撫使」。

⑤ 以禮部尚書召　「召」下，雞肋集卷六二李公行狀有「覃恩，復大學士，遷左正議大夫」十二字。

⑥ 久之拜門下侍郎時紹聖四年也　「久之」，雞肋集卷六二李公行狀及東都事略李清臣傳作「月餘」。按，據宋史卷一九徽宗紀一，李清臣於元符三年四月爲門下侍郎。此云「時紹聖四年也」，誤。或紹聖四年乃云李清臣罷中書侍郎出知河南府之時，錯簡於此。

⑦ 議乃定　「定」下，雞肋集卷六二李公行狀有「上欲息朋黨論，開天下以至公，詔士大夫以無彼時此時之異，乃改建中靖國元年。而同時大臣與公叶謀以輔上意，盡還諸遷者，除瑕累，起滯廢，稍復其舊恩數秩品，士氣爲平」六十八字。

公一日在府第坐胡床假寐，夢爲春詞，却有「返遼東」之語，示子祥曰：「非休證也。」懇出知大名府①。無幾何薨[二六]，有大星晝隕阜昌門外，蓋公所生第側，遼東之詞驗焉。年七十一。即其年葬於相州安陽縣蔡村之原②。

公性恬夷曠達，將啓手足，以手整巾③，問日早暮，報申時，遂瞑而逝④。公三爲執政，遍踐三省⑤。爲人寬和容物⑥。在窮約時所遵家訓，至富貴不改⑦。其學務探聖人意⑧，以修身治心，而記覽文章爲餘事。尤早爲忠獻韓公、文忠歐陽公所器異。未壯，連擢科第。一篇之出，後生争傳去爲式。既知制誥，爲史官，代言之體，叙事之法，高文典册，瓌雄雅奥，曄然一代之俊也⑨。

① 夢爲春詞却有返遼東之語示子祥曰非休證也懇出知大名府　雞肋集卷六二李公行狀作「夢爲春詞，詞甚美，却有『返遼東』之語。遽書以示子祥，愀然曰：『非佳證也。』因移疾甚懇，復拜資政殿大學士、知大名府兼大名府路安撫使」。

② 即其年葬於相州安陽縣蔡村之原　「其年」下，雞肋集卷六二李公行狀有「四月甲子」四字。

③ 將啓手足以手整巾　雞肋集卷六二李公行狀作「將啓手足，却左右腋者而坐，以手整巾，猶索紙筆作字，付從姪禩，而顧子祥曰：『速辦，速辦。』」

④ 遂瞑而逝　雞肋集卷六二李公行狀作「即閉目不復言而逝」。

⑤ 遍踐三省　「省」下，雞肋集卷六二李公行狀有「勳封爵至上柱國、開國公，食邑實封所共加至六千九百户」二十三字。

⑥ 爲人寬和容物　雞肋集卷六二李公行狀作「爲人寬大中和而容物，事陳夫人及兩兄盡孝敬。人所難堪者，處之常易」。

⑦ 至富貴不改　雞肋集卷六二李公行狀作「至富貴不改也。家人之老者云：『見其三十年間，未嘗厲聲色。』居官奉法循理，要在愛民。至守節秉義，則不可撓以私。臨大事則常辯且勇」。

⑧ 其學務探聖人意　「探」原作「操」，據雞肋集卷六二李公行狀改。

⑨ 曄然一代之俊也　「也」下，雞肋集卷六二李公行狀有「其小心事主，出入省闥，白首無過，故神宗終始眷遇，造次訪問。而公亦自以得君，無不盡其平生，奏議蓋多至數十百篇，而世亦莫之知也。本其總吏部選，被旨薦士至百餘人，頗見收用，而皆若出於上所自拔，人臣不得專者，知其於清慎不矜最隆也。嗚呼！其可謂善則稱君，古之良臣者耶！配韓氏，魯郡夫人；繼孫氏，趙郡夫人，皆舉以祔。男七人：長祥，朝奉大夫、太學博士；次祉，承議郎、京西路轉運副使；次祓，承奉郎；次禨，承務郎；三未名而亡。女二人：長適獲鹿縣尉姜休，次幼，皆前卒。孫男四人：長承道，承事郎；次承邁，承奉郎；次承遵，承務郎；次承造，未仕。孫女五人：長適承事郎陳翼，餘未嫁。所著策論、記序、古律詩、制誥、册文、銘誌一百卷，奏議三十卷，平南事鑒二十卷，藏于家」二百五十九字。

補之出公門下[二七]，故於叙公之行①，義不得辭，謹狀。

辨證：

[一] 李黄門清臣行狀　本行狀又載於晁補之雞肋集卷六二，題曰「資政殿大學士李公行狀」。按，李清臣，東都事略卷九六、宋史卷三二八有傳，雞肋集卷六四載有資政殿學士李公墓銘。又，黄門指黄門侍郎，宋時門下侍郎之别稱。李清臣嘗拜此官。

[二] 晁補之　補之（一〇五三～一一一〇年）字無咎，號歸來子，濟州鉅野人。元豐二年進士，官至禮部郎中。嘗兼史館編修、實録檢討官。東都事略卷一一六、宋史卷四四四有傳，本書中集卷三四載有張耒晁太史補之墓誌銘。

[三] 文忠歐陽見其文大奇之曰蘇軾之流也　鴻慶居士集卷十二與蘇季文書云：「任伯（謝克家）作李邦直集叙，謂『文忠公云李清臣文似蘇，而議論過之』，讀之歎駭不已。……不知任伯何所據而云。」朱子語類卷一三九論文上云：「李清臣文飽滿，雜説甚有好議論。李清臣文比東坡較實。」

[四] 時大雨京師巨異數見　按長編卷二〇六治平二年八月乙未條引司馬光上疏云：「陛下即位以來，災異甚衆，日有黑子，江淮之水或溢或涸。去夏霖雨，涉秋不止，京畿東南十有餘州，廬舍沈於深淵，浮苴棲于木末，老弱流離，捐瘠道路，妻兒之價，賤于犬豕；許潁之間，親戚相食，積尸成丘。既而歷冬無雪，煖氣如春，草木早榮，繼以黑風。今夏厲疫大作，彌數千里，病者比屋，喪車交路。至秋幸而豐熟，百姓欣然，庶獲蘇息，未及收穫而暴雨大至，一晝之間，川澤皆溢，溝渠逆流，原隰丘陵，悉爲洪波，一苗半穗，蕩無孑遺。都城之内，道路乘桴，城闕摧圮，官府倉廩、軍壘民居，覆没殆盡，死於壓溺者不可勝紀。耄耋之人，皆言耳目所紀，未嘗睹聞。此乃曠古之極異，非常之大災。」

[五] 然竟以不附時議在次等授秘書郎簽書蘇州節度判官　長編卷二〇六治平二年九月甲戌條載：「以制科入等著作佐郎范百禄

---

① 故於叙公之行　雞肋集卷六二李公行狀作「故於叙公世家爵里行事」。

爲秘書丞，升一任，前和川縣令李清臣爲著作佐郎。百禄所對策言：『五行傳曰：「簡宗廟，廢祭祀，則水不潤下。」……陛下之於濮安懿王，情可以殺而禮不可加也，恩可以斷而義不可以隆也。禮：「爲人後者爲之子。」陛下父事先帝，而繼體承祧。古者特重大宗，則降其私親。大宗隆也，小宗殺也。天地宗廟社稷之祀重也，門内之朞輕也，宜殺而隆之，宜輕而重之，則不得於先王之禮矣。不得於先王之禮，則不得於人心；不得於人心，則不得於天意。此變異之所從來也。陛下明詔罪己，以求直言，冀以答塞天變。今踰月矣，然未聞朝廷有所改修，將有司之未嘗言耶？抑言之而朝廷弗之行耶？有司而不言，則是有司不良，以負陛下；言之而朝廷弗行，則是朝廷之不畏天變也。有司負陛下則有責，朝廷不畏天變，則天之責將何以復之耶？臣竊以是爲過矣。……臣愚請因濮安懿王建國，爲之立長，以爲嗣王，世世奉祀安懿王，永爲一國太祖，則神靈享於禮義，人心悦而天意解矣，大雨之眚，何用禳哉？』」又云：「時同發策者四人，或謂清臣當以五行傳對所問灾變，當復得第一」。李清臣未從，「竟在次等」。按，長編云李清臣時擢任著作佐郎，與行狀所云異。

［六］而轉運使薛向以争驛事未可用　東都事略卷八二薛向傳云薛向爲陜西轉運副使兼制置解鹽，又提舉買馬監牧，「坐嘗夜至靈寶縣，向先驅入驛，與應靈縣令崔令孫争舍，驚迫令孫至死，降知汝州」。

［七］皆入三久虚等也　石林燕語卷五載：「仁宗初復制科，立等甚嚴，首得富公，次得吴春卿、張安道、蘇儀甫，惟吴春卿入三等，富公而下皆第四等。自是訖蘇子瞻方再入第三等，設科以來，兩人而已。故子瞻謝啓云『誤占久虚之等』。」

［八］就遷太子中允檢正中書吏房公事　長編卷二一七熙寧三年十一月壬辰條載：「上批陜西宣撫判官吕大防、管勾機宜文字李清臣近除中書檢正官，其敕告入遞給付，以示選任之意。從韓絳所請也。」

［九］及絳貶　宋史卷三一五韓絳傳云韓絳爲陜西宣撫使，「即軍中拜同中書門下平章事、昭文館大學士，開幕府於延安。絳素不習兵事，注措乖方。選蕃兵爲七軍，用知青澗城种諤策欲取横山，令諸將聽命於諤，厚賞犒蕃兵，衆皆怨望。又奪騎兵馬以與之，有抱馬首以泣者。既城囉兀，又冒雪築撫寧堡，調發騷然。已而二城陷，趣諸道兵出援，慶卒遂作亂。議者罪絳，罷知鄧州」。

［一〇］因通判海州　長編卷二二二熙寧四年四月丙子條載：「中書奏檢正中書吏房公事李清臣兼編修中書條例，詔罷之。尋自太子中允復爲校書郎、通判海州。韓絳既責，清臣願還舊秩，且求外任故也。」又卷二四五熙寧六年六月丁丑條云：「提舉在京市

易務奏三班借職張吉甫爲上界勾當公事，吉甫辭，以見爲李璋指使，璋方在降謫，一旦捨去，義所不安。上歎曰：『十室之邑，必有忠信。吉甫雖小人，陳義甚高，賢於李清臣遠矣，可遂其志。』……初，韓絳宣撫，清臣從辟，會絳無成功被貶，清臣規自全，多毀絳，故上薄之。」

〔一一〕劉攽以史官召至李清臣可　據長編卷二八四熙寧十年八月壬午條云：「司封員外郎、集賢校理、權知曹州劉攽，太常丞、集賢校理、提點京東路刑獄李清臣，並爲國史院編修官。既而御史蔡確言，攽昔在館中，擲帽爲戲，不可任史職。宰相爲辨之，持奏不下，攽亦以久廢筆硯爲辭，乃換開封府判官。」則李清臣與劉攽並任爲國史院編修官，行狀云云不確。按，宋史李清臣傳云其「作韓琦行狀，神宗讀之曰：『良史才也。』召爲兩朝國史編修官，撰河渠、律曆、選舉諸志，文直事詳，人以爲不減史漢」。其所撰韓琦行狀，載於本書中集卷四八。

〔一二〕事具禮閣新編　玉海卷六九天聖禮閣新編云：「天聖五年十月辛未，太常博士、同知禮院王皞所撰禮閣新編六十卷。」又云：「熙寧十年七月二十七日丙子，詔太常禮院續修禮閣新編。」

〔一三〕初置大理寺命公爲記　長編卷三〇〇元豐二年九月壬午條云：「詔翰林學士李清臣所撰大理寺記，凡朝廷修廢官事之本末，小大無不該載，惟崔台符等首被選掄，考舉墜典，而能剸遣滯訟，獄無淹囚，獨不得掛名其間，尚爲闕漏，宜送清臣增入。」則撰大理寺記時，李清臣已官翰林學士。據卷三〇二，李清臣爲翰林學士在元豐三年二月戊申。

〔一四〕繼命撰修都城記　長編卷二九三元豐元年十月丁未條載：「重修都城畢工，詔知制誥、直學士院孫洙撰記，刻石南薰門上。……後洙卒，改命知制誥李清臣撰記。」又據卷二九八元豐二年五月辛卯條載翰林學士孫洙暴疾，尋卒。則李清臣撰「修都城記」時，仍官知制誥，而行狀所云李清臣受命撰大理寺、修都城二記之次序似不確。

〔一五〕會御史獄簿責公唱和詩事甚急　按，此乃言蘇軾「烏臺詩案」事，因李清臣嘗與其唱和故爾。長編卷三〇一元豐二年十二月庚申條載：「祠部員外郎、直史館蘇軾責授檢校水部員外郎、黃州團練副使，本州安置，不得簽書公事，令御史臺差人轉押前去。……知制誥李清臣罰銅三十斤。」又卷三〇三元豐三年三月庚寅條云：「御史滿中行言：『近論奏乞追寢翰林學士李清臣新命，未蒙施行。按清臣前任京東提點刑獄，蘇軾在部中，親見軾輩悖慢怨謗，附下訕上，而不能刺舉，則清臣失職之罪，已在可誅；矧復與之更唱迭和，相爲朋比，而怨懟譏謗之辭又特過之，固治世之刑所不宜赦也。伏望明著清臣罪狀，追寢誤恩，使天下曉然知爲奸于幽，而蒙戮于顯，雖廋情隱慝，無以逃聖世之誅。』不聽。」又按，李、蘇唱和，詳載苕溪漁隱叢話前集卷四三東坡六「李清臣因沂山龍祠祈雨有應」條。

［一六］乃授朝奉大夫　長編卷三二五元豐五年四月甲戌條載：「翰林學士、承議郎李清臣試吏部尚書，尋詔清臣特遷朝奉大夫，曰：『安有尚書而猶承議郎者？』」又卻掃編卷下云：「官制初行，李邦直爲吏部尚書，時寄禄官纔承議郎，神宗以其太卑，詔特遷朝奉大夫，其後無踵其例者。」

［一七］舒亶常以事劾公　宋史卷三二九舒亶傳云其嘗「同李定劾蘇軾作爲歌詩譏訕時事」。長編卷三〇一元豐二年十二月庚申條載舒亶「又言：『收受軾譏諷朝政文字人，除王詵、王鞏、李清臣外，張方平而下凡二十二人，如盛僑、周邠輩固無足論，乃若方平與司馬光、范鎮、錢藻、陳襄、曾鞏、孫覺、李常、劉攽、劉摯等，蓋皆略能誦説先王之言，辱在公卿士大夫之列，而陛下所當以君臣之義望之者，所懷如此，顧可置而不誅乎？』疏奏，軾等皆特責」。

［一八］亶以官燭飲食過常數吏議從贓坐執政惡亶是吏議　長編卷三三九元豐六年六月己酉條云：「詔通直郎、試御史中丞、權直學士院舒亶免除名，止追兩官勒停。……初，亶不曉法意，誤謂當别置録目，因言尚書省不置録目，不奉法。尚書省辦論既明，亶猶固執。他日，上諭都省，令取亶臺中所置録目，必無之。亶果不置，仍以他簿書增寫『録目』字與寮屬書押送都省，坐此被劾。又學士院公使時悉罷，而亶輒以本院厨錢自給，復坐計贓杖九十。兩案具奏，上諭近臣曰：『亶學士院自盜贓罪，情至輕而法重，其詐爲録目，乃法輕情重。身爲中丞，詐妄如此，不可恕也。』於是詔亶歷任職事官及知制誥並不爲官，宜追寄禄兩官，故有是命。」

［一九］具入稟　長編卷三五一元豐八年二月癸巳條云：「上疾甚，遷御福寧殿東閤之西間。三省、樞密院入問聖體，見上於榻前。王珪言：『去冬嘗奉聖旨，皇子延安郡王來春出閤，願早建東宮。』凡三奏，上三顧，微肯首而已。又乞皇太后權同聽政，候康復日依舊，上亦顧視肯首。既退，移班東間。皇子及皇太后、皇后、朱德妃皆在簾下，珪等奏請皇太后權同聽政，皇太后辭避。入内都知張茂則言皇太后且爲國家社稷事大，不宜固辭。珪等請至于再三，皇太后泣許。珪進言自去歲上令皇子侍燕，群臣皆嘗見之，今必更長立，乞再瞻睹。……是日，三省、樞密院俱入問疾，初亦未敢及建儲事。既退，乃於樞密院南廳共議之。（蔡）確、（章）惇屢以語迭訟，幸其應對或有差誤，即以珪爲首誅。珪口吃，連稱『是』字數聲，徐曰：『上自有子，復何議？』蓋珪實無他志，但蓄縮不能先事納説，所以致疑，

及是出語，確、惇顧無如珪何。尋復入奏得請，俱出，逢雍王顥及曹王頵於殿門外，惇更厲聲曰：『已得旨，立延安郡王爲皇太子矣。奈何？』顥曰：『天下幸甚。』已而禁中安堵如故。輔臣等各罷歸。翌日，遂立皇太子。」又卷三五二元豐八年三月甲午條注引元祐實録曰：「是時，輔臣韓縝、安燾、張璪、李清臣陰持兩端，噤不語。」

[二一〇] 除資政殿學士知河陽　長編卷三九九元祐二年四月五申條載通議大夫、守尚書左丞李清臣以資政殿學士知河陽，云：「御史既有言，清臣亦累表乞補外，故有是命。」注曰：「晁補之作清臣行狀云：『大臣於神宗法度欲有所損益，清臣自以始終遭遇，報上之意發於誠心，固争簾前，雖與時議忤，然官制、免役、將法、保甲、冬教亦不復議。而言者攻之益急，遂罷爲資政殿學士、知河陽。』補之云云，皆飾説也。免役不復議，當考。」又宋史李清臣傳云：「時熙豐法度，一切釐正，清臣固争之，罷爲資政殿學士、知河陽。」

[二一一] 召還爲吏部尚書姚勔駁之　長編卷四六五元祐六年閏八月甲子條云：「是日，執政會議都堂，吕大防、劉摯欲以李清臣爲吏部尚書。王巖叟曰：『此非密院所預，然必有議論。』摯曰：『前執政爲尚書，固不過，但恐公議不肯放入來耳。』既而奏可。巖叟謂同列曰：『必致人言。』大防亦自以爲然。録黄過門下省，給事中范祖禹封還進呈，不允。祖禹執奏如初。……左正言姚勔奏云：『臣伏聞李清臣除吏部尚書，物議未以爲允。臣聞清臣曾任執政官，昨在朝廷阿附時相，隨邪用事，無大臣之節，前後臣僚，備曾論列。今久在外任，陛下一旦召之，彼意以謂陛下復用，勢不止爲吏部尚書也。……』清臣除吏部尚書之命卒罷。」又卷四八三元祐八年四月甲子條載資政殿學士、通議大夫、知永興軍李清臣爲吏部尚書，注曰：「六年閏八月八日，永興召爲吏書，既而寢之。十六日改知真定，今復自永興召爲吏書。五月三日又改真定。政目無此。永興軍恐當作成德軍。」又卷四八四元祐八年五月己卯條云：「新除吏部尚書李清臣爲資政殿學士、知真定府。以權給事中姚勔論清臣不當召用故也。」

[二一二] 拜中書侍郎時元祐八年也　宋宰輔編年録卷一〇紹聖元年二月丁未條引長編云：「清臣首倡紹述，温伯和之，吕大防時奉使永厚陵下，范純仁奏乞除執政。上即用清臣及温伯。二人久在外不得志，遂以元豐事激怒上意，清臣尤力。」

[二一三] 經略吕惠卿遣將襲逐而張輿戰没　皇朝編年綱目備要卷二四紹聖三年「冬十月，夏人大舉入寇」條載：「鄜延經略使吕惠卿諜知之，乃制爲前、後、左、右、中及前左、前右、後左、後右九軍，及東、西兩游奕，凡十一軍，而自行主將事。分據府城外北山及賈家山、嘉嶺山、宅子谷諸處，而使圍在府後之三川亭建帥旗外，又周立十一軍旗。帥司有令則舉逐軍旗，而逐軍以旗應；逐軍有稟亦舉旗，

而帥司以本軍旗應。又爲之開門河道使相通，以便出入爲援。慮賊併兵以攻一軍，乃制策應十一軍悉屯於城裏，與外軍相近。部分既定，李乾順與其母梁氏率衆渡河至烏延口，分爲三路，晝夜疾馳至青龍平，距府城五里，盡圍諸寨，而以輕兵與諸將戰。賊亦爲十一寨，其二在金明北，其九在金明南云。初，賊欲以重兵圍延州，而後南掠鄜州，及至延州見有備，欲攻則城不可近，欲掠則野無所有，欲戰則諸將按兵不動，欲南則有腹背受敵之患，留二日，即拔寨北去，攻陷金明寨。惠卿遣將追之，賊以精騎殿而不奔，第四將張輿及李淮戰死，諸將不敢擊。」

［二四］公在中書既論疏不合有飛語欲中公公懼丐罷政知真定府　東都事略李清臣傳云：「（章）惇未至，相位尚虚，清臣益有覬覦之心。獨當國，亟復元豐法度，除諸路常平使者。已而惇至，清臣既不得作相，遂與惇爲敵。會哲宗幸楚王第，有婦人遮道叫呼，誣告清臣謀反。既已屬吏繫治，婦人本瀘州倡，常爲清臣姑之子田嗣宗外婦。詔捕嗣宗得之。清臣猶未請去，獄將具，言者有疏論列。嗣宗既伏法，清臣遂以資政殿大學士、知河南府，尋奪職知真定府。」據長編卷四九〇紹聖四年八月壬辰條載：「先是，蔡碩女婿文康世嘗與碩言劉唐老謂文及甫曰：『時事中變，上台當赤族，其它執政奉行者梟首，從官當竄嶺南。』又曰：『吕大防已死，劉摯及梁燾老病，蘇轍、范祖禹、劉安世、韓川等當還爲執政。』蓋辛未詔牓五月十八日有『幸時事中變』之語，故唐老云云。碩既聞康世言，遽令康世録之，持示蔡京，京具以白上。或又告唐老與及甫共謀爲變，欲誅章惇、蔡卞等，仍密結嶺南責降元祐人，事連知河南府李清臣、京西轉運判官周純。上疑其事，問三省當何如。時淮南轉運副使周秩徙京西路，未至也，秩嘗攻文彦博不入元祐黨，三省因請委秩體量得實，即付獄。尋有詔令秩乘驛赴闕，上殿訖之任。」注曰：「李清臣四年正月二十五日自中侍出知河南，四年十二月三日改成都，明年正月九日復知河南。」又卷四九三紹聖四年十二月癸未條載：「始，朝廷命周秩密察河南變事，秩入對，上謂曰：『彼欲盡誅大臣，則將置朕何地乎？』蓋疑其不然也。時復召吕升卿於河北，令待命國門，俟體究果有實狀，即遣如嶺南，族元祐責降諸人。秩尋至河南，捕劉唐老等别屋，仍辟程公孫專體訪於外。公孫素名能刺人事者也。於是更徙清臣入蜀。秩徐考驗唐老等，實未嘗謀變，而欲誅大臣之語則有之，乃具奏語初不及乘輿。上亟詔勿治，唐老等皆釋去，升卿亦還河北，清臣知河南如故。」卷五〇〇元符元年七月庚午條載：詔曰：「資政殿大學士、右正議大夫、知河南府李清臣，頃在西省，實豫政幾。宰臣蔡確以忠貶死，朕每哀焉。其母嘗興元祐大臣姦逆之謀，叩閤奏陳，副上公府。爾爲國腹心，義當憤疾，而乃緘閉，不以上聞，屢致人言，罪奚可逭？姑奪爾職，尚俾居留，罔體寬恩，竊忘循省。可特落資政殿大

學士。」卷五〇九元符二年四月辛丑條載右正議大夫、知河南府李清臣知成德軍。按，真定府軍號成德。

[二五]公上疏是太常議乃定　宋史卷一〇六禮志九云：「元符三年，禮部、太常寺言：『哲宗升祔，宜如晉成帝故事，於太廟殿增一室，候祔廟日，神主祔第九室。』詔下侍從官議，皆如所言。蔡京議：『以哲宗嗣神宗大統，父子相承，自當爲世。今若不祧遠祖，不以哲宗爲世，則三昭四穆與太祖之廟而八。宜深攷載籍，遷祔如禮。』陸佃、曾肇等議：『國朝自僖祖而下始備七廟，故英宗祔廟，則遷順祖，神宗祔廟，則遷翼祖。今哲宗於神宗，父子也，如禮官議，則廟中當有八世。況唐文宗即位則遷肅宗，以敬宗爲一世，故事不遠。哲宗祔廟，當以神宗爲昭，上遷宣祖，以合古三昭三穆之義。』先是，李清臣爲禮部尚書，首建增室之議，侍郎趙挺之等和之。會清臣爲門下侍郎，論者多從其議，惟京、佃等議異。二議既上，清臣辯説甚力，帝迄從焉。」又，曾文昭公集附録行狀云：「禮部議哲宗升祔，宜於太廟殿增一室。公（曾肇）獻議稱：『書、禮記皆云七廟，國朝自僖祖而下，至仁宗始備七世。故英宗祔廟則遷順祖，神宗祔廟則遷翼祖，三昭三穆，合於典禮。今大行皇帝祔廟，當與神宗爲昭穆，上遷宣祖，以合禮文七世三昭三穆之誼。』時爲禮部者方執政，故公議見絀。」

[二六]夢爲春詞却有返遼東之語示子祥曰非休證也懇出知大名府無幾何薨　皇朝編年綱目備要卷二六建中靖國元年「冬十月，李清臣罷」條云：「清臣與曾布有隙，每於上前互相訾毀。諫官陳祐論布過失，上以祐與清臣交結，欲黜布而援清臣。御史彭汝霖遂承望風旨，累論清臣之姦。又初議建景靈西宮，清臣嘗諫止之，及宮成，清臣漸見疏斥，求有以自固，因奏：『西宮之成，都人歡喜。』上不答。清臣不自安，且再爲汝霖所劾，遂自門下侍郎出知大名府。」又過庭録云：「李清臣邦直平生罕作詞，唯晚年赴大名道中作一詞云：『去年曾宿黄陵浦，鼓角秋風。海鶴遼東。回首紅塵一夢中。』竟死不返，亦爲詩讖也。」麈史卷中神受亦云王銍「嘗爲予説李邦直作門下侍郎日，忽夢一石室，有石牀，李披髮坐於上，旁有人曰：『此王陵舍也。』夢中因爲一詞，既覺書之，因示韓治循之，其詞曰：『楊花落，燕子穿高閣。長恨春醪如水薄，閒愁無處著。去年今日王陵舍，鼓角秋風，千歲遼東，回首人間萬事空。』後李出北都，逾年而卒。王陵舍，乃近北都地名也」。

[二七]補之出公門下　據本書中集卷三四晁太史補之墓誌銘云：「哲宗即位，右丞李清臣舉公館職。」

曾舍人鞏行狀[一]　内翰曾肇①

公諱鞏，字子固，建昌軍南豐人[二]。曾祖諱某②，贈尚書水部員外郎。祖諱致堯，尚書户部郎中、直史館，贈右諫議大夫。考諱易占，太常博士，贈光禄卿。母吴氏，文城郡太君；母朱氏，仁壽郡太君③。

公嘉祐二年進士及第，爲太平州司法參軍。召編校史館書籍，歷館閣校勘、集賢校理，兼判官誥院。嘗爲英宗實録檢討官，不踰月罷，出通判越州[三]。歷知齊、襄、洪州，進直龍圖閣，知福州[四]，兼福建路兵馬鈐轄，賜緋衣銀魚。召判太常寺，未至，改知明州。徙亳州，又徙滄州，不行，留判三班院。遷史館修撰，管勾編修院[五]，兼判太常寺。元豐五年四月，擢試中書舍人[六]，賜服金紫。九月，丁母憂。明年四月丙辰，終于江寧府，享年六十有五。自大理寺丞五遷尚書度支員外郎④，换朝散郎，勳累加輕車都尉。元配晁氏⑤，光禄少卿宗恪之女；繼室李氏，司農少卿禹卿之女。子男三人：綰，太平州司理參軍；綜，太廟齋郎；綱，承務郎。二女，早卒。孫男六人：悊、怘、愈、㥁、忒、憩。悊，假承務郎；餘未仕。孫女五人。卜以某年某月日葬南豐

① 内翰曾肇　「曾肇」原作「曾準」，據文海本、庫本及曾文昭公集卷三子固先生行狀改。

② 曾祖諱某　「某」，曾文昭公集卷三子固先生行狀作「仁旺」。

③ 母吴氏文城郡太君母朱氏仁壽郡太君　按，韓維曾公神道碑稱其母「吴氏，會稽郡太夫人；朱氏，遂寧郡太夫人」，當屬此後改封者。

④ 自大理寺丞五遷尚書度支員外郎　「自」字原脱，據曾文昭公集卷三子固先生行狀補。

⑤ 元配晁氏　「晁氏」原作「昊氏」，據曾文昭公集卷三子固先生行狀及曾鞏集附録墓誌、神道碑、曾鞏集卷四六亡妻宜興縣君文柔晁氏墓誌銘改。

之某鄉某原①。

曾氏姒姓，其先魯人。至其後世，避地遷于豫章，子孫散處江南。今家南豐者，自高祖諱某始也②。初，蒧及參父子俱事孔子③，蒧樂道忘仕④，孔子與之；參以孝德爲世稱首；而參孫西恥自比於管仲。其世德淵源，所從來遠矣。至皇祖大夫，以直道正言爲宋名臣。皇考光禄，博學懿文，惇行孝友，明古誼，達時變，位不配德，著書垂後。蓄厚流長，天以道德文章鍾于公身，以侈大前烈，開覺後嗣。寔命世之宏材，不待文王而興者歟！

公生而警敏，不類童子，讀書數百千言，一覽輒誦。年十有二，日試六論⑤，援筆而成，辭甚偉也。未冠，名聞四方。是時，宋興八十餘年，海内無事，異材間出。歐陽文忠公赫然特起，爲學者宗師。公稍後出，遂與文忠齊名[七]，自朝廷至閭巷，海隅障塞，婦人孺子，皆能道公姓字。其所爲文，落紙輒爲人傳去，不旬月而周天下。學士大夫手抄口誦，惟恐得之晚也。蓋自揚雄以後，士罕知經，至施於政事，亦皆卑近苟簡，故道術寖微，先王之迹不復見於世。公生於末俗之中，絶學之後，其於剖析微言，闡明疑義，卓然自得，足以發六藝之藴，正百家之謬，破數千載之惑。其言今古治亂得失、是非成敗、人賢不肖，以至彌綸當世之務，斟酌損益，必本於經，不少少貶以就俗，非與前世列於儒林及以功名自見者比也。至其文章，上下馳騁，愈出而愈新，讀者不必能知，知者不

---

① 卜以某年某月某日葬南豐之某鄉某原　曾文昭公集卷三子固先生行狀作「元豐七年六月丁酉，葬南豐從周鄉之源頭」。

② 自高祖諱某始也　「某」，曾文昭公集卷三子固先生行狀作「延鐸」。

③ 蒧及參父子俱事孔子　「蒧」原作「蔵」，據庫本、曾文昭公集卷三子固先生行狀及史記卷六七仲尼弟子列傳改。按，下文同改。又，「事」原作「仕」，據庫本、曾文昭公集卷三子固先生行狀改。

④ 蒧樂道忘仕　「忘」原作「志」，據曾文昭公集卷三子固先生行狀改。

⑤ 日試六論　原作「日試公論」，按曾文昭公集卷三子固先生行狀作「試六論」，宋史曾鞏傳云「試作六論」，據改。

必能言。蓋天材獨至，若非人力所能，學者憊精思莫能到也。世謂其辭，於漢、唐可方司馬遷、韓愈，而要其歸，必正於仁義。言近旨遠，雖詩書之作者，未有能遠過也〔八〕。

其爲人惇大直方，進止取舍必度於禮義，不爲矯僞姑息，以阿世媚俗。弗在於義，雖勢官大人，不爲之屈。非其好，雖舉世從之，不輒與之比。以其故，世俗多嫉忌之，然不爲之變也。其材雖不大施，而所治常出人上①。爲司法，論決重輕，能盡法意，繇是明習律令，世以法家自名者有弗及也。

爲通判②，州賴以治。初，嘉祐中，州取酒場錢給衙前之應募者，錢不足，乃俾鄉户輸錢助役，期七年止。後酒場錢有餘，應募者利於多入錢，期盡而責鄉户輸錢如故。公閱文書得其姦，立罷輸錢者二百餘户，且請下詔約束，毋擅增募人錢。歲饑，度常平不足仰以賑給，而田居野處之人不能皆至城郭，至者群聚，有疾癘之虞。前期諭屬縣，召富人使自實粟數，總得十五萬石，視常平價稍增以予民。民得從便受粟，不出田里而食有餘，粟價爲平。又出錢粟五萬貸民爲種粮，使隨歲賦入官，農事賴以不乏。

爲州，務去民疾苦，急姦强盜賊而寬貧弱，曰：「爲人害者不去，則吾民不寧。」齊曲堤周氏，衣冠族也，以貲雄里中。周氏子高横縱淫亂，至賊殺平民，汙人婦女，器服擬乘輿。高力能動權貴，州縣勢反出其下，故前後吏莫敢詰。公至，首取高置于法③。歷城章丘民聚黨數十，横行村落間，號「霸王社④」，椎埋盜奪，篡囚縱火，無敢

---

① 而所治常出人上　「上」原作「土」，據文海本、庫本及曾文昭公集卷三子固先生行狀改。

② 爲通判　「通判」下，曾文昭公集卷三子固先生行狀有「雖政不專出」五字。

③ 首取高置于法　「于」原作「子」，據庫本及曾文昭公集卷三子固先生行狀改；文海本作「之」。

④ 號霸王社　「社」原作「杜」，據庫本及曾文昭公集卷三子固先生行狀及宋史曾鞏傳改。

正視者。公悉擒致之，特配徒者三十一人，餘黨皆遁①。是時州縣未屬民爲保伍②，公獨行之部中，使幾察居人行旅出入，經宿皆籍記，有警則鳴鼓相援③。又設方略，明賞購，急追捕，且開人自告，故盗發輒得。有葛友者，屢剽民家，以名捕不獲，一日，自出告其黨。公與袍帶酒食，假以騎從，輦所購金帛隨之，徇諸部中。盗聞，多出自言。友智力兼人，公外示彰顯，實欲攜貳其徒，使之不能復合也。齊俗悍强，喜攻劫，至是豪宗大姓斂手莫敢動，寇攘屏迹，州郡清肅，無枹鼓之警，民外户不閉，道不拾遺。閩越負山瀕海，有銅鹽之利，故大盗數起。公至部，時賊渠廖恩者，既赦其罪，誘降之，然餘衆觀望，十百爲輩④，既潰復合，陰相推附，至連數州。其尤桀者隸將樂縣，縣嘗呼之，不出。愈自疑，且起踵恩所爲，居人大恐。公念欲緩之，恐勢滋大，急之，是趣其爲亂也。卒以計致之，前後自歸若就執者，幾二百人。又擒海賊八人，自殺者五人，老姦宿偷相繼縛致者又數十人，吏士以次受賞。公復請並海增巡檢員以壯聲勢，自是幅員數千里，無敢竊發者，民山行海宿，如在郛郭。亳亦號多盗，治之如齊，盗爲引去。

公爲人除大患者既如此，至於澄清風俗，振理頽壞，鬬訟衰息，紀綱具修，所至皆然也。其餘廢舉後先，則視其時，因其便爲之。在齊，會朝廷變法，遣使四出。公推行有方，民用不擾。使者或希望私欲有所爲，公亦不聽也。河北發民濬河，調及它路，齊當出夫二萬。縣初按籍，二丁、三丁出夫一，公括其隱漏，後有至九丁出一夫者，省費數倍。又損役人以紓民力，蒞無名渡錢，爲橋以濟往來。徙傳舍，自長清抵博州，以達于魏，視舊省六

① 餘黨皆遁　「遁」原作「遇」，據庫本改；曾文昭公集卷三子固先生行狀作「潰」。
② 是时州縣未屬民爲保伍　「未」原作「夫」，據曾文昭公集卷三子固先生行狀及曾鞏集附録墓誌改。
③ 有警則鳴鼓相援　「警」，曾文昭公集卷三子固先生行狀作「盗」。
④ 十百爲輩　「輩」，曾文昭公集卷三子固先生行狀作「群」。

驛，人皆以爲利。其餘力比次案牘簿書，藏之以十五萬計，至他州亦然。既罷，州人絕橋閉門遮留，夜乘間乃得去。襄繼有大獄，逮繫充滿，有執以爲死罪者。公至，閱囚牘，法當勿論，即日縱去，并釋者百餘人。州人噪呼曰：「吾州前坐死者衆矣，孰知非冤乎？」在洪，會歲大疫，自州至縣鎮亭傳，皆儲藥以授病者。民若軍士不能自養者，以官舍舍之，資其食飲衣衾之具，以庫錢佐其費，責醫候視，記其全失多寡，以爲殿最，人賴以生。安南軍興，道江西者，詔爲萬人備。州縣暴賦急斂，芻粟價踊貴，百姓不堪。公獨不以煩民，前期而辦，又爲之區處次舍，并爨什器，皆有條理。兵既過而市里不知也。福多佛寺，爲僧者利其富饒，争欲爲主守，賕請公行。公俾其徒自相推擇，籍其名，以次補之。授文據廷中，却其私謝，以絶左右徼求之弊。民出家者，三歲一附籍，殆萬人，闔府徼賂，至裒錢數千萬。公至，不禁而自止。廢寺二，皆囊橐爲姦者。禁婦女無入寺舍。在明，有詔完城。既程工費，而會公至。初度城周二千五百餘丈，爲門樓十，故甓可用者收十之四。公爲再計，城減七十餘丈；門當高麗使客出入者爲樓二，收故甓十之六①，募人簡故甓可用者量酬以錢②，又得十之二。凡省工費甚衆，而力出於役兵、傭夫，不以及民。城成，總役者皆進官，而公不自言也。公嘗以謂州縣困於文移煩數，民病於追呼之擾也，故所至出政③，事應下縣，責其屬度緩急與之期：期未盡，不復移書督趣；期盡不報，按其罪；期與事不相當，縣自言，別與之期；而按與期者，即有所追逮，州不遣人至縣，縣無遣人呼其門④。縣初未甚聽，公小則罰典吏，大則并劾縣官，於是莫敢慢，事皆先期而集，民不知擾，所省文移數十倍。事在州者，督察句稽，皆有程式。

① 收故甓十之六　「十」原作「一」，據庫本及曾文昭公集卷三子固先生行狀改。

② 募人簡故甓可用者量酬以錢　「故」，曾文昭公集卷三子固先生行狀作「棄」。

③ 故所至出政　「政」，曾文昭公集卷三子固先生行狀作「教」。

④ 縣無遣人呼其門　曾文昭公集卷三子固先生行狀作「縣毋遣人至下里」。

分任寮屬，因能而使，公總攬綱條，責成而已。蓋公所將領多號難治①，及公爲之，令行禁止，吏莫敢不自盡，政巨細畢舉，庭無留事，囹圄屢空。人徒見公朝夕視事，數刻而罷，若無所用心者，不知其所操者約且要，而聰明威信足以濟之，故不勞而治也。吏民初或憚公嚴，已而皆安其政，既去久而彌思之。

其於內，所更官告院、三班、太常，遇事不爲苟簡，革官告院宿弊尤多。凡所規畫，至今守之不改。

蓋公自在閭巷，已屬意天下事，如在朝廷；而天下亦謂公有王佐之材，起且大任，庶幾能明斯道、澤斯民，以追先王已墜之迹。然晚乃得仕，仕不肯苟合，施設止於一州，州又有規矩繩墨，爲吏者不敢毫髮出入。則其所施設，特因時趨宜，固不足以發公之蘊，又況其大者乎！

公自爲小官，至在朝廷，挺立無所附，遠迹權貴，由是愛公者少。爲編校書籍積九年，自求補外，轉徙六州，更十餘年，人皆爲公慊然，而公處之自若也。公於是時既與任事者不合，而小人乘間又欲擠之，一時之名士往往坐刺譏辭語廢逐②。公於慮患防微，絶人遠甚，政事弛張操縱，雖出于己，而未嘗廢法自用，以其故莫能中傷，公亦不爲之動也。賴天子明聖，察公賢，欲用公者數矣。會徙滄州，召見勞問甚寵，且諭之曰：「以卿才學，宜爲衆所忌也。」遂留公京師。公亦感激奮勵，有所自効。數對便殿，所言皆大體，務開廣上意，上未嘗不從容領納③〔九〕，期以大任。一日，手詔中書門下曰：「曾某以史學見稱士類④，宜典五朝史事。」遂以爲修撰。既而復諭

① 蓋公所將領多號難治　「將領」，曾文昭公集卷三子固先生行狀作「領州」。
② 一時之名士往往坐刺譏辭語廢逐　「之」，曾文昭公集卷三子固先生行狀作「知」。
③ 上未嘗不從容領納　「領納」，曾文昭公集卷三子固先生行狀作「頷納」。
④ 曾某以史學見稱士類　「曾某」，曾文昭公集卷三子固先生行狀作「曾鞏」。

公曰：「此特用卿之漸耳。」近世修國史，必衆選文學之士，以大臣監總，未有以五朝大典獨付一人如公者也。故世不以用公爲難，而以天子知之明於屬任之爲難也①。公夙夜討論，未及屬藁[一〇]，會正官名，權中書舍人②，不俟入朝③，諭使就職。時自三省至百職事，選授一新，除吏日至數十人，人舉其職事以戒，辭約義盡，論者謂有三代之風，上亦數稱其典雅[一一]。皇子均國公牋奏④[一二]，故事命翰林學士典之，至是上特以屬公。在職百餘日，不幸屬疾，遭家不造，以至不起。始公之進，天下相慶，以爲得人，謂且大用。及聞公歿，皆嘆息相弔，以謂公之志卒不大施於世，其命也夫！

公性謹嚴⑤，而待物坦然，不爲疑阻。於朋友喜盡言，雖取怨怒，不悔也。於人有所長，奬勵成就之如弗及。與人接必盡禮[一三]，有懷不善之意來者，俟之益恭，至使其人心悅而去。遇僚屬盡其情，未嘗有所按謫⑥，有以過誤抵法者，力爲辨理，無事而後已。在官有所市易，取賈必以厚，予賈必以薄⑦。於門生故吏以幣交者，一無所受。福州無職田，歲鬻園蔬，收其直自入，常三四十萬。公曰：「太守與民爭利可乎？」罷之，後至者亦不復取也。平生無所

① 而以天子知之明於屬任之爲難也　「任之」，曾文昭公集卷三子固先生行狀作「任人」。
② 權中書舍人　「權」，曾文昭公集卷三子固先生行狀作「擢」。按，長編卷三二五元豐五年四月丙子條載曾鞏試中書舍人。
③ 不俟入朝　「朝」，曾文昭公集卷三子固先生行狀作「謝」，似是。
④ 皇子均國公牋奏　「均國公」，曾文昭公集卷三子固先生行狀作「延安郡王」。按，宋史卷一六神宗紀三載元豐五年八月「壬子，進封均國公傭爲延安郡王」。
⑤ 公性謹嚴　「性」原作「惟」，據庫本及曾文昭公集卷三子固先生行狀改。
⑥ 未嘗有所按謫　「謫」，庫本作「摘」。
⑦ 予賈必以薄　「予」原作「子」，據庫本改。

玩好，顧喜藏書，至二萬卷。仕四方，常與之俱，手自讎對，至老不倦。又集古今篆刻爲金石録五百卷。公未嘗著書，其所論述皆因事而發。既没，集其藁爲若干卷①。後之學者因公之所嘗言，於公之所不言，可推而知也。

初，光禄仕不遂而歸，無田以食，無屋以居。公時尚少，皇皇四方，營飦粥之養。光禄不幸蚤世，太夫人在堂，闔門待哺者數十口。太夫人以勤儉經理其内，而教養四弟，相繼得禄仕，嫁九妹皆以時，且得所歸，自委廢單弱之中振起而亢大之，實公是賴。平居未嘗遠去太夫人左右，其任於外，數以便親求徙官，太夫人愛之異甚。嗚呼！天奪吾母不數月，又奪吾兄，何降禍之酷，至於斯極也！豈其子弟積惡，罰不於其身，而及其母兄，使其抱終天之痛，爲世之所大戮耶？不然，吾母之賢也，吾兄之盛德也，相繼而隕，所謂天道常與善人，果如何也？爲子弟者，不自滅身，罪固大矣；又不能推原前人德善勞烈②，託於當世之文章，以明著之無窮，是又罪之大者也。

矧公於某③，屬則昆弟，恩猶父師，其於論次始終，所不敢廢。維公於葬宜有銘，於墓隧宜有碑，於國史宜有載，輒不自知其迷謬，忍痛輟泣，謹述公歷官行事如左④。至於論議文章，見於公集者，後當自傳，此弗著；特著其大節，弗敢略，弗敢誣，以告銘公葬若碑者，且以待史官之訪焉。

元豐六年十月日，弟肇述⑤。

① 集其藁爲若干卷　「若干卷」，曾文昭公集卷三子固先生行狀作「元豐類稿五十卷、續元豐類稿四十卷、外集十卷」。
② 又不能推原前人德善勞烈　「烈」，曾文昭公集卷三子固先生行狀作「績」。
③ 矧公於某　「某」，曾文昭公集卷三子固先生行狀作「肇」。
④ 謹述公歷官行事如左　「左」，似當作「右」。
⑤ 元豐六年十月日弟肇述　曾文昭公集卷三子固先生行狀無此十字。

辨證：

［一］曾舍人鞏行狀　本行狀又載於曾肇曾文昭公集卷三，題曰「子固先生行狀」。按，曾鞏，東都事略卷四八、宋史卷三一九有傳，曾鞏集附録載有林希墓誌、韓維神道碑（神道碑又載於韓維南陽集卷二九，題朝散郎試中書舍人輕車都尉賜紫金魚袋曾公神道碑，有闕文）。

［二］建昌軍南豐人　曾鞏集附録墓誌云：「其先魯人，後世遷豫章，因家江南。公之四世祖延鐸，始爲建昌軍南豐人。」

［三］出通判越州　按，曾鞏爲越州通判在熙寧二年。蘇軾有送曾子固倅越得燕字詩，王十朋東坡詩集注卷十五注云「此熙寧二年詩也」。其出通判越州之原因，當與王安石政見不和有關。宋史曾鞏傳云其「少與王安石游，安石聲譽未振，鞏導之於歐陽脩，及安石得志，遂與之異。神宗嘗問：『安石何如人？』對曰：『安石文學行義，不減揚雄，以吝故不及。』帝曰：『安石輕富貴，何吝也？』曰：『臣所謂吝者，謂其勇於有爲，吝於改過耳。』」西塘集耆舊續聞卷三云：「介甫微時，與曾子固甚歡，曾又薦於歐陽公，既貴而子固不屈，故外補近二十年。」故朱子語類卷一三〇自熙寧至靖康人物有云：「曾子固初與介甫極厚善。入館後，出倅會稽令。集中有詩云：『知者尚復然，悠悠誰可語？』必是曾諫介甫來，介甫不樂，故其當國不曾引用。」又按，「知者尚復然」句出於曾鞏過介甫歸偶成詩，載曾鞏集卷四三，云：「結交謂無嫌，忠告期有補。直道詎非難，盡言竟多迕。知者尚復然，悠悠誰可語？」又過介甫詩云：「日暮驅馬去，停鑣叩君門。頗諳肺腑盡，不聞可否言。淡爾非外樂，恬然忘世喧。況值秋節應，清風蕩煩歊。徘徊望星漢，更復坐前軒。」同上卷二九熙寧轉對疏有云：「陛下有更制變俗、比迹唐虞之志，則當懇誠惻怛，以講明舊學而推廣之，務當於道德之體要，不取乎口耳之小知，不急乎朝夕之近效，復之熟之，使聖心之所存，從容於自得之地，則萬事之在於理者，未有不能盡也。……如聖心之所存，未及於此，内未能無秋毫之累，外未能無纖芥之蔽，則臣恐欲法先王之政，而智慮有所未審；欲用天下之智謀材諝之士，而議論有所未一，於國家天下愈甚無補，而風俗綱紀愈以衰壞也。非獨如此，自古所以安危治亂之幾，未嘗不出於此。」此時王安石初當政，始行新法。

［四］知福州　長編卷二八七元豐元年正月壬午條載：「法寺奏新知福州曾鞏遷延不之官等罪，詔特罰銅十觔。」

［五］遷史館修撰管勾編修院　長編卷三一四元豐四年七月己酉條載：「手詔：『朝散郎、直龍圖閣曾鞏素以史學見稱士類，方朝廷敍次兩朝大典，宜使與論其間，以信其學于後。其見修兩朝國史將畢，當與三朝國史通修成書。宜與鞏充史館修撰，專典史事，取三朝國史先加攷詳，候兩朝國史成，一處修定。』仍詔鞏管勾編修院。」注曰：「田晝作王安禮行狀云：曾鞏以文學稱天下，在熙寧、元豐間，

齟齬不用。王安禮薦于上，曰：『鞏之詞采足傳於後，今老矣，願俾修文當代，成一家言。』上曰：『（吕）公著嘗謂鞏行義不及政事，政事不逮文學。果然，無足爲者。』安禮曰：『誠如其言，請取其最上者。』上乃用鞏爲史官。」邵氏聞見後録卷二一云：「蘇東坡既貶黄州，神宗殊念之，嘗語宰相王珪、蔡確曰：『國史至重，可命蘇軾成之。』珪有難色。又曰：『軾不可，姑用曾鞏。』」

［六］擢試中書舍人　朱子語類卷一三〇自熙寧至靖康人物云：「後介甫罷相，子固方召入，又却專一進諛辭，歸美神宗更新法度，得箇中書舍人。」

［七］公稍後出遂與文忠齊名　邵氏聞見後録卷一四云：「曾子固之文，可以名家矣。然歐陽公謂廣文曾生者，在禮部奏名之前已爲門下士矣。公示吴孝宗詩，有云：『我始見曾子，文章初亦然。崑崙傾黄河，渺漫盈百川。疏決以道之，漸斂收横瀾。東溟知所歸，識路到不難。』是子固於文，遇歐陽公方知所歸也。而子固祭歐陽公文，自云『戇直不敏，早蒙振祓，言繇公誨，行繇公率』也。子開於歐陽公下世之後，作子固行述，乃云：『宋興八十餘年，海内無事，異材間出。歐陽文忠公赫然特起，爲學者宗師。公稍後出，遂與文忠公齊名。』予以爲過矣。」按，子開，曾肇字。

［八］至其文章至未有能遠過也　邵氏聞見後録卷一四引録此段文字，評曰：「子開之言類夸大，……後世當以……南豐之文辨之。」

［九］所言皆大體務開廣上意上未嘗不從容領納　按宋史曾鞏傳云其「上疏議經費，帝曰：『鞏以節用爲理財之要，世之言理財者未有及此。』」

［一〇］公夙夜討論未及屬藁　長編卷三二五元豐五年四月戊寅條云：「罷修五朝史。先是，曾鞏上太祖本紀篇末論，所論事甚多，而每事皆以太祖所建立勝漢高祖爲言。上於經筵諭蔡卞曰：『鞏所著乃是太祖漢高孰優論爾。人言鞏有史材，今大不然。』於是罷鞏修五朝史。」卻掃編卷中云：「神宗患本朝國史之繁，嘗欲重脩五朝正史，通爲一書，命曾子固專領其事。……未幾，撰太祖皇帝總叙一篇以進，請繫之太祖本紀篇末，以爲國史書首。其説以爲太祖大度豁如，知人善任，使與漢高祖同而漢祖所不及者其事有十，因具論之，累二千餘言。神宗覽之不悦，曰：『爲史但當實録，以示後世，亦何必區區與先代帝王較優劣乎？且一篇之贊已如許之多，成書將復幾何？』於是書竟不果成。」

［一一］上亦數稱其典雅　長編卷三二九元豐五年八月丁巳條云：「詔中書舍人曾鞏罰銅十斤。先是，知潁昌府韓維再任，鞏草制

詞，稱維曰：『純明直諒，練達今古，先帝所遺，以輔朕躬。』又曰：『參、角之間，韓延壽、黄霸之跡在焉。興禮教而勸農桑，以追參於前烈，皆爾素學，其尚懋哉！』上批：『維不知事君之義，朋俗罔上，老不革心，非所謂「純明直諒」；姑以藩邸舊恩，使守便郡，又非可仗以布政宣化。今辭命乖戾，不中本情，傳播四方，甚害好惡。可復送中書省改詞行下。』故罰之。」

［一二］皇子均國公牋奏　按，曾鞏集卷二八載有代皇太子免延安郡王第一表、代皇太子免延安郡王第二表、代皇太子免延安郡王謝表、代皇太子免延安郡王謝太后表、代皇太子免延安郡王謝皇后牋。

［一三］與人接必盡禮　曲洧舊聞卷一〇云：「曾子固性矜汰多於傲忽。元豐中，爲中書舍人，因白事都堂。時章子厚（惇）爲門下侍郎，謂之曰：『向見舍人賀明堂禮成表，真天下奇作也。』曾一無辭讓，但復問曰：『比班固典引如何？』章不答，語同列曰：『我道休撩撥。』蓋自悔失言也。徐德占雖與子固俱爲江西人，然生晚不及相接。子固中間流落外郡十餘年，迨復還朝，而德占驟進至御史中丞。中丞在法不許出謁，而子固亦不過之。德占以其先進，欲一識其人，因朝路相值，迎接甚恭。子固却立，曰：『君是何人？』德占因自叙。子固曰：『君便是徐禧耶？』頷之而去。」又默記卷中云：「曾子固作中書舍人還朝，自恃前輩，輕蔑士大夫。徐德占爲中丞，越次揖子固甚恭謹。子固問：『賢是誰？』德占曰：『禧姓徐。』子固答曰：『賢便是徐禧？』禧大怒而忿然曰：『朝廷用某作御史中丞，公豈有不知之理？』其後，子固除翰林學士，德占密疏罷之，又攻罷修五朝史。」按，曾鞏集卷二〇載有徐禧御史中丞制，默記云云疑不然。

名臣碑傳琬琰集中卷五十

韓儀公丞相忠彦行狀[一]　學士畢仲游

元符三年十月，詔以通議大夫、守門下侍郎、南陽開國韓公爲右正議大夫、尚書右僕射兼中書侍郎。公故侍中魏國忠獻公子也。忠獻之子六人，而公居長。爲人外和内剛，美鬚髯，姿貌辭氣大抵類忠獻，而仁厚平恕，無所矯飾。自忠獻在時，已有人望，識與不識，曰：「是魏公之子也。」識與不識，曰：「魏公丞相之子而如魏公①，宜其復爲相也。」及爲相制下，都城傳布除目②，行道之間，鼓舞相告。

先是，公在仁宗皇帝朝，常以太常少卿充大遼正旦國信使③，燕於虜帳，虜主問左右：「孰嘗使南朝，識所謂韓侍中否？」或言國信少卿貌類其父，果類否？」對者曰：「實類。」遂使工人圖之。至神宗皇帝時，公復以給事中

① 是魏公之子也識與不識曰魏公丞相之子而如魏公　西臺集卷一五韓公行狀無「識與不識曰魏公丞相之子」十一字。
② 都城傳布除目　「布」原作「市」，據西臺集卷一五韓公行狀改。
③ 公在仁宗皇帝朝常以太常少卿充大遼正旦國信使　按，史載韓忠彦嘗兩次使遼皆在神宗朝，行狀此處云云實誤。檢長編卷二二六熙寧四年八月癸酉條云韓忠彦以開封府判官、太常博士、秘閣校理爲正旦使；又卷三一九元豐五年八月辛未條載韓忠彦以知瀛州、承議郎、寶文閣待制爲遼主生辰使。

使遼，持禮詳重，姿貌奇偉。凡在虜廷之人，皆拭目觀之。及公爲相後，遼人賀正使蕭喜、張從約來，語行人李某曰：「比持禮回，北主問：『韓忠彦今安在？』從約對曰：『在大名。』北主曰：『何爲未相而在大名耶？』居兩月，聞爲相制下①，北主大喜，不覺聳其身而起曰②：『此真宰相矣。』」然忠獻魏公事仁宗、英宗、神宗，爲宰相九年③，定册安宗廟，隱然爲時宗臣。而公亦歷事四朝，出入内外，所至可紀，卒亦至宰相，則公之行可得而言矣。

公諱忠彦，字師朴。魏公而上，七世家於安陽④，故公爲安陽人。以魏公任子恩，守將作監主簿。力學爲文章，登進士第，改郊社局令、勾當府司檢校庫。丁母魏國夫人崔氏憂，服除，改秘書省著作郎。神宗皇帝即位，遷祕書丞。魏公辭位去國⑤，以故事召試，除祕閣校理、同知太常禮院。宗室秦、楚王後無嫡子嫡孫，同母弟又無庶子，傳至庶孫，疑所襲，議者欲舍庶孫而使曾孫襲封。公奏言：「甲令所載與古異，嫡長孫之外皆爲庶孫。既在庶孫之列，則雖非見襲之子，朞服兄弟亦皆庶孫矣。今庶孫在也，而舍之，使曾孫襲封。若有大功庶孫而無曾孫，則將誰使襲乎？抑遂除其國乎？今秦、楚之後無嫡子嫡孫，同母弟又無庶子，則凡在庶孫之列而長者，當襲之人也。」詔用公議〔二〕。

① 聞爲相制下　「聞」原作「間」，據鐵琴銅劍樓本、庫本及西臺集卷一五韓公行狀改。

② 不覺聳其身而起曰　「聳其身而」，西臺集卷一五韓公行狀作「大聲」。

③ 爲宰相九年　「九」原作「久」，據西臺集卷一五韓公行狀改。按，據宋史宰輔表二等，韓琦於仁宗嘉祐三年六月拜相，至神宗治平四年九月罷，正九年。

④ 魏公而上七世家於安陽　按，此處所云不確。據本書中集卷四八韓忠獻公琦行狀稱韓琦「由五代祖以上，皆葬蠡吾，惟高祖葬贊皇，由曾祖以下皆葬安陽，故公爲相人」。

⑤ 魏公辭位去國　「辭」原作「辨」，據庫本及西臺集卷一五韓公行狀改。

會召故荆公介甫爲翰林學士，與學士吕公著同侍講邇英。二人奏言：「故事，講者坐而侍者立，自乾興以來，講者立而侍者坐，請復故事。」下禮官，公議以謂：「故事，侍臣與講者皆坐，或侍者坐而講者立，或講與進讀者立而侍臣皆坐。此人主之恩出一時者也，顧皆無所輕重。即人主不命而自請之，則非禮矣。孔子之時，人臣或拜君於上，孔子曰：『拜下①，禮也。雖違衆，吾從下。』今侍臣講於上前而立，五十年矣，以孔子拜下之義觀之，姑用乾興以來故事可也，何必改？」詔是公議[三]。

除兼本寺丞事，遷太常博士，判吏部南曹，權開封府推官，遷判官。以太常少卿爲大遼正旦國信使，還，丁秦國太夫人憂，解所居官。終制，除三司鹽鐵判官。三司火，出通判永寧軍事[四]。召還，爲三司户部判官。丁魏公憂，服除，貼直龍圖閣，知審官西院、三司户部副使，改鹽鐵副使，超授右正言、寶文閣待制、高陽關路安撫使、馬步軍都總管，兼知瀛州。是歲元豐四年也。

朝廷以夏人囚殺其長秉常，用兵西方[五]，下米脂、浮圖數十城[六]。夏人陰使遼求救，遼人爲移書至闕下，朝廷報以兵端，而虜書復來，詞意悖慢。會永樂用兵不利，而當遣人使遼賀生辰②。上難其人，二府以安燾爲對，上不可，又以李承之、李定爲對，上又不用。上曰：「韓忠彦常使遼，遼人信愛之，而知其父琦有勳勞德望，加重其子。今日使遼，忠彦其人也。」乃以給事中召公，充北朝賀生辰國信使。公至上前，辭曰：「臣嘗使遼，而今復往，無乃使虜人妄意中國爲乏人也？」上曰：「卿無言，行矣。西事未定，無以易卿者。」公遂行。遼人使趙資睦

① 拜下　原作「拜上」，據庫本、西臺集卷一五韓公行狀及論語子罕改。

② 會永樂用兵不利而當遣人使遼賀生辰　按，宋史卷一六神宗紀載永樂之敗實在元豐五年九月。而據長編卷三二九載，宋廷命韓忠彦爲生辰使在是年八月辛未。行狀所云不確。

迓公境上，行且問西事，公一切以閑暇對之，且曰：「西事小小役耳，何足問？」及至其廷中，縱觀者如堵，皆咨嗟歎息。乃使其國參知政事王言敷燕公，問：「夏國胡大罪，而中國兵不解也①？」公曰：「夏人之罪，中國嘗移文矣。觀所移之文，則罪可知也。」言敷曰：「聞已還兵塞上，信乎？如此而南北大國之好可保也。」公曰：「問罪西夏，乃細故耳。南北大國之好，豈相奸乎？」言敷更有他語，公連以言挫之②。及還，資睦詘服，返曰：「先正侍中之制西事有攻策，今取城若砦數十，使先正侍中而至今，快可知也。」公歸，神宗皇帝勞之曰：「使乎！使乎！」後大遼使至，上復使公館客[七]。西北之釁遂解。

官制之行也，章惇爲門下侍郎，而給事中爲之屬，乃奏言：「給事中，東省之屬。凡所封駁，宜先稟而後上。」詔從之。公曰：「嘻！是執政之意也，給事中失其職矣③。」乃復奏言：「今月丁亥，詔門下封駁，視中書舍人封還之制。庚寅復奉詔，門下封駁從執政官議，議不同乃上之。竊以給事中與中書舍人任遇均也，一則不稟議而聽封還，一則聽封駁而先稟議。且所駁正之事，執政之所行也。事當封駁，則與執政固已異矣。異而取決於上，乃其職耳。而更從執政稟議，是爲失職。願從丁亥詔爲正。」從之。

左僕射王珪爲南郊大禮使，事之當下者皆畫旨直下，類不由三省。公以官制劾之曰：「南郊大禮④，所下之

① 而中國兵不解也　「兵」上，西臺集卷一五韓公行狀有「用」字。
② 公連以言挫之　「挫」，西臺集卷一五韓公行狀作「拄」。
③ 乃奏言給事中東省之屬凡所封駁宜先稟而後上詔從之公曰嘻是執政之意也給事中失其職矣　西臺集卷一五韓公行狀無「乃奏言」至「是執政之意也給事中」三十五字。又「東省」原作「不省」，據東都事略、宋史韓忠彥傳改。
④ 左僕射王珪爲南郊大禮使事之當下者皆畫旨直下類不由三省公以官制劾之曰南郊大禮　西臺集卷一五韓公行狀作「公又言左僕射王珪爲南郊大禮使」。

事不從中書，畫旨出一時者，又不從中書奏審，皆非官制也。官制之行，將爲萬世不易之典。今行未朞月，而南郊大禮所行已不用官制，後將若之何？」神宗皇帝詔如官制，於是中外之事必由三省而下。法官郝京爲大理司直①，有比例而無法，吏部患之，乃稟於都省而具鈔。公曰：「官制有令，必用法也。今援比例而廢法②，是無官制也［八］。」駁之。神宗皇帝嘉公之守，於是自吏部侍郎官③、都司官吏皆差次受罰，而丞相與同列謝於殿上。乃以公爲禮部尚書［九］。

俄遷樞密直學士、定州路安撫使、知定州④。州貢文綾文絁有常數，詔增貢文綾百疋、絁百疋。公上言：「唐李德裕爲浙西觀察使，詔貢繚綾疋千⑤，德裕奏言：『若將匪頒臣下，千匹豈足於用？若止上躬自服，何至多用千疋？』奏至，遂停之。臣幸遇聖朝，則德裕前日之言，亦臣今日所當言者。唯陛下察許。」詔從罷之⑥，凡江東西、二浙屬郡增貢之數亦罷。

遂召還爲户部尚書。而元祐會稽録成，其大較一歲所入，不足以供天下一歲之用。公深憂之，因上言：「今天下乃祖宗之天下也，祖宗之時，歲入之數多於所出，故國計有餘。祖宗之天下乃今之天下也，今

① 法官郝京爲大理司直　「爲」原作「於」，據西臺集卷一五韓公行狀改。
② 今援比例而廢法　「而」，西臺集卷一五韓公行狀作「同」。
③ 於是自吏部侍郎官　「侍郎官」，西臺集卷一五韓公行狀作「侍郎郎官」。
④ 俄遷樞密直學士定州路安撫使知定州　按，長編卷三九五元祐二年二月丁亥條載禮部尚書韓忠彦爲樞密直學士、知定州。故知行狀于韓忠彦任禮部尚書後云「俄遷」樞密直學士、知定州者，不確。
⑤ 詔貢繚綾疋千　「疋千」，西臺集卷一五韓公行狀作「千疋」。
⑥ 唯陛下察許詔從罷之　「許詔」原作「詔許」，據西臺集卷一五韓公行狀乙改。

歲出之數多於所入，故國計不足。臣竊計之，凡文武百官、宗室之費，加倍於皇祐，而四倍於景德。三班右選胥吏之數①，則又過之。而天下二稅、榷酤、征商、山澤之利，校之於皇祐、景德之前，無以大相過也。則國計盈虛②，正今日所當議者。」上遂詔議裁省中外冗費，置局於户部。公復上言：「上自宗室貴近，下至官曹胥吏，旁及宮室器械，皆可得而議。唯宮掖之費，有司不得而見，雖見不可盡也。按寶元中，嘗詔入内内侍省裁節禁中之費，報詳定所。慶曆中，又詔入内内侍省以章聖時簿帳較近年禁省之費以聞③。願陛下上法寶元、慶曆祖宗已試之效，亦詔入内内侍省裁節禁省之費④，報於有司，使天下曉然知陛下節用裕民自禁近始，天下幸甚。」當時所裁雖不盡如公意，而歲省縣官之費已數十萬計。

上倚公以爲執政者久矣，會尚書左丞某甫去位［一〇］，即以公爲中大夫、守尚書左丞［一一］。趙瞻薨，復以公爲同知樞密院事［一二］，進拜太中大夫、知樞密院。是時夏人已得所賜地，方事分畫。丞相呂公大防關右人也，喜用兵，故西師尚未解嚴。而公意在偃兵息民，以安邊境，嘗曰：「兵在平日，猶爲危事，況今主上富於春秋，太皇太后垂簾共政，是豈用兵時也？」故訖公在西府七年，非甚不得已，兵未嘗窺於境外。

會宣仁聖烈皇后崩，哲宗親政，更用大臣數人［一三］，其下觀望，爭取垂簾時事爲言。公見上，奏言：「古者君薨三年，聽於冢宰，不言。古今異宜，故有母后垂簾之制。乃遭會時變，補天之隙，權宜之大者，豈得已哉！昔仁宗皇帝初年，莊獻明肅太后垂簾共政，及仁宗親攬政事，言者亦爭取垂簾時事言之，仁宗曰：『是持情近薄，不可

---

① 三班右選胥吏之數　「右」，西臺集卷一五韓公行狀作「常」。
② 則國計盈虛　「盈虛」，西臺集卷一五韓公行狀作「盈絀」。
③ 又詔入内内侍省以章聖時簿帳較近年禁省之費以聞　「年」原作「正」，據西臺集卷一五韓公行狀改。
④ 亦詔入内内侍省裁節禁省之費　「裁節」，西臺集卷一五韓公行狀作「忖裁」。

聽也。』乃下詔戒飭中外，不得言垂簾時事。」遂出仁宗之詔，爲上讀之。哲宗皇帝嘉納久之[一四]，謂公曰：「知人實難，然自先正侍中以來，閱人必多矣，今侍從之間，率自引去[一五]，誰可以爲侍從者？」公薦彭汝礪、曾肇、井亮采、張舜民、韓宗師、范純禮、韓宗道七人，且曰：「汝礪、肇有詞學，而以名節自許；亮采端亮不倚；舜民質且有文；宗師安恬久次，臨事不苟；純禮、宗道立朝守正，無所阿徇。皆今日尚書、侍郎、給舍之選也。」哲宗皇帝亦嘉納用之[一六]。

然公自章申公爲相，即求去位，至紹聖三年正月，始以觀文殿學士知真定府[一七]，改定州路安撫使、知定州。章申公幸公去，且憚公復來，乃使言者言公在西府時，嘗棄湟鄯之地，降資政殿學士、知成都府。不行，復知定州，改知大名府兼北京留守司事、大名府路安撫使。先是，魏公嘗以武康軍節帥鎮及定武，熙寧中又以侍中判大名府，有德於趙魏之邦，故定武、大名皆生爲立廟以祠魏公。而公相去三十年，亦爲鎮定帥而知大名，仍有惠政見稱於二邦。故定人、魏人亦生爲像於魏公之廟而祀之。章申公慊公未已，又使言者言公嘗同尚書左丞王存聯奏請刊除謝景初過名非是[一八]，降中大夫。

會哲宗皇帝晏駕，群臣朝脯臨，道相傳曰：「召公矣。」又曰：「公今來矣。」及上即位，以吏部尚書召公，都下相告語，欣欣然如召其父兄也。至則除門下侍郎[一九]，進封南陽郡開國公。見上，陳四事以裨新政①：一曰廣仁恩，二曰闢言路，三曰去疑似，四曰息用兵。其廣仁恩之説曰：「孟子曰：『湯、武之所以得天下者，得其民也。得其民者，得其心也。』而唐封德彝教太宗用刑罰以治天下，太宗曰：『是欲我失人心也。』本朝自祖宗以來，推廣仁恩德澤，以固結人心，故方內大寧，如泰山之安。近年執政大臣稍騖於功利，而以苛察相高，政太急，刑太峻，

① 陳四事以裨新政　「陳」原作「除」，據庫本及西臺集卷一五韓公行狀改。

其失人民多矣①，社稷之憂也。　願陛下遠鑒湯、武、太宗之治，近慕列聖之用心②，罪疑惟輕，寬以御衆，益推廣仁恩德澤，以固結天下之人，則人心安；　人心安，天下不足治也。」其闢言路之説曰：「竊以中丞、御史、諫省之官，自昔以爲人主之耳目。　耳目之官，人主豈可不自擇哉？近年執政大臣慮臺諫之爲己蠹也，乃布腹心於言路，外雖不事請謁，而中實相通，以蔽欺人主耳目，人主何利焉？其間有論及時事，與執政意少忤，衆人曰：『其必以罪去。』而果以罪去矣。　願陛下旁來忠直厚重之士③，親加識擢，布在言路。　如其敢言有補，惟陛下容納主張，特加旌勸，行其言而用其人，則言路闢；　言路闢，天下之事始可議矣。」其去疑似之説曰：「法無舊新，便民則爲利；人無彼此，當材則可用。　自紹聖以來，六七臣者，凡曰元祐之事，不問其所從來，一皆以爲非是而不行。　凡元祐除用之人，大則投竄，小則退斥。　枉捐人材④，無補於事。　且元祐者，先帝在位、宣仁權同聽斷之年也，何負於天下而逆施如此？願陛下用人之際，無分熙豐、元祐，惟是之從，惟材之用，則萬務畢舉，天下安寧，自無事矣。」其慎用兵之説曰：「臣自先朝蒙恩守土於外，聞朝廷熙、秦、延、慶、涇原、河東六路進築，五七年間，建置城若砦壘數十，得地雖廣而不可耕，皆由永興等路州軍轉餉以饋之，虚内實外而中不可實⑤，自陝以西，民力大困。　虜獲之數⑥，則增一爲百；　失亡之數，則減千爲一。　願陛下試令有司考具用兵以來，公上之費出於府庫及將吏官軍

---

① 其失人民多矣　「民」，西臺集卷一五韓公行狀作「心」。

② 近慕列聖之用心　「慕」，西臺集卷一五韓公行狀作「摹」。

③ 願陛下旁來忠直厚重之士　「來」，庫本作「求」，西臺集卷一五韓公行狀作「采」。

④ 枉捐人材　「捐」，西臺集卷一五韓公行狀作「損」。

⑤ 虚内實外而中不可實　西臺集卷一五韓公行狀作「欲實外而外終不可實」。

⑥ 虜獲之數　「虜」，西臺集卷一五韓公行狀作「斬」。

散亡之實幾千萬數①，而所建置城壘、可耕之地收入以爲用者其數幾何，而邊城父子肝腦塗地與官軍逃散瘠痍物故者其數又幾何，則進築利害較然可見矣。今日邊事，惟亟罷進築之兵，以休息中外，惠養邊民②，則天下幸甚。」上皆嘉納之。

公自召還爲吏部尚書，未拜而爲門下侍郎。爲門下侍郎踰月，遂爲相。命既下，公上免表，其詞曰：「今蠹萌未消，國是難一。事無可否，必分年號而後行；臣無忠邪③，概指朋類而皆廢。西方師老而財匱，斗米至於千錢；北道河潰而民流，十室幾於九去。大霈更新，而猶多禁錮；宿逋雖減，而尚困追償。方當大有爲之時，宜得不世出之主。」識者見而喜曰：「上醫醫國。醫者識病，則病可治也。公既識今日之病，天下其有瘳乎？」上既聽用公，遂數下赦令，蠲天下逋責，盡還嶺外流人，甄叙士大夫之遷謫者。而内外之臣可任使，及嘗爲御史、諫官，忠直敢言，與天下知名士，數見收用④〔二〇〕。

公嘗與上從容論天下事，上問：「政令之行，猶有當先急者乎？」公因建言：「哲宗皇帝即位，嘗詔天下實封言事，由此能言之士獻言於朝者千萬數⑤，今中書所編類章疏是也。自章惇爲政以來，與上書言事者爲讎敵，乃置局編類，摘取語言近似者以爲謗訕，故上書者率皆得罪，大傷求言之體。今臣聞編類之餘，尤有五百餘疏繼從編類。近日陛下又詔中外許直言朝政闕失，然編類之令未除，則能言之士必懷

① 公上之費出於府庫及將吏官軍散亡之實幾千萬數　西臺集卷一五韓公行狀無「公上」二字。
② 惠養邊民　「邊」，西臺集卷一五韓公行狀作「萬」。
③ 臣無忠邪　「無」原作「恐」，據西臺集卷一五韓公行狀改。
④ 數見收用　「數」，西臺集卷一五韓公行狀作「率」。
⑤ 由此能言之士獻言於朝者千萬數　「此」原作「北」，據文海本、庫本及西臺集卷一五韓公行狀改。

疑若懼①，疑者疑求言之意非誠，懼者懼如前日之獲罪，則今日求言之詔豈不妨哉？臣願陛下亟詔有司，盡將已類未類之章，與省中所行編類前後文書，納之禁中，罷其所置之局，則中外之士無所疑懼，而所求忠直之言始可來也。」上即詔罷編類局事，章疏文書盡納之禁中，仍詔公曰：「已焚之矣。」當是時，中外欣欣然，以爲嘉祐、治平之事可復見於今日也。

是歲郊天，爲南郊大禮使，進右光禄大夫、尚書左僕射兼門下侍郎、儀國公[二一]；而曾布子宣爲右相。子宣數至上前留身，務破壞公所爲，以中傷公所引重者。或勸公亦留身上前與之辯，公曰：「宰相自有體，如是又一曾子宣也，其相去幾何？道之不行，我知之矣[二二]。」乃上章乞罷相補外。上封還所上章，使中貴人趣公至都堂視事。而諫官吴材、王能甫數奏疏言公，以嚮子宣意所便。公聞之，復上章請外，章凡三上，乃以公爲觀文殿大學士、知大名府[二三]。而材與能甫言不已，乃罷大學士，猶知大名②。

初，欽聖皇太后垂簾共政，而故相章申公惇猶未去位。公與申公簾對，皇太后曰：「登極之恩博矣，無所不被，廢后孟氏可復也。」公退謂申公曰：「有故事乎？事體之間，無所傷乎？」曰：「無傷。」及以事對，上曰：「復孟氏則可，皇太后欲復孟氏而廢劉氏，奈何？復一廢一，則上累永泰，豈小哉？公等執政也，其執之。」公曰：「陛下之言，乃謨訓也，其敢不執！」退見皇太后，皇太后盛以廢、復爲言，不可易。公援引古今，具道其所以然，以死争之，皇太后之議遂格[二四]。故復后之詔曰：「元符之號定矣。」而永泰上賓無並后之嫌者，公之意也③。而言者

① 則能言之士必懷疑若懼　西臺集卷一五丞相儀國韓公行狀無「若」字。

② 猶知大名　「猶」原作「尤」，據庫本及西臺集卷一五韓公行狀改。

③ 故復后之詔曰元符之號定矣而永泰上賓無並后之嫌者公之意也　西臺集卷一五韓公行狀無此二十七字。

不知，又曰：「是嘗摇動中宮。」乃降右正議大夫、提舉西京崇福宮。

公自罷相守大名，凡三黜，怡然無所辯。及言者誣公以中宮事①，公曰：「是不可不辯也。」乃具言其始末上之。而言者詆公尤力，遂降太中大夫、提舉崇福宮，居於懷[二五]。言者未厭，乃曰公在位嘗棄湟州非是[二六]，遂復謫崇信軍節度副使，居於濟。及復湟鄯[二七]，又謫磁州團練副使。是歲崇寧三年十一月也。明年九鼎成[二八]，大赦，公得歸相[二九]。又一年，復太中大夫、提舉西京崇福宮如故。俄復通議大夫，請老，遂還故官，以宣奉大夫致仕。逾年，薨於安陽之里第，實大觀三年八月二十日也，享年七十二。

惟公系出博陸，自高祖而上，載於顧命之碑與龍圖閣直學士潁川陳薦所撰次魏公之誌[三〇]，不備言也。曾祖諱某②，太子中允，贈太師、中書令兼尚書令、燕國公。祖諱國華，諫議大夫，贈太師、中書令兼尚書令、魏國公。及公在位，申贈燕、魏二祖，皆太師、開府儀同三司；而忠獻魏公以故韓王趙普故事，贈不加也。娶兩夫人，皆故太尉惠穆吕公公弼之女，嫡曰韓國夫人，繼室曰冀國夫人。四子五女，十一孫，三曾孫。子治，中奉大夫；澡，朝散郎；浩，奉議郎；澄，宣德郎。女嫁蔡承、馮詢、王傳約、王朋約，有既嫁而卒者。孫曰肖胄、肯胄、膚胄③、完胄、宏胄、安胄、寶胄、膺胄、昌胄、莊胄、昭胄④。曾孫曰龢、協、彬。

或問：「公之所行孰爲大？」曰：「公有大焉，而人未之思也。」「爲其父爲宰相，而身又爲宰相乎？」曰：「漢、唐、本朝父子爲宰相者，可問亦可記也，美則美矣，奚其大？」曰：「爲其逮事五朝，出將入相，兄弟聯榮，子

① 及言者誣公以中宮事　「中宮」原作「中京」，據庫本、西臺集卷一五韓公行狀及上文改。
② 曾祖諱某　「某」，本書上集卷一兩朝顧命定策元勳之碑、中集卷四八韓忠獻公琦行狀作「構」。
③ 膚胄　「膚胄」原作「廣胄」，據西臺集卷一五韓公行狀改。
④ 昭胄　此二字原脱，據西臺集卷一五韓公行狀補。

孫衆多，門下之士誦美無窮乎？」曰：「顯則顯矣，奚其大？」「然則公之所以爲大者何也？」曰：「公質剛氣和，居家不妄語笑，内無機心，外不事矯飾。天下之士，不待被公之恩，承公之力，皆咏公賢而期公貴，非天爵之高，不至於此。此則似大矣，然猶未也①。蓋嘗聞士處窮困，甘藜藿，褐衣蓬户，生以爲常②。及其遭時遇合，都廊廟，位卿相，得志之事，日日在前，而能不忘宿昔窮困未遇之心者，已爲賢矣。一旦失倚離權，身折勢奪，宜其追惟宿昔窮困未遇，而等之有以自處，然尤憔悴枯槁③，或愠墜而自失④。故屈平懷石，亞父疽殞，賈誼忌鵩，張昭塞户。而漢、唐以來公卿大臣，以廢放不用而顛沛若無以樂其生者，比比是也。而公生於魏公之世，長於宰相之家，席其舊德⑤，少有問望，食飲服用居處，行乎富貴者四五十年，卒亦自爲宰相，豈嘗知閑放之事、窮居之樂哉？而崇寧、大觀之間，遭吴材、王能甫之毁，身被五黜，僅夷庶士。去都邑廟堂之重，而寓異鄉下里之居；辭公卿僚采之奉，而接野夫鄉老之陋；謝旌麾徒御之衆，而甘輿臺僮使之約。富貴之事，物物不同。而公中懷漠然，不異平昔。門下之士間得請謁於前者，詞氣顔色了不見其欣戚。唯以上恩保全，先衆人還鄉里，叙感而已。則良爲大也。蓋能用而不能舍，能顯而不能晦，能處安樂而不能處患難，皆非成德也。能用能舍，能顯能晦，能處安樂，且能處患難，然後爲成德，成德始可言大矣。故曰公有大焉者，此也。」

公所著文章集爲三十卷、奏議二十卷、魏公行事一卷、家傳十卷，藏於家未出。謹狀。

① 然猶未也　「猶」原作「尤」，據庫本及西臺集卷一五韓公行狀改。
② 生以爲常　西臺集卷一五韓公行狀作「出入爲常」。
③ 然尤憔悴枯槁　「尤」，西臺集卷一五韓公行狀作「猶」。
④ 或愠墜而自失　「墜」，西臺集卷一五韓公行狀作「懟」。
⑤ 席其舊德　西臺集卷一五韓公行狀無此四字。

辨證：

〔一〕韓儀公丞相忠彥行狀　本行狀又載於畢仲游西臺集卷一五，題曰「丞相儀國韓公行狀」。按，韓忠彥，東都事略卷六九、宋史卷三一二有傳。

〔二〕詔用公議　長編卷二一二熙寧三年六月丁丑條云：「詔秦王、楚王後如忠彥議，餘依禮官定。……先是，上問陳薦所説如何？王安石對曰：『今詔與秦王、楚王立後，兩王無嫡子、無嫡孫，又無庶子，又無嫡孫同母弟，惟有庶孫，則當立庶孫而已。庶孫者，除此兩王嫡孫外，諸子之子皆是也。今薦乃以嫡子之子爲庶孫，諸子之子爲別房孫。且秦王謂邕王孫乃爲別房孫，不得謂己諸子之子爲之子也。』邕王光濟，秦王兄，建隆三年追封。上以爲然。」

〔三〕詔是公議　石林燕語卷一云：「國朝經筵講讀官舊皆坐，乾興後始立。蓋仁宗時年尚幼，坐讀不相聞，故起立欲其近爾，後遂爲故事。熙寧初，呂申公（公著）、王荆公（安石）爲翰林學士，吴沖卿（充）知諫院，皆兼侍講，始建議：以爲六經言先王之道，講者當賜坐，因請復行故事。下太常禮院詳定。當時韓持國（維）、刁景純（約）、胡完夫（宗愈）爲判院，是申公等言。蘇子容（頌）、龔鼎臣、周孟陽，及禮官王汾、劉攽、韓忠彥，以爲講讀官曰『侍』，蓋侍天子，非師道也。且講讀官一等，侍讀仍班侍講上，今侍講坐而侍讀立，不應爲二，申公等議遂格。」汪應辰辨曰：「孫奭坐講，仁宗尚幼，跋案以聽之。奭因請立講，非謂坐讀不相聞故起立也。時詔太常禮院詳定，韓持國、刁景純、龔鼎臣、蘇子容、周孟陽皆判太常寺，餘皆同知太常禮院。此云韓、刁判院，而蘇、龔蒙上文言之，皆非也。」

〔四〕三司火出通判永寧軍事　長編卷二五六熙寧七年九月壬子條載：「是日，三司火，自巳至戌止，焚屋千八十楹，案牘等殆盡。詔三司權於尚書省莅事。」又乙卯條載制置永興秦鳳路交子、司封郎中宋迪「來稟事於三司，而從者遺火於鹽鐵之廢廳，遂燔三司」，故韓忠彥「降一官」，出爲軍通判。

〔五〕朝廷以夏人囚殺其長秉常用兵西方　宋史卷四八六夏國傳下云：「元豐「四年四月，有李將軍清者，本秦人，説秉常以河南地歸宋，國母知之，遂誅清而奪秉常政。鄜延總管种諤乃疏秉常遇弑，國内亂，宜興師問罪，此千載一時之會。帝然之，遂遣王中正往鄜延、環慶，稱詔募禁兵，從者將之。詔熙河李憲等，以秉常見囚，大舉征夏；及詔諭夏國嵬名諸部首領，能拔身自歸及相率共誅國讎，當崇其爵賞，敢有違拒者誅九族」。

[六]下米脂浮圖數十城　長編卷三二二元豐五年正月戊子條載時「新收復米脂、吴堡、義合、細浮圖、塞門五寨地土」。

[七]後大遼使至上復使公館客　長編卷三四一元豐六年十二月乙亥條載：「命給事中韓忠彦館伴遼使。初命禮部侍郎李常，上批『西邊事未定，北人至闕，須語及之，恐常不知西事本末，緩急難酬對』故也。」

[八]官制有令必用法也令援比例而廢法是無官制也　長編卷三四八元豐七年八月辛未條云：「給事中韓忠彦言：『吏部奏鈔，擬注江寧府司録參軍、前刑部法直官郝京試大理司直，不坐條而引例，既有著令，自當奉行，豈可廢條用例？』詔吏部郎官罰銅十斤，都省郎官六斤。」

[九]乃以公爲禮部尚書　長編卷三四九元豐七年十月乙亥條載給事中韓忠彦爲禮部尚書，云：「忠彦入謝，上諭曰：『先令公之勳，朕所不敢忘。卿復盡忠朝廷，此未足以酬卿也。』」注曰：「文彦博私記云：王珪謂遷忠彦太峻，獨蔡確左右之。上曰：『此特爲其父故，不可爲例也。』且云：『忠彦方許確婚，故得確助。』此當考。」又卷四三七元祐五年正月庚寅條注引文彦博私記曰：「初，先帝既下褒顯之詔，有云『乃知援立之功，厥有攸在』，嘉祐之詔，但宣之耳。又宰相王珪贈彦博詩，有『功業迴高嘉祐末』之句，實敍上語。韓氏子孫、故吏，始大切齒。後忠彦自高陽入爲給事中，數進見，陳其父勳，又言其初不知有至和之議，殆（王）同老輩造爲之耳。據同老奏狀，敍琦之言，則前議固已知之。帝常謂丙吉、霍光之事，前後兩不相揜，而堯臣手蹟在前，不容有僞。忠彦訴不已，先帝察其意，大望不過自欲求進，非爲父勳之不明也，遂自給事中超拜禮部尚書。王珪以謂遷之太峻，前無此例，蔡確獨左右之，帝曰：『此特以其父故，不可爲例也。』故訓辭專以父勳爲言，方且覬大用矣。」按，「至和之議」，據本書上集卷五富鄭公弼顯忠尚德之碑云：元豐三年「故參知政事王堯臣之子同老上言：『至和三年，仁宗弗豫，其父堯臣嘗與文彦博、劉沆及公同決大策，乞立儲嗣，仁宗許之，會翊日有瘳，故緩其事，人無復知者。』以其父堯臣所撰詔草上之」。

[一〇]會尚書左丞某甫去位　按，據長編卷四二九元祐四年六月甲辰條，尚書右僕射范純仁與守尚書左丞王存因對「車蓋亭詩案」之處罰蔡確存有異議，故罷官出京。

[一一]守尚書左丞　長編卷四二九元祐四年六月丙午條載樞密直學士、朝奉大夫、户部尚書韓忠彦爲中大夫、尚書左丞，云：「右諫議大夫范祖禹之妻與忠彦之妻從兄弟也，祖禹引嫌乞迴避；右司諫吴安詩言忠彦之妹嫁其子，右正言劉安世言其子娶忠彦之女，皆

乞迴避。詔特不迴避，仍不得爲例。祖禹等力辭，訖不許。」

［一二］復以公爲同知樞密院事　宋史韓忠彦傳稱其「弟嘉彦尚主，改同知樞密院事」。又長編卷四三九元祐五年三月壬申條載中大夫、守尚書左丞韓忠彦同知樞密院事，云「忠彦弟純彦妻，知樞密院孫固女也，各以親嫌乞罷，不許」。

［一三］更用大臣數人　據宋史卷二一二宰輔表三，紹聖元年二月丁未，李清臣自資政殿學士、守户部尚書除正議大夫、中書侍郎；鄧温伯自端明殿學士、守兵部尚書除右光禄大夫、尚書左丞。三月乙亥，吕大防自左僕射、中書侍郎以觀文殿大學士、右光禄大夫知潁昌府，改知永興軍；丁酉，蘇轍自太中大夫、門下侍郎以守本官知汝州。四月壬戌，范純仁自尚書右僕射兼中書侍郎以右正議大夫、觀文殿大學士知潁昌府、京西北路安撫使；章惇自通議大夫、提舉洞霄宫加左正議大夫、守尚書左僕射兼門下侍郎。閏四月甲申，安燾自觀文殿學士、右正議大夫除門下侍郎。五月辛亥，劉奉世自簽書樞密院事以端明殿學士、真定府路安撫使兼知成德軍。六月癸未，曾布自翰林學士承旨、知制誥兼侍讀除中大夫、同知樞密院事。

［一四］遂出仁宗之詔爲上讀之哲宗皇帝嘉納久之　按通鑑長編紀事本末卷一〇一逐元祐黨上云：「上既親政，言者争論垂簾，（范）純仁乞依明道二年故事下詔禁約，并録詔以進，不從。」

［一五］今侍從之間率自引去　據通鑑長編紀事本末卷一〇一逐元祐黨上云，紹聖元年四月癸丑，翰林學士兼侍讀范祖禹爲龍圖閣學士、知陜州；甲寅，資政殿學士、中奉大夫、吏部尚書胡宗愈爲通議大夫、知定州；乙酉，工部尚書李之純落寳文閣直學士，降授寳文閣待制，差知單州等。

［一六］哲宗皇帝亦嘉納用之　據本書本集卷三一彭待制汝礪墓誌銘云：「紹聖二年正月，召彭公于江州，以爲樞密都承旨。」下集卷二〇曾舍人肇云曾肇「紹聖初，知瀛州，降集賢殿修撰、知滁州」。通鑑長編紀事本末卷一〇〇紹述載紹聖元年「閏四月壬申，殿中侍御史井亮采言」云云，卷一〇一逐元祐黨上載紹聖元年八月「丁丑，秘書少監充秘閣校理張舜民爲直秘閣、權發遣陜西轉運使」。宋史卷三一四范純禮傳云其「轉吏部，改天章閣待制、樞密都承旨，去知亳州、提舉明道宫」，按太史范公文集卷三一有賜尚書右僕射范純仁辭免弟純禮樞密都承旨不允詔，則范純禮爲樞密都承旨在純仁罷相前，又皇朝編年綱目備要卷二四紹聖四年二月「再竄吕大防等三十餘人」條下載「范純禮蔡州」；金石萃編卷一四二韓宗道墓誌云其「元祐三年，擢權户部侍郎。……紹聖初，除寳文閣直學士、知成都府」。

〔一七〕至紹聖三年正月始以觀文殿學士知真定府　宋宰輔編年録卷一〇紹聖三年正月丙子條引丁未録云：「初，紹聖元年七月庚戌，知樞密院事韓忠彦乞罷，不許。後六日復故，上諭執政曰：『忠彦無他，不須爾。』布曰：『其爲人頗近厚，在元祐中無過，無可去之理。』又言琦勳業後世罕有其比。是年正月，樞密院奏事畢，忠彦留身請外，徑上馬，仍面諭曾布以欲得河陽，又白章惇匄得一善地，遂遷出，時十二月癸未也。翌日，布入對，上遽問忠彦已遷出，又曰：『忠彦別無事，亦不至姦險。』布曰：『然。』已而章惇言忠彦處置邊事多可笑，上甚駭之。忠彦請不已，乃有是命。」

〔一八〕又使言者言公嘗同尚書左丞王存聯奏請刊除謝景初過名非是　長編卷五〇四元符元年十二月乙未條云：「看詳訴理文字所言：『朝散大夫謝景初，昨任成都府路提刑，與倡女踰違，特追兩官勒停。元祐初，孫永、李常、韓忠彦、王存奏「景初只因提舉司論議不合，加誣坐罪」；又云：「朝廷專置官局，辨理枉横，景初不幸身没，不能自直。」竊惟永等遭遇先朝，致身禁從，寵眷隆厚，方裕陵之土未乾，姦臣誣詆典刑，以有爲無，語言不遜，無所忌憚。元祐訴理所稱「事出曖昧，顯涉冤抑，特與奏雪」，遂除落景初前斷過名，委屬不當。又景初男愔元祐二年狀稱：「非今日朝廷清明，何以雪幽冤於泉下？」』詔謝愔特勒停，韓忠彦、王存各贖金三十斤。」又卷五一三元符二年七月癸丑條云：「降官韓忠彦、王存等奏雪謝景初罪犯劄子内稱『朝廷專置官局，辨理枉横，景初不幸身殁，不能自直』等語言，其韓忠彦自太中大夫降授中大夫，王存自右正議大夫降授通議大夫。」

〔一九〕至則除門下侍郎　皇朝編年綱目備要卷二五元符三年二月「以韓忠彦爲門下侍郎」條云：「給事中劉拯言：『本朝不任外戚以政事，誠防微杜漸，萬世之長策也。今忠彦除門下，雖非其□□，臣恐政府援以爲例，非國之福。』詔：『韓琦定策元勳，忠彦純厚舊德，不可以嘉彦故廢。宜速書讀行下。』」按，韓忠彦弟嘉彦尚公主。

〔二〇〕數見收用　太平治迹統類卷二四元祐黨事本末下載：元符三年三月癸巳，「以韓忠彦爲右僕射，李清臣爲門下侍郎，蔣之奇同知樞密院事。時中外拭目新政，上意用中道，合異論，以忠彦重厚和平，首命爲相」。乙卯，「范純仁提舉嵩山崇福宮，許歸潁昌；劉奉世明道宮，許歸陳州；王覿崇福宮，韓川太平宮，吕希純鴻慶宮，吴安詩崇福宮，唐義問鴻慶宮，並任便居住；王欽臣知潁昌，吕陶、張耒、劉當時並與知州，吕希哲希績、賈易與小郡，劉唐老、黄隱堂除知軍，晁補之與通判，黄庭堅僉判；蘇軾移永州，轍移衡州，鄭俠放逐便」。

〔二一〕進右光禄大夫尚書左僕射兼門下侍郎儀國公　宋宰輔編年録卷一一崇寧元年七月戊子條云：「先是元符末，哲宗升遐，上即位，欽聖太后垂簾同聽政。召范純仁于永州，虚宰席以待純仁。純仁病不能朝，乃拜韓忠彦爲左僕射。」

〔一二二〕道之不行我知之矣　皇朝編年綱目備要卷二六「建中靖國元年」條云：「初，韓忠彦性柔懦，天下事多決於曾布。」宋史卷三四六陳祐傳云元符末，陳祐「上疏徽宗曰：『有旨令臣與任伯雨論韓忠彦援引元祐臣僚事。按賈易、岑象求、豐稷、張耒、黄庭堅、龔原、晁補之、劉唐老、李昭玘人才均可用，特迹近嫌疑而已。今若分别黨類，天下之人必且妄意陛下逐去元祐之臣，復興紹聖政事。今紹聖人才比肩於朝，一切不問；元祐之人數十，輒攻擊不已，是朝廷之上，公然立黨也。』」邵氏聞見録卷五云曾布「還朝，與忠彦勢相敵，漸逐忠彦薦引之士，右丞范公純禮爲人沈默剛正，數以言忤上，布憚之，謂駙馬都尉王詵曰：『上欲除君樞密都承旨，范右丞不以爲然，遂罷。』……上從王詵所納劄子，批除王師約樞密都承旨，皇太后之意也。布妄言出於范右丞，以激怒詵，詵信而恨之。後詵因館伴大遼使，妄稱范右丞押宴，席間語犯御名，辱國。右丞不復辯，以端明殿學士出知潁昌府。自此忠彦之客相繼被逐矣。布專意紹述，盡復紹聖、元符之政，忠彦懦而無智，既怨布，乃曰：『布之自爲計者紹述耳，吾當用能紹述者勝之。』遂召蔡京。」朱子語類卷一三〇自熙寧至靖康人物云：「問：『韓師朴、曾子宣建中事如何？』曰：『渠二人卻要和會。子宣日録極見渠心迹。當時商量云，左除卻軾轍，右除卻京卞，此意亦好。後來元祐人漸多，頗攻其短，子宣卻反悔，師朴無如之何。』又問：『蔡京之來，乃師朴所引，欲以傾子宣。』曰：『京入朝，師朴遣子迎之十里，子宣卻遣子迎之二十里。京既入，和二人皆打出。』注曰：「或録云：『韓師朴是箇鶻突的人，薦蔡京，欲使之排曾子宣。』」云云。」

〔一二三〕乃以公爲觀文殿大學士知大名府　宋宰輔編年録卷一一崇寧元年正月庚申條引丁未録云：「初，忠彦爲相，稍復元祐之政，天下翕然望治。至是，論者稱元祐之初，哲宗踐祚之始，大臣變亂神考之法度，斥神考之人材者，忠彦、李清臣爲之首，願示懲戒。乃有是命。未幾，言者復論其變亂紹述之政，復還辠戾之黨，比之元祐，抑又甚焉。乞罷職名，以厭士論。遂罷觀文殿大學士。」

〔一二四〕公援引古今具道其所以然以死争之皇太后之議遂格　宋史卷二四三哲宗昭慈孟皇后傳云：「劉婕妤有寵。紹聖三年，后朝景靈宫，訖事就坐，諸嬪御立侍，劉獨背立簾下，后閤中陳迎兒呵之，不顧，閤中皆忿。冬至日，會朝欽聖太后於隆祐宫，后御坐朱髹金飾，宫中之制，惟后得之。婕妤在他坐，有愠色，從者爲易坐，制與后等。衆弗能平，因傳唱曰：『皇太后出。』后起立，劉亦起，尋各復其所，或已撤婕妤坐，遂仆于地。懟不復朝，泣訴于帝。内侍郝隨謂婕妤曰：『毋以此慼慼，願爲大家早生子，此坐正當爲婕妤有也。』會后女福慶公主疾，后有姊頗知醫，嘗已后危疾，以故出入禁掖。公主藥弗效，持道家治病符水入治。后驚曰：『姊寧知宮中禁嚴，與外間異邪？』令左右藏之；俟帝至，具言其故。帝曰：『此人之常情耳。』后即爇符於帝前。宮禁相傳，厭魅之端作矣。未幾，后養母聽宣夫人燕氏、尼法端與供奉官王堅爲后禱祠。事聞，詔入内押班梁從政、管當御藥院蘇珪即皇城司鞫之，捕逮宦者、宫妾幾三十人，搒掠備至，肢體毁折，至有斷舌者。獄成，命侍御史董敦逸覆録，罪人過庭下，氣息僅屬，無一人能出聲者。敦逸秉筆疑未下，郝隨等以言脅之。敦逸畏禍及己，乃以奏牘上。詔廢后，出居瑶華宫。」皇朝編年綱目備要卷二五元符三年五月「復廢后孟氏爲元祐皇后」條云：「初，孟氏之廢也，哲宗有悔悟意，嘗曰：『章惇壞我名節。』至是，朝廷推行遺意，適有布衣上書請復瑶華者，遂命以官。上因韓忠彦曲謝，乃諭以復瑶華之事。又諭宰執欲召入禁中，却降麻，免令張皇，衆稱善。遂詔：『瑶華廢后，累經大霈，其議復位號。』於是左正言陳瓘言：『紹聖大臣以繼述神考爲説，以讎毁宣仁爲心。而瑶華乃宣仁所厚，又於先帝本無間隙，萬一瑶華有豫政之時，則元祐之事必復。是以過爲之慮，若刈草而去其根，則孟氏安得不廢？朝廷赦宥爲罪人，而設掖庭秘獄，治世所無。今若以爲過而均之赦宥，以是廢興動静與衆同科，慢而不嚴，於體未順。且瑶華前日得罪，而外議籍籍，皆以爲先帝有悔悟之言。審如此，則皇太后下一詔書，明白其事，陛下付外庭使議典禮，縱令遂非之人自護其短，安敢以先帝之言爲不然乎？』不報。」

［二五］公自罷相守大名至居於懷　皇朝編年綱目備要卷二六建中靖國元年九月「傅楫晁補之罷」條引曾布自叙云：「補之等日與其黨計議傾摇，必有達於上聽者，又爲管師仁輩所攻。師仁謂：『（蘇）軾、轍皆深毁先帝，而補之、（黄）庭堅等皆其門下士，不可聚於朝。』又自豐稷而下召還以來，無不譽元祐而毁熙豐，故上追省憒疾，日甚一日。自布在樞密院時，上已嘗諭布：『詆毁神考，第一是豐稷，其次張舜民。』然元祐之人尚以爲皆出于布，本非上意。至此上意已明，而韓忠彦、李清臣等猶欲回天，衆莫不笑之。忠彦嘗敷陳實録不當削韓琦章疏，上數語人曰：『忠彦尚能主張韓琦，朕豈不能主張神宗？』」又崇寧元年五月「韓忠彦罷」條云：「忠彦至都堂，左司諫吴材、右正言王能甫以狀申忠彦云：『具論奏，乞罷免。』忠彦得狀驚曰：『又似李邦直矣。』徑歸避位。」遂出忠彦知大名府。十月「復廢元祐皇后孟氏，貶韓忠彦等二十餘人」條云：「時，元符皇后閤宦者郝隨，諷蔡京再廢元祐皇后，京未得間。既而昌州判官馮澥上書論復皇后爲非。於是臺臣錢遹、石豫、左膚等連章論韓忠彦、李清臣、黄履乘一布衣狂言，復瑶華之廢后，掠流俗之虚美。望詢考大臣，斷以大義，慰宗廟神明。蔡京與執政許將、温益、趙挺之、張商英皆主臺臣之説。上不得已，從之。詔罷元祐皇后之號，復居瑶華宫；且竄

治忠彥、清臣、履、曾布、曾肇、豐稷、陳瓘、龔夬等有差」。宋史韓忠彥傳云韓忠彥爲左相，「而曾布爲右相，多不協，言事者助布排忠彥，以觀文殿大學士知大名府。又以欽聖欲復廢后爲忠彥罪，再降大中大夫，懷州居住」。

[二六] 乃曰公在位嘗棄湟州非是　皇朝編年綱目備要卷二六建中靖國元年三月「棄湟州」條載：「時既棄鄯州，於是大酋溪巴温迎懷德之第溪賒羅撒入居之。言者又論知湟州王厚首建開邊之策，及盜青唐物。上不欲竟其事，姑從薄責，而知河州姚雄又奏：『諸蕃怨（王）贍等入骨。』樞密院請斬贍以謝一方。時議者又多請棄湟州。朝廷問姚雄以棄守利害，雄遣部將陳迪諭意於知湟州雷秀，秀以爲可棄無疑。朝廷委雄措置，雄命秀將湟州兵由京玉關以歸，統制官劉玠命居民商旅由安鄉關以歸。遂以湟州畀趙懷德。」

[二七] 及復湟鄯　宋史卷三二八王厚傳云：「崇寧初，蔡京復開邊，還厚前秩，於是羌人多羅巴奉懷德之弟溪賒羅撒謀復國。懷德畏偪，奔河南，種落更挾之以令諸部。朝廷患衆羌扇結，命厚安撫洮西，遣內客省使童貫偕往。多羅巴知王師且至，集衆以拒。厚聲言駐兵而陰戒行，羌備益弛，乃與偏將高永年異道出。多羅巴三子以數萬人分據險，厚進擊破殺之。」遂拔湟州。至「三年四月，厚帥大軍次于湟，命永年將左軍循宗水而北，別將張誠將右軍出宗谷而南，自將中軍趨綏遠，期會宗哥川。羌置陳臨宗水，倚北山，溪賒羅撒張黃屋，建大旆，乘高指呼，望中軍旗鼓爭赴之。厚麾游騎登山攻其背，親帥强弩迎射，羌退走。右軍濟水擊之，大風從東南來，揚沙翳羌目，不得視，遂大敗。……羅撒以一騎馳去，其母龜茲公主與諸酋開鄯州降」。

[二八] 明年九鼎成　按通考卷九〇郊社考二十三云：「崇寧元年，方士魏漢津請備百物之象鑄九鼎。四年三月，九鼎成。詔於中泰一宮之南爲殿以奉安，各周以垣，上施睥睨，墁以方色之土，外築垣環之，名曰九成宮。」

[二九] 公得歸相　曲洧舊聞卷八云：「建中靖國間，既相曾布而召蔡京，韓師朴求去甚力。上知不可留，以大觀文出守北門。未幾，黨論大興，凡在籍者例行貶竄，獨師朴得近地。京諷臺諫言之，上終不從。其後遇星變，大赦，黨人皆內徙。師朴謝表云：『轉徙風波，獨安於近地；歸還里閈，最早於他人。』上讀至此，曰：『我固憐忠彥，今觀其表，忠彥亦自知我也。』」邵氏聞見録卷五云：「韓忠彥亦安置於河北近郡，尋聽自便，京陰報其薦引之功云。」

[三〇] 載於顧命之碑與龍圖閣直學士潁川陳薦所撰次魏公之誌　按，「顧命之碑」，即神宗御撰兩朝顧命定策元勳之碑，載本書上集卷一。

名臣碑傳琬琰集中卷五十一

司馬文正公光行狀[一]　文忠公蘇軾

曾祖政，贈太子太保。曾祖母薛氏，贈温國太夫人。祖炫，試秘書省校書郎、知耀州富平縣事，贈太子太傅。祖母皇甫氏，贈温國太夫人。父池，尚書吏部郎中，充天章閣待制，贈太師，追封温國公。母聶氏，贈温國太夫人。公諱光，字君實。其先河内人，晉安平獻王孚之後。王之裔孫征東大將軍陽始葬今陝州夏縣涑水鄉，子孫因家焉。自高祖、曾祖皆以五代衰亂不仕。富平府君始舉進士，没於縣令。皆以氣節聞於鄉里。而天章公以文學行義事真宗、仁宗，爲轉運使、御史知雜事、三司副使，歷知鳳翔、河中、同、杭①、虢、晉六州，以清直仁厚聞於天下，號稱一時名臣。

公自兒童，凜然如成人[二]。七歲，聞講左氏春秋，大愛之，退爲家人講，即了其大義。自是手不釋書，至不知飢渴寒暑。年十五，書無所不通，文詞醇深，有西漢風。天章公當任子，次及公，公推與二從兄，然後受補郊社齋郎，再奏將作監主簿。年二十，舉進士甲科[三]，改奉禮郎。以天章公在杭，辭所遷官，求簽書蘇州判官事以便

① 杭　原作「抗」，據文海本、庫本、蘇軾文集卷一六司馬温公行狀改。

親，許之。未上，丁太夫人憂。未除，丁天章公憂。執喪累年，毀瘠如禮。服除，簽書武成軍判官事，改大理評事。爲國子直講，遷本寺丞。

故相龐籍名知人，始與天章公遊，見公而奇之。及是爲樞密副使，薦公召試館閣校勘，同知太常禮院。中官麥允言死，詔以允言有軍功，特給鹵簿[四]。公言：「孔子不以名器假人，繁纓以朝，且猶不可。允言近習之臣，非有元勳大勞，而贈以三公之官，給以一品鹵簿，其爲繁纓，不亦大乎①？」故相夏竦卒，詔賜謚「文正」。公言：「謚之美者，極於『文正』。竦何人，可以當此？」書再上，改謚文莊[五]。遷殿中丞，除史館檢討，修日曆，改集賢校理。龐籍爲鄆州，徙并州，皆辟公通判州事。公感籍知己，爲盡力。

時趙元昊始臣，河東貧甚，官苦貴糴，而民疲於遠輸。麟州窟野河西多良田②，皆故漢地，公私雜耕。天聖中，始禁田河西者，虜乃得稍蠶食其地，俯窺麟州，爲河東憂。籍請公按視。公爲畫五策：「宜因州中舊兵，益禁兵三千、廂兵五百，築二堡河西，可使堡外三十里，虜不敢田，則州西六十里無虜矣。募民有能耕麟州閑田者，復其税役十五年，能耕窟野河西者，長復之，耕者必衆，官雖無所得，而糴自賤，可以漸紓河東之民。」籍移麟州如公言。而兵官郭恩勇且狂，夜開城門，引千餘人渡河，載酒食，不爲戰備，遇敵死之[六]。議者歸罪於籍，罷節度使，知青州。公守闕三上書，乞獨坐其事，不報[七]。籍初不以此望公，而公深以自咎。籍既没，升堂拜其妻如母，撫其子如昆弟，時人兩賢之。

改太常博士、祠部員外郎，直秘閣，判吏部南曹，遷開封府推官，賜五品服。交趾貢異獸，謂之麟。公言：

---

① 不亦大乎　「大」原作「可」，據庫本及蘇軾文集卷一六司馬温公行狀改。

② 麟州窟野河西多良田　「窟野河」，長編諸卷及宋史、東都事略司馬光傳等皆作「屈野河」。按，下文同。

「真僞不可知。使其真，非自然而至，不足爲瑞。若僞，爲遠夷笑。願厚賜其使而還其獸。」因奏賦以諷[八]。

遷度支員外郎，判勾院。擢修起居注，五辭而後受①。判禮部。有司奏六月朔日當食[九]。公言：「故事，食不滿分，或京師不見，皆賀。臣以爲日食四方見，京師不見，天意人君爲陰邪所蔽，天下皆知，而朝廷獨不知，其爲災當益甚，皆不當賀。」詔從之，後遂以爲常。

遷起居舍人、同知諫院。蘇轍舉直言，策入第四等，而考官以爲不當收[一〇]。公言：「轍於同科四人中，言最切直，有愛君憂國之心，不可不收。」時宰相亦以爲當黜，仁宗不許曰：「求直言，以直棄之，天下其謂朕何？」公遂與諫官王陶同上疏[一一]：「願爲宗廟社稷自重，卻罷燕飲，安養神氣，後宮嬪御，進見有度，左右小臣，賜予有節，厚味腊毒，無益奉養者，皆不宜數御。」上嘉納之。

初至和三年，仁宗始不豫，國嗣未立，天下寒心而不敢言，惟諫官范鎮首發其議[一二]。公時爲并州通判，聞而繼之，上疏言：「禮：大宗無子，則小宗爲之後。爲之後者，爲之子也。願陛下擇宗室賢者，使攝儲貳，以待皇嗣之生，退居藩服。不然，則典宿衛、尹京邑，亦足以係天下之望。」疏三上，其一留中，其二付中書。公又與鎮書：「此大事，不言則已，言一出，豈可復反？願公以死争之。」於是鎮言之益力。及公爲諫官，復上疏，且面言：「臣昔爲并州通判，所上三章，願陛下果斷而力行之。」時仁宗簡默不言，雖執政奏事，首肯而已，聞公言，沈思久之，曰：「得非欲選宗室爲繼嗣者乎？此忠言之臣②，但人不敢及耳。」公曰：「臣言此，自謂必死，不意陛下開納。」上曰：「此何害？古今皆有之。」因令公以所言付中書。公曰：「不可，願陛下自以意喻宰相。」是日，公復言

---

① 五辭而後受　「辭」原作「詞」，據文海本、庫本及蘇軾文集卷一六司馬温公行狀改。

② 此忠言之臣　庫本、蘇軾文集卷一六司馬温公行狀作「忠臣之言」，義長。

江淮鹽事，詣中書白之。宰相韓琦問公今日復何所言，公默計此大事，不可不使琦知，思所以廣上意者，即曰：「所言宗廟社稷大計也。」琦喻意，不復言。後十餘日，有旨令公與御史裏行陳洙同詳定行户利害。洙與公屏語曰：「日者大饗明堂，韓公攝太尉，洙爲監祭。公從容謂洙，聞君與司馬君實善，君實近建言立嗣事，恨不以所言送中書，欲發此議，無自發之。行户利害，非所以煩公也，欲洙見公達此意耳。」時嘉祐六年閏八月也①。至九月，公復上疏面言：「臣向者進説，陛下欣然無難，意謂即行矣。今寂無所聞，此必有小人言陛下春秋鼎盛，子孫當千億，何遽爲此不祥之事？小人無遠慮，特欲倉猝之際，援立其所厚善者耳。唐自文宗以後，立嗣皆出於左右之意，至有稱『定策國老』、『門生天子』者，此禍豈可勝言哉！」上大感悟，曰：「送中書。」公至中書，見琦等曰：「諸公不及今定議，異日夜半禁中出寸紙以某人爲嗣，則天下莫敢違。」琦等皆唯唯曰：「敢不盡力！」後月餘，詔英宗判宗正寺，固辭不就職。明年，遂立爲皇太子。稱疾不入。公復上疏言：「凡人争絲毫之利，至相争奪。今皇子辭不貲之富，至三百餘日不受命，其賢於人遠矣。有識聞之，足以知陛下之聖，能爲天下得人。然臣聞父召無諾，君命召不俟駕而行②，使者受命不受辭③，皇子不當辭避，使者不當徒反。凡召皇子内臣皆乞責降，且以臣子大義責皇子，宜必入。」英宗遂受命。

兖國公主下嫁李瑋，以驕恣聞。公上疏言：「太宗時，姚坦爲兖王翊善，有過必諫，左右教王詐疾，踰月，太宗召王乳母入問起居狀。乳母曰：『王無疾，以姚坦故鬱鬱成疾耳。』太宗怒曰：『王年少，不知爲此，汝輩

①　後十餘日至時嘉祐六年閏八月也　按，據長編卷一九五，司馬光「復言江淮鹽賊事」在嘉祐六年閏八月丁未，即二十六日，故「後十餘日」已在九月間。此處所云稍不確。

②　君命召不俟駕而行　「行」原作「禮」，據庫本及蘇軾文集卷一六司馬温公行狀改。

③　使者受命不受辭　「辭」原作「詞」，據庫本及蘇軾文集卷一六司馬温公行狀改。

教之。』杖乳母數十，召坦慰勉之。齊國獻穆大長公主，太宗之子，真宗之妹，陛下之姑，而謙恭率禮，天下稱其賢。願陛下教子以太宗爲法，公主事夫以獻穆爲法。」已而公主不安於李氏，詔瑋出知衛州，公主入居禁中，而瑋母楊歸其兄璋，散遣其家人。公言：「陛下追念章懿太后，故使瑋尚主。今乃母子離析，家事流落，陛下獨無雨露之感、悽惻之心乎？瑋既責降，公主亦不得無罪。」上感悟，詔公主降封沂國，待李氏恩禮不衰[一三]。

判檢院，權判國子監。除知制誥，力辭至八九[一四]，改授天章閣待制兼侍講，賜三品服，仍知諫院。上疏言：「經略安撫使以便宜從事，出於兵興權制，非永世法。及將相大臣典州者，多以貴倨自恃，陵忽轉運使，不得舉職①。朝廷務省事，專行姑息之政。至於胥史讙譁而逐御史中丞[一五]，輦官悖慢而退宰相[一六]，衛士凶逆而獄不窮姦，澤加於舊[一七]，軍人詈三司使而法官以爲非犯階級，於用法疑[一八]。其餘有一夫流言於道路，而爲之變法推恩者多矣。皆陵遲之漸，不可以不正。」

充媛董氏薨，追贈婉儀，又贈淑妃，輟朝成服，百官奉慰定謚行册禮，葬給鹵簿。公言：「董氏秩本微，病革之日，方拜充媛。古者婦人無謚，近制惟皇后有之。鹵簿本以賞軍功，未嘗施於婦人，惟唐平陽公主有舉兵佐高祖定天下之功，乃得給。至韋庶人，始令妃主葬日皆給鼓吹，非令典，不足法。」時有司新定後宫封贈法，皇后與妃皆贈三代[一九]。公言：「別嫌明微，妃不當與后同。袁盎引却慎夫人坐，正爲此耳。天聖親郊，太妃止贈二代，而況妃乎？」知嘉祐八年貢舉[二〇]。

仁宗崩，英宗以哀毁致疾，慈聖光獻太后同聽政[二一]。公首上疏言：「章獻明肅太后保佑先帝，進賢退姦，

① 不得舉職　「不」上，蘇軾文集卷一六司馬温公行狀有「使」字。

有大功於趙氏，特以親用外戚小人，故負謗天下。今太后初攝大政，大臣忠厚如王曾，清純如張知白，剛正如魯宗道，質直如薛奎者，當信用之；鄙猥如馬季良，讒諂如羅崇勳者①，當疏遠之，則天下服。」又上疏英宗言：「漢宣帝爲昭帝後，終不追尊衛太子、史皇孫；光武起布衣得天下，自以爲後元帝②，亦不追尊鉅鹿都尉、南頓君。惟哀、安、桓③、靈，皆自旁親入繼大統，追尊其父祖，天下非之。願以爲戒。」

時公所得仁宗遺賜珠金直百餘萬[二二]，率同列三上章言：「國有大憂，中外窘乏，不可專用乾興故事。若遺賜不可辭，則宜許侍從以上進金錢，佐山陵費。」不許。公乃以所得珠爲諫院公使錢，金以遺其舅氏，義不藏於家。

英宗疾既平，皇太后還政。公上疏言：「治身莫先於孝，治國莫先於公。」其言切至，皆母子間人所難言者。時有司立法，皇太后有所取用，有司奏覆，得御寶乃供。公極論以爲不可，當直下合同司移所屬立供，如上所取，已乃具數奏太后，以防矯僞[二三]。

曹佾除使相[二四]，兩府皆遷。公言：「佾無功而得使相，陛下以慰母心耳。今兩府皆遷，無名。若以還政爲功，則宿衛將帥、内侍小臣，必有覬望。」已而都知任守忠等皆遷。公復争之，因論：「守忠大姦，陛下爲皇子，非守忠意，沮壞大策，離間百端[二五]，賴先帝不聽。及陛下嗣位，反覆革面，交構兩宮。國之大賊，人之巨蠹，乞斬於都市以謝天下。」詔以守忠爲節度副使，蘄州安置，天下快之。

---

① 讒諂如羅崇勳者　「者」原作「若」，據庫本及蘇軾文集卷一六司馬温公行狀改。

② 自以爲後元帝　「後元帝」，蘇軾文集卷一六司馬温公行狀作「元帝後」。

③ 桓　原作「相」，據文海本、庫本及蘇軾文集卷一六司馬温公行狀改。

時有詔陝西刺民兵號義勇〔二六〕，公上疏極論其害云：「康定、慶曆間，籍陝西民爲鄉弓手，已而刺爲保捷指揮。民被其毒，兵終不可用，遇敵先北，正兵隨之，每致崩潰。縣官知其坐食無用，汰遣歸農，而惰游之人不能復反南畝，彊者爲盜，弱者轉死，父老至今流涕也。今義勇何以異此？」章六上，不從。乞罷諫官，不許。

王廣淵除直集賢院〔二七〕。公言：「廣淵姦邪不可近。昔漢景帝爲太子，召上左右飲，衛綰獨稱疾不行。及即位，待綰有加。周世宗鎮澶淵，張美爲三司吏，掌州之錢穀，世宗私有求假，美悉力應之。及即位，薄其爲人，不用。今廣淵當仁宗之世，私自結於陛下，豈忠臣哉？願黜之以厲天下。」

執政建言濮安懿王德盛位隆，宜有尊禮，詔太常禮院與兩制議。翰林學士王珪等相顧不敢先，公獨奮筆立議曰：「爲之後者爲之子，不敢復顧其私親。今日所以崇奉濮安懿王典禮，宜一準先朝封贈期親尊屬故事，高官大爵，極其尊榮。」議成，珪即敕吏以公手藁爲案，至今存焉。時中外訩訩，御史吕誨、傅堯俞、范純仁、吕大防、趙鼎、趙瞻等皆争之①，相繼降黜〔二八〕。公上疏乞留之，不可則乞與之皆貶。

初，西戎遣使致祭，而延州指使高宜押伴，傲其使者，侮其國主。使者訴於朝〔二九〕，公與吕誨乞加宜罪，不從。明年，西戎犯邊，殺略吏士〔三〇〕。趙滋爲雄州，專以猛悍治邊，公亦論其不可。至是，契丹之民有捕魚界河、伐柳白溝之南者。朝廷以知雄州李中祐爲不材，選將代之〔三一〕。公言：「國家當戎狄附順時，好與之計較末節，及其桀驁，又從而姑息之。近者西戎之禍，生於高宜；北狄之隙，起於趙滋。朝廷方賢此二人，故邊臣皆以生事爲能。今若選將代中祐，則來者必以滋爲法，而以中祐爲戒，漸不可長。宜敕邊吏，彊埸細故，徐以文檄往反，若輕以矢刃相加者，坐之。」

① 趙瞻等皆争之 「趙瞻」原作「趙贍」，據庫本、蘇軾文集卷一六司馬温公行狀及宋史卷三四一趙瞻傳改。

京師大水，公上疏論三事〔三二〕，皆盡言無所隱諱。除龍圖閣直學士，判流内銓，改右諫議大夫，知治平四年貢舉。

神宗即位，首擢公爲翰林學士，公力辭，不許。上面諭公：「古之君子，或學而不文，文而不學①，惟董仲舒、揚雄兼之。卿有文學，何辭爲？」公曰：「臣不能爲四六〔三三〕。」上曰：「如兩漢制詔可也。」公曰：「本朝故事不可。」上曰：「卿能舉進士，取高等，而云不能四六，何也？」公趨出，上遣内臣至閤門，彊公受告，拜而不受。趣公入謝，曰：「上坐以待公。」公入至廷中，以告置公懷中，不得已乃受。

遂爲御史中丞〔三四〕。初，中丞王陶論宰相不押常朝班爲不臣，宰相不從，陶争之力，遂罷。公既繼之，言：「宰相不押班，細故也，陶言之過。然愛禮存羊，則不可已。自頃宰相權重，今陶復以言宰相罷，則中丞不可復爲。臣願俟宰相押班，然後就職。」上曰：「可。」陶既出知陳州，謝章詆宰相不已，執政議再貶陶。公言：「陶誠可罪，然陛下欲廣言路，屈己受陶，而宰相獨不能容乎？」乃已。

公上疏論修心之要三，曰仁，曰明，曰武；治國之要三，曰官人，曰信賞，曰必罰。其説甚備〔三五〕，且曰：「臣昔爲諫官，即以此六言獻仁宗。其後以獻英宗，今以獻陛下，平生力學所得，盡在是矣。」

公在英宗時，與吕誨同論「祖宗之制，句當御藥院常用供奉官以下，至内殿崇班則出。近歲居此位者，皆暗理官資，食其廩給，非祖宗大意②。又故事，年未五十，不得爲内侍省押班。今除張茂則，止四十八，不可」。至是又言之。因論高居簡姦邪，乞加遠竄。章五上，上爲盡罷寄資内臣，居簡亦補外〔三六〕。未幾，復留陳承禮、劉

① 文而不學　「文」上，蘇軾文集卷一六司馬温公行狀有「或」字。

② 非祖宗大意　「大」，蘇軾文集卷一六司馬温公行狀作「本」，似是。

有方二人，公復争之。又言：「近者王中正往陝西，知涇州劉渙等諂事中正，而鄜延鈐轄吴舜臣違失其意，已而渙等進擢，舜臣降黜，權歸中正，謗歸陛下。是去一居簡，得一居簡。」上手詔問公所從知[三七]。公曰：「臣得之賓客，非一人言。事之有無，惟陛下知之。若無，臣不敢避妄言之罪。萬一有之，不可不察。」詔用宮邸直省官郭昭選等四人爲閤門祇候。公言：「國初草創，天步尚艱，故即位之始，必以左右舊人爲腹心耳目，謂之隨龍，非平日法也。閤門祇候在文臣爲館職，豈可使厮役爲之？」

英宗山陵，公爲儀仗使，賜金五十兩、銀合三百兩①。三上章辭，從之。

邊吏上言：「西戎部將嵬名山，欲以横山之衆取諒祚以降。」詔邊臣招納其衆[三八]。公上疏極論，以爲：「名山之衆未必能制諒祚，幸而勝之，滅一諒祚，生一諒祚，何利之有？若其不勝，必引衆歸我，不知何以待之？臣恐朝廷不獨失信於諒祚，又將失信於名山矣。若名山餘衆尚多，還北不可②，入南不受，窮無所歸，必將突據邊城以救其命。陛下獨不見侯景之事乎？」上不聽，遣將种諤發兵迎之，取綏州[三九]，費六十萬萬。西方用兵，蓋自是始矣。

兼翰林侍讀學士。登州有不成婚婦謀殺其夫，傷而不死者，吏疑問即承。知州事許遵讞之，有司當婦絞而詔貸之。遵上議準律因犯殺傷而自首者，得免所因之罪，婦當減二等③，不當絞。詔公與王安石議之。安石是

---

① 銀合三百兩　「百」，司馬光集卷三七辭賜金第一劄子、納賜金劄子作「十」。

② 還北不可　「北」原作「比」，據文海本、庫本及蘇軾文集卷一六司馬温公行狀改。

③ 婦當減二等　「二等」，蘇軾文集卷一六司馬温公行狀作「三等」。按，宋文鑑卷一三七蘇軾司馬温公行狀、司馬光集卷三八議謀殺已傷案問欲舉自首狀、長編紀事本末卷七五試刑法、通考卷一七〇刑考九詳獄皆作「二等」。

遵議，公言：「謀殺猶故殺也，皆一事，不可分①。若謀爲所因與殺爲二，則故與殺亦可爲二邪？」自宰相文彦博以下皆附公議，然卒用安石言，至今天下非之[四〇]。

權知審官院。百官上尊號，公當答詔，上疏言：「先帝親郊，不受尊號，天下莫不稱頌。末年有建言者，國家與契丹有往來書信，彼有尊號，而我獨無，以爲深耻。於是群臣復以非時上尊號。昔漢文帝時，單于自稱『天地所生日月所置匈奴大單于』，不聞文帝復爲大名以加之也。願陛下追用先帝本意，不受此名。」上大悦，手詔答公：「非卿朕不聞此言，善爲答詞，使中外曉然，知朕至誠，非欺衆邀名者。」遂終身不復受尊號。

執政以河朔災傷，國用不足②，乞今歲親郊，兩府不賜金帛[四一]，送學士院取旨。公言：「兩府所賜以匹兩計，止二萬，未足以救災，宜自文臣兩省，武臣、宗室刺史以上皆減半。」公與學士王珪、王安石同對。公言：「救災節用，宜自貴近始，可聽兩府辭賜。」安石曰：「常衮辭賜饌，時議以爲衮自知不能，當辭位，不當辭禄[四二]。且國用不足，非當今之急務也。」公曰：「衮辭禄，猶賢於持禄固位者。國用不足，真急務。安石言非是。」安石曰：「不足者，以未得善理財者故也。」公曰：「善理財者，不過頭會箕斂以盡民財，民窮爲盜，非國之福。」安石曰：「不然。善理財者，不加賦而上用足[四三]。」公曰：「天下安有此理！天地所生財貨百物，止有此數，不在民，則在官。譬如雨澤，夏澇則秋旱。不加賦而上用足，不過設法陰奪民利，其害甚於加賦。此乃桑羊欺漢武帝之言，太史公書之，以見武帝不明耳[四四]。至其末年，盜賊蠭起，幾至於亂。若武帝不悔禍，昭帝不變法，則漢幾亡。」争議不已。王珪進曰：「救災節用，宜自貴近始，司馬光言是也。然所費無幾，恐傷國體，王安石言亦是。惟明主

① 不可分　蘇軾文集卷一六司馬温公行狀作「不可分爲二」。
② 國用不足　「足」原作「是」，據文海本、庫本及蘇軾文集卷一六司馬温公行狀改。

裁擇。」上曰：「朕意與光同，然姑以不允答之。」會安石當制，遂引常袞事責兩府[四五]，兩府亦不復辭。

兼史館修撰。上問公可爲諫官者，公薦呂誨，誨以天章閣待制知諫院。

詔公與張茂則同相視二股河及生堤利害①[四六]。公用都水監丞宋昌言策，乞於二股之西置上約②，約水東流，若東流日深，北流自淺，薪蒭漸備，乃塞其北，放出御河、胡盧河下流，以紓恩、冀、深、瀛以西之患。時議者多不同，公於上前反覆論難甚苦，卒從之。後皆如公言，賜詔獎諭[四七]。

王安石始爲政，創立制置三司條例司，建爲青苗、助役、水利、均輸之政，置提舉官四十餘員，行其法於天下，謂之「新法」。公上疏逆陳其利害，曰「後當如是」。行之十餘年，無一不如公言者。天下傳誦，以公爲真宰相[四八]，雖田父野老，皆號公「司馬相公」，而婦人孺子知其爲君實也。

邇英進讀，至蕭何、曹參事，公曰：「參不變何法，得守成之道，故孝惠、高后時，天下晏然，衣食滋殖。」上曰：「漢常守蕭何之法，不變可乎？」公曰：「何獨漢也？使三代之君，常守禹、湯、文、武之法，雖至今存可也。武王克商，曰：『乃反商政，政由舊。』然則雖周，亦用商政也。書曰：『無作聰明，亂舊章。』漢武帝用張湯言，取高帝法紛更之，盜賊半天下。元帝改宣帝之政，而漢始衰。由此言之，祖宗之法不可變也。」後數日，呂惠卿進講，因言：「先王之法，有一年而變者，『正月始和，布法象魏』是也；有五年一變者，『巡守考制度』是也；有三十年一變者，『刑罰世輕世重』是也；有百年不變者，父慈子孝、兄友弟恭是也。前日光言非是，其意以諷朝廷，且譏

① 詔公與張茂則同相視二股河及生堤利害　「生堤」，庫本及蘇軾文集卷一六司馬温公行狀作「土堤」。

② 乞於二股之西置上約　「上約」，庫本、蘇軾文集卷一六司馬温公行狀作「土堤」，司馬光傳家集卷四二乞優賞宋昌言劄子作「土約」。按，「上」疑爲「土」字之譌。

臣爲條例司官耳。」上問公：「惠卿言何如？」公曰：「布法象魏，布舊法也，何名爲變？若四孟月朔，屬民讀法，爲時變月變耶？諸侯有變禮易樂者，王巡狩則誅之，王不自變也。刑新國用輕典，亂國用重典，平國用中典，是爲世輕世重，非變也。且治天下，譬如居室，弊則修之，非大壞不更造也。大壞而更造，非得良匠美材不成。今二者皆無有，臣恐風雨之不庇也。公卿侍從皆在此，願陛下問之。三司使掌天下財，不才而黜可也，不可使兩府侵其事，今爲制置三司條例司，何也？宰相以道佐人主，安用例？苟用例而已，則胥史足矣。今爲看詳中書條例司，何也？」惠卿不能對，則詆公曰：「光爲侍從何不言？言而不從何不去？」公作而答曰：「是臣之罪也。」上曰：「相與論是非耳，何至是①〔四九〕？」講畢，賜坐户外。將出，上命徙坐户内，左右皆避去。上曰：「朝廷每更一事，舉朝訩訩，何也？」王珪曰：「臣疎賤，在闕門之外，朝廷之事不能盡知，借使聞之道路，又不知其虚實也。」上曰：「聞則言之。」公曰：「青苗出息②，平民爲之，尚能以蠶食下户，至飢寒流離，況縣官法度之威乎？」惠卿曰：「青苗法，願取則與之，不願不彊也。」公曰：「愚民知取債之利，不知還債之害，非獨縣官不彊，富民亦不彊也。臣聞作法於凉，其弊猶貪，作法於貪，弊將若之何？昔太宗平河東，立和糴法，時米斗十餘錢，草束八錢，民樂與官爲市。其後物貴而和糴不解，遂爲河東世世患。臣恐異日之青苗，猶河東之和糴也。」上曰：「陝西行之久矣，民不以爲病。」公曰：「臣陝西人也，見其病，不見其利。朝廷初不許也，而有司尚能以病民，況立法許之乎？」上曰：「坐倉糴米何如？」坐者皆起曰：「不便。上已罷之，幸甚。」上曰：「未罷也。」公曰：「京師有七年之儲而錢常乏，若坐倉，錢益乏，米益陳，奈何？」惠卿曰：「坐倉得米百萬斛，則省東南百萬之漕，以其錢供京

---

① 何至是　「是」字原脱，據庫本及蘇軾文集卷一六司馬温公行狀補。
② 青苗出息　「青」字原闕，據文海本、庫本及蘇軾文集卷一六司馬温公行狀補。

師，何患無錢？」公曰：「東南錢荒而米狼戾，今不糴米而漕錢，棄其有餘，取其所無，農末皆病矣。」侍講吳申起曰：「光言，至論也。」公曰：「此皆細事，不足煩人主，但當擇人而任之①。有功則賞，有罪則罰，此則陛下職也。」上曰：「然。『文王罔攸兼于庶言，庶獄庶慎，惟有司之牧夫。』」公趨出，上曰：「卿得無以惠卿之言不樂乎？」公曰：「不敢。」

韓琦上疏論青苗之害，上感悟，欲罷其法。安石稱疾求去。會拜公樞密副使，公上章力辭至六七，曰：「上誠能罷制置條例司，追還提舉官，不行青苗、助役等法，雖不用臣，臣受賜多矣。不然，終不敢受命。」上遣人謂公：「樞密，兵事也。官各有職，不當以他事爲辭。」公言：「臣未受命，則猶侍從也，於事無不可言者。」安石起視事，青苗法卒不罷，公亦卒不受命[五〇]。則以書喻安石，三往反，開喻苦至，猶幸安石之聽而改也。且曰：「『巧言令色，鮮矣仁。』彼忠信之士，於公當路時，雖齟齬可憎，後必徐得其力。諂諛之人，於今誠有順適之便②，一旦失勢，必有賣公以自售者。」意謂呂惠卿。對賓客，輒指言之曰：「覆王氏者，必惠卿也。」小人本以利合，勢傾利移，何所不至？」其後六年，而惠卿叛安石，上書告其罪，苟可以覆王氏者，靡不爲也[五一]。由是天下服公先知。

公求補外，上猶欲用公，公不可，以端明殿學士出知永興軍。朝辭進對，猶乞免本路青苗、助役[五二]。宣撫使下令分義勇四番，欲以更戍邊[五三]，選諸軍驍勇，募閭里惡少爲奇兵，調民爲乾糧麨飯③，雖內郡不被邊，皆修城池樓櫓如邊郡，且遣兵就糧長安、河中、邠，三輔騷然。公上疏極言：「方凶歲，公私困弊，不可舉事，而永興一路城池樓

---

① 但當擇人而任之　「但」原作「值」，據庫本、蘇軾文集卷一六司馬温公行狀及東都事略司馬光傳改。

② 於今誠有順適之便　「便」，蘇軾文集卷一六司馬温公行狀及司馬光集卷六〇與王介甫書、東都事略司馬光傳作「快」。

③ 調民爲乾糧麨飯　「麨」，鐵琴銅劍樓本、庫本作「麬」，長編卷二二〇熙寧四年二月辛酉條引司馬光言作「麨」。按，下文同。

櫓皆不急，乾糧麨飯昔嘗造，後無用，腐棄之。宣撫司令，臣皆未敢從。若乏軍興，臣坐之。」於是一路獨得免。

頃之，詔移知許州，不赴，遂乞判西京留司御史臺以歸，自是絶口不論事[五四]。以祀明堂恩，加上柱國。至熙寧七年，上以天下旱蝗，詔求直言。公讀詔泣下，欲默不忍，乃復陳六事：一青苗，二免役，三市易，四邊事，五保甲，六水利，此尤病民者，宜先罷。又以書責宰相吴充：「天子仁聖如此，而公不言，何也？」

元豐五年，公忽得語澀疾，自疑當中風，乃豫作遺表，大略如六事加詳盡，感概親書，緘封置卧内，且死，當以授所善范純仁、范祖禹，使上之。凡居洛十五年，再任留司御史臺，四任提舉崇福宫。官制行，改太中大夫，加資政殿學士。

神宗崩，公赴闕臨[五五]。衛士見公入，皆以手加額曰：「此司馬相公也。」民遮道呼曰：「公無歸洛，留相天子，活百姓。」所在數千人聚觀之。公懼，會放辭謝，遂徑歸洛。太皇太后聞之，詰問主者，遣使勞公，問所當先者。公言：「近歲士大夫以言爲諱。閭閻愁苦於下，而上不知；明主憂勤於上，而下無所訴。此罪在群臣，而愚民無知，歸怨先帝，宜下詔首開言路。」從之。下詔榜朝堂，而當時有不欲者，於詔語中設六事以禁切言者曰：「若陰有所懷，犯非其分，或扇摇機事之重，或迎合已行之令，上以觀望朝廷之意以僥倖希進，下以眩惑流俗之情以干取虚譽，若此者，必罰無赦。」太皇太后封詔草以問公，公曰：「此非求諫，乃拒諫也。人臣惟不言，言則入六事矣[五六]。」時太府少卿宋彭年、水部員外郎王諤皆應詔言事，有欲借此二人以懲天下言者，皆以非職而言，贖銅三十觔①[五七]。公具論其情，且請改賜詔書②，行之天下，從之。於是四方吏民言新法不便者數千人。

① 贖銅三十觔　「觔」，鐵琴銅劍樓本、庫本及蘇軾文集卷一六司馬温公行狀作「斤」。
② 且請改賜詔書　鐵琴銅劍樓本、庫本無「且請」二字。

公方草具所當行者，而太皇太后已有旨散遣修京城役夫，罷減皇城内覘者，止御前工作，出近侍之無狀者三十餘人，戒敕中外無敢苛刻暴斂，廢導洛司物貨場，及民所養户馬寬保馬限，皆從中出，大臣不與[五八]。公上疏謝：「當今急務，陛下略已行之矣。小臣稽慢①，罪當萬死。」詔除公知陳州，且過闕入見，使者勞問，相望於道。至則拜門下侍郎[五九]，公力辭，不許，數賜手詔：「先帝新棄天下，天子沖幼，此何時，而君辭位耶？」公不敢復辭。以覃恩遷通議大夫。

初，神宗皇帝以英偉絶人之資，勵精求治，凛凛乎漢宣帝、唐太宗之上矣。而宰相王安石用心過當，急於功利，小人得乘間而入，吕惠卿之流以此得志，後者慕之，争先相高，而天下病矣。先帝明聖，獨覺其非，出安石金陵，天下欣然，意法必變，雖安石亦自悔恨。其去而復用也，欲稍自改，而惠卿之流恐法變身危，持之不肯改。然先帝終疑之，遂退安石，八年不復召，而惠卿亦再逐不用[六〇]。元豐之末，天下多故，及二聖嗣位[六一]，民日夜引領以觀新政，而進説者以爲三年無改於父之道[六二]，欲稍損其甚者，毛舉數事以塞人言。公慨然争之曰：「先帝之法，其善者，雖百世不可變也。若安石、惠卿等所建，爲天下害，非先帝本意者，改之當如救焚拯溺，猶恐不及。昔漢文帝除肉刑，斬右趾者棄市，笞五百者多死，景帝元年即改之。武帝作鹽鐵、榷酤、均輸等法，昭帝罷之。唐代宗縱宦官公求賂遺，置客省拘滯四方之人，德宗立未三月，罷之。德宗晚年爲宫市，五坊小兒暴横，鹽鐵月進羡餘，順宗即位，罷之。當時悦服，後世稱頌，未有或非之者也。況太皇太后以母改子，非子改父[六三]。」衆議乃定。

公以爲治亂之機，在於用人，邪正一分，則消長之勢自定。每論事，必以人物爲先，凡所進退，皆天下所謂當

---

① 小臣稽慢　「小」原作「山」，據鐵琴銅劍樓本、庫本及蘇軾文集卷一六司馬温公行狀改。

然者，然後朝廷清明，人主始得聞天下利害之實。遂罷保甲團教，依義勇法，歲一閱[六四]。保馬不復買，見在者還監牧，給諸軍[六五]。廢市易法，所儲物皆鬻之，不取息，而民所欠錢皆除其息[六六]。京東鑄鐵錢[六七]，河北、江西、福建、湖南鹽及福建茶法，皆復其舊。獨川陝茶以邊用未即罷，遣使相視，去其甚者[六八]。户部左右曹錢穀，皆領之尚書。凡昔之三司使事，有散隸五曹及寺監者，皆歸户部，使尚書周知其數，量入以爲出[六九]。於是天下釋然曰：「此先帝本意也，非吾君之子，不能行吾君之意。」時獨免役、青苗、將官之法猶在，而西戎之議未決也[七〇]。山陵畢，遷公正議大夫。公自以不與顧命，不敢當，詔不許。

元祐元年正月，公始得疾。詔公與尚書左丞吕公著朝會與執政異班，再拜而已，不舞蹈①。公疾益甚，歎曰：「四患未除[七一]，吾死不瞑目矣。」乃力疾上疏，論免役五害，乞直降敕罷之，率用熙寧以前法[七二]。有未便，州縣監司節級以聞，爲一路一州一縣法②，詔即日行之。又論西戎大略③[七三]，以和戎爲便，用兵爲非。時異議者甚衆，公持之益堅。其後太師文彦博議與公合，衆不能奪。又論將官之害，詔諸將兵皆隸州縣，軍政委守令通決之。又乞廢提舉常平司，以其事歸之轉運使及提點刑獄。公謂監司多新進少年，務爲刻急，天下病之，乞自太中大夫、待制以上，於郡守中舉轉運使、提點刑獄，於通判中舉轉運判官。又以文學、德行、吏事、武略等爲十科，以求天下遺才[七四]，命文臣升朝以上歲舉經明行修一人，以爲進士高選。皆從之。

拜左僕射。疾稍間，將起視事，詔免朝覲，許以肩輿，三日一入都堂或門下、尚書省。公不敢當，曰：「不見

---

① 不舞蹈　「不」，蘇軾文集卷一六司馬温公行狀作「免」。

② 爲一路一州一縣法　「縣」原作「路」，據庫本及蘇軾文集卷一六司馬温公行狀改。

③ 又論西戎大略　「大」原作「火」，據文海本、庫本及蘇軾文集卷一六司馬温公行狀改。

君，不可以視事。」詔公肩輿至内東門，子康扶入對小殿，且曰：「毋拜。」公惶恐，入對延和殿，再拜。遂罷青苗錢[七五]，專行常平糴糶法，以歲上、中、下熟爲三等，穀賤及下等則增價糴，貴及上等則減價糶，惟中等則否①。以下等而不糴②，及上等而不糶，皆坐之。時二聖恭儉慈孝，視民如傷，虛己以聽公。公知無不爲③，以身任天下之責。

數月復病，以九月丙辰朔薨于西府，享年六十八。太皇太后聞之慟，上亦感涕不已。時方躬祀明堂，禮成不賀，二聖皆臨其喪，哭之哀甚，輟視朝④，贈太師、温國公，襚以一品禮服，賻銀三千兩、絹四千匹，賜龍腦、水銀以斂。命户部侍郎趙瞻、入内内侍省押班馮宗道護其喪，歸葬夏縣。官其親族十人。

公忠信孝友，恭儉正直[七六]，出於天性。自少及老，語未嘗妄。其好學如飢之嗜食⑤，於財利紛華，如惡惡臭，誠心自然，天下信之。退居於洛，往來陝郊，陝、洛間皆化其德，師其學[七七]，法其儉。有不善，曰：「君實得無知之乎？」博學無所不通[七八]，音樂、律曆、天文、書數，皆極其妙。晚節尤好禮，爲冠婚喪祭法[七九]，適古今之宜。不喜釋老[八〇]，曰：「其微言不能出吾書，其誕吾不信。」不事生産，買第洛中，僅庇風雨[八一]。有田三頃，喪其夫人，質田以葬。惡衣菲食，以終其身⑥。自以遭遇聖明，言聽計從，欲以身徇天下，躬親庶務，不舍晝夜。賓

---

① 惟中等則否　「否」原作「居」，據庫本及蘇軾文集卷一六司馬温公行狀改。

② 以下等而不糴　「以」，庫本及蘇軾文集卷一六司馬温公行狀作「及」。

③ 公知無不爲　「無」原作「光」，據庫本及蘇軾文集卷一六司馬温公行狀改。

④ 輟視朝　「朝」下，蘇軾文集卷一六司馬温公行狀有「三日」二字。

⑤ 其好學如飢之嗜食　「飢之嗜食」，蘇軾文集卷一六司馬温公行狀作「飢渴之嗜飲食」。

⑥ 以終其身　「身」原作「食」，據文海本、庫本及蘇軾文集卷一六司馬温公行狀改。

客見其體羸，曰：「諸葛孔明二十罰以上皆親之，以此致疾，公不可以不戒。」公曰：「死生命也。」爲之益力。病革，諄諄不復自覺，如夢中語①，然皆朝廷天下事也。既没，其家得遺奏八紙上之，皆手札論當世要務。京師民畫其像，刻印鬻之，家置一本，飲食必祝焉。四方皆遣人購之京師，時畫工有致富者。

有文集八十卷，資治通鑑三百二十四卷、考異三十卷②，歷年圖七卷，通曆八十卷，稽古録二十卷，本朝百官公卿表六卷③，翰林詞草三卷，注古文孝經一卷④，易説二卷⑤，注繫辭二卷⑥，注老子道德論二卷⑦，集注太元經八卷⑧，大學中庸義一卷，集注揚子十三卷[八二]，文中子傳一卷，河外咨目三卷，書儀八卷，家範四卷，續詩話一卷，遊山行記十二卷，醫問七篇。其文如金玉、穀帛、藥石也，必有適於用，無益之文，未嘗一語及之。初，公患歷代史繁重，學者不能綜，況於人主，遂約戰國至秦二世，如左氏體，爲通志八卷以進。英宗悦之，命公續其書，置局祕閣，以其素所賢者劉攽、劉恕、范祖禹爲屬官[八三]。凡十九年而成，起周威烈王，訖五代，上下一千三百六十二載⑨。

---

① 如夢中語　「夢」原作「薨」，據文海本、庫本及蘇軾文集卷一六司馬温公行狀改。

② 資治通鑑三百二十四卷考異三十卷　「三百二十四卷」，庫本作「二百九十四卷」。按，晁志卷五、陳録卷四著録「資治通鑑二百九十四卷、目録三十卷、考異三十卷」。知三百二十四卷乃合正文、目録而計者。

③ 本朝百官公卿表六卷　按，陳録卷四、宋史卷二〇三藝文志二著録爲十五卷。

④ 注古文孝經一卷　按，晁志卷三、陳録卷三、宋史卷二〇二藝文志一著録司馬光古文孝經指解一卷。

⑤ 易説二卷　「二卷」，蘇軾文集卷一六司馬温公行狀作「三卷」。按，陳録卷一作「三卷」，晁志卷一作「一卷」，宋史卷二〇二藝文志一稱其書「一卷，又三卷」。

⑥ 注繫辭二卷　按，宋史卷二〇二藝文志一著録司馬光繫辭説二卷。

⑦ 注老子道德論二卷　按，晁志卷一一著録温公道德論述要二卷。

⑧ 集注太元經八卷　按，「元」當作「玄」，避聖祖趙玄朗諱改。又此書，晁志卷一〇著録十卷，陳録卷九、宋史卷二〇四藝文志三著録六卷。

⑨ 上下一千三百六十二載　「三百」原作「二百」，據蘇軾文集卷一六司馬温公行狀改。

其是非疑似之間①，皆有辨論，一事而數説者，必考合異同而歸之一②，作考異以歸志③。神宗尤重其書，以爲賢於荀悦[八四]，親爲製叙，賜名「資治通鑑」，詔邇英讀其書，賜潁邸舊書二千四百二卷。書成，拜資政殿學士，賜金帛甚厚。

娶張氏，禮部尚書存之女，封清河郡君，先公卒，追封温國夫人。子三人：童、唐，皆早亡；康，今爲祕書省校書郎。孫二人：植、桓，皆承奉郎。

公歷事四朝，皆爲人主所敬。然神宗知公最深[八五]，公思有以報之，常誦孟子之言曰④：「責難於君謂之恭，陳善閉邪謂之敬，謂吾君不能謂之賊。」故雖議論違忤，而神宗識其意，待之愈厚⑤。及拜資政殿學士，蓋有意復用公也[八六]。夫復用公者，豈徒然哉，將必行其所言。公亦識其意，故爲政之日，自信而不疑。嗚呼！若先帝可謂知人矣，其知之也深；公可謂不負所知矣，其報之也大。

軾從公遊二十年，知公平生爲詳，故録其大者爲行狀。其餘非天下所以治亂安危者，皆不載。謹狀。

辨證：

[一]司馬文正公光行狀　本行狀又載於蘇軾文集卷一六，題曰「司馬温公行狀」。按，司馬光，東都事略卷八七、宋史卷三三六有

---

① 其是非疑似之間　「間」原作「問」，據庫本、蘇軾文集卷一六司馬温公行狀改。
② 必考合異同而歸之一　「歸」字原闕，據庫本及蘇軾文集卷一六司馬温公行狀補。
③ 作考異以歸志　「歸志」，庫本及蘇軾文集卷一六司馬温公行狀作「志之」。
④ 常誦孟子之言曰　「誦」，蘇軾文集卷一六司馬温公行狀作「摘」。
⑤ 待之愈厚　「待」原作「持」，據文海本、庫本及蘇軾文集卷一六司馬温公行狀改。

傳；本書上集卷六載有蘇軾司馬文正公光忠清粹德之碑、中集卷一八載有范鎮司馬文正公光墓誌銘。

［二］公自兒童凛然如成人　三朝名臣言行録卷七之一丞相温國司馬文正公引吕氏家塾記云：「司馬温公幼時患記問不若人，群居講習，衆兄弟既成誦游息矣，獨下帷絶編，迨能倍諷乃止。」按，冷齋夜話卷三活人手段云：「司馬温公童稚時，與群兒戲于庭，庭有大甕，一兒登之，偶墮甕水中，群兒皆棄去，公則以石擊甕，水因穴而迸，兒得不死。蓋其活人手段，已見于齠齔中。」

［三］舉進士甲科　宋史司馬光傳稱其「仁宗寶元初，中進士甲科」。

［四］詔以允言有軍功特給鹵簿　長編卷一六九皇祐二年九月辛亥條云：「先是，宣慶使、遂州觀察使、入内都知麥允言卒，贈司徒、安武節度使。又詔允言有軍功，特給鹵簿，今後不得爲例。」注曰：「據會要，允言以八月贈官，司馬光奏不當給鹵簿，在九月十四日。……光奏之從否，當考。」按，據長編卷一六一載，慶曆七年，貝州軍叛。十二月壬寅，「遣宫苑使、象州團練使、入内押班麥允言，西京作坊使、資州團練使王凱往貝州捕殺軍賊」。所謂軍功，當指此。又按，宋會要輯稿禮五八之九七載「内侍省都知、贈武安節度使麥允言謚威勤」。

［五］書再上改謚文莊　長編卷一七一皇祐三年九月乙卯條載夏竦卒，賜謚「文正」。時「同知禮院司馬光言：『謚之美者，極於「文正」。竦何人，乃得此謚？』判考功劉敞言：『謚者，有司之事也。竦姦邪，而陛下謚之以「正」，不應法，且侵臣官。』光疏再上，敞疏三上，詔爲更謚曰文莊」。

［六］而兵官郭恩勇且狂夜開城門引千餘人渡河載酒食不爲戰備遇敵死之　長編卷一八五嘉祐二年五月庚辰條云：「初，夏人歲侵屈野河西地，至耕穫時，輒屯兵河西以誘官軍。經略使龐籍每戒邊將，敵至，斂兵河東毋與戰。敵屯月餘，食盡而去者屢矣。是歲正月，没藏訛龙領兵至境上，比及三月，稍益至數萬人。又自鄜延以北發民耕牛，計欲盡耕屈野河西之田。會國人有與之異議者，復召其兵還，衆皆空壁去。然銀城以南侵耕者猶自若，蓋以其地外則蹊徑險狹，杉栢叢生，漢兵難入，内則平壤肥沃宜粟麥，故敵不忍棄也。于是籍檄通判并州司馬光行邊至河西白草平，數十里無敵跡。時知麟州武戡、通判夏倚已築一堡爲候望，又與光議曰：『乘敵去，出不意更增二堡，以據其地，可使敵不復侵耕。請還白經略使，益禁兵三千、役兵五百，不過二旬，壁壘可成。然後廢横戎、臨塞二堡，撤其樓櫓，徙其甲兵，以實新堡，列烽燧以通警急。從衙城紅樓之上，俯瞰其地，猶指掌也。有急，則州及横陽堡出兵救之；敵來耕則驅之，已

種則蹂踐之；敵衆盛則入堡以避。如是，則堡外三十里之田敵必不敢種矣，是州西五十里之内無患也。』籍遂檄麟州如其議。于是，恩及戩、（走馬承受入内東頭供奉官黄）道元等以巡邊爲名，往按視之。會詗者言，敵屯沙黍浪，亘十五里。恩欲止不行，道元怒，以言脅恩，夜率步騎一千四百餘人，不甲者半，循屈野河北而行，無復部伍。夏人舉火卧牛堆，戩指以謂恩曰：『敵已知吾輩出矣。』道元曰：『此爾曹爲之，欲以沮止我。』俄又聞鼓聲，道元猶不信。行至谷口，恩欲休軍，曰：『天未明，可須曉乃登山。』道元奮衣起曰：『幾年聞郭恩名。今日懦怯，與賈逵何殊？』恩亦愠曰：『不過死爾！』乃行。比明，至忽里堆。敵數十人皆西走，相去數十步，止。恩等踞胡牀，遣從騎呼之，敵不應，亦不動。俄而起火，敵騎張左右翼，自南北交至。堆東有長塹，其中有梁，謂之『斷道塢』。恩等東據梁口，與力戰。自旦至食時，敵自兩旁塹中攀緣而上，四面合擊，恩衆大潰。倚方在紅樓，見敵騎自西山大下，與推官劉公弼率城中諸軍閉門乘城。戩走東山，趨城東，抉門以入。恩與道元皆爲敵所執，恩不肯降，自殺。」府州寧府寨監押劉慶亦被執，「又死者使臣五人，軍士三百八十七人，已馘耳鼻得還者百餘人，亡失器甲萬七千八百九十九、馬二百八十」。

［七］公守闕三上書乞獨坐其事不報　長編卷一八六嘉祐二年十一月戊戌條載：「及郭恩等敗没，詔侍御史張伯玉按鞫，籍匿光初所陳事，故光得以去官免責，而籍爲御史劾奏，由是罷節度使。光不自安，守闕三上書，乞獨坐其罪。不報。」

［八］因奏賦以諷　長編卷一八七嘉祐三年六月丁卯條云：「交阯貢異獸二。初，本國稱貢麟，狀如水牛，身被肉甲，鼻端有角，食生芻果瓜，必先以杖擊然後食。」樞密使田況言「此獸頗與書史所載不同」，故「請宣諭交阯進奉人及回降詔書，但云得所進異獸，不言麒麟，足使殊俗不能我欺，又不失朝廷懷遠之意。乃詔止稱異獸云」。按，時司馬光獻交趾獻奇獸賦以諷，賦載於司馬光集卷一。

［九］有司奏六月朔日當食　按長編卷一九三嘉祐六年六月壬子條載：「日有食之。初，司天言當食六分之半。是日未初，從西食四分而雲陰雷電，頃之雨。渾儀所言不爲災。」

［一〇］蘇轍舉直言策入第四等而考官以爲不當收　長編卷一九四嘉祐六年八月乙亥條云：蘇轍對策論朝政弊事，「諫官司馬光考其策，入三等，翰林學士范鎮難之，欲降其等。蔡襄曰：『吾三司使，司會之名，吾媿之而不敢怨。』惟胡宿以爲策不對所問，而引唐穆宗、恭宗以況盛世，非所宜言，力請黜之」。注曰：「以轍爲第四等，蓋光與鎮同議難之者，初光欲以爲第三等也。」

［一一］公遂與諫官王陶同上疏　長編卷一九四嘉祐六年八月乙亥條注曰：「光行狀云：『既取蘇轍，光遂與諫官王陶同上疏，願

爲宗廟社稷自重。上嘉納之。』按陶此時不在朝廷，諫官則楊畋、龔鼎臣及光，凡三人爾，恐行狀誤。」

〔一二〕惟諫官范鎮首發其議　長編卷一八二嘉祐元年六月庚午條載：「上在位久，國嗣未立，及不豫，天下寒心而莫敢言。惟諫官范鎮首發其議，（司馬）光聞而繼之。」

〔一三〕上感悟詔公主降封沂國待李氏恩禮不衰　長編卷一九六嘉祐七年二月癸卯條云：「詔兖國公主入内，安州觀察使、駙馬都尉李瑋知衛州，瑋所生母楊氏歸其兄璋，公主乳母韓氏出居外，公主宅勾當内臣梁懷吉歸前省，諸色祗應人皆散遣之。瑋貌陋性樸，公主常傭奴視之，韓氏復相離間。公主嘗與懷吉飲，楊氏窺之，公主怒毆楊氏，夜開禁門，訴於帝所。言者皆咎公主。懷吉等既坐責，公主恚懟欲自盡，或縱火欲焚第以邀上，必召懷吉等還。上不得已，亦爲召之。諫官楊畋、司馬光、龔鼎臣等皆力諫，上弗聽」。光遂以太宗時兖王翊善姚坦以及齊國獻穆大長公主「謙恭率禮，天下稱其賢」爲言。「然公主意終惡瑋，不肯復入。中間狀若狂易，欲自盡者數矣。苗賢妃與俞充儀謀使内臣王務滋管勾駙馬宅，以伺瑋過。瑋素謹，務滋不得其過，乃告苗、俞曰：『但得上旨，務滋請以巵酒了之。』苗、俞白上，上不答。頃之，上與皇后同坐，俞又白之，皇后曰：『陛下念章懿皇后，故瑋得尚主，今奈何欲爲此？』都知任守忠在旁曰：『皇后言是也。』務滋謀訖不行。尋有是命」。按，李瑋爲仁宗生母章懿太后之姪。又壬子條載：「兖國公主降封沂國公主，安州觀察使李瑋爲建州觀察使，落駙馬都尉。自公主入禁中，瑋兄璋上言瑋愚騃，不足以承天恩，乞賜離絶。上將許之。司馬光又言：『陛下始者追念章懿太后，故使瑋尚主，欲以申固姻戚，常貴其家。今瑋母子離析，家事流落，大小憂愁，殆不聊生，豈陛下初意哉？近者章懿太后忌日，陛下閔奩中故物，思平生居處，獨能無雨露之感、悽愴之心乎？瑋既蒙斥，公主亦不得無罪。』上感悟，遂并責公主，待李氏恩禮不衰，且賜瑋黄金二百兩，謂曰：『凡人富貴，亦不必爲主婿也。』」

〔一四〕除知制誥力辭至八九　長編卷一九六嘉祐七年四月壬申條云：「改命起居舍人、知制誥兼侍講司馬光爲天章閣待制。先是，光與呂公著並召試中書，光已試而公著終辭。及除知制誥，光乃自言：『拙於文辭，本當辭召，初疑朝廷不許，故黽勉從命。繼聞公著終辭得請，臣始悔恨向之不辭，而妄意朝廷決不許也。』章九上，卒改他官。」

〔一五〕至於胥史讙譁而逐御史中丞　按東都事略卷五六杜衍傳云：「召拜御史中丞。會有詔與三司使副擇吏人能否而升降之。有欲以事中衍者，且揚語於外曰：『衍奏請盡黜諸吏。』吏僅千餘人，詣衍第諠譁，不可抑。明日入對，願窮治，即推吏首惡抵於罪。衍復以樞密直學士知永興軍。」

［一六］輦官悖慢而退宰相　按宋史卷三一一張士遜傳云張士遜爲宰相，「及簡輦官爲禁軍，輦官攜妻子遮宰相、樞密院喧訴，士遜方朝，馬驚墮地。時朝廷多事，士遜亡所建明，諫官韓琦論曰：『政事府豈養病之地邪？』士遜不自安，累上章請老，迺拜太傅、封鄧國公致仕」。

［一七］衛士凶逆而獄不窮姦澤加於舊　按宋史卷二九二丁度傳云丁度拜參知政事，「後二年，衛士爲變，事連宦官楊懷敏。樞密使夏竦請御史與宦官同於禁中鞫之，不可滋蔓，令反側者不自安。度曰：『宿衛有變，事關社稷，此而可忍，孰不可忍？請付外臺，窮治黨與。』争於帝前。仁宗從竦言，度遂求解政事」。

［一八］軍人詈三司使而法官以爲非犯階級於用法疑　按長編卷一九〇嘉祐四年七月甲辰條載：「杖殺驍騎張玉。時河北都轉運使李參簡退諸軍老羸者萬餘人，軍士頗出怨言。玉素凶險，疑三司使包拯以給享甫近，愛惜賞給，風參爲此，因突入三司詬拯。拯使醫診驗，謂有心疾，第送殿前司。皇城邏者具以聞，詔下開封案其事，玉實無心疾。臺諫乃言玉驕悖，敢凌辱大臣，不可不誅。法官奏比附諸軍犯階級，罪當死，遂誅之。」注曰：「司馬光七年五月奏疏云：『軍人罵三司使，而法官以爲非犯階級，疑于用法，朝廷雖誅其人，而已停之卒，復收養之。』此事實録不詳，當考。」

［一九］時有司新定後宮封贈法皇后與妃皆贈三代　長編卷一九七嘉祐七年十月壬午條云：「封贈婕妤周氏三代。初，知制誥張瓌言：『中書送下封婕妤三代詞頭，然婕妤位正三品，其封贈未應法，請下有司檢詳典故。』中書引用崇國夫人許氏、美人張氏例，知制誥祖無擇又言：『許美人、張美人出一時之恩，未爲得禮。』於是更下學士院詳定，而止及二代焉。時學士院新定後宮封贈父祖制度，皇后與妃皆及三代。」諫官司馬光等上言論之，「不報」。

［二〇］知嘉祐八年貢舉　宋會要輯稿選舉一之一一載嘉祐「八年正月七日，以翰林學士范鎮權知貢舉，知制誥王安石、天章閣待制司馬光并權同知貢舉」。

［二一］英宗以哀毀致疾慈聖光獻太后同聽政　長編卷一九八嘉祐八年四月己卯條載時「大斂，上疾增劇，號呼狂走，不能成禮。韓琦亟投杖褰簾，抱持上，呼内人，屬令加意擁護，又與同列入白太后。下詔，候聽政日，請太后權同處分」。又壬午條云：「輔臣入對於

柔儀殿西閤，皇太后御内東門小殿，垂簾聽政。」

［一二二］時公所得仁宗遺賜珠金直百餘萬　長編卷一九八嘉祐八年四月癸未條云：「内出遺留物賜兩府、宗室、近臣、主兵官有差。富弼、文彦博時居喪，皆遣使就賜之。天章閣待制、知諫院司馬光言：『蒙恩賜以遺留物，如臣所得已千緡，況名位漸高，必霑賚愈厚，舉朝之内，所費何翅鉅萬？』」

［一二三］時有司立法至以防矯僞　長編卷二〇一治平元年五月壬子條云：「詔：『皇太后令稱聖旨，出入唯不鳴鞭，他儀衛如章獻明肅太后故事；有所取索，本閤使臣録聖旨付所司；其屬中書、樞密院，使臣具申狀，皆覆奏，即施行。』」故司馬光遂上疏言之。注曰：「光雖有此書，其從違當考。」按，其所奏取索劄子載於司馬光集卷二九。

［一二四］曹佾除使相　按長編卷二〇一治平元年五月丙辰條載「加宣徽北院使、保平節度使、判鄆州曹佾同平章事」。按，曹佾乃慈聖光獻曹皇后之弟。

［一二五］陛下爲皇子非守忠意沮壞大策離間百端　按宋史卷四六八任守忠傳稱：「仁宗未有嗣，屬意英宗，守忠居中建議，欲援立昏弱以徼大利。」

［一二六］時有詔陝西刺民兵號義勇　按，陝西刺義勇事，乃宰相韓琦所主持者。宋史司馬光傳云：「詔刺陝西義勇二十萬，民情驚撓，而紀律疏略，不可用。光抗言其非，持白韓琦，琦曰：『兵貴先聲，諒祚方桀驁，使驟聞益兵二十萬，豈不震慴？』光曰：『兵之貴先聲，爲無其實也，獨可欺之於一日之間耳。今吾雖益兵，實不可用，不過十日，彼將知其詳，尚何懼？』琦曰：『君但見慶曆間鄉兵刺爲保捷，憂今復然。已降勑榜於民，約永不充軍戍邊矣。』光曰：『朝廷嘗失信，民未敢以爲然，雖光亦不能不疑也。』琦曰：『吾在此，君無憂。』光曰：『公長在此地，可也。異日他人當位，因公見兵，用之運糧戍邊，反掌間事耳。』琦嘿然，而訖不爲止。不十年，皆如光慮。」

［一二七］王廣淵除直集賢院　長編卷二〇四治平二年正月丁卯條云：「編排中書諸房文字、屯田員外郎王廣淵直集賢院。上在藩邸，廣淵因上左右時君卿獻其所爲文及書札，上愛其才，故特命以此。」而司馬光「凡再論列，訖不報」。又，默記卷上云：「王廣淵識英宗於潛邸，及即位，欲大用之，不果。然中外之事莫不以聞，又論宰執專權，須收主威。英、神二朝俱主其説，時宰患之，無如之何。乃反間諫官司馬君實，力言其奸邪不可近。章至八九上，廣淵竟出外。世徒知君實言廣淵，而不知宰相之反間也。然則陰諷臺諫，以逐人主親

臣，古今之所不免。其後神宗時，君實言楊繪不當言曾公亮事。神宗御批與滕元發，令喻繪云：『光醇儒少智，未必不爲人陰使之耳。』蓋廣淵被逐，嘗言君實純直，受人風指之誤而云耳。」按，長編紀事本末卷五八司馬光彈劾載治平四年「六月庚申，兵部員外郎、直龍圖閣兼侍讀王廣淵知齊州」，緣司馬光、蔣之奇言之。

〔二八〕御史呂誨傅堯俞范純仁呂大防趙鼎趙瞻等皆爭之相繼降黜　長編卷二〇七治平三年正月壬午條云時「工部員外郎兼侍御史知雜事呂誨前後十一奏，乞依王珪等議，早定濮安懿王追崇典禮，皆不報，乞免臺職，亦不報。……詔罷尚書省集議濮安懿王典禮。中書進呈呂誨等所申奏狀，上問執政當如何，韓琦對曰：『臣等忠邪，陛下所知。』歐陽修曰：『御史以爲理難並立，若以臣等爲有罪，即當留御史，若以臣等爲無罪，則取聖旨。』上猶豫久之，乃令出御史。既而曰：『不宜責之太重也。』誨罷侍御史知雜事，以工部員外郎知蘄州；純仁以侍御史通判安州；大防落監察御史裏行，以太常博士知休寧縣。……以起居舍人、同知諫院傅堯俞兼侍御史知雜事」。又三月辛酉條云：「起居舍人同知諫院傅堯俞、侍御史趙鼎趙瞻自契丹使歸，以嘗與呂誨言濮王事，家居待罪。而堯俞辭新除侍御史知雜事告牒不受，稽首上前曰：『臣初建言在誨前，今誨等逐而臣獨進，不敢就職。』上數諭留堯俞等，堯俞等終求去，乃以堯俞知和州、鼎通判淄州、瞻通判汾州。」

〔二九〕使者訴於朝　長編卷二〇二治平元年九月戊子條云：「先是，夏國賀登極進奉人吴宗等至順天門，欲佩魚及以儀物自從，引伴高宜禁之，不可，留止廐置一夕，絶供饋。宗出不遜語，宜折之如故事，良久乃聽入。及賜食殿門，愬於押伴張覲，詔令還赴延州與宜辨。宜者，延州所遣也。程戡授詔通判詰之，宗曰：『引伴謂當用一百萬兵，遂入賀蘭穴，此何等語也？』通判曰：『聞使人目國主爲少帝，故引伴有此對，是失在使人，不在引伴。』宗沮服，遂不復辨。」

〔三〇〕明年西戎犯邊殺略吏士　長編卷二〇二治平元年「是秋」条云：「夏國主諒祚數出兵寇秦鳳、涇原路，鈔熟户，擾邊寨弓箭手，殺掠人畜以萬計。」

〔三一〕朝廷以知雄州李中祐爲不材選將代之　長編卷二〇五治平二年六月己酉條載：「莊宅使張利一爲皇城使、知雄州兼河北沿邊安撫使，代皇城使、嘉州刺史李中祐也。」

〔三二〕公上疏論三事　按，三事指失皇太后之歡心、大柄假人兩府專權、信大臣之言而拒臺諫之議，詳見司馬光集卷三四上皇帝疏。

[三三] 臣不能爲四六　書齋夜話卷四云：「司馬温公自言不善四六，或謂其倦於屬對，非也。四六多獻諛失實，故温公不肯爲之耳。」

[三四] 遂爲御史中丞　東都事略卷八五王陶傳云：「初，陶事韓琦甚謹，故琦深器之，驟加拔用。至是，神宗頗不悦大臣之專，陶乃彈奏宰相不押常參班，至謂琦爲跋扈。琦等待罪，神宗以陶章示琦，琦奏曰：『臣非跋扈者，陛下遣一小黄門至，則可縛臣以去矣。』神宗爲之動，而陶連奏不已，乃以爲翰林學士。吴奎執詔不肯下，遂以陶爲樞密直學士、知陳州。」長編紀事本末卷五七宰相不押班載：治平四年四月「丙寅，上命翰林學士司馬光爲御史中丞，與王陶兩易其職」。

[三五] 其説甚備　按，司馬光之奏言詳見作中丞初上殿劄子，載於司馬光集卷三六。

[三六] 上爲盡罷寄資内臣居簡亦補外　長編紀事本末卷五八司馬光彈劾云：治平四年「七月戊寅，上初即位，内臣以覃恩升朝者皆罷内職，獨勾當御藥院高居簡等四人留如故。天章閣待制孫思恭嘗以爲言，上曰：『居簡有功。』思恭退，詢于人，云：『劉庠之績建儲也，居簡覘見「太子」二字，亟報上於潁邸。及英宗升遐，居簡亟出召二府，中宫聞之怒，詰居簡曰：「召二府，誰之命也？」居簡曰：「太子令召之。」又于懷中探黄衣以被上體。此上所謂有功者也。』思恭復奏疏：『陛下先帝之嫡長子，當爲嗣者，非陛下而誰？居簡當先帝大漸之時，已懷二心，私自結納，又矯稱太子之命召兩府，以累陛下孝德，此皆當誅之罪，奈何反以爲功？』上不聽。故司馬光累奏言之。至「壬午，光對延和殿，又極言之，上曰：『祔廟畢，自當去。』光曰：『閨闥小臣，何繫山陵先後？彼知當去而置肘腋，尤非所宜。舜去四凶，不爲不忠；仁宗貶丁謂，不爲不孝。』上命留劄子，光請以付樞密院，上從之。癸巳，高居簡爲供備庫使，罷御藥院。司馬光累劾居簡，上雖以章付樞密院，猶未施行。光言與居簡難兩留，求外郡，請對。吕公弼曰：『光今日必決去就。』時光立殿下，上指之曰：『已來矣。』公弼曰：『陛下欲留居簡，必逐光；欲留光，必逐居簡。居簡内臣，光中丞，願擇其重者。』上曰：『今當如何？』公弼曰：『罷其御藥，優遷一官可矣。』上命與供備，曰：『光得毋復争？』公弼曰：『待光上殿，但語以居簡已出矣，光必自止。』上從之」。按，皇朝編年綱目備要卷一七治平四年四月載御史中丞司馬光劾奏高居簡，「乞令補外，不聽」。

[三七] 上手詔問公所從知　長編紀事本末卷五八司馬光彈劾云時神宗手詔問司馬光「所從知」，云：「光蓋得之孫永，永亦嘗以爲言。」

[三八] 詔邊臣招納其衆　宋史卷三三五种諤傳云：「夏將嵬名山部落在故綏州，其弟夷山先降，諤使人因夷山以誘之，賂以金盂，

名山小吏李文喜受而許降，而名山未之知也。諤即以聞，詔轉運使薛向及陸詵委諤招納。」

［三九］遣將种諤發兵迎之取綏州　宋史卷三三二陸詵傳云：時「詔詵召諤問狀，與轉運使薛向議撫納。詵、向言：『名山誠能據横山以扞敵，我以刺史世封之，使自爲守，故爲中國之利。今無益我而輕啟西疊，非計也。』乃共畫三策，令幕府張穆之入奏，而穆之陰受向指，詭言必可成。神宗意詵不協力，徙知秦鳳。諤遂發兵取綏州。詵欲理諤不稟節制之狀，未及而徙。詵馳見帝，請棄綏州而上諤罪，帝愈不懌，罷知晉州。」又卷三三五种諤傳云時「諤不待報，悉起所部兵長驅而前，圍其帳。名山驚，援槍欲鬥，夷山呼曰：『兄已約降，何爲如是？』文喜因出所受金盂示之，名山投槍哭，遂舉衆從諤而南。得酋領三百、户萬五千、兵萬人。將築城，詵以無詔出師，召諤還。軍次懷遠，晨起方櫛，敵四萬衆坌集，傅城而陳。諤開門以待，使名山帥新附百餘人挑戰，諤兵繼之，鼓行而出。至晉祠據險，使偏將燕達、劉甫爲兩翼，身爲中軍，乃閉壘，悉老弱乘城鼓譟以疑賊。已而合戰，追擊二十里，俘馘甚衆，遂城綏州」。

［四〇］至今天下非之　邵氏聞見後録卷二一云：「登州有婦人阿云謀殺夫而自承者，知州許遵謂法因犯殺傷而首者，得免所因之罪，仍科故殺傷法，而敕有因疑被執，招承減等之制，即以按問欲舉聞，意以謀爲殺之因，所因得首，合從原減。事下百官議，蓋鬭殺、劫殺，鬭與劫爲殺因，故按問欲舉可減；以謀而殺，則謀非因，所不可減。司馬文正公議曰：『殺傷之中，自有兩等，輕重不同。其處心積慮，巧詐百端，掩人不備者，則謂之謀；直情徑行，略無顧慮，公然殺害者，則謂之故。謀者尤重，故者差輕。今此人因犯它罪，致殺傷他人罪，雖得首原，殺傷不在首例。若從謀殺則太重，若從鬭殺則太輕，故酌中，令從故殺傷法。其直犯殺傷更無他罪者，唯未傷則可首，但係已傷，皆不可首。今許遵欲將謀之與殺，分爲兩事，則故之與殺，亦是兩事也。且律稱得免所因之罪，彼劫囚略人皆是也。已有所犯因，而又殺傷人，故劫略可首，而殺傷不原，若平常謀慮不爲殺人，當有何罪可得首免？以此知「謀」字止因「殺」字生文，不得别爲所因之罪也。若以鬭殺與謀殺，皆爲所因之罪，從故殺傷法，則是鬭傷自首，反得加罪一等也。』自廷尉以下，皆嫉許遵之妄，附文正公之議。王荆公不知法，好議法，又好與人爲異，獨主遵議。廷尉以下争之不可得，卒從原減。至荆公作相，謀殺遂立按問。舊法一問不承，後雖自言，皆不得爲按問。時欲廣其事，雖累問不承，亦爲按問，天下非之。」寓簡卷五云：「舊制，按問欲舉，如鬭殺劫殺。鬭與劫爲殺因，故按問欲舉可減；以謀而殺，則謀非因，故不可減。而法官許遵奏讞阿雲減死。蘇子由雖言其非是，然嘗曰：『遵議雖非，而要能活人；吾議則是，而要能殺人。予意亦難改之。』嗚呼！君子重於用法，或不難於犯顔以救議刑之失，或不嫌於屈法以廣好生之恩。如二人者，

可謂合於罪疑從去之理者矣。子由又言：『遵子孫皆顯官，郎中、刺史十餘人，一能活人，天理固不遺之矣。』然則深文好殺、陷人於死者，揆諸天理，可不畏哉！」

〔四一〕執政以河朔災傷國用不足乞今歲親郊兩府不賜金帛　長編紀事本末卷五七宰相辭郊賞云：「熙寧元年八月癸丑，宰臣曾公亮等言：『伏見故事南郊禮畢，陪祀官並蒙賜。方今河朔菑沴，調用繁冗，所宜自內裁節。凡二府祿廩豐厚，頒賚頻仍，更於此時尚循舊式，寔非臣等所安。欲望特從誠請，大禮畢，兩府臣僚罷賜銀絹。』」

〔四二〕常衮辭賜饌時議以爲衮自知不能當辭位不當辭祿　按，舊唐書卷一一九常衮傳云常衮拜相，「故事，每日出內厨食以賜宰相，饌可食十數人，衮特請罷之，迄今便爲故事。又將故讓堂封，同列以爲不可而止。議者以爲厚祿重賜，所以優賢崇國政也，不能，當辭位，不宜辭祿食」。

〔四三〕不加賦而上用足　按，此句文字，東都事略司馬光傳等所載同；司馬光集卷三九八月十一日邇英對問河北災變、通鑑長編紀事本末卷五七宰相辭郊賞、九朝編年備要卷一八、宋史全文卷一一皆作「民不加賦而國用饒」，宋史司馬光傳作「不加賦而國用足」。又，下文同。此處「國用足」、「國用饒」義同。蘇軾特改「國用」爲「上用」，由此坐實王安石「理財」說之欺騙性。其後引用此對話作「上用」者，大都源出蘇軾本行狀。

〔四四〕此乃桑羊欺漢武帝之言太史公書之以見武帝不明耳　按，史記卷三〇平準書云：「弘羊又請令吏得入粟補官，及罪人贖罪。令民能入粟甘泉各有差，以復終身，不告緡。他郡各輸急處，而諸農各致粟，山東漕益歲六百萬石。一歲之中，太倉、甘泉倉滿。邊餘穀諸物均輸帛五百萬匹。民不益賦而天下用饒。於是弘羊賜爵左庶長，黃金再百斤焉。」通鑑卷二〇漢紀一二所記同。則此「民不益賦而天下用饒」實乃司馬遷用以評論桑弘羊之語，非桑弘羊欺漢武帝之言，亦非司馬遷欲「以見武帝不明」之辭。蘇軾所云不確。又，蘇軾東坡志林卷五有云：「桑弘羊斗筲之才，穿窬之智，無足言者，而遷稱之，曰：『不加賦而上用足。』」亦明言「不加賦而上用足」乃司馬遷稱譽桑弘羊之語，與此處所云「此乃桑羊欺漢武帝之言」者抵牾不合。故漢書卷二四下食貨志第四下「贊」評曰：「故管氏之輕重，李悝之平糴，弘羊均輸，壽昌常平，亦有從徠。顧古爲之有數，吏良而令行，故民賴其利，萬國作乂。及孝武時，國用饒給而民不益賦，其次也。至於王莽，制度失中，姦軌弄權，官民俱竭，亡次矣。」又按，宋人避宣祖趙弘殷諱，故桑弘羊改稱「桑羊」。

〔四五〕會安石當制遂引常袞事責兩府　長編紀事本末卷五七宰相辭郊賞載王安石草詔事曰：「是日，適會安石當制，遂以上前所言意草批答曰：『朕初嗣服，於祖宗之制，未有所改也。卿等選于黎獻，位冠百工，或辭或受，人用觀政，朝廷予奪，所以馭臣。貴賤有等，勢如堂陛。惟先王之制國用，視時民數之多寡。方今生齒既繁，而賦入又爲不少，理財之義，殆有可思。此不之圖，而姑務自損，祇傷國體，未協朕心。方與勳賢慮其大者，區區一賜，何足以言？所乞宜不允。』公亮等遂不敢復辭。」按，王安石所撰詔制載於臨川文集卷四七，題曰賜宰臣曾公亮已下辭南郊賜賚不允詔。

〔四六〕詔公與張茂則同相視二股河及生堤利害　宋史卷九一河渠志一云：「神宗熙寧元年六月，河溢恩州烏欄堤，又決冀州棗彊埽，北注瀛。七月，又溢瀛州樂壽埽。帝憂之，顧問近臣司馬光等。都水監丞李立之請於恩、冀、深、瀛等州，創生堤三百六十七里以禦河，而河北都轉運司言：『當用夫八萬三千餘人，役一月成。今方災傷，願徐之。』都水監丞宋昌言謂：『今二股河門變移，請迎河港進約，籤入河身，以紓四州水患。』遂與屯田都監、內侍程昉獻議，開二股以導東流。……十一月，詔翰林學士司馬光、入內侍省副都知張茂則乘傳相度四州生堤，回日兼視六塔、二股利害。」

〔四七〕後皆如公言賜詔獎諭　宋史卷九一河渠志一載熙寧二年八月，「張鞏等亦奏：『丙午，大河東徙，北流淺小。戊申，北流閉。』詔獎諭司馬光等，仍賜衣帶、馬」。

〔四八〕天下傳誦以公爲真宰相　澠水燕談録卷二名臣云：「司馬文正公以高才全德，大得中外之望，士大夫識與不識，稱之曰君實，下至閭閻匹夫匹婦，莫不能道司馬。故公之退十有餘年，而天下之人日冀其復用於朝。熙寧末，余夜宿青州北溜河馬鋪，晨起行，見村民百餘人，歡呼踴躍，自北而南。余驚問之，皆曰：『傳司馬爲宰相矣。』余以爲雖出於野人妄傳，亦其情之所素欲也。故子瞻爲公獨樂園詩曰：『先生獨何事，四海望陶冶。兒童誦君實，走卒知司馬。』蓋紀實也。」

〔四九〕相與論是非耳何至是　道山清話云：「司馬君實與呂吉甫（惠卿）在講筵，因論變法事，至於上前紛拏。上曰：『相與講是非，何至乃爾？』既罷講，君實氣貌愈溫粹，而吉甫怒氣拂膺，移時尚不能言。人言一箇陝西人，一箇福建子，怎生厮合得著？」

〔五〇〕安石起視事青苗法卒不罷公亦卒不受命　長編紀事本末卷六八青苗法上載：熙寧三年二月，「王安石既入見，又累奏辭位，上諭韓絳，令絳遣其子趣安石視事。壬午，安石始出視事。安石之在告也，上諭執政罷青苗法，曾公亮、陳升之欲即奉詔，趙抃獨欲俟安石出令自罷之，連日不決，上更以爲疑。安石入謝，上勞問，曰：『青苗法，朕誠爲衆論所惑，寒食假中静思此事，一無所害。極不過失陷少錢物爾，何足恤？』安石曰：『但力行之，勿令小人故意壞法，必無失陷錢物之理。豫置紬絹，行之已久，亦何嘗失陷錢物？』安石既視事，持之益堅，人言不能入矣。」又云：「先是，上欲置光西府，王安石曰：『光雖好爲異論，然其才豈能害政？但如光者，異論之人倚以爲重。今擢在高位，則是爲異論之人立赤幟也。光朝夕所與切磋琢磨者，乃劉攽、劉恕、蘇軾、蘇轍之徒而已。觀近臣以其所主，所主者如此，其人可知也。』安石在告，上乃用光。及安石復視事，因固辭，遂欲罷之。曾公亮以爲不可，曰：『青苗事，臣等亦數論奏。』上曰：『此事何豫于樞密副使？光不當以此辭。』公亮乃已」。邵氏聞見後録卷二〇云：「傅獻簡公（堯俞）云：司馬文正公力辭樞近，嘗勉以『主上眷意異等，得位庶可行道；道不行，去之可也』。公正色曰：『古今爲此名位所誘，虧喪名節者不少矣。』卒辭不就。文潞公曰：『司馬君實操行，直當求之古人中也。』」

［五一］而惠卿叛安石上書告其罪苟可以覆王氏者靡不爲也　宋史卷三二七王安石傳云王安石罷相，以韓絳續爲相，吕惠卿爲參知政事，「二人守其成謨不少失，時號絳爲『傳法沙門』，惠卿爲『護法善神』。而惠卿實欲自得政，忌安石復來，因鄭俠獄陷其弟安國，又起李士寧獄以傾安石。絳覺其意，密白帝請召之。八年二月復拜相」。按，元城語録解卷上云：「老先生（司馬光）嘗謂金陵（王安石）曰：『介甫行新法，乃引用一副當小人，或在清要，或在監司，何也？』介甫曰：『方法行之初，舊時人不肯向前，因用一切有才力者。候法行已成，即逐之，却用老成者守之。所謂智者行之，仁者守之。』老先生曰：『介甫誤矣。君子難進易退，小人反是。若小人得路，豈可去也？若欲去，必成讎敵，他日將悔之。』介甫默然。後果有賣金陵者，雖悔之亦無及也。」

［五二］朝辭進對猶乞免本路青苗助役　長編卷二一五熙寧三年九月癸丑條載：「光言青苗、助役爲陝西之患，上曰：『助役惟行京東、兩浙耳。雇人充役，越州已行矣。』」

［五三］宣撫使下令分義勇四番欲以更戍邊　長編卷二一六熙寧三年十月乙亥條云：「韓絳乞差著作佐郎吕大忠等赴宣撫司，以備提舉義勇。從之。絳又言：『今將義勇分爲七路：鄜、延、丹、坊爲一路，邠、寧、環、慶爲一路，涇、原、儀、渭爲一路，秦、隴爲一路，陝解同、河中府爲一路，階成鳳州、鳳翔府爲一路，乾耀華、永興軍爲一路。逐年將一州之數，分爲四番，緣邊四路十四州，每年秋冬各用一番屯戍，近裏三路十二州軍，即令依此立定番次。未得逐年差發，遇本處闕少正兵，即得勾抽或那往次邊守戍。』從之。」

〔五四〕遂乞判西京留司御史臺以歸自是絶口不論事　長編卷二二〇熙寧四年二月辛酉條載知永興軍、端明殿學士兼翰林侍讀學士司馬光「知言不用，遂乞判西京留司御史臺，不報。……詔光移知許州，令過闕上殿。或曰：『陛下不能用光言，光必不來。』上曰：『未能用其言與否，如光者常在左右，人主自可無過矣。』光訖辭許州，固請留臺。久之，乃從其請。光自是遂絶口不復論新法」。

〔五五〕神宗崩公赴闕臨　長編卷三五三元豐八年三月壬戌條云：「初，司馬光四任提舉崇福宮既滿，不取赴闕，再乞西京留司御史臺或國子監，未報。會神宗崩，光欲入臨，又避嫌不敢。已而聞觀文殿學士孫固、資政殿學士韓維皆集闕下，時程顥在洛，亦勸光行，乃從之。」

〔五六〕人臣惟不言言則入六事矣　長編卷三五六元豐八年五月乙未條注曰：「舊録云：『上新即位，姦人乘隙誣謗，宰臣蔡確患之，請降是詔。然其後上書詆訕，無復忌憚。』臣等辨曰：哲宗新即位，司馬光上言：『近年以來，風俗頹弊，士大夫以偷合苟容爲智，以危言正論爲狂，下情蔽而不上通，上澤壅而不下達，請明下詔書，廣開言路。』從之。時用事之臣方持兩端，而草詔者希望風旨，名曰求言，而實設六條以拒之。會光入覲，上以詔書示之。光上疏言：『詔書求諫，而逆以六事防之，是詔書始於求諫而終於拒諫也，宜刪去中間一節。』未幾，果別下詔。」

〔五七〕有欲借此二人以懲天下言者皆以非職而言贖銅三十觔　長編卷三五四元豐八年四月乙亥條云：「朝奉郎、守太府少卿宋彭年言，殿前馬步軍司管軍闕官，乞依故事差八員，仍逐司常留一二員宿衛。詔管軍朝廷重事，彭年妄有干預，特罰銅三十斤。」又甲申條云：「詔水部員外郎王諤，特罰銅三十斤。諤言京東兩路保馬，乞令有司奉行朝廷元立條限，及乞增置太學春秋博士。緣保馬年限係朝廷先已處分，并春秋博士亦非本職所當論列，故罰之。」

〔五八〕皆從中出大臣不與　宋史卷二四二英宗宣仁聖烈高皇后傳云：「哲宗嗣位，尊爲太皇太后。驛召司馬光、吕公著，未至，迎問今日設施所宜先。未及條上，已散遣修京城役夫，減皇城覘卒，止禁庭工技，廢導洛司，出近侍尤亡狀者，戒中外毋苛斂，寬民間保户馬。事由中旨，王珪等弗預知。」

〔五九〕至則拜門下侍郎　文昌雜録卷六載：「司馬公光拜門下侍郎，辭避甚確，累遣御藥院近侍召受告身。雋日，特垂簾，促令告謝，押赴門下歸，即歸私第。又遣入内都都知張茂則宣召供職。國朝故事，惟宰相或間遣御藥院近臣傳旨，都知累朝未嘗遣也。召受告身，雙日特開延和，又遣都都知宣召，皆非舊例。恩禮之隆，今昔絕擬。」

〔六〇〕而惠卿亦再逐不用　本書下集卷一四呂參政惠卿傳云熙寧「八年，安石復相。惠卿因對屢乞出，會御史蔡承禧言：『惠卿弟升卿爲國子考試官，而惠卿妻弟方通在高等。』事凡數十條。有旨令升卿分析，惠卿乃三上表丐外，詔留之。雖復就職，而與安石議論不合矣。於是御史交章論惠卿崇立私黨，阿蔽所親，彊借富民錢買田等事，遂罷政事，知陳州」。又據宋史卷四七一呂惠卿傳，呂惠卿罷參知政事，出知陳州，久之，以資政殿學士知延州。丁母憂，元豐五年加大學士、知太原府，斥知單州，明年復知太原。未再任京職。

〔六一〕及二聖嗣位　邵氏聞見後録卷一六論「司馬文正行狀『二聖嗣位』，哲宗於神廟爲子，曰『嗣位』則可；宣仁后於神廟爲母，曰『嗣位』則不可。亦誤也」。

〔六二〕而進説者以爲三年無改於父之道　東都事略卷一〇二張商英傳云：「哲宗立，除開封府推官。時朝廷稍更新法之不便於民者，商英上書言：『三年無改於父之道，可謂孝矣。今先帝陵土未乾，即議更變，得爲孝乎？』」

〔六三〕況太皇太后以母改子非子改父　羅從彦羅豫章先生文集卷八遵堯録七司馬光云：「臣從彦釋曰：孔子曰『三年無改於父之道』，此言孝子居喪，志存父在之道，不必主事而言也，況當易危爲安、易亂爲治之時，速則濟，緩則不及，則其改之，乃所以爲孝也。天子之孝，在於保天下。光不即理言之，乃曰『以母改子，非子改父』，以此遏衆議，則失之矣。其後至紹聖時，排陷忠良，以害於治，豈亦光有以召之耶？」朱子語類卷一三〇亦論之云：「問：『章子厚説温公以母改子不是，此説却好。』曰：『當時亦是温公見得事急，且把做題目。』問：『温公當路，却亦如荆公不通商量。』曰：『温公亦只是見得前日不是，己又已病，急欲救世耳。』」又長編卷三八七元祐元年九月丙辰朔條云：「始光當國，悉改熙寧、元豐舊事。或謂光曰：『舊臣如章惇、呂惠卿輩皆小人，他日有以父子之義間上，則朋黨之禍作矣。』光正色曰：『天若祚宋，必無此事！』遂改之不疑。君子謂光之勇，孟軻不如。若曰當參用熙、豐舊臣共變其法，以絕異時之禍，實光所不取也。」

〔六四〕遂罷保甲團教依義勇法歲一閱　長編卷三五八元豐八年七月戊戌條載：「詔：『府界、三路保甲，自來年正月以後並罷團教，仍依義勇舊法，每歲農隙赴縣教閱一月。其差官置場、排備軍器、教閱法式、番次、按賞費用，令樞密院、三省同立法。』」

〔六五〕保馬不復買見在者還監牧給諸軍　長編卷三五八元豐八年七月甲辰條載門下侍郎司馬光言：「其所養保馬，揀擇勾收，太僕寺量給價錢，分配兩騏驥院、坊、監、諸軍。……疏奏，蔡確等執奏不行。詔：『保甲依樞密院今月六日指揮，保馬別議立法。』」又卷三六四元祐元年正月癸卯條云：「詔保馬別立法以聞。」注曰：「保馬別議立法，已見元豐八年七月十二日司馬光疏後，不知舊録何故於元祐元年正月十四日始書，新録又因之，當考。」

〔六六〕廢市易法所儲物皆鬻之不取息而民所欠錢皆除其息　長編卷三五九元豐八年八月己巳條載：「户部狀：『勘會諸路，自去年推行市易、抵當，至今一年有餘，逐旋申明條畫頒行。訪聞諸處商賈，少願市賣物貨入官，本處官吏或不曉法意，即不免拘攔障固，本部雖屢行約束，尚恐未能止絶。歲課未集，已有侵擾之患。兼勘會鎮寨市易、抵當，已準敕旨更不與置，今相度，除諸路州軍抵當收息至薄，以濟民間緩急，可存留外，其州縣市易及餘處抵當，一切可皆省罷。』從之。仍詔抵當如敢抑勒，依給納常平錢物法。」

〔六七〕京東鑄鐵錢　長編卷三五六元豐八年五月「是月」條載：「罷徐州寶豐下監鼓鑄鐵錢。」注曰：「神宗史志：『元豐六年，徐州置寶豐監，鑄銅錢。』此云鐵錢，當考。」

〔六八〕獨川陜茶以邊用未即罷遣使相視去其甚者　長編卷三八一元祐元年六月甲寅條載朝奉大夫、户部郎中黄廉直祕閣、都大提舉榷茶買馬監牧公事，云：「始，言者論榷茶六害，請通商復券馬如舊制。蜀人疾茶官之專，在位者亦多主罷榷，朝廷遣廉按實。廉奏：『榷茶如前使者所爲，誠有害。若悉以予民，則邊計不集，蜀貨不通，而園户將有受其弊者。請熙河、秦鳳、涇原如故勿改，以制蕃市，而許東路通商。南茶無侵陜西，以利蜀貨。定博馬以萬八千匹爲額。』所奏皆可，即有是命，使推其法行之。」

〔六九〕使尚書周知其數量入以爲出　宋史卷一六三職官志三云：「元豐官制行，罷三司歸户部左、右曹，而三司之名始泯矣。凡官十有三：尚書一人，侍郎二人，郎中、員外郎，左右曹各二人，度支、金部、倉部各二人。元祐初，門下侍郎司馬光言：『天下錢穀之數，五曹各得支用，户部不知出納見在，無以量入爲出。乞令尚書兼領左、右曹，錢穀財用事有散在五曹、寺監者，並歸户部，使尚書周知其數，則利權歸一；若選用得人，則天下之財庶幾可理。』詔尚書省立法。」

〔七〇〕而西戎之議未決也　長編卷三六五元祐元年二月壬戌條載司馬光云：「臣伏見神宗皇帝，以夏國主趙秉常爲臣下所囚，興兵致討，奮揚天威，震蕩沙漠，彼攜其種落，竄伏河外。諸將收其邊地，建米脂、義合、浮圖、葭蘆、吴堡、安疆等寨，此蓋止以藉口，用爲己功，皆爲其身謀，非爲國計。臣竊聞此數寨者，皆孤僻單外，難以應援，田非肥良，不可以耕墾，地非險要，不足以守禦，中國得之，徒分屯兵馬，坐費芻糧，有久戍遠輸之累，無拓土闢境之實，此衆人所共知也。王師既收靈州不克，狼狽而還，卒疲食盡，失亡頗多，西人知中國兵力所至，自此始有輕慢之心。是以明年邊臣築永樂城，彼潛師掩襲，覆軍殺將，塗炭一城。久之，又舉一國之衆，攻圍蘭州，期於必取；將士堅守，僅而得全，敵自是銳氣小挫，不敢輕犯邊矣。臣聞此數寨之地，中國得之雖無利，敵中失之爲害頗多，何則？深入其境，近其腹心，常慮中國一朝討襲，無以支吾，不敢安居，是以必欲得之，不肯棄捨。一年前，敵嘗專遣使者詣闕，深自辯訴，請臣服如故，其志無他，止爲欲求其舊境而已。朝廷既許其臣服，敵求請舊境，朝廷乃降指揮，其前則云『所以興舉甲兵，本欲執取罪人，救拔幽辱，非有意侵取疆埸土地』而已，其後乃云：『止將已得些小邊土，聊示削罰，豈可更有陳乞還復之理！』此則朝旨首尾已自相違。又興師本爲振拔秉常，拒命者國人之罪，豈可更削秉常之地？於理差似未安。」而欲將米脂諸寨還西夏。

［七一］四患未除　按，所謂「四患」，指上文所言之免役、青苗、將官法與西戎之議。

［七二］乃力疾上疏論免役五害乞直降敕罷之率用熙寧以前法　按本書中集卷二六蘇文忠公軾墓誌銘云：「時君實方議改免役爲差役。差役行於祖宗之世，法久多弊。編户充役不習，官府吏虐使之，多以破産。而狹鄉之民，或有不得休息者。先帝知其然，故爲免役，使民以户高下出錢，而無執役之苦。行法者不循上意，於雇役實費之外，取錢過多，民遂以病。若量出爲入，毋多取於民，則足矣。君實爲人，忠信有餘而才智不足，知免役之害而不知其利，欲一切以差役代之。」又長編卷三六七元祐元年二月丁亥條注曰：「邵伯温見聞録第十一卷云：『……役法，新舊差、募二議俱有弊，吴、蜀之民以雇役爲便，秦、晉之民以差役爲便。荆公與温公皆早貴，少歷州縣，不能周知四方風俗，故荆公主雇役，温公主差役。差役雖舊典，亦有弊。蘇内翰（轍）、范忠宣（純仁），温公門下士，復以差役爲未便；章子厚（惇），荆公門下士，復以雇役爲未盡。内翰、忠宣、子厚雖賢否不同，皆聰明曉吏治，兼知南北風俗，其所論甚公，不私於所主。元祐初，温公復差役改雇役，子厚議曰：「保甲、保馬，一日不罷，有一日害。如役法，則熙寧初以雇役代差役，議之不詳，行之太速，故後有弊。今復以差役代雇役，當詳議熟講，庶幾可行。而限止五日，太速，後必有弊。」温公不以爲然。子厚對太皇太后簾下，與温公争辯，至言「異日難以奉陪喫劍」，太后怒其不遜，子厚得罪去。蔡京者知開封府，用五日限，盡改畿縣雇役之法爲差役，至政事堂白温公，公喜曰：「使人人如待制，何患法之不行？」……温公已病，改役法限五日，欲速行之，故利害未盡。議者謂差、雇二法兼用則可。雇役之法，凡家業至三百千者聽充。又許假借府吏、胥徒雇之，無害衙前，非雇上户有物力行止之人，則主官物、護綱運，有侵盜之患矣。惟當革去管公庫、公廚等事，雖不以坊場、河渡酬其勞可也。雇役則皆無賴少年應募，不自愛惜，其弊不可勝言。故曰差、雇二法並同用，則可行

也。……』伯温所云蔡京詣政事堂白温公，温公喜曰：『使人人如待制，何患法之不行？』按温公以正月二十一日謁告，直至五月十二日方入對。正月二十一日上疏，乞罷免役，二月七日得旨依奏。此時温公卧家，伯温所聞必誤。或温公嘗召京至東府，如紹聖三年十二月京與董敦逸自辨章。然京自辨草章，要未可信，今姑存之，更須考詳。」又按，司馬光乞罷免役錢依舊差役劄子，載於司馬光集卷四九。

［七三］又論西戎大略　宋史卷三三二孫路傳云：「司馬光將棄河、湟，邢恕謂光曰：『此非細事，當訪之邊人。孫路在彼四年，其行止足信，可問也。』光亟召問，路挾輿地圖示光曰：『自通遠至熙州纔通一徑，熙之北已接夏境，今自北關辟土百八十里，瀕大河，城蘭州，然後可以扞蔽。若捐以予敵，一道危矣。』光幡然曰：『賴以訪君，不然幾誤國事。』議遂止。」

［七四］又以文學德行吏事武略等爲十科以求天下遺才　據司馬光集卷五三乞以十科舉士劄子，其十科：一曰行義純固可爲師表科，二曰節操方正可備獻納科，三曰智勇過人可備將帥科，四曰公正聰明可備監司科，五曰經術精通可備講讀科，六曰學問該博可備顧問科，七曰文章典麗可備著述科，八曰善聽獄訟、盡公得實科，九曰善治財賦、公私俱便科，十曰練習法令、能斷請讞科。

［七五］遂罷青苗錢　長編卷三八四元祐元年八月辛卯條云：「初，同知樞密院范純仁以國用不足，建請復散青苗錢。……時司馬光方以疾在告，不與也。已而臺諫共言其非，皆不報。光尋具劄子，乞約束州縣抑配者。蘇軾又繳奏，乞盡罷之，光始大悟，遂力疾入對，於簾外争曰：『不知是何姦邪，勸陛下復行此事！』純仁失色卻立，不敢言。青苗錢遂罷，不復散。」注曰：「吕本中雜説：『神宗病甚，不能言，宣仁謂曰：「我欲爲汝改某事某事。」凡二十餘條，神宗皆點頭應，獨至青苗法，再三問，終不應。』」

［七六］恭儉正直　東坡志林卷三載：「司馬温公有言：『吾無過人者，但平生所爲，未嘗有不可對人言者耳。』」又澠水燕談録卷八事誌云：「司馬温公既居洛，每對客賦詩談文，或投壺以娱賓。公以舊格不合禮意，更定新格。以爲傾邪險詖，不足爲善，而舊圖反爲奇箭，多與之算，如倚竿帶劍之類，今皆廢其算以罰之；顛倒反覆，惡之大者，奈何以爲上，如倒中之類。今當盡廢壺中算，以明逆順。大底以精密者爲上，偶中者爲下，使夫用機徼幸者無所措手。此足以見公之志，雖嬉戲之間，亦不忘於正也。」

［七七］陝洛間皆化其德師其學　嬾真子卷一云：「温公之任崇福，春夏多在洛，秋冬在夏縣。每日與本縣從學者十許人講書，用一大竹筒，筒中貯竹籤，上書學生姓名。講後一日，即抽籤令講；講不通，則公微數責之。公每五日作一暖講，一盃、一飯、一麪、一肉、一菜而已。温公先壠在鳴條山，墳所有餘慶寺。公一日省墳，止寺中。有父老五六輩上謁云：『欲獻薄禮。』乃用瓦盆盛粟米飯，瓦罐盛

菜羹，真飯土簋，啜土鉶也，公享之如太牢。既畢，復前啓曰：『某等聞端明在縣，日爲諸生講書，村人不及往聽，今幸略説。』公即取紙筆，書庶人章講之。既已，復前白曰：『自天子章以下，各有毛詩兩句。此獨無有，何也？』公默然，少許，謝曰：『某平生慮不及此，當思其所以奉答。』村父笑而去，每見人曰：『我講書曾難倒司馬端明。』公聞之，不介意。」

〔七八〕博學無所不通　明道雜誌云：「司馬温公，當世大儒，博學無所不通。雖已貴顯，而刻苦記覽，甚於韋布。嘗爲某言：『學者讀書，少能自第一卷讀至卷末，往往或從中，或從末，隨意讀起，又多不能終篇。光性最專，猶嘗患如此。從來惟見何涉學士案上，惟致一書讀之，自首至尾，正錯校字，以至讀終，未終卷，誓不他讀。此學者所難也。』」

〔七九〕爲冠婚喪祭法　按，宋史卷二〇四藝文志三著録有司馬光書儀八卷，又涑水祭儀一卷、居家雜儀一卷。

〔八〇〕不喜釋老　呂氏雜記卷下云：「章子厚嘗言釋氏戒妄語事，司馬君實曰：『妄語莫大於釋氏，神通變化之事，在理必無，而釋氏昌言之，非妄語而何？』」又吹劍録外集云：「温公曰：『世俗信浮屠，以初死七日至七七日、百日、小祥、大祥，必作道場功德，則滅罪生天，否則入地獄，受刲春燒磨之苦。夫死則形朽腐而神飄散，雖刲春燒磨，又安得知？唐李舟曰：「天堂無則已，有則賢人生；地獄無則已，有則小人入。」今以父母死而禱佛，是以其親爲小人、爲罪人也。』」桯史卷八解禪偈云：「余嘗得東坡所書司馬温公解禪偈，其精義深韞，真足以得儒、釋之同，特表其語而出之。偈之言曰：『文中子以佛爲西方之聖人，信如文中子之言，則佛之心可知也。今之言禪者，好爲隱語以相迷，大言以相勝，使學者倀倀然益入於迷妄，故余廣文中子之言而解之，作解禪偈六首。若其果然，則雖中國行矣，何必西方？若其不然，則非余之所知也。忿氣如烈火，利欲如銛鋒。終朝常戚戚，是名阿鼻獄。顔回安陋巷，孟軻養浩然。富貴如浮雲，是名極樂國。孝弟通神明，忠信行蠻貊。積善來百祥，是名作因果。仁人之安宅，義人之正路。行之誠且久，是名光明藏。言爲百代師，行爲天下法。久久不可掩，是名不壞身。道義修一身，功德被萬物。爲賢爲大聖，是名菩薩佛。』於虖！妄者以虚辭歧實理，以外慕易内脩，滔滔皆是也，豈若是偈之坦明無隱乎？盍反而觀之。」

〔八一〕買第洛中僅庇風雨　邵氏聞見後録卷二五獨樂園云：「司馬公在洛陽，自號迂叟，謂其園曰獨樂園。園卑小，不可與他園班。其曰讀書堂，數椽屋。澆花亭者益小；弄水種竹軒者尤小；見山臺者，高不過尋丈；其曰釣魚庵、採藥圃者，又特結竹梢蔓草爲之。」

〔八二〕集注揚子十三卷　按晁志卷一〇著録温公集注法言十三卷，云：「司馬光君實集晉李軌、唐柳宗元、國朝宋咸、吴祕注。光自言：『少好此書，歷年已多，今輒采諸家所長，附以己意，名曰集注。』」

〔八三〕以其素所賢者劉攽劉恕范祖禹爲屬官　按胡三省新注資治通鑑序云：時「修書分屬，漢則劉攽，三國訖于南北朝則劉恕，唐則范祖禹，各因其所長屬之，皆天下選也」。卻掃編卷下載：「司馬温公編修資治通鑑，辟劉貢甫（攽）、范純夫（祖禹）、劉道原（恕）爲屬，兩漢事則屬之貢甫，唐事則屬之純夫，五代事則屬之道原，餘則公自爲之，且潤色其大綱。」

〔八四〕神宗尤重其書以爲賢於荀悦　邵氏聞見後録卷二一云：「元豐末，司馬文正資治通鑑成，進御。丞相王珪、蔡確見上問何如，上曰：『當略降出，不可久留。』又咨歎曰：『賢于荀悦漢紀遠矣。』罷朝，中使以其書至政事，每葉縫合以睿思殿寶章。睿思殿，上禁中觀書之地也。舍人王震等在省中，從丞相來觀，丞相笑曰：『君無近禁臠。』以言上所愛重者。」

〔八五〕然神宗知公最深　邵氏聞見録卷一一云：「一日宰執同對，上（神宗）有無人材之歎，左丞蒲宗孟對曰：『人材半爲司馬光以邪説壞之。』上不語，正視宗孟久之。宗孟懼甚，無以爲容。上復曰：『蒲宗孟乃不取司馬光耶？司馬光者未論別事，只辭樞密一節，朕自即位以來，唯見此一人。他人則雖迫之使去，亦不肯矣。』」又能改齋漫録卷一三司馬光近於迂濶云：「神宗嘗謂呂正獻公晦叔曰：『司馬光方直，其如迂濶何？』呂曰：『孔子上聖，子路猶謂之迂。孟軻大賢，時人亦謂之迂。况光豈免此名？大抵慮事深遠，則近于迂矣。願陛下更察之。』」

〔八六〕及拜資政殿學士蓋有意復用公也　長編卷三五〇元豐七年十二月戊辰條載司馬光爲資政殿學士，云：「初，元豐五年，將行官制，上於禁中自爲圖，帖定未出，先謂輔臣曰：『官制將行，欲取新舊人兩用之。』又曰：『御史大夫，非司馬光不可。』蔡確進曰：『國是方定，願少遲之。』王珪亦助確，乃已。及除光第四任提舉崇福宫，詔滿三十個月，即不候替人，發來赴闕，蓋將復用光也。」曲洧舊聞卷二云：「元豐初，官制將行，裕陵以圖子示宰執，於御史中丞、執政位牌上，貼司馬温公姓名。又於中書舍人、翰林學士位牌上，貼東坡姓名。其餘與新政不合者，亦各有攸處。仍宣諭曰：『此諸人，雖前此立朝議論不同，然各行其所學，皆是忠於朝廷也。安可盡廢？』王禹玉（珪）曰：『領德音。』蔡持正（確）既下殿，謂同列曰：『此事烏可？須作死馬醫始得。』其後上每問及，但云臣等方商量進擬。未幾宫車晏駕，而裕陵之美意卒不能行。」按，官制行在元豐五年，曲洧舊聞云云似不確。

名臣碑傳琬琰集中卷五十二

曾太師公亮行狀[一]　文昭公曾肇

維曾氏系出於禹，爲姒姓。其後有封于鄫者，歷夏商周，傳國不絶。春秋時，見滅於莒，太子巫犇魯，去邑爲曾氏。巫孫蒧寔事孔子①，至參，又以孝聞。曰元、申、西，繼見經傳②。其後久晦不顯。唐廣明中，有自光州固始縣避亂徙家閩越，遂爲泉州晉江縣人者，公之七世祖也。又三世而生瓚，是爲公高祖。自高祖而下，三世皆仕閩越。高祖爲泉州録事參軍。曾祖秦公，爲司農少卿、泉州節度掌書記。皇祖魏公，爲泉州德化縣令。皆奕世載德，畜而不發。至魏公，始歸朝爲殿中丞致仕。皇考楚公③，遂以文學、政事顯名朝廷。至公而曾氏遂大顯矣。楚公舉進士太宗朝，與陳文忠公試於廷，文皆傑出，並授光禄寺丞、直史館，而楚公次文忠公爲第二。俄特遷殿中丞、知宣州，賜緋衣銀魚。近世進士起家之盛，未有如此者也。終尚書刑部郎中、集賢殿修撰。公既

① 巫孫蒧寔事孔子　「蒧」原作「葴」，據庫本及史記卷六七仲尼弟子列傳改。
② 繼見經傳　「經」原作「繼」，據庫本改。
③ 皇考楚公　按，東都事略曾公亮傳稱其父名會。

貴，贈楚公而上三世皆至公、師，封大國。又封曾祖妣秦國太夫人蕭氏；祖妣辛氏①、辛氏，韓國、魏國太夫人；妣吴氏、黄氏，秦國、楚國太夫人。

公少力學問，能文章。乾興初，仁宗即位，時楚公守池州，以公持表入賀，授試大理評事，不赴調。舉進士第五人中第，授太常寺奉禮郎、知杭州臨安縣。未行，改知越州會稽縣。公初試吏，即能聽決獄訟，吏莫能欺。縣有鑑湖溉民田，湖溢，則反爲田病。公爲即曹娥江堤疏爲此門②，泄湖水入江，田以不病，民至今賴之。坐親戚置田部中[二]，公寔不知，左遷監湖州酒務。歸，遷光禄寺丞、監在京麴院。歲課大溢，特遷秘書省著作佐郎。明道改元，覃恩遷秘書丞。丁楚公憂，服除，監在京都商税院，遷太常博士。近臣薦公學行，授國子監直講。是時元昊叛西邊，朝廷議出兵討之。公自以任博士，得以古誼迪上，且夷狄反覆桀驁，宜以德懷柔，不率然後加兵。著征懷書一篇奏之。其後元昊請臣，中國卒不出兵。徙諸王府侍講，兼睦親宅北宅講書、潞王宫教授，遷尚書屯田員外郎。

故事，王府侍講歲滿進記室，直史館，賜三品服。公以積累而遷，非其好也，獻所爲文，召試學士院，授集賢校理。發解别頭進士[三]，得人爲多，後有至公卿者。俄兼天章閣侍講、史館檢討，遷尚書兵部員外郎、修起居注。當試知制誥，宰相賈文元公，公友婿也[四]，以親嫌爲言，除天章閣待制，遷尚書刑部郎中。文元公罷，遂知制誥，兼史館修撰。丁楚國太夫人憂。服除，召入翰林爲學士，遷中書舍人。公自校理以至爲學士，皆兼待詔。

---

① 祖妣辛氏　「辛氏」，文海本作「韋氏」。

② 公爲即曹娥江堤疏爲此門　「此門」，宋史曾公亮傳、會稽志卷三會稽作「斗門」，似是。

是時，仁宗勵精稽古，博延儒學之士，講論六藝，有不任職，往往罷去。獨公以道德勸講，歷十餘年。事有可以趣時爲之者，多傅經啓迪，繇是眷獎加厚。一日，召執政、侍從之臣策訪政事，時公侍楚國太夫人疾，謁告家居，亟以手詔就問。公條六事以獻，其略以謂：完堡栅，畜兵馬，使主兵者久於其任，則夷狄不敢窺邊；取之得其要，任之盡其材，則將帥不患無人；損冗兵，汰冗官，節財用，省徭役，不專在農，則耕者勸。又陳古者取六郡良家子爲宿衛，及府兵番上十六衛之制，以明今宿衛之失。言狂者似直，愛憎似忠，以明聽言知人之難。而人君得其言，則當審覆而後行，以消讒諛之風。蓋皆取當世之所先急，而便於施行者以爲説云。

既以經術開導人主，至於朝廷典章故實、律令文法，無不練習，而臨事明敏果敢。歷判尚書刑部、兵部、吏部流内銓，知審刑院、太常禮院，判太常寺兼知禮儀事，句當三班院。異時領省事者，多以貴達，且數遷徙，類不省事，吏得並緣爲姦。公周覽詔條，考校簿書，分别是非可否，不爲苟簡，故所至舉職，皆有能名。其在刑部，果於直人之枉。選人以毆父妾得罪，其實爲妾所毆，拒之，因誤傷妾，非毆也。訴於刑部，公欲直之，同列之長者不從，迺獨請對，卒與之直。三班吏員冗雜，吏非賕賄不行；又第貴戚權要子弟，恃勢請謁。公至，盡取前後條目，爲之區處，按以從事，吏束手無能爲，而人亦不敢干以私，後至者莫能易也[五]。其治他司亦然。歐陽文忠公不妄許人，至三班，嘗以不敢易公舊事爲言，其爲世所服如此。與詳定編勑，修武經總要，多所裁定。又嘗專奉詔修游藝集[六]，書成，賜一子官，辭不受。

數以疾請外，改端明殿學士、知鄭州。鄭居數路要衝，冠蓋旁午，州將疲於應接，尠能及民事。公獨詢訪閭里，爲之除害興利[七]。轉運使歲多無名率斂，而輔郡尤甚。公至，一切不報。有不得已者，使民以常賦代之，民以不擾，至今思之。公爲政惠和，而尤能鈎考情僞，禁戢姦盜。郡故多寇攘，公至，悉竄他境，路不拾遺，民外户不閉，至號公爲「曾開門」。嘗有使客亡槖中物，移文求盜，公諭以境内無盜，必從者自爲也。索之果然，使客慙服，以爲神明[八]。

未幾，復召入翰林爲學士，知開封府。其政如爲鄭時，而人亦習聞公所爲，不勞而治。强宗大姓莫敢犯法，畿内之盜遁逃遠去，京師肅然[九]。居三月，擢爲給事中、參知政事，提舉修唐書，時嘉祐三年六月也。明年，加禮部侍郎。又明年，除檢校太傅，充樞密使兼群牧制置使①。六年閏八月，拜吏部侍郎、同中書門下平章事、集賢殿大學士。公既執政，益感激奮勵。其爲樞密使，修紀綱，除弊事，數裁損冗兵。又更制圖籍，以周知四方兵數登耗、三路屯戍衆寡、地理遠近。及在相位，與韓忠獻公戮力一心，更唱迭和，其所更革廢舉尤多。以謂政事以仁民爲先，故其志尤急於去民所疾苦，而補助其窮乏。罷弛茶禁，歸之於民。籍户絶田，收其租爲廣惠倉，以廩食窮獨。其他施設，多此類也。當是時，天下無事，仁宗委政大臣，垂拱仰成，而海内充實，朝廷謐清，群工百司，奉法循理，刑罰寬平[一〇]，黜陟有序，田里無召發之役，四方不見兵革之事者，宰相輔佐之力也。嘗與韓忠獻公力贊仁宗蚤建皇子，以爲天下萬世之本。前此固有言者，未之開納，至是感悟，儲貳乃定。

八年三月，英宗即位②，加中書侍郎兼禮部尚書。英宗哀疚感疾，太皇太后權宜聽政，公調護鎮附，夙夜不懈。加户部尚書。治平三年③，英宗不豫，即牀下奉手詔，立今上爲皇太子。明年正月，今上即位，加門

① 提舉修唐書時嘉祐三年六月也明年加禮部侍郎又明年除檢校太傅充樞密使兼群牧制置使　按，據玉海卷四六嘉祐新唐書，曾公亮提點修唐書在嘉祐二年十月庚子。又據長編卷一八七、卷一九二，曾公亮加禮部侍郎在嘉祐三年六月丙午，拜樞密使在嘉祐五年十一月辛丑。則行狀云云不確。

② 八年三月英宗即位　按，據長編卷一九八、宋史卷一三英宗紀，仁宗於嘉祐八年三月辛未晦「暴崩」，次日四月壬申朔英宗即位。則行狀云英宗「三月即位」者稍不確。

③ 治平三年　「三年」原作「二年」，據宋史卷一四神宗紀等改。

下侍郎兼吏部尚書，俄拜尚書右僕射①，提舉修英宗實録。熙寧二年十月，富鄭公辭疾去位，又拜右僕射兼門下侍郎、同中書門下平章事、昭文館大學士②、監修國史，兼譯經潤文。初封英國公，後改兗國公，又改魯國公。

在位久，熟於朝廷政事[一二]，尤矜慎決獄③。異時，四方以獄來上者，委成有司，二府總領綱紀而已。公得奏讞，必躬自省覽，原情議法。密州銀發民田中，盜往强取之，大理當以强盜應死，執政皆欲從之，公獨以爲：「此禁物也，取之雖强，與盜民家物有間。」固争不決，遂下有司議，如公言，比劫禁物法，盜得不死。先是，東州地産金銀，坐强取者多抵死，繇公一言，自是無死者。蓋公推析律意④，不差毫釐，而主於平恕，類皆如此。謂夷狄驕於姑息，屈於理折。契丹縱邊人漁界河，邊吏不能禁拘；又數通鹽舟，益患之。或謂與之校且生事，公曰：「不可因循不禁，後將爲患，獨可委之强臣。」且言：「趙滋守雄州，其人强勇有謀，可任。」因諭以風指，滋果能明約束，設方略，絶其鹽舟，而漁者亦皆遠去。諜告虜欲遣泛使，滋又沮之曰：「泛使非誓約，雖至，不敢上聞。」卒不至。契丹賀正使在館，故事賜宴紫宸殿。時英宗不豫，命宰相就館宴之，使者以非故事不就席。公責以「賜宴不赴，是不虔君命也。人主不豫，必待親臨，非體國也，使人處之安乎？」遂拜賜。夏人犯大順城，朝廷憂之。公以爲彼方荐飢，姑絶其歲賜，遣使詰問，必窘急謝罪。或曰：「得賜尚爾，況絶之乎？」公曰：「彼雖戎狄，固能擇利

① 俄拜尚書右僕射　「右僕射」，宋史卷二一一宰輔表二作「左僕射」。按，宋朝大詔令集卷六一宰相十一載有治平四年九月壬寅曾公亮進左僕射封兗國公加恩制。
② 昭文館大學士　「昭」原作「改」，據文海本及東都事略、宋史曾公亮傳改。
③ 尤矜慎決獄　「決」原作「扶」，據庫本改。
④ 蓋公推析律意　「析」原作「折」，據庫本改。

而處也。」卒遣使，皆如公言〔一二〕。羌酋嵬名山舉族來歸，且言可率他族内附。种諤乘其勢取綏州①，又欲因其謀招致他族。或謂夷狄懷詐未可信，且欲棄綏州。上以問公，公言：「舉族而來，決非詐。綏州，我故地也，既得之，何可不守②？然遂欲招置他族，則我素無備，非倉卒可爲，未宜搖動其衆。」後遣習邊事者計之，不能易公説。

公更踐二府，以至爲相，十有五年，近世處高位者，莫如公久。其事君接人，語默動静，一皆有法。而尤小心恭慎，不立朋黨，推遠權勢〔一三〕，未嘗納請謁、市私恩。對家人子弟，不語及公事。每爲密奏，輒削其藳。其忠言正論，與夫推賢揚善，謀大事，定大策，凡語於上前者，退而不伐，亦不言於人，故人亦莫能盡知也。仁宗末年，大臣一咈公議，往往免去，公終其世，内外無間言。再被顧託，歷事三朝，至今上時，受遺輔臣，獨公久於其位。上亦篤於信任，不爲流言所惑〔一四〕。嘗有朝士上書，言兩浙濬漕河、廢置埭閘非便，特以旁郡有公田園，賴以爲利。上雖不入其言，公固請辨之。遣使者按驗，其言果謬。公亦自言其人嘗私謁不遂，今其書具在，并以奏焉，遂黜言者。公復固請寬言者罪，上繇是益賢公，眷待有加。蓋公遇事不爲姑息，數裁抑僥倖，不以毫髮假借。小人不便，思有以中傷，而莫能得其隙，故欲以是累公云。

公自處顯，每思止足，嘗因亢旱引咎，累章祈罷免，上以手詔諭公曰：「雖十百上，猶不聽也。」年七十，即上書還政，不從。自是數以爲言，又三年而後許之，猶未得謝。進司空，以河陽三城節度使兼侍中爲集禧觀使〔一五〕，五日一朝，時三年九月也。

---

① 种諤乘其勢取綏州　「綏州」原作「綏州」，據庫本及宋史卷八七地理志三改。按，下文同改。

② 何可不守　「守」原作「中」，據庫本改。

公春秋雖高，筋力尚壯。時方出師西討，欲得元老大臣鎮關中以爲重，强起公爲永興軍路安撫使、判永興[一六]。慶州卒盜弄武庫兵，且有外應，雖已伏誅，而餘黨散逸，自陝以西皆警，教閱義勇，置官提舉，以備非常。强陲益兵，轉運使又請移内地賦税以實邊，人情騷然，不安其居。公至，曰：「叛者誅矣，胡爲張皇如是？」一以鎮静待之，罷提舉教閱義勇官，委之州郡；訓練三將以備邊，分屯於河中府及邠、涇州，不煩饋運，遂又奏罷移税。由是州郡晏然。乃益繕治城壁戍器，增修政事之闕者。雍郊山林阻深，姦人依以爲盜，取富人物如己有，一不厭其欲，則并其家害之，爲患久矣。公至，購以厚賞，分兵搜捕，不數月殆盡。部多豪右，喜爲飛語，以動摇在位，且邀姑息。有聲言營卒謀結外寇，以上元夜起兵爲亂，至聞京師。州人大恐，兵官陰爲備，請公毋出游。公不爲動，是夜，特率賓佐置酒遨觀，夜艾而歸。人情遂安，飛語亦息。

陝西既無事，乞還，許之，復爲集禧觀使。固納節請老，許其歸，仍進太傅[一七]。公之歸也，上欲賜公第，公辭以舊廬粗庇風雨，於寒族爲稱，不敢當。上不奪其志，然使者存問，日月不絶。謂高年宜肉食，數賜羔。公遇同天節，則必入朝上壽，慰撫良厚。上祠南郊，亦奉詔陪祠，卒事無廢禮。其後得末疾，不能朝。上再祠南郊，以公不能從，特詔賜賚依陪祠故事，固辭不得。蓋上之優老念舊，於公尤篤，故恩禮之厚如此。公雖不能朝，上猶遣中使詔問北陲備禦之策[一八]。公歷述近世及祖宗已試之略有驗於今者，凡千餘言以對。

公既家居，日與賓客、族人置酒弈碁爲樂，或使諸孫誦讀文章。間乘籃輿，惟興所適。每歲首，執政大臣連騎過公，飲酒賦詩，以爲故事。

既退四年，次子孝寬爲樞密直學士、起居舍人、簽書樞密院事。時公壽考康寧，食其養禄。論者謂父子世爲公輔，天下固以爲榮，然世或有之；至如公罷政事纔六年，親見其子嗣登政府，而其子入則侍帷幄、贊國論，退而承顔侍膳，雍容膝下①，一時之盛，雖古未有也。初，其子迎公居西府，久之，公曰：「吾老矣，一旦被病不起，不宜污官寺。」遂葺舊廬以歸，未幾而公屬疾矣。元豐元年閏正月戊戌，薨于正寢。

公爲人力厚莊重，沉深周密，平居謹繩墨、蹈規矩，及處大事，毅然不惑。至其成功，欿然如未嘗有爲也。居家謹嚴，無惰容，雖在高位，常屈己下士。賓客至者，人人盡其説，然亦不曲從也。其處富貴，以清約自持，自布衣以至公相，凡所奉養，亡甚異也[一九]。其家人子弟，帥公之教，不爲驕侈。子弟修廉隅、力學問如寒士，不知其爲勢家貴族也。性尤愷悌，待故舊不以富貴易意[二〇]。任子恩多推與旁宗外族，及致仕而歸，諸孫多未官者。平生善讀書，至老不倦，博識强記。晚年精明不衰，對賓客談論，誦舊學，引朝廷故事，亹亹不絶，聽者忘疲。晚探佛書，造性命之理[二一]。寢疾，家人數勸勉進藥餌，公卻之曰：「物盛則衰，固其常也，非藥餌所能。」終，辭色不亂。有文集三十卷。

公累階開府儀同三司，勳上柱國，號推誠保德崇仁守正協恭贊治忠亮翊戴功臣，食邑一萬三千五百户，食實封四千九百户。娶陳氏，武信軍節度使康肅公堯咨之女，先公卒，封鄭國夫人，以子貴，封魯國。子三人：長孝宗，尚書虞部員外郎；次孝寬；次孝純，殿中丞。女一人，適光禄寺丞周汰。孫七人：謂、詵、説、誠、詠、訥、誼。訥爲秘書省校書郎，餘皆太常寺太祝。謂先公一日卒。

公之去西府居也，詔許其次子往來就養，而其子三請解機務，不許。方繼有請，而公薨矣。自公寢疾，上遣中使挾太醫診視，又命輔臣至第存問。訃聞，特輟視朝三日，車駕臨哭盡哀。三月丙子，又爲素服哭於苑中。贈太師、中書令，配享英宗廟廷，賻恤加等[二二]。敕天章閣待制、樞密都承旨韓縝攝鴻臚卿，同入内内侍省都知、利

① 雍容膝下　「膝」原作「脉」，據文海本、庫本改。

州觀察使張茂則典護喪事。以五月庚寅葬于開封府新鄭縣東里鄉北趙村之原，以魯國夫人祔。

維公以儒術吏事見推一時，履和蹈義，篤行不怠，故能奮於小官，不繇黨援，周旋侍從，致位宰相，佐佑三世，有勞有能，定策受遺，功施社稷。知止克終，老而彌劭，爲一代之宗臣，可謂盛哉！是宜銘書太常，配食清廟，諡行易名，傳之史官，以信後世，稱主上褒顯勳舊、垂於無窮之意。謹具公歷官行事，狀上尚書省，以移太常，以告太史。謹狀。

辨證：

[一] 曾太師公亮行狀　按，曾公亮，東都事略卷六九、宋史卷三一二有傳。

[二] 坐親戚置田部中　宋史曾公亮傳称「坐父買田境中」。三朝名臣言行録卷九之一中書舍人曾公引温公日録載楊繪（字元素）云：「曾公知山陰，賤市民田數十頃，爲人所訟。曾易占時在越幕，説守倅曰：『曾宰高科，它日將貴顯，用兹事敗之可惜。父會爲明守，衰老，宜與謀，俾代其子任咎。』守倅從之。會由是坐贓追停，曾公猶以私坐監當，深德易占。」

[三] 發解别頭進士　長編卷一三三慶曆元年八月戊子條：「屯田員外郎集賢校理曾公亮、右正言直史館同修起居注梁適考試鎖廳舉人。舉人有試官親戚者，並互送，别差官。試鎖廳舉人自此始，用寶元二年閏十二月庚寅詔書。」

[四] 宰相賈文元公友婿也　按，友婿，連襟也。據本行狀下文，曾公亮「娶陳氏，武信軍節度使康肅公堯咨之女」，又本書上集卷六賈文元公昌朝神道碑云其「繼配陳氏，武信軍節度使康肅公堯咨之女」。

[五] 三班吏員冗雜至後至者莫能易也　長編卷一七〇皇祐三年四月己酉條云曾公亮「管勾三班。三班吏世所賤薄，老胥抱文書升堂取判者，皆高下在口，異時長官漫不省察，謹占署而已。公亮盡取前後條目，置座側案以從事，吏束手無能爲，後至者皆莫能易」。

[六] 又嘗專奉詔修游藝集　玉海卷二八祥符太宗游藝集云：「祥符六年四月己卯，召輔臣對於龍圖閣，宣示太宗游藝集，御製游藝集後序。」又云：「真宗取太宗御製樂譜、棋圖、歌詩爲游藝集，凡百二十卷。仁宗慶曆八年三月甲寅幸龍圖、天章閣，觀游藝集，命侍講

曾公亮重加詳校，及親爲後序，以示群臣。」

［七］公獨詢訪閭里爲之除害興利　能改齋漫録卷一二斥中貴云：「曾魯公以侍讀守鄭州，有廢疾中貴人在郡寄居，多沽私酒，恃結連內侍，輕州縣，不法。公始善諭之，俾自悛戢，輒出大言。公命吏搜捕，盡得其釀具，依法盡行。遂奏乞中官老廢者不得家外郡，朝廷嘉之。」

［八］使客慙服以爲神明　曲洧舊聞卷五云：「曾明仲治郡，善用耳目，於迹盜尤有法。潞公過鄭，失金唾壺。明仲見公於驛中，公言其事。明仲呼孔目官，附耳囑付之。既去，不食頃，已擒偷唾壺人來矣。潞公歸朝，大稱賞之。」

［九］京師肅然　能改齋漫録卷一二曾魯公責妓訟官吏云：「曾魯公尹天府，前政以不辨善惡而去。公至未三日，有倡妓訟官吏宿其家。公得牒，審其意在謗毁。公殊不形聲色，唯命檢閱有無胎孕。既得驗狀無有，始責以故欲穢污衣冠，重刑而械之。都下善良翕然稱頌，小人畏縮。」

［一〇］刑罰寬平　厚德録卷三云：「曾侍中公亮爲相時，每得四方奏獄，必躬閲之。密州銀沙發民田中，有强盜者，大理論以死，公亮獨曰：『此禁物也，罪不應死。』下有司議，卒比劫盜禁法，盜不得死。先是，金銀所發，多以强盜坐死，自是無死者。」

［一一］熟於朝廷政事　東軒筆録卷六載：「曾魯公公亮識度精審，練達治體，當其在中書，方天下奏報紛紜，雖日月曠久，未嘗有廢忘之者。」

［一二］卒遣使皆如公言　按，本書中集卷四八韓忠獻公琦行狀云夏人犯邊，韓琦「言宜留歲賜，遣使詰其罪，大臣自文丞相悉以爲不然，左右或舉寶元、康定之喪帥以動上意。公曰：『軍事須料彼此，今日禦戎之備大過昔時，且諒祚狂童，國人不附，其勢何敢望元昊？詰之必服。』大臣或私相語曰：『渠謂料敵，且觀渠所料。』公卒建議遣何次公往詰諒祚，逾月而次公還，以諒祚表聞。屬英宗已卧疾，二府起居畢，公扣御榻曰：『諒祚表云何？』英宗力疾顧曰：『一如所料。』」

［一三］不立朋黨推遠權勢　長編卷二一五熙寧三年九月庚子條載：「公亮初薦王安石可大用，及同執政，知上方向安石，陰助之而外若不與同者。置條例司更張衆事，一切聽之。每遣其子孝寬與安石謀議，至上前無所異。於是上益專信任。安石以其助己，深德之，故推尊公亮而沮抑韓琦。」

［一四］上亦篤於信任不爲流言所惑　揮麈後録卷六引滕甫云：「熙寧初，甫與元素（楊繪）俱受主上柬知非常，並居臺諫。偶同上殿，陳於上曰：『曾公亮久在相位，有妨賢路。』上曰：『然。卿等何故都未有文字來？』明日相約再對。草疏已畢，舍弟申見之，夜馳密以告曾。暨至榻前，未出奏牘，上怒曰：『豈非欲言某人耶？其中事悉先來辯析文字，見留此。卿等爲朕耳目之官，不慎密乃爾。』言遂不行。」

［一五］以河陽三城節度使兼侍中爲集禧觀使　長編卷二一五熙寧三年九月庚子條載左僕射兼門下侍郎、平章事曾公亮爲司空、兼侍中、河陽三城節度使、集禧觀使，云：「御史至中書争論青苗事，公亮俛首不答，安石厲聲與之往反，由是言者亦以安石爲專而公亮不預也。蘇軾嘗從容責公亮不能救正朝廷，公亮曰：『上與安石如一人，此乃天也。』然安石猶以公亮不盡同己，數加毁訾。公亮雖屢乞致仕，上輒留之。公亮去亦弗勇，安石黨友尤疾之。上御集英殿册進士，午漏，上移御需雲便坐，延輔臣，賜茶。公亮陟降殿陛，足跌仆于地，上遽命左右掖起之。明日，以告病連乞致仕，於是乃聽公亮罷相。」注曰：「（公亮）本傳又云：『公亮深爲子孫計，陰助安石。公亮既老，安石力薦孝寬，不數年擢執政。』案，公亮初助安石，未必專爲子孫計，及孝寬遽登樞府，故世論即謂公亮始謀如此。」東軒筆録卷一〇云：「曾魯公公亮自嘉祐秉政，至熙寧中尚在中書，雖年甚高而精力不衰，故臺諫無非之者，唯李復圭以爲不可，作詩云：『老鳳池邊蹲不去，餓烏臺上噤無聲。』魯公亦致仕而去。」

［一六］强起公爲永興軍路安撫使判永興　據長編卷二二三云，曾公亮判永興軍在熙寧四年四月辛巳，時慶州兵亂，棄囉兀、撫寧諸寨堡與西夏。又云：「先是，吕大防罷延州，上曰欲使郭逵往，問王安石曰：『永興宜得一重人，卿以爲孰可？』安石曰：『曾公亮精審善鎮撫，宜使之往。』上疑公亮憚行，安石曰：『就除其子孝寬爲陝西轉運副使以慰其意，彼必樂行。且公亮已老，得孝寬在彼助之最便。』既而復用趙卨，遂中輟。……而公亮治永興如初議。」

［一七］固納節請老許其歸仍進太傅　長編卷二三四熙寧五年六月壬子條云：「河陽三城節度使、守司空兼侍中曾公亮遷守太傅致仕，特告謝。故事，致仕官不入謝，上以公亮三朝故老，特加禮，仍給見任支賜。」注曰：「林希野史云：『公亮自永興召歸，御史劉孝孫劾奏公亮不職，公亮不得已乞致仕。』此當考。」

［一八］上猶遣中使詔問北陲備禦之策　長編卷二六二熙寧八年三月丙寅條載契丹使「蕭禧之再來，上遣入内供奉官、勾當内東門

司裴昱賜韓琦、富弼、文彦博、曾公亮手詔」，咨詢對策。諸人皆上奏章獻議。

［一九］其處富貴以清約自持自布衣以至公相凡所奉養亡甚異也　長編卷二八七元豐元年閏正月己亥條稱：「上嘗語輔臣曰：『公亮謹重周密，内外無間，受遺輔政，有始有卒，可方漢張安世。』公亮喜薦士，多得人。然性吝嗇，殖貨至鉅萬，持禄固寵，爲世所譏。晚年昏病，以歌舞沈酣日夜。」

［二〇］性尤愷悌待故舊不以富貴易意　能改齋漫録卷一二曾魯公與旁舍生錢償鬻女直云：「謝逸記曾魯公布衣游京師，舍於市側。旁舍泣聲甚悲，詰朝過而問之。旁舍生意慘愴，欲言而色愧。公曰：『若第言之。或遇仁人，戚然動心，免若於難。不然，繼以血，無益也。』旁舍生顧視左右，欷歔久之，曰：『僕頃官於某，以某事而用官錢若干。吏督之且急，視其家無以償之。乃謀於妻，以女鬻於商人，得錢四十萬。行與父母訣，此所以泣之悲也。』公曰：『商人轉徙不常，且無義。愛弛色衰，則棄爲溝中瘠矣。吾士人也，孰若與我？』旁舍生跽曰：『不意君之厚貺小人如此。且以女與君，不獲一錢，猶愈於商人之數倍。然僕已書券納直，不可追矣。』公曰：『第償其直，索其券。彼不可，則訟于官。』旁舍生然之。公即與四十萬錢，約曰：『彼三日以其女來。吾且登舟矣，俟若於水門之外。』旁舍生如公教，商人果不敢争。攜女至期以往，則公之舟無有也。詢旁舟之人，則曰：『其舟去已三日矣。』其女後嫁爲士人妻。」

［二一］晚探佛書造性命之理　東齋記事卷五載：「曾魯公生日，放生以蠠蛤之類，以爲人所不放，而活物之命多也。一日，夢被甲者數百人前訴。既寤而問其家，乃有惠蛤蜊數篭者，即遣人放之。是夜，復夢被甲者來謝。」

［二二］贈太師中書令配享英宗廟廷賻恤加等　長編卷二八七元豐元年閏正月己亥條稱曾公亮「卒，年八十。上奠哭之，輟視朝三日。贈太師、中書令，配享英宗廟廷，謚宣靖。及葬，恩禮視韓琦，篆其碑首曰『兩朝顧命定策亞勳之碑』。前一日，車駕又臨之，特恩非故事也。……初，詔遺表外增推恩二人，子比部員外郎孝宗遷一官，殿中丞孝純賜同進士出身，孫太祝説、詠、誼、詵各遷一官」。

名臣碑傳琬琰集中卷五十三

鮮于諫議侁行狀[一]　　学士秦觀[二]

公諱侁，字子駿。其先成湯之裔箕子，封于朝鮮，子仲食采於于①，爲鮮于氏。世家漁陽，唐初詔爲閬州刺史，殁于官，子孫家焉，遂爲閬中人。開元時，仲通、叔明節制兩川。叔明以功賜姓李氏，後復故姓，於公十二世祖也。曾祖演、祖瓘，皆不仕。父至，自號隱居先生，爲蜀名儒，以公贈金紫光禄大夫。母趙氏，追封安德郡太夫人。

公自少莊重不苟，力學有文，鄉黨異之。年二十，登景祐五年進士科，調京兆府櫟陽縣主簿。到官數月，丁外艱。服除，授江陵府右司理參軍。慶曆中，天下大旱，有詔中外臣寮實封言事。公上書推灾變所興有四，一曰言不從，二曰厥咎僭，三曰欲得不明，四曰上下皆蔽，言甚切直。移歙州歙縣令②。歙俗喜訟，善持吏長短，吏稍

① 子仲食采於于　「子」原作「于」，據庫本、淮海集卷三六鮮于子駿行狀及本書中集卷二四鮮于諫議侁墓誌銘改。
② 移歙州歙縣令　宋史鮮于侁傳稱鮮于侁「調黟令」，本書中集卷二四鮮于諫議侁墓誌銘云「移歙州黟縣令」，宋羅願新安志卷五賢宰云「移黟縣令」，而未云其嘗爲歙縣令。

繩以法，輒得罪去。公爲黟，又嘗攝婺源，其治皆爲諸邑最，豪强畏之[三]。改著作佐郎、知河南府伊闕縣事。遷秘書丞、通判黔州，未行，改通判綿州。左綿遠郡，自守將已下，皆日課吏卒供薪炭、芻豆、蔬菜，而嬴取其直，公到，悉罷之。守將已下聞之亦罷，其風遂絶。清獻趙公使蜀，首薦之朝，轉屯田員外郎，賜五品服。英宗初爲皇嗣，公上疏言：「儲號未正，措置未宜。今皇嗣初定，未聞選經術識慮之士以擁護羽翼，乞妙選賢德以爲官僚。陛下清躬少有寢食不順，朝夕左右，固惟婦寺，願復漢侍中之職，令二府番休宿衛。」覃恩遷都官員外郎，通判保安軍。何公郯帥永興，辟公簽書其節度判官廳公事，改職方員外郎，覃恩轉屯田郎中。代還，用三司使薦，除蔡河撥發。

神宗初即位，詔中外直言闕失。公應詔言十六事，其目曰：納諫諍以輔德，訪多士以圖治，嚴法令以制世，崇節儉以富民，明黜陟以考實，去貪暴以崇厚，重臺諫以委任，選監司以督姦，閔守宰以求治，謹遷易以去弊①，重根本以固國②，復選舉以澄源，申武備以警武③，備軍旅以除患④，謹邊防以重內，練將帥以禦戎。其末曰：「願陛下事兩宮以孝，待大臣以禮，侍從知其邪正，近習防其姦壬。」上愛其文，出以示御史中丞滕元發曰⑤：「此文不減王陶。」王陶，東宮舊臣，上所信重，故以公擬之。而陶亦雅相知，嘗薦公明經術，知治體，切直不阿，宜備

① 謹遷易以去弊　「謹」，淮海集卷三六鮮于子駿行狀作「慎」。按，此處當避孝宗諱而改字。

② 重根本以固國　「固國」，淮海集卷三六鮮于子駿行狀作「圖固」。

③ 申武備以警武　「警武」，淮海集卷三六鮮于子駿行狀作「警姦」。

④ 備軍旅以除患　「備」，淮海集卷三六鮮于子駿行狀作「治」。

⑤ 出以示御史中丞滕元發曰　「滕」原作「謄」，據文海本、庫本、淮海集卷三六鮮于子駿行狀及本書中集卷二四鮮于諫議侁墓誌銘、宋史卷三三二滕元發傳改。

顧問。後爲三司使，又奏爲其判官，不從。

熙寧初，有詔侍從之臣各舉所知。范蜀公時爲翰林學士，以應詔，除利州路轉運判官。執政有沮議者[四]，上曰：「鮮于某有文學。」執政曰：「陛下何以知之？」上曰：「有章疏在。」執政乃不敢言。王荆公用事，公上疏言時政之失曰：「可爲憂患者一，可爲太息者二，其他逆治體而起人心者不可概舉。」又曰：「陛下聰明過於文帝，而群臣無賈生之才。」

西方議用兵，公以兵將未擇，關陝無年①，未宜輕動。乃移書勸安撫使，宜如李牧守鴈門故事，遠斥候，謹烽火，堅壁清野，使寇無所獲；密戒諸路選將訓兵，蓄鋭俟時，須其可擊而圖之。安撫使不能用，師果無功[五]。未幾，慶州兵叛，關中震擾也，巴峽以西皆警。成都守與部使者争議發兵屯要處[六]，書檄旁午於塗，公一皆止之，示以無事，蜀人遂安。公以劍門形勢之地，當分權以制内外，今帥劍南者，舉全蜀之權以畀之，非便；宜循唐制，成都、益昌各自置帥，以消姦雄窺伺之心。書累上，不報。

是時初作助役、青苗之法，詔諸路監司各定所部役錢之數。轉運使李瑜欲以四十萬緡爲額，公以利路民貧，用二十萬緡足矣。與瑜論不合，各具利害以聞。上是公議，謂判司農事曾布曰：「鮮于某所定利路役書，可爲諸路法。」遂罷瑜，而以公爲轉運副使，兼提舉常平農田水利差役事。而青苗之法獨久之不行，執政恡焉，亟遣吏問狀[七]，公曰：「詔書稱願取即與，利路之民無願取者，豈可强與之邪？」歲滿，有旨再任，及罷，又留之，轉都官郎中。西京左藏庫使、知利州事周永懿貪暴不法，前使者憚其凶狡，置不敢問。公具得其姦贓，即遣吏就捕，械送于獄。永懿竟除名，編管衡州[八]。初，利州以兼益利路兵馬都監，故事武臣爲守，至是，公上言乞堂選文臣知州

① 關陝無年 「關」原作「閩」，據文海本、庫本及淮海集卷三六鮮于子駿行狀改。

事，别置路分都監，以懲永懿之弊。又言劍門關、葭萌寨使臣兼知縣事，類多不習文法，宜各置令，專領邑事。詔皆報可，遂爲定制。其他深計遠畫，公私便之，而人所不及者，不可悉數。十餘年，使者有欲變其法者，父老泣曰：「老運使之法，何可變也？」蓋公之猶子師中嘗使利路，故民以「老運使」别之。公奉使九年，閬爲名郡，方新法初行，諸路騷動，而公平心處之，鄉人無異議者。今翰林蘇公以謂「上不害法，中不傷民，下不廢親①」，爲「三難」云。

移京東西路轉運副使。過闕陛見，面賜三品服，遷司封郎中。時河決曹村，梁、楚之地被害。公移檄諸郡，具爲科條，所以拯救之術甚備。議者或謂決河東流入海，自其本性，宜勿復塞。公曰：「東州平衍，兖、鄆、單、濟、曹、濮諸河，其所歸納，惟梁山、張澤兩濼，夏秋霖潦，猶能爲害。矧縱大河衝注於中，則諸郡生聚，其爲魚乎？」乃作議河一篇數千言上之，又乞下澶州早行閉塞，上皆嘉納。初，京東分東西兩路，後以財用虛羸②，不相通和，詔復合爲一路，升公爲轉運使，更盡領其事。

召還賜對，勞問甚厚。上欲留公京師，而公固求守郡，遂除知揚州事。官制行，换朝請大夫。未幾，坐舉吏受賕免，降爲朝散大夫[九]。方在譴中，又聞故吏以賕敗者，或勸公宜懲前事自陳。公曰：「吾專刺舉十二年，所任吏四百餘人，寧盡保其往耶？既已薦之於朝，豈可反覆爲自全計？」卒不首也。

復朝請大夫、管勾西京留守司御史臺。公之在西京也，樞密范公亦領臺事③，而司馬温公提舉崇福宫，三人相得甚歡④，搢紳慕其游。及二聖臨御，圖任老成，於是拜温公爲門下侍郎，起范公帥環慶，復除公爲京東轉運

① 上不害法中不傷民下不廢親　宋史鮮于侁傳作「上不害法，中不廢親，下不傷民」。
② 後以財用虛羸　「羸」原作「嬴」，據淮海集卷三六鮮于子駿行狀改；鐵琴銅劍樓本、庫本作「嬴」。
③ 樞密范公亦領臺事　「樞密」上，鐵琴銅劍樓本、庫本及淮海集卷三六鮮于子駿行狀有「今」字。
④ 三人相得甚歡　「甚歡」，鐵琴銅劍樓本、庫本及淮海集卷三六鮮于子駿行狀作「歡甚」。

使。温公曰：「子駿不當使外，顧東土承使者聚斂之後①，民不聊生，煩子駿往救之耳。」比公行，謂所親曰②：「福星往矣，安得百子駿布在天下乎！」公至，則奏罷萊蕪、利國監鐵冶③，乞變鹽法，依河北路通商，逐勾當公事之刻薄者二人④，發濰州守姦贓，東人大悦。又言：「高麗朝貢，可令瀕海州郡爲禮，不煩朝廷。若其自欲商賈，聽往閩越，高麗人無以辭矣⑤〔一〇〕。」

召還爲太常少卿。三省、太常會議神宗配享功臣，或欲用王荆公、吴正憲公者，公曰：「富文忠公勳德終始，天下具知，宜配食。」議遂定。因上言：「本朝舊制，配享雖用二人，宜如唐用郭子儀故事，止用富公一人。」詔從之。

元祐元年明堂禮畢，拜左諫議大夫。既拜命，即日辨邪正之説爲獻，其言君子小人尤爲消長之理甚備⑥。又言近歲人物衰少，凡一官有缺，差擬爲艱，宜許六曹、寺監長吏各舉僚屬，嚴其論薦之法，亦以見達官之所舉⑦，而執政大臣可以優游論道。蓋宰相擇臺省長官，臺省長官薦舉僚屬，知人安民之道，於斯爲得。自保甲之法行，民以藝能入等授班行者，即爲官户免役，時祥符縣至一鄉止有一户可差。公言僥倖太甚，宜依進納官例，充役如故，須其陛朝乃免。

---

① 顧東土承使者聚斂之後　「土」原作「上」，據鐵琴銅劍樓本、庫本及淮海集卷三六鮮于子駿行狀改。

② 謂所親曰　「謂」上，鐵琴銅劍樓本、庫本及淮海集卷三六鮮于子駿行狀有「又」字。

③ 則奏罷萊蕪利國監鐵冶　「監」原作「鹽」，據淮海集卷三六鮮于子駿行狀及長編卷三六一元豐八年十一月丁酉條改。

④ 逐勾當公事之刻薄者二人　鐵琴銅劍樓本、庫本無「二人」二字。

⑤ 高麗人無以辭矣　「高」原作「州」，據鐵琴銅劍樓本、庫本及淮海集卷三六鮮于子駿行狀改。

⑥ 其言君子小人尤爲消長之理甚備　「尤」字原脱，據鐵琴銅劍樓本、庫本補；淮海集卷三六鮮于子駿行狀作「相」。

⑦ 亦以見達官之所舉　「所」字原脱，據鐵琴銅劍樓本、庫本及淮海集卷三六鮮于子駿行狀補。

有旨治諫官直廬，不得與東西省相通，以防漏泄。公上言：「昔漢武帝嘗命文學之士遞宿禁中，凡公府欲行之政，俾之閲視辨論，中外相應以義理之文，故文章爾雅，訓詞深厚，炳然與三代同風。唐太宗臨御，每遇宰相平章事，必命諫官俱入，小有頗失，隨即箴規。故貞觀之治，企及三代。今乃屏置諫官，使與相省不相往還①，恐非朝廷開言路以副聖上納諫之義②。」又劾大臣不宜輔郡者③，請加譴黜，以示天下。其餘乞復制舉，分經義、詩賦爲兩科以求人材，罷大理獄以省事，罷帳司檢法以省官，嚴出官之法，減特奏名人數以抑濫進。再言京東鹽禁不便，宜弛以利民；許蔡河撥發統制縣道，以便呈督；罷戎瀘保甲，以卹民力；行折中舊法④，以省漕運〔一二〕；復三路義勇，以寬保甲；沙汰學官，以息異議。事多施行。

明年春，以病不任朝謁，乞郡，數賜告不俞。章三上，乃拜集賢殿修撰、知陳州事，仍有旨滿歲除待制。五月辛未終于州，享年六十有九。累勳柱國，賜爵清源縣男。前數日，語諸子曰：「吾心無不足者⑤，惟以不得歸老陽翟，别著易説爲恨。」無它言。

公忠亮果斷，出於天性。自小官以至進擢，數上書言天下事，咸具利害。移諫官、御史，其言或用或不用，未嘗少加損益。爲政以經術自輔，所至有迹；其去，民追思之。熙寧、元豐之間，士大夫騖於功利，喪其素守者多矣。公雖屢更使指，而屹然於新進少年之中，號爲正人。晚登侍從，益厲風氣，知無不言。在職九十餘日，所言

① 使與相省不相往還　「相省」，淮海集卷三六鮮于子駿行狀作「兩省」。
② 恐非朝廷開言路以副聖上納諫之義　「開」字原脱，據淮海集卷三六鮮于子駿行狀補。
③ 又劾大臣不宜輔郡者　「又」原作「大」，據庫本及淮海集卷三六鮮于子駿行狀改。
④ 行折中舊法　「折中」原作「浙中」，據長編卷三〇端拱二年十月癸酉條改。
⑤ 吾心無不足者　「不」字原脱，據淮海集卷三六鮮于子駿行狀補。

當世之務略盡。嗚呼！使公不疾病且死，得大用於時，其勳業豈易量哉！然公起諸生，仕爲諫官，供奉仗内，言聽計行，天下受其賜，比夫當軸處中初無益於縣官者，蓋得失相萬也。由是言之，雖病疾且死，弗克大用於時，亦可以無憾矣。

喜推轂士，士之游其門者，後皆知名。治經術有師法，論注多出於新意〔一二〕，晚年爲詩與楚辭尤精。泰山孫復嘗與公論春秋，歎曰：「今世學經術，未有如公者。」蘇翰林讀公八詠，自謂「欲作而不可及」；讀公九誦，以謂有屈宋之風①〔一三〕。今天子賜之詔書亦曰：「學足以通古②，才足以御今，智足以應變，强足以守官。深於經術，達於人情。」又曰：「金石之節，皓首不衰。」則公之德善，於是可考也。所著文集二十卷、詩傳二十卷③、周易聖斷七卷、典説一卷、治世讜言七卷、諫垣奏藁二卷、刀筆集三卷，其餘未編次者尚多。

娶陳氏，太常寺太祝藩之女，恭儉婉嫕，治家有法，封某郡君④，前公一年終。男五人：復，早卒；頡，河南府偃師縣尉；群，鳳州司法參軍；綽，假承務郎；焯，未仕。皆有學行，而頡尤自立，士大夫多稱之。女四人：長早卒；次適趙氏，次適蒲氏，皆前卒；次適永安縣主簿張球。孫男一人，崧孫⑤。孫女二人。公兩得任子恩，皆以予兄之子⑥，故焯猶未仕。凡嫁内外親族之女若干人。

① 以謂有屈宋之風　「以謂」二字原脱，據淮海集卷三六鮮于子駿行狀補。
② 學足以通古　「通」，淮海集卷三六鮮于子駿行狀作「邇」。
③ 詩傳二十卷　「詩」字原脱，據淮海集卷三六鮮于子駿行狀及本書中集卷二四鮮于諫議侁墓誌銘、宋史鮮于侁傳補。
④ 封某郡君　按，據本書中集卷二四鮮于諫議侁墓誌銘，其妻陳氏封永安郡君。
⑤ 孫男一人崧孫　按，淮海集卷三六鮮于子駿行狀作「孫男一人，崧」；本書中集卷二四鮮于諫議侁墓誌銘作「孫男二人：崇、崧」。
⑥ 皆以予兄之子　「予」原作「矛」，據文海本、庫本及淮海集卷三六鮮于子駿行狀改。

諸孤將以某年某月某日①，葬于潁昌府陽翟縣大儒鄉高村之原。前期，頡以書走汝陽，請狀公之行義，將乞銘於知公者②。某被遇最厚，又嘗辱薦於朝[一四]，義不敢辭，輒加論次。而公之行能謀議，過人者甚多，難以具舉，取其可考不誣、繫國家之大者著之，以告夫當世之君子云。

辨證：

[一]鮮于諫議侁行狀　本行狀又載於秦觀淮海集卷三六，題曰「鮮于子駿行狀」。按，鮮于侁，東都事略卷九二、宋史卷三四四有傳；本書中集卷二四載有范鎮鮮于諫議侁墓誌銘。又按，長編卷三六一元豐八年十一月丁酉條云注有引「李豸所作侁行狀」者，李豸即李廌。蘇軾文集卷四九與李方叔書：「録示子駿行狀及數詩，辭意整暇，有加於前，得之極喜慰。」又卷五三答李方叔十七首之五：「承示新文，如子駿行狀，丰容雋壯，甚可貴也。」知本行狀當爲李廌代撰。

[二]秦觀　觀（一〇四九～一一〇〇年）字太虛，又字少游，號淮海居士，揚州高郵人。元豐八年進士，官至秘書省正字、兼國史院編修官。卒，年五十三。宋史卷四四四有傳。按，夢溪筆談卷一云：「集賢院記：『開元故事，校書官許稱學士。』今三館職事皆稱學士，用開元故事也。」

[三]豪强畏之　宋史鮮于侁傳云：「姦民汪氏富而狠，横里中，因事抵法，群吏羅拜曰：『汪族敗前令不少，今不舍，後當詒患。』侁怒，立杖之，惡類屏跡。」

[四]執政有沮議者　宋史鮮于侁傳云：「初，王安石居金陵，有重名，士大夫期以爲相。侁惡其沽激要君，語人曰：『是人若用，必壞亂天下。』至是，乃上書論時政，曰：『可爲憂患者一，可爲太息者二，其他逆治體而召民怨者不可概舉。』其意專指安石。安石怒，毁短

---

① 諸孤將以某年某月某日　按，本書中集卷二四鮮于諫議侁墓誌銘云葬日在「是歲八月辛丑」。

② 將乞銘於知公者　「銘」原作「曰」，據淮海集卷三六鮮于子駿行狀改；文海本、庫本作「白」。

之。神宗曰：『佺有文學可用。』安石曰：『陛下何以知之？』神宗曰：『有章奏在。』安石乃不敢言。」

［五］師果無功　長編卷二二〇熙寧四年二月壬戌條云時吳育上言，有曰：「今宜撫司韓絳率麟府萬兵，九日後方至囉兀城，無所定勝取當。而三十萬之民轉餉於道，其資費五六百萬，又將聚兵役四寨，調斂紛紛百出，國計民財，戕壞未已。」據宋史卷三一五韓絳傳云：「絳素不習兵事，注措乖方，選蕃兵爲七軍，用知青澗城种諤策，欲取横山，令諸將聽命於諤，厚賞犒蕃兵，衆皆怨望；又奪騎兵馬以與之，有抱馬首以泣者。既城囉兀，又冒雪築撫寧堡，調發騷然。」

［六］成都守與部使者爭議發兵屯要處　按，時吳中復知成都府。

［七］執政恠焉亟遣吏問狀　宋史鮮于佺傳云時「部民不請青苗錢，安石遣吏廉按，且詰佺不散之故」。

［八］永懿竟除名編管衡州　長編卷二三二熙寧五年四月庚午條載：「西京左藏庫副使、知利州周永懿貪暴不法，轉運副使鮮于佺得其贓狀，即遣吏就御史張商英言：『永懿在任時，轉運使李瑜、提點刑獄周約交章薦舉。永懿倚瑜、約之助，故鬻獄納賄，無所忌憚，不可不治。』詔候永懿案到取旨。後永懿編管衡州，瑜、約及同提點刑獄羅居中皆坐奪一官。」

［九］坐舉吏受賕免降爲朝散大夫　據長編卷三一二元豐四年四月乙亥條，云：「朝請大夫、知揚州鮮于佺追一官，降授朝散大夫衝替，坐舉知綿州神泉縣胡獻犯贓故也。」

［一〇］高麗朝貢至高麗人無以辭矣　長編卷三六一元豐八年十一月丁酉條云鮮于佺請「乞止絶高麗朝貢，只許就兩浙互市，不必煩擾朝廷。事雖不行，然朝廷所以待高麗禮數亦殺於前云」。注曰：「此據李豸所作佺行狀及范鎮墓誌。佺傳載佺事極疎略，亦不載佺再爲京東漕也。」

［一一］行折中舊法以省漕運　按長編卷三〇端拱二年十月癸酉條載：「自河北用兵，切於饋餉，始令商人輸芻糧塞下，酌地之遠近而優爲其直，執文券至京師，償以緡錢，或移文江淮給茶鹽，謂之折中。有言商人所輸多敝濫者，因罷之，歲損國用殆百萬計。冬十月癸酉，復令折中如舊，又置折中倉，聽商人輸粟京師，而請茶鹽於江淮。……會歲旱罷。」注曰：「塞下納芻糧、京師納粟皆謂之折中，其實兩事。塞下折中，自雍熙始，既罷復行。京師折中，今始行之，又以旱罷。……淳化二年五月復置折博倉，即其折中倉也。」玉海卷一八四端拱折中倉：「端拱二年冬十月癸丑朔，詔復置折中倉，以范正辭等掌之。先是募民及聽商賈入粟給券，於江淮給茶鹽償之，謂之

折中。或有言其濫弊，廢之，自是歲失國用百萬之入，故復之，尋以歲旱中止。淳化二年，改折博倉，商人甚便。（原注：二年五月己巳，復置折博倉，即折中倉也。）景祐元年二月丙申，命燕肅、張宗象與三司議在京置折中倉利害。初，欲置折中倉以省江淮歲漕，而多謂平糴京師，則物價翔貴而傷民，故令參議。」

〔一二〕治經術有師法論注多出於新意　宋史鮮于侁傳稱「侁刻意經術，著詩傳、易斷，爲范鎮、孫甫推許」。

〔一三〕讀公九誦以謂有屈宋之風　邵氏聞見後録卷一四云：「楚詞文章，屈原一人耳。宋玉親見之，尚不得其髣髴，況其下者，唯退之羅池詞可方駕以出。東坡謂『鮮于子駿之作，追古屈原』，友之過矣。」按，九誦，載於宋文鑑卷三〇。

〔一四〕又嘗辱薦於朝　按秦觀淮海集卷三七與鮮于學士書云：「昨蒙左右不以觀之不肖，猥賜論薦，以備著述之科。」又宋史卷四四四秦觀傳云蘇軾於元祐初以「賢良方正」薦秦觀「於朝，除太學博士，校正祕書省書籍」。長編卷三九九元祐二年四月丁未條載詔云「今復置賢良方正能直言極諫科，自今年爲始，令尚書、侍郎、兩省諫議大夫以上、御史中丞、學士、待制各舉一人，不拘已仕未仕，以學行俱優，堪備策問者充，仍各略具辭業繳進，餘依舊條」。則秦觀當由蘇軾、鮮于侁等同薦於朝，以應制科。

李中丞常行狀〔一〕　学士秦觀

南康軍建昌縣李常①，字公擇，年六十四。李氏宗出唐宗室郇公瑋②。遠祖濤，五代時號稱名臣〔二〕，仕皇朝爲兵部尚書，封莒國公。少時仕於湖南馬氏③，有一子留江南，公其裔孫也，故今爲南康建昌人。

---

① 南康軍建昌縣李常　「南」上，淮海集後集卷六李公行狀有「曾祖諱宗誼，故不仕。祖諱知至，故不仕。父諱東，故任江寧府溧水縣尉，累贈特進」三十一字。

② 李氏系出唐宗室郇公禕　「瑋」原作「禕」，據淮海集後集卷六李公行狀改。又，宋史卷二六二李濤傳稱瑋封郇王。

③ 少時仕於湖南馬氏　「馬」字原脱，據淮海集後集卷六李公行狀補。

公少警悟，好學强記，爲文章捷敏，初若不經意，而比成粲然，屬寓深遠。皇祐中登進士甲科[三]，授防禦推官，權江州軍事判官[四]。丁太夫人憂①，解官，又丁光禄公憂②。服闋，權宣州觀察推官，監漣水軍轉般倉③。改大理寺丞、知洪州奉新縣，未行，用韓公獻肅薦爲三司檢法官。

神宗即位，詔大臣舉館職，曾魯公以公應詔④，召試學士院，除秘閣校理[五]，編校史館書籍，兼太常博士，兼史館檢討，置三司條例司檢詳官，看詳中書條例⑤，權判尚書考功，改右正言，同管勾國子監公事。是時王荆公輔政，始作新法，諫官、御史論不合者輒斥去。公上疏力抵其罪⑥[六]，以爲：「始建三司條例司，雖致天下之議，而善士猶或與之。至於均輸之論興，青苗之法立，公然取息，傅會經旨，以爲無嫌，則天下同以大駭，而善士亦不復與矣。」時荆公之子雱與温陵呂惠卿皆與聞國論⑦，凡朝廷之事⑧，三人者參然後得行。公言：「陛下與大臣議某事，安石不可則移而不行。安石造膝議某事，安石承詔頒焉，呂惠卿獻疑則反之。詔用某人，安石、惠卿之所可，雱不説則又罷之。孔子曰『禄去公室』、『政在大夫』、『陪臣執國⑨』，古今皆不似之耶？」而其論青苗尤爲激

---

① 丁太夫人憂　淮海集後集卷六李公行狀作「丁昌源郡太夫人憂」。
② 又丁光禄公憂　「光禄」原作「光孫」，據淮海集後集卷六李公行狀改。
③ 監漣水軍轉般倉　「漣」原作「連」，據淮海集後集卷六李公行狀、蘇魏公集卷五五李公墓誌銘及宋史卷八八地理志改。
④ 曾魯公以公應詔　「魯」原作「宣」，據蘇魏公集卷五五李公墓誌銘改。按，檢宋史卷三一二曾公亮傳，曾公亮未嘗封宣國公。
⑤ 置三司條例司檢詳官看詳中書條例　按，蘇魏公集卷五五李公墓誌銘云：「王荆公輔政，大議改更法令，與公素厚，引爲制置三司條例司檢詳官兼看詳中書條例，並辭不拜。」則此處似有闕文。
⑥ 公上疏力抵其罪　「罪」，淮海集後集卷六李公行狀作「非」。
⑦ 時荆公之子雱與温陵呂惠卿皆與聞國論　「雱」原作「霶」，據庫本、淮海集後集卷六李公行狀及宋史卷三二七王雱傳改。按，下文同改。
⑧ 凡朝廷之事　「事」原作「士」，據淮海集後集卷六李公行狀改。
⑨ 陪臣執國　「國」，淮海集後集卷六李公行狀作「國命」。

切，至十餘上不已，於是落職通判滑州[七]。

歲餘復職，知鄂州，徙知湖州，遷尚書祠部員外郎，賜五品服，徙知齊州。州故多盜，公至，痛懲艾之，論報無虚日，盜猶不止。他日得黠盜①，察其可用，刺爲兵，使直事鈴下，間問以盜發輒得而不衰止之故，曰：「此由富家爲之囊橐②，使盜自相推爲甲乙，官吏巡捕及門，擒一人以首③，則免矣。」公曰：「吾得之矣。」乃令藏盜之家皆發屋破柱，盜賊遂清④[八]。始，公在武昌、吴興，政尚寬簡，日與賓客縱酒笑詠，吏民安樂之，郡以大治。於是世知公之才⑤，所值無不可也。屬決河灌山東諸郡⑥，公捍禦有術。部使者以聞，降詔書獎諭。

徙淮南西路提點刑獄，遷尚書度支員外郎。坐厚善直史館蘇軾，得其詩文不以告，罰金[九]。寄禄格行，换朝散郎。遷朝請郎，試太常少卿。公去國十五年⑦，至是還朝，士大夫喜見于色，以謂正人復用也。以職事對稱旨，面賜三品服。未幾，試禮部侍郎。文昌府成[一〇]，車駕臨幸，恩遷朝奉大夫，又遷朝散大夫⑧。

哲宗上即位⑨，覃恩遷朝請大夫，試吏部侍郎，遷朝議大夫，俄試户部尚書[一一]。詔百官轉對，公以七事應

① 他日得黠盜　「黠」原作「點」，據文海本、庫本及淮海集後集卷六李公行狀改。
② 此由富家爲之囊橐　「橐」字原脱，據淮海集後集卷六李公行狀、蘇魏公集卷五五李公墓誌銘及東都事略李常傳補。
③ 擒一人以首　「一」字原闕，據淮海集後集卷六李公行狀、蘇魏公集卷五五李公墓誌銘補。
④ 盜賊遂清　「賊」原作「賦」，據文海本、庫本及淮海集後集卷六李公行狀改。
⑤ 於是世知公之才　「公之才」原作「之公才」，據庫本及淮海集後集卷六李公行狀乙改。
⑥ 屬決河灌山東諸郡　「屬」原作「厲」，據庫本及淮海集後集卷六李公行狀改。按，蘇魏公集卷五五李公墓誌銘稱「是时河決靈平」。
⑦ 公去國十五年　按，據蘇魏公集卷五五李公墓誌銘及東都事略、宋史李常傳，李常落職通判滑州在熙寧三年，回京任試太常少卿在元豐六年，前後十四年。
⑧ 又遷朝散大夫　「又」下，淮海集後集卷六李公行狀有「恩」字。
⑨ 哲宗上即位　淮海集後集卷六李公行狀無「哲宗」二字。按，「哲宗」二字當屬衍文。

詔：一曰崇廉耻，二曰存貢舉，三曰别守宰，四曰去贓貪，五曰謹疑獄①，六曰擇師儒，七曰修役法。皆當時急務，而其言役法尤合公論。又取差、免二役折衷爲書上之②，以爲法無新陳，便民者良法也；論無彼己，可久者確論也。又曰：「貧富俱出貲，則貧者之所難堪③。使富者出貲，貧者出力，庶乎其可也。」大略如此。

遷中大夫，除御史中丞[一二]，兼侍讀，加龍圖直學士④。初元豐河決小吴，以河勢方趍西北⑤，難以力回，詔勿復塞，須其自定，增立隄防。而或者以謂非悠久之策，謂開澶淵游河⑥，分殺水勢。又欲自孫村口截爲堤⑦，導還故處。詔遣公視之，還奏非便。又遣侍郎范百禄⑧、給事中趙君錫視，奏與公合。而或者猶執前議，鋭於興役[一三]，朝廷疑之。至是，公申論其弊，章六七上，而其役竟罷之。又請分經義、詩賦兩科，以盡取士之法；别自致、因人爲兩塗，以究省官之術。其忠言讜論，蓋不可以一二舉。於是因時乘間、導迎和氣者，多密以啓聞，故莫得而知也。

俄守兵部尚書，固辭不受，懇求外補，章屢上，遂知鄧州[一四]。數月，徙成都府。及陝府閿鄉縣，暴卒⑨，實

---

① 五曰謹疑獄　「謹」，淮海集後集卷六李公行狀作「慎」。按，此因避孝宗諱改字。

② 又取差免二役折衷爲書上之　「役」，淮海集後集卷六李公行狀作「法」。

③ 則貧者之所難堪　淮海集後集卷六李公行狀作「則貧者難辦；俱出力，則富者難堪」，疑有脱文。

④ 加龍圖直學士　「龍圖」下，淮海集後集卷六李公行狀有「閣」字。

⑤ 以河勢方趍西北　「以」上，淮海集後集卷六李公行狀有「神宗」二字。

⑥ 謂開澶淵游河　「謂」，淮海集後集卷六李公行狀作「請」。

⑦ 又欲自孫村口截爲堤　「孫」原作「蘇」，據淮海集後集卷六李公行狀、蘇魏公集卷五五李公墓誌銘及宋史李常傳改。按，長編卷四一六元祐三年十一月甲辰條云：「朝廷始以王令圖之説，欲開澶州舊河及孫村口。」

⑧ 又遣侍郎范百禄　「侍郎」，淮海集後集卷六李公行狀作「吏部侍郎」。

⑨ 暴卒　淮海集後集卷六李公行狀作「暴卒於傳舍」。

元祐五年二月二日也。累勳至上護軍，爵隴西郡侯。

公風度凝遠，與人有恩意，而遇事强毅，不可苟合。初善王荆公，荆公當國，冀其爲助，而抵之乃力於他人。荆公嘗遣雱喻意曰①：「所争者國事，少存朋友之義。」公曰：「大義滅親，況朋友乎！」自存益確，士論以此歸之。少時讀書於廬山五老峯下白石庵之僧舍②，後身雖出仕宦，而書藏山中如故。每得異書，輒益之，至九千餘卷。山中之人號李氏山房[一五]。

仲兄布早卒，事其嫂張敬甚，拊其子秉彝如己子。自奉清約，所俸入多少以賙親族，捐舘之日無贏貲。朝廷聞之，常賻外特賜五十萬。有文集若干卷③。初娶狄氏，襄陽遵度主簿之女，早卒，贈某縣君。遵度亦俊傑士，寶元、慶曆間以文章名。再娶魏氏，光禄琰之女④，亦早卒，贈遂寧郡君⑤。又娶遂寧之弟，封安康郡君。子男四人：長曰攄，揚州江都尉，早卒；曰邆⑥、曰逡、曰迢⑦，皆承務郎。女三人：長適長壽縣主簿孫端⑧，次適郊社

① 荆公嘗遣雱喻意曰　「雱」原作「霶」，據庫本及淮海集後集卷六李公行狀改。

② 少時讀書於廬山五老峯下白石庵之僧舍　「石」字原脱，據淮海集後集卷六李公行狀、蘇魏公集卷五五李公墓誌銘及澠水燕談録卷九雜録補。

③ 有文集若干卷　「卷」下，淮海集後集卷六李公行狀有「藏於家」三字。按，東都事略、宋史李常傳稱其「有文集、奏議六十卷」；宋史卷二〇八藝文志七著録李常文集六十卷，又奏議二十卷。

④ 光禄琰之女　「光禄」，淮海集後集卷六李公行狀作「光禄卿」。

⑤ 贈遂寧郡君　「郡」，淮海集後集卷六李公行狀作「縣」。按，蘇魏公集卷五五李公墓誌銘亦作「郡」。

⑥ 曰邆　「邆」，蘇魏公集卷五五李公墓誌銘作「逮」，誤。按，投轄録水太尉載「大觀中，李邆字夷曠，公擇之子也」。

⑦ 曰迢　「迢」，蘇魏公集卷五五李公墓誌銘作「超」，似不確。

⑧ 長適長壽縣主簿孫端　「適」下，淮海集後集卷六李公行狀有「鄂州」二字。

齋郎任揖①，次適進士黃叔敖。

諸孤自閿鄉扶柩南歸，而公之伯兄時爲江南西路轉運使，遂以某年月日②，葬公于南康軍建昌縣千秋之原。前期，諸孤請狀公之行治，而公之美實多，難以具著③，著其出處終始之大者以告諸史氏。謹狀。

辨證：

[一] 李中丞常行狀　本行狀又載於秦觀淮海集後集卷六，題曰「故龍圖閣直學士中大夫知成都軍府事管内勸農使充成都府利州路兵馬鈐轄上護軍隴西郡開國侯食邑一千一百户實封三百户賜紫金魚袋李公行狀」。按，李常，東都事略卷九二、宋史卷三四四有傳，蘇頌蘇魏公集卷五五載有龍圖閣直學士知成都府李公墓誌銘。

[二] 遠祖濤五代時號稱名臣　蘇魏公集卷五五李公墓誌銘云：「濤遭天祐宗室之禍，與其父間關南竄，流寓湘潭。馬商以爲衡陽令。時濤之從兄郁爲梁閤門使，上言濤父子羈族湖外可哀，詔商遣還京師，仕後唐，相漢祖，歷晉、周。」

[三] 皇祐中登進士甲科　蘇魏公集卷五五李公墓誌銘云其皇祐元年進士及第。

[四] 授防禦推官權江州軍事判官　蘇魏公集卷五五李公墓誌銘云其「歷蘄、江二州推官」。

[五] 神宗即位詔大臣舉館職曾魯公以公應詔召試學士院除秘閣校理　長編卷二〇八治平三年十月甲午條載「詔宰臣、參知政事舉才行士可試館職者五人」，故韓琦、曾公亮、歐陽修、趙概等舉李常等「凡二十人，上皆令召試」。又卷二〇九治平四年閏三月丙午條載殿中丞李常爲秘閣校勘，「以召試學士院詩賦入等也」。

---

① 次適郊社齋郎任揖　「任揖」，淮海集後集卷六李公行狀、蘇魏公集卷五五李公墓誌銘作「丘揖」。

② 遂以某年月日　淮海集後集卷六李公行狀、蘇魏公集卷五五李公墓誌銘作「遂以其年十月丙午」。

③ 難以具著　「著」字原脱，據淮海集後集卷六李公行狀補。

〔六〕公上疏力抵其罪　太平治迹統類卷十三神宗任用安石云王安石推行新法，異議者衆，「王安石既稱疾家居，翰林學士司馬光再爲批答，……安石得之怒，即抗章自辯。上封還其章，手批諭安石曰：『詔中二語，乃爲文督迫之過，而朕失於詳閲，今覧之甚愧。』又明日，安石乃入見，固請罷。先是，……安石之在告也，上諭執政罷青苗法，曾公亮、陳升之欲即奉詔，趙抃獨俟安石出令自罷之，連日不決。安石入對，上勞問曰：『青苗法一無所害，極不過失陷少錢物。』安石既視事，持之益堅，人言不能入矣。安石之求分司也，御史王子韶程顥、諫官李常皆稱有急奏，乞登殿，言不當聽安石去位，意甚懼。及安石復視事，子韶等乃私相賀」。又引右正言孫覺言：「右正言李常言：『王安石以文學名世，行義得君，乃不本仁以出號令，考義以理財賦，而乃佐陛下爲此病民斂怨之術。』」又長編卷二一〇熙寧三年四月甲申條載：「上曰：『李常非佳士。』屬者安石家居，常求對，極稱其賢，以爲『朝廷不可一日無也。以臣異議青苗之故，寧可逐臣，不可罷安石也』。既退，使人具以此言告安石以賣恩。」三朝名臣言行録卷一二之三諫議劉公引言行録亦云：「李常始阿附王荆公，故神宗嘗曰：『李常非佳士。』屬者安石家居，常求對，極稱其賢，以爲『朝廷不可一日無安石，寧可逐臣，不可罷安石』。既退，更具以此言告安石以賣恩。當時已爲清議所貶。」則李常初實贊王安石行新法，後乃立異議而遭逐。

〔七〕於是落職通判滑州　長編卷二一〇熙寧三年四月壬午條云：「右正言、祕閣校理李常落職爲太常博士、通判滑州。常言：『散常平錢流毒四海，又州縣有錢未嘗出而徒使民入息者。』上令具州縣吏姓名至五六，終不肯具，而求罷職，故黜。前此，上謂執政曰：『李常終不肯分析，朕再三諭以此止是欲行遣違法官吏，常堅云體不合分析。』曾公亮曰：『臺諫官自前許風聞言事，難令分析也。』上曰：『欲令説是何人言，或以所言不實罪諫官，即壅塞言路。今令説違法官吏是何人，因何卻不肯？』王安石曰：『許風聞言事者，不問其言所從來，又不責言之必實。若他人言不實，即得誣告及上書詐不實之罪，諫官、御史則雖失實亦不加罪，此是許風聞言事。今所令分析，止欲行遣官吏，何妨風聞？』及是，上令改常正言爲博士，仍明著常罪曰：『言事反覆，專爲詆欺。』是日，又呈常疏，有云：『陛下一宫殿之費百餘萬，一宴游之費十餘萬，乃令大臣剥膚椎髓掊斂百姓。』上笑曰：『近聞人謗如此，乃是常疏中語。』安石曰：『陛下即位，未嘗營繕及事外游宴，惟修太皇太后、皇太后兩宫爾，而常敢於誣上如此！』」

〔八〕乃令藏盜之家皆發屋破柱盜賊遂清　宋史李常傳云李常「半歲間，誅七百人，姦無所匿」。

〔九〕坐厚善直史館蘇軾得其詩文不以告罰金　按，此指受蘇軾「烏臺詩案」事牽連。長編卷三〇一元豐二年十二月庚申條稱其

「罰銅二十斤」。

〔一〇〕文昌府成　按石林燕語卷二：「元豐五年，官制初行，新省……七月成，始遷入。新省揭牓曰『文昌府』。前爲都省，令廳在中，僕射廳分左右，凡爲屋一千五百八十間有奇。六曹列於後，東西向，爲屋四百二十間有奇。凡二千五百二十間有奇，合四千一百間有奇。」

〔一一〕俄試户部尚書　宋史李常傳稱其「進户部尚書。或疑其少幹局，慮不勝任，質於司馬光。光曰：『用常主邦計，則人知朝廷不急於征利，聚斂少息矣。』」

〔一二〕除御史中丞　長編卷四一四元祐三年九月己未條載：「户部尚書李常爲御史中丞，御史中丞孫覺爲龍圖閣直學士、提舉醴泉觀兼侍講。覺引疾求罷，故有是命。」

〔一三〕而或者猶執前議銳於興役　宋史卷九二河渠志二云：「時知樞密院事安燾深以東流爲是，兩疏言：『朝廷久議回河，獨憚勞費，不顧大患。蓋自小吴未決以前，河入海之地雖屢變移，而盡在中國；故京師恃以北限彊敵，景德澶淵之事可驗也。且河決每西，則河尾每北，河流既益西決，固已北抵境上。若復不止，則南岸遂屬遼界，彼必爲橋梁，守以州郡；如慶曆中因取河南熟户之地，遂築軍以窺河外，已然之效如此。蓋自河而南，地勢平衍，直抵京師，長慮却顧，可爲寒心。又朝廷捐東南之利，半以宿河北重兵，備預之意深矣。使敵能至河南，則邈不相及。今欲便於治河而緩於設險，非計也。』王巖叟亦言：『……今有大害七，不可不早爲計。北塞之所恃以爲險者在塘泊，黄河堙之，猝不可濬，浸失北塞險固之利，一也。……乾寧孤壘，危絶不足道，而大名、深、冀腹心郡縣，皆有終不自保之勢，三也。滄州扼北敵海道，自河不東流，滄州在河之南，直抵京師，無有限隔，四也。……』太師文彦博、中書侍郎吕大防皆主其説。」

〔一四〕遂知鄧州　宋史李常傳云：「諫官劉安世以吴處厚繳蔡確詩爲謗訕，因力攻確。常上疏論以詩罪確，非所以厚風俗。安世併劾常，徙兵部尚書，辭不拜，出知鄧州。」按，東都事略李常傳略同。

〔一五〕山中之人號李氏山房　澠水燕談録卷九雜録載：「李尚書公擇少讀書于廬山五老峯白石菴之僧舍，書幾萬卷。公擇既去，思以遺後之學者，不欲獨有其書，乃藏於僧舍。其後，山中之人思之，目其居云李氏藏書山房，而子瞻（蘇軾）爲之記。」

名臣碑傳琬琰集中卷五十四

杜御史莘老行狀[一]　學士查籥[二]

公諱莘老，字起莘，姓杜氏。其先京兆杜陵人。唐工部郎甫自蜀如衡湘[三]，其子宗文、宗武實從。宗文子復還蜀，居眉之青神，自號東山翁。東山翁生禮，舉明經，爲僖宗諫官。禮生詳，詳生晏，景福中第進士，官至侍御史。公於御史八世孫也。曾祖澤民，考輔世，皆潛光不仕，而儒業謹禮，世爲鄉黨所敬。考以公累贈右奉議郎，妣師氏贈恭人。

公幼穎秀，不好弄，未冠知力學。時黨禁嚴，天下學者一本臨川，凡蘇氏文，仆碑削札無遺[四]。公獨藏去，誦習不變，一時名勝多器重之。宕渠守石翼以師禮延致，乃自眉徙居恭之江津。中紹興十年進士及第①，以道遠爲親憂，免赴朝廷對，賜同進士出身，授梁山學官。隸業者隨其材分皆有得，乃合而言曰：「學廪不繼，居亡以久，願輸家餘。」爲之緡二千二百有奇，公乃市田六百畝，且簿正舊入，食益饒，自遠至者甚衆。繼遭内外艱，執喪有聞。

二十五年，秦檜死，魏良臣參大政。天子厲精，收還威柄，召用四方人材。公方授珍州學官，慨然曰：「兹非

---

① 中紹興十年進士及第　「及」字疑衍。宋名臣言行録別集上卷六杜莘老即作「中紹興十年進士第」，無「及」字。

吾時乎？」遂疏天下利病上之，良臣大悦，薦于上，爲禮兵部主管架閣文字。明年七月，彗見東方，上避正朝，減秩膳，詔群下極言闕失。公奏封章，以爲：「彗盭氣所生，歷考史牒，多爲兵兆。國家爲民息兵，而將驕卒惰，軍政不肅。今因天戒，以修人事，思患預防，無急於此。」因指陳時事十弊，展盡無所諱。時應詔者衆，上悉以付後省，命精擇第而上之。衆議以公爲首，於是進秩一階，制有「言尤鯁亮，切中事情」之語。遷勑令所删定官[五]，修書以十數，至刑部斷例尤精審，有疑則反覆奏請，必惟其當，同列皆服其盡心。二十八年，改京秩，主太常寺簿，兼籍田司，尋除博士。千畝皆上腴，而歲取甚寡，耕者行賕以争射。吏每於歲首步頃田，視賕之薄厚爲予奪，疆畎所接皆苦之。至是舉故事請度田，公曰：「是無盈縮，安用度？」乃立表大書於四境，且籍耕者賦，耕田有定數，吏縮手不得肆。旁近民感悦，至今賴之。

時虜謀叛盟，邊備未敕[六]，公因論對言狀，且曰：「勿恃其不來，恃吾有以待之。」上稱善再三。公叙感遇，上曰：「卿意親，朕知卿忠赤。」皇太后升遐，國朝典秩自南渡後多有司記省，至恤章又諱不録，園陵事嚴，每有疑議，院吏皆拱手，公行古議，從容裁定[七]。大斂前一日，宰相遽召公赴堂，曰：「有旨問含玉之制。」公曰：「禮院故事所不載，以周禮典瑞鄭元所注製之①，其可因。」立具奏，上覽之曰：「是真禮官也。」虞祭，或謂上哀勞，欲以宰相行事，主議者甚力。公曰：「古今無是比。」卒正之。今天子爲建王、爲皇太子，公討論②。在奉常二年，所值皆大典禮，無一不當其物者。遷秘書丞，面謝，又論江淮守備。上曰：「卿有言必及此，憂國深矣。」權吏部員外郎。右選小使臣舊不出闕，吏間取而鬻之，在選數百人，遠客寒窘無所訴。公始命榜闕，使曉然以次就注。三

① 以周禮典瑞鄭元所注製之　「鄭元」，庫本及王十朋全集文集卷二五杜殿院墓誌作「鄭玄」。按，此處乃宋人避聖祖趙玄朗諱改。
② 今天子爲建王爲皇太子公討論　按，此處當有脱文。王十朋全集文集卷二五杜殿院墓誌作「今上立爲建王，討論典禮尤備」。

十一年，擢監察御史。在職三月，遷殿中侍御史。上曰：「以卿忠直，不畏强禦，故有此授。自是用卿矣。」

虜使至，傳欽宗凶問，請淮、漢地，且索大臣，書辭慢甚[八]。上知其寒盟，赫然決策親征。公奏疏開廣上心，其要謂：「善御天下者，無事則深憂，有事則不懼。無事深憂，所以豫備；有事不懼，所以濟功。今虜欺天背盟，政陛下待以不懼之時。願繼自今益以剛大爲心，勿以小利鈍爲異議所摇，諛言所惰，則人心有所恃，而士氣振矣。」因上四事：一用建炎詔書，不限早暮，延見大臣及侍從，謀議國事；二申敕侍從、臺諫、監司、守臣，速舉可用之才①；三虜情雖叵測，然趣我使期，宜以時遣，使曲在彼；四車駕既謀順動，則留鑰所付，宜須擇重臣。又言：「藝祖簡諸道兵補禁衛，訓閱精整，故方鎮讋服，莫敢有異心。今親征有期，而熊虎兩司班直親兵纔五千餘人，羸老居半，至有不能介冑者，乞亟留聖慮。」皆施行。朝命郡縣籍民爲兵，爲守望相助之計。淮南獨選丁壯，欲涅其手面，從大軍役使，民駭而逃。公言：「虜未至而先毆吾民，非計。請令兵民止聽郡縣官節制，征役無出鄉。」淮民乃定。上嘗問蜀事，公奏曰：「茶馬司舊用右選擇州兵護馬而東，未始乏事。比歲三衙自遣御前軍取之②，二歲一往返，用四千四百人，皆精甲。方事之遽，疲禁兵於道路，誠可惜。」上曰：「卿爲國計，周悉乃爾，甚愜朕意。近諭宰相，如卿與虞允文、唐文若、馬騏才皆可用。」公頓首謝，誓展竭以報國。

虜報益急，公言：「鄂帥田師中老而貪，士卒怨，偏裨不服，臨敵恐誤國事。虜造舟海濱，積全齊之甲，其謀不淺。宜命海道諸將募死士爲禁劫之計。」上從公言，召師中，奪其兵[九]，遣李寶趣東海③。其後漢沔諸將得自

---

① 速舉可用之才　「速」，文海本作「遴」。

② 比歲三衙自遣御前軍取之　「比」原作「此」，據庫本改。

③ 遣李寶趣東海　「李寶」原作「李保」，據宋史卷三七〇李寶傳及下文改。

奮，所向皆捷；李寶戰膠西，竟以火攻勝。上出內庫錢十七萬賜出戍士大夫[一〇]，公言：「諸軍負回易子錢甚夥，例償以月廩。不先除此弊，緡出禁帑，入將帥私室矣。」上悟，悉除軍債，士拜賜和舞，人百其勇。虜數道入寇，淮、楚、蜀諸軍迎戰，皆報捷。公奏曰：「兵有重輕，有奇正，彼分道先入者，皆牽制之兵。諸將貪小利，不相爲援，則重兵所向，難支矣。昔夏竦謂元昊犯邊，豈能四路俱來，必擇一道併兵而入，請詔四路凡有警，互相檄報，分兵策應援，昭陵從之，西賊始困。政今日事也。」上即令都堂以此徧諭諸將。蜀軍克秦州，方事進討，公慮乏軍食，奏曰：「按籍蜀常平義倉，爲石者六十有二萬，乞權令漕臣覈實，聽緩急移運。」有旨劄付四川計臣。有司用紹興七年巡幸故事辦嚴，公曰：「今親征與曩日事異，宜悉從簡，以幸所遇郡縣。」上曰：「此行中宮及內人不往，止與建王行，令徧識諸將。雖朕服用，亦自省約。」

公官中都久，知公論之所予奪，其爲姦蠹者，皆得其根本脉絡，嘗歎曰：「臺諫當論天下第一事，若有所畏，姑言其次，是欺其心，不敬其君者也。」及任言責，被異眷，極言無隱，取衆所素指目者悉擊去之。帶御器械劉炎筦禁中市易①，通北賈，大爲姦利。一日見公，輒及朝政，語狂悖。公具疏聞②，上即罷斥監嘉州稅[一一]。淮南轉運副使王秬素結宦寺，居官簠簋不飾，大吏率觀望不能按。公因其擾民，且妄言請兵，劾罷之[一二]。同知樞密院事周麟之受命使虜，已而辭行，公再彈奏，謫居筠州。幸璧王繼先怙寵干法，富埒公室，子弟直延閣，通朝籍，姻戚黨友，莫非貴游，徹民屋以廣第舍，僭擬禁廷，別業外帑，殆徧畿甸，雖秦氏顓政無顧忌③，率相結納，數十年

① 帶御器械劉炎筦禁中市易　「械」原作「利」，據宋史杜莘老傳及要録卷一九一紹興三十一年七月己卯條改。
② 公具疏聞　「具」原作「見」，據庫本改。
③ 雖秦氏顓政無顧忌　「秦」原作「春」，據文海本、庫本改。

間，未有敢摇之者。自聞邊警，日輦重寶歸吴興，爲避賊計。公上疏數十罪[一三]，上曰：「初以太后餌其藥，稍假恩寵，不謂小人驕横乃爾。」公曰：「繼先之罪，擢髪不足數。今臣所奏，其大凡耳。」上作而曰①：「有恩無威，有賞無罰，雖堯舜不能治天下。」於是黜置繼先福州，子孫皆勒停，撤寺院、生祠數十所，掠取良家子爲奴婢者百數，並還其家，臨安内外田宅貲貨悉拘籍，以千萬計。天下稱快焉。虜兵臨江，中外惴恐無固志。内侍張去爲取御馬院西兵二百人②，髡其頂髪，都人異之，口語騰沸。公彈治，上疑其未審，公執奏不已，竟罷去爲御馬院致其仕，以所髡西兵隷殿前司。乃曰：「吾責塞矣。」遂請補外。初，公入臺，有貴戚侵奪民田，州縣弗能正。民懷牒自椽杙其手以訴，臺吏皆却立目語，公送棘寺驗治，卒直之。陳俊卿自副端爲兵部貳卿，求去甚力。公因奏事，從容曰：「人材實難，況多事之際，如俊卿輩，今在論思之地，必有補益。」上以爲然。其抑强扶弱，愛惜善類，皆此類也。

十一月，除直顯謨閣、知遂寧軍府事。給事中金安節封還制書，改除司農少卿[一四]。時邊遽日至，公勉就職。頃之，虜酋斃[一五]。公遂力請，竟拜前授。朝士祖道都門，以詩文稱述者百餘人，都人至今以爲美談。雖宿衛武夫、府寺賤隷，誦説前朝骨鯁敢言，必曰杜御史也[一六]。公爲郡，崇教化，謹科斂，待官屬以禮，御胥吏以嚴，聽斷明審，人不敢欺。未朞月政成，父老群至，諸司借留，提點刑獄何騏、宣諭使王之望皆奏公課績爲諸郡最。

上受内禪，公著三議以進，曰定國是，曰修内政，曰養根本。理切而事核，殆無一語虚設。未幾寢疾，以隆興二年六月八日卒于正寢，享年五十有八。自迪功郎累遷至承議郎，賜五品服。上閥閲，應遷朝奉郎，命下不及拜。提點刑獄何逢原、轉運判官李燾列公治狀，乞以所遷官致仕，俾其孤霑延賞，上特許焉。

① 上作而曰　「作而」，宋史杜莘老傳作「作色」，要録卷一九二紹興三十一年八月辛亥條作「作而歎」。

② 内侍張去爲取御馬院西兵二百人　「張去爲」原作「張去僞」，據要録卷一九三紹興三十一年十月戊辰條、宋史卷四六九宦者傳四改。

娶黄氏，集賢校理庭堅之孫，正字相之女，先公卒，累贈恭人。四男：長士廉，右迪功郎；次開，早卒；次士遜，將仕郎；次士遠。三女：長適進士黄思訓，次適進士劉元恕，季未嫁而卒。男孫二人，女孫一人。

公事親孝，處窮約，能竭力致養。奉議公性峻，閨門威如，公左右順承，無幾微失其意。弟四人，皆公訓勉爲善士，扶持經紀，俾克厥家。與人交，胷懷豁然無畦畛，然不可干以非義①。所厚善皆天下知名士，後進可教者，慰藉誘掖無勸色。鄉里老儒以恩科入仕，身死，家四壁立，十數喪暴露原野。公出金錢，率里人共葬之。遇人急難輒盡力，不念其報。好學，雖老不厭，俸禄悉以買書，所畜幾萬卷。爲文根極理要，必於有用。有文集二十卷〔一七〕，集論語解一十卷，顯仁禮儀三卷，藏于家。

將以乾道二年十一月二十一日，葬于江津之南江兗山之原。士廉哀遺藁，叙歷官歲月，來請譔次事狀。籥執書泣曰：「公立朝大節，章章無愧。論諫在簡策，清議在天下，不待文字而傳。然籥束髮時，寓居江州，從公學問凡三年。外家眉山人②，與公母黨師氏有連，君子交奉議公，相得歡甚。籥待罪三館，公官奉常，未幾來丞秘書，步趨相踵，欣愉戚憂相同。至慮事剖疑，出一肺肝。知公平生言行爲詳，則屬筆傳信，其可以固陋辭？」方逆亮蓄力造謀，偃然以大一統自任，聲勢虚喝，聞聽風靡。而議者狃久安，習秦氏故態，相顧望不出一語。公自下士來，首發其端，四五載間，每奏對不論他事。太上簡其忠，注措始整暇。及虜大入，公益契合，朝引裾，暮伏擊姦，聲震輦轂。太上聽從如流，聖德日新。雖戰士沬血，危急存亡之秋，而主聖臣直，人心悦，天意回，顯相陰助，渠魁授首，土疆既失而復，社稷幾危而安，其誰之功也？宫之奇懦于諫而晉璧入，汲黯守節死義而淮謀寢。觀古

① 然不可干以非義 「干」原作「于」，據庫本改。

② 外家眉山人 「人」原作「大」，據庫本改。

人成敗明驗，則知正君定國，召和消變，其機在此不在彼，遠覽之士所以計度而深嘉之。國朝任臺諫之法，遠出前代，臺諫亦最號得人，其極摯不誣如此。籥既狀公行事大概，且推明功用所至，併以告太史氏云。謹狀。

辨證：

[一] 杜御史莘老行狀　按，杜莘老，宋史卷三八七有傳；王十朋全集文集卷二五載有杜殿院墓誌，殘闕。

[二] 學士查籥　籥字元章，海陵人。紹興二十一年進士。歷任主管戶部架閣文字，遷秘書省正字、江淮宣撫使司參議官，累官四川總領，太府少卿兼國史院編修官兼實錄院檢討官，建康總領等。事跡見南宋館閣錄卷八等。

[三] 唐工部郎甫自蜀如衡湘　要錄卷一七五紹興二十六年十一月丙子條云杜莘老「青神人，甫十三世孫」。

[四] 時黨禁嚴天下學者一本臨川凡蘇氏文仆碑削札無遺　按，此指崇寧黨禁事，長編紀事本末卷一二一禁元祐黨人上載崇寧二年四月「乙亥，詔三蘇、黃、張、晁、秦及馬涓文集，范祖禹唐鑑、范鎮東齋記事、劉攽道話、僧文瑩湘山野錄等印板悉行焚毀」。

[五] 時應詔者衆至遷勑令所刪定官　據要錄卷一七五紹興二十六年十一月丙子條注曰：「其實莘老此月除刪定，十二月庚申方有旨推擇，明年正月甲子推恩。」

[六] 時虜謀叛盟邊備未敕　要錄卷一八〇紹興二十八年九月庚辰條載：「先是，權禮部侍郎孫道夫言：『中外籍籍，皆謂金人有窺江淮意，不知達聖聽否？』上曰：『朕待之甚厚，彼以何名爲兵端？』道夫曰：『興兵豈問有名？願陛下預爲之圖。』」

[七] 公行古議從容裁定　要錄卷一八三紹興二十九年九月庚子條云太后喪儀皆「一時斟酌，皆出於太常寺少卿宋棐，而博士杜莘老又以古誼裁定」。

[八] 虜使至傳欽宗凶問請淮漢地且索大臣書辭慢甚　中興禦侮錄卷上云完顏亮「遣龍虎衛上將軍殿前都提點高景山、通議大夫尚書刑部侍郎王全來賀生辰，因以欽宗訃音聞，乃請割江水以北、漢水以東之地，又邀求宰臣湯思退、陳康伯、知樞王綸、殿帥楊存中、知閤鄭藻等出疆議事，冀吾不允，以開兵端。上不許。二使所請不獲，陛辭，語甚不遜」。

〔九〕召師中奪其兵　要録卷一九二紹興三十一年八月丁巳條云：「詔鄂州駐劄御前諸軍都統制田師中令赴行在奏事。殿中侍御史杜莘老言師中老而貪，士卒怨，偏裨不服，臨敵恐誤國事。御史中丞、湖北京西宣諭使汪澈亦言師中握兵久且耄，緩急恐不可倚仗。上乃召之，尋以潭州觀察使、知襄陽府吴拱爲鄂州諸軍都統制。」

〔一〇〕上出内庫錢十七萬賜出戍士大夫　要録卷一九二紹興三十一年八月丙寅條云：「上念出戍官兵之勞，出内帑七萬緡分犒其家。」

〔一一〕公具疏聞上即罷斥監嘉州税　北盟會編卷二二九紹興三十一年七月七日條云：「劉炎初爲右通直郎，换閤門宣贊舍人，主管内帑錢，往來榷場，買犀玉書畫，依托内侍之門，以寵進身，後帶御器械。值王全、高景山來，奉使上殿無禮，上還禁中，班猶未退，炎奏訖免茶酒，遂傳旨宣諭，班乃退，使人亦就館。當是時，群臣不能措一辭，而炎乃逡巡投機，俾狂黠使人折服退去。可謂失之平生，收功須臾矣。而群臣不思己之不敏，乃疾炎之見機，於是杜莘老論之。」

〔一二〕公因其擾民且妄言請兵劾罷之　要録卷一九二紹興三十一年八月甲辰條載直秘閣、淮南路轉運副使王秬與在外宫觀，云：「時秬自言生長兵間，諳練戎事，願得步騎五千求試方略，因請至都堂白事。許之。殿中侍御史杜莘老奏秬自到官，將淮上兵民分隸諸將，民情皇駭；今又狂率大言，侵將帥之事。秬遂罷去。」

〔一三〕公上疏數十罪　要録卷一九二紹興三十一年八月辛亥條注引趙甡之遺史曰：「王繼先遭遇，在紹興中冠絶人臣，權勢之盛，與秦檜埒，張去爲以下猶不足道。大抵上以國事委之檜，家事委之去爲，一身委之繼先。所以繼先憑恃恩寵，靡所忌憚。及是，乞斬新進用主兵官，上不懌。劉才人因寬解上意，與其言相似，上大怒。杜莘老探知上意，乃具白簡乘勢彈擊，甚善之舉也。惜乎莘老蜀人，去國稍遠，不知繼先出處，而言繼先因奴事秦檜，夤緣薦引，又顯仁皇后間餌其藥，特賜寵遇者，非也。其所言十事，乃繼先之細過耳。」又丁未條注引趙甡之遺史曰：「初，劉錡都統鎮江之軍，屢請決戰用兵，朝廷猶俟金人先有釁隙，則以兵應之，故未許，錡申請不已。及除制置使，亦申請用兵。一日，汪應辰獻復和策，堅執和議，且言：『國家自講和至今，未嘗有違闕，用兵之議，恐誤大計。』繼先因間見上言：『今邊鄙本無事，蓋緣新進用主兵官好作弗靖，喜於用兵，重欲邀功爾。若斬一二人，則和議可以復固。』上不懌。」

〔一四〕給事中金安節封還制書改除司農少卿　要録卷一九四紹興三十一年十一月甲戌條載新除直顯謨閣、知遂寧府杜莘老守司農少卿，云：「莘老既罷言職，而給事中金安節、中書舍人劉珙言：『陛下厲精圖維，虚己聽納，每延見群臣，旰食未寧，將以宏濟艱難，攘斥外侮。今言事之臣無名求去，陛下即允其請，臣等竊所未諭。伏望陛下爲宗社、爲政體，少留睿慮，以彰聖德。』故有是命。」

［一五］虜酋斃　按，指金海陵王完顔亮被殺於揚州事。

［一六］公遂力請至必曰杜御史也　要録卷一九五紹興三十一年十二月甲辰條云：「司農少卿杜莘老直顯謨閣、知遂寧府，從所請也。莘老爲御史，極言無隱，取衆素所指目如王繼先、張去爲輩悉擊去之。及罷去，朝士祖道都門，以詩稱述者百餘人，都人至今以爲美談，雖宿衛武夫、府寺賤隸，誦前朝骨鯁敢言之臣，必曰杜殿院云。」

［一七］有文集二十卷　按，通考卷二三八經籍考六五著録杜起莘文集，有「後溪劉氏序」。

名臣碑傳琬琰集中卷五十五

張忠獻公浚行狀[一]　樞密院編修官朱熹[二]

公諱浚，字德遠。本唐宰相張九齡弟節度使九皋之後。自九皋徙家長安，生子抗，抗生仲方，仲方生孟常，常生克勤，勤生縟①，縟生紀。紀生璘，仕僖宗時，爲國子祭酒，從幸蜀，因居成都，壽百二十歲。子庭堅，以唐蔭爲符寶郎②。沂公文矩，符寶之子也。沂公没③，夫人楊氏攜三子徙綿竹依外家，遂爲綿竹人。長子即冀公紘也④。冀公慷慨有大志⑤。慶曆初，魚公周詢⑥、程公戡以公慶曆禦戎策三十篇上，有旨下國子監

① 常生克勤勤生縟　晦庵集卷九五張公行狀作「孟常生克勤，克勤生縟」。

② 子庭堅以唐蔭爲符寶郎　晦庵集卷九五張公行狀作「長子庭堅，以蔭爲符寶郎，後不仕」。

③ 沂公文矩符寶之子也沂公没　晦庵集卷九五張公行狀作「符寶之子即沂公也，沂公蚤世」。

④ 長子即冀公紘也　「紘」，晦庵集卷九五張公行狀作「絃」。按，四川文物一九九三年第六期載北宋五都居士張纮墓誌一文中引録宇文之劭宋故朝請郎守殿中丞騎都尉賜緋魚袋張公墓誌銘以及楊萬里集卷一一五張魏公傳、南軒集卷四〇通判成都府事張君墓表皆作「紘」，是。

⑤ 冀公慷慨有大志　「冀公」下，晦庵集卷九五張公行狀有「幼」字。

⑥ 慶曆初魚公周詢　「初」，晦庵集卷九五張公行狀作「元年」；「魚公」原作「魯公」，據晦庵集卷九五張公行狀及宋史卷三〇二魚周詢傳改。

詳定①，召試西掖。張公方平奏公論優長，授將作監主簿。終管幹都進奏院②，年踰六十即致其仕③。

子雍公某，字君悦④。中元豐二年進士第。元祐三年，自華州學官以近臣舉應賢良方正能直言極諫科，篇奏爲天下第一⑤。比閣試，乃報罷。又六年，復召試，考官以公文詞傑出，寘高等。宰相章惇覽其策不以元祐爲非⑥，且及廟堂用私意等事，無所回互，甚不悦，授宣德郎、簽判西川⑦。惇於是奏罷賢良科，而更置宏詞科[三]。初，祖宗立制舉，招延天下英俊，俾陳時政闕失。天子虚己以聽⑧，得士爲多。自熙寧六年用事大臣惡人議己，始令進士御試用策而罷制科[四]。司馬丞相輔元祐初政，以求言爲先務，遂復置焉。至是，惇惡雍公詞直，又廢之而立詞科。科之文如表、章、贊、頌、記、序之屬，皆習爲佞諛者。以佞詞易直諫⑨，蠹壞士心，馴致禍亂，而人不知其廢置之源蓋在此也。晚得異夢⑩，若有告者曰：「天命爾子名德，作宰相。」未幾而公生，故字之曰德遠云。

---

① 有旨下國子監詳定　「詳定」下，晦庵集卷九五張公行狀有「以聞」二字。
② 終管幹都進奏院　「終」，晦庵集卷九五張公行狀作「除」。
③ 年踰六十即致其仕　晦庵集卷九五張公行狀作「公年踰六十，即浩然思歸，致其事」。
④ 子雍公某字君悦　晦庵集卷九五張公行狀作「公親教授雍公，雍公字君悦」。
⑤ 篇奏爲天下第一　「篇奏」，晦庵集卷九五張公行狀作「奏篇」。
⑥ 宰相章惇覽其策不以元祐爲非　「惇」原作「惇」，據文海本、庫本、晦庵集卷九五張公行狀改。按，下文同改。此乃因避光宗諱而闕末筆。
⑦ 授宣德郎簽判西川　晦庵集卷九五張公行狀作「因授宣德郎、簽書劍南西川節度判官廳公事」。
⑧ 天子虚己以聽　「以」，晦庵集卷九五張公行狀作「而」。
⑨ 以佞詞易直諫　「詞」，晦庵集卷九五張公行狀作「辭」。
⑩ 晚得異夢　「晚」上，晦庵集卷九五張公行狀有「公」字。

公生四歲而雍公没①。甫冠，預計偕入上庠②。中政和八年進士第③，調山南府士曹以歸，奉板輿之官。山南大府事夥，帥重公才識，悉以委焉。公爲區處，細大各有條理，軍民歸心④，訟于庭者，皆願得下士曹⑤。秩滿，調褒城令，辟熙河路察訪司幹辦公事。到官，徧行邊壘，覽觀山川形勢。時猶有舊日戍守將，公悉召与握手飲酒，問以祖宗以來守邊舊法及軍陣方略之宜，盡得其實。故公起自疎遠，一旦當樞筦之任，悉通知邊事本末，蓋自此也。改秩至京師，調恭州司録以歸⑥。

會靖康改元，尚書右丞何㮚薦公，同胡寅召審察，除太常簿⑦。未幾而虜至城下。公在京師，獨與開封府判官趙鼎、虞部員外郎宋齊愈⑧、校書郎胡寅爲至交，寢食行止，未嘗相舍，所講論皆前輩問學之力⑨，與所以濟時之策。時淵聖皇帝召涪陵處士譙定至京師，將處以諫職。定以言不用力辭，杜門不出。公往見⑩，至再三，開關

①　公生四歲而雍公没　「歲」，晦庵集卷九五張公行狀作「年」。

②　預計偕入上庠　「預」，晦庵集卷九五張公行狀作「與」。

③　中政和八年進士第　「中」上，晦庵集卷九五張公行狀有「公」字。

④　軍民歸心　「軍」上，晦庵集卷九五張公行狀有「以故」二字。

⑤　皆願得下士曹　「曹」下，晦庵集卷九五張公行狀有「治」字。

⑥　調恭州司録以歸　「司」原作「同」，據庫本、晦庵集卷九五張公行狀及楊萬里集卷一一五張魏公傳改。

⑦　除太常簿　晦庵集卷九五張公行狀作「止除太常寺主簿」。

⑧　虞部員外郎宋齊愈　「員外郎」，晦庵集卷九五張公行狀作「郎中」。按，要録卷四建炎元年四月癸亥條載宋齊愈官尚書右司員外郎，則此作「員外郎」者是。

⑨　所講論皆前輩問學之力　「力」，晦庵集卷九五張公行狀作「方」，似是。

⑩　公往見　「見」，晦庵集卷九五張公行狀作「候見」。

延入①。公問所得於前輩者，定告公但當熟讀論語。公自是益潛心於聖人之微言。二聖出城，逆臣張邦昌竊僭，公逃太學中[五]。聞光堯太上皇帝即位南京②，星夜馳赴，至即除樞密院編修官，改虞部員外郎。會上以初履寶位，登壇告天，公攝太常少卿導引③。上見公進止雍容静重④，即欲大用，詰朝以語宰執。時中書侍郎黄潛善嘗在興元，知公治績，因稱述焉⑤，尋除公殿中侍御史⑥。

先是，宰相李綱以私意惡諫議大夫宋齊愈，加之罪至論腰斬。公知齊愈死非其罪，既入臺，首論綱罷之[六]。大略謂綱雖負才氣⑦，有時望，然以私意殺侍從，典刑不當，有傷新政，不可居相位⑧。駕幸東南，道途倉卒，後軍統制韓世忠所部軍人劫掠作過，逼逐左正言盧臣中墜水死。公以雖在艱難擾攘中，豈可廢法如此，即奏劾世忠擅離軍伍，致師行無紀，士卒散逸爲變，乞正其罰。有旨從贖。公重論奏，乞追捕散逸爲變者。上爲奪世忠觀察使[七]，上下始肅然，知有國法。至維揚，即勸上無忘二帝北狩，常念中原，汲汲然脩德去弊，以振紀綱。每奏事，上未嘗不從容再三問勞，泛及爲治之方，輒至日昃。公所論事自人主之身以及近習、内侍、戚里，以爲正天下之本在此。

① 開闕延入　「開」上，晦庵集卷九五張公行狀有「定」字。

② 聞光堯太上皇帝即位南京　「光堯」，晦庵集卷九五張公行狀作「光堯壽聖」。

③ 公攝太常少卿導引　按，據要録卷五，導引事在建炎元年五月庚寅，時張浚尚未除樞密院編修官。

④ 上見公進止雍容静重　「静重」下，晦庵集卷九五張公行狀有「心重之」三字。

⑤ 因稱述焉　「焉」下，晦庵集卷九五張公行狀有「上簡記」三字。

⑥ 尋除公殿中侍御史　「尋」，晦庵集卷九五張公行狀作「他日」。

⑦ 大略謂綱雖負才氣　「大」原作「文」，據文海本、庫本改。

⑧ 宰相李綱以私意惡諫議大夫宋齊愈至不可居相位　晦庵集卷九五張公行狀作「宰相李綱以私意論諫議大夫宋齊愈，腰斬。公與齊愈素善，知齊愈死非其罪，謂上初立，綱以私意殺侍從，典刑不當，有傷新政，恐失人心。既入臺，首論綱罷之」。

遷侍御史，賜五品服。公感上知眷，益思効忠。時車駕久駐維揚，人物繁聚，而朝廷無一定規模，上下觖望①。公奏：「乞朝廷早措置六宮定居之地②，然後陛下以一身巡幸四方，親恢遠圖，上以慰九廟之心，下以副軍民之望。」又論：「御營使司官屬猥衆，俸給獨厚，資格超越，而未嘗舉其職。乞行沙汰，使僥倖者無以得志。法行自近，軍氣必振。」又論「無謂虜不能來，當汲汲修備治軍，常若寇至」，遂大咈黄潛善等意。

公以孀母在遠，乞外補，除集英殿修撰、知興元府。已登舟候朝辭③，有旨除禮部侍郎，日下供職。召對便殿，上慰勞宣諭曰：「卿在臺中，知無不言，言無不盡。朕將有爲，政如欲一飛沖天而無羽翼者。卿爲朕留④，當專任用⑤。」公頓首泣謝⑥，不敢言去。念虜騎必至⑦，而廟堂晏然，殊不爲備，率同列力爲宰相言之，潛善及汪伯彦笑且不信。公嘗以疾在告，獨上眷遇益深，除公御營參贊軍事，令同吕頤浩教習所謂長兵者⑧。公親往點閲，籍其鄉貫、年齒與所習藝能。復被旨同頤浩於江淮措置。未幾，虜騎自天長逼近郊，公從駕渡江〔八〕。至平江，朝議東幸，詔朱勝非留吴門禦賊。問誰當佐勝非，左右莫應。公慷慨願留⑨，遂以本職同節制平江府、常、秀州、

① 上下觖望 「下」下，晦庵集卷九五張公行狀有「頗」字。
② 乞朝廷早措置六宮定居之地 「乞」，晦庵集卷九五張公行狀作「仍乞」。
③ 已登舟候朝辭 「已」上，晦庵集卷九五張公行狀有「公」字。
④ 卿爲朕留 「朕留」原作「一朕留」，據晦庵集卷九五張公行狀删「一」字；庫本作「朕一留」。
⑤ 當專任用 「任用」下，晦庵集卷九五張公行狀有「張慤及卿」四字。
⑥ 公頓首泣謝 「頓」字原闕，據文海本、庫本及晦庵集卷九五張公行狀補。
⑦ 念虜騎必至 「念」上，晦庵集卷九五張公行狀有「公」字。
⑧ 令同吕頤浩教習所謂長兵者 「長兵」，要録卷一八建炎二年十二月戊寅條作「河朔長兵」。
⑨ 公慷慨願留 「公」下，晦庵集卷九五張公行狀有「獨」字。

江陰軍兵馬。車駕遂東，時建炎三年二月八日也①。

已而朱勝非召赴行在②，公獨留節制焉③。知府事湯東野三月八日遽告聞有赦至④，公慮時方艱難，事變莫測，命東野先遣親信官馳至前路，發封以告。少頃，東野馳來曰：「事變矣，乃明受赦也。」袖以示公。時府中軍民已知有赦，公謂東野第令登譙門，宣有旨犒設諸軍一次，内外乃定。九日，有自杭持苗傅、劉正彥檄文來者[九]。公慟哭，念王室禍變如此，戴天履地，大義所存，雖平江兵少力單，而逆順勢殊，豈復强弱利害之足較？便當倡率忠義，舉師復辟，誅討叛賊，以濟艱難。雖孀母在遠，身無嗣繼，而義有所不可已也。亟召東野及提刑趙哲至喻之，且激以忠義，二人感激願助⑤。因秘其事⑥，夜召哲以防江爲名，盡召浙西弓兵，令東野密治財計。十日得省劄，召公赴行在。

時承宣使張俊領萬人自中途還，公遣問之，迺云傅等敕俊交割所總人馬，赴秦鳳路總管任。公念上遇俊厚，而俊純實，可謀大事，急使東野啓城撫喻諸軍[一〇]。俊立詣公所⑦，公獨留俊，握手語曰：「太尉知皇帝遜位之由否？此蓋傅、正彥欲危社稷。」語未終，泣下交頤，俊亦大哭。公曰⑧：「某處置已定，當即日起兵問罪。」俊大喜且拜。

---

① 時建炎三年二月八日也　「三年」原作「二年」，據晦庵集卷九五張公行狀及要録卷二〇建炎三年二月戊午條改。

② 已而朱勝非召赴行在　「已而」，晦庵集卷九五張公行狀作「二十日」。

③ 公獨留節制焉　晦庵集卷九五張公行狀無「獨」字。

④ 知府事湯東野三月八日遽告聞有赦至　晦庵集卷九五張公行狀作「三月八日，東野忽復遽告公聞有赦至」。

⑤ 二人感激願助　「人」原作「入」，據文海本、庫本、晦庵集卷九五張公行狀改。

⑥ 因秘其事　「秘」原作「必」，據文海本、晦庵集卷九五張公行狀改。

⑦ 俊立詣公所　「詣」原作「諸」，據清鈔本、晦庵集卷九五張公行狀改。

⑧ 公曰　晦庵集卷九五張公行狀作「公應曰」。

是夜，公發書約呂頤浩、劉光世兵來會。時頤浩節制建康，光世領兵鎮江，公慮書不達，復遣人齎蠟丸從間道往。十一日，再以書促頤浩、光世報所處分次序。十三日，復督頤浩、光世速選精鋭來會平江。有報韓世忠海船到常熟岸者①，俊喜曰：「世忠來，事解矣②。」即白公。公以書招之，世忠得書號慟。十八日，見公于平江，相對慟哭。世忠曰：「某願與張俊身任之。」偶甄援自杭州來，詭稱睿聖面令促諸軍。公使偏諭俊、世忠，及至鎮江喻光世及部曲等，衆皆號慟。十九日③，頤浩、光世報軍行。二十日，公大犒俊、世忠將士，令世忠奏以兵歸行在④，而密戒世忠急至秀據粮道，候大軍至。二十四日，頤浩以兵至，公迓且勉之，握手嚱嘘。頤浩亦曰：「事不諧，不過赤族。」翌日，光世亦至。

二十七日，傳檄内外。二十八日，張俊、光世繼行。四月二日，公次秀州，奉復辟手詔，而傳等大兵屯臨平。公進發，三日次臨平，世忠當前，俊次之，光世又次之。逆黨立旗招諭世忠等，世忠與戰，軍小郤。世忠親揮刃突前曰：「今日不爲官家面上帶幾箭者，斬之！」衆争奮，賊黨苗翊等大敗，傳、正彦相繼逃遁。是夕，皇帝聖旨除公知樞密院事〔一一〕。

翌旦⑤，公與頤浩等入内朝見，伏地待罪泣，上再三慰勞。獨留公，引入後殿，過宮庭，曰⑥：「隆祐皇太后知

---

① 有報韓世忠海船到常熟岸者　「船」，庫本及晦庵集卷九五張公行狀作「船」。
② 事解矣　「解」，晦庵集卷九五張公行狀作「辦」。
③ 十九日　「日」字原脱，據庫本及晦庵集卷九五張公行狀補。
④ 令世忠奏以兵歸行在　「忠」字原脱，據清鈔本、晦庵集卷九五張公行狀補。
⑤ 翌旦　「旦」原作「且」，據文海本、庫本改；晦庵集卷九五張公行狀作「日」。
⑥ 曰　晦庵集卷九五張公行狀作「上宣喻」。

卿忠義，欲一識卿面目，適垂簾見卿自庭下過矣。」公皇恐，頓首謝。上屬意欲倚公爲相，公辭晚進不敢當。傅、正彦既敗走，與死黨直趨閩中①。公命世忠以精兵追之，並縛于建州，檻至行在所〔一二〕，及其黨左言、張逵、王世脩等，伏法建康市。

薛慶嘯聚淮甸②，兵至數萬，附者日衆。公以密邇行闕，一有滋蔓，爲患不細，且聞慶等無所係屬，欲歸公麾下，請公往示大信以招撫之③。渡江而靳賽等率兵降，遂徑至高郵，入慶壘，從行者不及百人。出黄榜示以朝廷恩意，慶感服再拜。始，公入賊壘，外間不聞公信，浮言胥動，頤浩等遽罷公樞筦〔一三〕。及聞公就事還，上歎息，即日趣公歸，且詔就職。公辭，上撫勞再四，復親書御製中和堂詩以賜，曰④：「願同越勾踐，焦思先吾身。」卒章曰⑤：「高風動君子，屬意種蠡臣。」

公素念國家艱危以來，措置首尾失當，若欲致中興，必自關陝始。又恐虜或先入陝陷蜀，則東南不復能自保，遂慷慨請行。詔以公充川陝宣撫處置使〔一四〕，便宜黜陟，親筆詔書賜之。行有日⑥，會御營平寇將軍范瓊來赴行在〔一五〕。瓊自靖康圍城與女真通，及京城破，逼脅后妃及淵聖太子、宗室入虜中，及乘亂剽掠爲亂⑦，左右張

① 與死黨直趨閩中　「直」原作「有」，據晦庵集卷九五張公行狀改。
② 薛慶嘯聚淮甸　「薛慶」上，晦庵集卷九五張公行狀有「盜」字。
③ 請公往示大信以招撫之　晦庵集卷九五張公行狀無「公」字。
④ 復親書御製中和堂詩以賜曰　「以賜曰」，晦庵集卷九五張公行狀作「賜公有曰」。
⑤ 卒章曰　「卒」上，晦庵集卷九五張公行狀有「其」字。
⑥ 行有日　晦庵集卷九五張公行狀作「公行有日矣」。
⑦ 及乘亂剽掠爲亂　「及」，庫本及晦庵集卷九五張公行狀作「又」。

邦昌，爲之從衛，罪狀非一。至是聞二兇伏誅，始自豫章擁衆入朝。既陛對，恃其衆盛，悖傲無禮，多所邀求，且乞貸傅、正彥逆黨左言等死[一六]。公奏①：「瓊大逆不道，罪冠三千之辟。呼吸群兇，布在列郡，以待竊發。若不乘時顯戮，則國法不正，且他日必有王敦、蘇峻之患。臣任樞筦之寄，今者被命奉使川陝，啓行有日，乃心踟躕。若不盡言，乞申典憲，死且不瞑。」上深然之。公獨與權樞密院檢詳文字劉子羽密謀，夜召子羽，及選密院謹飭吏數輩，作文書劄榜皆備，鎖吏于府中。翌早②，公赴都堂，召瓊議事。瓊從兵溢塗巷，意象自若。坐定，公數瓊罪，瓊愕眙，命縛瓊送大理寺[一七]。子羽已張榜于省門③，親以旨撫勞瓊衆④，頓刃應諾⑤。瓊論死，兵分隸神武軍[一八]。自靖康後，紀綱不正，王室陵夷。公首唱大義⑥，率諸將誅傅、正彥，乘輿反正，復論正瓊罪，而後國法立，人心服。自武夫悍卒、小兒竈婦，深山窮谷、裔夷絕域皆聞公名，浩然歸仰忠義之感⑦，實自此也。

公辟子羽參議軍事，遂西行。公自七月離行在，經歷長江，上及襄漢，與帥守監司議儲蓄之宜，以待臨

① 公奏　「奏」下，晦庵集卷九五張公行狀有「大略云」三字。

② 公獨與權樞密院檢詳文字劉子羽密謀及選密院謹飭吏數輩作文書劄榜皆備鎖吏于府中翌早　「權樞密院檢詳文字劉子羽」十一字與「輩作文書劄榜皆備鎖吏于府中翌早」十五字原闕，據晦庵集卷九五張公行狀補。

③ 子羽已張榜于省門　「省門」，晦庵集卷九五張公行狀作「省門外」。

④ 親以旨撫勞瓊衆　「旨」，晦庵集卷九五張公行狀作「聖旨」。

⑤ 頓刃應諾　「頓」上，晦庵集卷九五張公行狀有「衆」字。

⑥ 公首唱大義　「唱」，晦庵集卷九五張公行狀作「倡」。

⑦ 浩然歸仰忠義之感　「浩」，晦庵集卷九五張公行狀作「盎」。

幸。先是，上問公大計。公請身任陜蜀之事，置司秦川，而乞别委大臣與韓世忠鎮淮東①，令吕頤浩扈駕來武昌②，張俊、劉光世等從，與秦川首尾相應。朝議既定，公行。未及武昌，而江浙士夫摇動頤浩，遂變初議〔一九〕。公以十月二十三日抵興元，奏曰：「窺見漢中寔天下形勢之地③，臣頃侍帷幄，親聞玉音，謂號令中原，必基於此。臣所以不憚萬里，捐軀自効，庶幾奉承聖意之萬一。謹於興元理財積粟，以待巡幸。願陛下早爲西行之謀④，前控六路之師，後據兩川之粟，左通荆襄之財，右出秦隴之馬，天下大計⑤，斯可定矣。」

始，公未至，虜已陷鄜延，鄜延帥郭浩寄治德順軍⑥。虜驍將婁宿孛堇於九月二十九日引大兵渡渭河，犯永興，知軍郭琰遁去〔二〇〕。虜兵四掠，而諸帥方互結仇怨，不肯相援，人心皇皇。公到纔旬日，即出行關陜，復奏請早決西來之期，以繫天下心。至陜訪問風俗，罷斥姦贓⑦，而尤以搜攬豪傑爲先務，一時氣義拳勇之士争集麾下。吴玠及其弟璘素負才略，求見公，願自試。公與語奇之。時玠方修武郎，璘尚副尉，公奬予，不次擢用，命玠爲統制，璘領帳前親兵〔二一〕，皆感激，誓以死報。諸帥亦惕息聽命。

①　而乞别委大臣與韓世忠鎮淮東　晦庵集卷九五張公行狀無「與」字。
②　令吕頤浩扈駕來武昌　「來」原作「皆」，據晦庵集卷九五張公行狀改。
③　窺見漢中寔天下形勢之地　「窺」，晦庵集卷九五張公行狀及要録卷二八建炎三年十月戊戌條作「竊」。
④　願陛下早爲西行之謀　「陛下」下，晦庵文集卷九五張公行狀有「鑾輿」二字。
⑤　天下大計　「計」，晦庵集卷九五張公行狀作「勢」。
⑥　鄜延帥郭浩寄治德順軍　「鄜」字原脱，據晦庵集卷九五張公行狀及要録卷二一建炎三年三月庚寅條「權鄜延經略使郭浩駐兵境上」云云補。
⑦　罷斥姦贓　「贓」，晦庵文集卷九五張公行狀作「贓」。

會諜報虜將寇東南，公即治兵入衛。未至襄漢，遇德音，知虜已北歸①，乃還關陝，奏曰：「陛下果有意於中興②，非幸關陝不可。願先幸鄂渚，臣當糾率將士，奉迎鑾輿，永爲定都大計。」虜大酋粘罕益二萬騎③，聲言必取環慶路。公率諸將極力捍禦，虜勢屢挫，生擒女真及招降契丹、燕人甚衆[二二]。

時聞兀朮猶在淮西，公懼其復擾東南，使車駕不得安息，事幾有不可測者，即謀爲牽制之舉。始公陛辭，上命公三年而後用師進取。至是，上亦以虜萃兵寇東南④，御筆命公宜以時進兵，分道由同州、鄜延以擣虛。公遂決策治兵，移檄河東問罪[二三]。八月十三日，收復永興軍。虜大恐，急調大酋兀朮等由京西路星夜來陝右，以九月二十間與粘罕等會⑤，而五路之師亦以二十四日至耀州富平大戰。涇原帥劉錡身率將士，先薄虜陣，自辰至未，殺獲頗衆。會環慶帥趙哲擅離所部，哲軍將校望見塵起，驚遁，而諸軍亦退舍[二四]。公斬哲以徇，退保興州[二五]。時陝右兵散，各歸本路，宣撫司獨親兵實從。官屬有獻議退保夔州者，公堅駐不動，以扼虜衝，獨參議

---

① 知虜已北歸　「已北歸」，晦庵集卷九五張公行狀作「既北歸矣」。

② 陛下果有意於中興　「中興」下，晦庵集卷九五張公行狀有「之功」二字。

③ 虜大酋粘罕益二萬騎　「粘罕」下，晦庵集卷九五張公行狀有「復」字。按，據大金國志卷六太宗文烈皇帝紀云：「天會八年（即宋建炎四年）春，粘罕、兀室、余覩居雲中。」又云：「夏，兀室見國主，回至雲中，與粘罕、余覩同往白水泊避暑。……秋，粘罕、兀室、余覩自白水泊歸至雲中。」則知是年春夏，粘罕未嘗至陝西。

④ 上亦以虜萃兵寇東南　「虜」下，晦庵集卷九五張公行狀有「欲」字。

⑤ 急調大酋兀朮等由京西路星夜來陝右以九月二十間與粘罕等會　按，要録卷三七建炎四年九月癸亥條注曰：「張浚行狀云：『金尼瑪哈益兵二萬，聲言取環慶。公遂決策問罪，敵大恐，急調大帥尼瑪哈等由京西路星夜來陝右，以九月二十間與尼瑪哈等會。』按張滙節要諸書，尼瑪哈時在雲中，未嘗親入關，行狀誤以羅索爲尼瑪哈也。」其「尼瑪哈」即粘罕，則「大帥尼瑪哈」當爲「大帥烏珠」之傳誤。

劉子羽毅然與公意合。乃劾異議者，遣子羽出關召諸將，收散亡。將士知宣司在興州，皆相率會子羽于秦亭，凡十餘萬。公哀死問傷，録善咎己，人心悦焉。乃命吴玠聚涇原兵，據高扼險于鳳翔之和尚原，守大散關，斷賊來路。命關師古等聚熙河兵於岷州大潭一帶，命孫渥、賈世方等聚涇原、鳳翔兵於階、成①、鳳三州，以固蜀口。虜見備禦已定，輕兵至輒敗，不敢近。公上疏待罪，上手書報②[二六]。公奉詔，益厲諸將嚴備待虜。

紹興改元五月，虜酋烏魯却統大兵來攻和尚原，吴玠乘險擊之，虜敗走。三日間，連戰輒勝，虜逗遛山谷③，人馬死亡十之四。八月，粘罕在陝西病篤，召諸大酋謂曰：「吾自入中國來④，未嘗有敢嬰吾鋒者，獨張樞密與我抗。我在猶不能取蜀，爾曹宜悉此意，但務自保而已。」兀朮出而怒曰：「是謂我不能耶？」粘罕死⑤，即合兵來寇。九月⑥，親攻和尚原。吴玠及其弟璘與合戰，出奇邀擊，大破之，俘馘首領及甲兵以萬計。兀朮僅以身免，亟自髠鬍須髯，狼狽遁歸，得其麾蓋等。自虜入中國，其敗衂未嘗如此也。

二年，上謂公未至西方時，虜已陸梁，踐蹂關陝，乃引師而歸⑦，勢誠不敵。而保護衝要，連挫大敵，蜀賴

① 成　原作「城」，據晦庵集卷九五張公行狀、楊萬里集卷一一五張魏公傳及宋史張浚傳、卷八七地理志三改。

② 上手書報　晦庵集卷九五張公行狀作「上手書報公曰：『卿便宜收合夷散，養鋭待時，但能據險堅壁，謹守要害，既以保固四州之地，又能牽制南下之師，則惟卿之賴。』」。

③ 虜逗遛山谷　「遛」，晦庵集卷九五張公行狀作「留」。

④ 吾自入中國來　晦庵集卷九五張公行狀無「來」字。

⑤ 粘罕在陝西病篤至粘罕死　按，要録卷四八紹興元年十月乙亥條注曰：「按諸書此時尼瑪哈在雲中，寔羅索死，行狀誤也。」

⑥ 九月　要録卷四八紹興元年十月乙亥條、宋史卷二六高宗紀及本書上集卷一二吴武安公玠神道碑皆作「十月」。

⑦ 乃引師而歸　「乃」，晦庵集卷九五張公行狀作「及」。

以全。衆兵至十五萬①，勤勞備至，制加公檢校少保、定國軍節度使。公在關陝凡三年，以所集之軍當方張之勢②，蚤夜勤勞，親加訓輯，其規模經畫，皆爲遠大恢復之計。以劉子羽爲上賓，子羽忠義慷慨，有才略，諸將歸心。任趙開爲都轉運使，開善理財，治茶鹽酒法[二七]，方用兵，調度百出，而民不加賦。擢吴玠爲大將，守鳳翔。玠每戰輒勝，虜不敢近。而西北遺民聞公威德，歸附日衆。於是全蜀按堵，且以形勢牽制東南，江淮亦賴以安。

然公承制黜陟，悉本至公，雖鄉黨親舊③，無一毫假借。於是士大夫有求於宣司而不得者，始紛然起謗議於東南矣。有將曲端者④，建炎中任副總管，逼逐帥臣王庶，奪其印，又方命不受節制。富平之役，張忠彦等降虜，皆端腹心，實知其情。公送獄論端死[二八]。而謗者謂公殺端及趙哲爲無辜，且任劉子羽、趙開、吴玠爲非是[二九]，朝廷疑之。三年春，遂遣王似來副公[三〇]。公聞即求去，且論吴玠、劉子羽有功於蜀，不應一旦以似加其上。公雖累乞去，而以負荷國事至重，未嘗少忘警備。會虜大酋撒離喝及劉豫叛黨聚大兵自金、商入寇，公命嚴爲清野之計，分兵據險，前後撓之[三一]。虜至三泉，掠無所得，乏食，狼狽引遯。大軍躡之，人馬死傷滿道⑤，所喪亡不減鳳翔時。是時，公累論奏王似不可任，而似與宰相呂頤浩有鄉里親戚之舊⑥，頤浩不

① 衆兵至十五萬　「衆」，晦庵集卷九五張公行狀作「聚」。
② 以所集之軍當方張之勢　「所」，晦庵集卷九五張公行狀作「新」。
③ 雖鄉黨親舊　「黨」原作「舊」，據晦庵集卷九五張公行狀改；庫本作「里」。
④ 有將曲端者　「將」，晦庵集卷九五張公行狀作「將軍」。
⑤ 人馬死傷滿道　「傷」，晦庵集卷九五張公行狀作「曳」。
⑥ 而似與宰相呂頤浩有鄉里親戚之舊　「鄉」字原脱，據晦庵集卷九五張公行狀補。

悦。又或告朱勝非以公唱義平江時嘗有斬勝非之語，勝非陰肆謗毀[三二]。詔公赴行在，公力求外祠，章至十數上，弗許。

四年二月至行在。御史中丞辛丙嘗知潭州①，公在陝時，調丙發潭兵赴湖北，丙怯懦不能遣②，幾致生變。公奏劾丙，且令提刑司取勘，丙憾。至是，遂率同列劾公，誣以危語。始公在陝，嘗以秦州舊驛秦川館爲學舍，以待河東、陝西失職來歸之士，給以衣食，令一人年長者主之。又新復州郡乞鑄印，請於朝廷，往返動經歲，恐失事幾，即用便宜指揮鑄以給之，然後以聞。而丙謂公「設秘館以崇儒③，擬尚方而鑄印[三三]」。公初被命還闕，奏歸上冢④，取道東蜀夔峽，庶幾安遠近之心。而吕頤浩又以書來言：「公若一離川陝，事有意外，誰任其責？宜以事實告上，萬一欲尚留宣司，當爲開陳如請。」公不顧也。而丙反謂不肯出蜀，意有他圖[三四]。公恐懼，亟以頤浩書進呈。上愕然⑤，即詔宣押奏事。公竟移疾待罪，而論者亦不已。六月，遂以本官提舉臨安府洞霄宮，福州居住[三五]。

公知虜既釋川陝之患，必將復萃師東南，不敢以得罪遠去而不言，且是時朝廷已盛講和之議，乃具奏曰：

① 御史中丞辛丙嘗知潭州　「辛丙」，據楊萬里集卷一一五張魏公傳及宋史張浚傳作「辛炳」，是。辛炳傳載宋史卷三七二。又「御史中丞」，要録卷七三紹興四年二月丙午條、北盟會編卷一五七紹興四年三月十五日條皆作「侍御史」，亦是。按，要録卷七四云紹興四年三月「癸亥，侍御史辛炳試御史中丞」。

② 丙怯懦不能遣　「遣」下，晦庵集卷九五張公行狀有「反鼓唱軍士」五字。

③ 而丙謂公設秘館以崇儒　「館」，晦庵集卷九五張公行狀作「閣」。

④ 奏歸上冢　「冢」原作「家」，據文海本、庫本及晦庵集卷九五張公行狀改。

⑤ 上愕然　晦庵集卷九五張公行狀作「上始愕然」。

「臣竊觀此虜情狀，專以和議誤我，亦云久矣。彼勢促則言和，勢盛則復肆①，前後一轍。借使暫和，心實未已。數年之内，指摘他故，豈無用兵之辭？而我將士率多中原之人，謂和議既定，不復進取，將解體思歸矣②。若謂今日不得已而與之通使爲陛下之權，敵亦固能用權也。願陛下蚤夜深思，益爲備具，處將士家屬於積粟至安之地，使出爲戰守者無返顧奔散之憂；精擇奇才以撫川陝之師，使積年戍邊者無懈憤懷望之意；江淮、川陝互爲牽制，斥遠和議，用定大業。臣奉使川陝，竊見主兵官除吴玠、王彦、關師古累經拔擢，備見可任外，其餘人材尚衆，謹開具如左：吴璘、楊政可統大兵，田晟可總一路，王宗尹、王喜、王彦可爲統制。」後皆有聲，時服公知人。

公即日赴福州，從者皆去，肩輿才兩人。既至，闔門以書史自娱。是歲九月，劉豫之子麟果引虜大兵繇數路入寇〔三六〕，騰言侮慢，上下恟懼。上思公前日之驗③，罷宰相朱勝非〔三七〕，而參政趙鼎亦建請車駕幸平江④〔三八〕，召公任事，遂以資政殿學士、提舉萬壽觀兼侍讀召，不許辭免，日下起發。手書賜公曰：「卿去國累月，未嘗弭忘，考言詢事，簡在朕心。想卿志在王室，益紓籌策⑤，毋庸固辭，便可就道，夙夜造朝，嘉謀嘉猷，佇公入告。」金書疾置，絡繹於道。公即日行，中塗條具戰守之宜甚悉。且乞先遣岳飛渡江入淮西張聲勢，以牽制虜大兵在淮東者。以十一月十四日入覲⑥，玉音撫勞，加於疇昔。即日復除知樞密院事⑦。

① 彼勢促則言和勢盛則復肆 「促則」、「盛則」，晦庵集卷九五張公行狀作「蹙即」、「盛即」。
② 將解體思歸矣 「體」原作「禮」，據文海本、庫本及晦庵集卷九五張公行狀改。
③ 上思公前日之驗 「日」，晦庵集卷九五張公行狀作「言」。
④ 而參政趙鼎亦建請車駕幸平江 「參政」，晦庵集卷九五張公行狀作「參知政事」。
⑤ 益紓籌策 「紓」，晦庵集卷九五張公行狀作「紆」。
⑥ 以十一月十四日入覲 「覲」，晦庵集卷九五張公行狀作「見」。
⑦ 即日復除知樞密院事 「除」下，晦庵集卷九五張公行狀有「公」字。

公既受命，即日赴江上視師。時大酋兀朮擁兵十萬于淮陽①，朝廷遣魏良臣、王繪奉使軍前還②，夜與公遇于中塗③。公問以虜事及大酋問答，良臣、繪謂虜有長平之衆，且喻良臣等當以連州以南王爾家④〔三九〕，爲小國，索銀絹犒軍，其數千萬；又約韓世忠剋日過江決戰。公密奏「使人爲虜恐怵朝廷，切不可以其言而動，及不須令更往軍前，恐我之虛實反爲虜得」。上然之。公遂疾馳臨江，召大帥韓世忠、張俊、劉光世與議，且勞其軍。將士見公來，勇氣十倍。公既部分諸將，遂留鎮江節度之。令韓世忠移書兀朮，爲言張樞密已在鎮江。初，虜諜報公得罪遠貶，故悉力來寇。至是，兀朮問世忠所遣麾下王愈：「吾聞張樞密貶嶺外，何得已在此？」愈出公所下文書，兀朮見公書押，色動，即强言約日當戰。公再遣愈以世忠書往問戰期，愈回一日，而虜宵遁〔四〇〕，士馬乏食狼狽，死者相屬。遣諸將追擊，所俘獲甚衆〔四一〕。上遣内侍趣公赴行在所。五年二月十二日宣制，除公宣奉大夫、尚書右僕射、同中書門下平章事，兼知樞密院事，都督諸路軍馬。而趙鼎除左僕射。

先是，公在川陝，念上繼嗣未立，以紹興元年八月十五日上奏曰：「臣荷陛下恩德之厚，事有干於宗廟社稷大計，臣知而不言，誰敢爲陛下言者？惟陛下察其用心，貸以萬死。臣竊見西漢之制，人君即位，首建儲嗣，所以固基本、屬人心。臣願陛下特召大臣講明故事，仍先擇宗室之賢，優禮厚養，以爲藩屏。」至是入謝，復陳「宗廟大計，莫先儲嗣。雖陛下聖德昭格，春秋方盛，必生聖子，惟所以繫天下人心，不可以不早定議⑤」。上首肯久之，

---

① 時大酋兀朮擁兵十萬于淮陽　「淮陽」，晦庵集卷九五張公行狀作「維揚」。按，據史載，兀朮是時並未統軍南抵揚州，故作「淮陽」者是。

② 朝廷遣魏良臣王繪奉使軍前還　「朝廷」下，晦庵集卷九五張公行狀有「先」字。

③ 夜與公遇于中塗　「遇」，晦庵集卷九五張公行狀作「逮」。

④ 且喻良臣等當以連州以南王爾家　「連州」，晦庵集卷九五張公行狀、北盟會編卷一六五紹興四年十二月條作「建州」。

⑤ 不可以不早定議　晦庵集卷九五張公行狀無「以」字。

乃云：「宫中見養二人，長者藝祖之後，年九歲，不久當令就學。」公出見趙鼎都堂，相與仰嘆聖德①。自是與鼎益相勉勵，同志叶謀②，以爲爲治之要，必以正本澄原爲先務，誠能陳善閉邪，使人君無過舉，則國勢尊安，醜虜自服。是以進見之際，於塞倖門、抑近習尤諄切致意焉。

上還臨安，公留相府。未閱月，復出江上勞軍。至鎮江，召韓世忠親喻上旨，使舉軍前屯楚州以撼山東。世忠欣然受命，即日舉軍渡江。公至建康撫張俊軍，至太平州撫劉光世軍，軍士無不踴躍思奮。時巨寇楊么據洞庭重湖，朝廷屢命將討之，不克。公念「建康東南都會，而洞庭實據上流。今寇日滋，壅遏漕運，格塞形勢，爲腹心害，不先去之，無以立國。然寇阻重湖，春夏則耕耘，秋冬水落則收糧于湖寨，載老小于泊中，而盡驅其衆四出爲暴。前日朝廷反謂夏多水潦，屢以冬用師，故寇得併力，而我不得志。今乘其怠，盛夏討之。彼衆既散，一旦合之，固已疲於奔命，又不得守其田畝，禾稼蹂踐，則有秋冬絶食之憂，黨與必攜，可招來也。雖已命岳飛往，而兵將未必諭此意，或逞兵殺戮，則失勝算，傷國體」。遂具奏請行，上許焉。

行至醴陵，獄犴數百人，盡楊么遣爲間探者，安撫使席益傳致遠縣囚之③。公召問，盡釋其縛，給以文書④，俾分示諸寨曰：「今既不得保田畝⑤，秋冬必乏食，且餒死矣。不若早降，即赦爾死。」數百人驩呼而往。五月十一日至潭州，於是賊寨首領黄誠、周倫先請受約束。然誠等屢嘗殺招安⑥，猶自疑不安。公遣岳飛分兵屯鼎、

① 相與仰嘆聖德　「德」下，晦庵集卷九五張公行狀有「久之」二字。
② 同志叶謀　「叶」，晦庵集卷九五張公行狀作「協」。
③ 安撫使席益傳致遠縣囚之　「安撫使」，晦庵集卷九五張公行狀作「帥」。
④ 給以文書　「文」原作「人」，據庫本及晦庵集卷九五張公行狀改。
⑤ 今既不得保田畝　「今」上，晦庵集卷九五張公行狀有「爾」字。
⑥ 然誠等屢嘗殺招安　「招安」下，晦庵集卷九五張公行狀有「使命」二字。

澧、益陽，壓以兵勢。其黨大恐，相繼約日來降，丁壯五六萬①，老弱不下二十萬②。公一切以誠信撫之。六月，湖寇盡平[四二]，乃更易郡縣姦贓吏，宣布寬恩。上手書賜公曰：「覽奏，知湖寇已平。非卿孜孜憂國，不憚勤勞，誰能寬心腹憂③？顧奏到之日，中外歡賀，萬口一辭，以謂上流既定，則川陜、荆襄形勢連接，事力增倍。天其以中興之功付之卿乎！」於是公奏遣岳飛追軍屯荆襄④，圖中原，遂率官屬吏兵泛洞庭而下⑤。時重湖連年舟楫不通，公舟始行，風日清爽⑥，父老歎息，以爲變殘賊呻吟之區爲和氣也。

公既兩發儲嗣之議，至是聞建資善堂，皇子出就傅，喜不自勝，以爲當以師傅爲先，遂薦起居郎朱震、秘閣修撰范冲可充訓導之選⑦[四三]。

公雖在外，常以内治爲憂，每有見輒入奏。公自岳、鄂轉淮西東，會諸將大議防秋之宜⑧，直至承、楚，僞境震動。上念公久勞于外，遣中使賜手書促歸⑨，制除公金紫光禄大夫。

---

①　丁壯五六萬　「壯」下，晦庵集卷九五張公行狀有「至」字。

②　老弱不下二十萬　「二十」原作「千十」，據庫本及晦庵集卷九五張公行狀改；要録卷九〇紹興五年六月丁巳條作「十餘」。

③　誰能寬心腹憂　「心」字原闕，據文海本、庫本補。又「心腹」，晦庵集卷九五張公行狀作「朕」。

④　於是公奏追岳飛進軍屯荆襄　「追」，晦庵集卷九五張公行狀作「遣」。

⑤　遂率官屬吏兵泛洞庭而下　「吏」原作「史」，據庫本及晦庵集卷九五張公行狀改。

⑥　風日清爽　「爽」，晦庵集卷九五張公行狀作「夷」。

⑦　遂薦起居郎朱震秘閣修撰范冲可充訓導之選　「遂薦」、「充」，晦庵集卷九五張公行狀作「遂具奏薦」、「任」。又，「范冲」原作「范仲」，據晦庵集卷九五張公行狀及宋史卷四三五范冲傳改。

⑧　會諸將大議防秋之宜　晦庵集卷九五張公行狀無「會」字。

⑨　遣中使賜手書促歸　「中使」原作「中書」，據晦庵集卷九五張公行狀改。

十月十一日至行在①，上勞問曰：「卿暑行甚勞，然湖湘群盜既就招撫，以成朕不殺之仁，卿之功也。」公頓首謝曰：「陛下誤知，使當重任，故臣得効愚計②。」上親書周易否、泰卦以賜焉。公奏：「自古小人傾陷君子，莫不以朋黨爲言。夫君子引其類而進，志在於天下國家而已。其道同，故其所趍向亦同，曾何朋黨之有？惟小人則不然，更相推引，本圖利禄，詭詐之蹤，莫可跡究。故或小異以彌縫其事，或内外符合以信實其言。人主於此何所決擇而可哉？則亦在夫原其用心而已矣。臣嘗考泰之初九『拔茅茹③，以其彙，征』，而象以爲『志在外』，蓋言其志在天下國家，非爲身故也。否之初六『拔茅茹④，以其彙，征』，而象以爲『志在君』，則君子連類而退，蓋將以行善道而未始忘憂國愛君之心焉。觀二爻之義，而考其用心，則朋黨之論可以不攻而自破矣。臣又觀否泰之理，起夫人君一心之微⑤，而利害及於天下百姓。方其一念之正，其畫爲陽，泰自是而起矣；一念之不正，其畫爲陰，否自是而起矣。然而泰之上六，陰已盡⑥，復變爲陽，則君子在外而否之所由生焉；否之上九，陽已盡，復變爲陰⑦，則小人在外而泰之所由生焉。當今時適艱難，民墜塗炭，陛下若能日新其德，正厥心於上，臣知其將

---

① 十月十一日至行在　「十月」上，晦庵集卷九五張公行狀有「公以」二字。

② 故臣得効愚計　「得」原作「待」，據晦庵集卷九五張公行狀改。

③ 臣嘗考泰之初九拔茅茹　「考」原作「者」，據文海本、庫本及晦庵集卷九五張公行狀改。

④ 否之初六拔茅茹　「初六」原作「初九」，據晦庵集卷九五張公行狀、楊萬里集卷一一五張魏公傳、歷代名臣奏議卷一五六知人引張浚疏及周易注疏卷二改。

⑤ 起夫人君一心之微　「夫」，晦庵集卷九五張公行狀作「於」。

⑥ 陰已盡　「陰」，晦庵集卷九五張公行狀及歷代名臣奏議卷一五六知人引張浚疏作「三陰」。

⑦ 則君子在外而否之所由生焉否之上九陽已盡復變爲陰　晦庵集卷九五張公行狀無此二十三字。又「陽」，歷代名臣奏議卷一五六知人引張浚疏作「三陽」。

可以致泰矣。異時天道悔禍，幸而康寧，則陛下常思其否焉。」

上嘗召公對便殿①，問所宜爲，且命公以所聞見置策來上。公承命條列以進，號中興備覽，凡四十一篇。立國之本，用兵行師之道，君子小人之情狀，駕馭將帥之方，均節財用之宜，聽言之要，待近習之道，以至既往之得失，郡縣之利病，莫不備具。上深嘉歎，置之坐隅。

六年正月，公以虜勢未衰，而叛臣劉豫復據中原，爲謀叵測，不敢寧處於朝②，奏請親行邊塞，部分諸將，以觀機會。上許焉。即張榜聲豫僭逆之罪，以是月中旬啓行。公謂：「楚漢交兵之際，漢駐兵敫黽間③，則楚不敢越境而西。蓋大軍在前，雖有他歧捷徑④，敵人畏我之議其後，不敢踰越而深入也。故太原未陷，則粘罕之兵不復濟河，亦以此耳。議者多以前後空闕⑤，虜出他道爲憂，曾不議其粮食所自來，師徒所自歸。不然，必環數千里之地盡以兵守之，然後爲可安乎？」既以此告于上，又以此言於同列，惟上深以公言爲然。至江上，會諸帥議事，命韓世忠據承楚以圖淮陽⑥、劉光世屯合肥以招北軍⑦，命張俊練兵建康，進屯盱眙，命楊沂中領精兵爲後翼佐俊[四四]，命岳飛屯襄陽以窺中原⑧。形勢既立，國威大振。上遣使賜公御書裴度傳以示至意。公於諸將中尤

① 上嘗召公對便殿　「公」下，晦庵集卷九五張公行狀有「獨」字。

② 不敢寧處於朝　「寧」，晦庵集卷九五張公行狀作「皇寧」。

③ 漢駐兵敫黽間　「黽」，晦庵集卷九五張公行狀作「澠」。

④ 雖有他歧捷徑　「徑」原作「輕」，據晦庵集卷九五張公行狀改。

⑤ 議者多以前後空闕　「議」，晦庵集卷九五張公行狀作「論」。

⑥ 命韓世忠據承楚以圖淮陽　「淮陽」原作「維揚」，據晦庵集卷九五張公行狀及要録卷九八紹興六年二月辛亥條改。

⑦ 劉光世屯合肥以招北軍　「劉光世」上，晦庵集卷九五張公行狀有「命」字。又「肥」，晦庵集卷九五張公行狀作「淝」。按，下文同。

⑧ 命岳飛屯襄陽以窺中原　「屯」，晦庵集卷九五張公行狀作「進屯」。

稱韓世忠忠勇①、岳飛之沉鷙，可倚以大事。世忠在楚州，時入僞地，叛賊頗聚兵，世忠渡淮擊敗之，直引兵至淮陽而還，士氣百倍。

公以東南形勢莫重建康，建康實爲中興根本②。且人主居此，則北望中原，常懷憤惕，不敢自暇自逸。臨安僻居一隅，内則易生安肆，外則不足號召遠近③，繫中原之心，奏請車駕以秋冬臨建康撫三軍，以圖恢復。公又以渡江徧撫淮上諸屯④，屬方盛暑，公不憚勞，人人感悦。七月，有旨促公入覲⑤。八月至行在。時張俊軍已進屯盱眙，三帥鼎立，而岳飛遣兵入僞地，直至蔡州，焚其積聚，時有俘獲。公力陳建康之行爲不可緩，朝論同者極鮮[四五]，惟上斷然不疑。車駕以九月一日進發平江⑥[四六]，公又請先往江上。

諜報叛賊劉豫及其姪猊挾虜來寇[四七]，公奏虜疲於奔命，決不能悉大衆復來，此必皆豫兵。公既行，而邊遽不一，大將張俊、劉光世皆張大賊勢，爭請益兵，自趙鼎而下，莫不恟懼。至欲移盱眙之屯，退合肥之師，召岳飛盡以兵東下。公獨以爲不然，以書戒俊、光世曰：「賊豫之兵以逆犯順，若不盡勦除，何以立國？平日亦安用養兵爲？今日之事，有進擊，無退保。」時楊沂中爲張俊軍統制，公令沂中往屯濠梁，且使謂之曰：「上待統制厚，宜

① 公於諸將中尤稱韓世忠忠勇　「韓世忠」下，晦庵集卷九五張公行狀有「之」字。
② 建康實爲中興根本　晦庵集卷九五張公行狀無「建康」二字。
③ 外則不足號召遠近　「足」下，晦庵集卷九五張公行狀有「以」字。
④ 公又以渡江徧撫淮上諸屯　晦庵集卷九五張公行狀無「以」字，似衍。
⑤ 有旨促公入覲　「旨」，晦庵集卷九五張公行狀作「詔」。
⑥ 車駕以九月一日進發平江　晦庵集卷九五張公行狀作「車駕以九月一日進發，逮至平江」，是。按，要録卷一〇五載「紹興六年九月丙辰朔，上發臨安府」；「癸酉，上次平江府」。

及時立大功，取節鉞。或有差跌，某不敢私。」諸將悚懼聽命。公至江上，知來爲寇者實劉麟兄弟，豫封麟淮西王，兵凡六萬入寇①，已渡淮，南涉壽春②，逼合肥。公調度既已定矣，而張俊請益兵之書日上，劉光世亦欲引兵退保。劉豫又令鄉兵僞胡服，於河南諸州十百爲群，由此間者皆言處處有虜騎。趙鼎及簽書樞密折彦質惑之，移書抵公至七八，堅欲飛軍速下③。又擬條畫項目，乞上親書付公。大略欲俊、光世、沂中等退師善還，爲保江之計，不必守前議。公奏：「俊等渡江，則無淮南，而長江之險與虜共矣。淮南之屯，正所以屏蔽大江。向若叛賊得據淮西，因粮就運，以爲家計，江南其可保乎？陛下其能復遣諸將渡江擊賊乎？淮西之寇，正當合兵掩擊。今士氣甚振④，可保必勝。若有一退意，則大事去矣。又岳飛一動，則襄漢有警，復何所制？願朝廷勿專于中⑤，使諸將不敢觀望。」上手書報公曰：「朕近以邊防所疑事咨問於卿，今覽卿奏，措置方略，審料敵情，條理明甚，俾朕釋然，無復憂顧。非卿識慮高遠，出人意表，何以臻此？」是時，內則廟堂，外則諸將，人人畏怯⑥，務爲退避自全之計。雖公建策之忠始終不二⑦，然握兵在外，間隙易生，向非主上見機之明，不惑群議，則諸將必引而南，大勢傾矣。及奉此詔，異議乃息，而諸將亦始爲固守計。既而賊大張聲勢於淮東，阻韓世忠承楚之兵不敢進，楊

① 兵凡六萬入寇　「入」，晦庵集卷九五張公行狀作「人」。
② 南涉壽春　「南涉」原作「涉南」，據晦庵集卷九五張公行狀乙改。
③ 堅欲飛軍速下　「軍」，晦庵集卷九五張公行狀作「兵」。
④ 今士氣甚振　「今」，晦庵集卷九五張公行狀作「令」。
⑤ 願朝廷勿專于中　晦庵集卷九五張公行狀作「願陛下勿專制于中」。
⑥ 人人畏怯　「畏」原作「長」，據晦庵集卷九五張公行狀改。
⑦ 雖公建策之忠始終不二　「建」，晦庵集卷九五張公行狀作「遠」。

沂中亦以十月四日抵濠州。公聞光世已舍廬州而南[四八]，淮西人情恟涌①，星夜疾馳采石②，遣諭光世之衆曰：「有一人渡江，即斬以徇！」光世聞公來采石，大恐，即復駐軍，與沂中接連相應。劉猊分麟兵之半來攻沂中。是月十日，沂中大破猊於藕塘，降殺無遺。猊僅以身免，麟拔栅遁走。虜獲甚衆，得粮舟四百餘艘。

於是公奏車駕宜乘時早幸江上，上賜手書，又遣内侍賜公端石硯③、筆墨、刀劍、犀甲④，且召公還。及至平江，隨班朝見，上曰：「却賊之功，盡出右相之力。」於是趙鼎皇懼乞去。方公未至平江時，鼎等已議回蹕臨安。公入見之次日，具奏曰：「獲聞聖訓⑤，惟是車駕進止一事，利害至大。天下之事，不倡則不起⑥，不爲則不成。今四海之心，孰不想戀王室⑦？虜叛相結，脅之以威，雖有智勇，無由展竭。三歲之間，賴陛下一再進撫，士氣從之而稍振，民心因之而稍回。正當示之以形勢，庶幾乎激忠起懦，而三四大帥者，亦不敢懷偷安苟且之心⑧。夫天下者，陛下之天下也。陛下不自致力以爲之先，則被堅執鋭、履危犯險者⑨，皆有解體之意。今日之事，存亡安危所自以分。六飛儻還，則有識解體，内外離心，日復一日，終以削弱。異日復欲下巡幸詔書，誰爲深信而不

---

① 淮西人情恟涌　「涌」，晦庵集卷九五張公行狀作「動」。
② 星夜疾馳采石　「馳」下，晦庵集卷九五張公行狀有「至」字。
③ 又遣内侍賜公端石硯　「端石硯」上，晦庵集卷九五張公行狀有「古」字。
④ 犀甲　原作「犀角」，據晦庵集卷九五張公行狀及要録卷一〇六紹興六年十一月庚午條、楊萬里集卷一一五張魏公傳改。
⑤ 獲聞聖訓　「獲聞」上，晦庵集卷九五張公行狀有「昨日」二字。
⑥ 天下之事不倡則不起　「天下」上，晦庵集卷九五張公行狀有「蓋」字。又「倡」，晦庵集卷九五張公行狀作「唱」。
⑦ 孰不想戀王室　「想」，晦庵集卷九五張公行狀作「思」。
⑧ 亦不敢懷偷安苟且之心　「懷」字原闕，據晦庵集卷九五張公行狀補；庫本作「有」。
⑨ 則被堅執鋭履危犯險者　「則」，晦庵集卷九五張公行狀作「臣懼」。

疑者？何則①？彼知朝廷姑以此爲避地之計，實無意於圖回天下故也。」上翻然從公計。十二月，趙鼎出知紹興府[四九]，專委任公。

公謂：「親民之官，治道所急。而比年以來，内重外輕，祖宗之法盡廢。流落于外者，終身不獲用；經營於内者，積歲得美官。又官于朝者，不歷民事，利害不明，詔令之行，職事之舉，豈能中理？民多被其害。」遂條具以聞：「郡守、監司有治狀，任滿除郎。郎曹資淺，未經民事之人，秩滿除監司、郡守。令中書省、御史臺籍記姓名，回日較其治効，優加擢用。治民無聞者，與閑慢差遣。館職未歷民事者，與除通判、郡守②，殿最如前，仍乞降詔。」又以灾異奏復賢良方正科，皆從之③。七年正月，上以公去冬却敵之功，制除特進。

問安使何蘚歸④，報徽宗與寧德后相繼上僊⑤。上號慟擗踊，哀不自勝。公奏：「天子之孝，與士庶不同，必也仰思所以承宗廟、奉社稷者。今梓宮未返，天下塗炭，至讎深耻，亘古所無。陛下揮涕而起，斂髮而趨，一怒以安天下之民，臣猶以爲晚也。」數日後求奏事，深陳國家禍難，涕泣不能興，因乞降詔諭中外。又請命諸大將率三軍發哀成服⑥，中外感動。時公總領中外之政，會車駕巡幸，又值國恤⑦，幾事叢委，公以一身任

① 誰爲深信而不疑者何則　「爲」、「則」，晦庵集卷九五張公行狀作「能」、「哉」。
② 與除通判郡守　晦庵集卷九五張公行狀無「與」字。
③ 皆從之　「皆」上，晦庵集卷九五張公行狀有「上」字。
④ 問安使何蘚歸　「何蘚」原作「何蘇」，據晦庵集卷九五張公行狀及要録卷一〇八紹興七年正月丙戌條、楊萬里集卷一一五張魏公傳、宋史張浚傳改。
⑤ 報徽宗與寧德后相繼上僊　晦庵集卷九五張公行狀作「報徽宗皇帝、寧德皇后相繼上僊」。
⑥ 又請命諸大將率三軍發哀成服　「又請」，晦庵集卷九五張公行狀作「又以公請」。
⑦ 又值國恤　「又」原作「人」，據庫本及晦庵集卷九五張公行狀改。

之，至誠惻怛，上下感動，人情賴公以安。每對，必深言讎恥之大，反復再三，上未嘗不改容流涕①。上方厲精刻己②，務自節損，戒飭宮庭，內侍等無敢少有越度者。事無巨細，必以咨公。賜諸將詔旨，往往命公擬進，未嘗易一字。

自公與趙鼎在相位，以招來賢才爲急務，從列要津，多一時之望，百執事奔走効職，不敢自營，人號爲「小元祐」。方車駕在平江，時公歸自江上，奏劉光世握兵數萬，無復紀律③，沉酣酒色，不䘏國事④，語以恢復，意氣怫然，宜賜罷斥，以警將率。上然之，罷光世，而以其兵盡屬督府[五〇]。公命參謀軍事、兵部尚書呂祉往廬州節制。公又嘗自往勞之，人情初無他⑤。而樞密使秦檜、知樞密院事沈與求意以握兵爲督府之嫌⑥，奏乞置武帥。臺諫觀望，繼亦有請⑦。乃以王德爲都統制，即軍中取酈瓊副之。公歸，以爲不然，奏論之⑧[五一]。而瓊等亦與德有舊怨，與其下八人列狀訴御史臺。乃命張俊爲宣撫使，楊沂中、劉錡爲制置判官以撫之。此軍自聞王德爲帥，往往懷疑，而酈瓊遂陰有異志，唱揺其間。八月八日，瓊等舉軍叛，執呂祉以行，欲渡淮歸劉豫[五二]。祉不肯渡，詈瓊等，碎齒折首以死。公遂引咎，力求去位。上不得留，因問可代者，公辭不對。上曰：「秦檜何如？」公曰：

① 上未嘗不改容流涕　「上」字原脱，據晦庵集卷九五張公行狀補。
② 上方厲精刻己　「刻」，晦庵集卷九五張公行狀作「克」。
③ 無復紀律　「紀」原作「喝」，據庫本及晦庵集卷九五張公行狀改。
④ 不䘏國事　「䘏」原作「却」，據文海本、庫本及晦庵集卷九五張公行狀改。
⑤ 人情初無他　晦庵集卷九五張公行狀作「人情協附，上下帖然」。
⑥ 知樞密院事沈與求意以握兵爲督府之嫌　「與」原作「興」，據文海本、晦庵集卷九五張公行狀及宋史卷三七二沈與求傳改。
⑦ 繼亦有請　晦庵集卷九五張公行狀無「亦」字。
⑧ 奏論之　「奏」原作「張」，「論」字原闕，據晦庵集卷九五張公行狀改補。

「近與共事，始知其闇[五三]。」上曰：「然則用趙鼎。」遂令公擬批召鼎。既出，檜謂公必薦己，就閤子與公語良久。上遣人促進所擬文字，檜始錯愕而出。後反謂鼎：「上召公，而丞相遲留，至上使人促，始進入[五四]。」檜之交諜類此。公本以檜靖康時建議立趙氏，不畏死，有力量，可與共天下事，而一時仁賢薦檜尤力，遂推引①[五五]。既同朝，始覺其顧望包藏，故臨行因上問及之。

以九月五日公得請②，授觀文殿大學士、提舉江州太平興國宮[五六]。左司諫王縉奏乞留公，即日補外。都官郎中趙令衿繼上疏③，亦罷去。而御史中丞周秘、殿中侍御史石公揆、右正言李誼交章詆公未已。旋落職，以朝奉大夫、秘書少監分司西京，永州居住[五七]。於是趙鼎復當國，而車駕自江上還臨安矣[五八]。

八年二月抵永。是歲，秦檜已得政，始決屈己和戎之議。九年正月，詔書至永。公伏讀恐懼，寢食不安，移書參政孫近④，大略曰：「魯仲連不肯尊秦爲帝，且云連寧有蹈東海而死，蓋知帝秦之禍遲發而大。況我至讎深隙，迺欲修好而喜目前少安乎⑤？異時歲幣求增而不已，使命絡繹以來臨，以至更立妃后，變置大臣，起罷兵之議，建入覲之謀，皆或有之矣。某是以伏讀詔書，不覺戰汗。幸公深思，密以啓沃。」又聞故人李光自洪州召入政府，復以此意移書抵之。懷不自已，又具劄子以奏。

---

① 遂推引　「遂」上，晦庵集卷九五張公行狀有「公」字。

② 以九月五日公得請　「以」上，晦庵集卷九五張公行狀有「蓋公」二字。

③ 都官郎中趙令衿繼上疏　「衿」原作「矜」，據文海本、晦庵集卷九五張公行狀、宋史卷二四四趙令衿傳及下文改。

④ 移書參政孫近　「參政」，晦庵集卷九五張公行狀作「參知政事」。

⑤ 迺欲修好而喜目前少安乎　「喜」，晦庵集卷九五張公行狀作「幸」。

二月，以大霈復宣奉大夫，提舉臨安府洞霄宮，任便居住。公復具劄子曰：「竊惟今日事勢，處古今之至難，一言以斷之，在陛下勉强圖事而已①。陛下進而有爲，則其權在我，且順天下之心。間雖齟齬，終有莫大之福。陛下退而不爲，則其權在敵，且拂天下之心。今雖幸安，復將有莫大之憂。夫在彼者情不可保，在我者心不可失。外徇敵國，内罹實害，智者所不爲也。」居旬日，又具劄子曰：「自陛下回駐臨安，甫閲歲時，聖心之所經營，朝論之所商確，專意和議，庶幾休息，莫不幸其將成矣。臣嘗不寐以思，屈指而計，虜人與我讎釁之深，設心措置②，果欲存吾之國乎？抑願其委靡而遂亡也？臣意力弱未暇，姑偕和以怠我之心③。勢盛有餘，將求故以乘吾之隙。理既甚明，事又易見，然則紛紛異議，可端拱而決矣。料虜上策，還梓宮，復母后，輿地來歸，不失前約，結懽篤好，以怠我師。遲遲數年④，兵無戰意，然後遣一介之使，持意外之詔，假如變置大臣，更立后妃，將何以塞請？虜出中策，則必重邀求、責微禮，失約爽信，近在朞年，中原之地，將有所付⑤，如梁武之立北魏王顥者，尚庶幾於前。虜出下策，怒而興師，直臨江表，勢似可愕，而天下之亂，或從此而定矣。」是月，復資政殿大學士、知福州。

四月，公念前論講和事未蒙開納，又具劄「望聖慈斷以無疑⑥，則天下幸甚」。時虜中變盟⑦，復取河南[五九]。公奏曰：「臣切念自群下決回鑾之議，國勢不振，事機之會失者再三。向使虜出上策，還梓宮，歸兩殿，供須一無

① 在陛下勉强圖事而已　「勉强」，晦庵集卷九五張公行狀作「强勉」。
② 設心措置　「置」，晦庵集卷九五張公行狀作「意」。
③ 姑偕和以怠我之心　「偕」，文海本及晦庵集卷九五張公行狀作「借」。
④ 遲遲數年　「遲遲」，晦庵集卷九五張公行狀作「遲之」。
⑤ 將有所付　「有」原作「何」，據晦庵集卷九五張公行狀及要録卷一二六紹興九年二月己未條改。
⑥ 又具劄望聖慈斷以無疑　「具劄」，晦庵集卷九五張公行狀作「具劄子曰」。
⑦ 時虜中變盟　「盟」，晦庵集卷九五張公行狀作「盟約」。

所請，宗族隨而盡南，則我德虜必深，和議不拔，人心懈怠，國勢寖微。異時釁端卒發，何以支持？臣知天下非陛下之有矣。今幸上天警悟，虜懷反覆，士氣尚可作，人心尚可回。願因權制變，轉禍爲福，用天下之英才，據天下之要勢，奪敵之心，振我之氣。措置一定，大勳可集。」繼聞淮上有警，連以邊計奏知，又條畫海道舟船利害。上嘉公之忠，遣中使奬諭。公時大治海舟至千艘，爲直指山東之計，以俟朝命。在郡細大之務，必躬必親，人人感悅，和氣薰然，訟事清簡。山海之寇，招捕無餘。

十一年三月，劉錡大破兀朮於順昌。錡本晚出，公一見關陜，奇之，即付以事任，錡亦感慨自立。公歸，薦之上，謂錡才識，諸將莫及。而一時輩流疾其才能出己右，百計沮遏。公既平湖寇，即薦知岳州。已而召赴行在，左右扶持，付以王彦軍，且擢爲騎帥。至是，錡以所部成大功①。方欲進兵乘虜虚，而檜召錡還矣。錡還朝，上見之，首曰：「張浚可謂知人。」檜遣郎官蓋諒來諷公，使附其議，當即引公爲樞密使。公答檜書，歷言和不可成、虜不可縱，且面爲諒言。諒歸，檜怒，而公亦力請祠奉親矣。十一月，除檢校少傅、崇信軍節度使，充萬壽觀使②，免奉朝請。

十二年，太母鑾輅來歸，制封公和國公。檜既外交仇讎，罔上自肆，惡嫉正論，諱言兵事，自以爲時已太平，日爲浮文侈靡，愚弄天下，獨忌公甚。中丞万俟禼希檜旨，論公卜宅僭擬，至倣五鳳建樓，上不以爲然。檜遣朝士吴秉信以使事至湖南，有所案驗，且以官爵誘之。秉信造公，見其居不過中人常産可辦，不覺歎息，反密以檜意告公而歸，且奏其實。檜黜秉信[六〇]。

① 錡以所部成大功　「錡」下，晦庵集卷九五張公行狀有「竟」字。
② 充萬壽觀使　「使」字原脱，據晦庵集卷九五張公行狀補。

十六年，公念檜欺君誤國，使災異數見，彗出西方，欲力論時事，以悟上意。又念太夫人年高，言之必被禍①，恐不能堪。太夫人覺公形瘠，問故，公具言所以。太夫人誦先雍公紹聖初對方正策之詞曰：「臣寧言而死于斧鉞，不忍不言而負陛下。」至再至三，公意遂決。乃言曰：「當今事勢，譬若養大疽於頭目心腹之間，不決不止。決遲則禍大而難測，決速則禍輕而易治。惟陛下謀之於心，斷之以獨，謹察情僞，豫備倉猝②。」檜大怒③。時公又以天申節手書尚書無逸篇，具劄子爲賀。七月，檜命臺諫論公，章四五上④[六一]。以特進提舉江州太平興國宮⑤，連州居住。公在連，作四德銘以示其人曰：「忠則順天，孝則生福，勤則業進，儉則心逸。」連人相與鑱之於石，家傳人誦焉。

二十年九月，移永州。蓋公去國至是幾二十年，退然若無能者⑥，而天下士無賢不肖，莫不傾心。武夫健將言公者，必咨嗟歎息⑦；至小兒婦女，亦知天下有張都督也[六二]。每使至虜，虜主必問公安在⑧。方和議初定時，國書中有「不得輒更易大臣」之語[六三]，蓋憚公復用也⑨。

---

① 言之必被禍　「被」，晦庵集卷九五張公行狀作「致」。
② 豫備倉猝　「猝」，晦庵集卷九五張公行狀作「卒」。
③ 檜大怒　「檜」上，晦庵集卷九五張公行狀有「事下三省」四字。
④ 章四五上　晦庵集卷九五張公行狀無「五」字。
⑤ 以特進提舉江州太平興國宮　「以」上，晦庵集卷九五張公行狀有「上」字。
⑥ 退然若無能者　「退然」下，晦庵集卷九五張公行狀有「自脩」二字。
⑦ 必咨嗟歎息　晦庵集卷九五張公行狀作「咨嗟太息」。
⑧ 每使至虜虜主必問公安在　晦庵集卷九五張公行狀作「虜人憚公尤甚，歲時使至虜中，其主必問公安在」。
⑨ 方和議初定時國書中有不得輒更易大臣之語蓋憚公復用也　晦庵集卷九五張公行狀作「方約和時，誓書有『不得輒更易大臣』之語，蓋懼公復用云」。

至是，秦檜寵位既極，老病日侵，鄙夫患失之心無所不至，無君之迹顯然著見，意欲剪除海内賢士大夫①，然後肆其所爲。尤憚公爲正論宗主，使己不得安，欲亟加害。命臺臣王珉、徐嘉輩有劾②〔六四〕，語必及公。至彈知洪州張宗元文，謂公國賊③，必欲殺之。有張柄者，嘗奏請令檜乘金根車〔六五〕，其死黨也，即擢知潭州；汪召錫者，娶檜兄女，嘗告訐趙令衿〔六六〕，遣爲湖南提舉，俾共圖公。又使江南轉運判官張常先治張宗元獄④，株連及公〔六七〕。以爲未足，又捕趙鼎子汾下大理獄〔六八〕，備極慘毒，拷掠無全膚⑤，令自誣與公及李光、胡寅等謀大逆。凡一時賢士五十三人，檜所惡者皆與。獄上，會檜病篤，不能書判以死〔六九〕。時紹興二十有五年也⑥。上始復親庶政⑦，先勤檜子熺致仕⑧，盡斥群兇〔七〇〕。公迹稍安，而太夫人遽薨。

① 意欲剪除海内賢士大夫　「剪」，晦庵集卷九五張公行狀作「先」。
② 命臺臣王珉徐嘉輩有劾　「王珉」原作「王泯」，據晦庵集卷九五張公行狀、楊萬里集卷一一五張魏公傳改；「徐嘉」原作「徐嘉」，據晦庵集卷九五張公行狀及楊萬里集卷一一五張魏公傳、要録卷一六九紹興二十五年八月己亥條、宋史卷四七三秦檜傳改。又「有劾」，晦庵集卷九五張公行狀作「有所彈劾」。
③ 謂公國賊　「謂」上，晦庵集卷九五張公行狀有「始」字。
④ 又使江南轉運判官張常先治張宗元獄　晦庵集卷九五張公行狀無「江南轉運判官」六字；要録卷一六八紹興二十五年四月癸酉條稱「江南西路轉運判官」。
⑤ 備極慘毒拷掠無全膚　「毒拷」，晦庵集卷九五張公行狀作「酷考」。
⑥ 時紹興二十有五年也　「時」原作「昭」，據文海本、庫本及晦庵集卷九五張公行狀改。
⑦ 上始復親庶政　「政」，晦庵集卷九五張公行狀作「務」。
⑧ 先勤檜子熺致仕　「勤」原作「勸」，據庫本及晦庵集卷九五張公行狀改。

有旨復公職觀文殿大學士，判洪州①，公已在苦塊矣。哀苦扶護，以治命當歸葬雍公之兆，奏請俟命長沙。獨念天下事二十年爲檜所敗壞，人心士氣委靡消鑠，政事無綱，邊備蕩弛，幸其一旦殞斃，則當汲汲惟新之圖②，而未見所以慰人望者。且聞頑元亮簒立③，勢已驕豪，必將妄舉，可爲寒心。自惟大臣義同休戚，不敢以居喪爲嫌，五月具劄子曰：「臣疎遠，不復與聞朝廷幾事④，而伏自私念今日事勢極矣，陛下將拱手而聽其自然乎？抑將外存其名而博謀密計，求所以爲長久歟？臣誠過慮，以爲自此數年之後，民力益竭，財用益乏，士卒益老，人心益離，忠臣列將淪亡殆盡，内患外憂相仍而起，陛下將何以爲策？方祖宗盛時，與虜通好⑤，惟力敵勢均，而國家取兵於西北，取財於天下，文武之才，世不乏人，是故得以持久。而百四十年之後，靖康大變，事出不意，禍亂之大，亘古所無。論者猶恨夫恃和爲安，而不知自治之失。今天下幾何？譬之中人之家，盜據其堂，安居飽食其間，而朝夕陰伺吾隙，一日之間，其舍我乎？然則陛下不可不深思力圖於此時也。」

繼被朝命，以太夫人之喪歸蜀。八月，行至荆南，會以星變，詔求直言。公慮虜數年間勢決求釁用兵⑥，而吾方溺於宴安⑦，謂虜可信，蕩然莫爲之備⑧，沈該、万俟卨居相位，尤不厭天下望，朝廷益輕。顧

---

① 判洪州　「判」上，晦庵集卷九五張公行狀有「除」字。

② 則當汲汲惟新之圖　晦庵集卷九五張公行狀無「則」字；「之」，晦庵集卷九五張公行狀作「令」。

③ 且聞頑元亮簒立　「頑元亮」，晦庵集卷九五張公行狀作「頑顔亮」。按，當即「完顔亮」之異寫。

④ 不復與聞朝廷幾事　「與」，晦庵集卷九五張公行狀作「預」。

⑤ 與虜通好　「與」上，晦庵集卷九五張公行狀有「嘗」字。

⑥ 公慮虜數年間勢決求釁用兵　「慮」，晦庵集卷九五張公行狀作「念」。

⑦ 而吾方溺於宴安　晦庵集卷九五張公行狀無「而」字。

⑧ 蕩然莫爲之備　「莫爲之」，晦庵集卷九五張公行狀作「無」。

在苦塊①，經歷險阻，死亡無日，不得爲上終言之，乃復奏曰：「臣聞天地之大德曰生，而天地生物之功本於秋冬。蓋非嚴凝之於秋冬，則無以敷榮之於春夏。然則秋冬之嚴凝，生物之基也②。若夫一時之和，亦聖賢生利天下之權爾③。商湯事葛矣，而終滅葛；周太王避狄矣，而未幾謀以卻狄④；文王事昆夷矣，而卒伐之⑤；勾踐事吴矣⑥，坐薪嘗膽，竟以破吴。漢高祖與項羽和，羽歸太公、吕后，割洪溝以西爲漢⑦，東爲楚。良、平以『楚兵罷食盡⑧，釋而弗擊，是養虎而自遺患⑨』，漢王從之，卒成大業。唐太宗初定天下，有渭上之盟，未幾李靖之徒深入沙漠之地，犂其庭，係其酋，海内始安⑩。兹非以和爲權而得之哉⑪？若夫石晉則不然⑫，桑維翰始終主和⑬，其言曰『願訓農習戰，養兵息民，俟國無内憂，民有餘力，觀釁而動，動無不成』，若有深謀者。考其君臣所爲，名

① 顧在苦塊　「顧」下，晦庵集卷九五張公行狀有「伏」字。
② 生物之基也　「生」上，晦庵集卷九五張公行狀有「乃」字。
③ 亦聖賢生利天下之權爾　「亦」上，晦庵集卷九五張公行狀有「則」字；「爾」，晦庵集卷九五張公行狀「矣」。
④ 而未幾謀以卻狄　「而」，晦庵集卷九五張公行狀作「築室于岐」。
⑤ 而卒伐之　晦庵集卷九五張公行狀無「而」字。
⑥ 勾踐事吴矣　「勾踐」上，晦庵集卷九五張公行狀有「越」字。
⑦ 割洪溝以西爲漢　「洪溝」，晦庵集卷九五張公行狀作「鴻溝」。
⑧ 良平以楚兵罷食盡　「以」，晦庵集卷九五張公行狀作「進言今」。
⑨ 是養虎而自遺患　晦庵集卷九五張公行狀無「而」字，「患」下有「也」字。
⑩ 海内始安　「安」下，晦庵集卷九五張公行狀有「焉」字。
⑪ 兹非以和爲權而得之哉　「兹」下，晦庵集卷九五張公行狀有「豈」字。
⑫ 若夫石晉則不然　「石晉」下，晦庵集卷九五張公行狀有「之有天下」四字。
⑬ 桑維翰始終主和　「主」，晦庵集卷九五張公行狀作「於」。

實不孚①，專務姑息，賞罰失章，施設謬戾，權移於下，政私於上，無名之獻，莫知紀極。維翰所陳，殆爲空言，姑欲信其當時必和之説②，以偷安竊位而已。契丹窺見其心，謂晉無人，頻來凌侮③，日甚一日。後嗣不勝其忿，始用景延廣之議，僥倖以戰，不知其荒淫、怠傲、失德非一日④，天下之心已離，勢已去，財已匱⑤。延廣不學，不知行聖賢之權，亟思所以復其心、立其勢、强其國，急於兵戰之争⑥，事窮勢極，數萬之師，無一夫爲之發矢北向者，至今爲天下嗤笑。臣願陛下鑒石晉之敗，而法商湯、周太王文王之心，用越勾踐之謀，考漢、唐四君之事，以保圖社稷。深思大計，復人心，張國勢，立政事，以觀機會。未絶其和，而遣一介之使，與之分别曲直逆順之理，事必有成。臣不孝之身，親養已絶，含忍一死⑦，其亡無日，徒能爲陛下言之而已。」上付三省⑧，宰執沈該、万俟禼、湯思退等見之大恐⑨，以爲虜初未有釁，歲時通問，不啻如膠漆⑩，而公所奏迺若禍在年歲間者⑪，

① 名實不孚　「孚」下，晦庵集卷九五張公行狀有「于上下，朝廷之上」七字。
② 姑欲信其當時必和之説　「姑」原作「始」，據晦庵集卷九五張公行狀改。
③ 頻來凌侮　「頻來」，晦庵集卷九五張公行狀作「須求」。
④ 不知其荒淫怠傲失德非一日　「不知」上，晦庵集卷九五張公行狀有「而」字。
⑤ 勢已去財已匱　晦庵集卷九五張公行狀作「天下之勢已去，天下之財已匱」。
⑥ 急於兵戰之争　「急」原作「争」，據庫本及晦庵集卷九五張公行狀改。
⑦ 含忍一死　晦庵集卷九五張公行狀作「含毒忍死」。
⑧ 上付三省　「付」下，晦庵集卷九五張公行狀有「前奏」二字。
⑨ 宰執沈該萬俟禼湯思退等見之大恐　「恐」，晦庵集卷九五張公行狀作「怒」。
⑩ 不啻如膠漆　「啻」，晦庵集卷九五張公行狀作「翅」。按，下文同。
⑪ 而公所奏迺若禍在年歲間者　晦庵集卷九五張公行狀無「間」字。

或笑以爲狂。臺諫湯鵬舉、凌哲聞之，章疏交上，謂公方歸蜀，恐摇動遠方。有旨復令永州居住，候服闋日取旨[七一]。

太夫人既葬十日而謫命至，且有朝旨，促迫甚急。公即日就道。服闋，有旨落職①，以本官奉祠。自庚辰秋冬，朝廷頗聞虜有異志[七二]，公卿大夫士下至軍民無不內懷岌岌，日願公還相位，表疏不絶。三十一年春，有旨令公湖南路任便居住[七三]。未幾而亮兵大入，中外震動。十月，復公觀文殿大學士，判潭州。時虜騎跳梁兩淮，王權兵潰，劉錡引歸鎮江，兩淮之人奔迸南來，沿江百姓荷檐而立。遂改命公判建康府兼行宫留守[七四]，金書疾置②，敦促甚遽。長沙在遠，傳聞不一，人人危懼。公被命明日即首塗。過池陽，聞亮被殺，然餘衆猶二萬屯和州。李顯忠兵在沙上，公渡江往勞，以建康激賞犒之。一軍見公，以爲從天而下，驩呼增氣。虜諜報惴恐，一二日遁去。顯忠乘士氣鋭追之，多所俘獲[七五]。

公至建康，奏乞車駕早來臨幸。聞已進發，乃督官屬治具，不半月而辦。風采隱然，軍民恃以安。上至建康，公迎見道左。衛士見公，至以手加額，無不喜公復用，而悲公久處瘴癘，形容之瘠也。車駕入行宫，首引公見，問勞再四。公頓首謝上更生肉骨之賜，且曰：「秦檜盛時③，非陛下力賜保全，無此身矣。」上爲之慘然曰④：「檜爲人既忌且妬⑤。」後六日，再引對。秦檜二十年間所以譖公者無所不至，有臣子所不忍聞者。

---

① 有旨落職　「有」，晦庵集卷九五張公行狀作「得」。

② 金書疾置　「置」原作「上」，據晦庵集卷九五張公行狀改。

③ 秦檜盛時　「秦檜」上，晦庵集卷九五張公行狀有「方」字。

④ 上爲之慘然曰　「上」下，晦庵集卷九五張公行狀有「亦」字。

⑤ 檜爲人既忌且妬　「檜」下，晦庵集卷九五張公行狀有「之」字。

獨賴上主張，不至死地。至是，上見公詞和氣平①，無淹滯之歎，而温乎忠愛之誠，爲之感動，對輔臣嘉美再三。

車駕既還，或有勸公求去者。公念舊臣他無在者，而國家多虞之際，人心尤以己之去就爲安危，不忍捨而遠去。日治府事，細大必親。虜騎雖去②，人情未安，朝廷賴公屹然增重。時虜以十萬衆圍海州甚急③，鎮江都統張子蓋提兵在淮上④，欲前救，聞當受公節制⑤，士氣十倍。而公受命之日，亦即爲書抵子蓋，勉以功名，令出騎乘虜弊。子蓋率兵力戰，大破虜衆，得脱歸者無幾〔七六〕。公謂去歲淮上諸軍奏功例不以實，有功者擯不録，而庖人厮役悉沾濫賞，輕名器，耗財用，亂紀綱，使軍士不復知所勸激，奏「今海州上功，當有深革其弊⑥，使可爲後法」。於是令諸大將戰勝，則命統制官下至旗頭押擁隊公共保明，限三日申。稍有謬僞⑦，重寘典憲。公德威素著⑧，將士望風畏愛。至是復總兵權，當軍政二十年廢弛之後，問疾痛，卹勞苦，撫孤遺，禁尅剥⑨，勉將士，俾知

---

① 上見公詞和氣平　「詞」，晦庵集卷九五張公行狀作「辭」。

② 虜騎雖去　「虜」上，晦庵集卷九五張公行狀有「時」字。

③ 時虜以十萬衆圍海州甚急　「十萬」，要録卷一九九紹興三十二年五月辛亥條稱「數萬」。

④ 鎮江都統張子蓋提兵在淮上　「都統」，晦庵集卷九五張公行狀作「都統制」。

⑤ 聞當受公節制　「聞」字原脱，據晦庵集卷九五張公行狀補。

⑥ 奏今海州上功當有深革其弊　「今」原作「令」，據鐵琴銅劍樓本、庫本及晦庵集卷九五張公行狀改。「有」下，晦庵集卷九五張公行狀有「以」字。

⑦ 稍有謬僞　「謬」，晦庵集卷九五張公行狀作「繆」。

⑧ 公德威素著　「素」，晦庵集卷九五張公行狀作「表」。

⑨ 禁尅剥　「尅」，晦庵集卷九五張公行狀作「刻」。

忠順。於是人人勉厲①，慨然有趨事赴功之志。

公奏②：「軍籍日益凋寡，補集將士③，必資西北之人，能忍戰苦④，方爲可仗。臣體訪得東北今歲蝗蟲大作，米價踴貴，中原之人極艱於食。欲乞朝廷多撥米粮或錢物，付臣措置，招來吾人。人心既歸，虜勢自屈。」公又以淮楚之人自古可用，乘其困擾之後，當收以爲兵。又奏曰：「兩淮之人素稱强力，而淮北義兵尤爲忠勁，困於虜毒亦已甚矣，讎虜欲報之心，蓋未嘗一日忘也。特部分未嚴，器械不備⑤，雖有赤心，不能成事。自强虜恣爲殘虐，十室九空，皇皇夾淮，各無所歸。臣恐一旦姦夫鼓率，千百爲群，别致生事。謂可因其嫉憤無聊之心而招集之，欲置御前萬弩營，募民强壯年十八已上、四十五已下堪充弩手之人，並不刺臂面，以『御弩効用』爲名⑥，各給文帖，書寫鄉貫、居住之處及顔貌、年甲、姓名，令五人結一保，兩保爲一甲，十甲爲一隊，遞相委保，有功同賞，有罪同罰，於建康府置營寨安泊。」詔皆從公請。公即下令曰：「兩淮比年累被荼毒，父子兄弟夫婦殺傷虜掠，不能相保。今議爲必守之計，復耻雪怨，人心所同。有願充者，宜相率應募。至於淮北，久被塗炭，素懷忠義，欲報國恩，亦當來歸，共建勳業。」於是兩淮之人欣然願就，率皆强勇可用。公親訓撫之，又奏差陳敏爲統制。敏起微賤，聲迹未振，公擢於困廢中，感激盡力圖報，未幾成軍[七七]。方召募之初，浮言鼓動，欲敗成績。數月

① 於是人人勉厲　「厲」，晦庵集卷九五張公行狀作「勵」。
② 公奏　晦庵集卷九五張公行狀作「公念」。
③ 補集將士　「補」上，晦庵集卷九五張公行狀有「又況」二字。
④ 能忍戰苦　晦庵集卷九五張公行狀作「能戰忍苦」。
⑤ 器械不備　「械」，晦庵集卷九五張公行狀作「甲」。
⑥ 以御弩効用爲名　「御弩」，晦庵集卷九五張公行狀作「御前彊弩」。

間，來應者不絕，衆論始定。公謂虜長於騎，我長於步，制騎莫如弩①，衛弩莫如車，乃令專制弩治車②。又謂：「三國以後，自北窺南③，未有不由清河、渦口兩道，以舟運糧。蓋淮北廣衍，粮舟不出於淮，則懼清野無所得，有坐困之勢。於是東屯盱眙、楚、泗，以扼渦、潁④，大兵進臨，聲勢連接，人心畢歸，精兵可集。」即奏言之。又乞多募福建海船，由海窺東萊，由清泗窺淮陽⑤。有旨下福建選募。

今上即位⑥，公首奏建康行宮當罷工役華采之事，據今所營，以備臨幸⑦。有詔從之。上自藩邸熟聞公德望，臨朝之初，顧問大臣，咨嗟太息⑧。召公赴行在⑨，賜公手書曰：「朕初膺付託，以眇然一身，當萬幾之煩⑩，夙夜祇懼，未知攸濟。公爲元老，被上皇禮遇之久⑪，群臣莫及。宜有嘉謀至計，輔朕初政。方今邊陲未靖⑫，備

---

① 制騎莫如弩　「騎」，晦庵集卷九五張公行狀作「步」，誤。

② 乃令專制弩治車　「令」下，晦庵集卷九五張公行狀有「敏」字。

③ 自北窺南　「窺」原作「歸」，據晦庵集卷九五張公行狀改。

④ 於是東屯盱眙楚泗以扼渦潁　晦庵集卷九五張公行狀作「於是東屯盱眙、楚、泗，以振清河；西屯濠、壽，以扼渦、潁」。按，楊萬里集卷一一五張魏公傳同。

⑤ 由海窺東萊由清泗窺淮陽　晦庵集卷九五張公行狀作「由東海以窺登、萊，由清河窺淮陽」。按，楊萬里集卷一一五張魏公傳同。

⑥ 今上即位　「今」上，晦庵集卷九五張公行狀有「會」字。

⑦ 以備臨幸　「以」，晦庵集卷九五張公行狀作「足」，於義爲長。

⑧ 咨嗟太息　「太」，晦庵集卷九五張公行狀作「歎」。

⑨ 召公赴行在　「召」上，晦庵集卷九五張公行狀有「首」字。

⑩ 當萬幾之煩　「煩」，晦庵集卷九五張公行狀作「繁」。

⑪ 被上皇禮遇之久　「被上皇」，晦庵集卷九五張公行狀作「被遇太上皇帝」。

⑫ 方今邊陲未靖　「陲」，晦庵集卷九五張公行狀作「疆」。

禦之道，實難遥度。思一見公，面議其當，使了然如在目中。繄公是望，公其疾驅，副朕至意。」公奏曰：「臣敢不以前日恪事上皇之心事陛下①，惟一其志，有殞無二②。」遂就道。未至國門，敦促再四，即引見③。上見公，改容體貌曰：「久聞公名，今朝廷所恃惟公。」命内侍賜公坐，降問再四。公奏：「人主以務學爲先。人主之學，本於一心，一心合天，何事不濟？所謂天者，天下之公理而已。人主惟嗜慾私溺有以亂之，失其公理。故必須兢兢業業，朝夕自持④，使清明在躬。惟是之從，則賞罰舉措，無有不當，人心自歸，醜虜自服。」上竦然曰：「當不忘相公之言。」公又奏：「今日便當如創業之初，宜每事以藝祖爲法，自一身一家始，以率天下。」公見上天錫英武，每言及兩朝北狩、八陵廢隔，兆民塗炭，讎恥之大，感痛形於辭色⑤，因力陳和議之非，勸上堅志以圖事。制除公少傅、江淮東西路宣撫使，節制沿江軍馬⑥，進封魏國公[七八]。

公謂新政以人才爲急⑦，人才以剛正爲先，因疏當今小大之臣有經挫折而不撓、論事切直者凡十數人薦于上，且乞以閒暇時數引賢者自近⑧，賜以從容，庶幾啓沃之間有所廣益。復薦陳俊卿、汪應辰可爲宣撫判官，有旨差俊卿。又奏前國子司業王大寶可備勸講論思，上遂召大寶。翰林學士史浩建議，欲築瓜州、采石城，上下公

---

① 臣敢不以前日恪事上皇之心事陛下　「上皇」，晦庵集卷九五張公行狀作「太上皇帝」。

② 有殞無二　「殞」，晦庵集卷九五張公行狀作「隕」。

③ 即引見　「即」上，晦庵集卷九五張公行狀有「至」字。

④ 朝夕自持　「自」字原脱，據晦庵集卷九五張公行狀補。

⑤ 感痛形於辭色　「辭」，晦庵集卷九五張公行狀作「詞」。

⑥ 節制沿江軍馬　晦庵集卷九五張公行狀作「節制建康鎮江府、江池州、江陰軍屯駐軍馬」。

⑦ 公謂新政以人才爲急　「公」上，晦庵集卷九五張公行狀有「先是」二字。

⑧ 且乞以閒暇時數引賢者自近　「閒」原作「間」，據文海本、庫本及晦庵集卷九五張公行狀改。

議。公謂：「今臨淮要地俱未措置，高郵、巢縣家計亦復未立，而乃欲驅兵卒，但於江干建築城堡，豈不示虜削弱，失兩淮之心，墮將士之氣？或有緩急，誰肯守兩淮者？不若先城泗州①。」上以公言爲然。而浩已爲參政②，力主初議。其餘公所措置③，浩輒不以爲是。時公以張子蓋可任④，陳鎮淮上⑤，圖山東。而子蓋所陳，浩輒沮抑百端，至下堂劄詰責，又深遏海州之賞。公方招來山東之人，至者雲集，而浩不肯應副錢粮，且謂不當接納以自困。公奏乞上幸建康，而浩專欲爲懷安計。公治舟楫於東海，所圖甚遠，而浩輒散遣⑥。凡公所爲，動皆乖異，黨與唱和，實繁有徒。子蓋西人，負氣竟以成疾。公遣官勞問不絶，且乞上親諭⑦。上賜手書，拊存備至，而子蓋卒不起，山東前所結約者皆失望。浩遣其腹心司農寺丞史正志來建康，專欲沮招納事。公論奏曰：「竊惟國家自渡江已來⑧，兵勢單弱，賴陝西及東北之人不忘本家⑨，率衆歸附，以數萬計。臣爲御營參贊軍事⑩，目所親見，後之良將精兵⑪，往往皆當時歸正人也。三十餘年，扞禦力戰，國勢以安。今一旦遽欲絶之，事有大不可

① 不若先城泗州　「泗州」下，晦庵集卷九五張公行狀有「便」字。
② 而浩已爲參政　晦庵集卷九五張公行狀作「浩已爲參知政事」。
③ 其餘公所措置　「措」原作「指」，據晦庵集卷九五張公行狀改。
④ 時公以張子蓋可任　晦庵集卷九五張公行狀無「時」字。
⑤ 陳鎮淮上　「陳」，晦庵集卷九五張公行狀作「使」。
⑥ 而浩輒散遣　「輒」下，晦庵集卷九五張公行狀有「令」字。
⑦ 公遣官勞問不絶且乞上親諭　「官」、「諭」，晦庵集卷九五張公行狀作「官屬」、「喻之」。
⑧ 竊惟國家自渡江已來　「渡江」，晦庵集卷九五張公行狀作「南渡」。
⑨ 賴陝西及東北之人不忘本家　「家」，晦庵集卷九五張公行狀作「朝」。
⑩ 臣爲御營參贊軍事　晦庵集卷九五張公行狀無「軍事」二字。
⑪ 後之良將精兵　「之」下原衍「人」字，據晦庵集卷九五張公行狀刪。

者。此令一下，中原之人以吾有棄絶之意，必盡失其心。」上見之感悟，事得不罷。正志又受浩旨，聚兩路監司守臣往瓜洲相度築壘事。及見公，恃其口辯①，欲爲浩游説。公折以大義②，正志乃媿恐不敢言。將行，公復謂之曰：「歸致意史參政，秦檜主和，終致誤國。參政得君，毋蹈覆轍。」浩聞之竦然③。時浩已遣使使虜，報登寶位。公奏：「陛下初立，方欲圖回恢復，而遽聞遣使，懼天下解體。願毋遣。」浩竟遣之[七九]。然虜計已行，亦竟責舊禮，不納也。

十一月，有旨召宣撫判官陳俊卿及公子栻赴行在④。公附奏曰⑤：「今日之事，非大駕親臨建康，則決不能盡革宿弊，一新令圖，鼓軍民之氣，勤中原之心⑥。自太上時⑦，已爲此謀。蓋江南形勢實在於此，舍而不爲，未見其策。」又奏⑧：「近聞吴璘之兵在德順曾未幾月，與虜大戰，不可不爲之深思也。使此虜得志於西，則氣焰必熾，脅制蕃漢，聚兵邊陲，迫我臣屬，事固難處。今持久不決，有大利害存焉。儻坐視不問，貽憂異時，非計之得也。當令兩淮之師虎視淮壖⑨，用觀其變，而遣舟師自海道摇山東，及多遣忠義結約中原，疑惑此虜，使有左顧

① 恃其口辯　「辯」原作「办」，據庫本及晦庵集卷九五張公行狀改。
② 公折以大義　晦庵集卷九五張公行狀無「以」字。
③ 浩聞之竦然　「竦」，晦庵集卷九五張公行狀作「悚」。
④ 有旨召宣撫判官陳俊卿及公子栻赴行在　「栻」原作「拭」，據晦庵集卷九五張公行狀及宋史卷四二九張栻傳改。按，下文同改。
⑤ 公附奏曰　「附」下，晦庵集卷九五張公行狀有「俊卿等」三字。
⑥ 勤中原之心　「勤」，晦庵集卷九五張公行狀作「動」，似是。
⑦ 自太上時　「自」上，晦庵集卷九五張公行狀有「臣」字。
⑧ 又奏　晦庵集卷九五張公行狀作「公於九月中嘗具奏，以謂」。
⑨ 當令兩淮之師虎視淮壖　「令」原作「今」，據晦庵集卷九五張公行狀改。

右眄之慮。而德順之師知我有牽制之勢，將士亦當賈勇自奮①。」至是復令俊卿等力言之。時浩已發詔，命璘棄德順。蓋浩志專欲亟和以自爲功，謂德順既棄，則非徒璘無能爲，亦因撓公之謀矣。上見俊卿等②，問公動靜飲食顔貌，曰：「朕倚公如長城，不容浮言搖奪。」時上已有欲幸建康之意矣，而浩殊不以爲然。

時虜以十萬衆屯河南，多張聲勢，欲窺兩淮。公以大兵屯盱眙、濠、廬③，虜不敢動，但移牒三省、密院，及移書宣撫司，虛爲大言，欲索海、泗、唐、鄧、商州及歲幣等。公奏此皆詭詐，不當爲之動，卒以無事。

隆興元年正月九日④，制除公樞密使、都督江淮軍馬⑤，且命即日開府視事。始，公命諸將築泗州兩城，至是而畢，隱然爲邊塞重鎮。時虜將蒲察徒穆及僞知泗州大周仁以兵五千屯虹縣⑥，都統蕭琦以萬餘人屯靈壁，積粮修城⑦，遣間不絶。公謂至秋必爲邊患，當及時掃蕩，若破兩城，則淮泗可奠枕也。且蕭琦素有歸我之意，累遣親信至宣撫司。會主管殿前司李顯忠、建康都統制邵宏淵亦獻擣二邑之策，公具以奏上，上手書報可。三月，召公赴行在。既至，復申前説[八〇]。乃命李顯忠出濠州趨靈壁，邵宏淵出泗州趨虹縣，而令參議

---

① 將士亦當賈勇自奮　「亦當」，晦庵集卷九五張公行狀作「當亦」。

② 上見俊卿等　「等」下原衍「曰」字，據晦庵集卷九五張公行狀删。

③ 公以大兵屯盱眙濠廬　「盱眙」，晦庵集卷九五張公行狀作「盱泗」，要録卷二〇〇紹興三十二年末條作「盱眙泗」，則此處「眙」似爲「泗」字之譌。

④ 隆興元年正月九日　「隆」原作「降」，據文海本、庫本、晦庵集卷九五張公行狀及宋史卷三三孝宗紀改。

⑤ 都督江淮軍馬　晦庵集卷九五張公行狀作「都督建康鎮江府、江池州、江陰軍屯駐軍馬」。按，宋史張浚傳略同。

⑥ 時虜將蒲察徒穆及僞知泗州大周仁以兵五千屯虹縣　「虜將蒲察徒穆」，晦庵集卷九五張公行狀作「虜將萬户蒲察徒穆」；「僞」原作「爲」，據晦庵集卷九五張公行狀改。

⑦ 積粮修城　「積」原作「秋」，據庫本及晦庵集卷九五張公行狀改。

馮方隨往犒勞。公亦自往臨之。公渡江，聞李顯忠至靈壁，而蕭琦中悔，以衆來拒。顯忠大破之，琦所將萬人降殺殆盡①〔八二〕。邵宏淵亦進圍虹縣，顯忠會之，徒穆、周仁窮蹙，率其衆降，亦以萬數。公又遣戚方將舟師趨淮陽，慮顯忠輕敵深進，則親率官屬前駐盱眙，幾便近得以指呼。顯忠追蕭琦至宿州近城，琦與家屬及千户頭項等百餘人降②，遂直抵城下。虜僞元帥者遣二萬餘人來戰，大破之。進攻城，將士蟻附而上，遂克之。中原震動，歸附日至③。上手書曰：「近日邊報，中外鼓舞，十年來無此克捷④。」公恐盛夏人疲⑤，急召顯忠等還⑥，而上亦戒諸將以持重，皆未達。僞副元帥紇石列志寧率大兵至⑦，顯忠等恃勝不復入城⑧，但於城外列陣以待，士卒頗已疲矣⑨。僞帥令於陣前打話，謂：「爾若破我，當盡歸河南之地。」既戰，虜兵卻。明日復戰⑩，我師小不利，統制官有遁歸者，

① 琦所將萬人降殺殆盡　「萬人」，晦庵集卷九五張公行狀作「萬五千人」。

② 琦與家屬及千户頭項等百餘人降　「頭項」，晦庵集卷九五張公行狀作「頭領」。

③ 歸附日至　「至」原作「王」，據文海本、庫本及晦庵集卷九五張公行狀改。

④ 十年來無此克捷　「十年」，晦庵集卷九五張公行狀、楊萬里集卷一一五張魏公傳作「數十年」。而齊東野語卷二張魏公三戰本末略符離之師、宋史張浚傳亦稱「十年」。

⑤ 公恐盛夏人疲　「恐」，晦庵集卷九五張公行狀作「以」。

⑥ 急召顯忠等還　「還」原作「遠」，據文海本、庫本改。按，「還」，晦庵集卷九五張公行狀作「還師」。

⑦ 僞副元帥紇石列志寧率大兵至　「石」原作「不」，據文海本、晦庵集卷九五張公行狀、齊東野語卷二張魏公三戰本末略符離之師、楊萬里集卷一一五張魏公傳及下文改。

⑧ 顯忠等恃勝不復入城　「恃」原作「居住」，據文海本、庫本及晦庵集卷九五張公行狀改。

⑨ 士卒頗已疲矣　晦庵集卷九五張公行狀無「已」字。

⑩ 虜兵卻明日復戰　晦庵集卷九五張公行狀作「虜兵引卻，明日復來戰」。

軍心頗揺。顯忠等率兵入城①，虜衆進攻②，復殺傷而退。居數日，得諜者報虜大兵將至，顯忠等信之，夜引歸[八二]，虜亦不能追也。時虜名酋猛將降執系道③，精甲利兵破亡不啻三倍[八三]，是後不復能爲靈壁、虹縣之屯矣。

初，將退師④，公在盱眙，去宿不四百里⑤，浮言洶動，傳虜且至。官屬中有懷檄以歸者，亦有請公亟南轅者。公不答⑥，遂北渡淮，入泗州城。軍士歸者勞而撫之⑦，視瘡痍，拯疾病，録死事⑧，旌有功，人情皆悦⑨。凡數日，上下始知虜初無一騎過宿者，人心始定。時公獨與子栻留盱眙數月⑩，俾將士悉歸憩而後還維揚，具奏待罪。上手書拊勞⑪，公復奏曰：「今日之事，明罰爲本。而罰之所行，當自臣始。」上手書報曰：「卿屢待罪，欲罰自卿。此言至公⑫，豈不感格？朕委任卿，未嘗少變，卿不可以此介懷⑬。正賴卿經

---

① 顯忠等率兵入城　「城」原作「病」，據晦庵集卷九五張公行狀改。
② 虜衆進攻　「攻」下，晦庵集卷九五張公行狀有「城」字。
③ 時虜名酋猛將降執系道　「猛」，晦庵集卷九五張公行狀作「勇」。
④ 初將退師　「初將」，晦庵集卷九五張公行狀作「方初」。
⑤ 去宿不四百里　「四」原作「曰」，據庫本及晦庵集卷九五張公行狀改。
⑥ 亦有請公亟南轅者公不答　「亦」字、「不」字原闕，據庫本及晦庵集卷九五張公行狀補。
⑦ 軍士歸者勞而撫之　「勞而撫之」原作「必而推之」，據庫本及晦庵集卷九五張公行狀改。
⑧ 録死事　「録」上，晦庵集卷九五張公行狀有「存」字。
⑨ 人情皆悦　「皆」，晦庵集卷九五張公行狀作「胥」。
⑩ 時公獨與子栻留盱眙數月　「數」，晦庵集卷九五張公行狀作「幾」。
⑪ 上手書拊勞　「拊」，晦庵集卷九五張公行狀作「撫」。
⑫ 欲罰自卿此言至公　晦庵集卷九五張公行狀作「欲罰自卿始，卿此言至公」。
⑬ 卿不可以此介懷　「懷」，晦庵集卷九五張公行狀作「意」。

畫，他人豈能副朕①？」有旨降特進，爲江淮宣撫使②。宿師之還，士大夫素主和議者乘間抵巇③，非議百出。上又賜手書曰：「今日邊事，倚卿爲重④，卿不可以畏人言而懷猶豫。前日舉事之初，朕與卿獨任此事，今日亦須朕與卿終任此事，切不可先啓和之言⑤〔八四〕。」又荐遣內侍勞公。於是公又第都統制、統制官以下，乞以次行罰。

公留真揚，大飭兩淮守備⑥，命魏勝守海州，陳敏守泗州，戚方守濠州，郭振守六合，治高郵、巢縣兩城爲大兵家計，修滁州關山以扼虜衝，聚水軍淮陰，馬軍壽春、廬州。大抵虜人來攻泗州，則粮道回遠，城中兵二萬餘足以守，乘其弊足以勝。如其出奇自淮西來，則清野堅壁，使無所掠。既不得進，合兵攻之，可大破也。然是時師退未幾，人不自保，公命栻往建康挈家屬來維揚，衆大安⑦。

上復召栻奏事，公附奏曰：「自古大有爲之君，必有心腹之臣相與叶謀同志⑧，以成治功，不容秋毫之間，然後上下響應影從，事克有濟。臣以孤蹤⑨，跋前疐後，動輒掣肘，陛下將安所用之？願深惟有司精選天下巖穴之賢⑩，

---

① 他人豈能副朕　「朕」，晦庵集卷九五張公行狀作「卿」。
② 有旨降特進爲江淮宣撫使　「降」、「爲」，晦庵集卷九五張公行狀作「降授」、「更爲」。
③ 士大夫素主和議者乘間抵巇　「間」，晦庵集卷九五張公行狀作「時」。
④ 倚卿爲重　「倚」上，晦庵集卷九五張公行狀有「尤」字。
⑤ 切不可先啓和之言　「和」，晦庵集卷九五張公行狀作「欲和」，似是。
⑥ 大飭兩淮守備　「飭」原作「敕」，據晦庵集卷九五張公行狀改。
⑦ 衆大安　「衆」下，晦庵集卷九五張公行狀有「情」字。
⑧ 必有心腹之臣相與叶謀同志　「叶」，晦庵集卷九五張公行狀作「協」。
⑨ 臣以孤蹤　「臣」上，晦庵集卷九五張公行狀有「而」字。
⑩ 願深惟有司精選天下巖穴之賢　「有司」，晦庵集卷九五張公行狀及歷代名臣奏議卷一四二用人引張浚疏作「國計」。

付以中外大柄。臣老且病，望陛下矜憐，賜以骸骨，使之待罪山林，毋令出處狼狽，取笑天下後世。」上覽奏，謂栻曰：「雖乞去之章日至，朕決不許。朕待魏公有加，終不爲浮議所惑。」公聞之，不敢復有請。時上對近臣未嘗名公，獨曰魏公，每遣使來，必令視公飲食多寡、肥瘠何如，其眷禮如此。八月，有旨復公都督之號。

虜都元帥僕散忠義與紇石列志寧並貽書三省、密院，欲索四郡及歲幣等①。時湯思退爲右相②，思退本檜死黨，尤急於求和，遂遣盧仲賢、李栻持書報虜③，並借職事官以往。公又奏：「仲賢小人多妄，不可委信。」上因其辭，戒勿許四郡，而宰執則令仲賢等許之無傷。栻至境，託故不行，獨仲賢往。僕散忠義懼之以威，仲賢遂鼠伏拱手④，稱歸當稟命許四郡⑤，願持書復來。仲賢見公⑥，謬稱虜有數十萬之衆近邊，若不速許四郡，今冬必入寇。公知仲賢爲虜所脅，即謂之曰：「某在此，邊已飭備⑦，借使虜來，當力破之。況探報日至，虜之屯河南者不萬⑧，計議得無爲虜游說耶？」時栻復被旨令入奏⑨。公命栻奏仲賢辱國無狀，上怒，下仲賢大理寺。思退皇懼⑩，百端

① 虜都元帥僕散忠義與紇石列志寧並貽書三省密院欲索四郡及歲幣等　晦庵集卷九五張公行狀無「紇石列」、「欲」四字。
② 時湯思退爲右相　「湯」原作「惕」，據鐵琴銅劍樓本、庫本及晦庵集卷九五張公行狀改。
③ 遂遣盧仲賢李栻持書報虜　「栻」原作「拭」，據庫本、晦庵集卷九五張公行狀及宋史卷三八七陳良翰傳改。按，下文同改。
④ 仲賢遂鼠伏拱手　「遂」原作「逐」，據文海本、庫本及晦庵集卷九五張公行狀改。
⑤ 稱歸當稟命許四郡　「稱」上，晦庵集卷九五張公行狀有「狀」字。
⑥ 仲賢見公　「公」字原闕，據文海本及晦庵集卷九五張公行狀補。
⑦ 邊已飭備　「飭」原作「敕」，晦庵集卷九五張公行狀作「邊備已飭」，據改。
⑧ 虜之屯河南者不萬　「不萬」，晦庵集卷九五張公行狀作「不過十萬」。
⑨ 時栻復被旨令入奏　晦庵集卷九五張公行狀無「時」字。
⑩ 思退皇懼　「思退」下，晦庵集卷九五張公行狀有「等」字。

救之，至與左相陳康伯叩頭殿上乞去①。上不悦，猶鐫仲賢官。思退及其黨懼，益大倡和議②，建議王之望、龍大淵爲通問使副[八五]。公在遠，争不能得，即奏③：「臣年老多病，所論與朝廷略不相合，豈可蒙恥更造班列，以重敗其素節？且陛下廟堂之上，豈容狂妄不合之臣濫厠其間？臣雖至愚，亦誠不忍與今日力主和議之臣並列於朝④，伏乞早降指揮。」上賜手書曰：「卿忠誠爲國，天下共知。和議事專俟卿到⑤，面盡曲折。卿宜速來。」繼遣内侍甘澤賜公手書。公以上意厚甚，不敢固辭，復上奏曰：「臣竊聞道路之言，謂今茲議和非陛下本心，事有不得已者。詢之士大夫，多以爲然。惟臣昔嘗力陳和之不可，爲秦檜所擠，瀕死者屢。賴上皇保全覆護，以有餘生⑥。今日之議，臣以國事至大，不敢愛身，力爲陛下敷陳，不識陛下終能主張之否？」既至入見，上首諭公以欲專委之意⑦。公復力陳和議之失，上爲止誓書，留使人，而令通書官胡昉、楊由義先往諭虜帥以四郡不可割之意。於是之望、大淵待命境上。而上與公密謀，若虜帥必欲得四郡，當遂追還使人，罷和議事。

十二月二十二日，制拜公尚書右僕射⑧[八六]，都督如故，而思退亦轉左僕射。上諭當直學士錢周材以注意在

① 至與左相陳康伯叩頭殿上乞去　「陳康伯」下，晦庵集卷九五張公行狀有「等」字。
② 益大倡和議　「倡」，晦庵集卷九五張公行狀作「唱」。
③ 即奏　晦庵集卷九五張公行狀作「上奏曰」。
④ 亦誠不忍與今日力主和議之臣並列於朝　「列」，晦庵集卷九五張公行狀作「立」。
⑤ 和議事專俟卿到　「俟」，晦庵集卷九五張公行狀作「竢」。
⑥ 以有餘生　「以」，晦庵集卷九五張公行狀作「獲」。
⑦ 上首諭公以欲專委之意　「委」，晦庵集卷九五張公行狀作「委任」。
⑧ 十二月二十二日制拜公尚書右僕射　「二十二日」，建炎以來朝野雜記甲集卷二〇癸未甲申和戰本末、宋宰輔編年録卷一七隆興元年、宋史卷二一三宰輔表四皆云二十一日丁丑。又，「右僕射」下，晦庵集卷九五張公行狀有「同中書門下平章事兼樞密使」十二字。

公①，故思退雖爲左僕射②，而公恩遇獨隆。每奏事，上輒留公與語，又時召栻入對，賜公御書聖主得賢臣頌。思退等素忌公，至是益甚。公既入輔，首奏當旁招仁賢，共濟國事。上令公條具③，公奏虞允文、陳俊卿、汪應辰、王十朋、張闡可備執政，劉珙、王大寶、杜莘老宜即召還，胡銓可備風憲，張孝祥可付事任，馮時行、任蓋言④、馮方皆可備近臣，朝士中林栗、王秬⑤、莫冲、張宋卿議論據正，可任臺諫，皆一時選也。

公自太上時，即建議當駐蹕建康，以圖恢復。上初即位，公入對，又首言之。及撫師江淮⑥，每申前説，至是復力言於上。通書官胡昉等至宿州，僕散忠義以不許四郡之故，械繫迫脅。昉等不屈，忠義計窮，更禮而歸之。上聞之，亟召栻語之故，令諭公曰：「和議之不成，天也，事當歸一矣⑦。」始議以四月進幸建康。公又奏當詔之望等還，上批出曰：「王之望、龍大淵并一行禮物並回。」思退等大駭，更約翌日面奏。及至漏舍⑧，思退等競執前説。公折以正論，輒屈。是日三月朔旦，上當詣德壽宮，未登輦，召宰執議事。思退及參知政事周葵、同知樞密院洪遵叩頭力争，上怒，聲色頗厲。及自德壽宮回，復批出曰：「追回之望等劄子宜速進入。」適詣德壽宮，太上皇帝

① 上諭當直學士錢周材以注意在公　「錢周材」，晦庵集卷九五張公行狀作「錢周才」。按，錢周材，景定建康志卷四九耆舊傳有傳。
② 故思退雖爲左僕射　「左僕射」，晦庵集卷九五張公行狀作「左相」。
③ 上令公條具　晦庵集卷九五張公行狀無「公」字。
④ 任蓋言　宋宰輔編年録卷十七同；晦庵文集卷九五張公行狀及要録諸卷皆作「任盡言」。
⑤ 王秬　原作「王拒」，據晦庵集卷九五張公行狀及宋宰輔宋宰輔編年録卷一七、建炎以來朝野雜記甲集卷八張魏公薦士改。
⑥ 及撫師江淮　「撫」，晦庵集卷九五張公行狀作「總」。
⑦ 事當歸一矣　「矣」，晦庵集卷九五張公行狀作「也」。
⑧ 及至漏舍　「及」原作「又」，據晦庵集卷九五張公行狀改。

亦深怒此寇無禮①。卿等不可專主和議，恐取議於天下。」思退等懼，遂以劄子進入，發金字遞行。公奏胡昉等能不爲敵屈②，當加賞；而向者盧仲賢擅以國家境土許寇與讎，宜有重罰。有旨仲賢除名勒停，編管郴州。又奏：「宜牓示諸軍，諭以僕散忠義械繫使人，加以無禮，使各奮忠義，勉勵待敵，趨赴功名。庶幾諸軍知曲在彼③，且知和議不成，激昂增氣。」上令都督以此旨降牓兩淮、荆襄、川陝，數日之間，號令一新，中外軍民皆仰上英斷。

居數日，俄有旨命公按視江淮〔八七〕。公受任江淮兩年有半，念國家多虞，醜敵未靖④，憂恐計度，寢不遑安，食不遑味，祁寒盛暑，勞撫將士，接納降人，講論軍務，未嘗少惓⑤。山東豪傑悉遣人來受節度，公曉之曰：「淮北、山東之人慕戀國恩，厭苦虐政，保據山險，抗拒賊兵，於今累年。首領冒難遠來，備述爾等忠勤，爲之惻痛。具奏皇帝，記録汝等百姓⑥。將來大兵進討，則犄角爲援⑦，晝驚夜劫，抄絶糧道。如是賊兵深入，便當連跨城邑，痛勦賊徒。勳績倘成，節鉞分茅，皆所不吝。但當觀時量力，無或輕重，反墮賊計。今本朝厲兵秣馬，以俟天時。汝等亦宜訓習，以待王師之至。」公又以蕭琦乃契丹四軍大王之孫，沉勇有謀，欲令琦盡統契丹降衆，且以檄喻契丹，大意謂：「本朝與契丹有兄弟之好，不幸姦臣誤兩國，皆被女直之禍⑧。今契丹不祀，皇帝無日不念此。爾能結約相

① 太上皇帝亦深怒此寇無禮　「寇」，晦庵集卷九五張公行狀作「虜」。
② 公奏胡昉等能不爲敵屈　「敵」，晦庵集卷九五張公行狀作「虜」。
③ 庶幾諸軍知曲在彼　「彼」，晦庵集卷九五張公行狀作「虜」。
④ 醜敵未靖　「敵」，晦庵集卷九五張公行狀作「虜」。
⑤ 未嘗少惓　「惓」，晦庵集卷九五張公行狀作「倦」。
⑥ 具奏皇帝記録汝等百姓　晦庵集卷九五張公行狀作「已具奏皇帝記録汝等姓名」，作「姓名」者當是。
⑦ 則犄角爲援　「犄」，晦庵集卷九五張公行狀作「掎」。
⑧ 皆被女直之禍　「女直」，晦庵集卷九五張公行狀作「女真」。

應，本朝當敦存亡繼絶之義。」金人益懼①，遂爲間書，鏤板摹印，散之境上，類後周所以間斛律明月之意。

督府參議官馮方立朝有直聲②[八八]，臨事不避難，遍行兩淮，築治城壘，最爲勞勩。思退等以其效力尤多，尤惡之，使檜論方不當築城費財，凡再章而方罷。又論公所費國用不貲。公奏計督府遣間探、給官吏等，二年半之費，實不及三十萬緡，其餘皆爲修城造舟、除器招軍用③。上出公奏，思退、檜議屈，於是始謀更造他事機撼公④。殿前後軍統制張深等有勞⑤，軍士安之。俄有旨放罷，而以趙密之子廓代之。公至淮東，訪問知狀，奏留深，而檜指公爲拒命跋扈⑥。思退等又相與之謀，上眷公厚，必未肯遽罷公，但先罷公都督⑦，則公自當引去。檜奏論如思退計，而公自聞馮方罷，上奏乞罷督府。詔從公請，而公亦封章力求還政矣。檜連疏抵公愈力。左司諫陳良翰奏：「如公忠勤，人望所屬，不當使去國。」上謂良翰：「本無此事，且當今人材孰有踰魏公者？卿宜徧諭侍從、臺諫，使知朕此意。」侍御史周操素同良翰議⑧，至是争論甚力。然是時公留平江虎丘，致政之章已八上矣⑨。

① 金人益懼　「金」，晦庵集卷九五張公行狀作「虜」。
② 督府參議官馮方立朝有直聲　「官」原作「宫」，據清鈔本、庫本、晦庵集卷九五張公行狀改。
③ 除器招軍用　「軍」下，晦庵集卷九五張公行狀有「等」字。
④ 於是始謀更造他事機撼公　晦庵集卷九五張公行狀無「機」字。
⑤ 殿前後軍統制張深等有勞　「等有勞」，晦庵集卷九五張公行狀作「守泗有勞」。
⑥ 而檜指公爲拒命跋扈　「公」下，晦庵集卷九五張公行狀有「此事」二字。
⑦ 但先罷公都督　晦庵集卷九五張公行狀無「公」字。
⑧ 侍御史周操素同良翰議　「良翰」原作「之翰」，據庫本、晦庵集卷九五張公行狀、宋史卷三八七陳良翰傳及上文改。
⑨ 致政之章已八上矣　「政」，晦庵集卷九五張公行狀作「仕」。

上察公懇誠，欲全其去[八九]。四月二十二日①，制除公少師、保信軍節度使、判福州。而思退等遂決棄地求和之議[九〇]。公力辭恩命，上不許，至五六，除醴泉觀使。

公以連年疲勞，比得退休，已覺衰薾。孟秋既望，公薦享祖考，既奠而跌。公起，歎曰：「吾大命不遠矣。」手書家事付兩子②，且定祭祀昏喪之禮，俾遵守，曰：「喪禮不必用浮屠氏。」且曰：「吾嘗相國家，不能恢復中原，盡雪祖宗之耻，不能歸葬先人墓右③。即死，葬我衡山足矣。」及仲秋二十日，猶爲饒守王十朋作不欺室銘。二十六日始寢疾④，二十八日疾病。晡時，命子栻等坐前⑤，問：「國家得無棄四郡乎？」且命作奏乞致仕。日暮，命婦女悉去，夜分而薨。訃聞，上震悼，輟視朝兩日。有旨贈太保。栻等不敢違公志，扶護還潭⑥。以是歲十一月辛亥，葬于衡山縣南岳之陰豐林鄉龍塘之原。公没五年，上追思公忠烈，慨然感動，詔有司加贈太師，賜謚。太常采公議，以「忠獻」來上，詔可之⑦[九一]。

公自幼即有濟時之志，未嘗觀無益之書，未嘗爲無益之文，孜孜然求士尚友，講議當世之故。聞四方利病休

① 四月二十二日　晦庵集卷九五張公行狀作「四月二十有二日」。
② 手書家事付兩子　「書」原作「兩」，據晦庵集卷九五張公行狀改。
③ 不能歸葬先人墓右　「能」，晦庵集卷九五張公行狀作「欲」；「先」原作「無」，據文海本、庫本及晦庵集卷九五張公行狀改；「右」，晦庵集卷九五張公行狀、楊萬里集卷一一五張魏公傳、宋史張浚傳作「左」。
④ 二十六日始寢疾　「二十六日」，晦庵集卷九五張公行狀、楊萬里集卷一一五張魏公傳作「二十二日」。
⑤ 晡時命子栻等坐前　「晡」上，晦庵集卷九五張公行狀有「日」字；「坐」下，晦庵集卷九五張公行狀有「于」字。
⑥ 扶護還潭　「潭」，晦庵集卷九五張公行狀作「潭州」。
⑦ 公没五年上追思公忠烈慨然感動詔有司加贈太師賜謚太常采公議以忠獻來上詔可之　晦庵集卷九五張公行狀無此三十六字。

戚，輒書之策①，至一介之賤，亦曲加詢訪。在京城中，親見二帝北狩，皇族系虜，生民塗炭，誓不與虜俱存。委質艱難之際，事有危疑，他人方畏避退縮，則挺然以身任之，不以死生動其心。南渡以來，士大夫往往唱爲和說，其賢者則不過爲保守江南之計。夷狄制命，率獸逼人，莫知其爲大變。公獨毅然以虜未滅爲己責，必欲正人心、雪讎耻，復土宇②，鎮遺黎，顛沛百罹，志踰金石。晚復際遇，主義益堅，雖天嗇其功，使公困於讒慝之口③，不得卒就其志，然而表著天心，扶持人紀，使天下之人曉然後知人類之所以異於禽獸，中國之所以異於夷狄者④，而得其秉彝之正，有君臣父子之道⑤，則其功烈之盛，亦豈勝言哉⑥！

公之學一本天理，尤深於易、春秋、論、孟。嘗論易疏曰⑦：「易有太極，是生兩儀。太極一也，兩儀二之也。分爲二，而七、八、九、六之數成，五行之象於是大著。」又曰：「天數二十有五，地數三十，凡天地之數五十有五⑧，此天地之中數也。何以知其然？蓋一、三、五、七、九合爲天數，而天數不過五；二、四、六、八、十合爲地

---

① 輒書之策　「策」，晦庵集卷九五張公行狀作「册」。

② 復土宇　「土」，晦庵集卷九五張公行狀作「守」。

③ 使公困於讒慝之口　「口」原作「日」，據文海本及晦庵集卷九五張公行狀改。

④ 使天下之人曉然後知人類之所以異於禽獸中國之所以異於夷狄者　「後」，文海本及晦庵集卷九五張公行狀作「復」。按本句，晦庵集卷九五張公行狀作「使天下之人曉然復知中國之所以異於夷狄，人類之所以異於禽獸者」。

⑤ 有君臣父子之道　晦庵集卷九五張公行狀無此七字。

⑥ 亦豈勝言哉　「豈」下，晦庵集卷九五張公行狀有「可」字。

⑦ 嘗論易疏曰　「疏」，晦庵集卷九五張公行狀作「數」。

⑧ 而七八九六之數成五行之象於是大著又曰天數二十有五地數三十凡天地之數五十有五　晦庵集卷九五張公行狀無「成五行之象於是大著又曰天數二十有五地數三十凡天地之數」二十六字。按，宋中興紀事本末卷六八引張浚言、四朝名臣言行別録卷三張浚魏國忠獻公所引有此二十六字。

數，而地數不過五。天地奇耦，合之爲十，總之爲五十有五。自然之數，皆不離中①，中故變，變故其道不窮。聖人神而明之，用數之中，故消息盈虛之妙、闔闢變化之幾，皆在於我，而動静莫違焉，中其至矣。」每訓諸子及門人②：「學以禮爲本，禮以教爲先③。」

公初娶楊國夫人樂氏，再娶蜀國夫人宇文氏，先公五年薨，葬衡山，與公同兆異穴。子男二人④：長栻，右承務郎、直秘閣；次杓⑤，右承奉郎。

公有紹興奏議、隆興奏議各十卷⑥，論語解四卷，易解并雜記共十卷⑦，春秋解六卷，中庸解一卷，詩禮解三卷⑧，文集十卷。

惟公忠貫日月⑨，孝通神明，盛德鄰於生稟，奧學妙於心通。勳存王室，澤在生民，威震四夷，名垂永世。平生言行，非編録可盡⑩。謹掇其大略，以備獻于君父，下之史官，傳之無窮，且將以求立言之君子述焉⑪。

---

① 皆不離中　「離」下，晦庵集卷九五張公行狀有「乎」字。

② 每訓諸子及門人　「人」下，晦庵集卷九五張公行狀有「曰」字。

③ 禮以教爲先　「教」，晦庵集卷九五張公行狀及四朝名臣言行别録卷三張浚魏國忠獻作「敬」。

④ 子男二人　「子」，晦庵集卷九五張公行狀作「生子」。

⑤ 次杓　原作「次拘」，據晦庵集卷九五張公行狀、宋史卷三六一張杓傳改。按，「杓」一作「杓」。

⑥ 公有紹興奏議隆興奏議各十卷　「隆興奏議」四字原脱，據晦庵集卷九五張公行狀及楊萬里集卷一一五張魏公傳補。

⑦ 易解并雜記共十卷　按，宋史卷二〇二藝文志一著録張浚易傳十卷。

⑧ 詩禮解三卷　晦庵集卷九五張公行狀作「詩書禮解三卷」，楊萬里集卷一一五張魏公傳作「書詩禮解又三卷」。

⑨ 惟公忠貫日月　「惟」原作「推」，據晦庵集卷九五張公行狀改。

⑩ 非編録可盡　「盡」，晦庵集卷九五張公行狀作「紀」。

⑪ 且將以求立言之君子述焉　「求」下，晦庵集卷九五張公行狀有「當世」二字；「焉」下，晦庵集卷九五張公行狀有「謹狀」二字。

乾道五年秋八月庚子，左迪功郎、新充樞密院編修官朱熹謹狀①。

右張忠獻公行狀，其全文僅四萬言。工程急迫，未能全刊，故稍删節。然凡公之大勳勞、大論議、大忠大節，不敢少遺焉。觀者幸察。

辨證：

［一］張忠獻公浚行狀　本行狀又載於朱熹晦庵集卷九五，題曰「少師保信軍節度使魏國公致仕贈太保張公行狀」。按，張浚，宋史卷三六一有傳，楊萬里集卷一一五載有張魏公傳。又，朱子語類卷一三一中興至今日人物上云：「問：『趙忠簡行狀，他家子弟欲屬筆於先生。先生不許，莫不以爲疑，不知先生之意安在？』曰：『這般文字利害，若有不實，朝廷或來取索，則爲不便。如某向來張魏公行狀，亦只憑欽夫（張栻）寫來事實做將去。後見光堯實録，其中煞有不相應處，故於這般文字不敢輕易下筆。趙忠簡行實，向亦嘗爲看一過，其中煞有與魏公同處。或有一事，張氏子弟載之，則以爲盡出張公；趙公子弟載之，則以爲盡出趙公。某既做了魏公底，以爲出於張公，今又如何説是趙公耶？故某答他家子弟，盡令他轉託陳君舉（傅良），見要他去子細推究，參考當時事實，庶得其實而無抵牾耳。』」袁桷清容居士集卷五〇跋外高祖史越王尺牘載史浩劄子云：「蒙示張公行狀，可發一笑。識者觀之，必有公論。」又云：「朱文公作張忠獻行狀，一出南軒（張栻）之筆，不過題官位姓名而已。後考三敗事跡，始悔昔年不加審覈，歸咎南軒，然亦無及矣。」清王士禛池北偶談卷九李忠定公云：「何彦澄家藏朱晦翁墨蹟一帖云：『十年前率爾記張魏公行實，當時只據渠家文字草成，後見他書所記多不同，常以爲恨。』」又按，據本卷末編者按語，知此處行狀實爲節本，因篇幅相差頗殊，且其中文字亦存異同，蓋嘗經他人潤改，故特附晦庵集原文於卷後，以便省覽。

---

① 乾道五年秋八月庚子左迪功郎新充樞密院編修官朱熹謹狀　晦庵集卷九五張公行狀作「乾道三年十月日，左迪功郎、特差監潭州南嶽廟朱熹狀」。

［二］樞密院編修官朱熹　熹（一一三〇～一二〇〇年）字元晦，一字仲晦，號晦庵，晚稱晦翁，又稱紫陽先生、考亭先生、滄州病叟、雲谷老人，徽州婺源人。紹興十八年進士，歷官秘閣修撰、焕章閣待制兼侍講等。慶元六年卒，追謚曰文。宋史卷四二九有傳。據清王懋竑朱子年譜卷一，朱熹於乾道三年十二月任樞密院編修官。

［三］惇於是奏罷賢良科而更置宏詞科　皇朝編年綱目備要卷二四紹聖元年「九月，罷制科」條云：「考官上張咸、吴儔、陳暘各六論，上謂章惇曰：『制科所試策與進士策無異，先朝嘗罷此科，何時復置？』曰：『元祐初復置。』李清臣曰：『漢亦不設此科。』上曰：『進士策亦可言時政闕失。』因詔罷制科。」宋史卷一五六選舉志二云：「既而三省言：『今進士純用經術。如詔誥、章表、箴銘、賦頌、赦敕、檄書、露布、誡諭，其文皆朝廷官守日用不可闕，且無以兼收文學博異之士。』遂改置宏詞科。」

［四］始令進士御試用策而罷制科　據長編卷二五三，罷制科在熙寧七年五月辛亥，云：「先是，中書條例所乞罷制舉，馮京曰：『漢、唐以來，豪傑多自此出，行之已久，不須停廢。』上曰：『天下事可罷而未及，如此者甚衆，此恐未遑改革。』吕惠卿曰：『制科止於記誦，非義理之學，一應此科，或爲終身爲學之累。朝廷事有可更者更之，則積小治可至大治，不須更有所待。』至是乃罷。」通考卷三三選舉考六云：「先時祕閣考制科，陳彦古六論不識題語何出，字又不及數，準式不考。蓋自祕閣試制科以來，未有如彦古空疎者，次年乃罷制科。」石林燕語卷九云：「熙寧三年，制科過閣，孔文仲第一，吕陶亦在選中。既殿試，文仲陳時病，語最切直，吕陶稍直。宋敏求、蒲宗孟初考文仲，書第三等，王禹玉、陳睦覆考，書第四等。王荆公見之，心不樂，中批出：『黜文仲，令速發赴本任；吕陶陞一任，與堂除差遣。』自是遂罷科。」汪應辰辨云：「文仲策初覆考，皆在第三。」

［五］逆臣張邦昌竊僭公逃太學中　宋史卷三六〇趙鼎傳云：「金人議立張邦昌，鼎與胡寅、張浚逃太學中，不書議狀。」

［六］宰相李綱以私意惡諫議大夫宋齊愈至首論綱罷之　要録卷六建炎元年六月丁亥條載時李綱請於民間買馬諸事，「右諫議大夫宋齊愈入對，論招軍買馬、勸民出財助國非是。時庶事草創，就置三省於行宫門内，尚書虞部外郎張浚夜過齊愈於省中，見其方執籌布算，問之，齊愈笑曰：『李丞相今上三議。李公素有名譽，其建明乃爾。』浚問之故。則曰：『胡可爲也？今西北之馬不可得，獨江淮之南而馬不可用，括民之財，豈可藝極？至於兵數，若郡增二千，則歲責十萬緡以養，今豈堪此？齊愈將極論之。』浚曰：『不可。』齊愈愕然曰：『何也？』浚曰：『宰相不勝任，論去之，諫官職也。豈有身爲相未幾，上三事，而公盡力駮之，彼獨不恚且怨？』齊愈不樂曰：『吾固

爲其有虚名，第欲論此三事，聊扶持之。』是日，執政奏事退，齊愈對出，過省門，執浚手曰：『適上向者之章，上甚喜。』浚授手曰：『公受禍自此始矣。』」注曰：「此據張杖私記。日曆六月癸未，齊愈罷諫議大夫，送御史臺根勘，乃在李綱上三議之前，恐誤。」又卷七建炎元年七月辛卯條云：「初，齊愈既論尚書右僕射李綱之過，會朝廷治從逆者之罪，言者論齊愈在皇城，首書『張邦昌』字以示議臣，由是罷諫議大夫，下臺獄。……或曰齊愈論綱不已，故綱以危法中之。」注曰：「趙甡之遺史曰：『宋齊愈新除諫議大夫，是時李擢爲給事中。擢與齊愈在圍城中，皆非純臣，擢謂齊愈爲諫官，必論己，必得罪，且曰先發制人，乃不書黄而繳駁之曰：「昨三月初，王時雍等在皇城司聚議，乞立張邦昌，拜大金詔畢，書議狀。時雖時雍亦恐懼不敢填邦昌姓名，而齊愈奮然大書『張邦昌』三字，仍自持其狀以示人，四座無不驚駭。齊愈自言從二月在告不出，欺誕若此。今除諫議大夫，當是陛下未知其人邪佞，而朝廷未有人論列，更乞聖裁。」遂罷諫議大夫，令王賓根勘。』按日曆，齊愈以今年五月戊戌除諫議大夫，而擢以五月甲寅除給事中，在其後半月，不知何以録黄方過後省。兼擢以六月癸亥坐僞楚事責湖南，去此已踰月，不知所繳何以方下，甡之所記恐或有誤也。然齊愈除諫議時，擢已爲中書舍人，或者當時有論列而不行，至是李綱方檢舉將上，亦未可知。姑附此，更求他書考正之。」又癸卯條云：「是日，腰斬通直郎宋齊愈於都市。齊愈初赴獄，以文書一緘囊授虞部員外郎張浚曰：『齊愈不過遠貶，它時幸爲我明之。此李會勸進張邦昌草藁也。』時御史王賓劾齊愈未得實，聞齊愈有文書在浚所，遽發篋取之。賓密諭會妄自枏而證齊愈，且歸議狀事於王時雍，齊愈引伏。法寺當齊愈謀叛斬，該大赦罰銅十斤，情重取旨，黄潛善等頗營救之。上曰：『使邦昌之事成，置朕何地？』乃詔：『齊愈探金人之情，親書姓名，謀立異姓，以危宗社。造端在先，其罪非受僞命臣僚之比，可特不原赦。』議者或以爲寃。」注曰：「張杖私記云：『張邦昌之挾敵以僭也，在金營議已定。宋退翁（齊愈）自會議所歸，道遇鄉人問之曰：「今日金所立者誰？」退翁疏書邦昌姓名於掌以示之。而李丞相以爲退翁自會議所即取紙筆書邦昌姓名，造端謀立。丞相與王賓又密諭李會，使妄自枏，而歸其事于退翁。丞相竟匿會勸進藁，而執其章論退翁死。李公旋罷相。』齊愈按款云：『軍前遣吴开等將文字稱廢淵聖皇帝，齊愈、孫傅等在皇城司集議，遂到本司見衆官，及桌上有王時雍等衆議推舉張邦昌狀草。齊愈問王時雍舉誰，時雍云金人令吴开來密諭意舉張邦昌，今已寫下文字，只空着姓名。又看得金人元來文字，聲説請舉軍前南官。』以此參驗，王時雍語言即是要舉張邦昌，齊愈恐違時别有不測，爲王時雍説吴开密諭張邦昌，亦欲早圖了結。齊愈輒自用筆於紙上書張邦昌姓名三字，欲要于舉狀内填寫，却將呈時雍，其時時雍稱是。又節次偏呈在坐元集議官，齊愈言道張邦昌，衆官看了别無言語，齊愈令人吏依紙上所寫，於已寫選官元空缺姓名，以治國事舉狀内填寫張邦昌姓名三字，後别寫申狀係王時雍等姓名。時雍看了，分付與吴幵、莫儔將去，其狀内無齊愈姓名。所有齊愈寫張邦昌片字即將毁了，並無見在。收得王時雍等元議定推舉狀草歸家，初蒙勘問，時雍懼罪，隱伏不招。』再蒙取會到中書舍人李會狀：『軍前遣吴幵等傳大金指揮選擇異姓。是日，在皇城司聚議，忽有右司員外郎宋齊愈自外至，見商量不定，即於本司廳前寫文字吏人桌子上取紙一片，上寫「張邦昌」三字，徧呈在坐，相顧失色，莫敢應。其所寫姓名文字係宋齊愈自將却，會即時起去。』又根取到元狀草子再勘，方招。按齊愈所坐，乃首書張邦昌姓名，而會所草乃空名議狀。又當時已根取到元狀草至獄，而此云綱匿其藁，蓋誤記也。……吕中大事記曰：『宋齊愈之罪，當從王時雍等之例，貶而竄之可也，何至是耶？洪芻、陳冲、王及之死，綱尚救其死，而獨不救宋齊愈，綱於是失政刑矣。中興之初，大臣有一事之當理，則足以興起人心；有一事之稍非，亦足以抑遏人心。此所以來張浚之疏也。浚素與齊愈友，而又潛善客也。以潛善而忌李綱，是以小人而忌君子也。以張浚而攻李綱，是以君子而攻君子，其可乎？豈非張浚初年之見耶？』」又卷八建炎元年八月乙亥條載李綱因議事不見從，「乃再章求去，上猶以不允答之。於是殿中侍御史張浚亦論綱，以爲綱雖負才氣，有時望，然以私意殺侍從，典刑不當，有傷新政，不可居相位。又論綱杜絶言路，獨擅朝政，士夫側立，不敢仰視，事之大小，隨意必行，買馬之擾、招軍之暴、勸納之虐、優立賞格、公史爲姦、擅易詔令、竊庇姻親等十數事。浚素與宋齊愈厚，且潛善客也。上召綱入對，諭曰：『卿所争細事耳，胡爲乃爾？』綱曰：『人主之職在論一相，宰相之職在薦進人材。方今人才以將帥爲急，恐不可以爲細事。若以爲細，臣以去就争之，而聖意不回，臣亦安敢不去？』因再拜曰：『潛善、伯彦自謂有攀附之功，方虚位以召臣，蓋已切齒。及臣至，而議論偶楚，建請料理河東北兩路，謂車駕宜留中原，皆不與之同。宜其媢嫉無所不至。臣東南人，豈不願陛下順流東下，爲安便哉？顧一去中原，後患有不可勝言者，故不敢雷同衆説，以誤大事。望陛下勿以臣去而其議遂改也。』因泣辭而退，遂上第三表劄。……翌日，遂罷綱爲觀文殿大學士、提舉杭州洞霄宫，仍加恩」。又卷一〇建炎元年十月甲子條云：「觀文殿大學士、提舉杭州洞霄宫李綱落職，依舊宫祠。時殿中侍御史張浚論綱罪未已，……章再上，乃有是命。」按，朱子語類卷一三一中興至今日人物上載朱熹云：「（李綱）相於南京時，建議三事，宋齊愈言之。其時正誅叛人，遂以宋嘗令立張邦昌，戮之。當時人多知是立張邦昌，間有未知者，宋書以示之。及刑，人多冤之。張魏公深言宋甚好人。宋，蜀人，當時模樣，亦是汪、黄所使人。魏公亦汪、黄薦。李罷相，乃魏公言罷也。」又載朱熹答門人問「魏公論李丞相章疏中，有『倏怨專殺』等語，似指誅宋齊愈而言，何故」時云：「宋齊愈舊曾論李公來，但他那罪過，亦非小小刑杖斷遣得了。」

［七］上爲奪世忠觀察使　要録卷一〇建炎元年十月己卯條云：「上次寶應縣，御營後軍作亂，孫琦者爲之首。左正言盧臣中從駕不及，立船舷叱賊，爲所逼，墜水死。上命求臣中所在，得之水中，拱立如故。殿中侍御史張浚以爲雖在艱難，豈可廢法，乃劾統制官、定國軍承宣使韓世忠師行無紀，士卒爲變。詔世忠罰金。中書舍人劉珏言無以懲後，浚再上章論，且乞擒捕爲變者，乃降世忠觀察使。」注曰：「朱熹張浚行狀云：『浚劾世忠，上爲奪世忠觀察使。』按世忠在南京已除承宣使，行狀恐誤。今改作『降』字，庶不牴牾。」又宋史卷三七五滕康傳云：「後軍統制韓世忠以不能戢所部，坐贖金。康言：『世忠無赫赫功，祇緣捕盜微勞，遂亞節鉞。今其所部卒伍至奪御器，逼諫臣於死地，乃止罰金，何以懲後？』詔降世忠一官。」

［八］虜騎自天長逼近郊公從駕渡江　要録卷二〇建炎三年二月壬子條載：「金人陷天長軍，上遣左右內侍鄺詢往天長軍覘事，知爲金人至，遽奔還。上得詢報，即介胄走馬出門，惟御營都統制王淵、內侍省押班康履五六騎隨之。……上次揚子橋，一衞士出語不遜，上掣手劍刺殺之。……呂頤浩、張浚聯馬追及上于瓜洲鎮，得小舟，即乘以濟，次西津口。上坐水帝廟，取劍就靴擦血。百官皆不至，諸衞禁軍無一人從行者。」

［九］有自杭持苗傳劉正彦檄文來者　要録卷二一建炎三年三月丙戌條云：「浚遂走人入杭，伺其實。時右司員外郎黄概、兩浙轉運司幹辦公事吕摭亦遣進武副尉魏傳賫蠟書遺浚及吕頤浩，言傳等叛逆之詳。」

［一〇］急使東野啓城撫喻諸軍　要録卷二一建炎三年三月戊子條云：「是日，御營前軍統制、秦鳳路馬步軍副總管張俊以兵至平江府。俊初屯吳江縣，傳等以其兵屬趙哲，使俊之鳳翔，此月甲申降旨。會統制官辛永宗自杭乘小舟至俊軍，具言城中事，將士洶洶。俊諭之曰：『若等無譁，當詣張侍郎求決。侍郎忠孝，必有籌畫。』至是，俊引所部八千人至平江。平江人大恐。會浚被省劄召赴行在，令將所部人馬盡付趙哲。浚披衣起坐，不能支持。頃之，湯東野倉皇直入，浚問知其故。浚知上遇俊厚，而俊純實，可與謀事，諭東野亟開門納之，一軍遂定。」

［一一］皇帝聖旨除公知樞密院事　要録卷二二建炎三年四月庚戌条載：「御筆張浚除中大夫、知樞密院事。浚時年三十三，國朝執政自寇準以後，未有如浚之年少者。」

〔一二〕公命世忠以精兵追之並縛于建州檻至行在所　要録卷二三建炎三年五月丁亥條載時兩軍交戰,「世忠揮兵以進,正彥墜馬,世忠生擒之,盡得其金帛子女。傅棄軍遁去,墜馬不死,失傅所在」。又己亥條云:「傅夜脱身去,變姓名爲商人,與其愛將張政亡之建陽縣,土豪承節郎詹標覺而邀之,留連數日。政知不免,密告標曰:『此苗傅也。』標執以告南劍州同巡檢呂熙,熙以赴福建提點刑獄公事林杞,杞懼政分其功,與熙謀,使護兵殺政崇安境上,自以傅追世忠授之,遂檻赴行在。」

〔一三〕始公入賊壘外間不聞公信浮言胥動頤浩等遽罷公樞筦　要録卷二三建炎三年五月乙未條云:「知樞密院事張浚罷爲資政殿學士、提舉杭州洞霄宫。初,薛慶欲求厚賞,乃留浚三日。而外間不知,謂浚爲慶所執,浮言胥動。真州守臣以聞,呂頤浩與李邴、滕康共議,罷浚樞筦,以御營使司前軍統制王𤫉爲淮南招撫使,統所部往平之。」又辛丑條云:「張浚自高郵至行在,復以浚知樞密院事。先是,淮南招撫使王𤫉既渡江,會薛慶既得厚賞,用其黨王存計,亟以兵衞浚而出。」

〔一四〕詔以公充川陝宣撫處置使　要録卷二三建炎三年五月戊寅條云:「詔知樞密院事兼御營副使張浚爲宣撫處置使,以川、陝、京西、湖南北路爲所部。……始除浚招討使,左司員外郎兼權中書舍人李正民言川陝吾境,不當以招討名,請用唐裴度故事。上是其言,浚乃改命。」建炎以來朝野雜記甲集卷一一宣撫處置使云:「宣撫處置使,舊無有,張魏公始爲之。其行移於六曹、寺監、帥司,皆用劄子,而六曹於宣司用申狀。」

〔一五〕會御營平寇將軍范瓊來赴行在　要録卷二五建炎三年七月丙戌條云:「慶遠軍節度使、捧日天武四廂都指揮使、御營平寇前將軍、權主管侍衛步軍使司提舉一行事務范瓊入見。初,瓊在江西,右正言呂祉首奏其罪,且進取瓊之策,乃召瓊赴行在。瓊駐軍南昌,徘徊觀釁,詔監察御史陳戩趣其入覲。瓊未拜詔,先陳兵見戩,且剥人以懼之。戩不爲動,徐曰:『將軍不見苗劉之事乎?願熟計。』瓊乃朝服,北向謝恩,遂引兵趨闕。」又,本書下集卷二三劉公神道碑銘云:「時叛將范瓊擁彊兵,據上流,召之不來,來又不肯釋兵。」

〔一六〕且乞貸傅正彥逆黨左言等死　要録卷二五建炎三年七月丙戌條載范瓊「及入見面奏,乞貸左言等朋附苗劉之罪,且言:『自祖宗以來,三衙不任河東北及陝西人。今殿帥闕官,乞除殿前司職事。』又言『招到淮南、京東盜賊十九萬人,皆願聽臣節制』」。

〔一七〕命縛瓊送大理寺　要録卷二五建炎三年七月丙戌條云時右僕射呂頤浩曰:「臣與瓊舊有嫌隙,不敢獨任其事,願付張浚。」故丁亥條載張浚「朝退,僞遣御前右軍都統制張俊以千人渡江,若捕它盜者。因召俊、瓊及御營副使劉光世赴都堂計事,使俊將其衆甲以來。」又云：「食已，頤浩等相顧未發，子羽坐廡下，遽取寫敕黄紙詣前麾下曰：『有敕將軍可詣大理置對。』」

〔一八〕親以旨撫勞瓊衆頓刃應諾瓊論死兵分隸神武軍　要録卷二五建炎三年七月丁亥條載時「使光世出撫其衆」，而「復以八字軍還付武功大夫、忠州防禦使、新知洮州王彦，而餘兵分隸御營五軍，頃刻而定」。

〔一九〕而江浙士夫摇動頤浩遂變初議　要録卷二三建炎三年五月癸未條云：「翰林學士滕康爲端明殿學士、簽書樞密院事。康既秉政，張浚西行之議遂格。」注曰：「朱熹作張浚行狀云：『浚建議令吕頤浩奉上幸武昌。會浚西行，江浙士大夫摇動頤浩，遂變初議。』按康以異論而執政，則此議蓋已變矣，不在浚西行之後。意者浚此時正往高郵措置，而康遂得遷邪？」又卷二七建炎三年閏八月丁丑條云：「江浙士大夫摇動頤浩，遂變初議。是日，召隨駕百官及諸統制赴都堂，至晚，以二十五封進入。大率皆言鄂岳道遠，饋餉難繼，又慮上駕一動，則江北群盗乘虚過江，東南非我有矣。翌日，輔臣入對，上猶未覩，謂頤浩曰：『但恐封事中趨向不一。昔真宗澶淵之役，陳堯叟蜀人，則欲幸蜀；王欽若南人，則欲幸金陵；惟寇準決策親征。人臣若不以家謀，專爲國計，則無不安利矣。』然卒定東巡之策。」

〔二〇〕犯永興知軍郭琰遁去　要録卷二八建炎三年九月甲戌條注曰：「張浚行狀載琰棄長安在今年九月二十九日甲戌。……趙甡之遺史繫之去年八月十二日甲午，與此不同。」按，長安陷没之日，北盟會編卷一一八、宋史卷二五高宗紀係於建炎二年九月甲午，當是。北盟會編卷一一八建炎二年九月十三日條云：「金人陷長安，知軍府事郭琰棄城走。先是，金人陷長安已退去也，王擇仁入長安，稱撫定永興師。既而郭琰以朝廷之命來帥長安，擇仁退去。琰以擇仁有兵，欲得之，遂劾擇仁擾鄉村作過等事，又移文金州兵會合掩殺之。擇仁欲往金州，爲金人所拒，無所歸。聞河東山寨有未順金人者，乃經畫河東山寨。於是金人再攻長安，琰棄城走，陷之。」

〔二一〕吴玠及其弟璘素負才略至璘領帳前親兵　要録卷二九建炎三年十一月「是月」條云：「劉子羽言右武大夫、忠州刺史、涇原兵馬都監兼知懷德軍吴玠才於浚，玠亦素負才略，求自試。浚與語，大悦，擢爲統制，又使其弟進武副尉璘掌帳前親兵。」

〔二二〕公率諸將極力捍禦虜勢屢挫生擒女真及招降契丹燕人甚衆　要録卷三六建炎四年八月壬午條注引趙甡之遺史云時「金人敗吴玠於彭原店，復歸河東」。據宋史卷二六高宗紀，彭原店之敗在建炎四年四月。按，可知行狀此處所謂「虜勢屢挫」乃屬諱敗爲勝之舉。

〔二三〕公遂決策治兵移檄河東問罪　要録卷三六建炎四年八月壬午條云：「初，浚之西行也，上命浚三年而後用師進取。及是，金左監軍昌與完顏宗弼皆在淮東，約秋高入犯。浚聞宗弼躊躇淮上，度必再犯東南，議出師分撓其勢。士大夫多以爲不可，朝散郎、通判叙州眉山王賞獻養威、持重二策，浚弗用。召諸將議出師，都統制、威武大將軍、宣州觀察使曲端曰：『平原廣野，敵便於衝突，而我軍未嘗習戰。且金人新造之勢，難與爭鋒。宜訓兵秣馬，保疆而已。俟十年，乃可議戰。』秦鳳路馬步軍副總管、右武大夫、忠州刺史吴玠曰：『高山峻谷，我師便於駐隊，敵雖驍果，甲馬厚重，終不能馳突。吾據嵯峨之險，守關輔之地，敵即大至，決不容爭此土。』浚皆不聽。參議軍事、徽猷閣待制劉子羽爭之曰：『相公不記臨行天語乎？』浚曰：『事有不可拘者，假如萬一有前日海道之行，變生不測，吾儕雖欲復歸陝西，號令諸將，其可得乎？』……浚遂決策治兵，移檄河東左副元帥宗維問罪。宣撫司幹辦公事萬年郭奕力言其不可，浚不從。」又卷三七建炎四年九月癸亥條云：「初，浚既定議出師，幕客將士皆心知其非而口不敢言，唯諾相應和。會上亦以敵聚兵淮上，命浚出兵，分道由同州、鄜延以擣敵虚。」

〔二四〕而諸軍亦退舍　要録卷三七建炎四年九月癸亥條載：時權永興軍路經略使吴玠、環慶經略使趙哲、熙河經略使劉錫、秦鳳經略使孫渥、涇原經略使劉錡「五路之師」，有「四十萬人，馬七萬」，「官軍行至耀州之富平，金人已屯下邽縣，相去八十里，而羅索方在綏德軍，衆請擊之，浚不可，乃約自會戰，金人不報。書凡數往，羅索乃自綏德軍來，移軍與官軍對壘，親率數十騎登山以望我軍，曰：『人雖多，壁壘不同，千瘡萬孔，極易破耳。』浚猶遣使約戰，金人許之，至期輒不出兵，以爲常。浚以羅索爲怯，曰：『吾破敵必矣。』幕客有請以巾幗婦人之服遺羅索者。諸路鄉民運芻粟者絡繹未已，至軍，則每州縣自爲小寨，以車馬爲衛，相連不絶。錫合諸將議戰，玠曰：『兵以利動，今地勢不利，將何以戰？宜徙據高阜，使敵馬衝突，吾足以禦之。』秦鳳路提點刑獄公事郭浩亦曰：『敵未可爭鋒，當分地守之，以待其斃。』諸將皆曰：『我師數倍於敵，又前阻葦澤，敵有騎不得施，何用他徙？』將戰，命立故將曲端旗以懼敵。羅索曰：『彼給我也。』是日也，羅索選三千騎蓐食，令珠赫貝勒率之，囊土踰淖，徑赴鄉民小寨。鄉民奔亂不止，践寨而入，諸軍驚亂，遂薄我軍。錡身先士卒禦之，自辰至未，勝負未分。敵更薄環慶軍，他路軍無與援者。會哲擅離所部，將士望見塵起，驚遁，軍遂大潰。哲旗牌未及卷，衆呼曰：『環慶趙經略先走。』至邠州乃稍定。金人得勝不追，所獲軍資不可計」。

〔二五〕公斬哲以徇退保興州　要録卷三八建炎四年十月庚午條載：「初，諸軍既敗還，浚召錫等計事，浚立堂上，諸將帥立堂下。

浚問誤國大事誰當任其咎者，衆言：『環慶兵先走。』浚命擁哲斬之，哲不肯伏，且自言有復辟功。浚親校以撾擊其口，斬於堠下。軍士爲之喪氣，浚遂以黃榜放諸軍罪。哲已死，諸將帥聽令，浚命各歸本路歇泊。令方脱口，諸路之兵已行，俄頃皆盡。浚率帳下退保秦州。於是陝西人情大震。」注曰：「朱勝非秀水閑居録云：『張浚出使陝蜀，便宜除官至節度使、雜學士，權出人主之右，竭蜀人之膏血，悉陝之服用，兵凡三十萬衆，與敵角，一戰盡覆。用其屬劉子羽計，歸罪將帥趙哲、曲端，並誅之。將士由是怨怒俱發，浚僅以身免，奔還閬州。關陝之陷自此始。至今言敗績之大者，必曰富平之役也。』龜鑑曰：『富平一戰，偶爲趙哲離部以取敗。……富平之以速戰敗者，公非不知陝西兵將上下之情未通也，又非不知臨行天語三年而後出師也，痛念向者海道之幸，已出襄漢；今也敵駐淮甸，有再入吳越之謀。萬一犯屬車之清塵，縱欲提兵問罪，亦何及矣。此公所以不顧利害，不計勝負，而決於一戰也。』」又卷三九建炎四年十一月「是月」條云：「宣撫處置使張浚自秦州退軍興州。初，我兵既潰於富平，金人以所得陝西金幣悉歸河東帥府。會張中孚、趙彬送款於金，又知慕容洧叛，乃遂引兵而西走。秦鳳路馬步軍副總管吳玠自鳳翔走保大散關之東和尚原，權環慶經略使孫恂由隴關入秦，與浚會。金人至渭州，得我情實，乃入德順軍。浚聞敵入德順，遂移司興州，簿書輜重悉皆焚棄。浚之出師也，幹辦公事、朝請郎楊晟惇力言其不可，浚不從，晟惇乃求行邊，不隨幕下。及是來見浚，浚稍以諸事委之。晟惇言：『金人必欲舉川秦，然後歸國。不若引兵金洋一帶，俟敵騎既去，然後收復川陝，事乃永定。』浚雖不用其説，然已置陝西於度外矣。」齊東野語卷二張魏公三戰本末略富平之戰引西事記云：「張浚之戰於富平也，金人初亦畏之。而浚鋭於進取，幕下之士多蜀人，南人不練軍事，欲亟決勝負於一舉，故至於敗。遂走興元，又走閬中。陝西諸郡，不殘於金人者，亦皆爲潰兵所破矣。」

〔二一六〕公上疏待罪上手書報　要録卷四二紹興元年二月末條云：「金人既略熙河地，遂引歸。李彥祺在古原州，張中孚及其弟中彥導金人劫降之。趙彬引敵圍慶陽，守將楊可昇堅守不降。五路陷，秦鳳經略使孫渥收本路兵保鳳州，統領官關師古收熙河兵保鞏州。」又卷四三載紹興元年三月，「宣撫處置使張浚以富平失律，上疏待罪。壬寅，上謂輔臣曰：『浚放罪詔宜早降。』因言：『浚用曲端、趙哲、劉錫，後見其過，即重譴之，浚未有失，安可罷也？』同知樞密院事李回曰：『須得勝浚者乃可易。』上曰：『有才而能辦事者固不少，若孜孜爲國，無如浚。亦有人言其過，朕皆不聽。』浚乃得安」。

〔二一七〕開善理財治茶鹽酒法　要録卷三二建炎四年四月辛卯條云時「言者乞罷四川榷鹽榷酤，以安遠民。自同主管川陝茶馬兼宣撫司隨軍轉運使趙開變茶酒法，怨詈四起。至是，開復議更鹽法，言者遂奏其不便」，且曰「即乞劄與張浚照會施行。詔以其章示浚，時鹽法未行，事得暫止，而酒課已爲軍食所仰，浚訖不爲之變也」。又卷一三九紹興十三年正月壬寅條云：「自金人犯陝、蜀，開職饋餉者十年，軍用得以毋乏，一時賴之。開既黜，主計之臣率三四易，於開條畫毫髮無敢變易者，人偉其能。然議者咎開竭澤而漁，使後來者無所施其智巧，凡茶鹽榷酤激賞零畸絹布之征，遂爲西蜀常賦，故雖略經減放，而害終不去焉。」

〔一一八〕公送獄論端死　宋史卷三六九曲端傳載：初，王庶往援延安未及，「無所歸，以軍付（王）𤫉，自將百騎與官屬馳赴襄樂勞軍。庶猶以節制望端，欲倚以自副，端彌不平。端號令素嚴，入壁者，雖貴不敢馳。庶至，端令每門減其從騎之半，及帳下，僅數騎而已。端猶虛中軍以居庶，庶坐帳中，端先以戎服趨于庭，既而與張彬及走馬承受公事高中立同見帳中。良久，端聲色俱厲，問庶延安失守狀，曰：『節制固知愛身，不知愛天子城乎？』庶曰：『吾數令不從，誰其愛身者？』端怒曰：『在耀州屢陳軍事，不一見聽，何也？』因起歸帳。庶留端軍，終夕不自安。端欲即軍中殺庶，奪其兵。夜走寧州，見陝西撫諭使謝亮，說之曰：『延安五路襟喉，今已失之，春秋「大夫出疆，得以專之」，請誅庶歸報。』亮曰：『使事有指，今以人臣擅誅于外，是跋扈也。公爲則自爲。』端意阻，復歸軍。明日，庶見端，爲言已自劾待罪。端拘麾其官屬，奪其節制使印，庶乃得去」。又云：「浚雖欲用端，然未測端意，遣張彬以招塡禁軍爲名，詣渭州察之。彬見端問曰：『公常患諸路兵不合，財不足；今兵已合，財已備，婁宿以孤軍深入吾境，我合諸路攻之不難。萬一粘罕併兵而來，何以待之？』端曰：『不然，兵法先較彼己。今敵可勝，止婁宿孤軍一事；然將士精鋭，不減前日。我不可勝，亦止合五路兵一事；然將士無以大異於前。況金人因糧於我，我常爲客，彼常爲主。今當反之，按兵據險，時出偏師以擾其耕穫。彼不得耕，必取糧河東，則我爲主，彼爲客，不一二年必自困斃，可一舉而滅也。萬一輕舉，後憂方大。』彬以端言復命，浚不主端說。四年春，金人攻環慶，端遣吳玠等拒于彭原店，端自將屯宜祿。玠先勝。既而金軍復振，玠小卻。端退屯涇州，金乘勝焚邠州而去。玠怨端不爲援，端謂玠前軍已敗，不得不據險以防衝突，乃劾玠違節制。是秋，兀朮窺江淮，浚議出師以撓其勢。端曰：『平原廣野，賊便於衝突，而我軍未嘗習水戰。金人新造之勢，難與争鋒，宜訓兵秣馬保疆而已，俟十年乃可。』端既與浚異，浚積前疑，竟以彭原事罷端兵柄，與祠，再責海州團練副使、萬州安置。……浚自興州移司閬州，欲復用端。玠與端有憾，言曲端再起，必不利於張公；王庶又從而間之。浚入其說，亦畏端難制。端嘗作詩題柱曰：『不向關中興事業，卻來江上泛漁舟。』庶告浚，謂其指斥乘輿，於是送端恭州獄。武臣康隨者嘗忤端，鞭其背，隨恨端入骨。

浚以隨提點夔路刑獄，端聞之曰：『吾其死矣！』……乃赴逮。既至，隨令獄吏縶維之，糊其口，熁之以火。端乾渴求飲，予之酒，九竅流血而死，年四十一。陝西士大夫莫不惜之，軍民亦皆悵悵，有叛去者。」

[二九] 且任劉子羽趙開吴玠爲非是　要録卷五八紹興二年九月丙戌條注曰：「按浚用玠，時人皆以爲宜。所以謗子羽及開者，指子羽驕倨，開聚斂耳，於玠無所與。」

[三〇] 三年春遂遣王似來副公　要録卷六三紹興三年二月丁未條注曰：「日曆：二年九月丙戌，知興元王似爲宣副。……續記：似二年閏四月自成都移興元，六月還成都，十二月遷顯直再任，今年二月始爲宣副。……蓋道阻，除命不時至，故似二月始聞命耳。」

[三一] 公命嚴爲清野之計分兵據險前後撓之　要録卷六四紹興三年四月辛卯條載：「自金人入梁洋，蜀中復大震，劍南諸州皆爲徙治之計。宣撫處置使張浚亦下令移潼川，軍聞之皆憤，或取其榜毁之。利州路經略使劉子羽遺浚書，爲言己在此，敵必不南，浚乃止。」

[三二] 公累論奏王似不可任至勝非陰肆謗毁　要録卷六三紹興三年二月丁未條云：「先是，宣撫處置使張浚見似除書，上疏言都統制吴玠、參議軍事劉子羽有功于蜀，不應一旦以似加其上。尚書左僕射吕頤浩與似連姻，聞浚論似非才，不悦。或告右僕射朱勝非以浚起義平江時，常有斬勝非之語，勝非又毁之，浚由是得罪。時浚承制以子羽爲宣撫判官，與似同治事，大事多與子羽謀之，似充位而已。」

[三三] 而丙謂公設秘館以崇儒擬尚方而鑄印　要録卷七四紹興四年三月丁卯條注曰：「朱熹撰浚行狀云辛炳論公『設秘館以崇儒，擬尚方而鑄印』。此亦非疏中本語，實當時之謫詞，熹蓋小誤也。」

[三四] 而丙反謂不肯出蜀意有他圖　要録卷七四紹興四年三月乙丑條注辨曰：「按炳元疏中語不如此，熹誤也。」按，北盟會編卷一五七紹興四年三月十五日條引辛炳疏云：「浚稍知事節，當亟交割軍事，即日就道，而乃偃蹇遷延，始則欲候秋凉進發，次則欲上冢焚黄，又欲候道路無虞然後赴闕，公然上章，慢侮君命，聞者無不扼腕。」

[三五] 福州居住　要録卷七四紹興四年三月丁卯條云：「御史中丞辛炳復言浚之不臣，不竄之嶺表，不足以塞公議，宫祠自便，所

至必有以搖人心者，爲害非一。因言：『昨敵騎渡江，滕康、劉珏以措置乖方，尚猶謫授分司之官，湖南居住。今浚之罪百倍康、珏。』後三日，詔浚福州居住。」

〔三六〕劉豫之子麟果引虜大兵繇數路入寇　宋史卷四七五劉豫傳載紹興四年「九月，豫下僞詔，有『混一六合』之言，遣子麟入寇，及誘金人宗輔、撻辣、兀朮分道南侵，步兵自楚、承進，騎兵由泗趨滁。復遣僞知樞密院盧緯請師於金主，金主集諸將議，粘罕、希尹難之，獨宗輔以爲可。乃以宗輔權左副元帥，撻辣權右副元帥，調渤海、漢軍五萬應豫。以兀朮嘗渡江，習知險易，俾將前軍」。

〔三七〕罷宰相朱勝非　宋宰輔編年録卷一五載紹興四年九月，因「右僕射朱勝非獨相，而機務不決。侍御史魏矼嘗言：『陛下宵衣旰食，將大有爲，而所任一相，未聞有所施設。政務山積於上，賢能陸沉於下。方且月一求去，徒爲紛擾。宜亟如其所請，以慰公議。』至是，又疏其五罪，於是勝非力請罷。庚午，聽持餘服，俟服闋，以爲觀文殿大學士、提舉洞霄宫」。又引遺史曰：「先是四月，朱勝非以母雍國夫人楊氏既祥在告，上賜札云：『卿因母祥祭，追慕毁瘠，過傷其氣，朕亦惻然念之。然今乃何時，而卿謁告，使朕憂思。廟堂之政，且宜來早，扶侍入朝。兼朕別有所欲面道者，非可託於毫楮也。』勝非皇恐入見。六月，以雨霪傷農，乞行策免故事，以銷天變，復賜親詔，令勿再有陳。勝非以獨當國事，倚任方隆，雖不敢遽去，而追思母氏，悲痛不能已，復以餘服爲請者章奏十二上，上乃許之，俟總章禮畢如所乞，且有保全舊臣之訓。至是，祀明堂已畢，陳故事求去，且論當罷者十一事，詔許持餘服。是時，金人與僞齊入寇，議者不能明勝非之心，謂無以應之，遂乞持餘服罷之。」

〔三八〕而參政趙鼎亦建請車駕幸平江　宋史卷三六〇趙鼎傳載：「時劉豫子麟與金人合兵大入，舉朝震恐。鼎論戰禦之計，諸將各異議，獨張俊以爲當進討，鼎是其言。有勸上他幸者，鼎曰：『戰而不捷，去未晚也。』上亦曰：『朕當親總六師，臨江決戰。』鼎喜曰：『累年退怯，敵志益驕。今聖斷親征，成功可必。』於是詔張俊以所部援韓世忠，而命劉光世移軍建康，且促世忠進兵。世忠至揚州，大破金人於大儀鎮。方警報交馳，劉光世遣人諷鼎曰：『相公自入蜀，何事爲他人任患？』世忠亦謂人曰：『趙丞相真敢爲者。』鼎聞之，恐上意中變，乘間言：『陛下養兵十年，用之正在今日。若少加退沮，即人心渙散，長江之險不可復恃矣。』及捷音日至，車駕至平江，下詔聲逆豫之罪，欲自將渡江決戰。鼎曰：『敵之遠來，利於速戰，遽與爭鋒，非策也。且豫猶遣其子，豈可煩至尊耶？』帝爲止不行。」按，據宋史卷二一三宰輔表四，時趙鼎已爲右僕射、同平章事兼知樞密院事。行狀稱「參政趙鼎」者誤。

〔三九〕且喻良臣等當以連州以南王爾家　要録卷八二紹興四年十一月辛未條注曰：「金人言『連州以南』等語，據張浚行狀云爾。按金人前後書辭，止欲畫江爲界，與此不同，王繪語録亦無此説，更當詳考。」

〔四〇〕愈回一日而虜宵遁　要録卷八三紹興四年十二月庚子條載：「金人退師。初，右副元帥完顔昌在泗州，而右都監宗弼屯於竹塾鎮，嘗以書幣遺淮東宣撫使韓世忠約戰。世忠方與諸將飲，即席遣伶人張軫、王愈持橘茗爲報，報書略曰：『元帥軍士良苦，下諭約戰，敢不疾治行李，以奉承指揮也。』」注曰：「此據世忠墓碑增入。張浚行狀云：『烏珠約日索戰，公再遣世忠麾下王愈以世忠書往問戰期，愈回一日，而敵宵遁。』二書差不同。」

〔四一〕遣諸將追擊所俘獲甚衆　要録卷八三紹興四年十二月庚子條止云：「金軍已去，乃遣人諭劉麟及其弟猊，於是麟等棄輜重遁去，晝夜兼行二百餘里，至宿州方敢少憩，西北大恐。」本書上集卷一三韓忠武王世忠中興佐命定國元勳之碑亦止云「全軍遁去」。按，行狀云云，頗有誇飾。

〔四二〕公遣岳飛分兵屯鼎澧益陽至湖寇盡平　宋史卷三六五岳飛傳云岳飛「命招捕楊么」，「先遣使招諭之賊黨黄佐」，而遣黄佐「至湖中，視其可乘者擒之，可勸者招之」。「時張浚以都督軍事至潭，參政席益與浚語，疑飛玩寇，欲以聞。浚曰：『岳侯忠孝人也，兵有深機，胡可易言？』益慙而止」。宋軍連戰告捷。「會召浚還防秋，飛袖小圖示浚，浚欲俟來年議之，飛曰：『已有定畫，都督能少留不？八日可破賊。』浚曰：『何言之易？』飛曰：『王四厢以王師攻水寇則難，飛以水寇攻水寇則易。水戰我短彼長，以所短攻所長，所以難。若因敵將，用敵兵，奪其手足之助，離其腹心之託，使孤立而後以王師乘之，八日之内當俘諸酋。』浚許之。飛遂如鼎州，黄佐招楊欽來降」，遂乘勢破敵，「俱降。飛親行諸砦慰撫之，縱老弱歸田，籍少壯爲軍，果八日而賊平。浚歎曰：『岳侯神算也。』」又，要録卷九〇紹興五年六月丁巳條注曰：「張浚行狀云：『湖寇盡平，老弱不下二十萬。』而日曆云降賊二萬七千户，不言人數。」

〔四三〕遂薦起居郎朱震秘閣修撰范冲可充訓導之選　要録卷八九紹興五年五月戊戌條注曰：「趙鼎事實云：『一日，上語鼎曰：「欲令貴州防禦使出閤，選官教之，且就禁中置學館，便建資善堂，庶幾正當，所差官亦有名，仍一依皇子建節，除國公。」鼎乃與同列議選范冲、朱震爲翊善，朝論以二人爲極天下之選。上亦嘗謂鼎曰：「前日臺諫因對，語及資善之建，皆曰如朱震、范冲，天生此二人，爲今日資善之用，可謂得人矣。」然是時建資善及命官與出閤之日，適張浚在外，故憸人得以間之，始見疾矣。』按浚行狀載上語，已云『不久當令就學』，又時政記亦云上嘗語臣鼎、浚曰『此子天資特異』云云，則浚無容全不知，但封拜之日，浚適在軍中。」

〔四四〕命楊沂中領精兵爲後翼佐俊　宋中興紀事本末卷三八紹興六年七月癸酉條云：「初，浚在淮上，謀渡淮北，嚮惟倚韓世忠爲用，世忠辭以兵少，欲摘張俊之將趙密爲助。浚以行府檄俊，俊拒之，謂世忠有見吞之意。浚奏乞降聖旨，而俊亦稟於朝。鼎白上曰：『浚以宰相督諸軍，若號令不行，何以舉事？俊亦不可拒，乃責俊當聽行府命，不應尚稟於朝。』復下浚一面專行，不必申明，慮失機事。時議者以爲得體。至是浚歸，奏終以俊不肯分軍爲患，鼎謂浚曰：『世忠所欲者趙密，今楊沂中武勇不減於密，而所統乃御前軍，誰敢覬覦？當令沂中助世忠，卻發密入衛，俊尚敢爲辭耶？』浚曰：『此上策也，某不能及。』」又引趙鼎事實云：「及楊沂中爲泗上之行，破劉猊以成功，實肇於此也。」

〔四五〕公力陳建康之行爲不可緩朝論同者極鮮　要録卷一〇二紹興六年六月甲寅條云：「給事中晏敦復繳江東帥臣葉宗諤修建行宮畫一録黄。上曰：『敦復所論如何？』趙鼎曰：『近日民間多事，若緩爲之，亦無傷。』上曰：『極是，要當以愛惜民力爲先。他時巡幸，粗庇風雨足矣。』於是鼎未欲上幸建康，故對語及之。」注曰：「按朱熹撰張浚行狀云：『公力陳建康之行爲不可緩，朝論同者極鮮。』蓋有所指也。」

〔四六〕車駕以九月一日進發平江　要録卷一〇四紹興六年八月甲辰條云：「會諜報劉豫有南窺之意，趙鼎乃議進幸平江。」

〔四七〕諜報叛賊劉豫及其姪猊挾虜來寇　宋史卷二八高宗紀云：紹興六年九月，「劉豫聞親征，告急於金主亶求援，亶不許，豫自起兵三十萬，命子麟趣合肥，姪猊出渦口，引兵分道入寇」。

〔四八〕公聞光世已舍廬州而南　朱子語類卷一三一中興至今日人物上云時「光世恐懼，謀欲退師而南，以與趙公平時有鄉曲雅故，遂私有請於趙。折彦質時知樞密院事，復助之請，遂徑自樞府下文字，令光世退師」。

〔四九〕趙鼎出知紹興府　宋史卷三六〇趙鼎傳云：「浚在江上，嘗遣其屬吕祉入奏事，所言誇大，鼎每抑之。上謂鼎曰：『他日張浚與卿不和，必吕祉也。』後浚因論事，語意微侵鼎。鼎言：『臣初與浚如兄弟，因吕祉離間，遂爾睽異。今浚成功，當使展盡底蘊，浚當留，臣當去。』上曰：『俟浚歸議之。』浚嘗奏乞幸建康，而鼎與折彦質請回蹕臨安。暨浚還，乞乘勝攻河南，且罷劉光世軍政。鼎言：『擒豫固易耳，然得河南，能保金人不内侵乎？光世累世爲將，無故而罷之，恐人心不安。』浚滋不悦。鼎以觀文殿大學士知紹興府。」又要録卷一〇七紹興六年十二月壬寅條注曰：「朱勝非秀水閒居録云：『趙鼎、張浚争權，浚自謂有却敵之功，興復之策，當獨任國事，諷侍從、臺諫及其黨與攻鼎出之。』按紹興九年四月，殿中侍御史謝祖信論『鼎初罷相，詞命之臣欺主以保交，乞不爲貶責之詞』，蓋指此事。然是時陳公輔章疏既不降出，則恐不應爲責詞。」

［五〇］罷光世而以其兵盡屬督府　據宋史卷二八高宗紀載，紹興七年三月癸酉，「岳飛乞并統淮西兵以復京畿、陝右，許之，命飛盡護王德等諸將軍。既而秦檜等以合兵爲疑，事遂寢。……甲申，以劉光世爲少師、萬壽觀使，以其兵隸都督府。張浚因分爲六軍，命吕祉節制」。宋中興紀事本末卷四〇紹興七年三月引朱勝非閒居録云：「浚方謀收内外兵柄，天下寒心。」要録卷一一〇紹興七年四月壬子條注曰：「浚欲易光世之意已久，不在今年也。」又宋史卷三六九劉光世傳云：「右司諫陳公輔劾其不守廬州，張浚言其沈酣酒色，不恤國事，語以恢復，意氣怫然，乞賜罷斥。光世引疾請罷軍政，又獻所餘金穀於朝。拜少師，充萬壽觀使，奉朝請，封榮國公，賜甲第一區，以兵歸都督府。公輔又言光世雖罷，而遷少師，賞罰不明；中書舍人勾龍如淵又繳還賜第之命。帝曰：『光世罷兵柄，若恩禮稍加，則諸將知有後福，皆效力矣。』卒賜之。」

［五一］乃以王德爲都統制即軍中取酈瓊副之公歸以爲不然奏論之　要録卷一一一紹興七年五月乙丑條載相州觀察使、行營左護軍前軍統制王德爲都統制，云「德光世愛將，故就用之」。注曰：「王德爲淮西大將，日曆全不書。據張浚行狀，以爲浚在廬州時，秦檜等所除。而日曆于此日載上論淮西事在主將得人，則必是此日議差除，然不見除目。六月九日，王德奏準樞密院劄子，奉聖旨除左護軍都統制，乞追還成命，不允。六月九日己亥，去此月乙丑凡二十五日，德此時在淮西，不應被受如此之遲。日曆：『五月二十三日甲申，後殿進呈臣浚等奏事，上方議諸軍置副。二十八日己丑，詔殿前司等並許差都副統制。』以前後指揮參考之，則德除命必在乙丑已後、癸未已前，但未知的在何日耳。」又甲申條注曰：「張浚行狀云：『秦檜等奏以王德爲都統制，即軍中取酈瓊副之。公俱以爲不然，奏論之。』按日曆所書議諸軍置副在浚還朝之後，則二人非並除也。殿前司等處置副統制指揮在後五日己丑。」

［五二］瓊等舉軍叛執吕祉以行欲渡淮歸劉豫　齊東野語卷二張魏公三戰本末略淮西之變云：「紹興七年三月，浚奏劉光世在淮西，軍無紀律，罷爲少師、萬壽觀使，以其兵隸都督府。命參謀、兵部尚書吕祉往廬州節制，且以王德爲都統制，酈瓊副之。瓊與靳賽，皆故群盜，與王德素不相能。德威聲素著，軍中號爲王夜叉。都承旨張宗元深以爲不可，謂浚曰：『瓊等畏德如虎，今乃使臨其上，是速其

叛也。』浚不以爲然。……及德視事教場，諸將執撾用軍禮謁拜。瓊登而言曰：『尋常伏事太尉不周，今日乞做一牀錦被遮蓋。』德素獷勇自任，竟不解出一語慰撫之，遂索馬去。於是瓊輩愈懼，相與連銜上章，乞回避之。張宗元知其事，復語浚曰：『業已爾，今獨有終任德，或可以鎮。不然，變且生矣。』浚不以爲然，遂奏召德還。以張俊爲淮西宣撫使，駐盱眙；楊沂中爲淮西制置使，劉錡副之，並駐廬州。且命酈瓊以所部兵赴行在，意將以奪其軍而誅之。宗元聽制於文德殿下，語人曰：『是速瓊等叛耳。』會祉復密奏罷瓊兵柄，書吏朱照漏語於瓊，於是叛謀始決。及金字牌飛報，呂方坐廳事，聞有大聲如髐箭辟歷，自戟門隨牌而至，及啟視之，乃三使除書也。呂拍案歎曰：『龐涓死此樹下。』即時亂作，遂縛呂祉，及殺中軍統制張景、鈐轄喬仲福劉永衡友，前知廬州趙康直、攝知廬州趙不群，以其所部七萬人悉叛歸劉豫。至淮岸，遂殺祉及康直，釋不群使還。浚乃亟遣張宗元使招之，已不及矣。」按，「七萬人」，要録卷一一三紹興七年八月戊戌條作「四萬人」，且注曰：「按光世一軍，王德所部八千人已還建康。……趙甡之遺史亦云四萬人，似得其實。」又按，兵變經過詳見要録卷一一三紹興七年八月戊戌條。

〔五三〕近與共事始知其闇　要録卷一〇七紹興六年十二月甲午朔條云：「詔行宮留守秦檜令赴行在所奏事。張浚以檜在靖康中建議立趙氏，不畏死，有力量，可與共天下事。一時仁賢薦檜尤力，遂推引之。」注曰：「林泉野記云：『檜知溫州，碌碌無治聲。張浚爲相，上幸平江撫軍，浚以檜柔佞易制，薦入使備員，乃除行宮留守。』今不取。」又卷一一二紹興七年七月壬申條曰：「時方盛暑，浚一日坐東閣，參知政事張守突入執浚手曰：『守向言秦舊德有聲，今與同列，徐考其人，似與昔異，晚節不免有患失心，是將爲天下深憂。』蓋指樞密使秦檜也。浚以爲然。」

〔五四〕後反謂鼎上召公而丞相遲留至上使人促始進入　朱子語類卷一三一中興至今日人物上云：「趙公再相，會之（秦檜）反謂之曰：『張德遠直恁無廉恥，弄壞得淮上事如此，猶不知去，及主上傳宣來召相公，方皇恐上馬去。』趙公以爲然。後又數數譏問之，趙公不能不信也。」

〔五五〕而一時仁賢薦檜尤力遂推引　宋史卷三七五張守傳稱「守嘗薦秦檜於時宰張浚」。又卷四七三秦檜傳云胡安國「嘗問人材於游酢，酢以檜爲言，且比之荀文若。故安國力言檜賢於張浚諸人」。要録卷一〇四紹興六年八月丁未條注引趙甡之遺史曰「秦檜爲行宮留守，張浚薦之也」。按，張浚推引秦檜，乃因其與趙鼎爭權，遂欲引用秦檜以擠趙鼎。

〔五六〕以九月五日公得請授觀文殿大學士提舉江州太平興國宮　要録卷一一四紹興七年九月乙丑條注曰：「張浚行狀云：『浚以五月九日得請。』按浚初五日尚率百官行事，行狀恐誤。」按，「五月九日」當爲「九月五日」之譌。又齊東野語卷二張魏公三戰本末略淮西之變云：「浚遂上章引咎，臺臣交章論列，謂『浚輕而寡謀，愚而自用。德不足以服人，而惟恃其權；誠不足以用衆，而專任其數。若喜而怒，若怒而喜，雖本無疑貳者，皆使之有疑貳之心；予而陰奪，奪而陰予，雖本無怨望者，皆使之有怨望之意。無事則張威恃勢，使上下有暌隔之情；有急則甘言美辭，使將士有輕侮之意。酈瓊以此懷疑，以數萬衆叛去。然浚平日視民如草菅，用財如糞土，竭民膏血而用之軍中者，曾何補哉？陛下尚欲觀其後效，臣謂浚之才，止如是而已』。時司諫王縉則以罪在劉光世，參政張守期爲力求末減，都官郎官趙令衿則乞留浚，陳公輔則謂不可因將帥而罷宰相，於是罷爲觀文殿大學士，提舉太平觀。」

〔五七〕以朝奉大夫秘書少監分司西京永州居住　要録卷一一五紹興七年十月戊戌條載：「特進、提舉江州太平觀張浚責授左朝奉大夫、秘書少監，分司南京，永州居住。先是，趙鼎奏欲降一詔以安淮西軍民，上曰：『當以罪己之意播告天下，俟行遣張浚畢降詔。』鼎曰：『浚已落職。』上曰：『浚誤朕極多，理宜遠竄。』鼎曰：『浚母老，且有勤王大功。』上曰：『勤王固已賞之爲相也，功過不相掩。』於是臺諫周秘等論浚罪未已。秘奏：『浚去國之數日，乃與賓客置酒高會，從容遊觀，殊無恐懼循省之意。今聞盛兵自衛，居苕霅間，若不稍申遣罰，則浚必不自知其罪，而四方之人亦未必知浚之所以去也。』石公揆奏：『浚之罪惡，上通於天。竭天下之財，東南爲之困；覆富平之師，西北爲之擾。止於褫職，人心謂何？』李誼奏：『浚罪戾之餘，更求衛卒之衆。頃年責居福州，於未行間，亦上章以官田爲請，其意以此卜陛下眷禮之盛衰。』惟秘奏罪大責輕，未知所懼。秘對後四日，夜降秘等各兩章，後批浚散官安置嶺表。中書舊例，御批即時行出，至是，鼎封起未即行。翌日至漏舍，約諸人救解。鼎奏曰：『前日趙令衿之言，外頗傳播，以謂浚之出皆諸將之意。今又如此行，外聞益疑矣。』上曰：『若宰相出入由於諸將，即唐末五代之風，今幸未至此。』鼎曰：『今謫浚雖非諸將之言，亦少快諸將之意矣。』上曰：『此不恤也。』樞密使秦檜奏曰：『臣等前日不敢言，今日却當言。』參知政事張守曰：『浚爲陛下捍兩淮，宣力勤勞。前此罷劉光世，正以其衆烏合不爲用，今具驗矣。群臣從而媒孽其短，臣恐後之繼者必指浚爲鑒，孰肯身任陛下事乎？且其母老矣，惟陛下哀憐之。』上顧而不答。鼎開陳累數百言，上意殊未回。鼎又曰：『浚有母老，今過嶺，必不能將老母。浚有勤王功，陛下忍使其子母爲死別乎？』上猶未解。鼎又曰：『浚所犯不過公罪，恐不應如此。』上乃曰：『來日再將上商量。』鼎又留身再懇曰：『浚之罪不過失策耳。凡人計謀欲施之際，豈不思慮，亦安能保其萬全？倘因其一失便寘之死地，後雖有奇謀妙算，誰敢獻之？此事利害自關朝廷，非獨私浚也。』上意解。……又翌日，乃有是命。」

［五八］而車駕自江上還臨安矣　朱子語類卷一三一中興至今日人物上云：「只因酈瓊叛去，德遠罷相，趙公再入，憂虞過計，遂決還都臨安之策，一夜起發，自是不復都金陵矣。」

［五九］時虜中變盟復取河南　宋史卷二九高宗紀載紹興十年「五月己卯，金人叛盟，兀朮等分四道來攻」。至「乙酉，兀朮入東京，留守孟庾以城降，知興仁府李師雄、知淮寧府李正民及河南諸州繼降」。

［六〇］檜黜秉信　要録卷一四七紹興十二年十一月己丑條注曰：「案日曆，秉信今年十二月己未遷密院檢詳，此時使尚未回，所謂『以官爵誘之』者是也。然秉信十四年二月除右司員外郎，其制詞云『庀官樞省之聯，案視湘潭之境，勤勞靡憚，詳練有開』。後一十餘日又遷起居舍人。則非使還即被黜矣。」

［六一］檜命臺諫論公章四五上　要録卷一五五紹興十六年七月壬申條載御史中丞何若奏章有云：「浚建造大第，彊占民田，殊失大臣省愆念咎之體。居常怨恨，以和議非便，惟欲四方多事，僥倖再進，包藏禍心，爲害實大。望賜降黜，以爲臣子喜亂徇私之戒。」

［六二］至小兒婦女亦知天下有張都督也　老學庵筆記卷一〇云：「張魏公有重望，建炎以來置左右相多矣，而天下獨目魏公爲張右相；丞相帶都督亦數人，而天下獨目魏公爲張都督，雖夷狄亦然。然魏公隆興中再入，亦止於右相領都督，乃知有定數也。」

［六三］方和議初定時國書中有不得輒更易大臣之語　按，就行狀「國書」云云，要録卷一四六紹興十二年九月乙巳條注曰：「案紹興講和録有金國主書三，烏珠書七，並無此語。或又別有書，姑附此，當求他書參攷。」

［六四］命臺臣王珉徐嘉輩有劾　按，要録卷一六九紹興二十五年八月己亥條載龍圖閣直學士、知洪州張宗元罷，云：「時秦檜忌特進、永州居住張浚尤甚，每臺諫官劾疏，必使及之。殿中侍御史徐嘉即言：『今陰邪逆黨，尚爾交結，簧鼓衆聽，撼搖國是。宗元天資陰狡，頃在川陝，與浚大誤國事。今書問往來，健步絡繹，無一日無之。浚之諸僕皆寄名帥司親兵，月置銀與之。』時江西轉運判官張常先亦箋注宗元與浚壽詩，右宣教郎、添差安撫司主管機宜文字徐樗又疏宗元之短，宗元遂罷。」

［六五］有張柄者嘗奏請令檜乘金根車　要録卷一五五紹興十六年正月戊寅條注曰：「按檜此時爲耕藉使，去年十一月癸卯禮寺

嘗乞耕藉使乘金根車，閏月甲午又奏止乘馬。柄非禮官，不知何以與聞之，或者禮官已改議不乘車，而柄復請之也。柄面對劄子全不見行下，當考。」

〔六六〕汪召錫者娶檜兄女嘗告訐趙令衿　要録卷一六八紹興二十五年五月癸丑條云：「先是，令衿自泉州代還，寓居衢州，嘗召客觀月。令衿因觀秦檜家廟記文，口誦『君子之澤，五世而斬』之句，右通直郎通判州事汪召錫、州學教授莫汲皆於坐間聞之。召錫娶檜兄女，遂令汲告令衿評論日月無光，謗訕朝政。守臣左中大夫王師心勸之不能止，（董）德元聞而劾之。」

〔六七〕又使江南轉運判官張常先治張宗元獄株連及公　宋史卷三八七汪應辰傳云：「時檜所深忌者趙鼎、張浚，鼎既死，而浚獨存，未快其意。江西運判張常先箋注前帥張宗元與浚詩，言于朝。其詞連逮者數十家，將誣以不軌而盡去之。獄既具，檜死，應辰幸而免。」

〔六八〕又捕趙鼎子汾下大理獄　要録卷一六九紹興二十五年八月辛巳條云：「殿中侍御史徐嘉言：『近者臣僚論列趙令衿罪惡，已蒙付之有司施行。臣訪聞事目内一項，稱令衿與趙鼎之子汾終日開懷痛飲，臨别厚贐之，且寄以書信，未知所寄何人。臣竊謂汾故宰相之子，乃甘心與人遞送書信，決有姦謀密計，窺伺朝廷事機。儻不究治，則罪惡不彰，爲國產禍，不可不慮。』詔送大理寺究治。」

〔六九〕會檜病篤不能書判以死　要録卷一六九紹興二十五年十月辛卯條注曰：「臣嘗見前校書郎魏了翁言：『在館中時，聞今敷文閣直學士吴獵言秦檜病時，大理寺官以趙汾等獄案上省，檜夫人王氏却之，語家吏曰：「太師病勢如此，且休將這般文字來激惱他。」如此者再三。檜死，事遂已。』……臣又嘗見蜀之老士人有爲薛仲邕館客者言：『仲邕時持案牘入檜卧内，是時已擬定刑名，只取檜一押字，會其疾篤乃已。所謂五十三人，趙令衿、胡銓、汪應辰、張孝祥之徒皆是也。』臣按此時仲邕以樞密院編修官兼權檢詳。仲邕乃曹泳甥，與秦檜有連，故得出入卧内也。但五十三人不能盡得其名，惜哉。」又卷一七〇紹興二十五年十一月戊申條注曰：「臣嘗聞前校書郎魏了翁言吴獵在館中，嘗云：『張浚謫居永州，杜門不通人，惟穴墻以通薪水。一日，有自穴中擲身而下者，已困頓不省。其子栻往問之，乃趙刪定者，爲栻言秦檜方起大獄，相公與某皆在其中，勢不免死，故來相别爾。栻不敢以白浚，延之别室。浚微聞之，召栻謂曰：「吾曾薦秦會之，必不見殺，然亦當往海南。橐中有銀苕子，留其半，汝奉吾母歸長沙。其餘中分，半以予趙，半以備海南之行，可也。」又數日，有黄衣卒復自穴中擲身而下，其家以爲謫命至，大懼，亟往視之，卒困甚不能言，指腰間小紙文書，取視之，乃湖南漕臣所寄也。其書云十月二十二日秦太師已致仕，伏乞鈞照。浚始命撤關啓門。』獵潭州人，舊游栻之門，其言必有據。」

［七〇］盡斥群兇　宋史卷三一高宗紀載紹興二十五年十月丁酉，「檜姻黨户部侍郎兼知臨安府曹泳停官，新州安置。朱敦儒、薛仲邕、王彦傅、杜思旦皆罷」。辛丑，「徙殿中侍御史徐嘉、右正言張扶皆出爲他官」。十一月辛未，「知建康府王會及列郡守臣王晌、王鑄、鄭僑年、鄭震、方滋俱以諂附貪冒罷」。

［七一］有旨復令永州居住候服闋日取旨　要録卷一七五紹興二十六年十月丁酉條云：「御史中丞湯鵬舉即奏：『浚身在草土，名繫罪籍，要譽而論邊事，不恭而違詔書，取腐儒無用之常談，沮今日已行之信誓，豈復能爲國家長慮？却顧徒以閒居日久，惟幾復用耳。議者以爲前此權臣嘗被其薦，故雖洊致人言，姑竄近地。況浚近得旨歸葬於蜀，倘堅異議，以倡率遠方之人，慮或生患。望屏之遠方，以爲臣下不忠之戒。』殿中侍御史周方崇亦言：『浚倡爲異議，以動摇國是，欺愚惑衆，冀於再用，不顧國家之利害，罪不容誅。望破其姦謀，重加貶竄，以正妄言之罪。』右正言凌哲言：『浚憑愚護短，專務立異，求售前日之臆説，恐遠方遐徼，民聽易惑，别生事端。望賜黜責，以爲懷詐徇私、欺世盜民之戒。』」遂「詔前特進張浚依舊令永州居住，候服闋取旨」。注曰：「趙甡之遺史云：『初，張浚責永州居住。秦檜既死，已放令任便居住矣，至是，浚進書乞勿信沈該、万俟卨二相，宜修武備。或謂浚無此書，憸人僞撰而進之，或又以爲金人令姦細詐作浚書以進，雖不可明，然該、卨大怒。湯鵬舉迎合二相意，乃上言浚罪，有旨永州居住。』按，甡之所記得於傳聞，今不取。」

［七二］自庚辰秋冬朝廷頗聞虜有異志　要録卷一八五紹興三十年五月辛卯條注引中興聖政龜鑑曰：「紹興二十九年，孫道夫使金回，言金將求釁於我。未幾，黄中再使回，又言金治汴兵矣，不數日可至淮上。……葉義問使還，見金已聚兵，有入犯意。」按，葉義問出使在紹興三十年庚辰。

［七三］有旨令公湖南路任便居住　要録卷一八八紹興三十一年正月己亥條云：「詔特進、提舉江州太平興國宫、和國公張浚令湖南路任便居住。時浚尚責居永州，殿中侍御史陳俊卿間爲上言：『浚忠義，且兼資文武，可付以閫外。臣素不識浚，雖聞其嘗失陜服、散淮師，而許國之心，白首不渝。今杜門念咎，老而練事，非前日浚也。願陛下勿惑讒謗，雖未付以大柄，且與以近郡以係人心，庶緩急可以相及。』上納其言。」

［七四］遂改命公判建康府兼行宫留守　本書中集卷三三楊文安公椿墓誌銘云其「自虜之欲入寇也，薦張和公浚老成知兵可用，至

是留守金陵」。按，要録卷一九〇紹興三十一年六月壬寅條云：「先是，俊卿復言張浚可用，上曰：『卿欲用浚爲何官？』俊卿曰：『此在陛下。』上曰：『浚才疎，使之帥一路，或有可觀，若再督諸軍，必敗事。』俊卿曰：『人皆以浚爲可，陛下何惜不一試之？』上首肯。」

〔七五〕顯忠乘士氣鋭追之多所俘獲　要録卷一九五紹興三十一年十二月甲寅條云：「上至無錫縣，宰執奏淮東敵人已遁去，淮西尚餘三萬衆據和州。……是日，淮西制置使李顯忠與金人戰於楊林渡，却之，將士死者千四百人，殺傷大當。翌日敵乃去。」

〔七六〕子蓋率兵力戰大破虜衆得脱歸者無幾　要録卷一九九紹興三十二年五月辛亥條云：「子蓋至京口，整軍渡江，亟趨漣水，擇便道以進。前一日至石湫堰，敵萬騎陳於河東。子蓋曰：『彼衆我寡，利在速戰，不可令敵知吾虛實。』於是率精鋭數千騎，馳馬先入，諸將皆進。復州防禦使王友直以所部力戰，御營宿衛前軍統制張玘爲流矢中其腦，没於陣。士卒死鬬，敵遂大敗，擁入河，溺死幾半，餘騎遁去。」

〔七七〕未幾成軍　建炎以來朝野雜記甲集卷一八神勁神武忠勇忠鋭忠武軍云：「始張忠獻公爲江淮宣撫使，以爲淮楚之人，自古可用，乘其困擾之後，當收以爲兵。乃奏置御前萬弩營，募淮南北之民十八已上、四十五已下，不涅臂而屯於建康。五人爲保，兩保爲甲，十甲爲隊，有功同賞，有罪同罰。擢陳敏於廢困中，以爲統制。敏感激圖報，未幾成軍，凡萬八千人。隆興初，賜名『神勁』，隸都督府，歲費錢二萬緡。魏公罷，錢處和（端禮）出使，言逃死者已七千人。湯丞相（思退）以費國用爲言，遂不復補。」又，四朝聞見録丙集萬弩營云：「紹興末，孝宗命張浚置御前萬弩營於鎮江。癸未戍泗州，甲申與敵鬬，皆有功。」

〔七八〕進封魏國公　建炎以來朝野雜記乙集卷一一使相以上封國例云：「故事，使相以上封國公者，先小國，經恩升次國，又經恩升大國。若孝宗初政，張忠獻以特進、和國公拜少傅、江淮宣撫使，封魏國公，官爵皆進二等，蓋殊命也。」

〔七九〕浩竟遣之　楊萬里集卷一一五張魏公傳云：「先是，洪邁、張掄使虜回，見浚，具言虜不禮我使狀，且令稱陪臣。浚請不當復遣使。」宋史卷三七三洪邁傳云其「假翰林學士，充賀登位使，欲令金稱兄弟敵國而歸河南地。夏四月戊子，邁辭行，書用敵國禮，高宗親札賜邁等曰：『祖宗陵寢，隔闊三十年，不得以時洒掃祭祀，心實痛之。若彼能以河南地見歸，必欲居尊如故，正復屈己，亦何所惜。』邁奏言：『山東之兵未解，則兩國之好不成。』至燕，金閤門見國書，呼曰『不如式』，抑令使人於表中改『陪臣』二字，朝見之儀必欲用舊禮。邁初執不可，既而金鎖使館，自旦及暮，水漿不通，三日乃得見。金人語極不遜，大都督懷忠議欲質留，左丞相張浩持不可，乃遣還」。

[八〇] 復申前說　齊東野語卷二張魏公三戰本末略符離之師云：「浚既入見，屢奏欲先取山東。時顯官名士如王大寶、胡銓、王十朋、汪應辰、陳良翰等，皆魏公門人，交贊其謀。左僕射史浩獨不以爲然。……繼而主管殿前司公事李顯忠、建康都統制邵宏淵亦奏乞引兵進取。浩曰：『二將輒自乞戰，豈督府命令有不行邪？』」時督府準遣李椿、武鋒軍都統制陳敏諫阻之，「浚皆不聽。韓元吉以長書投浚，言和、戰、守三事。……參贊軍事唐文若、陳俊卿皆以爲不若養威觀釁，俟萬全而後動。亦不從。遂乞即日降詔幸建康，以成北伐之功。史浩曰：『古人不以賊遺君父。必俟乘輿臨江而後成功，則安用都督哉？』上以問浩，浩陳三說，……孝宗大悟，謂浚曰：『都督先往行邊，俟有功緒，朕亦不憚一行。』浚怒曰：『陛下當以馬上成功，豈可懷安以失事機？』……尋復論辨於殿上，浚曰：『中原久陷，今不取，豪傑必起而取之。』浩曰：『中原必無豪傑，若有之，何不起而亡金？』浚曰：『彼民間無寸鐵，不能自起，待我兵至，而爲内應。』浩曰：『勝、廣能以鉏櫌棘矜亡秦，彼必待我兵至，非豪傑矣。若有豪傑而不能起，則是金猶有法制維持之，未可以遽取也。今不思，將貽後悔。』又上疏力諫。……明日内引，浚奏曰：『史浩意不可回也。恐失機會，惟陛下英斷。』於是不由三省、密院，徑檄諸將出師矣。德壽知之，謂壽皇曰：『毋信張浚虚名，將來必誤大計。他專把國家名器、財物做人情耳。』已而，浩於省中忽得宏淵等遵稟出軍狀，始知其故。浩語陳康伯曰：『吾屬俱兼右府，而出兵不得與聞，則焉用彼相哉？』浩遂力請罷歸，乃出知紹興府。臨辭，復曰：『願陛下審度事勢，若一失之後，恐終不得復望中原矣。』」又朱子語類卷一三一中興至今日人物上云：「張魏公可惜一片忠義之心，而疏於事。亦是他年老，覺得精神衰，急欲成事，故至此。兼是朝廷諸公不能得公用兵，幸其敗，以爲口實。初間是李顯忠、邵宏淵請於公，以爲虜人精兵在虹縣矣，俟秋來大舉南寇。今若不先破其巢穴，待他事成驟至，某等此時直當不得。公問其實否，李顯忠、邵宏淵便云：『某人之語甚詳。』即不僉聽，呼二人議，其說如前。公曰云云，於是即動，不知如何恁地輕率？」

[八一] 顯忠大破之琦所將萬人降殺殆盡　宋會要輯稿兵一四之四四云：隆興元年五月「十四日，淮西路招撫使、御前諸軍都統制李顯忠言：『依聖旨，親率軍馬前去招納僞都統蕭琦，於五月初六日到靈壁南，逢見蕭琦統馬軍三千五百餘騎拒抗官軍，差都總管時俊等與賊交戰，蕭琦敗走。初七日，直抵靈壁。賊一萬五千餘騎於城南布陣，顯忠布分軍馬，與賊鏖戰，自辰至未，賊兵大敗，殺降到蕃賊二千六百餘人，收復縣城。」

〔八二〕顯忠等信之夜引歸　齊東野語卷二張魏公三戰本末略符離之師云：「時符離府軍中，尚有金三千餘兩，銀四萬餘兩，絹一萬二千匹，錢五萬緡，米、豆共糧六萬餘石，布袋十七萬條，衣縧、棗、羊、粆各一庫，酒三庫。乃縱親信部曲，恣其搬取，所餘者始以犒軍人，三兵共一緡。士卒怨怒曰：『得宿州，賞三百。得南京，須得四百。』既而復出戰，悉棄錢溝壑。由是軍情憤詈，人無鬭志。浚乃移書，令宏淵聽顯忠節制，宏淵不悅。已而復令顯忠、宏淵同節制，於是悉無體統矣。孝宗聞之，手書與浚曰：『近日邊報，中外鼓舞，十年來無此克捷。』以盛夏人疲，急召李顯忠等還師。未達間，忽報金人副元帥紇石烈志寧大軍且至，遇夜，軍馬未整，中軍統制周宏先率軍逃歸，繼逃歸者宏淵之子世雄、統制左士淵，二將皆不能制。於是顯忠、宏淵大軍並丁夫等十三萬衆，一夕大潰，器甲資糧委棄殆盡。士卒皆奮空拳，掉臂南奔，蹂踐飢困而死者不可勝計。二將逃竄，莫知所在。」宋史卷三三孝宗紀云：隆興元年五月辛亥，「金紇石烈志寧自睢陽引兵至宿州，李顯忠擊卻之」。壬子，「顯忠與金人戰于宿州，邵宏淵不援，顯忠失利」。是夜，「建康中軍統制周宏及宏淵之子世雄、殿前司統制官左士淵逃歸」。癸丑，「金人攻宿州城，顯忠大敗之。殿前司統制官張訓通等七人、統領官十二人，以二將不叶而遁。甲寅，李顯忠、邵宏淵軍大潰于符離」。

〔八三〕時虜名酋猛將降執系道精甲利兵破亡不啻三倍　齊東野語卷二張魏公三戰本末略符離之師云：「金紇石烈志寧遺書議和，有云：『乃者出師詭道，襲我靈壁、虹縣，以十餘萬竊取二小邑。主將氣盈，率衆直抵符離。帥府以應兵進討，憑仗天威，以全制勝，所殺過當，餘衆潰去。計其得喪，孰少孰多。』」

〔八四〕切不可先啓和之言　齊東野語卷二張魏公三戰本末略符離之師云：「傳言金且至，（張浚）遂亟渡淮入泗州，已而復退維揚。窘懼無策，遂解所佩魚，假添差太平州通判張蘊古爲朝議大夫，令使金求和。僚吏力止之，以爲不可。乃奏乞致仕，又乞遣使求和。孝宗怒曰：『方敗而求和，是何舉措！』於是下詔罪己。……張浚降特進，江淮東西路宣撫使，官屬各奪二官。邵宏淵降五官，又責靖州團練副使，南安軍安置；李顯忠責授清遠軍節度副使，筠州安置，又再責萊州團練使，潭州安置。棄軍諸將，遞降貶竄有差。」又引何氏備史云：「符離之敗，國家平日所積兵財，掃地無餘，乃以殺傷相等爲辭，行賞轉官無虛日。隆興初年，大政事莫如符離之事，而實録、時政紀並無一字及之，公論安在哉？」按，「萊州團練使，潭州安置」，當爲「果州團練副使，漳州安置」之譌。

〔八五〕建議王之望龍大淵爲通問使副　建炎以來朝野雜記甲集卷二〇癸未甲申和戰本末云：隆興元年八月六日甲子，「紇石烈志寧遺書遺三省、樞院，己卯進呈，上付督府，魏公未肯答，而湯、陳二相欲亟與之和。丙戌，以淮西安撫司幹辦公事盧仲賢爲樞密院計議官，持報書以往，大略謂泗、海、唐、鄧等州，乃正隆渝盟之後、本朝未遣使之前得之。至於歲幣，固非所較，第以兩淮凋殘之後，恐未能充其數。九月，仲賢辭行，上戒勿許四郡，而執政命許之無傷。仲賢至宿州，僕散忠義懼之以威，乃言歸當稟命許四郡。遂以忠義遺三省、樞密院書來，凡畫定四事：一，叔姪通書之式；二，唐、鄧、海、泗之地；三，歲幣銀絹之數；四，叛亡俘掠之人。且約令十一月二十日以前，持誓書來。史丞相之在位也，嘗與魏公議，欲以弟姪之禮事之。至是頗合其説。己丑進呈，執政皆賀，上猶欲止割泗、海，徐議唐、鄧。侍御史周操、右正言陳良翰聞之，相繼入見，論其不可。上命執政出虜書示之，執政不出。湯相遽奏以户部侍郎王之望爲通問使，知閤門事龍大淵副之。……是日，操、良翰始見虜書，翌日共奏：『乞勿與四州，待得陵寢而後與歲幣。』於是左僕射陳康伯、右僕射湯思退、參知政事周葵、同知樞密院事洪遵同奏：『張浚宿望，實當梱寄，凡所持論，人無不從。侍從、臺諫之臣，亦當與聞國論。望召浚歸闕，特垂諮訪。』仍令侍從、臺諫集議，當與不當議和，合與不合遣使，禮數之後先，土貢之取予，仍令各薦所知，以備小使，凡五事於後省限一日集議。……又翌日，上朝德壽宮，因奏知遣使通問事，上皇甚喜，諭上以欲自備一番禮物。魏公在揚州聞之，遣敬夫（張栻）入奏仲賢辱國無狀。上始怒。操又論仲賢不應擅許四郡，下大理，削其官。召魏公赴行在。兵部尚書虞允文時爲京湖制置使，亦以四州不可棄，數上疏争之。侍從、臺諫議上之十日，宰執復奏言：『此皆以利害不切於己，大言誤國，以邀美名。宗社之重，豈同戲劇？今日議和，政欲使軍民少就休息，因得爲自治之計，以待中原之變。』上意遂定。十二月，陳公罷左僕射。」又云：「先是，周操、陳良翰嘗言『大使未可遣，當遣小使』。上意不以爲然，遂遣審議官右宣義郎胡昉、修武郎楊由義先行。後十餘日，通問使副王之望、龍大淵發行在。」

〔八六〕十二月二十二日制拜公尚書右僕射　容齋五筆卷一〇祖宗命相云：「隆興元年冬，湯岐公思退爲右僕射，張魏公浚爲樞密使，孝宗欲命張爲左，請於德壽，高宗曰：『湯思退元是左相，張浚元是右相，只仍其舊可也。』於是出命。」

〔八七〕俄有旨命公按視江淮　建炎以來朝野雜記甲集卷二〇癸未甲申和戰本末載：隆興二年三月「丁亥，詔：『荆襄、川陝嚴爲邊備，仍不得先事妄舉。』湯相計窮，請上以社稷大計奏稟上皇，而後從事。上批付三省曰：『虜無禮如此，卿猶欲和。今日虜勢，非秦檜時比，卿之議論，秦檜不若。』湯相恐，乃陽乞奉祠，而陰謀去張公益甚，遂令瞻叔、大淵擘遞疏上言：『兵少糧乏，樓櫓器械未備，斥堠全無。』又言：『委四萬衆以守泗州，非計。』上頗惑之，乃命魏公行邊」。

［八八］督府參議官馮方立朝有直聲　齊東野語卷二張魏公三戰本末略符離之師引劉氏日記云：張浚「辟查籥、馮方爲屬，此二人尤輕鋭，朝廷患之」。

［八九］上察公懇誠欲全其去　四朝聞見録乙集孝宗恢復云：「光堯每以張浚誤大計爲辭，謂上『毋信其虚名。浚專把國家名器錢物做人情。浚有一册子，纔遇士大夫來見，必問其爵里書之，若心許其他日薦用者。又鎔金盌飲兵將官，即以予之。不知官職是誰底，金盌是誰底』。或者謂必有近習譖浚於太上云。」

［九〇］而思退等遂決棄地求和之議　金史卷八七紇石烈志寧傳云：「宋人議和不能決，都元帥僕散忠義移軍泰和，志寧移軍臨渙，遂渡淮，徒單克寧取盱眙、濠、廬、和、滁等州。」宋史卷三三孝宗紀載隆興二年十一月「丙申，遣國信所大通事王抃持周葵書如金帥府，請正皇帝號，爲叔姪之國；易歲貢爲歲幣，減十萬；割商、秦地；歸被俘人，惟叛亡者不與。誓目大略與紹興同」。鶴林玉露丙編卷四中興講和云：「孝宗即位，鋭意規恢，起張魏公督師。南軒以内機入奏，引見德壽宫，時盧仲賢使金，高宗問曾見仲賢否。對曰：『臣已見之。』又問：『卿父謂如何，莫便議和否？』對曰：『臣嘗謂金人必衰敗，國家必隆興。』上曰：『何如？』對曰：『太上皇帝仁孝之德，上格于天，又傳位聖子，雖古唐虞無以過，而金人不道，篡奪相仍，無復君臣父子，不知天心祐國家乎？祐金人乎？臣有以知其然也。』上曰：『極是。今日金人誠衰乎？』對曰：『自亮送死之後，士馬物故甚衆，諸國背叛，人心怨離，金誠衰矣。』上曰：『自亮死，非特金人衰弱，吾國亦未免力弱。但仲賢等既回，何以應之？』對曰：『臣父職在邊隅，戰守是謹，此事看廟堂如何議，但願審處而徐應之，無貽後悔。』上曰：『只是説與卿父，今日國家須更量度民力國力，早收拾取。聞契丹與金相攻，若契丹事成，他日自可收卞莊子刺虎之功。若金未有亂，且務恤民治軍，待時而動可也。』高宗懲於變故，意不欲戰，且聞金人議欲尊我爲兄，故頗喜之。孝宗初年，規恢之志甚鋭，而卒不得逞者，非特當時謀臣猛將凋喪略盡，財屈兵弱未可展布，亦以德壽聖志主於安静，不思違也。」

［九一］公没五年上追思公忠烈慨然感動詔有司加贈太師賜謚太常采公議以忠獻來上詔可之　建炎以來朝野雜記乙集卷八張虞二丞相賜謚本末云：「阜陵初受禪，首任張魏公以經略中原，禮貌之隆，群公莫及。嘗書聖主得賢臣頌以賜，又親書其生辰而祀之禁中。每有所疑，必先諮欽夫，示不敢面詰，其尊禮如此。及符離師潰，上眷頓衰，免相西歸，薨於餘干。卹典無加，賜謚不講。後四年，公之門

人陳應求入相，明年春二月，乃白贈公太師，賜謚。初議『忠正』，既而以不可爲稱，乃謚忠獻焉。」

附：晦庵集卷九五少師保信軍節度使魏國公致仕贈太保張公行狀

本貫漢州綿竹縣仁賢鄉武都里。

曾祖文矩，故不仕，贈太師、沂國公。妣沂國夫人楊氏。

祖紘，故任殿中丞致仕，贈太師、冀國公。妣冀國夫人趙氏、王氏。

父咸，故任宣德郎，贈太師、雍國公。妣秦國夫人計氏。

公諱浚，字德遠，本唐宰相張九齡弟節度使九皋之後。自九皋徙家長安，生子抗，抗生仲方，仲方生孟常，孟常生克勤，克勤生縟，縟生紀。紀生璘，即公五世祖，仕僖宗時爲國子祭酒，從幸蜀，因居成都，壽百二十歲。長子庭堅，以蔭爲符寶郎，後不仕。符寶之子即沂公也。沂公蚤世，夫人楊氏攜三子徙綿竹依外家，遂爲綿竹人。長子即冀公也。

冀公幼慷慨有大志，不肯屑屑爲舉子業，於書無所不通。慶曆元年，詔舉茂才異等，近臣魚公周詢以公文五十篇應詔，召試秘閣報聞。時西鄙方用兵，魚公謂公曰：「天子以西事未寧，宵旰求賢，惟恐不及。子其可在草野乎？僕當復率賢公卿共薦論，不敢隱也。」遂與程公戡以公慶曆禦戎策三十篇上。公之策大抵謂：「唐之所患，節鎮兵盛；今之所患，中原兵弱。邊鄙有警，無以禦敵，良由四方藩境無調習之甲兵，無親信之士卒，兵以衆合，將以位充，行陳部伍都無倫理，何異驅市人而戰？古者兵出不踰時，今五年矣，民困財匱，點科不息，生盜賊心，後患未可量也。可不速有改更，圖所以爲靖民威敵久遠之計乎？今當以陝西四路、河北三路、河東一路割兵屬將，公選其人，不拘官品，爲置文臣通曉者二人爲軍謀，而使各得自辟其屬，丁壯之目、財賦之用悉付之，勿使中官擾其事，勿使小人分其權。而通置采訪使二員，分部八路，提其綱領，糾其姦非。如轉運、提刑、運判、監軍可悉罷去，庶幾事權歸一，戎虜可遏而人民可蘇也。」有旨下國子監詳定以聞。召試西掖。張公方平奏公論優長，天子嘉之，授將作監主簿，實二年之冬，事載國史。程公尤器重公，及帥涇原，辟公掌機宜事。移高陽，復辟焉。改秩知雷州。時黎人擾朱崖，朝命委公自四明遣兵數百，浮海道往鎮海隅。公至，不鄙其民，撫綏安靜，寇亦旋息。除管幹都進奏院。公年踰六十，即浩然思歸，致其事。自號希白先生，築希白堂，一時賢公卿皆爲賦詩。

公親教授雍公。雍公字君悅，中元豐二年進士第，歷官州縣。職事之外，覃思載籍，諸子百氏之説無不貫穿，而折衷於六經，其爲文辭奇偉條暢。元祐三年，自華州學官，以近臣舉應賢良方正能直言極諫科，奏篇爲天下第一。比閣試，乃報罷。時太皇太后垂簾，哲宗未親庶政，自宰相、百執事皆選用名彦，更張前日王安石政事之弊，排斥異議，沮抑邊功。公念明時難遇而内有所懷，思以補報，既不得對，無路上達。宰相呂汲公大防方貴重用事，公作時議上之，大略謂「今民和時雍，守成求助，而戒飭警懼不可以忽。況大憂未艾，深患未弭，博禍未去。所謂大憂，戢兵之説也；所謂深患，差役之説也；所謂博禍，行法之説也。戢兵之説，其憂有三：有損勢耗財之憂，有沮軍擾民之憂，有滋敵玩兵之憂。差役之説，其患有三：有貧富不均之患，有州縣勞擾之患，有簿書侵撓之患。而二者之本則在朝廷，惟朝廷之上去私意、公是非、明可否，一本於大中至正，法之可行，無問於新之與舊，議之可用，無問於今之與昔，除目前之害，消冥冥之變，則所謂大憂者可轉而爲樂，所謂深患者可轉而爲安，所謂博禍者可轉而爲福，今日之治，斯可維持於永世矣」。汲公不納，而識者歎公先見之明且遠云。公歸又六年，復召試，考官以公文詞傑出，置高等。宰相章惇覽其策不以元祐爲非，且及廟堂用私意等事，無所回互，甚不悦。數日，公往謝之，惇嘻笑曰：「賢良一日之間萬餘言，筆鋒真可畏！」因授宣德郎、簽書劍南西川節度判官廳公事。人爲公不滿意，而公處之恬然。惇於是奏罷賢良科，而更置宏詞科。初，祖宗立制舉，招延天下英俊，俾陳時政闕失。天子虛己而聽，得士爲多。自熙寧六年用事大臣惡人議己，始令進士御試用策，而罷制科。司馬丞相輔元祐初政，以求言爲先務，遂復置焉。至是，惇惡雍公詞直，又廢之而立詞科。詞科之文，如表、章、贊、頌、記、序之屬，皆習爲佞諛者，以佞辭易直諫，蠹壞士心，馴致禍亂。而人不知其廢置之源蓋在此也。公晚得異夢，若有告者曰：「天命爾子名德，作宰相。」未幾而公生，故字之曰德遠云。

公生四年而雍公没，太夫人年二十有五，父母欲嫁之，誓而弗許。勤苦鞠育，公能言即教誦雍公文，能記事即告以雍公言行，無頃刻令去左右。故公雖幼，而視必端，行必直，坐不欹，言不誑，親族鄉黨見者皆稱爲大器。年十六入郡學，講誦不間蚤夜。同輩笑語喧譁，若弗聞者，未嘗一窺市門。教授蘇元老嘆曰：「張氏盛德，乃有是子。吾觀其文無虛浮語，致遠未可量也。」甫冠，與計偕入上庠。太夫人送之，拊其背而泣曰：「門户寒苦，賴爾立。當朝夕以爾祖爾父之業爲念。」凡數十條，書之策以授公。公去親側，常若在旁，無一言一動不遵太夫人之教。京師紛華，每時節游觀，同舍皆出，公獨在。蓬州老儒有嚴賡者，時亦遊太學，見公之爲，咨嗟愛重。賡嘗學易有得，遂以乾坤之説授公。

公中政和八年進士第。知樞密院鄧洵仁，蜀人也，與雍公有雅舊，謂公來見，當處以編修官，公竟不答。調山南府士曹以歸，奉版輿之官。山南大府事夥，帥重公才識，悉以委焉。公爲區處，細大各有條理。治獄明審，務盡其情。至狴犴木索，沐浴食飲，亦必躬涖之，寒暑不廢。以故軍民歸心，訟于庭者，皆願得下士曹治。其受輸盡去舊弊，使民得自執權概，人又便之。公事罷歸，即對太夫人讀書，至夜分乃寐。故同寮之賢者莫不親之，其不肖者亦往往革面憚公，不敢爲非。蒲中孫偉奇父，名士也，時過府與帥飲，至夜分，帥命繼酒于公所，公謂其使曰：「此爲何時，而欲發鑰取酒酣飲乎？郡人其謂何？某不敢也。」復命，帥未應，奇父整冠拱手曰：「公有賢屬如此，某罪人也。」問公姓名志之，即登車而去。又兼權成固縣事。秩滿，郡人遮道送者以千計，畫公像持以送公者至百餘。轉運使歎曰：「爲小官得人之情如此，使得志於時，又當如何耶？」調褒城令，辟熙河路察訪司幹辦公事。到官，徧行邊壘，覽觀山川形勢。時猶有舊日戍守將，公悉召，與握手飲酒，問以祖宗以來守邊舊法及軍陣方略之宜，盡得其實。故公起自疏遠，一旦當樞筦之任，悉通知邊事本末，蓋自此也。有旨以夏人争地界事委察訪司，命其屬往視分畫。公以十數騎直抵界上所謂陽關者，夏人始張旗幟騎乘於谷中，意不可測。及見公開誠，遂數語而定。改秩至京師，調恭州司録以歸。

會靖康改元，尚書右丞何㮚薦公，同胡寅召審察。先是，㮚以中丞論事罷去，寓居鄭州。公調官歸過鄭，念㮚亦蜀人，粗有時望，因見之，告以國事阽危，宜益自重，思經濟之圖，無爲淺露。㮚心重公，及執政，首薦焉。公到闕，聞㮚益輕儇，浸失人望，初見即以劄子規之，辭切厲。㮚不悦，不復使對，止除太常寺主簿。未幾而虜至城下。公在京師，獨與開封府判官趙鼎、虞部郎中宋齊愈、校書郎胡寅爲至交，寢食行止，未嘗相舍。所講論，皆前輩問學之方與所以濟時之策。時淵聖皇帝召涪陵處士譙定至京師，將處以諫職。定以言不用力辭，杜門不出。公往候見，至再三，定開關延入。公問所得於前輩者，定告公但當熟讀論語。公自是益潛心於聖人之微言。二聖出城，公以職事在南薰門，有燕人姓韓者仕虜爲要官，往來南薰，稔識公面。一日，謂公曰：「大人輩（虜人呼貴酋爲大人。）以京城之人不肯盡出金帛，翌日當洗城。」指城一角曰：「至時吾立大皂旗于此，爾來立旗下，庶可免。」公笑謂之曰：「公宜爲大人輩言，京師之人若盡死，金帛誰從而得乎？」姓韓人喜，若有得色。他日復值之，謂公曰：「比日以爾言説諸大人，已罷洗城之議矣。」此事世莫知也。

逆臣張邦昌乘時竊僭，公逃太學中。聞光堯壽聖太上皇帝即位南京，星夜馳赴。至即除樞密院編修官，改虞部員外郎。會上以初履寶位，登壇告天，公攝太常少卿導引。上見公進止雍容静重，心重之，即欲大用。詰朝以語宰執，時中書侍郎黄潛善嘗在興元，知公治績，因稱述焉。上簡記，他日除公殿中侍御史。先是，宰相李綱以私意論諫議大夫宋齊愈腰斬。公與齊愈素善，知齊愈死非其罪，謂上初立，綱以私意殺侍從，典刑不當，有傷新政，恐失人心。既入臺，首論綱罷之。駕幸東南，道途倉卒，後軍統制韓世忠所部軍人刼掠作過，逼逐左正言盧臣中墜水死。公以雖在艱難擾攘中，豈可廢法如此？即奏劾世忠擅離軍伍，致使師行無紀，士卒散逸爲變，乞正其罰。有旨從贖，公重論奏，及乞追捕散逸爲變者，上爲奪世忠觀察使。上下始肅然，知有國法。至維揚，即勸上無忘二帝北狩，常念中原，汲汲然脩德去弊，以振紀綱。每奏事，上未嘗不從容再三問勞，泛及爲治之方，輒至日昃。公所論專自人主之身以及近習、內侍、戚里，以爲正天下之本在此。乃奏崇觀以來濫授官資，乞盡釐正；戚里邢焕、孟忠厚不當居侍從，宜換右職；駙馬潘正夫不待扈從，先來維揚，請治其罪；內侍李致道誤國爲深，不當引赦叙復；尚書董耘獨以藩邸恩夤緣通顯，宜即退閑，皆蒙采納。時以藩邸舊宮錫號升暘，至維揚，內侍占官寺爲之。公奏：「方時艱難，行幸所至，豈宜爲此以重失人心？此必從行官吏欲假威福，妄興事端，借御前之號，爲奉己之私耳。乞行罷止。」上從之。

遷侍御史，賜五品服。公感上知眷，益思效忠。時車駕久駐維揚，人物繁聚，而朝廷無一定規摹，上下頗觖望。公奏：「近日軍民論議紛然，彼得藉口爲説者，蓋二帝遠在沙漠，而陛下乃與六宫端居于此，何怪人之竊議？願明降睿旨，以車駕不爲久住維揚之計曉諭軍民，仍乞朝廷早措置六宫定居之地，然後陛下以一身巡幸四方，親恢遠圖，上以慰九廟之心，下以副軍民之望。」他日奏事，上謂公曰：「朕於直言容受不諱，近有河北武臣上書，不知朝廷事體，詆毀朕躬，亦不加罪。」公請以所得聖語布告中外，激勸言者，庶幾有補於國。上嘉納焉。又奏：「中原，天下之根本也；朝廷，中原之根本也。本之不摇，事乃可定。願降詔旨，勑東京留守司略葺大内及關陝、襄鄧等處，常切準備車駕巡幸，及以今來行在所止不爲久居之計，庶幾内外和悦，各思奮勵，以圖報國。」宰相浸不悦。又論：「御營使司官屬猥衆，俸給獨厚，資格超越，而未嘗舉其職。乞行沙汰，使僥倖者無以得志。

法行自近，軍氣必振。」又論無謂虜不能來，當汲汲修備治軍，常若寇至。遂大咈黄潛善等意。

公以孀母在遠，乞外補，除集英殿修撰、知興元府。公已登舟候朝辭，有旨除禮部侍郎，日下供職。召對便殿，上慰勞宣諭曰：「卿在臺中，知無不言，言無不盡。朕將有爲，政如欲一飛冲天而無羽翼者。卿爲朕留，當專任用張慤及卿。」公頓首泣謝，不敢言去。慤時爲中書侍郎，未幾而卒。上一日復謂公曰：「郭三益可與卿共事。」未幾而三益亦卒。公念虜騎必至，而廟堂晏然，殊不爲備，率同列力爲宰相言之，潛善及汪伯彦笑且不信。公常以疾在告，獨上眷遇益深，除公御營參贊軍事，撥魯珏、楊周等所部兵，令同吕頤浩教習所謂長兵者。公親往點閲，籍其鄉貫、年齒與所習藝能。復被旨同頤浩於江淮措置。未幾，虜騎自天長逼近郊，公從駕渡江。至平江，朝議東幸，詔朱勝非留吴門禦賊。問誰當佐勝非，左右莫應。公獨慷慨願留，遂以本職同節制平江府、常秀州、江陰軍兵馬，車駕遂東。時建炎三年二月八日也。

公行平江四境，規度可控扼虜所來道，決水溉田爲限，立烽堠，召土豪與議。時禁衛班直及諸軍潰歸無慮數萬衆，乏食，所至焚劫。一夕，知府事湯東野蒼黄見公曰：「城四外焚廬舍，火光並起，奈何？」公笑曰：「此必潰軍之歸，正當招集。」問府藏銀絹有幾，即白勝非便宜出黄牓及旗于門，以聖旨招集，支賜銀絹各若干，令結甲而入，且令市人廣造食物以俟。頃之，潰兵皆以次入，既得賜，又市食，無敢譁者。明日，令依所結甲出盤門，赴行在所，違者斬。如是數日不絶，而公舊所教習長兵至者亦近三千人。二十日，朱勝非召赴行在，公獨節制。

三月八日，東野忽復遽告公，聞有赦至。公慮時方艱難，事變莫測，命東野先遣親信官馳至前路，發封以告。少頃，東野馳來曰：「事變矣，乃明受赦也。」袖以示公。時府中軍民已知有赦，公謂東野第令登譙門，宣有旨犒設諸軍一次，内外乃定。九日，有自杭持苗傅、劉正彦檄文來者。公慟哭，念王室禍變如此，戴天履地，大義所存，雖平江兵少力單，而逆順勢殊，豈復强弱利害之足較？便當唱率忠義，舉師復辟，誅討叛賊，以濟艱難。雖孀母在遠，身無嗣繼，而義有所不可已也。亟召東野及提刑趙哲至，喻之，且激以忠義，二人感激願助。因祕其事，夜召哲以防江爲名，盡召浙西弓兵，令東野密治財計。十日，得省劄，召公赴行在。

時承宣使張俊領萬人自中途還，公遣問之，乃云傅等敕俊交割所總人馬，赴秦鳳路總管任。公念上遇俊厚，而俊純實，可謀大事，急使東野啓城撫喻諸軍。俊立詣公所，公獨留俊，握手語曰：「太尉知皇帝遜位之由否？此蓋傅、正彦欲危社稷。」語未終，泣下交頤，俊亦大哭曰：「有辛永宗者來自杭，備爲俊言。適偏喻將校輩，且當詣張侍郎求決。侍郎忠孝，必有處置。」公慮俊意未確，復再三感動之。俊曰：「只在侍郎。若官家別有它虞，何所容身？」公應曰：「某處置已定，當即日起兵問罪。」俊大喜，且拜曰：「更須侍郎濟以機權，莫令驚動官家。」公給俊軍衣糧，并及其家，皆大悦。公召辛永宗問傅、正彦所與謀爲誰，曰：「歸朝官王鈞甫、馬柔吉。舊聞侍郎嘗識鈞甫等，請以書先離間之。」

是夜，公發書約吕頤浩、劉光世兵來會。時頤浩節制建康，光世領兵鎮江，公慮書不達，復遣人齎蠟丸從間道往。公已再被赴行在之命，知爲傅等姦謀，而兵未集，未欲誦言，戒東野、哲各密奏虜未退，靳賽數萬衆窺平江，若張某朝就道，恐夕敗事。公亦奏：「張俊驟回，平江人情震讋，臣不少留，恐生事。」因命俊遣精兵二千扼吳江而奏曰：「俊兵在平江者多，臣故分屯，以殺其勢。」蓋懼傅、正彦覺勤王之謀，先出不意，遣兵直擣平江故也。

十一日，附遞發奏：

臣伏覩三月五日睿聖皇帝親筆：「朕即位以來，强敵侵凌，遠至淮甸，其意專以朕躬爲言。朕恐其興兵不已，枉害生靈，畏天順人，退避大位。」臣伏讀再四，不覺涕泣。臣竊以國家禍難至此，皆臣等不能悉心圖事，補報朝廷，致使土地侵削，人民困苦，上負睿聖之恩，下失天下之望。今睿聖皇帝以不忍生靈之故，避位求和，臣獨有一説，不敢不具陳其詳。臣竊以當今外難未寧，内寇竊起，正人主憂勞自任，馬上求治之時。

恐太母以柔静之身，皇帝以冲幼之質，端居深處，責任臣寮，萬一强敵侵凌，不肯悔禍，則二百年宗廟社稷之基拱手而遂亡矣。臣愚不避萬死，伏願太母陛下、皇帝陛下特軫宸慮，祈請睿聖念祖宗付託之重，思二帝屬望之勤，不憚勤勞，親總要務，據形勢之地，求自治之計，抑去徽名，用柔敵國，然後太母陛下、皇帝陛下監國于中，撫靖江左，如此則國家大計自爲得之。如以臣言爲然，乞行下有司，令率文武百寮祈請施行。

貼黄：「臣契勘，伏覩睿聖皇帝方春秋鼎盛，而遽爾退避大位，恐天下四方聞之不無疑惑，萬一別生它虞，更乞睿斷，詳酌施行。」并具因依申尚書省「伏望朝廷率文武百官力賜祈請」，及具咨目報苗傅、劉正彦：

某久病無聊，日思趨赴行在，緣靳賽人馬過平江，平江之人各不安居，守貳日夕相守，不容出城。朝夕事畢，即便登途。邇者睿聖皇帝以不忍生靈塗炭之故，避位求和，足見聖心仁愛之誠。然當此多難，人主馬上圖治之時，若睿聖謙冲退避，上無以副宗廟之寄，次無以慰父兄之望，下無以厭四海之心。某曩備員言官日，竊見睿聖皇帝聰明英斷，意欲有爲，止緣小大臣寮誤國至此。某叨竊侍從，蓋亦誤國之人，迺至過江，事出倉卒。向使將相有人，睿聖豈肯輕發？今太母垂簾，皇帝嗣位，而睿聖乃退避別宫，若不力請，俾聖意必回，與太母分憂同患，共濟艱難，中興之業，未易可圖。二公苟不身任此事，人其謂何？當念祖宗二百年涵養之舊，今所恃以存亡，惟睿聖皇帝。況皇帝天資仁厚，從諫如流，願勉爲之，再三懇請，睿聖宜無不允也。

又與柔吉、鈞甫書曰：「此事當責在二公。」

是日，公再被促赴行在之命。有進士馮輅者，後更名康國。與公爲太學之舊，來平江相從。公察輅慷慨氣義人也，夜四鼓，呼輅具道所以，且云：「已具奏及移書，今若得一人往面悉此意，大善。」輅激厲請行，詰朝即就道。是日，再以書促頤浩、光世報所處分次序。十三日，以所奏檢報諸路，復督頤浩、光世速選精鋭來會平江。而張俊再被赴秦州指揮，且命陳思恭總其兵。思恭知逆順，信用公言，奏不敢交俊兵。十四日，公被命除禮部尚書，將帶人馬疾速赴行在。公復奏不可離平江狀。十五日，傅、正彦遣俱重賫詔書撫諭，且來吴江代張俊。公召重至平江，重初桀驁，以祕計恐之，重逃避。既而公得請兼領俊兵。有報韓世忠海船到常熟岸者，俊喜曰：「世忠來，事辦矣。」即白公。公以書招之，世忠得書號慟。十八日，見公于平江，相對慟哭。世忠曰：「某願與張俊身任之。」偶甄援自杭州來，詭稱睿聖面令促諸軍。公使徧諭俊、世忠，及至鎮江，喻光世及部曲等，衆皆號慟。十九日，馮轓至自杭，傅、正彦答公書皆不情語，柔吉、鈞甫亦以書來。是日，頤浩、光世報軍行。

二十日，公大犒俊、世忠將士，令世忠奏以兵歸行在，而密戒世忠急至秀據糧道，候大軍至。酒五行，公親呼諸將校至前，厲聲問曰：「今日之舉，孰順孰逆？」衆皆曰：「我順賊逆。」公復厲聲曰：「若某此事違天悖人，可取某頭歸苗傅等。聞傅等以觀察使及金鉅萬求某，得某者可即日富貴。不然，一有退縮，按以軍法。」衆感憤應諾。世忠軍自平江舟行不絶者三十里，軍勢甚振。是時逆黨傳聞，已自震懾，有改圖之意矣。公又恐賊急邀車駕入海道，先遣官屬措置召募海船，亦甚集。二十一日，復遣馮轓以書行，且令轓居中幾事相應。會得傅等書云：「朝廷以右丞待侍郎，伊尹、周公之任，非侍郎其誰當之？」公不勝忠憤，度傅等已覺公義兵動，而我兵勢既已立，遂因遞報之。其略云：

自古言涉不順謂之指斥乘輿，事涉不遜謂之震驚宫闕。是以見君輅馬，必加禮而致恭，蓋不如是，無以肅名分、杜僭亂也。廢立之事，非常之變，謂之大逆不道。大逆不道者，族矣。凡爲人臣者，握兵在手，遂可以責君之細故而議廢立，自古豈有是理者哉？今建炎皇帝春秋鼎盛，不聞失德于天下，一旦遜位，豈所宜聞？自處已定，雖死無悔。嗚呼！天佑我宋，所以保衛皇帝者歷歷可數。出質則虜人欽畏而不敢拘，奉使則百姓謳歌而有所屬。天之所與，誰能廢之！況祖宗在天之靈豈不昭昭？借使事正而或有不測，猶愈於終爲不義不忠之人而得罪於天下後世也。

傅等得書怒，遣赤心軍及王淵舊部精鋭盡駐臨平，而韓世忠之軍已扼秀州矣。公作蠟丸帛書云：「不得驚動聖駕。」募人賫付主兵官左言以下八人及知臨安府康允之，皆達。又作手牓遣人間道曉諭臨安居民曰：「訪聞前日睿聖皇帝遜位，軍民掩泣，各不聊生，足見軍民忠義之情。」世忠既抵秀州，稱病，日令將士造雲梯，脩弓矢器械。傅、正彦震駭，亟除世忠、俊節度使，指揮略云：「世忠、俊深曉内禪大義，不受張某詿誤。」二人皆不受命。傅、正彦又令朝廷降指揮謫公，其詞曰：「張某陰有邪謀，欲危社稷，責授黄州團練副使，郴州安置。」仍令平江差兵級防送，經由行在赴貶所。」

二十四日，頤浩以兵至，公迓且勉之，握手嚱嘘。頤浩亦曰：「事不諧，不過赤族。」翌日，光世亦至。二十七日，傳檄内外，辭曰：

宋有天下垂二百年，太祖、太宗開基創業，真宗、仁宗德澤在民，列聖相傳，人心未厭。昨因内侍童貫首開邊禍，遂致虜騎歷歲侵凌。逆臣苗傅躬犬彘不食之資，取鯨鯢必戮之罪，乃因艱難之際，敢爲廢立之謀；劉正彦以孺子狂生，同惡共濟，自除節鉞，專擅殺生。仰惟建炎皇帝憂勤恭儉，志在愛民，聞亂登門，再三慰喻。而傅等陳兵列刃，凶燄彌天，逼脅至尊，蒼黄遜位，語言狂悖，所不忍聞。大臣和解而不從，兵衛皆至於掩泣。詔書所至，遠近痛心。駭戾人情，孰不憤怒！況傅等揭牓闤市，自稱曰余，祖宗諱名，曾不回避，迹其本意，實有包藏。今者吕頤浩因金陵之師，劉光世引部曲之衆，張某治兵於平江，韓世忠、張俊、馬彦溥各領精鋭，辛道宗、陳思恭總率舟師，湯東野、周杞扼據衝要，趙哲調集民兵，劉誨、李迨餽餉芻糧，楊可輔等參議軍事，并一行將佐官屬等，同時進兵，以討元惡。師次秀州，四方響應。用祈請建炎皇帝亟復大位，以順人心。今檄諸路州軍官吏軍民等，當念祖宗涵養之恩，思君父幽廢之辱，各奮忠義，共濟多艱。所有朝廷見行文字，並是傅等僞命，及專擅改元，即不得施行。敢有違戾，天下共誅之！

二十八日，張俊、光世繼行，聞行在已有復辟之議矣。

初，公遣馮轓授以計策，傅、正彦聞平江之師將至，甚憂恐，轓知可動，即以大義白宰相朱勝非曰：「張侍郎之意，蓋以國步艱難，政當馬上治之。主上盛年，乃傳位襁褓之子，聽斷不出簾帷，天下恐有不測之變。縱主上謙虚，固執内禪之論，此猶有一説焉。主上受淵聖詔，爲天下兵馬大元帥，今日當以淵聖爲主，睿聖稱皇太弟，依舊天下兵馬大元帥，嗣聖當易稱皇太姪。太母垂簾聽政，大元帥治兵征伐于外，此最爲得策。」勝非令轓與二人議，轓反覆告之，傅、正彦有許意，遂與同議都堂。轓同傅、正彦、鈞甫四人並引見，太后勞問曰：「卿等皆忠義之臣。」轓遂奏曲折。議定，乞賜傅、正彦鐵券，詔宣百官。少頃畢集，宣詔云：「二十五日，苗傅、劉正彦等四人上殿奏事，奉聖旨：睿聖皇帝宜稱皇太弟，依舊康王、天下兵馬大元帥。皇帝宜稱皇太姪。」百官退詣睿聖宫，上御殿引見傅、正彦，詞色粹然，問勞有加。傅等出宫，以手加額曰：「不意聖天子度量如此。」既而傅、正彦歸軍，逆黨張逵曰：「趙氏安，苗氏危矣。」王世脩尤大悖，三鼓詣勝非府變其事，復欲改正嗣皇依舊，而睿聖之名止稱「處分天下兵馬重事」，勝非不能奪。轓次日力争，勝非云：「勿與較，其實一也。」轓遂歸，而勤王之師已悉至秀州。

三十日，公被命同知樞密院，亦不受。

四月二日，公次秀州，奉復辟手詔，而傅等大兵屯臨平。公進發，三日次臨平，世忠當前，俊次之，光世又次之。逆黨立旗招諭世忠等，世忠與戰，軍小卻。世忠親揮刃突前曰：「今日不爲官家面上帶幾箭者，斬之！」衆争奮，賊黨苗翊等大敗，傅、正彦相繼逃遁。是夕，皇帝聖旨除公知樞密院事。

翌日，公與頤浩等入内朝見，伏地待罪泣，上再三慰勞，宣喻云：「曩在睿聖，兩宫幾不相通。一日，朕方啜羹，小黄門直趨前傳太母之命，曰『張浚早來不得已安置郴州』，朕不覺覆羹于手，今其迹尚存。自念卿既被責，此事誰任？」公嗚咽奏：「臣蒙陛下眷遇之厚，久歷臺省，不能補助，致虜騎憑淩，禍變竊發。臣之罪大，敢復論功？」上再三稱歎，獨留公，引入後殿，過宫庭。上宣喻：「隆祐皇太后知卿忠義，欲一識卿面目，適垂簾見卿自庭下過矣。」公皇恐，頓首謝。上屬意欲倚公爲相，公辭晚進不敢當。蓋公意以關陜爲中興根本，欲請行矣。上曰：「顧無以見朕意。」解所服玉帶，命内侍覆去龍飾，賜公曰：「此祖宗御府所寶也。」公重辭元樞之命，詔書曰：「卿以小宗伯之職，贊天營之事，乃能總合諸師，來赴行在之急，俾姦宄不敢輒肆。威聲既振，妖孽宵奔，致朝廷於安平無事之地，卿之功大矣。宜勿復辭。」傅、正彦既敗走，與死黨直趨閩中。公命世忠以精兵追之，並縛于建州，檻至行在所。及其黨左言、張逵、王世脩等，伏法建康市。

初，公起義兵，行次嘉禾，一夕坐至夜分，外間警備亦甚嚴，忽有刺客至前，腰間出文書，乃傅、正彦遣來賊公，賞格甚盛。公顧左右皆鼾睡，見其辭色不遽，問：「爾欲何如？」對曰：「某河北人，粗知逆順，豈以身爲賊用者？況侍郎精忠大節感通神明，某又安忍害侍郎耶？特見備禦未至，恐後有來者，故來相報耳。」公下執其手問姓名，曰：「某粗讀書，若言姓名，是徼後利。顧有母在河北，今徑歸矣。」遂拂衣而去，其超捷若神。公翌日取嘉禾死罪囚斬以徇曰：「此苗傅等刺客也。」後亦無它。公私識其人狀貌，物色之，終不遇云。

盜薛慶嘯聚淮甸，兵至數萬，附者日衆。公以密邇行闕，一有滋蔓，爲患不細，且聞慶等無所係屬，欲歸公麾下，請往示大信以招撫之。渡江而靳賽等率兵降，遂徑至高郵，入慶壘，從行者不及百人。出黄榜示以朝廷恩意，慶感服再拜。始公入賊壘，外間不聞公信，浮言胥動，頤浩等遽罷公樞筦。及聞公就事還，上歎息，即日趣公歸，且詔就職。公辭，上撫勞再四，復親書御製中和堂詩賜公，有曰：「願同越勾踐，焦思先吾身。」其卒章曰：「高風動君子，屬意種蠡臣。」仍題其後，曰：「卿看畢可密藏，恐好議者以朕屬意篇什也。」其眷待如此。

公素念國家艱危以來，措置首尾失當，若欲致中興，必自關陜始。又恐虜或先入陜陷蜀，則東南不復能自保，遂慷慨請行。詔以公充川陜宣撫處置使，便宜黜陟，賜親筆詔書曰：

朕嗣承大統，遭時多艱，夙夜以思，未知攸濟。正賴中外有位悉力自效，共拯艱危。今遣知樞密院事張某往喻密旨，黜陟之典，得以便宜施行。卿等其念祖宗積累之勤，勉人臣忠義之節。以身徇國，無貽名教之羞；同德一心，共建隆興之業。當有茂賞，以答殊勳。

公行有日矣，會御營平寇將軍范瓊來赴行在。瓊自靖康圍城與女真通，及京城破，逼脅后妃及淵聖太子、宗室入虜中，又乘亂剽掠爲亂，左右張邦昌，爲之從衛，罪狀非一。至是聞二兇伏誅，始自豫章擁衆入朝。既陛對，恃其衆盛，悖傲無禮，多所邀求，且乞貸傅、正彦逆黨左言等死。公奏，大略云：「瓊大逆不道，罪冠三千之辟。今者呼吸群兇，布在列郡，以待竊發。若不乘時顯戮，則國法不正，且他日必有王敦、蘇峻之患。臣任樞筦之寄，今者被命奉使川陝，啓行有日，迺心踟躕。若不盡言，乞申典憲，死且不瞑。」上深然之。公獨與權樞密院檢詳文字劉子羽密謀，夜召子羽及選密院謹飭吏數輩，作文書劄榜皆備，鎖吏于府中。翌早，公赴都堂，召瓊議事。瓊從兵溢塗巷，意象自若。坐定，公數瓊罪，瓊愕眙，命縛瓊送大理寺。子羽已張榜于省門外，親以聖旨撫勞瓊衆曰：「聖旨罪止瓊，餘皆御前軍也，無所預。」衆頓刃應諾。瓊論死，兵分隸神武軍。自靖康後，紀綱不正，王室陵夷。公首倡大義，率諸將誅傅、正彦，乘輿反正，復論正瓊罪，而後國法立，人心服。自武夫悍卒、小兒竈婦、深山窮谷、裔夷絶域皆聞公名，盎然歸仰忠義之感，實自此也。

公辟子羽參議軍事，遂西行。獨念上孤立東南，朝廷根本之計未定，蚤夜深思，苟有所見，不敢不納忠，以身在外而不言也。嘗奏曰：

前日餘杭二兇鼓亂，彼豈真惡内侍哉？當此艱危，人情易摇，欲爲不順，借此以鼓惑衆聽耳。然在我者有隙可指，其事乃作。願陛下謹之察之，於細微未萌之事每切致意，使姦逆無以窺吾間。

又曰：

臣累具奏，謂前此大臣不肯身任國事，意謂事苟差失，衆言交攻，取禍必大。惟因循度日，萬一得罪而去，亦不過謂庸繆，落職領祠而已。此風誤國有素，願陛下臨朝之際，不匿厥指，與大臣決議，繼自今必使身任其責，脱或敗事，誅罰無赦。

又奏曰：

聽言之難，自古記之。書稱先王之盛有曰：「侍御僕從，罔匪正人。」夫僕從之微也，而亦必嚴擇，蓋其朝夕在君側，浸潤膚受，言爲易入。苟使小人得售，將何所不至？夫小人進讒説以快其私，經營窺測，投隙伺間，固不正名其事、顯斥其人也。或因獻談諧之説，或假託市井之論，夤緣附會，其端甚微。人君一或忽之，則忠賢去國，億兆離心，其禍有不可勝言矣。臣謂欲盡聽言之道，莫若親君子而遠小人。不然，雖有過人之聰明，而朝夕所狎近者既皆非類，漸漬以入，其能無過聽之失乎？

又奏曰：

自古大有爲之君，未有不體乾剛健而能成其志者也。易曰：「天行健，君子以自强不息。」人君法天，莫大於此。少康氏有田一成，有衆一旅，而夏后之業復振，蓋其經營越四十年。向使其間一萌退縮之意，則王業無自而興矣。漢高帝困於鴻門，屏於巴蜀，敗於滎陽京索間，屢挫而愈不屈，終滅項氏，以啓漢基。此二君者，豈非剛健不息而卒能配天乎？今日禍變可謂極矣，意者天將開中興之基，在陛下體乾之剛，身任天下而已。願陛下以至公至誠存心，惻怛哀矜，思天下之所以困窮，生民之所以塗炭，自反自咎，身任其責，便佞之惑耳者去之，美麗之悦目者遠之，以至於衣服飲食，亦惟菲薄之務，淡然漠然，視天下無足以動吾心者，而專以宗社生靈爲念。苟言之非有益於宗社生靈者弗言也，苟思之非有益於宗社生靈者弗思也，持之以堅，行之以久，乾乾不息，則上可以動天，下可以格人。由近及遠，由内及外，民雖至愚，豈不感化？少康、漢祖之事業又何難哉？臣於陛下分則君臣，情則父子，故雖遠去天威，而區區愛君之心不敢不思所以自效。上手書賜公曰：「卿自離闕，曾未幾時，奇畫深規、忠言讜論，著之簡牘，已三上矣。虚懷領覽，嘉歎不忘。」時渡江大赦，獨李綱以言者論列，貶海外不放還。公論奏逆黨如吴幵、莫儔顧反得生歸，綱雖輕疏，亦嘗爲國任事，乃不得叙，天下謂何？上用公奏，綱得内徙。始公嘗論綱罪，至是獨爲伸理，其用心公明，無私好惡類如此云。

公自七月離行在，經歷長江，上及襄漢，與帥守監司議儲蓄之宜以待臨幸。先是，上問公大計，公請身任陜蜀之事，置司秦川，而乞别委大臣韓世忠鎮淮東，令吕頤浩扈駕來武昌，張俊、劉光世等從行，與秦川首尾相應。朝廷議既定，公行。未及武昌，而江浙士夫摇動頤浩，遂變初議。公以十月二十三日抵興元，奏曰：「竊見漢中實天下形勢之地，臣頃侍帷幄，親聞玉音，謂號令中原，必基於此。臣所以不憚萬里，捐軀自效，庶幾奉承聖意之萬一。謹於興元理財積粟，以待巡幸。願陛下鑾輿早爲西行之謀，前控六路之師，後據兩川之粟，左通荆襄之財，右出秦隴之馬，天下大勢，斯可定矣。」始，公未至，虜已陷鄜延，鄜延帥郭浩寄治德順軍。虜驍將婁宿孛堇於九月二十九日引大兵渡渭河，犯永興，知軍郭琰遁去。虜兵四掠，而諸帥方互結仇怨，不肯相援，人心皇皇。公到纔旬日，即出行關陜，復奏請早決西來之期，以繫天下心。至陜，訪問風俗，罷斥姦贓，而尤以搜攬豪傑爲先務，一時氣義拳勇之士爭集麾下。吴玠及其弟璘素負才略，求見公，願自試。公與語，奇之。時玠方修武郎，璘尚副尉，公奬予，不次擢用，命玠爲統制，璘領帳前親兵，皆感激，誓以死報。諸帥亦惕息聽命。

會諜報虜將寇東南，公即命諸將整軍向虜，使婁宿不得下。已而虜果大入，寇江淮，車駕浮海東征。四年二月，公以虜勢未退，治兵入衛。未至襄漢，遇德音，知虜既北歸矣，乃還關陜。奏曰：「陛下果有意於中興之功，非幸關陜不可。願先幸鄂渚，臣當糾率將士，奉迎鑾輿，永爲定都大計。」又奏曰：

臣竊惟國家不競，患難荐臻，夷虜憑凌，海宇騰沸。二聖久征於遠塞，皇輿未復於中原。而敵國交兵，方興未艾。郡邑半陷於賊手，黎元悉困於塗泥。自古禍亂所鍾，罕有若此之比。必欲昊穹悔禍，甿庶獲安，自非君臣之間，更相勉勵，痛心嘗膽，修德著誠，大誅姦邪，頓革風俗，親君子，遠小人，去讒佞、屏聲色，簡嗜慾、崇節儉，則曷以上應天變，下懷民心？四海黔黎，殊未有休息之日也。若昔黃帝遭蚩尤之亂，大禹罹洪水之災，卒能平夷，終歸安治者，正以君臣上下苦心勞形，杜邪枉之門，開公正之道，天人響應，遐邇協謀，故能平難平之寇，成不世之績。

上手書報公以虜退衂狀，且曰：「卿受命而西，大恢遠略，布朝廷之惠意，得將士之歡心。積粟練兵，興利除害，去取皆當，黜陟惟公。而又雅志本朝，嘉猷屢告。眷惟忠懇，實副倚毗。」是月，虜大酋粘罕復益二萬騎，聲言必取環慶路。公率諸將極力捍禦，虜勢屢挫，生擒女真及招降契丹燕人甚衆。

時聞兀朮猶在淮西，公懼其復擾東南，使車駕不得安息，事幾有不可測者，即謀爲牽制之舉。始，公陛辭，上命公三年而後用師進取。至是，上亦以虜欲萃兵寇東南，御筆命公宜以時進兵，分道由同州、鄜延以擣虜虛。公遂決策治兵，移檄河東問罪。八月十三日，收復永興軍。虜大恐，急調大酋兀朮等由京西路星夜來陝右，以九月二十間與粘罕等會，而五路之師亦以二十四日至耀州富平大戰。涇原帥劉錡身率將士先薄虜陣，自辰至未，殺獲頗衆。會環慶帥趙哲擅離所部，哲軍將校望見塵起驚遁，而諸軍亦退舍。公斬哲以徇，退保興州。時陝右兵散，各歸本路，宣撫司獨親兵實從。官屬有獻議退保夔州者，公堅駐不動，以扼虜衝，獨參議劉子羽毅然與公意合。迺劾異議者，遣子羽出關召諸將，收散亡。將士知宣司在興州，皆相率會子羽于秦亭，凡十餘萬。公哀死問傷，録善咎己，人心悦焉。迺命吴玠聚涇原兵，據高扼險于鳳翔之和尚原，守大散關，斷賊來路。命關師古等聚熙河兵於岷州大潭一帶，命孫渥、賈世方等聚涇原、鳳翔兵於階、成、鳳三州，以固蜀口。虜見備禦已定，輕兵至輒敗，不敢近。公上疏待罪，上手書報公曰：「卿便宜收合夷散，養鋭待時，但能據險堅壁，謹守要害，既以保固四州之地，又能牽制南下之師，則惟卿之賴。」公奉詔，益厲諸將嚴備待虜。

紹興改元五月，虜酋烏魯却統大兵來攻和尚原，吴玠乘險擊之，虜敗走。三日間，連戰輒勝，虜逗留山谷，人馬死亡十之四。八月，粘罕在陝西病篤，召諸大酋謂曰：「吾自入中國，未嘗有敢嬰吾鋒者，獨張樞密與我抗。我在猶不能取蜀，爾曹宜悉此意，但務自保而已。」兀朮出而怒曰：「是謂我不能耶？」粘罕死，即合兵來寇。九月，親攻和尚原。吴玠及其弟璘與合戰，出奇邀擊，大破之，俘馘首領及甲兵以萬計。兀朮僅以身免，亟自髡鬄鬚髯，狼狽遁歸，得其麾蓋等。自虜入中國，其敗衄未嘗如此也。

先是，上以公奉使陝右，捍禦大敵，制加公通奉大夫。公念自靖康中召赴京師，更歷變故，出身爲國，違去太夫人色養於兹七年，乃奏迎太夫人自廣漢來閬中版輿就養。又思所以悦母意，遂乞以通奉恩命特封外祖父母。優詔許焉。二年，上謂公未至西方時，虜已陸梁，蹊蹂關陝。及引師而歸，勢誠不敵。而保護衝要，連挫大敵，蜀賴以全。聚兵至十五萬，勤勞備至，制加公檢校少保、定國軍節度使，賜手書曰：「朕非敢決取秦穆之效，而卿自脩孟明之政，是用夙夜歎嘉。今遣内侍任源往宣旨。」源歸，公附奏謝，且密奏曰：「天下之事每當謹微，一失於初，末不可救。夫莫顯者，微也。常情謂爲微而忽之，明智以其著而謹之。唐玄宗惑女色而致禄山之禍，憲宗任内侍而啓晚唐之禍，其初二君之心皆以爲微而不加察也，孰知其貽害之烈至此哉？願陛下於事之微每深察焉，則天下幸甚。」是歲，公亦遣兄滉及官屬奏事行在所，上喜，恩意有加。

公在關陝凡三年，以新集之軍當方張之勢，蚤夜勤勞，親加訓輯，其規模經畫，皆爲遠大恢復之計。以劉子羽爲上賓，子羽忠義慷慨，有才略，諸將歸心。任趙開爲都轉運使，開善理財，治茶鹽酒法，方用兵，調度百出，而民不加賦。擢吴玠爲大將，守鳳翔。玠每戰輒勝，虜不敢近。而西北遺民聞公威德，歸附日衆，於是全蜀按堵，且以形勢牽制東南，江淮亦賴以安。然公承制黜陟，悉本至公，雖鄉黨親舊，無一毫假借。於是士大夫有求於宣司而不得者，始紛然起謗議於東南矣。有將軍曲端者，建炎中任副總管，逼逐帥臣王庶，奪其印，又方命不受節制。富平之役，張忠彦等降虜，皆端腹心，實知其情。公送獄論端死，而謗者謂公殺端及趙哲爲無辜，且任劉子羽、趙開、吴玠爲非是，朝廷疑之。三年春，遂遣王似來副公。公聞即求去，且論吴玠、劉子羽有功於蜀，不應一旦以似加其上。公雖累乞去，而以負荷國事至重，未嘗少忘警備。會虜大酋撒離喝及劉豫叛黨聚大兵自金商入寇，公命嚴爲清野之計，分兵據險，前後撓之。虜至三泉，掠無所得，乏食，狼狽引遯。大軍躡之，人馬死曳滿道，所喪亡不減鳳翔時。是時，公累論奏王似不可任，而似與宰相吕頤浩有鄉里親戚之舊，頤浩不悦。又或告朱勝非以公唱義平江時嘗有斬勝非之語，勝非陰肆謗毀，詔公赴行在。公力求外祠，章至十數上，上弗許。

四年二月，至行在。御史中丞辛丙嘗知潭州，公在陜時，調丙發潭兵赴湖北，丙怯懦不能遣，反鼓唱軍士，幾致生變。公奏劾丙，且令提刑司取勘，丙憾。至是，遂率同列劾公，誣以危語。始，公在陜，嘗以秦州舊驛秦川館爲學舍，以待河東、陜西失職來歸之士，給以衣食，令一人年長者主之。又新復州郡乞鑄印，請於朝廷，往返動經歲，恐失事機，即用便宜指揮鑄以給之，然後以聞。而丙謂公設秘閣以崇儒，擬尚方而鑄印。公初被命還闕，奏歸上冢，取道東蜀夔峽，庶幾安遠近之心。而吕頤浩又以書來言：「若一離川陜，事有意外，誰任其責？宜以事實告上，萬一欲尚留宣司，當爲開陳如請。」公不顧也。而丙反謂不肯出蜀，意有他圖。公恐懼，亟以頤浩書進呈。上始愕然，即詔宣押奏事。公竟移疾待罪，而論者亦不已。六月，遂以本官提舉臨安府洞霄宫，福州居住。

公知虜既釋川陜之患，必將復萃師東南，不敢以得罪遠去而不言，且是時朝廷已盛講和之議，乃具奏曰：

臣竊觀此虜情狀，專以和議誤我，亦云久矣。彼勢蹙則言和，勢盛即復肆，前後一轍，請姑以近事明之。紹興三年秋，粘罕有親寇蜀之意，先遣王倫還朝，且致勤懇。蓋懼朝廷大兵乘彼虛隙，又其爲劉豫之計，至委曲周悉也。自後九月，余覩作難，前謀遂寢。至十二月，余覩之難稍息，則復大集番漢之衆，徑造梁、洋。是時朝廷已遣潘致堯出使矣。次年二月，虜困饒風，進退未皇。先是，朝廷開都督府，議遣韓世忠直抵泗上。虜實畏之，於四月遣致堯還。其辭婉順，欲邀大臣共議，此非無所忌憚而然也。梁、洋之寇未能出境，至五月而後得歸，既狼狽矣，而世忠大兵尋復輟行。虜之氣力固已復蘇，而叛豫之心亦云舒緩，所以前日使人之來，求請不一，故爲難從之事也。竊惟此虜傾我社稷，壞我陵寢，迫我二帝，驅我宗室百官，自謂怨隙至深，其朝夕謀我者不遺餘力矣。況劉豫介然處於其中，勢不兩立，必求援於虜。借使暫和，心實未已。數年之内，指擿他故，豈無用兵之辭？而我將士率多中原之人，謂和議既定，不復進取，將解體思歸矣。若謂今日不得已而與之通使爲陛下之權，敵亦固能用權也。願陛下蚤夜深思，益爲備具，處將士家屬於積粟至安之地，使出爲戰守者無返顧奔散之憂；精擇奇才以撫川陝之師，使積年戍邊者無懈惰懷望之意；江淮、川陝互爲牽制，斥遠和議，用定大業。臣奉使川陝，竊見主兵官除吴玠、王彦、關師古累經拔擢，備見可任外，其餘人材尚衆，謹開具如左：吴璘、楊政可統大兵，田晟可總一路，王宗尹、王喜、王彦可爲統制。後皆有聲，時服公知人。

公即日赴福州，從者皆去，肩輿才兩人。既至，闔門以書史自娱。是歲九月，劉豫之子麟果引虜大兵繇數路入寇，騰言侮慢，上下恟懼。上思公前言之驗，罷宰相朱勝非。而參知政事趙鼎亦建請車駕幸平江，召公任事，遂以資政殿學士、提舉萬壽觀兼侍讀召，不許辭免，日下起發。手書賜公曰：「卿去國累月，未嘗弭忘，考言詢事，簡在朕心。想卿志在王室，益紓籌策，毋庸固辭，便可就道，夙夜造朝，嘉謀嘉猷，佇公入告。」金書疾置，絡繹於道，公即日行，中途條具戰守之宜甚悉。且乞先遣岳飛渡江入淮西張聲勢，以牽制虜大兵在淮東者。以十一月十四日入見，玉音撫勞，加於疇昔。即日復除公知樞密院事。公奏曰：

人道所先，惟忠與孝；一虧於己，覆載不容。自昔懷姦欺君，妬賢賣國，當時閭巷細民，莫不深怨嫉憤，恨不食其肉者。至若一心事上，守正盡忠，雖天下後世，皆知企慕稱歎，思見其人焉。蓋理義人心之所同，故好惡不期而自定。臣以區區淺薄之質，幼被家訓，粗知義方，平居立身，以此自負。偶緣遭遇，寖獲使令。陛下任之太專，待之過厚，而有怨於臣者攻毀之備至，有求於臣者責望之或深。上賴聖智，保全微蹤。臣奉使無狀，豈不自知？至於加臣於大惡之名，陷臣於不義之地，隳臣子百世之節，貽孀親萬里之憂，言之嗚咽，痛憤無已。今陛下察其情僞，保庇孤忠，許以入侍，旋擢樞筦。在臣毀首碎身，無以論報。然而公議之所劾，訓詞之所戒，傳之天下，副在史官，臣復何顔，敢玷近列？

上親書詔曰：

張浚愛君憂國，出於誠心。頃屬多艱，首唱大義，固有功於王室，仍雅志於中原。謂關中據天下之上游，未有舍此而能興起者，乘虜百勝之後，慨然請行。究所施爲，無愧人臣之義；論其成敗，是亦兵家之常。矧權重一方，愛憎易致；遠在千里，疑似難明。然則道路怨謗之言，與夫臺諫風聞之誤，蓋無足怪。比復召浚，置之宥密，而觀浚恐懼怵惕，如不自安，尚慮中外或有所未察歟？夫使盡忠竭節之臣，懷明哲保身之戒，朕甚愧焉。可令學士院降詔，出牓朝堂。

時太史局占明年當日食正旦，公奏曰：

臣聞太史推測天象，以來年正月之旦日有食之。臣竊惟天之愛人君，必示以災變，使之恐懼修省，勉求爲治。人主修德畏天，則天心眷佑，享國無窮。如其怠忽不省，歸之時數，禍有不可勝言者矣。然而應天之道在實不在文，當求之於心，考之於行。心有未至者勉之，行有不善者改之，如天之無不公，如天之無不容，如天之至誠無私而不失其信，則何憂乎治道之不興，何患乎賢才之不至哉！

公既受命，即日赴江上視師。時大酋兀朮擁兵十萬于維陽，朝廷先遣魏良臣、王繪奉使軍前。還，夜與公逮于中塗，公問以虜事及大酋問答。良臣、繪謂虜有長平之衆，且喻良臣等當以建州以南王爾家，爲小國，索銀絹犒軍，其數千萬。又約韓世忠尅日過江決戰。公密奏：「使人爲虜恐怵朝廷，切不可以其言而動，及不須令更往軍前，恐我之虛實反爲虜得。」上然之。公遂疾驅臨江，召大帥韓世忠、張俊、劉光世與議，且勞其軍。將士見公來，勇氣十倍。公既部分諸將，遂留鎮江節度之。令韓世忠移書兀朮，爲言張樞密已在鎮江。初，虜諜報公得罪遠貶，故悉力來寇。至是，兀朮問世忠所遣麾下王愈：「吾聞張樞密貶嶺外，何得已在此？」愈出公所下文書，兀朮見公書押，色動，即强言約日當戰。公再遣愈以世忠書往問戰期，愈回一日，而虜宵遁，士馬乏食，狼狽死者相屬。遣諸將追擊，所俘獲甚衆。上遣内侍趣公赴行在所。五年二月十二日宣制，除公宣奉大夫、尚書右僕射、同中書門下平章事兼知樞密院事，都督諸路軍馬，而趙鼎除左僕射。

先是，公在川陝，念上繼嗣未立，以紹興元年八月十五日上奏曰：

臣荷陛下恩德之厚，事有干於宗廟社稷大計，臣知而不言，誰敢爲陛下言者？惟陛下察其用心，貸以萬死。臣恭惟陛下自即位以來，念兩宫倚託之重，夙夜憂勤，不近聲色，不事玩好，是宜天地感格，祖宗垂祐，受福無窮，決致中興。臣之區區，亦冀依日月之末光，獲保終年，少效補報。臣竊見西漢之制，人君即位，首建儲嗣，所以固基本、屬人心。臣願陛下特詔大臣講明故事，仍先擇宗室之賢，優禮厚養，以爲藩屏。

至是入謝，復陳：「宗社大計，莫先儲嗣。雖陛下聖德昭格，春秋方盛，必生聖子，惟所以系天下人心，不可不早定議。」上首肯久之，乃云：「宮中見養二人，長者藝祖之後，年九歲，不久當令就學。」公出見趙鼎都堂，相與仰歎聖德久之。自是與鼎益相勉勵，同志協謀，以爲爲治之要，必以正本澄原爲先務。誠能陳善閉邪，使人君無過舉，則國勢尊安，醜虜自服。是以進見之際，於塞倖門、抑近習尤諄切致意焉。嘗奏曰：

王者以百姓爲心，修德立政，惟務治其在我，則大邦畏其力，小邦懷其德，天下捨我將安歸哉？固不僥倖於近績也。仰惟陛下躬不世之資，當行王者之事，以大有爲。正心以正朝廷，正朝廷以正百官，正百官以正萬民。國勢既隆，强虜自服，天下自歸。

因書王朴平邊策以獻，上嘉納焉。又奏：

臣昨奉清光，竊見陛下於君子小人之際反覆詳究，退自慶幸，以爲治道之本，莫大夫辨君子小人之分。聖意孜孜于此，宗社生靈之福也。昔唐李德裕言於武宗曰：「邪正二者，勢不相容。正人指邪人爲邪，邪人亦指正人爲邪，人主辨之甚難。臣以爲正人如松柏，特立不倚；邪人如藤蘿，非附他物不能自起。」臣嘗推類而言之，君子小人見矣。大抵不私其身，慨然以天下百姓爲心，此君子也；謀身之計甚密，而天下百姓之利害，我不顧焉，此小人也。志在於爲道，不求名而名自歸之，此君子也；志在於爲利，掠虛美、邀浮譽，此小人也。其言之剛正不撓，無所阿徇，此君子也；辭氣柔佞，切切然伺候人主之意於眉目顔色之間，此小人也。樂道人之善，惡稱人之惡，此君子也；人之有善，必攻其所未至而掩之，人之有過，則欣喜自得如獲至寶，旁引曲借，必欲開陳於人主之前，此小人也。難進易退，此君子也；叨冒爵禄，蔑無廉恥，此小人也。臣嘗以此而求之君子小人之分，庶幾其可以概見矣。小人在位，則同於己者譽之以爲君子，異於己者排之以爲小人，不顧公議，不恤治亂，不畏天地鬼神，是以自崇觀以來以至今日，有異於己者而稱其爲君子乎？臣以爲必無之也。彼其專爲進身自營之計，故好惡不公，以至於忘身忘家、亂天下而莫之悔。惟陛下親學問、節嗜欲，清明其躬，以臨照百官，則君子小人之情狀又何隱焉？

上還臨安，公留相府。未閲月，復出江上勞軍。至鎮江，召韓世忠親喻上旨，使舉軍前屯楚州以撼山東。世忠欣然受命，即日舉軍渡江。公至建康撫張俊軍，至太平州撫劉光世軍，軍士無不踴躍思奮。時巨寇楊么據洞庭重湖，朝廷屢命將討之，不克。公念「建康東南都會，而洞庭實據上流，今寇日滋，壅遏漕運，格塞形勢，爲腹心害，不先去之，無以立國。然寇阻重湖，春夏則耕耘，秋冬水落則收糧于湖寨，載老小于泊中，而盡驅其衆四出爲暴。前日朝廷反謂夏多水潦，屢以冬用師，故寇得併力，而我不得志。今乘其怠，盛夏討之，彼衆既散，一旦合之，固已疲於奔命，又不得守其田畝，禾稼蹂踐，則有秋冬絕食之憂，黨與必攜，可招來也。雖已命岳飛往，而兵將未必諭此意，或逞兵殺戮，則失勝算，傷國體」。遂具奏請行，上許焉。公在道，念國家任事不顧身者常遇禍，而畏避崇虛譽者常獲福，以爲國之大患，奏曰：

今夫有疾於此，正在膏肓，庸醫畏縮，方且戒以勿吐勿下，姑進參苓而安養之，雖終至於必死，主人猶以爲愛己也。乃若良醫進剖胸洗腸之術，旁觀駭愕，指以爲狂。至其疾良已，尚不免於輕試之謗。自古掠美附衆者得譽常多，而骨鯁當權者負謗常重。澶淵之役，寇準決策親征，功存社稷。事定之後，姦臣乃謂其輕棄萬乘。今合天下之力，以誅天下之不義，雖湯武復生，亦必出此。而顧乃爲恐懼顧慮之計，何由而事功可集哉？

蓋公所以自任者始終如此，故每因事爲上言之。

行至醴陵，獄犴數百人，盡楊么遣爲間探者，帥席益傳致遠縣囚之。公召問，盡釋其縛，給以文書，俾分示諸寨曰：「爾今既不得保田畝，秋冬必乏食，且餧死矣。不若早降，即赦爾死。」數百人驩呼而往。五月十一日至潭州，於是賊寨首領黄誠、周倫先請受約束。然誠等屢嘗殺招安使命，猶自疑不安。公遣岳飛分兵屯鼎、澧、益陽，壓以兵勢。其黨大恐，相繼約日來降，丁壯至五六萬，老弱不下二十萬。公一切以誠信撫之。六月，湖寇盡平，乃更易郡縣姦贓吏，宣布寬恩。上手書賜公曰：「覽奏，知湖寇已平。非卿孜孜憂國，不憚勤勞，誰能寬朕憂？顧奏到之日，中外歡賀，萬口一詞，以謂上流既定，則川陝、荆襄形勢連接，事力增倍。天其以中興之功付之卿乎！」於是公奏遣岳飛進軍屯荆襄，圖中原，遂率官屬吏兵泛洞庭而下。時重湖連年舟楫不通，公舟始行，風日清夷，父老歎息，以爲變殘賊呻吟之區爲和氣也。

始，公定議令韓世忠屯承楚，於高郵作家計。及公出征而廷議中變，公復請去。上悟，優詔從公初計。公既兩發儲嗣之議，至是聞建資善堂，皇子出就傅，喜不自勝，以爲當以師傅爲先。遂具奏，薦起居郎朱震、秘閣修撰范冲可任訓導之選。公雖在外，常以内治爲憂，每有見輒入奏。其一謂：「自昔人君命相，與之講論天下大計，次第而施行之，故日積月累，成效可必。譬之營室，先度基阯，次定規模，付諸匠者，以責其實。一有不合，安可輕委？自建炎以來，陛下選用大臣，未知責以何事，而大臣進説於陛下，未知何以奉詔。臣但見一相之入，引進親舊，報讎復怨，以行其私意而已。欲望國家之治安，其可得乎？」其二謂：「祖宗置臺諫，本慮夫軍民之利害、人才之善惡、官吏之能否，廟堂不能盡見而周知，臺諫得以風聞而論列。不幸大臣不得其人，則臺諫力争明辨以去之耳。今乃不然，陰肆揣摩，公爲反覆，或伺候人主之意，或密結大臣之私，捃摭細故，以示其公。人主不可以不察也。」其三謂：「祖宗時，郎曹之選非累歷親民不以授，自臺閣而爲守貳者十嘗七八，蓋使之更歷世故，諳曉民情，養成其材，以備任使。今則不然，事口記者可至言官，弄文采者皆升館職，日進月遷，驟竊要位。一居京局，視州縣爲冗官。故有爲大臣而不知民情之休戚、財用之盈虚、軍政之始末者，有爲侍從而不知州縣所宜施行者，況責以任天下大計哉！」上嘉納焉。

公自岳鄂轉淮西東，諸將大議防秋之宜，直至承楚，僞境震動。上念公久勞于外，遣中使賜手書促歸，制除公金紫光禄大夫，公力辭至四五乃許。特封公母計氏秦國夫人，賜公兄滉紫章服及五品服二人，官公親屬兩人。公以十月十一日至行在，上勞問曰：「卿暑行甚勞，然湖湘群盗既就招撫，以成朕不殺之仁，卿之功也。」公頓首謝曰：「陛下誤知，使當重任，故臣得效愚計。」上親書周易否、泰卦以賜焉。公奏：

自古小人傾陷君子，莫不以朋黨爲言。夫君子引其類而進，志在於天下國家而已。其道同，故其所趨向亦同，曾何朋黨之有？惟小人則不然，更相推引，本圖利禄，詭詐之蹤，莫可跡究。故或小異以彌縫其事，或内外符合以信實其言。人主於此何所決擇而可哉？則亦在夫原其用心而已矣。臣嘗考泰之初九「拔茅茹以其彙，征」，而象以爲「志在外」，蓋言其志在天下國家，非爲身故也。否之初六「拔茅茹以其彙，貞」，而象以爲「志在君」，則君子連類而退，蓋將以行善道而未始忘憂國愛君之心焉。觀二爻之義，而考其用心，則朋黨之論可以不攻而自破矣。臣又觀否泰之理，起於人君一心之微，而利害及於天下百姓。方其一念之正，其畫爲陽，泰自是而起矣；一念之不正，其畫爲陰，否自是而起矣。然而泰之上六，三陰已盡，復變爲陽，則小人在外而泰之所由生焉。當今時適艱難，民墜塗炭，陛下若能日新其德，正厥心於上，臣知其將可以致泰矣。異時天道悔禍，幸而康寧，則陛下常思其否焉。

上嘗召公獨對便殿，問所宜爲。公退奏曰：

臣竊惟二帝、皇族遠處沙漠，憂憤無聊與夫輕侮受辱，可想而見也。尚忍言之哉！臣嘗屈指計之，如此者蓋三千晝夜矣。虎狼用意，實欲摧折而消磨之也。雖然，此尚以陛下總師于南耳。異時或一有差跌，其禍可勝言乎？今事雖有可爲之幾，理未有先勝之道。蓋兵家之事，不在交鋒援戰然後勝負可分，要在得天下之心，則士氣百倍，虜叛歸服。雖然，是豈可以聲音笑貌爲哉？心念之間，一毫有差，四海共知。今使天下之人，皆曰吾君孝弟之心須臾不忘，寢食之間父兄在念，當思共爲陛下雪雠矣；皆曰吾君之朝君子在位，小人屏去，侍御僕從罔匪正人，譖説不行，邪言不入，市井之談不聞，道義之益日至，則内外安心，各服其職，而有才智者悉思盡其力矣；皆曰吾君棄珠玉、絶弄好、輕犬馬、賤刀劍，金帛之賞不以予幸，惟以予功，則上下知勸矣。以至吾君言動舉措俱合禮法，至誠不倦，上格於天，則望教化之可行矣。如是則將帥之心日以壯，士卒之心日以奮，天下百姓之心日以歸。夷狄雖號荒服，然非至若禽獸也。聞陛下之盛德，知中國之理直，則氣折志喪，小大雖異，戰必不力，衆必不同，則陛下何爲而不可成乎？或有不然，疑似之説毫髮著見，天下之人口不敢言而心敢怒，異日事乖勢去，禍亂立作，如覆水之不可救也。蓋隙見於此則心生於彼，不易之道。自古爲君之難，非特今日也。一言之失，一行之非，或失色於人，或失禮於人，或一小人在側，便足以致禍致難，起戎起兵。前日明受之變，大逆之徒陳兵闕下，旁引他辭，其監不遠也。爲人上者，其可不兢畏戒懼耶！

其警戒深切如此。上皆嘉納，且命公以所見聞置策來上。公承命條列以進，號中興備覽，凡四十一篇。立國之本，用兵行師之道，君子小人之情狀，駕馭將帥之方，均節財用之宜，聽言之要，待近習之道，以至既往之得失，郡縣之利病，莫不備具。上深嘉歎，置之坐隅。六年正月，上謂公曰：「朕每以事幾難明，專意精思，或達旦不寐。」公奏曰：

陛下以多難之際，兩宫幽處，一有差失，存亡所系，慮之誠是也。然臣嘗聞之，聽雜則易惑，多畏則易移。以易惑之心行易移之事，終歸於無成而已。是以自昔君人者修己正心，惟使仰不愧于天，俯不怍於人，持剛健之志，洪果毅之實，爲所當爲，曾不它卹。陛下聰明睿知，灼知古今，苟大義所在，斷以力行，夫何往而不濟乎？臣願萬機之暇，保養天和，澄静心氣，庶幾利害紛來不至疑惑，以福天下，以建中興。

公以虜勢未衰，而叛臣劉豫復據中原，爲謀叵測，不敢皇寧處於朝，奏請親行邊塞，部分諸將，以觀機會。上許焉，即張榜聲豫僭逆之罪，以是月中旬啓行。公謂：「楚漢交兵之際，漢駐兵殽澠間，則楚不敢越境而西。蓋大軍在前，雖有他岐捷徑，敵人畏我之議其後，不敢踰越而深入也。故太原未陷，則粘罕之兵不復濟河，亦以此耳。論者多以前後空闕，虜出他道爲憂，曾不議其糧食所自來，師徒所自歸。不然，必環數千里之地盡以兵守之，然後爲可安乎？」既以此告于上，又以此言於同列，惟上深以公言爲然。至江上，會諸帥議事，命韓世忠據承楚以圖淮揚，命劉光世屯合淝以招北軍，命張俊練兵建康，進屯盱眙，命楊沂中領精兵爲後翼佐俊，命岳飛進屯襄陽以窺中原。形勢既立，國威大振。上遣使賜公御書裴度傳以示至意。公於諸將中尤稱韓世忠之忠勇、岳飛之沉鷙，可倚以大事。世忠在楚州，時入僞地，叛賊頗聚兵，世忠渡淮擊敗之，直引兵至淮陽而還，士氣百倍。上手賜書公曰：「世忠既捷，整軍還屯，進退合宜，中外忻悦。每患世忠發憤直前，奮身不顧，今乃審擇利便，不失事機，亦卿指授之方。卿宜明審虛實，徐爲後圖，或遣岳飛一窺陳蔡，使賊支吾不暇，以逸待勞。」時飛母死，扶護葬廬山。公乞御筆敦趣其行，飛奉詔歸屯。

公身任輔相，雖督軍在外，朝廷有大差除，不容不預議。而孟庾除知樞密院，及高世則除節度使，皆不知始末。具奏，以爲如此則臣不當在相位。上親筆喻指焉。公以東南形勢莫重建康，實爲中興根本。且人主居此，則北望中原，常懷憤惕，不敢自暇自逸。臨安僻居一隅，内則易生安肆，外則不足以號召遠近，係中原之心。奏請車駕以秋冬臨建康撫三軍，以圖恢復。公又以渡江徧撫淮上諸屯，屬方盛暑，公不憚勞，人人感悦。時防秋不遠，公以方略諭諸帥，大抵先圖自守以致其師，而乘幾擊之。六月，制加公食邑、食實封。時公所遣人自燕山回，知徽宗皇帝不豫，又聞欽宗皇帝所貽虜酋書，奏曰：

臣近得此信，不勝臣子痛切憤激之情。仰惟陛下處天子之尊，遭父兄之變，聖懷惻怛，勤切于中，固不止坐薪嘗膽也。臣願陛下至誠剛健，勉强有爲，成敗利害，在所不恤。彼藉姑息之論，納小忠之説者，爲一己妻孥計耳。使天有志於中興，陛下奮然決爲，躬冒矢石，事無不濟；使天無意乎中興，陛下雖過爲計慮，以圖一身之安，曾何補於事乎？但當盡其在我，一聽天命而已。況夫孝弟可以格天，仁厚可以得民，推此心行之，臣見其福，不見其禍也。

七月，有詔促公入覲。八月至行在。時張俊軍已進屯盱眙，三師鼎立，而岳飛遣兵入僞地，直至蔡州，焚其積聚，時有俘獲。公力陳建康之行爲不可緩，朝論同者極鮮，惟上斷然不疑。車駕以九月一日進發，逮至平江，公又請先往江上。

諜報叛賊劉豫及其姪猊挾虜來寇，公奏虜疲於奔命，決不能悉大衆復來，此必皆豫兵。公既行，而邊遽不一，大將張俊、劉光世皆張大賊勢，爭請益兵，自趙鼎而下，莫不恟懼。至欲移盱眙之屯，退合肥之師，召岳飛盡以兵東下。公獨以爲不然，以書戒俊、光世曰：「賊豫之兵以逆犯順，若不盡勦除，何以立國？平日亦安用養兵爲？今日之事，有進擊，無退保。」時楊沂中爲張俊軍統制，公令沂中往屯濠梁，且使謂之曰：「上待統制厚，宜及時立大功，取節鉞。或有差跌，某不敢私。」諸將悚懼聽命。公至江上，知來爲寇者實劉麟兄弟，豫封麟淮西王，兵凡六萬（人）［入］寇，已渡淮，南涉壽春，逼合淝。公調度既已定矣，而張俊請益兵之書日上，劉光世亦欲引兵退保。劉豫又令鄉兵僞胡服，於河南諸州十百爲群，由此間者皆言處處有虜騎。趙鼎及簽書樞密折彥質惑之，移書抵公至七八，堅欲飛兵速下。又擬條畫項目，乞上親書付公。大略欲俊、光世、沂中等退師善還，爲保江之計，不必守前議。公奏：「俊等渡江，則無淮南，而長江之險與虜共矣。淮南之屯，正所以屏蔽大江，向若叛賊得據淮西，因糧就運，以爲家計，江南其可保乎？陛下其能復遣諸將渡江擊賊乎？淮西之寇，正當合兵掩擊，令士氣甚振，可保必勝。若有一退意，則大事去矣。又岳飛一動，則襄漢有警，復何所制？願陛下勿專制于中，使諸將不敢觀望。」上手書報公曰：「朕近以邊防所疑事咨問於卿，今覽卿奏，措置方略、審料敵情條理明甚，俾朕釋然，無復憂顧。非卿識慮高遠，出人意表，何以臻此？」是時，內則廟堂，外則諸將，人人畏怯，務爲退避自全之計。雖公遠策之忠始終不貳，然握兵在外，間隙易生，向非主上見幾之明，不惑群議，則諸將必引而南，大勢傾矣。及奉此詔，異議乃息，而諸將亦始爲固守計。既而賊大張聲勢於淮東，阻韓世忠承楚之兵不敢進，楊沂中亦以十月四日抵濠州。公聞光世已舍廬州而南，淮西人情恟動，星夜疾馳至采石，遣諭光世之衆曰：「有一人渡江，即斬以徇！」光世聞公來采石，大恐，即復駐軍，與沂中接連相應。劉猊分麟兵之半來攻沂中。是月十日，沂中大破猊於藕塘，降殺無遺。猊僅以身免，麟拔柵遁走。虜獲甚衆，得糧舟四百餘艘。

於是公奏車駕宜乘時早幸江上，上賜手書曰：「賊豫阻兵，梟雛犯順，夾淮而陣，侵壽及濠。卿獎率師徒，分布要害，臨敵益壯，仗義直前，箕張翼舒，風馳電掃，遂使兇渠宵遁，同惡自焚，觀草木已成兵，委溝壑而不顧。昔周瑜赤壁之舉，談笑而成；謝安淝上之師，指揮而定。得賢之效，與古何殊？寤寐忠勤，不忘嘉歎。」公奏曰：「逆雛遠遁，尚稽授首之期；金寇方强，未見息戈之日。臣之罪大，何所逃刑？願陛下念十年留滯之非，歎雙馭還歸之晚，儻爲民而勞己，當有神以相身。無使自謀責利之言，得惑至高無私之聽。」又上奏以「賊臣邇者輒入邊塞，今雖勝捷，而渠魁遁去，殺戮雖重，亦吾赤子。致彼操戈而輕犯，由臣武備之弗嚴。願賜顯黜，以允公議」。上深嘉歎焉，有旨：「都督府隨行官吏、軍兵諸色人等備見勤勞，可令張某等第保奏。」公奏：「馳驅盡瘁，職所當然，賞或濫加，士將解體。乞上保奏戰功，庶可旌勸軍士。」又遣内侍賜公古端石硯、筆墨、刀劍、犀甲，且召公還。及至平江，隨班朝見，上曰：「却賊之功，盡出右相之力。」於是趙鼎惶懼乞去。方公未至平江時，鼎等已議回蹕臨安。公入見之次日，具奏曰：

昨日獲聞聖訓，惟是車駕進止一事利害至大。蓋天下之事，不唱則不起，不爲則不成。今四海之心，孰不思戀王室？虜叛相結，脅之以威，雖有智勇，無由展竭。三歲之間，賴陛下一再進撫，士氣從之而稍振，民心因之而稍回。正當示之以形勢，庶幾乎激忠起懦，而三四大帥者，亦不敢懷偷安苟且之心。夫天下者，陛下之天下也。陛下不自致力以爲之先，臣懼被堅執鋭、履危犯險者，皆有解體之意。今日之事，存亡安危所自以分。六飛儻還，則有識解體，内外離心，日復一日，終以削弱。異日復欲下巡幸詔書，誰能深信而不疑者？何哉？彼知朝廷姑以此爲避地之計，實無意於圖回天下故也。論者不過曰萬一秋冬有警，車駕難於遠避。夫軍旅同心，將士用命，扼淮而戰，破敵有餘。況陛下親臨大江，氣當百倍。苟士不效力，人有離心，陛下雖過自爲計，將容足於何地乎？又不過曰當秋而進，士有戰心；及春而還，絶彼窺伺。爲此論者，特可紓一時之急，應倉卒之警。使年年爲之，人皆習熟，謂我不競，當有怨望，難乎其立國矣。又不過曰賊占上流，順舟而下，變故不測。夫襄漢我所有也，賊舟何自而來？使虜叛事力有餘，果然淩犯，水陸偕進，自上而濟，陛下雖深處臨安，亦能以安乎？矧惟陛下負四海之重責，有爲而未成，天下猶矜憐而歸心於陛下；不爲而坐待其盡，其爲禍可勝言耶！要須剛大志氣，恢廓度量，以拯救天下爲心，仰不愧於天，俯不怍於人，度事而爲，審時而動，先謀自治，利而誘之，致而破之，何難而不可濟？今臣侍陛下以還歸，在臣之謀，無所任責，臣亦得計矣。而爲陛下國家計，則爲不忠。是以披心腹、露肝膽，反復一二言之。惟陛下詳教而曲諭焉，庶幾君臣之間得盡其道，不貽萬世之悔。

上翻然從公計。十二月，趙鼎出知紹興府，專委任公。公謂：「親民之官，治道所急，而比年以來，内重外輕，祖宗之法盡廢。流落于外者，終身不獲用；經營於内者，積歲得美官。又官于朝者，不歷民事，利害不明，詔令之行，職事之舉，豈能中理？民多被其害。」遂條具以聞：郡守、監司有治狀，任滿除郎。郎曹資淺，未經民事之人，秩滿除監司、郡守。令中書省、御史臺籍記姓名，回日較其治效，優加擢用。治民無聞者，與閑慢差遣。館職未歷民事者，除通判、郡守，殿最如前，仍乞降詔。又以災異，奏復賢良方正科，上皆從之。

七年正月，上以公去冬却敵之功，制除特進。公懇辭再四。先是，十二月以禄令成書加金紫光禄大夫。公辭不得，即求回授兄滉。至是，上謂公曰：「卿每有遷除，辭之甚力，恐於君臣之義有未安也。」公乃奉命。

公與趙鼎當國時，議徽宗在沙漠，當遣信通問，遂遣問安使何蘚等行。是年正月二十五日，蘚歸，報徽宗皇帝、寧德皇后相繼上僊。上號慟擗踊，哀不自勝。公奏：「天子之孝，與士庶不同，必也仰思所以承宗廟、奉社稷者。今梓宮未返，天下塗炭，至讎深恥，亘古所無。陛下揮涕而起，斂髮而趨，一怒以安天下之民，臣猶以爲晚也。」數日後求奏事，深陳國家禍難，涕泣不能興，因乞降詔諭中外。上命公具草以進，親書付外。其詞曰：

朕以不敏不明，託於士民之上，勉求治道，思濟多艱。而上帝降罰，禍延于我有家，天地崩裂，諱問遠至。嗚呼！朕負終身之戚，懷無窮之恨。凡我臣庶，尚忍聞之乎！今朕所賴以宏濟大業，在兵與民。惟爾小大文武之臣，早夜孜孜，思所以治兵恤民，輔朕不逮。皇天后土，實照臨之。無或自暇，不恤朕憂。

又以公請，命諸大將率三軍發哀成服，中外感動。公退，又具奏待罪曰：

仰惟陛下時遇艱難，身當險阻，圖回事業，寢食不遑。所以思慕兩宮，憂勞百姓，未嘗一日忘也。臣之至愚，獲遭任用，在諸臣先。每因從容語及北狩事，聖情惻怛，淚必數行。臣感慨自期，願殲虜讎。十年之間，親養闕然，爰及妻孥，莫之私顧，其意亦欲遂陛下孝養之至，拯生民塗炭之難，則臣之事親保家，庶幾得矣。昊天不弔，禍變忽生，使陛下抱無窮之痛，積罔極之思，哀復何言？罪將誰執？載念昔者陜蜀之行，陛下丁寧告戒，且曰：「我有大隙于虜，刷此至恥，惟臣是屬。」而臣終隳成功，使賊無憚。況以沙漠之墟，食飲憂慮，兩宮處此，違豫固宜。今日之禍，端自臣致。尚叨近輔，實愧心顔。伏願明賜罷黜，亟正典刑，仰以慰上皇在天之靈，俯以息四海怨怒之氣。

上降詔起公視事，公再上疏待罪，不獲請。

車駕以二十七日發平江，三月十一日至建康。時公總領中外之政，會車駕巡幸，又值國恤，幾事叢委，公以一身任之，至誠惻怛，上下感動，人情賴公以安。每對，必深言讎恥之大，反復再三，上未嘗不改容流涕。上方厲精克己，務自節損，戒飭宮庭内侍等，無敢少有越度者。事無巨細，必以咨公。賜諸將詔旨，往往命公擬進，未嘗易一字。四方有災異，公必以聞，祥瑞則皆抑不奏。知果州宇文彬、通判龐信孺進嘉禾九穗，並鐫秩放罷，而四方皆知朝廷好惡所在矣。

四月，公行淮西，撫喻諸屯，築廬州城，治東西關，且申防秋備。自公來東南，太夫人留蜀。及再入政府，遣人迎侍。太夫人安于蜀，未即出。上爲降旨召公兄滉，俾迎侍而來，又遣内侍胡宗回往喻意。五月始達建康，而公亦自淮西歸。上疊遣中使勞問太夫人，賜予稠疊。公戴星而出，經處國事，至暮入侍色養，委曲奉承。中外觀感歆慕，傳相告語，以爲美談。自公與趙鼎在相位，以招來賢才爲急務，從列要津，多一時之望，百執事奔走效職，不敢自營，人號爲「小元祐」。而公尤未嘗以恩澤私親戚，仲兄滉，上知其賢，累欲加以異恩，公輒辭。及賜進士第，後省官繳駁，公非惟不加忤，且奏不當以臣故沮後省公議。外舅宇文時中政和中爲郎，出守大藩，舊已寓直，萬里召赴，僅進職知湖州。舅氏訏有功久在幕府，得直徽猷閣。公止，乞就祕閣，人服其公。公以人主當務講學以爲脩身致治之本，薦河南門人尹焞宜在講筵，有旨趣赴闕。會旱災，且自太夫人以次闔門悉臥病，公力求去，至再四不得。

方車駕在平江時，公歸自江上，奏劉光世握兵數萬，無復紀律，沈酣酒色，不卹國事，語以恢復，意氣怫然，宜賜罷斥，用警將帥。上然之，罷光世，而以其兵盡屬督府。公命參謀軍事、兵部尚書呂祉往廬州節制，公又自往勞之，人情協附，上下帖然。而樞密使秦檜、知樞密院事沈與求意以握兵爲督府之嫌，奏乞置武帥。臺諫觀望，繼有請，乃以王德爲都統制，即軍中取酈瓊副之。公歸，以爲不然，奏論之，而瓊等亦與德有舊怨，與其下八人列狀訴御史臺。乃命張俊爲宣撫使，楊沂中、劉錡爲制置判官以撫之。此軍自聞王德爲帥，往往懷疑，而酈瓊遂陰有異志，唱摇其間。八月八日，瓊等舉軍叛，執呂祉以行，欲渡淮歸劉豫。祉不肯渡，詈瓊等，碎齒折首以死。公遂引咎，力求去位。上不得留，因問可代者，公辭不對。上曰：「秦檜何如？」公曰：「近與共事，始知其暗。」上曰：「然則用趙鼎。」遂令公擬批召鼎。既出，檜謂公必薦己，就閣子與公語良久，上遣人促進所擬文字，檜始錯愕而出。後反謂鼎：「上召公，而張丞相遲留，至上使人促，始進入。」檜之交諜類此。公本以檜靖康時建議立趙氏，不畏死，有力量，可與共天下事，而一時仁賢薦檜尤力，公遂推引。既同朝，始覺其顧望包藏，故臨行因上問及之。

先是，公遣人賫手榜入僞地云：

劉豫本以書生被遇太上皇帝，曾居言路。主上嗣極，擢守鄉郡。當山東之要衝，任濟南之委寄。眷禮殊厚，責望至深。俄聞率衆以請降，旋乃失身而據位。諒亦迫於畏死，姑務偷生。如能誘致金人，使之疲弊，精兵健馬，漸次消磨，兹誠報國之良圖，亦爾爲臣之後效。更須愛惜民力，勿使傷殘；儻或永懷異心，自致顯戮。豈惟皇天后土有所不容，抑恐義士忠臣終懷憤疾。

金虜用事者見此榜，已疑豫。八月，豫聞王師欲北向，遣韓元英告于虜，謂南寇張某總領烏合之兵，或逼宿亳，或窺陳蔡，或出襄陽，增修器甲，趣辦軍裝，其志不小。先起制人，後起制於人，欲乞兵同舉。虜得此報，謂豫真欲困己，益疑之。會瓊等叛去，公復多遣間，散持蠟書故遺之。大抵謂豫已相結約，故遣瓊等降，而豫又乞兵于虜。十月，虜副元帥兀朮徑領兵來廢豫。惜其機會之來，公已去位矣。

蓋公以九月五日得請，授觀文殿大學士、提舉江州太平興國宫。左司諫王縉奏乞留公，即日補外。都官郎中趙令衿繼上疏，亦罷去。而御史中丞周秘、殿中侍御史石公揆、右正言李誼交章詆公未已。旋落職，以朝奉大夫、秘書少監分司西京，永州居住。於是趙鼎復當國，而車駕自江上還臨安矣。

公出任國事，每以不得從容盡子職爲念。及既去國，太夫人以公退處，欣然從之。八年二月抵永，左右侍旁，凡所以順承親意者，無不曲盡。太夫人安之，不知其爲遷謫也。然公自以爲上遇我厚，雖流離遠屏，亦未嘗一念不在朝廷。作草堂旁近，以奉版輿遊歷，命以「三省」，爲文紀之曰：「予作堂于寓止客館之東隅，僅庇風雨，取曾子『三省』之目以名之。其省謂何？思吾之忠於君、孝於親、修於己者恐或未至也。士大夫學聖人之道，當求所以通天人之際。予之三省，將有進於斯，而愧其未能也。」則公之所深省而自得者遠矣。

是歲，秦檜已得政，始決屈己和戎之議。九年正月，詔書至永。公伏讀恐懼，寢食不安，移書參知政事孫近，大略曰：

魯仲連不肯尊秦爲帝，且云連寧有蹈東海而死，蓋知帝秦之禍遲發而大。況我至讎深隙，迺欲脩好而幸目前少安乎？異時歲幣求增而不已，使命絡繹以來臨，以至更立妃后，變置大臣，起罷兵之議，建入覲之謀，皆或有之矣。某是以伏讀詔書，不覺戰汗。幸公深思，密以啓沃。

又聞故人李光自洪州召入政府，復以此意移書抵之。懷不自已，又具劄子以奏曰：

恭覩詔書之頒，再三伏讀，通夕不寐。今日事之虛實姑未論，借令虜中有故，上下分離，天屬盡歸，河南遂復，我必德其厚賜，謹守信誓。將來人情益解，士氣漸消，彼或内變既平，指瑕造隙，肆無厭之欲，發難從之請，其將何詞以對？顧事理可憂，有甚於此者。陛下焦心勞慮，積意兵政，精誠感格，將士漸孚。一旦北面事虜，聽其號令，遊談之士取功於一時，忠勳之臣置身於無用，小大將帥，孰不解體？陛下且欲經理河南而有之，臣知其無與赴功而共守者矣。今從約之遽，肆赦之速，用世儒之常説，答猾虜之詭秘，措置失緒，不勝寒心。願陛下思宗社之計，圖恢復之實，逼之以大勢，庶乎國家可得而立。臣罪戾之餘，一意養親，深不欲論天下事。顧惟利害至大至重，不忍緘默，以負陛下之知。惟陛下留意。

二月，以大霈復宣奉大夫，提舉臨安府洞霄宮，任便居住。公復具劄子曰：

竊惟今日事勢，處古今之至難，一言以斷之，在陛下强勉圖事而已。陛下進而有爲，則其權在我，且順天下之心。間雖齟齬，終有莫大之福。陛下退而不爲，則其權在敵，且拂天下之心。今雖幸安，復將有莫大之憂。夫在彼者情不可保，在我者心不可失。外徇敵國，内罹實害，智者所不爲也。仰惟聖慈深計審慮，茂圖大業，永福元元。

又自作謝表云：「敢不專精道學，黽勉身修。求以事親，方謹晨昏之養；庶幾報國，敢忘藥石之規！」視此，則公許國之忠爲如何哉！居旬日，又具劄子曰：

自陛下回駐臨安，甫閲歲時，聖心之所經營，朝論之所商確，專意和議，庶幾休息，莫不幸其將成矣。臣嘗不寐以思，屈指而計，虜人與我讎釁之深，設心措意，果欲存吾之國乎？抑願其委靡而遂亡也？臣意其力弱未暇，姑借和以怠我之心。勢盛有餘，將求故以乘吾之隙。理既甚明，事又易見，然則紛紛異議可端拱而決矣。料虜上策，還梓宫、復母后，輿地來歸，不失前約，結歡篤好，以怠我師。遲之數年，兵無戰意，然後遣一介之使，持意外之詔，假如變置大臣，更立妃后，將何以塞請？虜出中策，則必重邀求、責微禮，失約爽信，近在期年。中原之地，將有所付，如梁武之立北魏王顥者，尚庶幾於前。虜出下策，怒而興師，直臨江表。勢似可愕，而天下之亂，或從此而定矣。

是月，復資政殿大學士、知福州兼福建路安撫大使。公以太夫人念鄉，不欲東去，力辭至再三。四月，公奏前論講和事未蒙開納，又具劄子曰：

竊惟陛下建炎初載，嘗歷大艱，天意至深，益彰聖德。前事不忘，後事之鑑。伏願亟收人心，務振士氣，權勢專制，操縱自我。外之醜虜，曷發敢侮之謀？内之群帥，益堅盡節之志。天下國家，我所自定，宋之社稷，永永無窮。夫理有近利，亦有深憂。有天下者，當審機會、度人情、斷大義，持柄握權，不以與敵。腐儒寡能遠見，事至而悔，將何及焉？況夫今日事機尚可，因權適變，速於救藥。惟望聖慈斷以無疑，則天下幸甚。

八月，聞虜遣使來，以詔諭爲名，則又具奏曰：

臣近者累輸瞽説，仰瀆聖明，誠以憂君過慮，不能自息。竊惟天下之事，有置必有廢，有與必有奪。虜以詔諭爲名，持廢置與奪之大柄。且其蓄謀起慮，欲以沮人心、奪士氣而坐傾吾國。臣之所憂，不但目前也。劉先主曰：「濟大事以人心爲本。」此存亡之大計。願陛下考臣前後所奏，留神毋忽焉。

福州之命既累辭不獲，公念時事多虞，惟在近或可以補報萬一，遂受命而東。九月，至閩中。閩素號健訟難治，公謂人心一也，正由臨民者先有逆詐億不信之心，是以不能感格。入境，一切諭以義理，飭守令誠意民事，令鄉里長老知書者，率勸後生及彊悍者無爲鄉黨羞，民皆感仰。每出，觀者至升屋登木如堵墻。十年正月，上遣中使撫問，公附奏謝，且曰：「願陛下全養精神，剛大志氣，惟果惟斷，見幾見微，察彊弱於言辭之際，轉禍福於談笑之間，無使噬臍，爲天下笑。」時虜中變盟，復取河南。公奏曰：

臣切念自群下決回鑾之議，國勢不振，事機之會失者再三。向使虜出上策，還梓宫，歸兩殿，供須一無所請，宗族隨而盡南，則我德虜必深，和議不拔，人心懈怠，國勢寖微。異時釁端卒發，何以支持？臣知天下非陛下之有矣。今幸上天警悟，虜懷反復，士氣尚可作，人心尚可回。願因權制變，轉禍爲福，用天下之英才，據天下之要勢，奪敵之心，振我之氣。措置一定，大勳可集。臣又有臆見，當燕山新復，朝廷恃郭藥師爲固。一旦醜虜敗盟，藥師先叛，何則？買國無恥之人，本無它長，難與共事。愿陛下每以爲鑑，制御於早無忽。

繼聞淮上有警，連以邊計奏知，又條畫海道舟船利害。上嘉公之忠，遣中使奬諭。公時大治海舟至千艘，爲直指山東之計，以俟朝命。在郡細大之務，必躬必親，人人感悦，和氣薰然，訟事清簡。山海之寇，招捕無餘。間引秀士與之講論，閩人化之。

十一年三月，劉錡大破兀朮於順昌。錡本晚出，公一見關陝，奇之，即付以事任，錡亦感慨自立。公歸，薦之上，謂錡才識，諸將莫及。而一時輩流疾其材能出己右，百計沮遏。公既平湖寇，即薦知岳州。已而召赴行在，左右扶持，付以王彥軍，且擢爲騎帥。至是，錡竟以所部成大功。方欲進兵乘虜虛，而檜召錡還矣。錡還朝，上見之，首曰：「張浚可謂知人。」檜遣郎官蓋諒來諷公，使附其議，當即引公爲樞密使。公答檜書，歷言和不可成、虜不可縱，且面爲諒言。諒歸，檜怒。時幕將等歸自虜，朝廷復遣劉光遠等奉使，而公亦力請祠奉親矣。十一月，除檢校少傅、崇信軍節度使，充萬壽觀使，免奉朝請。去福之日，軍民送者咨嗟號泣，相屬於道。公以蜀遠朝廷，不欲徑歸，遂奉太夫人寓長沙。

十二年，太母鑾輅來歸，制封公和國公。具劄子以賀，且曰：「與或爲取，安必慮危。夫惟務農而彊兵，乃可立國而禦侮。願勤聖慮，終究遠圖。」公恐太夫人念歸，乃即長沙城之南爲屋六十楹，以奉色養，太夫人安焉。築堂牓曰盡心，親爲之記，大意欲益求所以盡心於君親者。居閒玩意六經，考諸史治亂得失，益思前事之機微，憂時之志，一飯未嘗忘也。檜既外交仇讎，罔上自肆，惡嫉正論，諱言兵事，自以爲時已太平，日爲浮文侈靡，愚弄天下，獨忌公甚。中丞万俟卨希檜旨，論公卜宅僭擬，至倣五鳳建樓，上不以爲然。檜遣朝士吳秉信以使事至湖南，有所案驗，且以官爵誘之。秉信造公，見其居不過中人常產可辦，不覺歎息，反密以檜意告公而歸，且奏其實。檜黜秉信。

十六年，公念檜欺君誤國，使災異數見，彗出西方，欲力論時事，以悟上意。又念太夫人年高，言之必致禍，恐不能堪。太夫人覺公形瘠，問故，公具言所以。太夫人誦先雍公紹聖初對方正策之詞曰：「臣寧言而死于斧鉞，不忍不言而負陛下。」至再至三，公意遂決。乃言曰：

臣聞受非常之恩者，圖非常之報；拯焚溺之急者，乏徐緩之音。竊惟當今事勢，譬若養成大疽於頭目心腹之間，不決不止。決遲則禍大而難測，決速則禍輕而易治。惟陛下謀之於心，斷之以獨，謹察情僞，豫備倉卒，猶之弈棋，分據要害，審思詳處，使在我有不可犯之勢，庶幾社稷有安全之理。不然，日復一日，後將噬臍，異時以國與敵者反歸罪正議。此臣所以食不下咽，不能一夕安也。儻非陛下聖德在人，獲天地之祐，承祖宗之慶，有以照察其心，臣亦何所逃罪？

事下三省，檜大怒。時公又以天申節手書尚書無逸篇，具劄子爲賀曰：

臣嘗潛心聖人之經，有可以取必於天，膺大福、獲大壽，決然無疑者，輒輸丹誠，爲陛下獻。臣伏考周公無逸篇，商王中宗「嚴恭寅畏，天命自度，治民祗懼，不敢荒寧」，高宗「嘉靖商邦，至於小大，無時或怨」，周文王「自朝至於日中昃，不遑暇食，用咸和萬民」，「不敢盤于遊田，以庶邦惟正之供」。三君者，非獨身享安榮，而有國長久，後世莫加焉。商自祖甲之後立王，「生則逸，不知稼穡之艱難，不聞小人之勞，惟耽樂之從」，是以「罔或克壽，或十年」，「或五六年，或四三年」。天道昭然，其應如響。古之聖人，以一身莅天下，惠澤四海，無不如意，未嘗少有憂懼退怯之懷。凡以天道可必，吾無愧歉于心而已。臣不勝臣子祝頌之誠，願陛下兢兢業業，勉之又勉，永堅此心，以奉天道。天之所以報吾君者，宜如何哉！

七月，檜命臺諫論公，章四上。上以特進提舉江州太平興國宮，連州居住。樊川周勣者，氣義人也，自公貶永，即來相從。公帥福唐，辟爲屬。公來長沙，勣亦從居焉。檜累書招勣不得，恨之，乃謂公與勣誹謗時事，亦削勣官，竄封州。公被命即行，自夫人以下皆留侍，獨挈子姪往。太夫人送之，曰：「汝無愧矣，勉讀聖人書，無以家爲念。」公至貶所，月一再遣人至太夫人所。日夕讀易，精思大旨，述之於編，親教授其子栻。連爲州，景物甚勝，暇即策杖遊歷。連人愛重公，争持肴果以迎，所至必爲曲留終日。時檜益肆凶焰，遷謫者不絕于道，四方觀望。公處之恬然，形氣益充實，太夫人亦安居長沙。公在連，作四德銘以示其人曰：「忠則順天，孝則生福，勤則業進，儉則心逸。」連人相與鑱之於石，家傳人誦焉。己巳歲，嶺南瘴疫大作，日色晝昏。官于連者，自太守而下死凡數人，郡人無不被疾，哭聲連巷，鄉落至有絶爨者。公和藥拯之，病者來請，日至千餘人。惟公家下至僕厮無一人告病，過者咨歎，莫不以爲天相忠誠也。

居連凡四年，二十年九月，移永州。湖湘之人見公歸，喜甚，争出迎。望見公所養勝前，退皆歎息相賀。公遣人迎太夫人，以次年四月至永，母子相見，彊健如初。永舊所嘗居，人情尤相安，而公兄徽猷公遽以疾終。方公官于朝及在貶，徽猷公常留太夫人左右，悦適其意，太夫人鍾愛之。至是，悲惻殆不能爲懷，雖公解釋備至，太夫人亦年高多疾矣。蓋公去國至是幾二十年，退然自脩，若無能者。而天下士無賢不肖，莫不傾心，武夫健將言公者咨嗟太息，至小兒婦女，亦知天下有張都督也。虜人憚公尤甚，歲時使至虜中，其主必問公安在。方約和時，誓書有「不得輒更易大臣」之語，蓋懼公復用云。

至是，秦檜寵位既極，老病日侵，鄙夫患失之心無所不至，無君之迹顯然著見。意欲先除海内賢士大夫，然後肆其所爲。尤憚公爲正論宗主，使己不得安，欲亟加害，命臺臣王珉、徐嘉輩有所彈劾，語必及公。至彈知洪州張宗元文，始謂公「國賊」，必欲殺之。有張柄者，嘗奏請令檜乘金根車，其死黨也，即擢知潭州；汪召錫者，娶檜兄女，嘗告訐趙令衿，遣爲湖南提舉，俾共圖公。又使張常先治張宗元獄，株連及公。以爲未足，又捕趙鼎子汾下大理獄，備極慘酷，考掠無全膚，令自誣與公及李光、胡寅等謀大逆。凡一時賢士五十三人，檜所惡者，皆與。獄上，會檜病篤，不能書判以死，時紹興二十有五年也。上始復親庶務，先勒檜子熺致仕，盡斥群兇。公迹稍安，而太夫人遽薨。有旨復公職觀文殿大學士，除判洪州，公已在苫塊矣。哀苦扶護，以治命當歸葬雍公之兆，奏請俟命長沙。獨念天下事二十年爲檜所敗壞，人心士氣委靡消鑠，政事無綱，邊備蕩弛，幸其一旦隕斃，當汲汲惟新令圖，而未見所以慰人望者。且聞完顏亮簒立，勢已驕豪，必將妄舉，可爲寒心。自惟大臣義同休戚，不敢以居喪爲嫌，五月，具劄子曰：

臣夙負大罪，自謂必死瘴癘之地。仰惟陛下優容之，矜憐之，保全之，死骨復生，盡出聖神之造。自今以往，皆已死之日，而陛下實生之。臣今雖居苫塊中，安敢恝然遂忘陛下恩德，且顧惜一己而默不出一言，庶幾有補萬一哉？惟陛下察其用心，恕之而已。

臣聞自昔忠臣事君，莫不欲其主之聖，莫不欲其主之名顯日月，功蓋宇宙。彼知夫國家安榮，則其身亦與有安榮，故犯顏逆指而不敢辭也。姦臣不然，惟利是圖，不復它恤，導君於非，使重失天下之心，而陰肆其邪志。始則曲意媚順，而欺蔽人主之聰明，終則專事擅權，而潛移生殺之大柄。跡其包藏，有不可勝言者矣。然而身滅國亡，族覆世絶，見於史册，歷歷可考。天下後世視之，曾犬豕之不若。彼誠果何所利耶？惜乎至愚而莫之思也。

日者陛下法乾之剛而用以沉潛，施設中幾，天下四夷，孰不畏服？是臣可言之秋也。臣疏遠，不復預聞朝廷幾事，而伏自私念今日事勢極矣，陛下將拱手而聽其自然乎？抑將外存其名而博謀密計，求所以爲長久歟？臣誠過慮，以爲自此數年之後，民力益竭，財用益乏，士卒益老，人心益離，忠臣列將淪亡殆盡，内患外憂相仍而起，陛下將何以爲策？方祖宗盛時，嘗與虜通好，惟力敵勢均，而國家取兵於西北，取財於天下，文武之才，世不乏人，是故得以持久。而百四十年之後，靖康大變，事出不意，禍亂之大，亘古所無。論者猶恨夫恃和爲安而不知自治之失。今天下幾何？譬之中人之家，盜據其堂，安居飽食其間，而朝夕陰伺吾隙，一日之間，其舍我乎？然則陛下不可不深思力圖於此時也。或謂虜嘗有弑立之舉，夫弑立之人，天地所不容，人情所甚惡。誠能任賢選能，脩德立政，斷然爲吾之所當爲，口不絶和，而實以勢臨之，彼必有瓦解之憂。借使虜不量度，輕爲舉動，第堅壁清野以持之，明示逆順，其衆自離，虜之危亡可立而待。何則？人心必不肯附逆而忘順。假之五七年，而虜之君臣之分定，彼國有人得柄用事，雖有賢智，莫知爲陛下計矣。願陛下精思審謀，無忘朝夕，無使真有噬臍之歎。夫約和衰弱之時，謂不能久，而彊虜之變荐生於内，是天贊陛下。違天不祥，陛下其承之。

臣聞人主之俯仰天地間，所以自立其身者，不過「忠」、「孝」二字。此天下之大義，不可須臾少忽也。而臣行負神明，孤苦餘生，親養已無所施矣。事有大義所當爲者，不過盡忠於陛下。顧雖頭目手足有可捐棄而爲陛下用者，所不當顧惜。而況親逢聖明，極力保全，恩德至大，使臣有懷私顧己、匿情慮禍之心，則是陛下不負臣，臣實負陛下，天地鬼神，其肯容之哉！是以不顧嫌疑，不避鼎鑊，不恤讒毁，爲陛下陳之。陛下勿謂軍民之心爲可忽，忠良之言爲可棄。夫治天下譬如槃水，一決而潰，有不可收拾者矣。陛下其念之哉！臣行年六十，死亡無日，非若紛紛互持和戰之説，惟恐其説之不勝而身之不獲用，貪目前之得，忽久遠之圖。臣知爲陛下國家計耳。陛下安榮，臣亦預有安榮，臣之自謀，亦豈有不審耶？幸未即隕，得終禮制。陛下不以臣爲愚而卒棄之，願陛下許臣居嚴、婺間，優游養痾，爲陛下謀畫心腹之臣，以畢愚盡忠，庶幾有補萬一，臣之志願足矣。惟陛下廓乾坤之度，以精求天下之賢，無忘祖宗國家之恥、父兄宗族之讎，盛德大業，昭著後世，臣猶幸及見之。

繼被朝命，以太夫人之喪歸蜀。八月，行至荆南，會以星變詔求直言。公念虜數年間勢決求釁用兵，吾方溺於宴安，謂虜可信，蕩然無備，沈該、万俟卨居相位，尤不厭天下望，朝廷益輕。顧伏在苫塊，經歷險阻，死亡無日，不得爲上終言，懷不自安，乃復奏曰：

臣受陛下更生大恩，今至憂迫身，涉險萬里，常恐一旦死填溝壑，終無以仰報萬一。思以展盡所懷，瞑目無憾。臣嘗病世儒牽於戰和異同之説，而不知實爲一事；或者竊儒爲姦，不知經史之心，切切焉利禄是圖，而有以欺惑陛下之聽也；又其甚則大姦大惡挾虜懷貳，以自封殖其家，簧鼓曲説，愚弄天下。敢畢陳之。

臣聞天地之大德曰生，而天地生物之功，本於秋冬。蓋非嚴凝之於秋冬，則無以敷榮之於春夏。然則秋冬之嚴凝，乃生物之基也。在萃之象曰：「除戎器，戒不虞。」泰之九二爻辭曰：「包荒用馮河。」泰、萃之世，聖人謹於武備如此，謂不如是，不足以生物而行其心也。况時方艱難，而可忽略不省，啓大禍于後，反謂是爲得哉？若夫一時之和，則亦聖賢生利天下之權矣。商湯事葛矣，而終滅葛，書曰「湯一征，自葛始」；周太王避狄矣，築室于岐，未幾謀以却敵，詩曰「乃立冢土，戎醜攸行」；文王事昆夷矣，卒伐之，詩曰「昆夷駾矣，維其喙矣」；越勾踐事吴矣，坐薪嘗膽，竟以破吴，越語曰「越十年生聚，而十年教訓」。彼皆翕之乎始而張之乎終，汲汲乎德政修立而以生利爲心，未嘗恃和爲安，自樂其身而已也。漢高祖與項羽和，羽歸太公、吕后，割洪溝以西爲漢，東爲楚。良、平進言：「今楚兵罷食盡，釋而弗擊，是養虎自遺患也。」漢王從之，卒成大業。漢文帝與匈奴和，曾無間歲之寧。漢文全有天下，可謂和以息民。方是時，百姓猶不免侵凌之苦。至武帝始一大征伐之，其後單于來朝，漢三百年間用以無事。唐太宗初定天下，有渭上之盟，未幾，李靖之徒深入沙漠之地，犁其庭，係其酋，海内始安焉。玆豈非以和爲權而得之哉？

若夫石晉之有天下則不然，取之非其道，謀之非其人。桑維翰始終於和，其言曰：「願訓農習戰，養兵息民，俟國無内憂，民有餘力，觀釁而動，動無不成。」若有深謀者。然考其君臣所爲，名實不孚于上下。朝廷之上，專務姑息，賞罰失章，施設繆戾，權移於下，政私於上，無名之獻，莫知紀極。一時用事方鎮之臣，往往昏于酒色，厚于賦歛，果于誅戮，以害于百姓，朝廷莫知所以御之。所謂訓農習戰，養兵息民，略無實事。

維翰所陳，殆爲空言，姑欲信其當時必和之説，以偷安竊位而已。契丹窺見其心，謂晉無人，須求凌侮，日甚一日。後嗣不勝其忿，始用景延廣之議，僥倖以戰，而不知其荒淫、怠傲、失德非一日，天下之心已離，天下之勢已去，天下之財已匱。延廣不學，不知行聖賢之權，亟思所以復其心、立其勢，彊其國，急於兵戰之爭，天下事窮勢極，數萬之師，無一夫爲之發矢北向者，至今爲天下嗤笑。言君臣委靡不振、服役夷狄者，必曰石晉云。

仰惟陛下聰明聖智，孝心純一，即位以來，簡用實才，虜人聞風而畏之，於是有議和之事。陛下以太母爲重，且幸徽宗皇帝梓宮之亟還，和之權也。不幸用事之臣貪天之功，肆意利欲，乃欲剪除忠良，以聽命於虜，而陰蓄其邪心。方國家閒暇之時，怠傲是圖，德政俱廢，而專於異己之去，意果安在哉！夫虜日夕所願望者，欲我之忠良淪没耳，欲我之盡失天下之心耳，欲我之將士解體、其氣不復振作耳，欲我之懷於宴安以甘于酖毒耳。前日用事者一切徇其所甚欲而畢爲之，不幾乎與虜爲地歟？身死之日，天下酗酒相慶，不約而同。下至田夫野老，莫不以手加額。其背天逆人，不忠于君，而天下之心重惡之如此。且彼曾不思虜之於我，其愛之而和乎？其有餘力而肯和乎？其國中亦有掣肘之虞而和乎？其欲圖之於後而和乎？臣謂虜有大讎大怨，不可復合，譬夫一葉之分。今日之和，必其酋帥攜離，人心睽異，姑爲此舉，以息目前。而圖回江淮以去除後患之心，其中未嘗一日忘也。惜夫昏庸姦賊之人，豢於富貴，闇於政事，曾無尺寸之效以上報於國家，毫髮之惠以下及於百姓，分列黨與，布在要郡，聚斂珍貨，獨厚私室，爲身謀，爲子孫謀，而不知爲陛下謀，不知爲國家天下謀，坐失事機者二十餘年，誤陛下社稷大事。有識之士，誰不痛心！且夫賢才不用，政事不修，形勢不立，而專欲責成受命於虜，適足以啓輕侮之心而正墮其計中。魯仲連所謂「彼將有所予奪，梁王安得晏然乎」，而甚可痛恨者也。敵國之人何自而畏？敵國之心何自而服？敵國之難何自而成？

遲以歲月，百姓離心，將士喪氣，亦危亡而已矣。

臣願陛下鑒石晉之敗，而法商湯、周太王文王之心，用越勾踐之謀，考漢、唐四君之事，以保圖社稷。深思大計，復人心，張國勢，立政事，以觀機會。未絶其和，而遣一介之使，與之分别曲直逆順之理，事必有成。臣不孝之身，親養已絶，含毒忍死，其亡無日，徒能爲陛下言之而已。又伏思祖宗之德在天下至大至厚，太平之治，多歷年所，三代盛時，有不能及。恭惟皇帝陛下稟乾剛之資，輔以緝熙之學，何爲而不成？何治而不致？願陛下充其志氣，擴其聰明，必使清明在躬，如太虚然。惟是之從，以選賢才，以修德政，以大基業，天下幸甚。

又以所著否泰卦解義進之，奏曰：

臣往待罪相位，陛下賜臣親書周易否、泰二卦辭。其後臣謫居連山，益遠天日，葵傾之心，不能自已。遇朔望，必取再拜伏讀。竊不自揆，爲二卦訓釋。久欲獻之，以備乙鑒，而負罪積畏，無路上達。今謹繕寫，昧死以進。顧坐井之見，豈足以仰補萬一？惟臣子愛君之誠，則不能自已焉。竊惟易謹君子小人之辨，而二卦則其效之尤深切著明者也。其事則本諸一心，惟陛下留神。

上付前奏三省，宰執沈該、万俟卨、湯思退等見之大怒，以爲虜初未有釁，歲時通問，不翅如膠漆，而公所奏，乃若禍在年歲者，或笑以爲狂。臺諫湯鵬舉、凌哲聞之，章疏交上，謂公方歸蜀，恐摇動遠方。有旨復令永州居住，候服闋日取旨。

公自扶護西歸，抵綿竹，即卜日治太夫人葬，附雍公之兆。賓客紛至，自朝及夕，哭泣應接不少倦。子姪交諫尊年不宜致毁，而公孝誠自天，不能已也。太夫人既葬十日而謫命至，且有朝旨，促迫甚急。公即日就道。服闋，得旨落職，以本官奉祠，居永。公自爲表謝曰：「念君臣雖分於異勢，而利害實係於同舟。」其憂國之誠拳拳不捨蓋如此云。公自是不復接賓客，日紬繹易、春秋、論、孟，各爲之説，夜則閲司馬氏通鑑。如是者又四年，而宇文夫人亦終焉。

自庚辰秋冬，朝廷頗聞虜有異志，公卿大夫士下至軍民無不内懷岌岌，日願公還相位，表疏不絶。三十一年春，有旨令公湖南路任便居住。時臨安積陰，命下之日，廓然清明，上下欣悦。公歸至潭。五月，奉欽宗諱，號慟至不能食。又聞虜有嫚書，不勝痛憤，上奏曰：「孝慈皇帝訃自北來，又聞逆虜兵動，凡爲臣子，孰不痛憤？臣往叨任使，孤負眷知。主憂臣辱，主辱臣死，無所逃罪。臣又度今日虜勢決無但已，九月十月之間，必有所向。願陛下與大臣計議，早定必守必戰之策，上安社稷。」未幾而亮兵大入，中外震動。十月，復公觀文殿大學士，判潭州。時虜騎跳梁兩淮，王權兵潰，劉錡引歸鎮江，兩淮之人奔迸南來，沿江百姓荷檐而立。遂改命公判建康府兼行宫留守，金書疾置，敦促甚遽。長沙在遠，傳聞不一，人人危懼。公被命明日即首途，曰：「吾君方憂危，臣子之職，戴星而趨，猶恐其緩。」至岳陽，遇大雪，亟買小舟，冒風濤，泛長江而下，且欲經歷諸屯，慰接將士。未至鄂，有士大夫自江東來者云：「虜焚北采石，煙炎漲天，南岸人不復可立，公毋庸進也。」公愀然曰：「某被命，即攜二子來，正欲赴君父之急。今無所問，惟直前求乘輿所在耳。」長江是時無一舟行，獨公以小舟徑下，遭大風幾殆。北岸又近虜兵，從者憂惴甚，公不少顧。過池陽，聞亮被殺，然餘衆猶二萬屯和州。李顯忠兵在沙上，公渡江往勞，以建康激賞犒之。一軍見公，以爲從天而下，驩呼增氣。虜諜報惴恐，一二日遁去。顯忠乘士氣鋭追之，多所俘獲。

公至建康，奏乞車駕早來臨幸。聞已進發，乃督官屬治具，不半月而辦。風采隱然，軍民恃以安。上至建康，公迎見道左。衛士見公，至以手加額，無不喜公復用，而悲公久處瘴癘，形容之瘠也。車駕入行宫，首引公見，問勞再四。公頓首謝上更生肉骨之賜，且曰：「方秦檜盛時，非陛下力賜保全，無此身矣。」上亦爲之慘然，曰：「檜之爲人，既忌且妬。」後六日再引對，公奏：「國家譬如人之一身，必元氣充實，然後邪不能干。朝廷，元氣也。今邪氣得以干犯，必是元氣之弱，或汗或下。邪氣固暫退，然元氣不壯，邪再干之，恐難勝任。用人才、修政事、治甲兵、惜財用，此皆壯元氣之道。」上改容開納。時車駕將還臨安，欲付公以江淮之事。已而中止，更留御營宿衛使楊存中，俾專措置。臨發，復引公對。公奏：「陛下當京城阽危之際，毅然請使不測之虜，後復受任開元帥府，以孤軍當虜鋒。當是時，不知陛下之心還知有禍福生死否？」上曰：「朕爾時一心家國，豈知有禍福？豈知有死生？」對曰：「是心乃天心也。願陛下試反此心而擴充之，何畏乎虜賊！」上首肯焉，且勞公曰：「朕待卿如骨肉，卿在此，朕無北顧之憂矣。卿久在謫籍，聞甚清貧，郊祀合得奏薦及封邑，當盡以還卿。」繼遣內侍賜公黃金及象筦筆，公皇恐不敢辭。秦檜二十年間所以譖公者無所不至，有臣子所不忍聞者。獨賴上主張，不至死地。至是，上見公辭和氣平，無淹滯之歎，而溫乎忠愛之誠，爲之感動，對輔臣嘉美再三。

車駕既還，或有勸公求去者。公念舊臣它無在者，而國家多虞之際，人心尤以己之去就爲安危，不忍捨而遠去。日治府事，細大必親。時虜騎雖去，人情未安，朝廷賴公屹然增重。兩淮之兵渡江歸息，而奔走瘡痍之餘，重以疫癘，自三衙諸軍皆留建康，死者日數十人。公親爲分課醫工，置曆診候，自帥司給藥餌及它費，遣官屬監示。至日暮，公親視曆，考其勤惰得失而賞罰之，全活甚衆。

四月，楊存中罷。公被旨兼措置兩淮，繼兼節制建康、鎮江府、江池州、江陰軍駐屯軍馬。時虜以十萬衆圍海州甚急，鎮江都統制張子蓋提兵在淮上，欲前救，聞當受公節制，士氣十倍。而公受命之日，亦即爲書抵子蓋，勉以功名，令出騎乘虜弊。子蓋率兵力戰，大破虜衆，得脱歸者無幾。公謂去歲淮上諸軍奏功例不以實，有功者擯不録，而庖人厮役悉沾濫賞，輕名器、耗財用、亂紀綱，使軍士不復知所勸激。奏：「今海州上功，當有以深革其弊，使可爲後法。」於是令諸大將戰勝則命統制官下至旗頭押擁隊公共保明，限三日申。稍有繆僞，重寘典憲。公德威表著，將士望風畏愛。至是復總兵權，當軍政二十年廢弛之後，問疾痛、卹勞苦、撫孤遺、禁刻剥、勉將士，俾知忠順。於是人人勉勵，慨然有趨事赴功之志。

公念軍籍日益凋寡，中原之人久困腥羶，思慕我宋，欲因兹時，乘虜事力未彊，頓兵淮甸要處，以招集忠義來歸之人，内以壯軍勢、實曠土，外以讋虜情、系人心。奏曰：

虜人退兵之後，士馬物故幾半，飲馬長江之志固未敢萌也。而用事群酋人各有心，日夜備具，似有欲窺淮甸之謀。先事預圖，理不可緩。我之甲兵，方之西北之士，所存無幾，而又去歲捍禦大敵，傷折逃亡，繼以病死十亦四五，馬固同之。以今歲事力比量酌度，夫人而知其爲弱也。議者或欲弭兵息民以治，在我，此説近是也；誠恐虜之圖事未肯但已，一旦倉卒，何以待之？又況補集將士，必資西北之人，能戰忍苦，方爲可仗。然則乘機及時，内堅守備，外疑敵心，左牽右制，使之首尾奔趨，人情揺動，斯爲成算，不可忽也。淮甸要處，我不先圖，異日彊虜起侮渡淮，先據形勢，則事有難處者矣。

又奏曰：

臣體訪得東北今歲蝗蟲大作，米價踴貴，中原之人極艱於食。欲乞朝廷多撥米糧，或錢物，付臣措置，招來吾人。人心既歸，虜勢自屈。

公又以淮楚之人自古可用，乘其困擾之後，當收以爲兵，又奏曰：

兩淮之人素稱强力，而淮北義兵尤爲忠勁，困於虜毒亦已甚矣，讎虜欲報之心，蓋未嘗一日忘也。特部分未嚴，器甲不備，雖有赤心，不能成事。自强虜恣爲殘虐，十室九空，皇皇夾淮，各無所歸。臣恐一旦姦夫鼓率，千百爲群，别致生事。謂可因其嫉憤無聊之心而招集之，欲置御前萬弩營，募民强壯年十八已上、四十五已下堪充弩手之人，並不刺臂面，以「御前彊弩效用」爲名，各給文帖，書寫鄉貫、居住之處及顔貌、年甲、姓名，令五人結一保，兩保爲一甲，十甲爲一隊，遞相委保，有功同賞，有罪同罰，於建康府置營寨安泊。

詔皆從公請。公即下令曰：「兩淮比年累被荼毒，父子兄弟夫婦殺傷虜掠，不能相保。今議爲必守之計，復恥雪怨，人心所同。有願充者，宜相率應募。至於淮北，久被塗炭，素懷忠義，欲報國恩，亦當來歸，共建勳業。」於是兩淮之人欣然願就，率皆强勇可用。公親訓撫之，又奏差陳敏爲統制。敏起微賤，聲迹未振。公擢於困廢中，感激盡力圖報，未幾成軍。方召募之初，浮言鼓動，欲敗成績。數月間，來應者不絶，衆論始定。公謂虜長於騎，我長於步，制（步）［騎］莫如弩，衛弩莫如車，乃令敏專制弩治車。又謂三國以後，自北窺南，未有不由清河、渦口兩道以舟運糧。蓋淮北廣衍，糧舟不出於淮，則懼清野無所得，有坐困之勢。於是東屯盱眙、楚、泗以振清河，西屯濠、壽以扼渦、潁，大兵進臨，聲勢連接，人心畢歸，精兵可集。即奏言之。又乞多募福建海船，由東海以窺登、萊，由清河窺淮陽。有旨下福建選募。張子蓋自鎮江來謁，公與之語，見其智識過人，謀慮精審，與圖規取山東之計。奏子蓋才勇而性剛氣直，願優容之。且乞益以精甲，資以財用，俾屯江淮，措置招來。

會今上即位，公首奏建康行宫當罷工役華采之事，據今所營，足備臨幸。有詔從之。上自藩邸熟聞公德望，臨朝之初，顧問大臣，咨嗟歎息。首召公赴行在，賜公手書曰：「朕初膺付託，以眇然一身，當萬幾之繁，夙夜祇懼，未知攸濟。公爲元老，被遇太上皇帝禮遇之久，群臣莫及。宜有嘉謀至計，輔朕初政。方今邊疆未靖，備禦之道，實難遥度。思一見公，面議其當，使了然如在目中。繄公是望，公其疾驅，副朕至意。」公奏曰：「臣敢不以前日恪事太上皇帝之心事陛下，惟一其志，有限無二。」遂就道。未至國門，敦促再四，至即引見。上見公，改容體貌曰：「久聞公名，今朝廷所恃惟公。」命内侍賜公坐，降問再四。公奏：「人主以務學爲先。人主之學，本於一心，一心合天，何事不濟？所謂天者，天下之公理而已。人主惟嗜慾私溺有以亂之，失其公理。故必須兢兢業業，朝夕自持，使清明在躬。惟是之從，則賞罰舉措，無有不當，人心自歸，醜虜自服。」上竦然曰：「當不忘相公之言。」公又奏：「今日便當如創業之初，宜每事以藝祖爲法，自一身一家始，以率天下。」公見上天錫英武，每言及兩朝北狩、八陵廢隔，兆民塗炭，讎恥之大，感痛形於詞色，因力陳和議之非，勸上堅志以圖事。制除公少傅、江淮東西路宣撫使，節制建康鎮江府、江池州、江陰軍屯駐軍馬，進封魏國公。太上皇退處德壽宮，群臣希得進見，獨再引公，見輒移時。以秋防復往江上，留臨安旬日，中使問賜飲食等不絶，禮遇冠一時。

公舟行出國門，見蝗自北來，飛長數里，即具奏曰：「災異之起，必有所因。陛下即位之初，憂勞庶政，豈容有此？伏願益修欽畏，以答天心。抑天之愛陛下，殆將有以警勉於初，助成聖德也。更乞延見近臣，咨問時政，必使惠澤實及軍民。」先是，公謂新政以人才爲急，人才以剛正爲先，因疏當今小大之臣有經挫折而不撓、論事切直者凡十數人薦于上，且乞以閒暇時數引賢者自近，賜以從容，庶幾啓沃之間有所廣益。復薦陳俊卿、汪應辰可爲宣撫判官，有旨差俊卿。又奏前國子司業王大寶可備勸講論思，上遂命召大寶。公至江上，復奏曰：「直言不聞，非國之福。自秦檜用事，二十年間，誣以它罪，賊殺忠良，不知幾何人。願下明詔，以太上之意條具往以直言獲罪之人，各加恩施。其誣之以事而身已淪没，許本家開析事因，經朝廷雪訴，庶幾寃憤之氣得申今日。」又奏乞盡天下之公議以用天下之才。時洪邁、張掄使虜回，見公於鎮江，具言初到虜中，鎖之寓館，不與飲食，令於表中換「陪臣」字。公奏：「虜主恃彊，彈壓諸國。今日之事，惟修德立政，寢食之間無忘此讎，上慰天心，下從人欲，不當復遣使以重前失。」

翰林學士史浩建議，欲築瓜州、采石城，上下公議。公謂：「今臨淮要地俱未措置，高郵、巢縣家計亦復未立，而乃欲驅兵卒，但於江干建築城堡，豈不示虜削弱，失兩淮之心，隳將士之氣？或有緩急，誰肯守兩淮者？不若先城泗州便。」上以公言爲然。浩已爲參知政事，力主初議，其餘公所措置，浩輒不以爲是。公以張子蓋可任，使鎮淮上，圖山東，而子蓋所陳，浩輒沮抑百端，至下堂劄詰責，又深遏海州之賞。公方招來山東之人，至者雲集，而浩不肯應副錢糧，且謂不當接納以自困。公奏乞上幸建康，而浩專欲爲懷安計。公治舟楫於東海，所圖甚遠，而浩輒令散遣。凡公所爲，動皆乖異，黨與唱和，實繁有徒。子蓋西人，負氣，竟以成疾。公遣官勞問不絶，且乞上親喻之。上賜手書，拊存備至，而子蓋卒不起，山東前所結約者皆失望。浩遣其腹心司農寺丞史正志來建康，專欲沮招納事。公論奏曰：

竊惟國家自南渡已來，兵勢單弱，賴陝西及東北之人不忘本朝，率衆歸附，以數萬計。臣爲御營參贊，目所親見，後之良將精兵，往往皆當時歸正人也。三十餘年，扞禦力戰，國勢以安。今一旦遽欲絶之，事有大不可者。此令一下，中原之人以吾有棄絶之意，必盡失其心，一也。人心既失，變爲寇讎，内則爲虜用，外則爲我寇，二也。今日處分既出聖意，將見淮北之人無復渡淮歸我者，人迹既絶，彼之動息無自而知，間探之類，孰爲而遣？三也。中原之人本吾赤子，今陷於虜者三十餘年，日夜望歸，如赤子之仰父母。今有脱身而來者，父母拒户棄絶之，不得衣食，於天理人情皆所未順，四也。自往歲用兵，大軍以奔疲疾疫死亡十之四五。陛下慨念及此，命諸將再行招募。若淮北之人不復再渡，所募之卒何自而充？五也。尋常諸軍招江浙一卒之費不下百緡，而其人柔脆，多不堪用。若非取軍淮北，則軍旅之勢日以削弱，六也。若果絶之，人心一失，大事去矣。國家所系，人心爲本。惟陛下恢廓聖度，同符天地，信順獲佑，其理必然。

上見之感悟，事得不罷。正志又受浩旨，聚兩路監司、守臣往瓜洲相度築壘事。及見公，恃其口辯，欲爲浩游説。公折大義，正志乃愧恐不敢言。將行，公復謂之曰：「歸致意史參政，秦檜主和，終致誤國。參政得君，毋蹈覆轍。」浩聞之悚然。時浩已遣使使虜，報登寶位。公奏：「陛下初立，方欲圖回恢復，而遽聞遣使，懼天下解體。前日洪邁虜中供伏事狀，尋聞虜酋備坐告喻嶺北諸國。虜借我和議之名，以迫脅諸國類如此，願毋遣。」浩竟遣之，然虜計已行，亦竟責舊禮不納也。

十一月，有旨召宣撫判官陳俊卿及公子栻赴行在。公附俊卿等奏曰：「今日之事，非大駕親臨建康，則決不能盡革宿弊，一新令圖，鼓軍民之氣，動中原之心。臣自太上時，已爲此謀。蓋江南形勢實在於此，舍而不爲，未見其策。」又奏曰：「漢文帝初立，有司請早建太子，以尊宗廟，其爲天下國家計甚遠。願陛下留意焉。」公於九月中嘗具奏，以謂：「近聞吳璘之兵在德順曾未幾月，與虜大戰，不可不爲之深思也。使此虜得志於西，則氣焰必熾，脅制番漢，聚兵邊陲，迫我臣屬，事固難處。今持久不決，有大利害存焉。儻坐視不問，貽憂異時，非計之得也。當令兩淮之師虎視淮壖，用覩其變，而遣舟師自海道搖山東，及多遣忠義結約中原，疑惑此虜，使有左顧右眄之慮。而德順之師知我有牽制之勢，將士當亦賈勇自奮。」至是，復令俊卿等力言之。時浩已發詔，命璘棄德順。蓋浩志專欲亟和，以自爲功，謂德順既棄，則非徒璘無能爲，亦因撓公之謀矣。上見俊卿等，問公動靜飲食顏貌，曰：「朕倚公如長城，不容浮言搖奪。」

時上已有欲幸建康之意矣，而浩殊不以爲然。上遣内侍黄保躬賜公鞍馬、手書，曰：「卿以元勳，特爲重望，慨風塵之未靜，仗忠義以親行。首固邊防，徐謀開拓，俾朕居尊，無復軫慮。緬思忠赤，益用歎嘉。」俊卿等歸，公知車駕來建康之期尚緩，深慮有失機會，復具奏曰：「人心向背，興亡以分。建康之行，一日有一日之功。願仰稽天道，俯徇衆情，亟定行期，以慰中外之望。」時契丹酋窩斡亦起兵攻虜，爲虜所滅，其黨奔潰。驍將蕭鷓巴、耶律适里自海道來降。公以爲女真一國之兵，其數有限，向來獨以彊力迫脅中國之民及諸國之人爲用，是以兵盛莫敵。今當招納吾民，厚撫諸國，則女真之心自生疑惑，中原、諸國莫爲其用，虜可亡也。奏乞厚撫鷓巴等。上從之，詔公擬官賞施行，仍賜手書勞公曰：「卿以文武全才，副朕倚毗，宣威塞垣，厥功益茂。夷虜來歸，中外帖然。今賜卿貂帽等。」時虜以十萬衆屯河南，多張聲勢，欲窺兩淮。公以大兵屯盱、泗、濠、廬，虜不敢動，但移牒三省、密院及移書宣撫司，虛爲大言，欲索海、泗、唐、鄧、商州及歲幣等。公奏此皆詭詐，不當爲之動，卒以無事。

隆興元年正月九日，制除公權樞密使、都督建康鎮江府、江池州、江陰軍屯駐軍馬，且命即日開府視事。

始，公命諸將築泗州兩城，至是而畢，隱然爲邊塞重鎮。時虜將萬户蒲察徒穆及僞知泗州大周仁以兵五千屯虹縣，都統蕭琦以萬餘人屯靈壁，積糧修城，遣間不絶。公謂至秋必爲邊患，當及時掃蕩。若破兩城，則淮泗可奠枕也。且蕭琦素有歸我之意，累遣親信至宣撫司。會主管殿前司李顯忠、建康都統制邵宏淵亦獻擣二邑之策，公具以奏上。上手書報可。三月，召公赴行在。公中道具奏曰：

今之議者，孰不持戰守之説？其下則欲復遵舊轍，重講前好。以臣觀之，戰守之説是也。然而戰守之道，本於廟勝。君天下者，誠能正身以正朝廷，正朝廷以正百官，正百官以正萬民，用之戰則克，用之守則固，理有決然者矣。今德政未洽于人心，宿弊未革于天下，揆之廟算，深有可疑。臣願陛下發乾剛、奮獨斷，於旬月之間大布德章，一新内外，盡循太祖、太宗之法，使南北之人知有大治于後。人心既孚，士氣必振，于以戰守，何往不濟？

既至，復申前説，上再三歎美，謂公當先圖兩城，邊患既紓，弊以次革。乃命李顯忠出濠州趨靈壁，邵宏淵出泗州趨虹縣，而令參議馮方隨往犒勞。公亦自往臨之。將行，念軍事利鈍難必，恐或小跌，傷上有爲之心，謂諸葛亮建興六年所上奏其言明切，曲盡事機，乞上置之坐右，嘗觀覽焉。又出旗牓軍前曰：「面奉聖旨：大軍所至，務要秋毫不擾，專以慰安百姓爲事。敢有行一不義、殺一不辜，達於聽聞，朕所不赦。」

公渡江，聞李顯忠至靈壁，而蕭琦中悔，以衆來拒。顯忠大破之，琦所將萬五千人降殺殆盡。邵宏淵亦進圍虹縣，顯忠會之，徒穆、周仁窮蹙，率其衆降，亦以萬數。公又遣戚方將舟師趨淮陽，慮顯忠輕敵深進，則親帥官屬前駐盱眙，幾便近得以指呼。顯忠追蕭琦至宿州近城，琦與家屬及千户頭領等百餘人降，遂直抵城下。虜僞元帥者遣二萬餘人來戰，大破之。進攻城，將士蟻附而上，遂克之。中原震動，歸附日至。上手書曰：「近日邊報，中外鼓舞。數十年來，無此克捷。」公以盛夏人疲，急召顯忠等還師，而上亦戒諸將以持重。皆未達。僞副元帥紇石烈志寧率大兵至，顯忠等恃勝不復入城，但於城外列陣以待，士卒頗疲矣。僞帥令於陣前打話，謂：「爾若破我，當盡歸河南之地。」既戰，虜兵引卻。明日復來戰，我師小不利，統制官有遁歸者，軍心頗摇。顯忠等率兵入城，虜衆進攻城，復殺傷而退。居數日，得諜者報虜大兵將至，顯忠等信之，夜引歸，虜亦不能追也。時虜名酋勇將降執系道，精甲利兵破亡不翅三倍，是後不復能爲靈壁、虹縣之屯矣。

方初退師，公在盱眙，去宿不四百里，浮言洶動，傳虜且至。官屬中有懷檄以歸者，亦有請公亟南轅者。公不答，遂北渡淮，入泗州城。軍士歸者勞而撫之，視瘡痍，拯疾病，存録死事，旌有功，人情胥悦。凡數日，上下始知虜初無一騎過宿者，人心始定。時公獨與子栻留盱眙幾月，俾將士悉歸憩而後還維揚，具奏待罪。上手書撫勞，公復奏曰：「今日之事，明罰爲本。而罰之所行，當自臣始。」上手書報曰：「卿屢待罪，欲罰自卿始。卿此言至公，豈不感格？朕委任卿，未嘗少變，卿不可以此介意。正賴卿經畫，他人豈能副卿？」有旨降授特進，更爲江淮宣撫使。宿師之還，士大夫素主和議者乘時抵巇，非議百出。上又賜手書曰：「今日邊事，尤倚卿爲重，卿不可以畏人言而懷猶豫。前日舉事之初，朕與卿獨任此事，今日亦須朕與卿終任此事，切不可先啓欲和之言。」又荐遣内侍勞公，於是公又第都統制官以下，乞以次行罰。

時朝廷建遣楊存中以御營使行江上守備，首途有日。公謂命令不一，將士觀望，或敗國事，身死無益，遂論奏之。上即日詔存中毋行。公留真揚，大飭兩淮守備，命魏勝守海州，陳敏守泗州，戚方守濠州，郭振守六合，治高郵、巢縣兩城爲大兵家計，修滁州關山以扼虜衝，聚水軍淮陰，馬軍壽春、廬州。大抵虜人來攻泗州，則糧道回遠，城中兵二萬餘足以守，乘其弊足以勝。如其出奇自淮西來，則清野堅壁，使無所掠。既不得進，合兵攻之，可大破也。然是時師退未幾，人不自保，公命栻往建康挈家屬來維揚，衆情大安。兩淮郡縣悉增葺屋宇，人物熙熙，以至鄉落亦皆成聚。

上復召栻奏事，公附奏曰：

自古大有爲之君，必有心腹之臣相與協謀同志，以成治功，不容秋毫之間，然後上下響應影從，事克有濟。如伊尹之於湯，太公之於周，其次管夷吾之於齊，諸葛亮之於蜀，書傳所載，始終可考。不然，作舍道邊，何自而成？而況安危禍福之幾，其應不遠，可不畏哉！今邊隅粗定，軍旅粗整，虜以傷敗之故，其勢未能爲竭國之舉。而臣以孤蹤，跋前疐後，動輒掣肘，陛下將安所用之？願深惟國計，精選天下巖穴之賢，付以中外大柄，任之專，信之篤，如前數君所爲，謀出於一，不使小臣得以陰間，不使異議得以輕摇，先内後外，以圖恢復，庶幾日積月著，太平可期。載惟陛下當至艱至難之時，遇自古未嘗有之彊敵，若非君臣相與爲一，朝夕圖回，不較利鈍，終期有成，誠恐歲月易流，後悔難追，甚可痛惜也。臣老且病，望陛下矜憐，賜以骸骨，使之待罪山林，毋令出處狼狽，取笑天下後世。

上覽奏，謂栻曰：「雖乞去之章日至，朕決不許。朕待魏公有加，終不爲浮議所惑。」公聞之，不敢復有請。時上對近臣未嘗名公，獨曰魏公，每遣使來，必令視公飲食多寡、肥瘠何如，其眷禮如此。八月，有旨復公都督之號。

虜都元帥僕散忠義與志寧並貽書三省、密院，索四郡及歲幣等，且云「今兹治兵，決在農隙」，以恐脅我。公奏：

虜力彊則來，力弱則止，初不在夫和與不和之間。使其有隙可乘，有機可投，雖使人接踵于道，卑辭厚禮無所不至，亦莫足以遏其鋒也。今僞帥書蓋知江南之士欲和者衆，離間吾心腹，撓亂吾成謀，坐收全功，以肆其忿毒于後。惟陛下深察之。臣誠過慮，竊恐腐儒之論不知大計，遂爲真和。曾不知三數年之後，虜馬日蕃，人心益定，我之將士解體怠墯，方是時，何以枝梧？然今日内治未立，人多懷私，只責謀身，不思爲國，軍民之弊，漠不加意。不求之此而區區於末，恐無益也。

時朝廷欲謝却歸正人，已至者悉加禁切，且不欲公多遣間諜，恐生邊釁。公奏曰：

自昔創業中興之君，圖回天下，初非有夙任之將、素養之兵、舊撫之民爲之用也。考其施設，事非一端。或取之群盜，或得之降虜，或以夷狄攻夷狄，莫不虛懷大度，仰憑天道，俯順人心，以成大功。後世仁德之不孚，措置之失宜，馴致降人多有背叛。此非徒人事之謬，蓋亦天命之不歸也。今陛下紹隆祖宗，方務恢復，乃於降者而首疑之，則左右前後與夫今日軍旅之衆，孰不可疑？而況它日進撫中原，必先招徠，事乃可濟。若處之失當，反激其怒，它日人自爲敵。計之出此，豈不誤哉？陛下將有經營四海之心，推誠待人，如天如日，豈比固陋之士，姑爲保身之謀，獨無天命之可信哉？

又奏：「虜之於我，有不戴天之讎，挾詐肆欺，不遺餘力。自宣和、靖康以來，專以和議撓亂國家，反覆詭秘，略無一實。今敗盟如此，而朝廷尚蹈覆轍，號爲信義，恐生兵隙，臣所未喻也。昔宋襄公謂君子不重傷，不禽二毛，而卒敗於楚，得無類是乎？」

時湯思退爲右相，思退本檜死黨，尤急於求和，遂遣盧仲賢、李杕持書報虜，並借職事官以往。公又奏：「仲賢小人多妄，不可委信。」上因其辭，戒勿許四郡，而宰執則令仲賢等許之無傷。杕至境，託故不行，獨仲賢往。僕散忠義懼之以威，仲賢遂鼠伏拱手，狀稱歸當稟命許四郡，願持書復來。仲賢見公，謬稱「虜有數十萬之衆近邊，若不速許四郡，今冬必入寇，我無以當其鋒。且公重臣，不宜在江外，當亟渡江」。公知仲賢爲虜所脅，即謂之曰：「某在此邊備已飭，借使虜來，當力破之。況探報日至，虜之屯河南者不過十萬，計議得無爲虜游說耶？」杕復被旨令入奏。公命杕奏仲賢辱國無狀，但所謀事，未知有無出朝廷之意，臣實不預此議。杕至，上即召見，首問仲賢事。杕具奏其狀，且曰：「仲賢不可不明正其罰，朝廷與爲表裏，不可不察。」上怒，下仲賢大理寺。思退等惶懼，反謂仲賢能說虜削去君臣之禮，止以叔姪相往來爲有功，百端救之，至與左相陳康伯等叩頭殿上乞去。上不悦，猶鐫仲賢官。思退及其黨懼，益大唱和議，建議王之望、龍大淵爲通問使副。公在遠，争不能得，見諸軍惶惑，歸正人尤不自安，即出牓諸軍，謂虜人妄有邀索，如輒敢渡淮，當約日決戰。朝廷聞公出此牓，皆大恐，獨上以爲然。公又奏曰：

伏聞朝廷遣使甚亟，思慮反復，實不遑寧。伏念臣頃居謫籍幾二十年，流離困苦，加以憂患，狼狽萬狀。所以養愛此身，不敢即死，亦以臣子大義，負不戴天之深讎，終幸一朝得伸素志，瞑目無憾。幸遇陛下龍飛之始，英武奮發，慨然有澄清天下之志。臣是敢受任而不辭。今將士人情日以振作，而虜寇作於内，師老於外，少稽時月，形勢畢見。載惟此虜若勢力有餘，内無掣肘，則秋冬之交必引兵長驅，要我以和，何求不成？而乃遣書約期，勢實畏怯，其狀甚露。縱令敢以偏師深入，自淮西來，爲我則利，爲彼非福。蓋三百里之内，野無芻粟，扼以不戰，又何能爲而直爲此急急也？重念臣衰老多病，所見所爲迂闊寡合。自度賦分單薄，無以勝任國事，方欲俟歲晚力求休退。惟臣所愛者，陛下之聖德聞於天下，有有爲之時。惟臣所憂者，夷狄之姦計得以肆行，而後悔何及！不然，臣年餘幾何，豈不欲姑就安逸以畢此身，而固爲異同於今日也？

又奏：

今歲守備甚嚴，自秋涉冬，初無一事。向若虜不貽我以書，固自若也。不幸因虜以一介持書慢我，而朝廷忽遽遣人，自招紛紛。緣此内外之情各不懷安，於國體所係甚大。今茲使行，事體尤重，豈宜更復草草？惟此虜若必欲侵凌我，雖懇請百拜，有不可遏；如其不能，亦何由而動？況専幸寇讎之不我侵，急急然徒爲懇免苟安之計，臣之所未諭也。

上賜手書諭意，將以首相待公。公奏力辭。

未幾，遂召公赴行在奏事。公初議答虜書事，以爲但當輕遣一介往觀其情僞而爲之所。至是，乃聞朝廷遣之望等。十一月二十五日，行至鎮江，上奏曰：

近者竊承朝廷已定遣使之議，臣身在外，初不預聞。竊惟徽宗、欽宗不幸不反，亘古非常之巨變，凡在臣庶，不如無生。而八陵久隔，赤子塗炭，國家於虜，大義若何？況逆亮憑陵，移書侮嫚，邀求大臣，坐索壞地，其事近在前歲。今議者不務力爲自彊之計，而因虜帥一貽書，遽遣朝士奔走麾下，再貽書，欲遣侍從近臣趨風聽命，復將裒吾民之膏血以奉讎人，用猶子之禮以事讎人，欺陛下以款之之名，而爲和之之實。其説固曰吾將款之而修吾兵，政不知使命一遣，歲幣一出，國書一正，將士褫氣，忠義解體，人心憤怨，何兵政之可修？又不過曰吾將款之而理吾財用，不知今雖遣使而兵不可省，備不可撤，重以歲幣之費，虜使之來，復有它須，何財用之可理？此可見欺陛下以款之之名，實欲行其宿志也。彼方惟黨與之是立，惟家室之是顧，惟富貴之是貪，豈復以國事爲心哉？況兩朝鑾輿之望已絶，宗室近親流落虜廷，戕賊殆盡，猶欲與之結和，不知於天理安否？臣實痛之。臣年老多病，所論與朝廷略不相合，豈可蒙恥更造班列，以重敗其素節？且陛下廟堂之上，豈容狂妄不合之臣濫厠其間？臣雖至愚，亦誠不忍與今日力主和議之臣並立於朝。伏乞早降指揮，罷臣機政。臣見力疾至前路秀州，聽候指揮。

上賜手書曰：「覽卿奏，欲在秀州候指揮，甚非朕所望也。卿忠誠爲國，天下共知，和議事專竢卿到，面盡曲折。卿宜速來。」繼遣内侍甘澤賜公手書曰：「卿赴召入覲，何爲中道遽欲引嫌自陳？軍國大事，正要卿同心叶濟。已差甘澤宣卿，宜體朕意，疾速前來。」公以上意厚甚，不敢固辭，復上奏曰：

臣竊聞道路之言，謂今兹議和非陛下本心，事有不得已者。詢之士大夫，多以爲然。惟臣昔嘗力陳和之不可，爲秦檜所擠，瀕死者屢。賴太上皇帝保全覆護，獲有餘生。今日之議，臣以國事至大，不敢愛身，力爲陛下敷陳，不識陛下終能主張之否？又有事之大者，人才混殽，風俗陵夷，綱紀久弛，上下偷安，巨細積弊，内治自彊未見端緒。若力圖所以革之，一繩以公，不恤浮議，則怨謗之言投隙伺間，巧爲傷中，事必無成。若因循不革，日復一日，何以爲國？國政不立，何以禦寇？不知陛下能力斷於中，果行於外，君臣一心，無間可乘，以濟此疑難之業否？臣是以食不遑味，寢不遑處，拳拳憂心，有如皦日。思所以爲陛下計、爲社稷計，須臾不敢忽也。不然，臣年老數奇，粗知學道，豈敢叨踰榮寵，竊位於朝，以負陛下社稷哉？臣到闕日，願賜清閒之燕，俾盡區區。度其是否，使之進退有據，不違其道。不勝幸甚。

既至入見，上首諭公以欲專委任之意，公復力陳和議之失。上爲止誓書，留使人，而令通書官胡昉、楊由義先往諭虜帥以四郡不可割之意。於是之望、大淵待命境上，而上與公密謀，若虜帥必欲得四郡，當遂追還使人，罷和議事。十二月二十二日，制拜公尚書右僕射、同中書門下平章事，兼樞密使、都督如故。而思退亦轉左僕射。上諭當直學士錢周才以注意在公，故思退雖爲左相，而公恩遇獨隆。每奏事，上輒留公與語，又時召栻入對，賜公御書聖主得賢臣頌。思退等素忌公，至是益甚。

公既入輔，首奏當旁招仁賢，共濟國事。上令條具，公奏虞允文、陳俊卿、汪應辰、王十朋、張闡可備執政，劉珙、王大寶、杜莘老宜即召還，胡銓可備風憲，張孝祥可付事任，馮時行、任盡言、馮方皆可備近臣，朝士中林栗、王秬、莫冲、張宋卿議論據正，可任臺諫，皆一時選也。

公自太上時，即建議當駐蹕建康，以圖恢復。上初即位，公入對，又首言之。及總師江淮，每申前説。至是復力言於上曰：「今不幸建康，則宿弊不可革，人心不可回，王業不可成。且秦檜二十年在臨安，爲燕安酖毒之計，豈可不舍去之而新是圖？大抵今日凡事皆當如藝祖創業時，務從省約，而專以治軍恤民爲務，庶國有瘳。不然，日復一日，未見其可。」上深感悟。通書官胡昉等至宿州，僕散忠義以不許四郡之故，械繫迫脅。昉等不屈，忠義計窮，更禮而歸之。上聞之，亟召栻語之故，令諭公曰：「和議之不成，天也，事當歸一也。」始議以四月進幸建康。公又奏當詔之望等還，上批出曰：「王之望、龍大淵并一行禮物並回。」思退等大駭，更約翌日面奏。及至漏舍，思退等競執前説。公折以正論，輒屈。是日三月朔旦，上當詣德壽宮，未登輦，召宰執議事。思退及參知政事周葵、同知樞密院洪遵叩頭力爭，上怒，聲色頗厲。及自德壽宮回，復批出曰：「追回之望等劄子宜速進入。適詣德壽宮，太上皇帝亦深怒此虜無禮。卿等不可專主和議，恐取議於天下。」思退等懼，遂以劄子進入，發金字遞行。公奏胡昉等能不爲虜屈，當加賞。而向者盧仲賢擅以國家境土許寇與讎，宜有重罰。有旨仲賢除名勒停，編管郴州。又奏：「宜牓示諸軍，諭以僕散忠義械繫使人，加以無禮，使各奮忠義，勉勵待敵，趨赴功名，庶幾諸軍知曲在虜，且知和議不成，激昂增氣。」上令都督以此旨降牓兩淮、荆襄、川陝，數日之間，號令一新，中外軍民皆仰上英斷。思退計窮，復奏力主和議，且請上以宗社大計奏稟太上皇帝而後從事。上親批其後，降付三省曰：「虜無禮如此，卿猶欲言和。今日虜勢非秦檜時比，卿之議論，秦檜之不若。」故事，宰相日一人啓御封。是日適公當啓，啓畢，即轉示思退。思退大駭，藏去。先是，上既決幸建康之議，思退等初不與聞。後奏事上前，語屢屈，因説曰：「和議不成，虜至，何以待之？」上曰：「朕已決幸建康。」思退等失色。及又見批語，乃陽爲皇恐乞祠狀，而陰與其黨謀爲傾陷之計，蹤跡詭祕，人不得盡知也。居數日，俄有旨命公按視江淮。公知一日出外，姦人必得肆意，然趣行之旨屢下，而事之成敗，則又有非人力所能爲者，乃行。既出國門，思退遂與右正言尹穡通謀，日夜汲汲益求所以間公者。公未抵鎮江，道遇王之望等還，見之望力主和議，因密奏之。而思退等亦相與陰謀，謂不毀守備則公不可去，和不可成，乃令之望等盛毀守備，一無以恃者。又陰以官爵諷諸將，令入文字，稱敵盛彊，爲畏怯語。而穡專主其議，百計毀公。

蓋公受任江淮兩年有半，念國家多虞，醜虜未靖，憂恐計度，寢不遑安，食不遑味，祁寒盛暑，勞撫將士，接納降人，講論軍務，未嘗少倦，少年精力有不能及，而公忠義奮激，曾不以爲勞。諸軍感悦，有不待號令而從者。計所招來山東、淮北忠義之士，實建康、鎮江兩軍，凡萬二千餘人，萬弩營所招淮南彊壯及江西群盜又萬餘人，陳敏統之，以守泗州。淮南軍士知泗爲兩淮要塞，皆願以死守，至挈父母妻子往焉。要地如海、泗、高郵、巢、和、六合等皆已成築，其可因水爲險處，皆積水爲櫃，增置江淮戰艦，諸軍弓矢器械悉備。兩年冬，虜屯重兵十萬于河南，爲虚聲，脅和至再至三，皆有約日決戰之語。泗州將士日望虜至成大功，而虜亦知吾備禦甚設，卒不敢動，反爲防我計。及是，公又以宰相來撫諸軍，將士無不踴躍思奮，軍聲大振。虜聞公來，亦檄宿州之兵歸南京，沿邊清野以俟。淮北歸正者日來不絶。山東豪傑悉遣人來受節度。公曉之曰：「淮北、山東之人慕戀國恩，厭苦虐政，保據山險，抗拒賊兵，于今累年。首領冒難遠來，備述爾等忠勤，爲之惻痛。已具奏皇帝，記録汝等姓名。將來大兵進討，則掎角爲援，晝驚夜劫，抄絶糧道。如是賊兵深入，便當連跨城邑，痛勦賊徒。勳績倘成，節鉞分茅，皆所不吝。但當觀時量力，無或輕重，反墮賊計。今本朝厲兵秣馬，以俟天時。汝等亦宜訓習，以待王師之至。」公又以蕭琦乃契丹四軍大王之孫，沉勇有謀，欲令琦盡統契丹降衆，且以檄喻契丹，大意謂：「本朝與契丹有兄弟之好，不幸姦臣誤兩國，皆被女真之禍。今契丹不祀，皇帝無日不念此。爾能結約相應，本朝當敦存亡繼絶之義。」虜人益懼，遂爲間書，鏤板摹印，散之境上，類後周所以間斛律明月之意。

督府參議官馮方立朝有直聲，臨事不避難，遍行兩淮，築治城壘，最爲勞勩。思退等以其效力尤多，尤惡之，使穡論方不當築城費財，凡再章而方罷。又論公所費國用不貲，公奏，計督府遣間探、給官吏等，二年半之費，實不及三十萬緡。其餘皆爲修城造舟、除器招軍等用。上出公奏，思退、穡議屈，於是始謀更造它事撼公。殿前後軍統制張深守泗有勞，軍士安之。俄有旨放罷，而以趙密之子廓代之。公至淮東，訪問知狀，奏留深，而穡指公此事爲拒命跋扈。思退等又相與之謀，上眷公厚，必未肯遽罷公，但先罷都督，則公自當引去。穡奏論如思退計，而公自聞馮方罷，已上奏乞罷督府。詔從公請，而公亦封章力求還政矣。穡連疏抵公愈力。左司諫陳良翰奏，如公忠勤，人望所屬，不當使去國。上謂良翰：「本無此事，且當今人材孰有踰魏公者？卿宜徧諭侍從臺諫，使知朕此意。」侍御史周操素同良翰議，至是争論甚力。然是時公留平江虎丘，致仕之章已八上矣。上察公懇誠，欲全其去。四月二十有二日，制除公少師、保信軍節度使、判福州。而思退等遂決棄地求和之議，且命宣諭司及統領司磨治督府文書錢物，吹毛求疵，卒不可得，乃已。公力辭恩命，上不許，至五六，除醴泉觀使。

公雖去國，不敢以嫌故有隱，奏尹穡姦邪，必誤國事，又奏勸上務學親賢。故舊門生或勸公當勿復問時事，後雖有召命，亦無庸起。公慨然語之曰：「君臣之義，無所逃于天地之間。況吾荷兩朝厚恩，久尸重任，今雖去國，猶日望上心感悟。苟有所見，安忍不言？上復欲用某，某當即日就道，敢以老病爲辭？如公等言，復何心哉！」聞者聳然。公以連年疲勞，比得退休，已覺衰薾。且畏暑，未能遂還長沙。行次餘干，假宗室趙公頙之居而寓止焉。所居之南有書室，公名之曰「養正」，而爲之銘曰：「天下之動，以正而一。正本我有，養之斯吉。道通天地，萬化流出。精思力行，無忘朝夕。」日讀易，更定前説，且曰：「庶幾未死，於學有進也。」又取易象題坐右曰：「謹言語，節飲食。致命遂志，反身修德。」親舊來訪者，輒與講論古道，終日不倦，蓋其心純一，無出處動静之間如此。

孟秋既望，公薦享祖考，既奠而跌。公起，歎曰：「吾大命不遠矣。」手書家事付兩子，且定祭祀昏喪之禮，俾遵守，曰：「喪禮不必用浮屠氏。」且曰：「吾嘗相國家，不能恢復中原，盡雪祖宗之耻，不欲歸葬先人墓左。即死，葬我衡山足矣。」及仲秋二十日，猶爲饒守王十朋作不欺室銘，有曰：「泛觀萬物，心則惟一。如何須臾，有欺暗室？君子敬義，不忘栗栗。」至二十二日，始寢疾。二十八日，疾病。日晡時，命子栻等坐于前，問：「國家得無棄四郡乎？」且命作奏乞致仕。日暮，命婦女悉去，夜分而薨。先是，六月末有大星隕于趙氏居養正堂之北，光芒若晝，趙氏一家盡驚。翌日，得公書欲來寓居云。訃聞，上震悼，輟視朝兩日。有旨贈太保。栻等不敢違公志，扶護還潭州。以是歲十一月辛亥，葬于衡山縣南嶽之陰豐林鄉龍塘之原。

公自幼即有濟時之志，未嘗觀無益之書，未嘗爲無益之文，孜孜然求士尚友，講議當世之故。聞四方利病休戚，輒書之册，至一介之賤，亦曲加詢訪。在京城中，親見二帝北狩，皇族係虜，生民塗炭，誓不與虜俱存。委質艱難之際，事有危疑，它人方畏避退縮，則挺然以身任之，不以死生動其心。南渡以來，士大夫往往唱爲和説，其賢者則不過爲保守江南之計。夷狄制命，率獸逼人，莫知其爲大變。公獨毅然以虜未滅爲己責，必欲正人心、雪讎恥、復守宇、鎮遺黎，顛沛百罹，志踰金石。晚復際遇，主義益堅，雖天嗇其功，使公困於讒慝之口，不得卒就其志，然而表著天心，扶持人紀，使天下之人曉然復知中國之所以異於夷狄、人類之所以異於禽獸者，而得其秉彝之正，則其功烈之盛，亦豈可勝言哉！

公論事上前，務盡道理，期於聽從，不爲苟激。其在官守，事無細大，必以身親，視國事如家事，視民疾苦如在己身，至誠懇惻，貫徹上下。平生四被謫命，處炎方幾二紀，拳拳念君之心，遠而彌篤。見朝廷一舉措之善，則喜溢詞色；一事不厭，則憂思終夕不寐。嘗曰「事君者必此心純一，而後能有感格」，蓋其忠義自壯至老，或用或舍，未嘗有斯須之間也。事太夫人先意承志，婉愉順適，曲盡其心，奉養恭恪，寒暑不渝。家人婦子見公身率，莫敢不敬。或時遠去侍側，每覺意緒不佳，則曰：「太夫人得無有疾乎？」遣人候問，則其日果太夫人服藥也。太夫人方嚴，或顔色不和，則公拱立左右，踧踖若無所容。俟太夫人意舒，乃敢安。蓋自膝下至白首如一日。太夫人既没，見素所服用之物，未嘗不泣下。起敬起孝，孝誠篤至，上自宫禁，下至閭閻，無不咨嗟歎息。縉紳軍民聞風而興起慕用，與夫愧悔改行者，不可勝計也。於兄徽猷公友弟篤至，教養其子與己子不少異。置義莊以贍宗族之貧者，以至母族喪葬婚嫁，亦皆取給焉。歲時祭祀，必預戒小大，使各嚴恪。滌牲治具，必親莅焉。及祭，肅乎如祖考臨之。時節嘗新，必先薦于廟而後敢食。器皿擇精潔者備薦享，不以它用。素能飲酒，至斗餘。及貶連山，太夫人曰：「南方地熱，宜省酒。」即不敢飲。及再見太夫人，命之飲乃飲，遂終身不踰三酌。於器用取具，不問美惡，平生無玩好，視天下之物泊然無足以動其心者。燕處飲食，皆有常度。雖在閨門，無戲語，無惰容。未嘗偏倚而坐，未嘗疾呼遽行，言必有教，動必有法。盛德日新，至老無息。及在餘干，未寢疾間，温恭朝夕，無絲毫倦怠意。絶筆二銘，于今讀之，猶能使人悚然起敬。則公之心雖未易以言語形容，然於此亦可以少見其幾矣。蓋其天資粹美，涵養深厚，以至於德成而行尊，非强勉所能及也。

公之學一本天理，尤深於易、春秋、論、孟。嘗論易數曰：

易有太極，是生兩儀。太極一也，兩儀三之也。分爲二，而七、八、九、六之數五十有五，此天地之中數也。何以知其然？蓋一、三、五、七、九合爲天數，而天數不過五；二、四、六、八、十合爲地數，而地數不過五。天地奇耦，合之爲十，總之爲五十有五。自然之數，皆不離乎中，中故變，變故其道不窮。聖人神而明之，用數之中，故消息盈虚之妙、闔闢變化之幾，皆在於我，而動静莫違焉，中其至矣。

又嘗論剛柔之義示子姪曰：

君道主剛，而其動也用柔，故乾動則爲坤矣；臣道主柔，而其動也用剛，故坤動則爲乾矣。故夫必欲遠聲色，必欲去小人，必欲配帝王，必欲定社稷，必欲安民人，必欲服四夷，乾之剛也，君則之於内而主斷也。至於禮臣下、下賢才、撫四鄰、愛百姓、恤孤寡，虚心取善，舍己從人，其動莫非柔矣。不敢唱始，不敢先事，謹禮法、循分守、安進退、守職業，坤之柔也，臣得之於内而有承者也。至於犯顔敢争，捐軀盡節，可以託六尺之孤，可以寄千里之命，可殺不可辱，可困而不可使爲不義，守忠義之大訓，弭患難於當年，斷大計、定大疑，正色立朝，華夷讋服，其動莫非剛矣。故夫善觀易者，必觀夫剛柔之中而究其所以用，則六十四卦三百八十四爻之或得或失，或悔或吝，或吉或凶，可以類推矣。不知剛柔之用，不可言易也。

胡銓求公序其所著春秋傳者，公告之曰：

春秋所書，莫非人事章章者。作之於心，見之於事，應之於天，毫釐不差。夫子敘四時，稱天王，以謂順天則治，生物之功于是興；逆天則亂，生物之功于是息。爲千萬世訓至明也。故一言以斷春秋之義，曰「天理」而已矣。嗚呼！使王知有天，則諸侯知有王，大夫知有諸侯，陪臣知有大夫，馴致之理，得之自然，禍難孰爲而作哉？蓋王者知有天而畏之，言行必信，政教必立，喜怒必公，用舍必當，黜陟必明，賞罰必行。彼列國諸侯雖曰彊大，敢違天不恭，以重拂天下之心而自取誅滅耶？周道既衰，王之不王，不能正身行禮，奉承天心，以大明賞罰於天下。春秋爲是作，以我褒貶，代天賞罰，庶幾善者勸、惡者懼，亂臣賊子易慮變志，不復接踵于後，天地之大德，始獲均被萬物。聖人先天心法之要，蔑有著於此書者矣。

公於本朝大臣最重李文靖公，謂近三代氣象。又以寇忠愍、富文忠、范文正之事爲可法，嘗曰：「萊公自澶淵還，恥於城下之盟，益勸上修德立政，既不獲用，乃有東封西祀之說。鄭公使虜還，以和議爲恥，以自治爲急務，而不受樞庭之賞。文正自西鄙入參大政，勸仁祖開天章閣，俾大臣條時務，大修政事。文正所具二十條，無非要切，然亦不克施。使三公獲盡其猷爲，則王業必不至二百年而中微也。異時歸老山林，當作三賢堂於弊廬之側，庶幾朝夕想像，如見其人。」豈三公所爲，適有契于公心也與？

每訓諸子及門人曰：「學以禮爲本，禮以敬爲先。」又曰：「學者當清明其心，默存聖賢氣象，久久自有見處。」見人有一善，爲之喜見辭色。子姪輩言動小不中理，則對之愀然不樂。人自感動。

公初娶楊國夫人樂氏，旬日被命召，即造朝。及爲侍從，或以公盛年，勸買妾。公曰：「國事如此，太夫人在遠，吾何心及此？」遂終身不置妾。再娶蜀國夫人宇文氏，賢明淑順，與公同志。事太夫人盡禮，鷄初鳴，已冠帔立寢前，俟太夫人寐覺。夜則俟太夫人寢，至息勻寐安乃去。食飲湯藥，一一親之。太夫人常曰：「吾兒孝，天賜賢婦，以成其心。」内外宗族敬仰無間言，起居飲食，亦皆如公有常度不渝，相對如賓。公方貴，未嘗言及宇文氏私門，每訓諸子曰：「吾朝夕兢兢，履地如履冰，惟恐一言之失，一事之差。」蓋其德誠足以配公焉。先公五年薨，葬衡山，與公同兆異穴。生子男二人：長栻，右承務郎、直秘閣；次杓，右承奉郎。

公奏議務坦明，不爲虚辭，率口誦，令子姪書之，皆根於心，不易一字。有紹興奏議、隆興奏議各十卷，論語解四卷，易解并雜記共十卷，春秋解六卷，中庸解一卷，詩書禮解三卷，文集十卷。

惟公忠貫日月，孝通神明，盛德鄰於生稟，奥學妙於心通。勳存王室，澤在生民，威震四夷，名垂永世。平生言行，非編録可紀。謹掇其大略，以備獻于君父，下之史官，傳之無窮，且將以求當世立言之君子述焉。謹狀。

乾道三年十月日，左迪功郎、特差監潭州南嶽廟朱熹狀。

下集

名臣碑傳琬琰集下卷一

潘武惠公美傳[一]　實録[二]

潘美[三]，大名人。父璘，以膂力應募，隸兵籍，遷軍小校，戍常山，以病免歸鄉里。

美少有大志，隸府中典謁。時漢政荒亂，美私語里人王密曰：「漢氏歷數將終，兇臣肆虐，有三靈改卜之兆。大丈夫當於此時立功名、取富貴，豈宜碌碌然與萬物共盡？」會周祖鎮大名，世宗自環衛領牙門軍，美遂解職委質焉[四]。世宗即位，補供奉官。從征高平，配美精卒數千扼江渚嶺。虜果由其路來援，美堅壁不與戰，虜遁去。以功遷西上閤門副使。凱旋，遷正使①。出監陝州軍，俄遷東上閤門使②。從征關南，遷改引進使③。世宗將用師隴蜀，命美護永興屯兵，因令經度西事。恭帝嗣位，召爲客省使。

太祖素與美厚善[五]，及爲諸軍推戴，還入京城，即遣美往見執政，美因敷述天命以諭之。陝帥袁彥性兇率，

---

① 遷正使　「遷」原作「還」，據文海本、庫本改。

② 俄遷東上閤門使　「門」原作「前」，按宋史卷一六九職官志九敘遷之制武臣自通事舍人轉横班例：「西上閤門使，轉東上閤門使。東上閤門使，轉四方館使。四方館使，轉引進使。」據改。

③ 遷改引進使　「遷」，文海本作「還」，屬上句。

恣行威福，群小用事，多殺人取財賄，陝民苦之；復日夕繕治甲兵[六]。太祖慮其爲變，遣美監其軍，遂圖之①。美單騎入城，諭以受命之事，因諷令入朝，彦即治裝上道。上喜，謂左右曰：「潘美不殺袁彦，諭令朝覲，成我志矣。」

李重進叛[七]，命美乘傳發宿州兵擊賊。會以石守信爲招討使，即以美爲行營都監。揚州平，留美爲巡檢以鎮撫之。車駕還都，録其功，授泰州團練使②。屬湖南軍亂，其將汪端叛③，朝廷興師翦滅[八]，人心未寧。以美爲潭州防禦使，賜黄金帶、御馬。嶺南劉鋹數寇桂陽、江華，美率兵擊走之。郡界溪峒蠻獠，自唐末之亂，不供王賦，頗恣侵略，爲居民患。美率兵深入，窮其巢穴，斬首萬餘級。餘黨潰散，美悉令招誘，貸其罪，以己奉市牛酒宴犒，賜金帛以慰撫之，夷落遂定。乾德二年，又與南面兵馬都監引進使丁德裕、朗州團練尹崇珂、衢州刺史張繼勳率兵克郴州，即日繼勳爲刺史④。

開寶三年九月，征嶺南，以美爲賀州路行營馬步都部署，遣使十餘，發諸州兵赴賀州。是月，進兵克富州，敗廣軍萬餘衆。進師至臨賀，鋹遣將仵彦柔率萬餘衆來援。美逆戰於南鄉，俘千餘人，斬首數千級。彦柔衆大潰，克賀州。十月，又下昭、桂、連三州，西江諸州相繼而下。即以美爲南面都部署，長驅至韶州。其地越人之北門也，衆十餘萬，背城而陣，以待官軍。美揮兵乘之，鋹軍大敗，棄甲而遁，俘斬數萬計，拔韶州。鋹既窮蹙，四年二

① 遂圖之　「遂」，宋史潘美傳作「以」，隆平集潘美傳、名賢氏族言行類稿卷十六潘美作「俾」。

② 授泰州團練使　「泰州」原作「秦州」，據東都事略、宋史潘美傳及長編卷四乾德元年八月癸未條改。

③ 其將汪端叛　「汪端」原作「汪端友」，據宋史潘美傳及卷一太祖紀一、卷四八三湖南周氏世家删「友」字。

④ 衢州刺史張繼勳率兵克郴州即日繼勳爲刺史　按，長編卷四乾德元年正月戊午條注曰：「實録稱張繼勳，國史無『繼』字。」檢宋史卷四八三湖南周氏世家作「張繼勳」，而卷二七一有張勳傳，推知李燾注稱「國史無『繼』字」者當指此。據長編卷五，宋軍克郴州在乾德二年九月戊子，衡州刺史張勳爲郴州刺史在十月癸卯。宋史卷二七一張勳傳亦稱其爲衡州刺史，則「衢」字當作「衡」。

月，遣僞諫議大夫王珪詣軍門，求通好罷兵①；又遣僞左僕射蕭漼、中書舍人卓惟休奉表至軍中乞降[九]。美即令殿直冉彦衮部送漼等赴闕②。鋹復遣其弟保興率衆拒戰，美即率厲士卒，倍道趨栅頭，去廣州百二十里。鋹衆十五萬依山谷，堅壁以待王師。美因築壘休士，與轉運使王明及諸將計曰：「彼編竹木爲栅，若構火以焚之，必擾亂，以鋭師夾擊之，此萬全之策也。」遂分遣丁夫數千人，人持二炬，間道造其栅。會暮夜，萬炬俱發，天大風，火勢甚盛。鋹衆驚擾，來犯王師，美麾兵急擊之，鋹衆大敗，斬數萬計，長驅抵城下。鋹盡焚其府庫[一〇]。及克其城，擒鋹送闕下[一一]，露布告捷。即日，命美與尹崇珂同知廣州，兼市舶使[一二]。五月録功，就拜山南東道節度③。五年，兼嶺南道轉運使④。土豪周思瓊聚衆負海爲亂，美討平之[一三]，嶺表以定。

七年召還，命升殿慰勞，賜御馬、玉帶。八年秋⑤，議征江南。九月，遣美與步軍都虞候劉遇、東上閤門使梁迥並率兵先赴江陵。十月，既命美爲昇州西南路行營馬步軍戰櫂都監⑥，與曹彬偕往，自江陵發兵。進討秦淮次，時舟楫未具，美率兵先赴，號令軍中曰：「美受詔提驍果數萬人，戰必勝，攻必取，豈限此一衣帶水而不徑度乎⑦？」遂率麾下涉水，大軍隨之，吴師大敗。及采石磯浮梁成，吴以戰艦二十餘艘鳴鼓泝流而上，急趣浮梁。

---

① 四年二月遣僞諫議大夫王珪詣軍門求通好罷兵　按，長編卷一二係此事於開寶四年正月。

② 美即令殿直冉彦衮部送漼等赴闕　「冉彦衮」原作「再彦衮」，據文海本、庫本及東都事略、宋史潘美傳改。

③ 即日命美與尹崇珂同知廣州兼市舶使五月録功就拜山南東道節度　按，據長編卷一二，潘美軍入廣州在開寶四年二月辛未，授同知廣州在三月壬申，領山南東道節度使在五月丁酉，而潘美、尹崇珂並兼市舶使在五月壬申。

④ 兼嶺南道轉運使　「嶺南」原作「領南」，據長編卷一三開寶五年八月丙申條改。

⑤ 八年秋　據隆平集、東都事略、宋史潘美傳及長編卷一五，其事在「七年秋」，疑「八年」當爲「是年」之譌。

⑥ 既命美爲昇州西南路行營馬步軍戰櫂都監　「西南路」，長編卷一五開寶七年十月甲辰條、舊聞證誤卷一引太祖實録皆作「西南面」。

⑦ 豈限此一衣帶水而不徑度乎　「衣」字原脱，據宋史潘美傳及長編卷一六開寶八年正月庚寅條補。

美麾兵擊敗之，奪其戰艘，生擒僞神衛諸軍頭鄭賓等七人[一四]，獲軍器萬餘計。俄又破其城南水寨，殺戮千餘衆，美分師以保之。奏至，太祖立召樞密副使楚昭輔草詔[一五]，令徙置戰櫂，以防它變。即賜其食，遣馳馹徑去。使者至，會暮，美即準詔徙軍。是夕，吴人急攻水寨，皆無所獲。進傅金陵城下，王師日進捷，江南平。録其功，加檢校太傅、宣徽北院使[一六]。

是秋①，命副党進攻太原，爲行營馬步軍都監。與并人萬餘衆戰汾上，破之[一七]，獲馬千餘疋、牛羊數千計，俘數萬口以歸。太平興國初還，改南院使。三年，加封開府儀同三司。四年正月，命將征太原，遣美爲北路都招討兼制置太原行府，部分諸將進討。美等奉辭，太宗召升殿，授以方略，賜襲衣、金帶、鞍勒馬遣之。及繼元降，并州平，隳其城，以榆次縣爲治所[一八]。

王師征范陽，又以美知幽州行府事。及班師，命美兼三交都部署，留兵留屯，以扞北寇。以功加檢校太師。三交西北三百里，地名固軍，溪谷險絶，虜之所保，多由此入寇。美潛師襲之②，虜棄城遁，軍使安慶以其族降。因積粟屯兵以守之。自是虜不敢侵軼，居民以安。頃之，美巡撫至代州宿，戒部下秣馬蓐食。俄虜萬餘騎來寇，近寨，美令軍士銜枚往擊之，大破其衆，生擒其都指揮使李重誨，殺其駙馬侍中一人[一九]，獲馬數百疋，俘馘甚衆。手詔褒諭，進封代國公。七年，以三交寨爲并州治所[二〇]，詔美爲都部署。

八年，以王顯、弭德超爲宣徽南、北院使[二一]，美罷使，改忠武軍節度，進封韓國公，領屯兵如故。雍熙二年，太宗爲真宗娶美次女爲夫人[二二]，後追謚莊懷皇后。將成禮，召美還都。數月歸屯所。

① 是秋　按，據長編卷一七，乃開寶九年秋。
② 美潛師襲之　據長編卷二二，此事發生在太平興國六年正月，潘美「巡撫至代州」以後。

三年春，大舉征幽州，爲雲應朔等州行營都部署，雲州觀察使楊業爲之副，磁州團練使郭超爲押陣都監。三月，美率師出西陘，與虜遇，追到寰州破之，斬首五百級，刺史趙彦辛以城降。遂圍朔州，其節度副使趙希贊以城降。轉攻應州，其節度副使艾正①、觀察判官宋雄以城降。四月，下雲州，斬首千級。會班師〔二三〕，詔美歸代州。俄受詔遷四州之民於内地。會戎人奄至，與戰不利，喪驍將楊業〔二四〕。八月，詔曰：「忠武軍節度、檢校太師潘美，位處殿邦，任隆分閫，總貔貅之族，執金鼓之權，昨以雲、朔吏民不忍委於戎虜，因令南徙。俾總援兵，經塗非賒，精甲甚衆，不能申明斥堠，謹設隄防，陷此生民，失吾驍將，據其顯咎，合正刑書。尚念久在邊陲，累分憂寄，爰伸念舊，特示從輕。可削三資，爲檢校太保。」明年二月，復爲檢校太尉。

端拱初，知真定府。未幾，復爲并代都部署、知并州。淳化二年，就加同平章事。數月卒②，年六十七。廢朝二日，贈中書令，謚武惠。中使護其喪，歸葬洛陽。咸平二年八月，詔以美配饗太宗廟庭。

子惟德、惟固③、惟正④、惟清、惟熙、惟吉⑤〔二五〕。惟德至宫苑使；惟正，西京作坊使；惟清，崇儀副使⑥；惟熙娶王氏延和縣主〔二六〕，至莊宅使、平州刺史。惟熙子承規，今爲閤門祗候。

---

① 其節度副使艾正　「艾」原作「文」，據宋史卷二六四宋雄傳、卷二七五薛超傳及長編卷二七雍熙三年三月丁亥條改。

② 數月卒　按，長編卷三二云潘美卒於淳化二年六月甲戌。

③ 惟固　按，東都事略、宋史潘美傳云其官西上閤門使。

④ 惟正　原作「惟平」，據東都事略、宋史潘美傳及下文改。

⑤ 惟吉　原作「惟熙」，乃與上文重。按東都事略潘美傳、名賢氏族言行類稿卷十六潘美云其六子：惟德、惟固、惟正、惟清、惟熙、惟吉。據改。

⑥ 惟清崇儀副使　按，東都事略、宋史潘美傳云其官崇儀使。

辨證：

［一］潘武惠公美傳　按，潘美，隆平集卷一一、東都事略卷二七、宋史卷二五八有傳。

［二］實録　按，據本書體例，此潘美傳乃指實録附傳，因潘美卒於淳化二年，故此實録當屬太宗實録。據殘本宋太宗皇帝實録之附傳及本書下集卷一三以下採録自實録諸傳所見附傳之體例，皆於傳首記有傳主卒日，傳末或附載其子孫名字，而未有載録其子孫官職者。然本潘美傳與本卷此下之王中書全斌傳、張文定公齊賢傳，其傳首未載傳主卒日，而卷末卻又附有其子孫任職情況等，故疑此三傳實出自宋國史，即天聖年間所纂之三朝國史列傳。

［三］潘美　東都事略、宋史潘美傳稱其字仲詢，而隆平集潘美傳云其字仲洵。按，王瑞來隆平集校證以爲作「仲洵」者是。當取名於詩鄭風有女同車「彼美孟姜，洵美且都」云。

［四］世宗自環衛領牙門軍美遂解職委質焉　東都事略、宋史潘美傳云「周世宗爲開封府尹，美以中涓事世宗」。

［五］太祖素與美厚善　據王鞏隨手雜録，太祖登基後，「無事時，常召潘美輩禁中議政，或與之縱飲，至令宮女解衣，無復君臣之禮」。

［六］復日夕繕治甲兵　長編卷一建隆元年八月丙子條稱時保義節度使袁彦「及聞禪代，日夜繕甲治兵」。

［七］李重進叛　長編卷一建隆元年九月戊申條云：「淮南節度使、兼中書令滄人李重進，周太祖之甥也，始與上俱事世宗，分掌内外兵權，而重進以上英武出己右，心常憚焉。恭帝嗣位，重進出鎮揚州，領宿衛如故。及上受禪，命韓令坤代重進爲馬步軍都指揮使。重進請入朝，上意未欲與重進相見，謂翰林學士饒陽李昉曰：『善爲我辭以拒之。』昉草詔云：『君爲元首，臣作股肱，雖在遠方，還同一體。保君臣之分，方契永圖，修朝覲之儀，何須此日？』重進得詔，愈不自安，乃招集亡命，增陴浚隍，陰爲叛背之計。李筠舉兵澤潞，重進遣其親吏翟守珣間行與筠相結。守珣素識上，往還京師，潛詣樞密承旨李處耘求見，上召問曰：『我欲賜重進鐵券，彼信我乎？』守珣曰：『重進終無歸順之志矣。』上厚賜守珣，許以爵位，且使説重進稍緩其謀，無令二凶並作，分我兵勢。守珣歸，勸重進養威持重，未可輕發，重進信之。上已平澤潞，則將經略淮南，戊申，徙重進爲平盧節度使，度重進必增疑懼，庚戌，又遣六宅使陳思誨齎鐵券往賜，以慰安之。……陳思誨至淮南，李重進即欲治裝，隨思誨入朝，左右沮之，重進猶豫不決。又自以前朝近親，恐不得全，乃拘留思誨，益治反具。遣使求援於唐，唐主不敢納。揚州都監、右屯衛將軍安友規知重進必反，踰城來奔。重進疑諸將皆不附己，乃囚軍校數十人，軍校

呼曰：『吾輩爲周室屯戍，公苟奉周室，何不使吾輩效命？』重進不聽，悉殺之。己未，重進反書聞。」

［八］屬湖南軍亂其將汪端叛朝廷興師翦滅　宋史卷四八三湖南周氏世家云：「初，行逢疾且亟，召將校託保權曰：『吾部内兇狠者誅之略盡，唯張文表在焉，吾死，文表必亂。諸公善佐吾兒，無失土宇，必不得已，當舉族歸朝，無令陷於虎口。』行逢卒，明年春，文表果自衡州舉兵據潭州，將取朗陵，盡滅周氏。保權乞師於朝廷，江陵高繼沖亦以其事聞」。太祖遂遣師南討，「師及江陵，趙璲至潭州，文表已爲保權之衆所殺。保權牙校張從富輩以爲文表已平，而王師繼進不已，懼爲襲取，相與拒守。……保權出軍於澧州南，未及交鋒，望風而潰，復還朗州，焚廬舍廩庫皆盡，驅略居人奔竄山谷，城郭爲之一空。王師長驅而南，獲從富於西山下，梟首朗市。其大將汪端劫保權并家屬，棄城亡匿山洞，王師至數月，獲保權。武懷節分兵克岳州，端擁保權衆寇略，未幾亦就擒，磔於市，湖湘悉平」。

［九］又遣僞左僕射蕭漼中書舍人卓惟休奉表至軍中乞降　名賢氏族言行類稿卷十六潘美云：「鋹勢窮蹙，乃遣其臣奉表至軍中乞降。美因諭以上意，以爲『彼若能戰則與之戰，不能戰則勸之守，不能守則諭之降，不能降則死，不能死則亡。非此五者，他不得受』。」

［一〇］鋹盡焚其府庫　長編卷一二開寶四年二月丁卯條云時南漢權臣「龔澄樞、李托與内侍中薛崇譽等謀曰：『北軍之來，利吾國中珍寶爾。今盡焚之，使得空城，必不能久駐，當自還也。』乃縱火焚府庫、宮殿，一夕皆盡」。

［一一］及克其城擒鋹送闕下　長編卷一二開寶四年二月辛未條稱：「王師至白田，南漢主素服出降，潘美承制釋之，遂入廣州。」

［一二］即日命美與尹崇珂同知廣州兼市舶使　長編卷一二開寶四年五月壬申條云：「初置市舶司於廣州，以知州潘美、尹崇珂並兼使。」

［一三］土豪周思瓊聚衆負海爲亂美討平之　長編卷一三開寶五年八月己亥條載：「廣州言，行營兵馬都監朱憲領兵大破獠賊二萬餘人於容州城下。初，嶺南所在賊起，僞開府樂範、土豪周思瓊等，各聚衆負海爲亂，尹崇珂領兵擊之，上遣中使李神祐督戰，數月盡平其黨。」注曰：「周思瓊者，尹崇珂傳云韶州賊帥，潘美傳云土豪。崇珂傳又稱僞開府樂範、指揮使袁漢瓊及鄧存忠等據五州以叛。然不詳五州爲何等州也，今止從美傳，以周思瓊爲土豪，增樂範一人，卻依美傳總言聚衆負海，不言某州，庶免抵牾。」隆平集卷一一本傳云：「又平樂範等所據容、韶五州之地。」

［一四］時舟楫未具至生擒僞神衛諸軍頭鄭賓等七人　長編卷一六開寶八年正月庚寅條注曰：「潘美秦淮之捷，當在正月，而實録與本紀載二月末，亦不得其日，蓋因曹彬傳所載二月次秦淮故也。彬及美傳載拔水寨在捷于秦淮之後，然拔水寨，實録具載其日，乃正

月十七日也。據此，則當先載秦淮之捷，疑不敢決，仍附見于後。彬傳稱既捷於秦淮，浮梁始成。按美先率所部涉水，則秦淮蓋不設浮梁，浮梁當在采石磯也。美傳又於秦淮既捷之後，始言采石浮梁成，事愈顛倒，然亦可見秦淮未嘗設浮梁，而鄭賓等泝流，實欲奪采石浮梁耳。」

［一五］太祖立召樞密副使楚昭輔草詔　長編卷一六開寶八年十一月庚辰條云：「先是，曹彬等列三寨攻城，潘美居其北，以圖來上。上視之，指北寨謂使者曰：『此宜深溝自固，江南人必夜出兵來寇。爾亟去語曹彬等，併力速成之。不然，終爲所乘矣。』賜使者食，且召樞密使楚昭輔草詔」賜之，使之爲備。

［一六］加檢校太傅宣徽北院使　長編卷一七開寶九年二月庚戌條云宋制「節度領宣徽自美始」。

［一七］與并人萬餘衆戰汾上破之　長編卷一七開寶九年九月壬申條云：「党進帥兵抵北漢城下，列寨於河汾之南，敗其軍數千人於太原之北。」又十月庚子條云「党進言又敗北漢軍千餘人於太原城北。」而太宗「初即位，詔罷河東之師」。十二月癸卯條載：「宣徽南院使潘美、侍衛馬軍都指揮使党進，皆自行營歸闕。」注曰：「十國紀年云十一月宋師失利，燒營而歸。與此不同。」

［一八］以榆次縣爲治所　按長編卷一六太平興國四年五月戊子條云時「毀太原舊城，改爲平晉縣，以榆次縣爲并州，徙僧道士及民高貲者於西京」。

［一九］生擒其都指揮使李重誨殺其駙馬侍中一人　長編卷二一太平興國五年三月癸巳條云：「潘美言自三交口巡撫至代州，會敵十萬衆侵雁門，令楊業領麾下數百騎自西陘出，由小陘至雁門北口，南嚮與美合擊之，敵衆大敗，殺其節度使、駙馬、侍中蕭咄李，生擒馬步軍都指揮使李重誨。」

［二〇］以三交寨爲并州治所　老學庵筆記卷九云：「太宗太平興國四年，平太原，降爲并州，廢舊城，徙州於榆次。今太原則又非榆次，乃三交城也。城在舊城西北三百里，亦形勝之地。本名故軍，又嘗爲唐明鎮。有晉文公廟，甚盛。平太原後三年，帥潘美奏乞以爲并州，從之。於是徙晉文公廟，以廟之故址爲州治。又徙陽曲縣於三交，而榆次復爲縣。」

［二一］八年以王顯弭德超爲宣徽南北院使　長編卷二四太平興國八年正月戊寅條載：「先是，上念征戍勞苦，月賜緣邊士卒白金，軍中謂之『月頭銀』。鎮州駐泊都監、酒坊使弭德超因乘間以急變聞於上，云：『樞密使曹彬秉政歲久，能得士衆心。臣適從塞上來，

戍卒皆言月頭銀曹公所致，微曹公，我輩當餒死矣。』又巧誣以他事，上頗疑之。參知政事郭贄極言救解，上不聽。戊寅，彬罷爲天平節度使兼侍中。己卯，以東上閤門使開封王顯爲宣徽南院使，德超爲北院使，並兼樞密副使。」

［一二二］太宗爲真宗娶美次女爲夫人　宋史卷二四二真宗章懷潘皇后傳稱其爲潘美「第八女。真宗在韓邸，太宗爲聘之，封莒國夫人。端拱二年五月薨，年二十二。真宗即位，追册爲皇后，謚莊懷」，後改章懷。然宋史潘美傳云潘美子惟熙，「惟熙女即章懷皇后也」。東都事略潘美傳亦云「惟熙女即章懷皇后也，美後追封鄭王，以章懷故也」。推知章懷乃惟熙女，因嫁予太宗子，故升輩行而爲潘美之女。

［一二三］會班師　宋史卷五太宗紀二載：雍熙三年初，宋軍三路北伐，以天平軍節度使曹彬爲幽州道行營前軍馬步水陸都部署，帥軍攻幽州；侍衛步軍都指揮使、静難軍節度使田重進爲定州路都部署，「出飛狐」；以檢校太師、忠武軍節度使潘美爲雲應朔等州都部署，雲州觀察使楊業副之，「出鴈門」。五月「庚午，曹彬之師大敗于岐溝關，收衆夜渡拒馬河，退屯易州，知幽州行府事劉保勳死之。丙子，召曹彬、崔彦進、米信歸闕，命田重進屯定州；潘美還代州，徙雲、應、寰、朔吏民及吐渾部族分置河東、京西」。

［一二四］會戎人奄至與戰不利喪驍將楊業　長編卷二七雍熙三年八月云：「初徙雲、朔、寰、應四州民，詔潘美、楊業等以所部兵護送之。時契丹國母蕭氏與其大臣耶律漢寧、南北皮室及五押惕隱，領衆十餘萬，復陷寰州。業謂美等曰：『今寇鋒益盛，不可與戰。朝廷止令取數州之民，但領兵出大石路，先遣人密告雲、朔守將，俟大軍離代州日，令雲州之衆先出。我師次應州，契丹必悉兵來拒，即令朔州吏民出城，直入石碣谷，遣强弩三千列於谷口，以騎士援於中路，則三州之衆，保萬全矣。』監軍、西上閤門使、蔚州刺史王侁沮其議，曰：『領數萬精兵而畏懦如此！但趨鴈門北川中，鼓行而往馬邑。』軍器庫使、順州團練使劉文裕亦贊成之。業曰：『不可，必敗之勢也。』侁曰：『君素號無敵，今見敵逗撓不戰，得非有他志乎？』業曰：『業非避死，蓋時有未利，徒殺傷士卒而功不立。今君責業以不死，當爲諸公先死耳。』乃引兵自石峽路趨朔州，將行，泣謂美曰：『此行必不利，業太原降將，分當死，上不殺，寵以連帥，授之兵柄，非縱敵不擊，蓋伺其便，將立尺寸功以報國恩。今諸君責業以避敵，業當先死於敵。』因指陳家谷口曰：『諸君於此張步兵强弩，爲左右翼以援，俟業轉戰至此，即以步兵夾擊救之，不然者，無遺類矣。』美即與侁領麾下兵陣於谷口。自寅至巳，侁使人登托邏臺望之，以爲敵敗走。侁欲爭其功，即領兵離谷口，美不能制，乃緣灰河西南行二十里，俄聞業敗，即麾兵卻走。業力戰，自日中至暮，果至谷口，望見無人，即

拊膺大慟，再率帳下士力戰，身被數十創，士卒殆盡，業猶手刃數十百人，馬重傷不能進，遂爲敵所禽，其子延玉與岳州刺史王貴俱死焉。業初爲敵所圍，貴親射殺數十人，矢盡，張空弮，又擊殺數十人，乃遇害。業既被禽，因太息曰：『上遇我厚，期捍邊破賊以報，而反爲姦臣所嫉，逼令赴死，致王師敗績，何面目求活於異地！』乃不食三日而死。」

［二五］惟吉　東都事略潘美傳云其官深州刺史，「子夙，仕至光禄卿」。宋史潘美傳云：「惟吉，美從子，累資爲天雄軍駐泊都監。雖連戚里，能以禮法自飭，敭歷中外，人咸稱其勤敏云」。長編卷四九咸平四年八月丁卯條亦稱惟吉「美弟之子也」。注曰：「王鞏雜記云潘惟吉乃周世宗子，太祖不殺，令美養之。此事甚美，當考詳附載。」按，王鞏隨手雜録云：「太祖皇帝初入宮，見宮嬪抱一小兒，問之，曰世宗子也。時范質與趙普、潘美等侍側，太祖顧問，普等曰去之，潘美與一帥在後不語。太祖召問之，美不敢答。太祖曰：『即人之位，殺人之子，朕不忍爲也。』美曰：『臣與陛下北面事世宗，勸陛下殺之，即負世宗；勸陛下不殺，則陛下必致疑。』太祖曰：『與爾爲姪，世宗子，不可爲爾子也？』美遂持歸。其後太祖亦不問，美亦不復言。後終刺史，名惟吉，潘夙之祖也。美本無兄弟。其後惟吉歷任供三代，止云以美爲父，而不言祖。余得之於其家人。」王銍默記卷上所載稍異，云：京師天清寺爲世宗功德院，「藝祖與諸將同入内，六宮迎拜。有二小兒丱角者，宮人抱之亦拜。詢之，乃世宗二子紀王、蘄王也。顧諸將曰：『此復何待？』左右即提去，惟潘美在後以手招殿柱，低頭不語。藝祖云：『汝以爲不可耶？』美對曰：『臣豈敢以爲不可，但于理未安。』藝祖即命追還，以其一人賜美。美即收之以爲子，而藝祖後亦不復問。其後名惟正者是也。每供三代，惟以美爲父，而不及其他。故獨此房不與美子孫連名。名夙者，乃其後也。夙爲文官，子孫亦然。夙有才，爲名帥，其英明有自云。」然王銍稱其名惟正者不確。又長編卷七三大中祥符三年二月辛卯條載「雄州言入契丹副使潘惟吉卒」，故真宗「令其弟閤門祗候惟清馳往護喪，官給葬事」。則其年歲當長於惟清、惟熙。

［二六］惟熙娶王氏延和縣主　宋史潘美傳稱「惟熙娶秦王女」。按，「王氏」義同「宗氏」，蓋因避稱秦王廷美故耳。

王中書全斌傳［一］　實録［二］

王全斌，并州太原人。其父事後唐莊宗爲岢嵐軍使，私畜勇士百餘人。莊宗疑其有異志，使召之，懼不敢行。全斌時年十二①，白其父曰：「此蓋疑大人有他圖，願以全斌爲質，必得釋。」父從其計，果獲全，因以全斌隸帳下。及莊宗入洛，累歷内職。同光末，蕭墻有變，亂兵逼宮城，近臣宿將皆釋甲潛遁，惟全斌與符彦卿等十數人居中拒戰。莊宗中流矢，扶掖歸絳霄殿[三]，全斌慟哭而去。

明宗即位，補禁軍列校。晉初，從侯益破張從賓於汜水，戰功居多，遷護聖指揮使。周廣順初，改護聖爲龍捷，以全斌爲右廂都指揮使。討兖州慕容彦超也，爲行營馬軍都校。顯德中，從向訓平秦鳳，以功領恩州團練使，俄遷領泗州防禦使②。從世宗平淮南，復瓦橋關，改相州留後。

國初，潞州李筠叛，全斌與慕容延釗由東路會王師進討，以功拜安國軍節度。詔令完葺西山堡塞，不踰時而畢。建隆四年，與洛州防禦使郭進等率兵入太原境③，俘數千人以歸，進欒平④。

乾德二年十一月，又爲忠武軍節度⑤。即日下詔伐蜀，以全斌爲西川行營行軍都部署[四]，率禁軍步騎二萬、諸州兵萬人，由鳳州路進討。召全斌示川峽地圖，授以方略。十二月，率兵復乾渠渡、萬仞燕子二寨，下興州⑥，僞刺史藍思綰退保西縣⑦。敗蜀軍七千人，獲軍粮四十餘萬斛。乘勝拔石圖、魚關、白水二十餘寨⑧。俄又先鋒

---

① 全斌時年十二　「十二」原作「二十」，據東都事略、宋史王全斌傳乙改。按，長編卷一七載王全斌卒於開寶九年（九七六年）六月，隆平集、東都事略王全斌傳載其卒年六十九，則推知其生於後梁天平二年（九〇八年），而後唐莊宗卒於同光四年（九二六年），時王全彬方十九歲。

② 俄遷領泗州防禦使　「泗州」原作「四州」，據宋史王全斌傳、卷八八地理志四改。

③ 與洛州防禦使郭進等率兵入太原境　「洛州」原作「洛州」，據宋史王全斌傳及長編卷四乾德元年七月丁巳條改。

④ 進欒平　按，宋史王全斌傳云「進克欒平」，長編卷四乾德元年八月丁亥條稱「遂下樂平」，疑此處「進」下脱一「克」字。

⑤ 又爲忠武軍節度　「忠武」原作「中武」，據文海本、宋史王全斌傳及下文改。

⑥ 下興州　「興州」原作「典州」，據庫本及宋史王全斌傳、卷八九地理志五改。

⑦ 僞刺史藍思綰退保西縣　「綰」原作「皓」，據庫本、宋史王全斌傳及長編卷五乾德二年十二月辛酉條改。

⑧ 白水二十餘寨　「白」原作「曰」，據文海本、庫本及宋史王全斌傳改。

史延德進軍三泉縣，敗蜀軍數萬，生擒僞招討韓保正①、副使李進[五]，獲粮廩三十餘萬斛。而崔彥進、康延澤等逐蜀軍過三泉，遂至嘉川，殺虜甚衆。蜀人斷閣道，未得進。全斌議取羅川路入，延澤潛謂彥進曰：「羅川路險，軍士難並進，不如分兵治棧閣，與大軍會於深渡。」彥進以白全斌，然之。彥進、延澤督治閣道，數日成，遂進擊金山寨，又破小漫天寨。全斌由羅川趣深渡，與彥進會。蜀人依江列陣以待王師，彥進遣張萬友等奪其橋。會夜，蜀人退保大漫天寨。詰朝，彥進、延澤、萬友分三道擊之，蜀人悉其精鋭來逆戰，又大破之，乘勝拔其寨。僞將王審超、監軍趙崇渥逃出，復與三泉監軍劉延祚、大將王昭遠趙崇韜引兵來戰②[六]，與王師遇，三戰三敗，追至利州③。昭遠遁去，渡桔栢江，焚浮梁，退守劍門。遂克利州，得軍粮八十萬斛。

自利州趨劍門，次益光。全斌會諸將議曰：「劍門天險，古稱一夫荷戈④，萬夫莫前。諸君宜各陳進取之策。」侍衛軍頭向韜曰：「降卒牟進言：『益光河東，越大山數重，有狹徑名來蘇，蜀人於江西置寨，對岸有渡，自此出劍門關二十里，至青强店，與大路合。』可於此進兵，即劍門之險不足恃也。」全斌等即欲卷甲赴之，康延澤曰：「來蘇細徑，不須主帥自往。且蜀人數戰數敗，兵退守劍門，無如諸帥協力進攻，命一偏將趨來蘇，若達青强，北擊劍關，與大軍夾攻，破之必矣。」全斌等然之，命史延德分兵趨來蘇，造浮梁於江上⑤。蜀人見梁成，棄寨

---

① 生擒僞招討韓保正　「韓保正」，新五代史卷六四後蜀世家、九國志卷七後蜀列傳及本書上集卷一七康刺史延澤神道碑皆作「韓保貞」。按，此乃避仁宗嫌名諱而改。

② 大將王昭遠趙崇韜引兵來戰　「趙崇韜」原作「趙彥韜」，據宋史王全斌傳、長編卷五乾德二年十二月辛未條及下文改。

③ 追至利州　「利州」，宋史王全斌傳、長編卷五乾德二年十二月辛未條作「利州北」。

④ 古稱一夫荷戈　「一」原作「大」，據庫本、長編卷六乾德三年正月甲戌條及東都事略、宋史王全斌傳改。

⑤ 造浮梁於江上　「上」原作「土」，據文海本、庫本及東都事略、宋史王全斌傳改。

而遁。昭遠聞延德至青强，即引兵退，陣於漢原坡，留其偏將守劍門。全斌等擊破之，昭遠、崇韜皆遁走，遣輕騎追獲，傳送闕下，克劍門，殺蜀軍萬餘人。

四年正月十三日，王師次魏城，孟昶遣使奉表來降，全斌等入成都①。後十日餘，劉廷讓等始自峽至②。昶饋遺廷讓等及犒師[七]，並同全斌之至。會詔書頒賞，諸軍亦無差降③。由是兩路兵相嫉，蜀人交構，主帥遂不協。全斌等先授詔，發蜀兵赴闕[八]，人給裝錢十千，未行者加給兩月廪食。全斌等不即時宣行，由是蜀軍憤怨，人人思亂。兩路隨軍使臣常數十百人，全斌、彦進及王仁贍等各保庇之，不令部送蜀兵，但分遣諸州牙校。蜀軍至綿州果叛，劫屬邑，衆至十餘萬，自號「興國軍」。

有僞文州刺史全師雄者，嘗爲蜀將，有威惠，軍人畏伏。適以其族赴闕，至綿州，值軍亂，師雄恐爲所脅，乃棄其家，匿於江曲民舍。後數日，爲亂兵所獲，推爲帥。全斌遣都監米光緒往招撫之，光緒盡滅師雄之族，納其愛女及橐裝。師雄聞之，遂無歸志，率衆急攻綿州，爲横海指揮使劉福④、龍捷指揮使田紹斌擊敗；遂攻彭州，逐刺史王繼濤⑤，殺都監李德榮，據其城。十縣皆起兵應⑥。師雄自號「興蜀大王」，開幕府，置僚屬，署節帥二十

---

① 全斌等入成都　「成都」原作「城都」，據庫本改。

② 劉廷讓等始自峽至　「廷讓」原作「延讓」，據宋史王全斌傳、卷二五九劉廷讓傳改。按，下文同改。

③ 諸軍亦無差降　「差」原作「羌」，據庫本及宋史王全斌傳改。

④ 爲横海指揮使劉福　「横海」原作「横河」，據宋史王全斌傳、長編卷六乾德三年三月「是月」條改。

⑤ 逐刺史王繼濤　「逐」字原脱，據宋史王全斌傳補。又，「王繼濤」原作「王繼壽」，據宋史王全斌傳、卷二五五王繼濤傳改。

⑥ 十縣皆起兵應　「十縣」上，宋史王全斌傳、長編卷六乾德三年三月「是月」條有「成都」二字。據太平寰宇記卷七二，成都屬縣有十：成都、華陽、郫縣、新都、温江、新繁、雙流、犀浦、廣都、靈池。

餘人，令分據灌口、導江、郫縣、新繁、青城等縣。彥進與張萬友、高彥暉、田欽祚同討之，爲師雄所敗，彥暉戰死，欽祚僅免，賊衆益盛。全斌又遣張廷翰、張煦往擊之①，復不利，退入成都。自是邛、蜀、眉、雅、東川、果、遂、渝、合、資、簡、昌、普、嘉、戎、榮、陵州並隨師雄爲亂，郵傳不得通者月餘，全斌等甚懼。時城中蜀兵尚二萬餘人，全斌慮其應賊，與諸將謀，誘致夾城中盡殺之[九]。未幾，劉廷讓、曹彬破師雄之衆於新繁，生擒萬餘人。師雄退保郫縣，全斌、仁贍又破之，師雄走保灌口寨。賊勢既衂，餘黨散保州縣。有陵州指揮使元延裕者②，師雄署爲刺史，衆萬餘，仁贍生擒之，磔於成都市。

俄虎捷指揮使吕翰爲主將不禮，因殺知嘉州客省使武懷節、戰櫂都監劉漢卿，與師雄黨劉澤合③，衆至五萬餘人，逐普州刺史劉楚信，殺通判劉沂及虎捷都校馮紹文。果州指揮使宋德威殺知州八作使王永昌④、通判劉涣⑤、都監鄭光弼⑥，遂州牙校王可璙率州民爲亂⑦。仁贍等討吕翰於嘉州，翰走敗入雅州。師雄病死於金堂，

① 全斌又遣張廷翰張煦往擊之　「廷」原作「延」，據文海本及宋史王全斌傳、卷二七一張廷翰傳改。
② 有陵州指揮使元延裕者　「元延裕」，長編卷六乾德三年歲末條、錦里耆舊傳卷四作「袁廷裕」。
③ 因殺知嘉州客省使武懷節戰櫂都監劉漢卿與師雄黨劉澤合　「劉漢卿與師雄黨」七字原脱，據宋史王全斌傳補。按，長編卷六乾德三年歲末條作「殺知州客省使武懷節、戰棹都監劉漢卿，遂與全師雄僞所署將劉澤合勢，衆至五萬」。
④ 果州指揮使宋德威殺知州八作使王永昌　「王永昌」，長編卷六乾德三年歲末條作「王永圖」。
⑤ 通判劉涣　「劉」字原脱，據宋史王全斌傳、長編卷六乾德三年歲末條補。
⑥ 都監鄭光弼　「鄭光弼」，長編卷六乾德三年歲末條作「鄭元弼」。
⑦ 遂州牙校王可璙率州民爲亂　「王可璙」，長編卷六乾德三年歲末條、卷七乾德四年歲末條作「王可僚」，本書上集卷一七康刺史延澤神道碑作「王可寮」。

其黨推謝行本爲主①，羅七君爲佐國令公，與賊將宋德威、唐陶鼇據銅山②，旋爲康延澤所破。仁贍又敗吕翰於雅州，翰走黎州，爲下所殺，棄屍水中。後丁德裕等分兵招輯〔一〇〕，賊衆始息。

全斌至蜀地，適蜀冬暮，京城大雪。太祖設氈帷於講武殿③，衣紫貂裘帽以視事，忽謂左右曰：「我被服如此，體尚覺寒，念西征將帥衝犯霜霰，何以堪處？」即解裘帽，遣中黄門馳驛賫以賜全斌，仍諭旨諸將，以不徧及也④。全斌拜賜感泣。

初，成都平，命參知政事吕餘慶知府事，全斌但典軍旅。全斌常語所親曰：「我聞古之將帥⑤，多不能保全功名。今西蜀已平，欲稱疾東歸，庶免悔吝。」或曰：「今寇盜尚多，非有詔旨，不可輕去。」全斌猶豫未決〔一一〕。會有訴全斌及彦進破蜀日，奪民家子女玉帛不法等事，與諸將同召還。太祖以全斌等初立功，雖犯法，不欲辱以獄吏，但令中書問狀，全斌等具伏。詔曰：「王全斌、王仁贍、崔彦進等俾統鋭師，出征全蜀。彼畏威而納款，尋馳詔以申恩。用示哀矜，式敦綏撫。應孟昶宗族、官吏、將率、士民，悉令存撫，無令驚擾。而乃違戾約束，侵侮憲章，專殺降兵，擅開公帑，豪奪婦女，廣納貨財，斂萬民之怨咨，致群盜之充斥，以至再勞調發，方獲平寧。洎命旋歸，止欲含忍，而嗣冤之訴，日擁國門，稱其隱没金銀、犀玉、錢帛十六萬七百餘貫，又受僞屬臣僚賂遺九萬餘貫，又擅開豐德庫，致失錢二十八萬一千餘貫。遂令中書門下召與訟者質證其事，而全斌等皆引伏。其令御史臺於朝堂集文武百官議其

① 其黨推謝行本爲主　「謝行本」原作「謝仁本」，據宋史王全斌傳、長編卷七乾德四年歲末條及本書上集卷一七康刺史延澤神道碑改。

② 與賊將宋德威唐陶鼇據銅山　「宋德威」，長編卷七乾德四年歲末條作「宋威懷」。

③ 太祖設氈帷於講武殿　「武」字原脱，據長編卷五乾德二年十二月末條及東都事略、宋史王全斌傳補。

④ 以不徧及也　「徧」原作「偏」，據庫本及宋史王全斌傳改。

⑤ 我聞古之將帥　「我」原作「俄」，據清鈔本、庫本改。

罪。」於是百官定議，全斌等罪當大辟，准律處分。乃下詔曰：「有征無戰，雖舉於王師；禁暴戢兵，當崇於武德。蠢茲庸蜀，自敗姦謀，爰伐罪以宣威，俄望風而歸命。遽令安堵，勿犯秋毫，庶幾德潤之涵濡，俾生聚之寧息。而忠武軍節度王全斌、武信軍節度崔彦進董茲鋭旅，奉我成謀，既居克定之全功①，宜體輯柔之深意。比謂不日清謐②，即時凱旋，懋賞策勳，抑有彝典。而罔克寅畏③，速此悔尤，貪殘無厭，殺戮非罪，稽予偃革，職爾翫兵。尚念前勞，特從寬貸，止停旄鉞，猶委藩宣。我非無恩，爾當自省。全斌可責授崇義軍節度觀察留後，彦進可責授昭化軍節度觀察留後，特進隨州爲崇義軍④、金州爲昭化軍以處之；仁贍責授右衛大將軍。」

開寶末，車駕幸洛陽郊祀，召全斌侍祠，以爲武寧節度。謂之曰：「朕以江左未平，慮征南諸將不遵紀律，故抑卿數年，爲朕立法。今已克金陵，還卿旄鉞。」仍以銀器萬兩、帛萬疋、錢千萬賜之。

全斌至鎮數月卒⑤，年六十九。上甚惜悼之，廢朝三日，贈中書令。天禧二年，録其孫永昌爲三班奉職。全斌輕財重士，不求聲譽，寬厚容衆，軍旅皆樂爲之用。黜居山郡十餘年⑥，怡然自得，識者稱之。

子審鈞，至崇儀使、富州刺史、廣州兵馬鈐轄；審鋭，至供奉官、閤門祗候。

① 既居克定之全功　「居」原作「否」，據庫本及宋史王全斌傳改。
② 比謂不日清謐　「清謐」原作「請謐」，據宋史王全斌傳改。
③ 而罔克寅畏　「克」，宋史王全斌傳作「思」。
④ 特進隨州爲崇義軍　「進」，宋史王全斌傳作「建」。
⑤ 全斌至鎮數月卒　按，長編卷一七開寶九年六月癸卯條載「武寧節度使贈中書令王全斌卒」。
⑥ 黜居山郡十餘年　隆平集王全斌傳稱其「凡貶黜十年」，長編卷一七開寶九年六月癸卯條云「其黜居外郡幾十年」。按，王全斌於乾德五年貶責，開寶九年復節鉞，首末恰十年，傳文稱「十餘年」者不確。

辨證：

［一］王中書全斌傳　按，王全斌，隆平集卷一六、東都事略卷二〇、宋史卷二五五有傳。

［二］實録　據長編卷一七，王全斌卒於開寶九年六月癸卯，故此當屬太祖實録附傳。然玉海卷四八咸平重修太祖實録云，重修太祖實録成於天禧元年，而傳末有「天禧二年，録其孫永昌爲三班奉職」語。又，長編卷五乾德二年十二月辛未條注有云「全斌本傳乃云『趙崇渥逃出，復與三泉監軍劉延祚及王昭遠等來戰』」。卷六乾德三年正月己丑條注有云：「又據全斌傳：『全斌等入成都，後十餘日，劉光義始自峽路至，衵饋遺光義及犒其師，並如全斌等。』」同上卷歲末條注云：「自全師雄至新繁以下，至吕翰走保雅州，新舊録及本紀並無月日，全斌傳但以『未幾』及『俄頃』等語總結爲一段。」卷七乾德四年歲末條注云「王全斌傳載全師雄死皆在克雅州後」，皆與此王中書全彬傳文字合。故推知本傳疑即天聖時編纂之三朝國史列傳，稱實録者不確。

［三］莊宗中流矢扶掖歸絳霄殿　通鑑卷二七四後唐紀三天成元年二月甲辰條云：「郭崇韜方用事，從謙以叔父事之，睦王存乂以從謙爲假子。及崇韜、存乂得罪，從謙數以私財饗從馬直諸校，對之流涕，言崇韜之冤。及王温作亂，帝（後唐莊宗）戲之曰：『汝既負我附崇韜、存乂，又教王温反，欲何爲也？』從謙益懼。既退，陰謂諸校曰：『主上以王温之故，俟鄴都平定，盡阬若曹。家之所有宜盡市酒肉，勿爲久計也。』由是親軍皆不自安。」又卷二七五後唐紀四天成元年四月丁亥條云：「從馬直指揮使郭從謙不知睦王存乂已死，欲奉之以作亂，帥所部兵，自營中露刃大呼，與黄甲兩軍攻興教門。帝方食，聞變，帥諸王及近衛騎兵擊之，逐亂兵出門。時蕃漢馬步使朱守殷將騎兵在外，帝遣中使急召之，欲與同擊賊；守殷不至，引兵憩於北邙茂林之下。亂兵焚興教門，緣城而入，近臣宿將皆釋甲潛遁，獨散員都指揮使李彦卿及宿衛軍校何福進、王全斌等十餘人力戰。俄而帝爲流矢所中，鷹坊人善友扶帝自門樓下，至絳霄殿廡下抽矢，渴懣求水，皇后不自省視，遣宦者進酪，須臾，帝殂。」

［四］以全斌爲西川行營行軍都部署　長編卷五乾德二年十一月甲戌條稱其爲西川行營鳳州路都部署。

［五］生擒僞招討韓保正副使李進　長編卷五乾德二年十二月辛未條載：「蜀招討使韓保正聞興州破，遂棄山南，退保西縣。馬軍都指揮使史延德以先鋒至，保正懦，懼不敢出，遣兵數萬人，依山背城，結陣自固。延德擊走之。」注曰：「九國志言保正棄興元，保西縣。王師進攻西縣，遂擒保正。十國紀年并實録載保正被擒處則三泉也。國史保正、進傳與九國志同，今從之。」

［六］復與三泉監軍劉延祚大將王昭遠趙崇韜引兵來戰　長編卷五乾德二年十二月辛未條稱宋軍「擒寨主義州刺史王審超、監軍趙崇渥及三泉監軍劉延祚。都統王昭遠、都監趙崇韜引兵來戰」。注曰：「新録載大漫天之戰，全斌禽其寨主王審超、監軍趙崇渥、三泉監軍劉延祚。全斌本傳乃云趙崇渥逃出，復與三泉監軍劉延祚及王昭遠等來戰。按明年正月己丑，實録書軍前部送大漫天寨主王審超、監軍趙崇渥，則似同時執獲也。今從新録。劉延祚又不知究竟，當考。」

［七］後十日餘劉廷讓等始自峽至昶饋遺廷讓等及犒師　長編卷六乾德三年正月辛卯條注曰：「九國志孟昶世家及蜀檮杌皆言全斌承制釋昶罪，昶翌日遂舉族歸朝。據國史昶傳，昶既見全斌，復遣仁贄奉表，得太祖還詔，乃出蜀。又據全斌傳，全斌等入成都後十餘日，劉光義始自峽路至，昶饋遺光義及犒其師，並如全斌等。若全斌十九日入成都，昶二十日遂行，安能饋光義且犒其師也？然所稱後十餘日，亦恐差誤。按新録光義遂州之奏以二十一日到京師，度其克遂州時，必在中旬初。遂州至成都不遠，無緣滯留兩旬後始到也。當時全斌等於魏城得昶降表後十餘日耳，得降表十餘日，乃二十三、四間，此時昶固未出蜀，猶可以遺饋光義且犒其師也。」按，劉光義即劉廷讓之初名，因避太宗諱而改。

［八］全斌等先授詔發蜀兵赴闕　宋史王全斌傳云時「全斌等先受詔，每制置必須諸將僉議，至是，雖小事不能即決。俄詔發蜀兵赴闕，人給錢十千，未行者加兩月廩食。全斌等不即奉命，由是蜀軍憤怨，人人思亂」。

［九］誘致夾城中盡殺之　長編卷六乾德三年三月「是月」條載：「時蜀兵幾三萬人屯城南教場，全斌慮其應賊，徙置夾城中，將盡殺之。康延澤請釋其老幼病者七千人，餘則以兵護送，浮江而下，若賊果來劫奪，即殺之未晚也，全斌等不從。」四月辛丑朔，「王全斌誘殺蜀兵二萬七千人於夾城中」。

［一〇］後丁德裕等分兵招輯　長編卷七乾德四年歲末條稱「德裕及王全斌等分兵招撫」。

［一一］全斌猶豫未決　按本書中集卷四三曹武惠王彬行狀云時「王全斌、崔彥進、王仁贍等晝夜宴，不恤軍事，因而部下漁奪貨財，蜀人苦之。彬屢請旋師，全斌輩逗留不發」。

名臣碑傳琬琰集下卷二

張文定公齊賢傳[一]　實録

張齊賢，曹州冤句人也。生三歲，值晉亂，徙家洛陽，居城南之海角村。孤貧力學，有大志，慕唐李大亮爲人，故字師亮。太祖時舉賢良方正[二]，又獻下并汾、富民、封建、敦孝、舉賢、太學、籍田、選良吏、懲姦、慎刑十策，皆報罷[三]。頗爲趙普、李昉、石熙載所知。

太平興國二年進士[四]，釋褐大理評事、通判衡州。時州鞠劫盗十餘，皆論死。齊賢始至，爲辨理，全活五人。州將、獄官大懼被譴，齊賢曰：「某初成一名，豈欲罪衆人而自爲功乎？」第令改正而已。人許其遠大。自荆渚至桂州，有水遞鋪夫凡數千户，皆樵釣貧民，衣食不給；湘江多巨潭險石，而程限與陸鋪等，或阻風波陰霖，率被笞捶。齊賢言其事，詔每鋪夫減半。四年，代還。會親征晉陽，就行在謁見，遷祕書丞。忻州新下，命知州事。明年二月召還，改著作郎、直史館，賜緋。六月，改左拾遺①。是冬，車駕北征，齊賢表請從行，賜白金二百兩辦裝。車駕還，議者皆言宜速取幽薊，齊賢上疏曰：

① 改左拾遺　「左」下原衍「直」字，據東都事略、宋史張齊賢傳删。

方今海内一家，朝野無事，關聖慮者，豈不以河東新平，屯兵尚衆，幽燕未下，輦運爲勞，以生靈爲念乎？臣每料之，此不足慮也。自河東未降①，臣即權知忻州，捕得契丹納米專典②，皆自山後轉般以援河東。以臣料契丹能自給食，則於太原非不盡力，然終爲我有者，蓋力不足也。河東初平，人心未固，嵐、憲、忻、代未有軍寨，入寇則田收頓失，擾邊則守備可虞，而反保境偷生，畏威自守。及國家守要害，增壁壘，左控右扼，疆事甚嚴，恩信已行，民心已定，乃於鴈門、陽武谷來争小利，此則戎狄之智力可料而知也。

聖人舉事，動在萬全。百戰百勝，不若不戰而勝③。若重之慎之，則戎狄不足呑，燕薊不足取。自古疆埸之難，非盡由戎狄，亦多邊吏擾而致之。若緣邊諸寨撫御得人，但使峻壘深溝④，畜力養鋭，以逸自處，寧我致人，此李牧所以稱良將於趙，用此術也。所謂擇卒不如擇將，任力不如任人。如是則邊鄙寧，邊鄙寧則輦運減，輦運減則河北之民獲休息矣。獲休息，則田萊增而蚕織廣，務農積穀，以實邊用。且戎狄之心，固亦擇利避害，安肯投諸死地而爲寇哉？

① 自河東未降　「未」，宋史張齊賢傳及長編卷二二太平興國五年十二月辛卯條、宋朝諸臣奏議卷一二九張齊賢上太宗論幽燕未下當先固根本皆作「初」。
② 捕得契丹納米專典　「專典」，長編卷二一太平興國五年十二月辛卯條作「典吏」。
③ 不若不戰而勝　「而」原作「不」，據宋史張齊賢傳及長編卷二一太平興國五年十二月辛卯條、宋朝諸臣奏議卷一二九張齊賢上太宗論幽燕未下當先固根本改。
④ 但使峻壘深溝　「峻」原作「浚」，據庫本及宋史張齊賢傳、長編卷二一太平興國五年十二月辛卯條、宋朝諸臣奏議卷一二九張齊賢上太宗論幽燕未下當先固根本改。

臣又聞家六合者以天下爲心，豈止爭乎尺寸之事、戎狄之勢而已？是故聖人先本而後末，安内以養外。人民，本也；戎狄，外也。是知五帝三王，未有不先根本者也。堯舜之道無他焉，廣推恩於天下之民爾。推恩者何？在乎安而利之。民既安我，則歛衽而至矣。陛下愛民利天下之心，真堯舜也。臣所慮群臣所聞，多以纖微之利，尅下之術，侵苦窮民以爲功能者，彼爲此効，相習已久。至于生民疾苦，見之如不見，聞之如不聞，歛怨速尤①，無大於此。

伏望慎擇通儒，分路採訪兩浙、江南、荆湖、西川、河東，有僞命日賦歛苛重者，改而正之，因而利之，使賦税課利通濟，可經久而行，爲聖朝定法，除去舊弊。天下諸州有不便於民事，委長吏聞奏。如敢循常不以聞白，當嚴加典憲，使天下耳目皆知陛下之心，戴陛下之惠。此以德懷遠，以惠利民，則幽燕竊地之醜，沙漠偷生之虜，擒之與屈膝在衛内爾。

六年正月，選爲江南西路轉運副使②，特賜其母邑封。十二月，改右補闕。踰月，充正使。初辭日，上面命曰：「江左初平，民間不便，一一條奏。」齊賢曰：「臣聞江南舊以鐵爲幣，今改用銅錢，民間難得，而官責租課，頗受鞭撻，此最不便。」上曰：「漢時吴王即山鑄錢，江南多出銅，爲朕密經營之。」初，李氏歲鑄六萬貫，自克復，增治匠，然亦不過七萬貫，常患銅及鉛、錫之不給。齊賢乃訪得承旨丁釗③，歷指饒、信、虔山谷産銅、鉛、錫之所，

① 歛怨速尤　「怨」原作「死」，據庫本及宋史張齊賢傳、長編卷二一太平興國五年十二月辛卯條、宋朝諸臣奏議卷一二九張齊賢上太宗論幽燕未下當先固根本改。
② 選爲江南西路轉運副使　「選」，庫本作「遷」。
③ 齊賢乃訪得承旨丁釗　「承旨」原作「爲旨」，據文海本、庫本及長編卷二四太平興國八年三月乙酉條改。

又求前代鑄法，惟饒州永平監用唐開元錢料①，堅實可久。由是定取其法，歲鑄三十萬貫②，凡用銅八十五萬斤、鉛三十六萬斤③、錫十六萬斤。齊賢即詣闕，面陳其事。詔既下，頗有言其妄者，乃令中書召齊賢問訊，齊賢具述嘗親行山院，其辭甚確，萬一以之④。丁釗亦得復補殿前承旨，掌銅場。又有言新法增鉛、錫多者，齊賢固引唐朝舊法爲言，始不能奪⑤[五]。齊賢在任使，勤究民弊，務行寬大[六]，江南人至今稱之。召還，拜主客郎中、樞密直學士，賜金紫。數月，擢右諫議大夫、簽書樞密院事，賜宜秋門宅一區。

雍熙中，遷左諫議⑥。三年，大舉北伐，代州楊繼業戰没[七]。太宗訪近臣以策畫，齊賢請行[八]，即授給事中、知代州，與部署潘美同領緣邊兵馬。是歲，虜騎自胡谷入寇⑦，薄城下，神衛都校馬正以所部列南門外，衆寡不敵，副部署盧漢贇畏懦⑧，保壁自固。齊賢選廂軍二千，出正之右，誓衆感慨，一以當百，虜遂却走，遁胡盧河南而去⑨。先是，

① 惟饒州永平監用唐開元錢料　「惟」原作「爲」，「用」原作「周」，據長編卷二四太平興國八年三月乙酉條改。

② 歲鑄三十萬貫　「三十」，庫本及宋史張齊賢傳作「五十」。按，清抄本及長編卷二四太平興國八年三月乙酉條、宋史卷一八〇食貨志下二亦云「三十萬貫」。

③ 鉛三十六萬斤　「三」原作「二」，「斤」字原脱，據庫本、長編卷二四太平興國八年三月乙酉條、宋會要輯稿食貨一一之四及宋史張齊賢傳、卷一八〇食貨志下二改補。

④ 萬一以之　長編卷二四太平興國八年三月乙酉條作「乃可之」，似是。

⑤ 齊賢固引唐朝舊法爲言始不能奪　「言始」原作「始言」，據長編卷二四太平興國八年三月乙酉條乙改。

⑥ 雍熙中遷左諫議　按，據宋史張齊賢傳，張齊賢遷左諫議大夫在雍熙初年。

⑦ 虜騎自胡谷入寇　「胡谷」，東都事略、宋史張齊賢傳作「湖谷」。

⑧ 副部署盧漢贇畏懦　「贇」原作「斌」，據宋史張齊賢傳、長編卷二七雍熙三年十二月乙未條改。按，下文同改。

⑨ 遁胡盧河南而去　「遁」，長編卷二七雍熙三年十二月乙未條、曾公亮等武經總要後集卷三奇計作「循」。

約潘美以并師來會戰①，無何，間使爲虜所得。齊賢以師期既漏，且虞美之衆爲虜所乘，俄而美有使至云：「師出并州，行四十里至栢井，忽得密詔，東路王師衂於君子館，有詔并之全軍不得出戰，已還州矣。」于時虜騎塞川，齊賢曰：「虜未知美之退。」乃閉其使密室，中夜發兵二百人，人持一幟，負一芻，距州城西南三十里，列幟燃芻。虜遥見火光中有旗幟，意謂并師至矣，駭而北走。齊賢先伏步卒二千於土燈寨②，掩擊，大敗之，擒其北大王之子一人、帳前舍利一人，斬首數百級，獲馬二千、器甲甚衆。捷奏至，歸功漢贇，太宗嘉之，優詔褒美。俄知漢贇未嘗接戰，及鈐轄劉宇皆罷居環衛。

端拱初，拜工部侍郎。表求還省母，手札慰勞，以盛秋防邊不許，就賜白金三千兩。是冬，虜又自大石路南侵。齊賢預簡廂兵千人爲二部，分屯繁畤、崞縣③，下令曰：「代西有寇，則崞縣之師應之；代東有寇，則繁畤之師應之。比接戰④，則郡兵集矣。」至是果爲繁畤兵所敗。復降詔褒美。

二年，朝議置營田，命充河東制置方田都部署[九]。入拜刑部侍郎，充樞密副使[一〇]。淳化二年四月，參知政事。數月，拜吏部侍郎、同中書門下平章事。齊賢母孫氏八十餘，封晉國太夫人，每入謁中禁，太宗歎其福壽有令子，多賜手詔存問⑤[一一]，別加錫與，搢紳榮之。

---

① 約潘美以并師來會戰　「并」原作「兵」，據文海本及東都事略、宋史張齊賢傳及長編卷二七雍熙三年十二月乙未條改。

② 齊賢先伏步卒二千於土燈塞　「土燈塞」，宋史張齊賢傳作「土磴砦」，宋史卷五太宗紀二、太平治迹統類卷三太宗經制契丹作「土鐙堡」，宋田錫咸平集卷二三賀盧漢贇奏勝捷表作「土鐙寨」，長編卷二七雍熙三年十二月乙未條、玉海卷一九三上給事中知代州破契丹作「士墱寨」。

③ 崞縣　原作「崞縣」，據宋史張齊賢傳及太平寰宇記卷四九代州寶興軍雲州改。按，下文同改。

④ 比接戰　「接」原作「按」，據宋史張齊賢傳改。

⑤ 多賜手詔存問　「問」原作「間」，據庫本及東都事略、宋史張齊賢傳改。

有殿中丞朱貽業者①，即參知政事李沆之姻，與諸司使王延德同掌庾京師。因説託貽業求補外任，貽業爲白沆，語齊賢，齊賢遽以聞。太宗以延德嘗事晉邸，怒其不自陳而干祈執事，召見詰責。延德言未嘗有所求，即召齊賢質之，齊賢且言得於貽業，復召貽業詢之。貽業憚延德，不以實對，齊賢不欲扳沆爲證，即自引咎。太宗由是疎之[一二]。四年十月，命知定州。齊賢訴以母老抱羸疾，不願離左右，上憫然許之。是月，丁内艱，水漿不入口者七日，自是日啖粥一器，終喪止食脱粟飯。尋有詔起復，知成都府。會寇亂[一三]，不行。轉禮部尚書，俄知河南府。適有大辟獄將決，齊賢引問，得其寃，立辨雪之。至府裁三日，徙知永興軍，俄徙知襄州，又移荆南府。齊賢累表稱疾，求歸洛下，上以安陸去荆渚近而路僻，乃徙知安州。踰年，加刑部尚書。

真宗即位，遷户部尚書。召歸，以其舊臣，屢被訪問，恩禮甚渥。咸平初，受詔删定編勑爲十卷。會吕端罷相[一四]，拜兵部尚書、平章事。齊賢以小人犯盗者衆，强竊盗持杖不得財，論罪太重，非治平之法，乃申明律減裁之。删定官王濟以爲「寛則犯者益衆，以死懼之尚不畏，况緩其死乎？是惠姦也」。濟强抗手疏言：「齊賢腐儒，不知適時之要。」齊賢表陳「濟嘗同議定，而復有異論」。乃下尚書省集官詳議[一五]，并劾濟。既而齊賢作相，遂上言不欲與庶僚較其曲直[一六]，上欣然嘉其容物，遂罷議，濟得免劾。而刑名如齊賢之請，自是犯盗者歲亦不增。先是，三班不免杖罰，齊賢請以贖論，訖今不易，論者稱其平允。又請以逃田爲外官職田[一七]，以復舊制。從容爲上推本皇王之道所以然，且言：「臣受陛下非常恩，故以非常報之。」上曰：「朕以爲皇王之道非有迹，但庶事適於治道則近之矣②。」郊祀，加門下侍郎。明年夏，命爲河北沿邊宣撫大使，不行。齊賢性迂闊，每有敷

① 有殿中丞朱貽業者　「貽」原作「眙」，據文海本、庫本、宋史張齊賢傳及下文改。
② 但庶事適于治道則近之矣　「但」原作「早」，據庫本及東都事略、宋史張齊賢傳改。

奏，多不直致，凡所云爲，徒張本而不能決。與李沆同在中書，情好不協。坐冬至朝會被酒失儀，免相[一八]。四年，李繼遷陷清遠軍，命爲涇原儀渭邠寧環慶鄜延、保安鎮戎清遠等州安撫經略使①[一九]，右司諫、知制誥梁顥副之。俄出手札訪齊賢靈州存廢之議，齊賢獻疏曰：

遷賊苞藏兇逆，招納叛亡，建立州城，創置軍領，有「歸明」「歸順」之號，務且耕且戰之基。仍聞潛設中官，全異羌戎之體；曲延儒士，漸行中國之風。覩此作爲，志實非小。況靈州自遷賊爲逆以來，危困彌甚，五鎮連陷，姦威益張，道路阻艱，音耗追絶。當城鎮完全之日，磧路未梗之時，大凡中外常人言合棄者已衆。矧清遠軍近遭攻陷，青岡塞自趣焚燒，兵勢人心，傷沮數倍，即今來所議棄者益多。

靈州斗絶一隅，旁無援助，南去鎮戎五百餘里，東去環僅六七日程，如此畏塗，不須攻奪②，則城中之民何由出，城中之兵何以歸？欲全軍民，理須應接，少發兵則復虞邀劫，多發兵則廣費資粮。與其應接以出兵，曷若用奇而取勝？小勝則軍民可出，大勝則形勢復全，匪惟擒討之有方，抑亦進退而獲利。與其虛勞甲卒，枉役齊民，示弱飪姦，萬萬之相遠也。果能更益精兵，合西邊見屯兵甲，雜以對替之衆，使其兵力有餘，量分師徒與原、渭、鎮戎，合彼中與山西熟户，從東亦擇穩便處入界③。若嚴約師期，兩路齊進，苟或繼遷敢來援助，彼則分而應敵，我則乘勢而易攻。且奔命道途，首尾難衛，千里趨利，不敗則擒。臣謂兵鋒未交，靈州之危解矣。因

---

① 命爲涇原儀渭邠寧環慶鄜延保安鎮戎清遠等州安撫經略使　「儀」原作「汧」，據長編卷四九咸平四年八月辛丑條、宋史卷八七地理志三改。

② 不須攻奪　「攻」原作「改」，據宋史張齊賢傳、長編卷五〇咸平四年十二月丁卯條、宋朝諸臣奏議卷一三〇張齊賢上真宗乞進兵解靈州之危改。

③ 從東亦擇穩便處入界　「從」原作「縱」，據宋史張齊賢傳、長編卷五〇咸平四年十二月丁卯條、宋朝諸臣奏議卷一三〇張齊賢上真宗乞進兵解靈州之危改。

取靈州軍民置於蕭關、武延以來，據險就水建一寨，僑置靈州，羈係蕃漢土人之心，裁候平寧，却歸舊貫①，然後縱蕃漢之兵，伺便而奮擊。我則按重兵而觀利，度賊勢以設謀。臣謂破賊成功，十有八九[二〇]。

未幾，靈武果陷。

閏十二月，拜右僕射、判邠州兼經略使，不行，改判永興軍府兼馬步軍部署。故相薛居正子惟吉妻柴氏無子，家甚富，惟吉有子安上、安民，柴素與之不協，既寡，又盡畜其祖父金帛，計直三萬緡，并書籍綸告②，以謀改適。齊賢定娶之，自京兆遣牙吏約車來迎，行有日矣。安上詣東府訴其事③，府以聞，上不欲寘于理，命司門員外郎張正倫就訊。柴氏置對與安上狀謬異，上不得已，下其事於御史臺，乃齊賢子太子中舍宗誨教柴氏爲詞，遂驗問柴氏之臧獲，發取瘞藏，得金具二萬計。齊賢坐責授太常卿、分司西京[二一]；宗誨削一任，貶海州別駕。

景德初，起爲兵部尚書、知青州。上幸澶淵，兼青淄濰州安撫使，提舉轉運兵馬巡檢事④。二年，改吏部尚書。大中祥符初，又上疏言：「臣在先朝，嘗憂靈、夏兩鎮終爲繼遷吞併⑤，當時言事者以臣所慮爲太過。略舉既往之事⑥，以明本末。」從東封還，拜右僕射。是冬久旱，明年京師賜酺，齊賢以爲宴樂陽事，不宜爲，

---

① 却歸舊貫　「舊貫」二字原脱，據宋史張齊賢傳、長編卷五〇咸平四年十二月丁卯條、宋朝諸臣奏議卷一三〇張齊賢上真宗乞進兵解靈州之危補。

② 并書籍綸告　「告」，長編卷五三咸平五年十月丁亥條作「誥」。

③ 安上詣東府訴其事　「東府」，長編卷五三咸平五年十月丁亥條作「開封府」。

④ 提舉轉運兵馬巡檢事　「馬」字漫漶，據鐵琴銅劍樓本、庫本補。

⑤ 嘗憂靈夏兩鎮終爲繼遷吞併　「嘗」字漫漶，據鐵琴銅劍樓本、庫本補。

⑥ 略舉既往之事　「略舉」二字漫漶，據鐵琴銅劍樓本、庫本補。

即詔權停①。又上言玉清昭應宫繢畫符瑞有損謙德②，及違奉天之意，又屢請罷土木之役。三年，出判河陽[二二]。

上祀汾陰還③[二三]，駐洛下，詔齊賢來朝。時車駕幸澠谿，謁見行在所，從朝諸陵，次鞏縣，頻奏辭歸任[二四]，賜襲衣、犀帶、器幣如侍祠之例，進位左僕射。五年代還，再抗章請老，授特進、守司空致仕。還洛陽別業，入辭便坐，方拜而仆，遂止之，許二子扶掖升殿，命益坐墪爲三。齊賢先得唐裴度午橋莊，有池榭竹樹之勝[二五]，日引生平故人觴詠道舊，時乘小車按視田稼，意甚曠適。七年六月，無疾而終[二六]，年七十二。上聞訃悼之，遣入内殿頭邵文雅致祭，賻以布帛五百疋，粟麥稱是。贈司徒，廢朝二日。

齊賢姿儀碩大[二七]，善談方略，以致君之術自負，往往涉於疎闊。前後治獄，多所全宥。喜提奬寒雋[二八]，种放之召，齊賢所薦也[二九]。仲兄昭度嘗授經齊賢，及貴，表求追命，詔贈光禄寺丞。族人懷義，以鄉里之舊兄事之，其卒也，爲制服，撫其孤如子。未第時，館於太子少師李肅家。肅精於賞鑒，知齊賢必貴，厚遇之。肅有子早卒，齊賢母事肅妻，供給甚厚，爲營葬事，其後歲時伏臘，必祭享肅堂。著遷居戒一篇，以訓子孫。齊賢四踐兩府，九居八座，晚歲以三公就第，康寧福壽，時罕其比。然不事儀矩，頗好治生。再入相，數起大獄，又與寇準相傾奪，人以此少之[三〇]。有集五十卷、奏議二十卷、太平雅編二卷、同歸小說十卷。

---

① 即詔權停　「停」原作「亭」，據文海本、庫本改。

② 又上言玉清昭應宫繢畫符瑞有損謙德　「繢」字漫漶，據鐵琴銅劍樓本、庫本補。

③ 上祀汾陰還　「汾陰」原作「汾陽」，據東都事略、宋史張齊賢傳及宋史卷八真宗紀改。

齊賢諸子皆能有立：宗信、宗誨、宗禮、宗亮、宗簡、宗約①。宗禮最賢，多居洛陽，考課當登朝，慮羈束，不願離田里，善訓子姪，率令務學。宗誨子子皐、子安、子庚、子定②；宗禮子子奭、子膺，皆擢進士第；宗禮子子立③。

辨證：

[一] 張文定公齊賢傳　按，張齊賢，隆平集卷四、東都事略卷三二、宋史卷二六五有傳。

[二] 太祖時舉賢良方正　長編卷一八六乾德二年正月壬辰條載：「詔曰：先所置賢良方正能直言極諫、經學優深可爲師法、詳閑吏理達於教化等三科，並委州府解送，吏部試論三道，限三千字以上，而自曩及今，未有應者。得非抱倜儻者恥肩於常調，懷讜直者難效於有司，必欲興自朕躬乎？繼今不限内外職官、前資見任、布衣黄衣，並許詣閤門投牒自薦，朕當親試焉。」又四月丁未朔條載「以前博州軍事判官穎贄爲著作佐郎。贄應賢良方正能直言極諫科，策試稱旨故也。」

[三] 皆報罷　邵氏聞見録卷七載張齊賢「少爲舉子，貧甚，客河南尹張全義門下。飲啖兼數人，自言平時未嘗飽。……太祖幸西都，文定公獻十策於馬前，召至行宮，賜衛士廊飡，文定就大盤中以手取食。帝用拄斧擊其首，問所言十事，文定且食且對，略無懼色，賜束帛遣之。帝歸，謂太宗曰：『吾幸西都，爲汝得一張齊賢，宰相也。』」宋史張齊賢傳亦稱：「太祖幸西都，齊賢以布衣獻策馬前，召至行宮，齊賢以手畫地，條陳十事，曰下并汾，曰富民，曰封建，曰敦孝，曰舉賢，曰太學，曰籍田，曰選良吏，曰慎刑，曰懲姦。内四説稱旨，齊

---

① 宗亮宗簡宗約　「宗亮」、「宗約」，宋史張齊賢傳作「宗諒」、「宗訥」。

② 宗誨子子皐子安子庚子定　宋史卷二六五張宗誨傳載其二子曰子皐、子憲，東都事略卷三二張宗誨傳載其子名子憲，長編卷八五嘉祐二年正月己亥條亦稱張子憲，疑「子安」當作「子憲」。

③ 宗禮子子立　按，上文已述宗禮諸子，故此處「宗禮」字當有誤。

賢堅執以爲皆善，上怒，令武士拽出之。及還，語太宗曰：『我幸西都，唯得一張齊賢爾。我不欲爵之以官，異時可使輔汝爲相也。』」

［四］太平興國二年進士　隆平集張齊賢傳云其「乾德間應科舉不中選，太平興國二年登進士第」。宋史張齊賢傳稱「太宗擢進士，欲置齊賢高第，有司偶失掄選，上不悦，一榜盡與京官」。然李心傳舊聞證誤卷一辨云：「按會要，太宗所取進士，太平興國二年呂文穆蒙正榜，凡五人第一等，除將作監丞，今之宣義郎；第二等除大理評事，今之承事郎，並通判諸州。三年，胡祕監旦榜七十三人；五年，蘇參政易簡榜百一十八人，皆倣此例。……文定實呂文穆榜第一等及第。」按，長編卷一八太平興國二年正月庚午條載：「上御講武殿，內出詩賦題覆試進士，賦韻平側相間依次用，命翰林學士李昉、扈蒙定其優劣爲三等，得河南呂蒙正以下一百九人。庚午，覆試諸科得二百七人，並賜及第。又詔禮部閱貢籍得十五舉以上進士及諸科一百八十四人，並賜出身；九經七人不中格，上憐其老，特賜同三傳出身。凡五百人。第一、第二等進士并九經授將作監丞、大理評事、通判諸州，同出身進士及諸科並送吏部，免選優等注擬初資職事、判司簿尉，寵章殊異，歷代所未有也。薛居正等言取人太多，用人太驟。上意方欲興文教、抑武事，弗聽。」或云「齊賢舉進士，上決欲置之高等，而有司第其名適在數十人後，上不悦，乃詔進士盡第二等及九經凡一百三十人，悉與超除，蓋爲齊賢故也。」注曰此説乃據魏泰東軒筆記，且云「亦未知信否，故稱『或云』」。則是科進士初定等第確爲三等，然天子放榜分爲第一、第二兩等，計一百九人。

［五］齊賢固引唐朝舊法爲言始不能奪　長編卷二四太平興國八年三月乙酉條云時行張齊賢錢法，「然唐永平錢法，肉好周郭精妙，齊賢所鑄，雖歲增數倍，而稍爲麤惡矣」。

［六］齊賢在任使勤究民弊務行寬大　宋史張齊賢傳云：「先是，諸州罪人多錮送闕下，路死者十常五六。齊賢道逢南劍、建昌、虔州所送，索牒視之，率非首犯，悉伸其冤抑。因力言于朝，後凡送囚至京，請委强明吏慮問，不實，則罪及原問官屬。自是江南送罪人者爲減太半。先是，江南諸州小民，居官地者有地房錢，吉州緣江地雖淪没，猶納勾欄地錢，編木而浮居者名水場錢，皆前代弊政，齊賢悉論免之。初，李氏據有江南，民户税錢三千已上者户出丁一人，黥面，自備器甲輸官庫，出即給之，日支糧二升，名爲義軍。既内附，皆放歸農。至是，言者以爲此輩久在行伍，不樂耕農，乞遣使選充軍伍，并其家屬送闕下。齊賢上言：『江南義軍，例皆良民，横遭黥配，無所逃避。克復之後，便放歸農，久被皇風，並皆樂業。若逐户搜索，不無驚擾。法貴有常，政尚清淨，前敕既放營農，不若且仍舊貫。』」容齋四筆卷一三國初救弊云：「先是諸州罪人多錮送闕下，緣路非理而死者，常十五六。齊賢至蘄州，見南劍州吏送罪人者，索得州帖視之，

二人皆逢販私鹽者，爲荷鹽籠得鹽二斤，又六人皆嘗見販鹽而不告者，並黥決傳送，而五人已死于路。江州司理院自正月至二月，經過寄禁罪人，計三百二十四人。建州民二人，本田家客户，嘗於主家塘內，以錐刺得魚一斤半，並杖脊黥面，送闕下。齊賢上言：『乞俟至京，擇官慮問，如顯有負屈者，本州官吏量加懲罰，自今只令發遣正身。』及虔州送三囚，嘗市得牛肉，并家屬十二人悉詣闕，而殺牛賊不獲，齊賢憫之，即遣其妻子還。自是江南送罪人者減太半。是皆相循習所致也。齊賢改爲，其利民如此。」

［七］代州楊繼業戰没　按，楊繼業即楊業。據長編卷九開寶元年九月丁未條云楊業本名重貴，「幼事北漢世祖，遂更賜以姓名」曰劉繼業，官北漢侍衛都虞候。又卷二〇云北漢滅，其歸宋，復姓楊氏，止名業。

［八］太宗訪近臣以策畫齊賢請行　長編卷二七雍熙三年六月戊戌朔條云雍熙北伐，「初議興兵，上獨與樞密院計議，一日至六召，中書不預聞。及敗，召樞密院使王顯、副使張齊賢王沔謂曰：『卿等共視朕自今復作如此事否？』上既推誠悔過，顯等咸愧懼若無所容」。又壬午條云：「左諫議大夫、簽書樞密院事張齊賢言事頗忤上意，於是上問近臣以禦戎計策，齊賢因請自出守邊。」

［九］二年朝議置營田命充河東制置方田都部署　宋史卷一七六食貨志上四云：「宋太宗伐契丹，規取燕薊，邊隙一開，河朔連歲繹騷，耕織失業，州縣多閑田，而緣邊益增戍兵。……順安軍西至北平二百里，其地平曠，歲常自此而入。議者謂宜度地形高下，因水陸之便，建阡陌，濬溝洫，益樹五稼，可以實邊廩而限戎馬。端拱二年，分命左諫議大夫陳恕、右諫議大夫樊知古爲河北東、西路招置營田使。恕對，極言非便。行數日，有詔令修完城堡，通導溝瀆，而營田之議遂寢。時又命知代州張齊賢制置河東諸州營田，尋亦罷。」

［一〇］入拜刑部侍郎充樞密副使　長編卷三〇端拱二年六月甲申條載張齊賢爲刑部侍郎、樞密副使，注曰：「齊賢復入樞府，趙普力薦之也，而國史略焉。」又，宋史張齊賢傳亦稱：「趙普嘗薦齊賢於太宗，未用，普即具前列事，以謂『陛下若進齊賢，則齊賢他日感恩，更過於此』。上大悦，遂大用」。

［一一］太宗歎其福壽有令子多賜手詔存問　石林燕語卷三云：「張僕射齊賢爲相，其母晉國夫人年八十餘，尚康彊。太宗方眷張，時召其母入內，親款如家人。余嘗於張氏家見賜其母詩云：『往日貧儒母，年高壽太平。齊賢行孝侍，神理甚分明。』又一手詔云：『張齊賢拜相，不是今生，宿世遭逢；本性於家孝，事君忠；婆婆老福，見兒榮貴。』祖宗誠意待大臣，簡質不爲飾，蓋如此也。」

［一二］太宗由是疎之　據宋史張齊賢傳、宰輔表一，張齊賢由此於淳化四年六月以尚書左丞罷宰相。

〔一三〕會寇亂　按長編卷三五淳化五年正月甲寅條載東上閤門使吴元載代許驤爲成都，云：「元載頗尚苛察，民有犯法者，雖細罪不能容，又禁民游宴行樂，人用胥怨。王小波起爲盜，元載不能捕滅。……李順引衆攻成都，燒西郭門，不利，去，攻漢州、彭州，戊午、己未兩日，連陷之。（郭）載既入城，賊攻愈急，己巳，城陷。載與運使樊知古斬關而出，帥餘衆奔梓州。李順入據成都，僭號大蜀王，改元曰應運，遣兵四出侵掠，北抵劍關，南距巫峽，郡邑皆被其害焉。」

〔一四〕會吕端罷相　長編卷四三咸平元年十月戊子條云：「宰相吕端久被病，詔免朝謁，就中書視事，累上疏求解，戊子，罷爲太子太保。」

〔一五〕乃下尚書省集官詳議　長編卷四三咸平元年十月乙未條載張齊賢、王濟之異議，時「上問輔臣：『孰可從者？』吕端對曰：『立法尚寬，忌於嚴急。周官「刑平國，用中典」，此經制也。然利不百，不變法。當改革者，宜從衆議。』」

〔一六〕既而齊賢作相遂上言不欲與庶僚較其曲直　長編卷四七咸平三年五月甲辰條云：「福津尉劉瑩攜酒肴集僧舍，屠狗聚飲，杖一伶官，日三頓，因死。權判大理寺王濟論以大辟經德音，從流。知審刑院王欽若素與濟不相得，又以濟嘗忤宰相張齊賢，持法尚寬，欽若乃奏，瑩當以德音原釋。齊賢秉其事，斷如欽若所啟，濟坐故入停官。」

〔一七〕又請以逃田爲外官職田　長編卷四五咸平二年七月壬午條云：「宰相張齊賢請給外任官職田，詔三館、祕閣檢討故事，申定其制，以官莊及遠年逃田充，悉免其税。佃户以浮客充，所得課租均分，如鄉原例。州縣長吏給十之五，自餘差給。其兩京、大藩府四十頃，次藩鎮三十五頃，防禦、團練州三十頃，中上刺史州二十頃，下州及軍、監十五頃，邊遠小州、上縣十頃，中縣八頃，下縣七頃，轉運使、副使十頃，兵馬都監、監押、寨主、釐務官、録事參軍、判司等，比通判、幕職之數而均給之。」

〔一八〕坐冬至朝會被酒失儀免相　長編卷四七咸平三年十一月辛卯條云：「門下侍郎兼兵部尚書、平章事張齊賢與李沆並相，情好不叶，自負有致君之術，每敷奏多不直致，議者以爲疏闊。辛卯，日南至，群臣朝會，齊賢被酒，冠弁攲側，幾顛仆殿上。御史中丞劾齊賢失儀，齊賢自陳因感寒，飲酒禦之，遂至醉，頓首謝罪。上曰：『卿爲大臣，何以率下？朝廷自有典憲，朕不敢私。』甲午，齊賢罷守本官。」又楓窗小牘卷上云：「李文靖賢相也，與張齊賢稍不協，齊賢竟以被酒失儀罷相。時人語曰：『李相太醒，張相太醉。』此亦里巷公論也。」

〔一九〕命爲涇原儀渭邠寧環慶鄜延保安鎮戎清遠等州安撫經略使　長編卷四九咸平四年八月辛丑條云：「李繼遷遣其牙將來貢馬，猶稱所賜姓名，然抄劫邊部益甚。上以邊臣玩寇，朔方餉道愈艱，辛丑，命兵部尚書張齊賢爲涇、原、儀、渭、邠、寧、環、慶、鄜、延、保安、鎮戎、清遠等州軍安撫經略使。」注曰：「齊賢本傳云清遠軍陷，乃命齊賢出使，蓋誤矣。賊陷清遠在九月二十，此時未也。」按，所謂「齊賢本傳」，即指國史張齊賢傳。

〔二〇〕十有八九　按，對張齊賢此獻策，宋史張齊賢傳、長編卷五〇咸平四年十二月丁卯條皆云「時不能用」。

〔二一〕齊賢坐責授太常卿分司西京　長編卷五三咸平五年十月丁亥條載事下御史獄，「柴因擊登聞鼓，訟兵部侍郎、平章事向敏中賤貿惟吉故第，又嘗求娶己不許，以是教安上誣告母，且陰庇之。上以問向敏中，向敏中言實以錢五百萬貿安上居第，近喪妻，不復議姻，未嘗求婚於柴也。上亦不復問。柴又伐鼓，訟益急，遂並其狀下御史獄鞫之，乃齊賢子太子中舍宗誨教柴爲詞，遂驗問柴之藏獲，發取瘞藏，得金貝僅二萬計。安上兄弟素不肖，先是嘗争競財貨，遂有詔不許其貿易父祖貲産，而向敏中乃違詔貿其居第，令安上日出息錢二千。御史獄索要契驗，向敏中所署字非一體。鹽鐵使王嗣宗素忌向敏中，因對，言向敏中議娶故駙馬都尉王承衍女弟，密約已定而未納采。上詢於王氏，得其實，因面責向敏中以不直。丁亥，向敏中罷爲户部侍郎；張齊賢責授太常卿，分司西京；宗誨削一任，貶海州别駕；柴用蔭贖銅八斤；安上坐違詔貿居第笞之，以所得瘞藏金貝贖還其居第，仍令臺府常糾察焉」。

〔二二〕三年出判河陽　長編卷七三大中祥符三年二月辛丑條載：「右僕射、判都省張齊賢言玉清昭應宫繪畫符瑞有損謙德，及違奉天之意，又屢請罷土木之役，不聽。辛丑，齊賢出判孟州。」

〔二三〕上祀汾陰還　按史記卷一二孝武本紀云：「天子郊雍，議曰：『今上帝朕親郊，而后土毋祀，則禮不荅也。』有司與太史公、祠官寬舒等議：『天地牲角繭栗。今陛下親祀后土，后土宜於澤中圜丘爲五壇，壇一黄犢太牢具，已祠盡瘞，而從祠衣上黄。』於是天子遂東，始立后土祠汾陰脽上，如寬舒等議。上親望拜，如上帝禮。」

〔二四〕次鞏縣頻奉辭歸任　長編卷七五大中祥符四年正月庚子條載真宗「次鞏縣，右僕射、判河陽張齊賢見于汜水頓，侍食畢，即遣還任」。又三月丁酉條載真宗祀汾陰，張齊賢來朝。「次鞏縣，右僕射張齊賢辭歸河陽，賜衣帶器幣如侍祠例」。

〔二五〕齊賢先得唐裴度午橋莊有池榭竹樹之勝　玉壺清話卷三云：「張司空齊賢致仕歸洛，康寧富壽，先得裴晉公午橋莊，鑿渠周堂，花竹照映，日與故舊乘小車攜觴游釣，牓於門曰：『老夫已毁裂軒冕，或公綬垂訪，不敢拜見。』造一卧轝，以視田稼。醉則憩於木陰，酒醒則起。嘗以詩戲示故人：『午橋今得晉公廬，花竹煙雲興有餘。師亮白頭心已足，四登兩府九尚書。』」

〔二六〕七年六月無疾而終　長編卷八二大中祥符七年六月丁丑條載司空致仕張齊賢卒，贈司徒，謚文定。

〔二七〕齊賢姿儀碩大　歸田録卷一云：「張僕射齊賢體質豐大，飲食過人，尤嗜肥豬肉，每食數斤。天壽院風藥黑神丸，常人所服不過一彈丸，公常以五七兩爲一大劑，夾以胡餅而頓食之。淳化中罷相知安州，安陸山郡，未嘗識達官，見公飲啗不類常人，舉郡驚駭。嘗與賓客會食，廚吏置一金漆大桶於廳側，窺視公所食，如其物投桶中，至暮，酒漿浸漬，漲溢滿桶，郡人嗟愕，以謂享富貴者，必有異於人也。」

〔二八〕喜提獎寒儁　如湘山野録卷中云：「王冀公欽若鄉薦赴闕，張僕射齊賢時爲江南漕，以書薦謁錢希白公易。」

〔二九〕种放之召齊賢所薦也　宋史卷四五七种放傳云咸平「四年，兵部尚書張齊賢言放隱居三十年，不遊城市十五載，孝行純至，可勵風俗，簡樸退靜，無謝古人。復詔本府遣官詣山，以禮發遣赴闕，賚裝錢五萬，放辭不起。明年，齊賢出守京兆，復條陳放操行，請加旌賁。即賜詔」召之。是年「九月，放至，對崇政殿」。

〔三〇〕再入相數起大獄又與寇準相傾奪人以此少之　長編卷八二大中祥符七年六月丁丑條注對此嘗辨曰：「齊賢以咸平元年十月復相，三年十一月罷。傳所言數起大獄，此固非小事，而實録、正史並不略見，不知何也。寇準時又在外，亦不知所稱相傾奪者何事也。齊賢以右僕射奉朝請，與宰相向敏中爭娶薛惟吉妻，敏中坐此罷絀，疑傳所稱相傾奪，蓋指敏中也。當考。」舊聞證誤卷一辨云：「按，此咸平五年十月事也。張公實判永興軍。今云僕射奉朝請，蓋誤。」又長編卷四七咸平三年十一月庚寅條注亦曰：「按數起大獄，實録當有其事，而皆不見。寇準時又在外，不知齊賢何以傾奪之。豈自同州徙鳳翔，由齊賢故邪？皆當詳考。」

名臣碑傳琬琰集下卷三

范魯公質[一]　曾太史鞏　隆平集

范質字文素，魏郡人①。母夢人授五色筆而質生[二]。唐長興中擢進士第[三]，仕晉至翰林學士，周祖擢爲宰相[四]。建隆初封魯國公②，乾德二年罷相[五]。

初，和凝知貢舉，愛質所試文，自以中第嘗在第十三名，故亦以處質[六]。其後質官及封國，皆與凝同，當時謂之「傳衣鉢」。質平居手不釋卷，謂人曰：「嘗有異人言吾當大任，無學術，何以處之？」及司制誥，人服其該贍。奉行制勑，未嘗破律。爲相不受四方饋獻，禄賜親族，殁無餘財[七]。太祖歎其清慎，曰：「真宰相也。」太宗亦言：「近世輔弼，循規矩、慎名器，無與比者，特不能死周社稷，乃其短爾[八]。」子旻。

---

① 魏郡人　按，東都事略、宋史范質傳稱其大名宗城人。

② 建隆初封魯國公　按，宋史范質傳稱「帝將有事圜丘，以質爲大禮使。……禮畢，進封魯國公」。東都事略范質傳同。據長編卷四，此事載於乾德元年十二月辛巳條。則此「建隆」當爲「乾德」之譌。

辨證：

［一］范魯公質　本傳又載於曾鞏隆平集卷四。按，范質，東都事略卷一八、宋史卷二四九有傳。

［二］母夢人授五色筆而質生　按，東都事略范質傳稱其母張氏；宋史范質傳云其父「守遇，鄭州防禦判官」。

［三］唐長興中擢進士第　宋史范質傳稱其「後唐長興四年舉進士」。

［四］周祖擢爲宰相　宋史范質傳云：「周祖征叛，每朝廷遣使齎詔處分軍事，皆合機宜。周祖問誰爲此辭，使者以質對，歎曰：『宰相器也。』周祖自鄴起兵向闕，京城擾亂，質匿民間，物色得之，喜甚，時大雪，解袍衣之，且令草太后誥及議迎湘陰公儀注，質蒼黃論撰，稱旨，迺白太后，以質爲兵部侍郎、樞密副使。周廣順初，加拜中書侍郎、平章事、集賢殿大學士，翌日兼參知樞密院事。」

［五］乾德二年罷相　長編卷五乾德二年正月戊子條云：「宰相范質、王溥、魏仁浦等再表求退，戊子，以質爲太子太傅，溥爲太子太保，仁浦爲左僕射，皆罷政事。」葉夢得石林燕語卷一〇云：「范魯公與王溥、魏仁浦同日罷相，爲一制，其辭曰：『或病告未寧，或勤勞可眷。』時南郊畢，質、溥皆再表求退；仁浦以疾在告，乞骸骨，故云。」按，宋宰輔編年録卷一載范質、王溥、魏仁浦罷相制，無「或病告未寧，或勤勞可眷」之語。此語見於李攸通今集編，云「三相自建隆元年二月拜相，至是年正月罷，並相太祖。四年南郊畢，並再表求退。仁浦以疾請告，太祖幸其第，賜黃金器二百兩，錢二百萬，表乞骸骨。至是同制罷相，或告病未寧，或勤勞可憫，並從優禮云。」疑葉夢得所云不確。

［六］自以中第嘗在第十三名故亦以處質　澠水燕談録卷七載：「和魯公凝梁貞明三年薛廷珪下第十三人及第，後唐長興四年知貢舉，獨愛范魯公質程文，語范曰：『君文合在第一，輒屈居第十三人，用傳老夫衣鉢。』時以爲榮。其後相繼爲相。當時有贈詩者曰：『從此廟堂添故事，登庸衣鉢盡相傳。』」石林燕語卷八亦云：「唐末，禮部知貢舉有得程文優者，即以己登第時名次處之，不以甲乙爲高下也，謂之『傳衣鉢』。和凝登第，名在十三，後得范魯公質，遂處以十三。其後范登相位，官至太子太傅，封國於魯，與凝皆同，世以爲異也。」宋史范質傳等諸書多載此。然新五代史卷五六和凝傳云：「唐故事，知貢舉者所放進士，以己及第時名次爲重。凝舉進士及第時第五，後知舉，選范質爲第五。後質位至宰相，封魯國公，官至太子太傅，皆與凝同，當時以爲榮焉。」據容齋隨筆四筆卷四和范杜蘇四公云：「三朝史質本傳亦書之，而新五代史和凝傳誤爲第五，以登科記考之而非也。」

〔七〕歿無餘財　宋史范質傳云其乾德二年正月罷相，「爲太子太傅。九月卒，年五十四。將終，戒其子旻，勿請謚，勿刻墓碑。太祖聞之爲悲惋，罷朝，贈中書令，賜絹五百匹、粟麥各百石」。又云：「質性卞急，好面折人。以廉介自持，未嘗受四方饋遺，前後所得禄賜，多給孤遺。閨門之中，食不異品。身没，家無餘貲。太祖因論輔相，謂侍臣曰：『朕聞范質止有居第，不事生産，真宰相也。』」國老談苑卷一云：「太祖以范質寢疾，數幸其家。其後，慮煩在朝大臣，止令内夫人問訊。質家迎奉，器皿不具，内夫人奏知，太祖即令翰林司送果子牀酒器凡十副以賜之。復幸其第，因謂質曰：『卿爲宰相，何自苦如此？』質奏曰：『臣向在中書，門無私謁，所與飲酌皆貧賤時親戚，安用器皿？因循不置，非力不及也。猥蒙厚賜，有涉近名，望陛下察之。』尋薨。開寶中，因相位乏人，太祖累言：『如范質，真宰相也。』嗟悼久之。」

〔八〕特不能死周社稷乃其短爾　涑水記聞卷一云：「周恭帝之世，有右拾遺、直史館鄭起上宰相范質書，言太祖得衆心，不宜使典禁兵，質不聽。及太祖入城，諸將奉登明德門，太祖命將士皆釋甲還營，太祖亦歸公署，釋黄袍。俄而，將士擁質及宰相王溥、魏仁浦等皆至，太祖嗚咽流涕曰：『吾受世宗厚恩，今爲六軍所逼，一旦至此，慙負天地，將若之何？』質等未及對，軍校羅彦瓌按劍厲聲曰：『我輩無主，今日必得天子！』太祖叱之，不退。質頗誚讓太祖，且不肯拜，王溥先拜，質不能已，從之，且稱萬歲，請詣崇元殿，召百官就列。周帝内出制書，禪位，太祖就龍墀北面再拜命。宰相扶太祖登殿，易服於東序，還即位，群臣朝賀。及太宗即位，先命溥致仕，蓋薄其爲人也。又嘗稱質之賢，曰：『惜也，但欠世宗一死耳。』」又宋史范質傳云：「太宗亦嘗稱之曰：『宰輔中能循規矩、慎名器、持廉節，無出質右者，但欠世宗一死，爲可惜爾。』」

魏丞相仁浦〔一〕　同前

魏仁浦字道濟，衛郡人①。少爲刀筆吏，隸樞密院。周祖爲樞密使，問以中原卒乘數，對曰：「帶甲者六

① 衛郡人　按，東都事略、宋史魏仁浦傳稱其衛州汲人。

萬[二]。」及隱帝遣人害周祖，仁浦教以易其語，云誅將士，以激衆怒心[三]。遂長驅度河。即位，擢樞密承旨[四]。復問郡邑屯兵數，仁浦詳對，按籍無差[五]。世宗即位，差樞密副使，陞使。繼命兼相，對曰：「不由科第進。」曰：「顧才何如爾[六]。」遂用之。

世宗卞急①，輕殺戮，仁浦營救而免者十常七八。從出征，鋒鏑之下，無横死者。有鄭元昭誣仁浦婦翁李温玉之子從李守政叛②，捕以告變，欲中傷仁浦[七]。周祖力辨其誣，獲免。及仁浦大用，元昭懼，卒以元昭繼典五郡。又嘗爲賈延徽譖，幾遇禍③。總師出征，有得延徽以獻者[八]。仁浦曰：「因兵戈報私怨，不忍爲也。」人稱其長者。建隆初，不易其任。乾德二年罷相，卒[九]。

子咸信，尚主[一〇]，追封仁浦王爵[一一]。

辨證：

[一] 魏丞相仁浦　本傳又載於曾鞏隆平集卷四。按，魏仁浦，東都事略卷一八、宋史卷二四九有傳。

[二] 問以中原卒乘數對曰帶甲者六萬　宋史魏仁浦傳云：「時周祖掌樞密，召仁浦問闕下兵數，仁浦悉能記之，手疏六萬人。周祖喜曰：『天下事不足憂也。』」

[三] 及隱帝遣人害周祖仁浦教以易其語云誅將士以激衆怒心　宋史魏仁浦傳云：「乾祐末，隱帝用武德使李鄴等謀，誅大臣楊

---

① 世宗卞急　「卞」原作「辨」，據隆平集、東都事略魏仁浦傳改。

② 有鄭元昭誣仁浦婦翁李温玉之子從李守政叛　「李守政」，東都事略、宋史魏仁浦傳及新五代史各卷皆作「李守貞」。按，此乃避仁宗嫌名諱而改字。

③ 幾遇禍　「禍」，隆平集魏仁浦傳作「害」。

邠、史弘肇等，密詔澶帥李洪義殺騎將王殷，令郭崇害周祖。洪義知事不濟，與殷謀，遣副使陳光穗齎詔示周祖。周祖懼，召仁浦入計，且示以詔曰：『朝廷將殺我，我死不懼，獨不念麾下將士乎？』仁浦曰：『侍中握强兵臨重鎮，有功朝廷，君上信讒，圖害忠良，雖欲割心自明，奚可得也？事將奈何！今詔始下，外無知者，莫若易詔以盡誅將士爲名，激其怒心，非徒自免，亦可爲楊、史雪冤。』周祖納其言，倒用留守印，易詔書以示諸將。衆懼且怒。」

[四] 即位擢樞密承旨　宋史魏仁浦傳云周太祖「及即位，以仁浦爲樞密副承旨，俄遷右羽林將軍，充承旨」。

[五] 復問郡邑屯兵數仁浦詳對按籍無差　宋史魏仁浦傳云周太祖「嘗問仁浦諸州屯兵之數及將校名氏，令檢簿視之。仁浦曰：『臣能記之。』遂手疏於紙，校簿無差，周祖尤倚重焉」。

[六] 對曰不由科第進曰顧才何如爾　宋史魏仁浦傳云時「世宗欲命仁浦爲相，議者以其不由科第，世宗曰：『古人爲宰相者，豈盡由科第耶？』遂決意用之」。按，據此則「不由科第」乃議者之語，非魏仁浦自謙辭。

[七] 有鄭元昭誣仁浦婦翁李温玉之子從李守政叛捕以告變欲中傷仁浦　宋史魏仁浦傳云：「漢乾祐中，有鄭元昭者，開封浚儀人，爲安邑解縣兩池榷鹽使，遷解州刺史。會詔以仁浦婦翁李温玉爲榷鹽使管兩池，元昭不得專其利。仁浦方爲樞密院主事，元昭意仁浦必庇温玉，會李守貞以河中叛，温玉子在城中，元昭即繫温玉以變聞。時周祖總樞務，知其有間，置而不問。」

[八] 又嘗爲賈延徽譖幾遇禍總師出征有得延徽以獻者　宋史魏仁浦傳稱：「漢隱帝寵作坊使賈延徽，延徽與仁浦並居，欲併其第，屢譖仁浦，幾至不測。及周祖入汴，有擒延徽授仁浦者，仁浦謝曰：『因兵戈以報怨，不忍爲也。』力保全之。當時稱其長者。」

[九] 卒　宋史魏仁浦傳稱其「開寶二年春宴，太祖笑謂仁浦曰：『何不勸我一杯酒？』仁浦奉觴上壽，帝密謂之曰：『朕欲親征太原，如何？』仁浦曰：『欲速不達，惟陛下慎之。』宴罷就第，復賜上尊酒十石、御膳羊百口。從征太原，中途遇疾。還，至梁侯驛卒，年五十九，贈侍中。……景德四年，其子咸信請謚，曰宣懿」。據長編卷一〇，其卒於開寶二年閏五月己酉。

[一〇] 子咸信尚主　東都事略卷一八、宋史卷二四九魏咸信傳稱其「尚永慶公主」。按，永慶公主，太祖第三女。

[一一] 追封仁浦王爵　東都事略魏仁浦傳稱「追封齊王」。

王文康公溥①[一]　同前

王溥字齊物，太原人②。漢乾祐中登進士第[二]。周祖鎮蒲津，召置幕府。從征李守正③、王景崇，得朝臣交結書，周祖欲暴其事，溥力請焚之。周祖將大漸，趣草相制[三]，聞宣畢，曰：「吾無恨矣。」世宗嘗問：「漢相李崧蠟丸書結北虜，有記其辭者否④？」溥曰：「使崧有此，肯以示人耶？逢吉輩構之耳⑤。」世宗遂優贈其官。建隆初，不易舊任。乾德二年罷[四]。卒，謚文憲，後改曰文康[五]。

父祚，仕至上將軍。祚致仕，溥猶居相位[六]，每公侯引觴爲壽，溥侍側如嬰兒，人稱其孝敬。祚徇貨殖，溥亦獲悋嗇譏[七]。孫貽永[八]。

貽永歷宣徽使⑥、同知樞密院事，改副使。至和初解職，除右僕射兼侍中。卒，謚康靖[九]。

辨證：

[一] 王文康公溥　本傳又載於隆平集卷四。按，王溥，東都事略卷一八、宋史卷二四九有傳。

---

① 王文康公溥　「溥」原作「浦」，據庫本及隆平集王溥傳補。

② 太原人　按，東都事略、宋史王溥傳稱其并州祁人。

③ 從征李守正　按，「李守正」當作「李守貞」，乃避仁宗嫌名諱改字。

④ 漢相李崧蠟丸書結北虜有記其辭者否　宋史王溥傳作「漢相李崧以蠟書與契丹，猶有記其詞者，信有之耶」。

⑤ 逢吉輩構之耳　宋史王溥傳作「蓋蘇逢吉誣之耳」。

⑥ 貽永歷宣徽使　「貽」字原脱，據隆平集王溥傳補。

〔二〕漢乾祐中登進士第　名賢氏族言行類稿卷二四王溥稱其「乾祐初舉進士甲科」。按，陶岳五代史補卷四王仁裕賊頭云：「王尚書仁裕乾祐初放一榜二百一十四人，乃自爲詩云：『二百一十四門生，春風初動羽毛輕。擲金換却天邊桂，鑿壁偷將榜上名。』陶穀爲尚書，素好諧，見詩佯聲曰：『大奇！大奇！不意王仁裕今日做賊頭也。』聞者皆大笑。」又新五代史卷五七王仁裕傳稱其「嘗知貢舉，仁裕門生王溥」云云。則「乾祐中」當作「乾祐初」。

〔三〕周祖將大漸趣草相制　宋史王溥傳云：「周祖疾革，召學士草制，以溥爲中書侍郎、平章事。宣制畢，周祖曰：『吾無憂矣。』即日崩。」按，東都事略王溥傳略同。

〔四〕乾德二年罷　古今事文類聚前集卷二六少年大魁引李文正談録云：「李文正公嘗言：同年相國王公溥二十六歲狀元，後六年拜相，時年三十二，又四年加司空，時年三十六，又六年以一品罷相，守太子太保，時四十二，歸班行。」

〔五〕卒謚文憲後改曰文康　據長編卷二三，其卒於太平興國七年八月庚申。宋史王溥傳云其「開寶二年遷太子太師，中謝日，太祖顧左右曰：『溥十年作相，三遷一品，福履之盛，近世未見其比。』太平興國初封祁國公。七年八月卒，年六十一」。又東都事略王溥傳云初「謚曰文獻，後以溥謚同僖祖，改謚文康」。按，涑水記聞卷一云太祖自陳橋入京，「歸公署釋黄袍，俄而將士擁質及宰相王溥、魏仁溥等皆至」，范質「頗誚讓太祖，且不肯拜。王溥先拜，質不得已從之，且稱萬歲」。後「及太宗即位，先命溥致仕，蓋薄其爲人也」。然長編卷二三太平興國七年八月庚申朔條載「太子太師贈侍中、祁文獻公王溥卒」。注曰：「記聞稱太宗即位，即命溥致仕。蓋誤也。溥以太子太師居於位。」

〔六〕祚致仕溥猶居相位　歸田録卷二云：「國朝宰相最少年者惟王溥，罷相時，父母皆在，人以爲榮。」按，宋史王溥傳稱：「溥諷祚求致政，祚意朝廷未之許也，既得請，祚大罵溥曰：『我筋力未衰，汝欲自固名位，而幽囚我。』舉大梃將擊之，親戚勸諭乃止。」又澠水燕談録卷二名臣云：「宰相王溥父祚，少爲太原掾屬，累遷宿州防禦使。既老，溥勸其退居洛陽，居常怏怏。及溥爲相，客或候祚，溥常朝服侍立，客不安席，求去，祚曰：『學生勞賢者起避耶？』」

〔七〕祚徇貨殖溥亦獲悋嗇譏　宋史王溥傳稱：「溥性寬厚，美風度，好汲引後進，其所薦至顯位者甚衆。頗吝嗇。祚頻領牧守，能殖貨，所至有田宅，家累萬金。」

［八］孫貽永　宋史王溥傳稱王溥子「貽正子克明，尚太宗女鄭國長公主，改名貽永，令與其父同行」。

［九］貽永歷宣徽使同知樞密院事改副使至和初解職除右僕射兼侍中卒謚康靖　按，貽永傳附隆平集王溥傳後，曰：「貽永，字秀長。真宗以其故相家，選尚太宗第四女鄭國長公主，除右衛將軍、駙馬都尉。明年主薨，即納所賜宅。累擢節度使，歷宣徽使、同知樞密院事，改副使，加同平章事。以疾求罷，聽免兼侍中。至和初，復以疾丐解職，除右僕射、檢校太師兼侍中、鄧國公。卒，年七十一，贈太師、中書令，謚康靖。子道卿。貽永爲人慎約寡言，無綺紈聲色之好。嘗知徐州，河決滑臺，作堤城南，水至不爲患。王曾守南京，表其事，詔褒之。鄆州咸平中徙城，而故治爲通衢，密邇梁山濼，春夏多病涉。貽永知鄆州，相地築東南道二十餘里，至今人獲其濟。」此處乃節録隆平集傳文。

薛文惠公居正［一］　同前

薛居正字子平，開封人①。父仁謙，五代史有傳②［二］。

居正，後唐清泰中登進士第［三］，仕周至刑部侍郎。建隆初，知朗州［四］。有亡卒數千爲盜，軍使疑城中釋子爲應，欲盡殺之。居正以計緩其事，生擒賊首，乃知釋子千數無預謀者。乾德二年，初置參知政事，居正及吕餘慶首當其選［五］。開寶六年拜相，太平興國初進位司空。薨［六］，謚文惠。無子，以同姓子惟吉爲嗣［七］。

居正操行方重，不事苛察，好讀書，爲文敏贍。有集二十卷［八］，詔李昉爲之序。

辨證：

［一］薛文惠公居正　本傳又載於曾鞏隆平集卷四。按，薛居正，東都事略卷三一、宋史卷二六四有傳。

---

① 開封人　按，東都事略、宋史薛居正傳稱其開封浚儀人。

② 五代史有傳　「傳」原作「傷」，據文海本、庫本、隆平集薛居正傳改。

〔二〕父仁謙五代史有傳　按，薛仁謙傳載於舊五代史卷一二八。

〔三〕後唐清泰中登進士第　宋史薛居正傳云其後唐「清泰初，舉進士不第，爲遣愁文以自解，寓意倜儻，識者以爲有公輔之量。踰年登第」。

〔四〕建隆初知朗州　宋史薛居正傳云其「宋初，遷户部侍郎。太祖親征李筠及李重進，並判留司三司，俄出知許州。建隆三年，入爲樞密直學士，權知貢舉。初平湖湘，以居正知朗州。」據長編卷四，薛居正權知朗州在乾德元年四月丙午。按，此「建隆」當作「乾德」。

〔五〕初置參知政事居正及吕餘慶首當其選　長編卷五乾德二年四月乙丑條云：「上欲爲趙普置副而難其名稱，召翰林學士承旨陶穀問曰：『下丞相一等者何官？』對曰：『唐有參知機務、參知政事。』乙丑，以樞密直學士、兵部侍郎薛居正吕餘慶並本官參知政事，不宣制，不押班，不知印，不升政事堂，止令就宣徽使廳上事，殿廷別設塼位於宰相後，敕尾署銜降宰相數字，月俸雜給皆半之，蓋上意未欲令居正等與普齊也。」注曰：「此據太祖新録、百官表、大事記。太宗實録云：『普在相位幾十年，獨斷政事，太祖疑其專恣，欲用薛居正、吕餘慶爲相。普惡其與己同列，但令參知政事，於宣徽廳赴上，位在丞相後，但奉行制書，不得預奏事，以明其異等。中書印唯宰相得知，事無大小，盡決於普，居正等恐懼備位而已。太祖患之，會爲趙玭所訐，盧多遜又旦夕攻之，雷有鄰訟中書不法事，太祖因令居正等知印、押班，以分普權。』按，置參政乃陶穀議，且此時太祖方獨任普，未始厭其專恣也，今不取。太祖新録竇儀傳：『太祖屢對大臣稱儀有執守，欲用爲相，趙普忌儀剛直，遽引薛居正參知政事。』據此，則居正乃普所引，非太祖意也，足明太宗實録所書非實。」

〔六〕薨　宋史薛居正傳云其「因服丹砂遇毒，方奏事，覺疾作，遽出。至殿門外，飲水升餘，堂吏掖歸中書，已不能言，但指廡間儲水器。左右取水至，不能飲，偃閣中，吐氣如煙燄，輿歸私第卒，六年六月也，年七十」。據長編卷二二，其卒於太平興國六年六月甲戌。

〔七〕無子以同姓子惟吉爲嗣　宋史薛居正傳云：「惟吉字世康，居正假子也。居正妻妬悍無子，婢妾皆不得侍側，故養惟吉，愛之甚篤。」

〔八〕有集二十卷　宋史薛居正傳云其「子惟吉集爲三十卷上之，賜名文惠集」。又卷二〇八藝文志七著録薛居正集三十卷。

盧丞相多遜[一]　同前

盧多遜，懷州人①。父億，有操行，仕至少府監[二]。

周顯德末登進士第[三]。開寶中累擢參知政事，九年拜相[四]。多遜博涉經史，善伺人主意。太祖每遣取書，多遜伺知，即通夕閱視。詰朝問書中事，應答無滯[五]，上益寵待。爲翰林學士時，屢於上前毀趙普[六]。及在相位，普之子及其親屬多爲所抑[七]。普再相，廉知多遜嘗遣親吏交通秦王廷美[八]，因發其事，追削官爵，并其家配崖州，卒于配所[九]。

初，王祐知制誥②，多遜欲祐協力擠普。一日，祐以宇文融排張説事示之。怒，出祐知華州[一〇]。及多遜敗，士大夫服祐有明識。

辨證：

[一]盧丞相多遜　本傳又載於曾鞏隆平集卷四。按，盧多遜，東都事略卷三一、宋史卷二六四有傳。

[二]有操行仕至少府監　宋史盧多遜傳云盧億「乾德二年以少府監致仕」。宋朝事實類苑卷十三德量智識盧億引范蜀公蒙求云：「盧億字子元，范陽人。簡儉純素，有古人風。在洛陽，聞其子多遜參知政事，家有賜金，服玩漸侈，億愀然不樂，謂親友曰：『家世

---

① 懷州人　按，東都事略、宋史盧多遜傳稱其懷州河內人。

② 王祐知制誥　按，據長編等所載，「王祐」當作「王祜」。

儒素，一旦富貴，吾未知税駕之所矣。』」長編卷一四開寶六年十二月庚子條云：「少府監致仕盧億有高識，惡其子參知政事多遜所爲，嘗曰：『趙普元勳也，而小子毁之，禍必及我。我得早死，不及見其敗，幸也。』十二月庚子，億以憂卒。」

〔三〕周顯德末登進士第　宋史盧多遜傳稱盧多遜於「顯德初舉進士」，當是。

〔四〕九年拜相　據長編卷一七，太宗於開寶九年十月甲寅即位；庚申，盧多遜自參知政事拜中書侍郎、平章事。時尚未改元。按王文正公筆録云：「太祖皇帝以神武定天下，儒學之士初未甚進用。及卜郊肆類，備法駕，乘大輅，翰林學士盧多遜攝太僕卿，升輅執綏，且備顧問，上因歎儀物之盛，詢政理之要，多遜占對詳敏，動皆稱旨。他日，上謂左右曰：『作宰相須用儒者。』盧後果大用，蓋兆於此。」

〔五〕應答無滯　丁晉公談録云：「盧相多遜在朝行時，將歷代帝王年曆、功臣事迹、天下州郡圖志、理體事務、沿革典故，括成一百二十絶詩，以備應對。由是太祖、太宗每所顧問，無不知者。以至踐清途，登鈞席，皆此力耳。」

〔六〕屢於上前毁趙普　長編卷一四開寶六年六月庚戌條載：「趙普之爲政也專，廷臣多疾之。上初聽趙玭之訴，欲逐普，既止。盧多遜在翰林，因召對，數毁短普，且言普嘗以隙地私易尚食蔬圃，廣第宅，營邸店，奪民利。」又曲洧舊聞卷一載：「世傳太祖將禪位於太宗，獨趙韓王密有所啟，太祖以重違太母之約，不聽。太宗即位，入盧多遜之言，怒甚。」

〔七〕普之子及其親屬多爲所抑　宋史盧多遜傳稱「普子承宗娶燕國長公主女，承宗適知潭州，受詔歸闕成婚禮。未踰月，多遜白遣歸任。普由是憤怒」。續湘山野録云：「侯仁寶即趙韓王普之甥也，世爲洛陽大族，知邕州。久在嶺外，求歸西洛而無其計，詐以取交趾，矯其奏，乞詣闕面陳其策。太宗納之。其舅韓王時已爲盧多遜所譖，罷相出河陽。多遜當國，必知是役之艱，固欲致仁寶於敗績，以沮趙普。而太宗復不寤仁寶求歸之矯，盧因奏曰：『今若許仁寶自邕至闕，復還嶺表率師往取，反覆路遠，恐爲交人先警，豈若就湖南兵數萬，乘不備而襲之？』太宗深然之，詔團練使孫全興將湖南兵三萬，與仁寶南取交州。兵至白藤江，爲賊盡滅，仁寶爲交趾所擒，梟首於米鳶縣，宜然也。全興犇北，斬於闕下。」

〔八〕普再相廉知多遜嘗遣親吏交通秦王廷美　宋史盧多遜傳云太宗「復用普爲相，多遜益不自安。普屢諷多遜令引退，多遜貪固權位，不能決。會有以多遜嘗遣堂吏趙白交通秦王廷美事聞，太宗怒，下詔數其不忠之罪，責授守兵部尚書。明日，以多遜屬吏，命翰林學士承旨李昉、學士扈蒙、衛尉卿崔仁冀、膳部郎中知雜事滕中正雜治之」。

[九] 卒于配所　宋史盧多遜傳云其卒於雍熙二年，「年五十二。詔徙其家於容州，未幾復移置荆南」。

[一〇] 出祐知華州　長編卷一六開寶八年十二月癸亥條載：「户部員外郎、知制誥王祐判門下省，與判吏部流内銓侯陟不協，陟所注擬，祐多駁正。陟訴於盧多遜。多遜初爲學士，陰傾宰相趙普，累諷祐助己。祐不聽，謂多遜曰：『昔唐宇文融與張説有隙，爲融所譏而出。説復集賢，融遂敗。』因以傳示多遜，且勸釋之，多遜不悦。癸亥，祐坐陟事，黜爲鎮國行軍司馬。」

李文正公昉子宗諤[一]　同前

李昉字明遠，真定人①。父超[二]，仕至集賢學士。昉以門蔭補齋郎，漢乾祐中登進士第，在周爲翰林學士。建隆初，遷中書舍人。盧多遜攻趙普短②，太祖詢昉。昉對曰：「臣書詔之外，思不出位[三]。」太宗征太原③，過常山，賜羊酒，俾於居第讌集[四]，丞相至藩侯皆賦詩刻石。太平興國八年拜相。建議復時政記，先進御，後付史館[五]。端拱初罷[六]，淳化二年復相。

在位循謹自守，臨事多恕。爲文慕白居易[七]。所居有園亭，又葺郊外宴遊之地，多畜妓樂，娛樂親友[八]。與張洎、盧多遜善，薄張佖。上嘗問多遜，昉頗爲辨釋。上曰：「多遜嘗毀卿不直一錢。」昉曰：「臣不敢誣。」罷相，張洎草詔，深攻其短[九]。張佖時時造其第。或問佖，佖曰：「我爲廷尉，獨李公未嘗以私事見干。今雖退

---

① 真定人　按，東都事略、宋史李昉傳及青箱雜記卷一稱其深州饒陽人。

② 盧多遜攻趙普短　「攻」原作「政」，「短」原作「知」，據庫本及隆平集李昉傳改。

③ 太宗征太原　「太宗」，隆平集李昉傳作「太祖」，當誤。

居，可見也。」昉薨①〔一〇〕，贈司徒，謚文正②。子宗諤。

宗諤字昌武，昉第三子。七歲能屬文，耻於父任得官，獨由鄉舉，端拱二年登進士第〔一一〕。性廉謹，衣弊策蹇，人不知其宰相子也〔一二〕。獻文召試，除集賢校理。太宗每有篇詠，多賜昉及宗訥、宗諤屬和，世榮之。宗訥，宗諤之兄也。宗諤官至諫議大夫、翰林學士〔一三〕。卒〔一四〕，年四十九。

李濬與宗諤同歲同月，後一日③。濬字德淵，冀州人。父超爲禁卒，從潘美掌刑刀④。美嗜殺戮，超常緩之，怒釋，多全活者，人以爲有陰德。濬官至右司郎中、樞密直學士。

宗諤博學，曉音律，尤精於典章沿革，朝廷創制損益，莫不與聞〔一五〕。景德初，北虜請和，後一歲生辰使至，首命宗諤館伴。自郊勞至餞禮，有節適行。判太常寺，鼓吹工之謬濫者無所容。風流文雅，內行純至，事繼母以孝稱。二兄早卒，奉嫂字孤，人無間言。友其弟宗諒甚篤。賞延所及，皆先諸姝〔一六〕。其卒也，子猶有未仕者。奬借後學，薦拔寒素，接人有禮，士大夫愛慕之。其書字勢傾側〔一七〕，後進多優筆效之，罕有類者，爲時之所貴如此。有文集六十卷，內外制集四十卷⑤，又有家傳、談録行於世〔一八〕。

① 昉薨　按，長編卷三九、宋史卷五太宗紀載李昉卒於至道二年二月壬申朔；宋太宗皇帝實録卷七六載其卒於是月癸酉（二日），年七十二。

② 謚文正　按，宋太宗皇帝實録卷七六至道二年二月癸酉條李昉附傳稱其「謚文貞」，春明退朝録卷上亦稱宰相李昉謚文貞，故此因避仁宗諱而改曰「文正」。

③ 李濬與宗諤同歲同月後一日　「後一日」，隆平集李宗諤傳作「後一日生，其卒亦後一日」。

④ 從潘美掌刑刀　「刑刀」原作「刑乃」，據隆平集、東都事略李宗諤傳改；庫本作「刑名」。

⑤ 內外制集四十卷　「四十卷」，宋史李宗諤傳作「三十卷」。

辨證：

[一] 李文正公昉子宗諤　本傳又載於曾鞏隆平集卷四。按，李昉、李宗諤，東都事略卷三二、宋史卷二六五有傳；又宋太宗皇帝實録卷七六至道二年二月癸酉條載有李昉附傳。

[二] 父超　東都事略李昉傳云李昉「父超，晉工部郎中、集賢殿直學士。從父右資善大夫沼無子，以昉爲後，蔭補齋郎」。又云：「初，沼未有子，昉母謝方娠，指腹謂叔母張曰：『生男當與叔母爲子。』故昉出繼於沼。」

[三] 臣書詔之外思不出位　長編卷一四開寶六年六月丁未條稱：「趙普之爲政也專，廷臣多疾之。上初聽趙玭之訴，欲逐普，既止。盧多遜在翰林，因召對，數毁短普，且言普嘗以隙地私易尚食蔬圃廣第宅，營邸店，奪民利。上訪諸李昉，昉曰：『臣職司書詔，普所爲，臣不得而知也。』上默然。」

[四] 太宗征太原過常山賜羊酒俾於居第讌集　宋太宗皇帝實録卷七六至道二年二月癸酉條李昉附傳云：「從征太原，車駕次常山。常山，即昉之故里，有居第園林焉，賜羊酒，俾爲讌樂，自丞相、卿大夫、藩侯悉預會。又召班白故老，置酒盡歡，如是者七日，公卿皆賦詩以美其事，刊於石。」

[五] 建議復時政記先進御後付史館　長編卷二四太平興國八年八月辛亥條載時史官請撰時政記，「上采其言，是日詔自今軍國政要，竝委參知政事李昉撰録，樞密院令副使一人纂集，每季送史館。昉因請以所修時政記，每月先奏御，後付所司，從之。時政記奏御，自昉始也」。注曰：「會要云：時雖有『時政記』之名，但題云『送史館事件』，至景德元年始題云『時政記』」。宋太宗皇帝實録卷七六至道二年二月癸酉條李昉附傳云：「故事，時政記月終送史館，昉先以進御而後付有司。時政記進御，自昉始也。」按，時李昉爲參知政事，尚未拜相。

[六] 端拱初罷　長編卷二九端拱元年正月庚子條云：「先是，有翟馬周者擊登聞鼓，訟中書侍郎兼工部尚書、平章事李昉身任元宰，屬北戎入寇，不憂邊思職，但賦詩飲酒并置女樂等事。上以方講籍田，稍容忍之。於是，召翰林學士賈黄中草制，授昉右僕射罷政，且令黄中切責之。黄中言：『僕射師長百僚，舊宰相之任，今自工部尚書拜，乃殊遷，非黜責之義也。若以文昌務簡均逸爲辭，庶幾得體。』上然之。庚子，昉罷爲右僕射。」按，宋太宗皇帝實録卷七六至道二年二月癸酉條李昉附傳、宋史李昉傳略同。

〔七〕爲文慕白居易　春明退朝録卷中云：「李文正公罷相爲僕射，奉朝請，居城東北隅昭慶坊，去禁門遼遠，每五鼓則興，置白居易集數册於茶鐐中，至安遠門仗舍，然燭觀之，俟啓鑰，則赴朝。」青箱雜記卷一云：「昉詩務淺切，效白樂天體。晚年與參政李公至爲唱和友，而李公詩格亦相類，今世傳二李唱和集是也。」

〔八〕多畜妓樂娱樂親友　宋太宗皇帝實録卷七六至道二年二月癸酉條李昉附傳云：「昉先蓄妓樂，所居有園亭，城外又有别墅，每良辰美景，多召親友飲宴娱樂。自翟馬周上書後，昉甚恐懼，因不復遊宴矣。」宋朝事實類苑卷三四詩歌賦詠李文肅云：「李昉再入相，以司空致仕。爲詩慕白居易之淺切。所居有園林，畜五禽，皆以客爲名：白鷴曰閑客，鷺曰雪客，鶴曰仙客，孔雀曰南客，鸚鵡曰隴客。昉各爲詩一章，畫爲客圖，傳於好事者。」按，宋朝事實類苑卷三四詩歌賦詠李文肅云李昉致政歸，「又慕居易西京九老之會，得宋琪等八人，皆年七十餘，時爲九老會，未果而卒」。宋史李昉傳云其「既致政，欲尋洛中九老故事，時吏部尚書宋琪年七十九，左諫議大夫楊徽之年七十五，郢州刺史魏丕年七十六，太常少卿致仕李運年八十，水部郎中朱昂年七十一，廬州節度副使武允成年七十九，太子中允致仕張好問年八十五，吴僧贊寧年七十八，議將集，會蜀寇而罷」。

〔九〕張洎草詔深攻其短　長編卷三四淳化四年十月辛未條載右僕射平章事李昉、給事中參知政事賈黄中李沆、左諫議大夫同知樞密院事温仲舒並罷守本官，云：「先是，上召翰林學士張洎草制，授昉左僕射，罷平章事。洎上言曰：『昉因循保位，近霖霪百餘日，陛下焦勞惕厲，憂形于色。昉居輔相之任職，在燮調陰陽，乖戾如此，而昉宴然自若，無歸咎引退之意。矧中臺僕射之重，百僚師長，右減于左，位望輕重不侔，因而授之，何以勸人臣之盡節？宜加黜削，以儆具臣。』上以昉耆舊，不欲深譴，但令罷守本官，制詞仍以『久壅化源，深辜物望』責之。」又卷三六淳化五年五月壬申條載：「右僕射李昉爲司空致仕，大朝會令綴宰相班，歲時賜予不絶，每遊宴多召之」。按，長編卷三九至道二年二月壬申朔條云「昉温和無城府，寬厚多恕。……江南平，士大夫歸朝，昉多與遊，雅厚善張洎而薄張佖。及昉罷相，洎草制，力攻昉之短。佖朔望嘗詣昉第，人或謂佖曰：『李公待君素不厚，何數詣之？』佖曰：『我掌廷尉日，李公方秉政，未嘗有所請求於我，我故重之。』」

〔一〇〕昉薨　長編卷三九至道二年二月壬申朔條云：「昉素病心悸，每一發必彌年不瘳。嘗謂諸子曰：『我前後典誥命三十年，勞役思慮，而致是疾爾。』卒後，上嘗謂近臣曰：『昉本以文章進用，及居相位，自知才微任重，無所彌綸，但憂愧而已。』」

［一一］獨由鄉舉端拱二年登進士第　長編卷二六雍熙二年正月己未條載「上御崇政殿，覆試禮部貢舉人」，以「宰相李昉之子宗諤、參知政事吕蒙正之從弟蒙亨、鹽鐵使王明之子扶、度支使許仲宣之子待問舉進士試皆入等，上曰：『此並勢家與孤寒競進，縱以藝升，人亦謂朕爲有私也。』皆罷之」。

［一二］人不知其宰相子也　吕氏雜記卷下云：「李翰林宗諤，其父文正公昉秉政時，避嫌遠勢，出入僕馬，與寒士無辨。一日，中路逢文正公，前騶不知其爲公子也，遽呵辱之。是後，每見斯人必自隱蔽，恐其知而自媿也。」

［一三］宗諤官至諫議大夫翰林學士　長編卷七八大中祥符五年九月戊子載：「初，翰林學士李宗諤與王旦善，旦欲引宗諤參知政事，嘗以告王欽若，欽若唯唯，旦曰：『當白上。』宗諤家貧，禄廪不足以給婚嫁，旦前後資借之甚多，欽若知之。故事，參知政事謝日，所賜之物幾三千緡。欽若因密奏宗諤負王旦私錢不能償，旦欲引宗諤參知政事，得賜物以償己債，非爲國擇賢也。明日，旦果以宗諤名聞，上變色不許。」

［一四］卒　宋史李宗諤傳云真宗嘗「謂宰相曰：『國朝將相家，能以聲名自立，不墜門閥，唯昉與曹彬家爾。宗諤方期大用，不幸短命，深可惜也。』既厚賻其家，以白金賜其繼母，又録其子若弟以官焉」。按，據長編卷八〇，李宗諤卒於大中祥符六年五月己未。

［一五］朝廷創制損益莫不與聞　宋史李宗諤傳稱：「宗諤究心典禮，凡創制損益，靡不與聞。修定皇親故事、武舉武選入官資敘、閤門儀制、臣僚導從、貢院條貫，餘多裁正。」又云：「初，昉居三館兩制之職，宗諤不數年皆踐其地。風流儒雅，藏書萬卷。」

［一六］事繼母以孝稱至皆先諸姝　按國老談苑卷二云：「李宗諤爲翰林學士，家雖百口，雍睦有制。真宗嘗語侍臣曰：『臣僚家法，當如宗諤。』」宋朝事實類苑卷二四衣冠盛事引范蜀公蒙求云真宗「又嘗謂曰：『聞卿至孝，家族頗多，長幼雍睦，朕嗣守二聖基業，亦如卿輩之保守門户也。』」按，據宋史李昉傳，其二兄爲宗訥、宗誨。

［一七］其書字勢傾側　東軒筆録卷一五云：「唐末五代，字學大壞，無可觀者。其間楊凝式至國初李建中妙絶一時，而行筆結字亦主於肥厚，至李昌武以書著名，而不免於重濁。故歐陽永叔評書曰：『書之肥者譬如厚皮饅頭，食之味必不佳，而每命之爲俗物矣。』」

〔一八〕又有家傳談録行於世　按，陳録卷七著録李宗諤李公談録一卷，云「記其父昉之言，凡三十七事」。

呂正惠公端兄餘慶〔一〕　同前

呂端字易直。其先燕人①。父琦，五代史有傳〔二〕。兄名犯太祖諱下一字②，字餘慶。太祖節制同州，餘慶爲賓佐〔三〕。及即位，累擢參知政事。蜀平，知成都府，不罷政事。以執政涖藩鎮，自餘慶始〔四〕。歸朝復舊任，既而引疾求罷，除尚書左丞〔五〕。卒〔六〕，年五十。太祖幕客，餘慶居其先〔七〕。趙普、李處耘首大用，餘慶獨不介意。及除執政，而處耘被黜〔八〕，同列欲共排之③。上問處耘，第以實對。普忤旨而罷，仍力爲辨釋〔九〕。餘慶重厚有守，所至以寬簡治。與弟端俱以文官三品蔭補千牛衛備身。

端在周直史館，建隆初遷太常丞，歷官四十年始大用〔一〇〕。淳化四年參知政事，至道初拜相〔一一〕。太宗嘗恨任用之晚④。端持重識大體。同列奏對，或多異議。一日，内出手札戒諭，自今中書事經呂端裁決乃得聞奏〔一二〕。真宗即位〔一三〕，尤加體貌，見必拱揖。以其身體偉大，爲納陛，俾登殿所⑤。咸平初，以疾罷。薨，年六

① 其先燕人　按，東都事略呂餘慶傳與宋史呂端傳、呂餘慶傳稱其幽州安次人。
② 兄名犯太祖諱下一字　按，宋史呂餘慶傳云其「本名胤，犯太祖偏諱，因以字行」。
③ 同列欲共排之　「共」原作「其」，據文海本、庫本及隆平集呂端傳改。
④ 太宗嘗恨任用之晚　「恨」，隆平集呂端傳作「憾」。
⑤ 俾登殿所　「俾」原作「碑」，據鐵琴銅劍樓本、庫本及隆平集呂端傳改。

十六[一四]。贈司空，謚正惠①。子荀、藩、蔚、藹②。

李惟清自樞密改中丞，意端抑己，屢遣人訟堂吏過，又彈端久在病告[一五]。端曰：「吾直道而行，無所愧也。」端姿表瑰秀，器識和裕。屢遭擯斥[一六]，未始經意。嘗使高麗，暴風折檣，舟人恐怖，端讀書自若[一七]。兩使絶域[一八]，後有往者，必問端爲宰相未？其爲遠近所慕如此。

辨證：

[一] 呂正惠公端兄餘慶　本傳又載於曾鞏隆平集卷四。按，呂端，東都事略卷三一、宋史卷二八一有傳；呂餘慶，東都事略卷三一、宋史卷二六三有傳。

[二] 父琦五代史有傳　按，呂琦傳載於舊五代史卷九二及新五代史卷五六。

[三] 太祖節制同州餘慶爲賓佐　宋史呂餘慶傳云：「太祖領同州節制，聞餘慶有材，奏爲從事。世宗……即以爲定國軍掌書記。」

[四] 以執政涖藩鎮自餘慶始　演繁露續集卷二參知政事知外郡云：「乾德中，蜀平，呂餘慶以參知政事知成都。參知政事出權藩府自此始。」

[五] 歸朝復舊任既而引疾求罷除尚書左丞　據長編卷九、卷一四，呂餘慶於開寶元年正月庚寅「歸朝」；六年九月丁卯「以疾求解

---

① 謚正惠　按，長編卷四七載其卒於咸平三年四月庚戌，「贈司空，謚貞惠」。春明退朝録卷上亦稱宰相呂端謚貞惠。則此云「正惠」者乃因避仁宗諱改字。

② 子荀藩蔚藹　按，據長編卷七三大中祥符三年四月乙亥條載：「先是，上謂王旦等曰：『端諸子皆幼，長子蕃病足，家事不理，舊第已質於人。』」又云「後六年，蕃爲弟蔚娶妻」，真宗又令「蕃弟荀仍與西京差遣，令蕃同往」云云。宋史呂端傳云呂端薨，「以其子藩爲太子中舍，荀大理評事，蔚千牛備身，藹殿中省進馬」。則呂藩亦寫作呂蕃，乃呂端長子，傳文此處「荀、藩」當作「藩、荀」。

職」。傳文稱「既而引疾求罷」者不確。

〔六〕卒　按長編卷一七載其卒於開寶九年四月乙巳，云：「餘慶始罷政，上欲授以旄鉞，會其疾不果。於是贈鎮南節度使，輟一日朝，遣中使護喪事。」

〔七〕太祖幕客餘慶居其先　長編卷一四開寶六年九月丁卯條稱「餘慶上霸府元僚」。據長編卷一，太祖霸府僚屬中，吕餘慶爲宋亳觀察判官，趙普爲掌書記，李處耘爲都押衙。

〔八〕而處耘被黜　宋史卷二五七李處耘傳云乾德初，以節度使慕容延釗爲帥，樞密副使李處耘爲都監，率軍南討湖南。「師至襄州，衢肆鬻餅者率減少，倍取軍人之直，處耘捕得其尤者二人送延釗，延釗怒不受，往復三四，處耘遂命斬於市以徇。延釗所部小校司義舍於荆州客將王氏家，使酒凶恣，王氏愬於處耘，處耘召義呵責。義又譖處耘於延釗。至白湖，處耘望見軍人入民舍，良久，舍中人大呼求救，遣捕之，即延釗圉人也，乃鞭其背，延釗怒斬之。由是大不協，更相論奏。朝議以延釗宿將貰其過，謫處耘爲淄州刺史，處耘懼不敢自明。在州數年，乾德四年卒」。

〔九〕上問處耘第以實對普忤旨而罷仍力爲辨釋　宋史吕餘慶傳云：「處耘黜守淄州，餘慶自江陵還。太祖委曲問處耘事，餘慶以理辨釋，上以爲實，遂命參知政事。會趙普忤旨，左右争傾普，餘慶獨辨明之，太祖意稍解。時稱其長者。」

〔一〇〕歷官四十年始大用　丁晉公談録云：「吕丞相端，本自奏蔭而至崇顯，蓋器識遠大，有公輔之才。自爲司户參軍，便置外厨，多延食客。能知典故，凝然不動。年五十六七，猶爲太常丞，充開封府判官。時秦州楊平木場坊木筏沿程免税而至京，吕之親舊競託選買，吕皆從而買之。於是，入官者多揀退材植。值三司使、給事中侯陟急於富貴，於太宗前欲傾其衆人。無何，吕獨當之，認爲己買。太宗赫怒，俾臺司枷項送商於安置。減耳後，猶簽書府中舊事，怡然曰：『但將來，但將來。著枷判事，自古有之。』洎後發往商州，身體魁梧，太宗傳宣，令不得騎馬，只令步去。尋相座傳語，且請認災。公曰：『不是某災，是長耳災。』談諧大笑如式，略不介撓。時有善筭者：『吕公木在土下，宮又是方。主晚年大達，須位極人臣。此何用慮耳。』尋自商州量移汝州。上谷寇準屢奏：『吕某器識非常，人漸老矣。陛下早用之。』太宗曰：『朕知此人是人家子弟，能喫大酒肉，餘何所能？』後近臣皆上言，稱『吕某宜朝廷大用』。尋自太常丞、知蔡州召入，拜户部員外郎，爲樞密直學士。」

〔一一〕至道初拜相　宋史呂端傳載其「拜參知政事。時趙普在中書，嘗曰：『吾觀呂公奏事，得嘉賞未嘗喜，遇抑挫未嘗懼，亦不形于言，真台輔之器也。』……時呂蒙正爲相，太宗欲相端。或曰：『端爲人糊塗。』太宗曰：『端小事糊塗，大事不糊塗。』決意相之。會曲宴後苑，太宗作釣魚詩，有云『欲餌金鈎深未達，磻溪須問釣魚人』，意以屬端。後數日，罷蒙正而相端焉」。

〔一二〕内出手札戒諭自今中書事經呂端裁決乃得聞奏　長編卷三七至道元年四月癸未條云呂端「爲相持重識大體，以清靜簡易爲務。奏事上前，同列多異議，端罕所建明。一日，内出手札戒，諭自今中書必經呂端詳酌乃得聞奏，端謙讓不敢當」。又卷四一至道三年正月丙子條云：「時邊境多事，上垂欲相（温）仲舒而罷呂端，會不豫乃止。」

〔一三〕真宗即位　宋史呂端傳載：「太宗不豫，真宗爲皇太子，端日與太子問起居。及疾大漸，内侍王繼恩忌太子英明，陰與參知政事李昌齡、殿前都指揮使李繼勳、知制誥胡旦謀立故楚王元佐。太宗崩，李皇后命繼恩召端。端知有變，鎖繼恩於閣内，使人守之而入。皇后曰：『宮車已晏駕，立嗣以長，順也，今將如何？』端曰：『先帝立太子，正爲今日。今始棄天下，豈可遽違命有異議邪？』乃奉太子至福寧庭中。真宗既立，垂簾引見群臣。端平立殿下不拜，請卷簾，升殿審視，然後降階率群臣拜，呼萬歲。」

〔一四〕薨年六十六　丁晉公談録云：「呂乞養疾，授太子太保。在京薨背，享年七十三。」然揮麈録前録卷二有云：「本朝名公多厄於六十六，……呂正惠、呂文穆亦然」。則丁晉公談録云云似不然。

〔一五〕李惟清自樞密改中丞意端抑己屢遣人訟堂吏過又彈端久在病告　長編卷四三載咸平元年「冬十月，宰相呂端久被病，詔免朝謁，就中書視事。累上疏求解，戊子，罷爲太子太保。初，李惟清自知樞密院左遷御史中丞，意端抑己，及端免朝謁，乃彈奏常參官有疾告逾年受俸者，又教人訟堂吏過失，欲以累端。端曰：『吾直道而行，無所媿。風波之言，不足慮也。』」注曰：「按本傳，端自今夏始被病，詔免朝謁。而實録于三月辛酉已書李惟清卒。然則惟清彈奏常參官時，端尚未移疾也。恐此傳或誤。又按百官表載惟清卒于今年八月，實録當誤，此傳不誤也。」

〔一六〕屢遭擯斥　據宋史呂端傳，云「會秦王廷美尹京，召拜考功員外郎，充開封府判官」，後「坐王府親吏請托執事者，違詔市竹木，貶商州司户參軍」。後「拜右諫議大夫。許王元僖尹開封，又爲判官。王薨，有發其陰事者，坐裨贊無狀，……左遷衛尉少卿」。

〔一七〕嘗使高麗暴風折檣舟人恐怖端讀書自若　孫公談圃卷上云：「呂相端奉使高麗，過洋，祝之曰：『回日無虞，當以金書維摩經爲謝。』比回，風濤輒作，遂取經沉之，聞絲竹之聲，起于舟下，音韻清越，非人間比。經沉，隱隱而去。」友會談叢卷上云：「相國吕公端任補闕，與一供奉官被命同往高麗。既逮其國，宣朝命畢，以風信未便，在高麗將及半年。未幾，風便回檝，王加等贈遺奇珍異貨，盈載而歸。先是，供奉者以公所得置之船底，己之所得在公物上，慮水氣見過也。公亦不問措置，委之而行。方至海心，風濤四起，舟欲傾倒，公神色自若，供奉者倉皇失圖。舟子前曰：『風濤之由，以公等所載奇異，海神必惜，不欲令多到中國。但少抛水中，風必止矣。』公如其言，令左右擲之，才半，風息，得達登州岸。遂開其載，則在下者，吕公之物咸在，而供奉之物居上者，略無孑遺矣。」

[一八] 兩使絶域　據宋史吕端傳，吕端於「使高麗」外，嘗於開寶八年「使於契丹」。

李文靖公沆[一]　同前

李沆字太初，洺州肥鄉人。父炳，仕至侍御史。

沆好學[二]，沆厚寡言，有精識。炳常謂人曰：「此兒異日必致公輔。」太平興國五年登進士第。至王化基上書自薦，太宗曰：「李沆、宋湜皆佳士也。」命相府同召試，並除知制誥[三]。沆官最下，特升于上。累擢給事中、參知政事。淳化四年罷。真宗升儲①，以爲太子賓客，詔儲君待以師傅禮。及即位，復參知政事，明年拜相。北虜入寇，車駕幸鄴。沆留守東京，不戮一人，輦下肅然。景德元年薨[四]，年五十八。贈太尉、中書令，謚文靖。

沆博學，内行修謹，居位慎重，門無私謁[五]。終日危坐，望之儼然[六]。上每議政，語天下安治，沆常以四方水旱、螟蝗爲言[七]，上深慰納。既薨，上對侍臣曰：「沆忠亮淳厚，終始如一。」言畢，涕泣久之。王旦嘗自謂器

---

① 真宗升儲　「儲」原作「除」，據隆平集李沆傳改。

節不能逮沆，世謂二人皆賢相也。弟贄、源、維①，子簡②。

辨證：

〔一〕李文靖公沆　本傳又載於曾鞏隆平集卷四。按，李沆，東都事略卷四〇、宋史卷二八二有傳；楊億武夷新集卷一〇載有宋故推忠協謀佐理功臣光禄大夫尚書右僕射兼門下侍郎同中書門下平章事監修國史上柱國隴西郡開國公食邑三千八百户食實封一千二百户贈太尉中書令謚曰文靖李公墓誌銘。

〔二〕沆好學　武夷新集卷一〇李公墓誌銘云其「甫及成童，性靡好弄；逮於就傅，言必有章。七歲能屬文，十歲通五經大義。服膺素業，既冠而大成；比肩諸生，命鄉而高薦」。

〔三〕至王化基上書自薦至並除知制誥　長編卷二七雍熙三年十月庚子條載：「左拾遺真定王化基抗疏自薦，上覽之，謂宰相曰：『化基自結人主，誠可賞也。』又曰：『李沆、宋湜皆嘉士。』即命中書并化基召試。庚子，並除右補闕、知制誥。」

〔四〕景德元年薨　按皇宋十朝綱要卷三載其卒於景德元年七月丙戌。

〔五〕内行修謹居位慎重門無私謁　雲谷雜記卷四引名臣傳云：「李文靖沆，其初相也，真宗密使人覘之，曰：『朕首命沆爲相，汝私往觀其忻戚。』中人還，言其門無車馬，蕭然如常。上歎曰：『李沆大耐官職。』」避暑録話卷上云：「李文靖公沆爲相，專以方嚴重厚，鎮服浮躁，尤不樂人論説短長附己。胡祕監旦謫商州，久未召，嘗與文靖同爲知制誥，聞其拜參政，以啓賀之，歷詆前居職罷去者云：『吕參政以無功爲左丞，郭參政以失酒爲少監。辛參政非材謝病，優拜尚書；陳參政新任失旨，退歸兩省。』而譽文靖甚力，意將以附之。文靖愀然不樂，命小史封置篋曰：『吾豈真有優于是者，亦適遭遇耳。乘人之後而譏其非，吾所不爲，況欲揚一己而短四人乎？』終爲

① 弟贄源維　「維」原作「淮」，據東都事略卷四〇、宋史卷二八二李維傳及武夷新集卷一〇李公墓誌銘改。

② 子簡　「簡」，據宋史李沆傳、武夷新集卷一〇李公墓誌銘作「宗簡」，當是。

相，旦不復用。」

［六］終日危坐望之儼然　楊文公談苑載：「沆在相位，接賓客常寡言。馬亮與沆同年生，又與其弟維善，語維曰：『外議以大兄爲無口匏。』維乘間嘗達亮語，沆曰：『吾非不知也，然今之朝士，得升殿言事，上封論奏，了無壅滯，多下有司，皆見之矣。若邦國大事，北有強虜，西有戎遷，日旰條議，所以備禦之策，非不詳究。薦紳中如李宗諤、趙安仁皆時之英秀，與之談，猶不能啟發吾意。自餘通籍之子，坐起拜揖，尚周章失措，即席必自論功最，以希寵獎，此有何策而與之接語哉？苟屈意妄言，即世所謂籠罩，籠罩之事，僕病未能也。爲我謝馬君。』」

［七］沆常以四方水旱螟蝗爲言　宋史李沆傳載真宗初政，「沆又日取四方水旱盜賊奏之，旦以爲細事不足煩上聽。沆曰：『人主少年，當使知四方艱難。不然，血氣方剛，不留意聲色犬馬，則土木、甲兵、禱祠之事作矣。吾老，不及見此，此參政他日之憂也。』沆没後，真宗以契丹既和，西夏納款，遂封岱祠汾，大營宮觀，蒐講墜典，靡有暇日。旦親見王欽若、丁謂等所爲，欲諫則業已同之，欲去則上遇之厚，乃以沆先識之遠，歎曰：『李文靖真聖人也。』當時遂謂之『聖相』。」孔氏談苑卷二云：「真宗朝，李沆、王旦同執政。四方奏報祥瑞，沆固滅裂之，如有災異，則再三數陳，以爲失德所招，上意不悦。旦退謂沆曰：『相公何苦違戾如此？似非將順之意。』沆曰：『自古太平天子，志氣侈盛，非事奢侈，則耽酒色，或崇釋老，不過以此數事自敗。今上富於春秋，須常以不如意事裁挫之，使心不驕，則可爲持盈守成之主。沆老矣，公它日當見之。』旦猶不以爲然。至晚年，東封西祀，禮無不講。時沆已薨，旦繪像事之，每胸中鬱鬱，則摩腹環行曰：『文靖，文靖。』蓋服其先識也。」邵氏聞見録卷七云：「咸平、景德中，李文靖公沆在相位，王文正公旦知政事。時西北二方未平，羽書邊報無虚日，上既宵旰，二公寢食不遑。文正公歎曰：『安得及見太平，吾輩當優游矣。』文靖公曰：『國家有強敵外患，足以警懼。異日天下雖平，上意浸滿，未必能高拱無事。某老且死，君作相時當自知之，無深念也。』及北鄙和好，西陲款附，於是朝陵展禮，封山行慶，巨典盛儀，無所不講。文靖已死，文正既衰，疲於贊導，每歎息曰：『文靖聖矣。』故當時謂文靖爲『聖相』云。」

向文簡公敏中［一］　同前

向敏中字常之，開封人。父瑀，惟一子，教督甚嚴。嘗謂其妻曰：「大吾門者，此子也。」太平興國五年登進士第。久之，太宗飛白書敏中、張詠二名付中書①，語宰相曰：「此二人，名臣也，朕將用之。」淳化四年，自廣南轉運使召還，除工部郎中，擢樞密直學士，與張詠並命。是年，同知樞密院事。自員外郎至是，凡百日爾[二]。曹彬除樞密使②，改副使。咸平初，改參知政事，二年兼樞密使[三]，出安撫河北[四]，以禁兵萬人翼從。四年拜相。五年，坐市薛居正第罷[五]。大中祥符五年，復相[六]。天禧三年薨③，年七十二，贈太尉、中書令，謚文簡。

初，太宗欲大用之，當路者有言敏中在法寺時，皇甫侃監無爲榷務，以賄敗，嘗求敏中從末減。下御史臺，捕侃僕詰之，僕云有書，敏中不啓封還之，書今瘞臨江軍傳舍。遣索，果得書，緘題如故。上驚異，遂登用焉。罷相，出知永興軍，適駕幸澶州，密詔俾便宜從事。得詔不泄，邊境以安，故有復用之意[七]。

敏中沉毅寡私交，獨爲人主所知。多智，善保身，識大體。在相位，門無私謁④，諸子不使當事任。雖處大事，若己不與。避遠權勢，慎於薦拔。大任幾三十年，衰老猶不得謝。時論目爲重德。

辨證：

[一] 向文簡公敏中　本傳又載於曾鞏隆平集卷四。按，向敏中，東都事略卷四一、宋史卷二八二有傳；祖士衡龍學文集卷一五載

---

① 太宗飛白書敏中張詠二名付中書　按，據長編卷三四淳化四年六月戊寅條，此事在向敏中自廣南歸京以後。

② 曹彬除樞密使　「曹彬」上，隆平集李沆傳有「會」字。

③ 天禧三年薨　按，長編卷九四天禧三年九月壬戌條載：「是日重陽，賜宴苑中。宰臣向敏中暮歸，暴中風眩，亟命中使挾太醫診問。」卷九五天禧四年三月己卯條載左僕射兼中書侍郎、平章事向敏中卒。又宋史卷八真宗紀、卷二一〇宰輔表亦載向敏中卒於天禧四年三月。故傳文此處作「三年薨」者，疑因其中節略過甚或有脱文而致誤。

④ 在相位門無私謁　「謁」字原脱，據文海本、隆平集向敏中傳補。又，隆平集向敏中傳無「在」字。

有大宋故推忠協謀守正佐理功臣開府儀同三司行尚書左僕射兼門下侍郎同中書門下平章事充玉清昭應宮使昭文館大學士監修國史上柱國河内郡開國公食邑一萬二千七百户食實封五千一百户贈太師謚曰文簡向公神道碑銘。

〔二〕是年同知樞密院事自員外郎至是凡百日爾　宋史向敏中傳云其初「落職出知廣州」，太宗許「以不三歲召還，翌日遷職方員外郎遣之。是州兼掌市舶，前守多涉譏議，敏中至荆南，預市藥物以往，在任無所須，以清廉聞。就擢廣南東路轉運使。召爲工部郎中」，尋命爲樞密直學士，「未幾拜右諫議大夫、同知樞密院事。自郎中至是百餘日，超擢如此」。然祖士衡龍學文集卷一五向公神道碑銘有云：「太宗察前咎之無狀，惜傑才之處外，詔還，且以爲工部郎中。……公既至，即拜樞密直學士。……是月拜右諫議大夫、同知樞密院事，不十旬之間，由外郎之秩，遷擢之速，當世罕偕。」則傳文所云，乃向敏中自員外郎遷郎中至擢同知樞密院事，計前後約百日耳。

〔三〕二年兼樞密使　宋史向敏中傳云其「從幸大名，屬宋湜病，代兼知樞密院事」。長編卷四六咸平三年正月辛巳條載：「樞密副使宋湜有疾，上臨視之。先是，上封者多言王顯專司兵要，謀略無所取，乃命參知政事向敏中權同發遣樞密院事。」又龍學文集卷一五向公神道碑銘有云：「咸平元年，拜兵部侍郎、參知政事。二年冬，氊裘入塞，革輅省方，詔公兼知樞密院事。」可知傳文云云乃源自向公神道碑銘。

〔四〕出安撫河北　長編卷四七咸平三年六月丁卯條載：「命參知政事向敏中爲河北河東宣撫大使，樞密直學士馮拯陳堯叟爲副大使，發禁兵萬人翼從，所至訪民疾苦，宴犒官吏。」

〔五〕坐市薛居正第罷　宋史向敏中傳云：「故相薛居正孫安上不肖，其居第有詔無得貿易，敏中違詔質之。會居正子惟吉嫠婦柴將擕貲産適張齊賢，安上訴其事。柴遂言敏中嘗求娶己，不許，以是陰庇安上。真宗以問敏中，敏中言近喪妻，不復議婚，未嘗求婚於柴，真宗因不復問。柴又伐鼓訟益急，遂下御史臺，并得敏中質宅之狀。時王嗣宗爲鹽鐵使，素忌敏中，因對言敏中議娶王承衍女弟，密約已定，而未納采。真宗詢于王氏，得其實，以敏中前言爲妄，罷爲户部侍郎，出知永興軍。」

〔六〕大中祥符五年復相　長編卷七七大中祥符五年四月戊申條云：「命資政殿大學士、刑部尚書向敏中守本官、平章事。敏中再掌留任，以厚重鎮静，人情帖然，上愈嘉之，故復使相。」按，「留任」，指其權東京留守。

〔七〕故有復用之意　宋史向敏中傳云：「真宗幸澶淵，賜敏中密詔，盡付西鄙，許便宜從事。敏中得詔藏之，視政如常日。會大儺，有告禁卒欲倚儺爲亂者，敏中密使麾兵被甲伏廡下幕中。明日，盡召賓僚兵官，置酒縱閱，無一人預知者。命儺入，先馳騁于中門外，後召至階，敏中振袂一揮，伏出，盡擒之，果各懷短刃，即席斬焉。既屏其尸，以灰沙掃庭，張樂宴飲，坐客皆股慄，邊藩遂安。時舊相出鎮，不以軍事爲意。寇準雖有重名，所至終日游宴，則以所愛伶人或付富室，輒厚有得。張齊賢倜儻任情，獲劫盜或至縱遣。帝聞之，稱敏中曰：『大臣出臨四方，惟敏中盡心於民事爾。』於是有復用之意。」

王文穆公欽若〔一〕　同前

王欽若字定國，臨江軍新喻人〔二〕。少孤〔三〕，祖郁嘗曰：「吾歷官五十餘年，慎用刑，活人多矣。後必有興者，其吾孫乎？」淳化三年登進士甲科〔四〕。累遷知制誥、翰林學士，咸平四年參知政事。

景德初，契丹入寇，欽若請行，以參知政事判天雄軍〔五〕。上親燕以遣之。還朝，累求罷政事，制特置資政殿學士寵之〔六〕。既久，又加大學士之名〔七〕。景德三年，知樞密院事。大中祥符五年，除樞密使、同平章事。七年，兼同天書刻玉使。是年罷。八年，復樞密使、平章事。天禧元年，拜相〔八〕。三年，商州捕得道士譙之易畜禁書①，能使六丁六甲神，而欽若贈之詩，故罷知杭州②〔九〕。踰年，復資政大學士、資善堂侍讀〔一〇〕，進司空。既而除節制、檢校太師，除平章事，判河南府〔一一〕。以疾不俟報赴闕，降司農卿，分司南京〔一二〕。

① 商州捕得道士譙之易畜禁書　「譙之易」，長編卷九三天禧三年六月甲午條、宋史王欽若傳及容齋三筆卷五永興天書皆作「譙文易」。

② 故罷知杭州　「知杭州」，文莊集卷二八王公行狀、卷二九王公墓誌銘、長編卷九三天禧三年六月甲午條及東都事略、宋史王欽若傳皆作「判杭州」，是。

仁宗即位，復秘書監，改太常卿、刑部尚書。天聖元年復相，進司徒。三年，薨于位[一三]，贈太師、中書令，謚文穆。録親屬及門下吏二十餘人。前此宰相優卹，未有其比。

欽若少時過圃田，夜視天文有「紫微」字，赤色。及使蜀，褒城道中有通刺字，未暇視而與之見，告欽若曰：「異日位在宰相①。」既去，視刺字，乃唐裴晉公也[一四]。自是遂喜神異事，且撰文以紀之。

真宗即位，欽若判三司理欠憑由司，奏蠲乾德至咸平逋負千餘萬[一五]，釋繫囚三千餘人，以廣惠澤。參知政事日，有訟欽若及洪湛貢舉受賂[一六]，命邢昺鞠之。時上顧欽若方隆，故湛獨流儋州，人以爲冤。大中祥符間，與馬知節同在樞府。知節惡其爲人，不能相下，故兩罷之[一七]。封泰山，祀汾陰，天下言符瑞，欽若皆與焉[一八]。朝廷有所興作，必委曲遷就，以合上意。與丁謂、陳彭年②、林特及内臣劉承規交通③，蹤迹詭異，時論謂之「五鬼」。真宗作喜雪詩，誤用旁韻，王旦欲白④，欽若曰：「天子詩可校以禮部格耶？」它日，上謂輔臣曰：「微欽若⑤，幾爲衆所咍[一九]。」與楊億等同譔册府元龜，有褒詔則自爲表謝，譴問則戒史云第言億等⑥，故馬知節面斥其姦罔。其後，仁宗亦謂王曾曰：「欽若所爲，真姦邪也。」

五子皆夭，以從姪寅亮爲後。欽若平日所撰，有天書再降泰山祥瑞圖、鹵簿記、彤管懿範、天書儀制、

---

① 異日位在宰相　「在」，隆平集王欽若傳作「至」。
② 陳彭年　原作「陳彭山」，據文海本及隆平集宋史王欽若傳改。
③ 林特及内臣劉承規交通　「劉承規」，宋史王欽若傳作「劉承珪」。
④ 王旦欲白　隆平集王欽若傳無「欲」字，似脱。按，東都事略王欽若傳亦有「欲」字。
⑤ 微欽若　「微」原作「王」，據東都事略王欽若傳、長編卷八二大中祥符七年六月乙亥條改。
⑥ 譴問則戒史云第言億等　「史」，隆平集王欽若傳作「吏」。

翊聖傳①、聖祖事迹、羅天大醮②、五岳廣聞③、遷叙圖、列宿萬靈朝真二圖[一〇]，共數百卷。

校證：

[一] 王文穆公欽若　本傳又載於曾鞏隆平集卷四。按，王欽若，東都事略卷四九、宋史卷二八三有傳；夏竦文莊集卷二八載有贈太師中書令冀國王公行狀，卷二九載有故守司徒兼門下侍郎同中書門下平章事充玉清昭應宮使昭文館大學士監修國史冀國公贈太師中書令謚文穆王公墓誌銘。

[二] 臨江軍新喻人　文莊集卷二八王公行狀云：「唐末，高祖諱遐，隨曾祖冀公倅江西廉幕，始占籍新喻。」

[三] 少孤　文莊集卷二八王公行狀云其「六歲丁秦國夫人之喪，十二鍾晉公之戚」。

[四] 淳化三年登進士甲科　文莊集卷二八王公行狀稱其淳化三年第十一人擢第。

[五] 欽若請行以參知政事判天雄軍　東軒筆録卷一云：「真宗次澶淵，一日，語萊公（寇準）曰：『今虜騎未退，而天雄軍截在賊後，萬一陷没，則河朔皆虜境也。何人可爲朕守魏？』萊公曰：『當此之際，無方略可展。古人有言，知將不如福將。臣觀參知政事王欽若，福禄未艾，宜可爲守。』於是即時進札請勑。退召王公於行府，諭以上意，授勑俾行。王公茫然自失，未及有言，萊公遽曰：『主上親征，非臣子辭難之日。參政爲國柄臣，當體此意。驛騎已集，仍放朝辭，便宜即塗，身乃安也。』遽酌大白飲之，命曰『上馬盃』。王公驚懼，不敢辭，飲訖拜别。……或云：王公數進疑辭於上前，故萊公因事出之，以成勝敵之勣耳。」按，據長編卷五七景德元年八月九月乙

---

① 翊聖傳　按，據文莊集卷二八王公行狀、卷二九王公墓誌銘及長編卷八八大中祥符九年十月己卯條、宋史卷八真宗紀，乃翊聖保德真君傳之省稱。

② 羅天大醮　隆平集、東都事略、宋史王欽若傳作「羅天大醮儀」。

③ 五岳廣聞　「聞」原作「同」，據文莊集卷二八王公行狀、卷二九王公墓誌銘改；長編卷九三天禧三年二月丁未條及隆平集、宋史王欽若傳作「五嶽廣聞記」。

亥條載：「欽若多智，準懼其妄有關説，疑沮大事，圖所以去之。會上欲擇大臣使鎮大名，準因言欽若可任，欽若亦自請行。乙亥，以欽若判天雄軍府兼都部署、提舉河北轉運司。」注曰：「記聞載王欽若、陳堯叟之言，並云車駕時在澶淵。按欽若以閏九月二十四日除知大名，十月初二日行，車駕以十一月二十日方親征，記聞蓋誤也。魏泰東軒録載準召欽若至行府諭意，及酌上馬杯，令欽若即日馳騎赴鎮，此尤繆妄。今依約仁宗實録準及欽若本傳删修。其實準先已決澶淵之議，欽若與堯叟潛沮之，準因斥言其過。雖斥言其過，蓋未嘗面斥，欽若等固亦不於上前公獻此策。本傳遂云準斥欽若等，恐未必然爾。張唐英作準傳，又有『江南人勸幸金陵，蜀人勸幸成都』之語。若謂準私以爲然則可耳，必不對上斥言也。且唐英叙準事多失實，今皆不取。欽若既不能沮準，則因請守魏以自効，姦邪爲身謀，或多如此。本傳宜得之。劉攽作丞相萊公傳，亦云上北巡至澶州，不欲渡，準始請斬建議幸金陵及蜀者，與司馬光記聞同誤，今不取。」

〔六〕制特置資政殿學士寵之　長編卷五九景德二年四月己亥條云：「工部侍郎、參知政事王欽若素與寇準不協，還自天雄，再表求罷，繼以面請。上敦諭不能奪，乃置資政殿學士，以欽若爲之，仍遷刑部侍郎。」

〔七〕又加大學士之名　長編卷六一景德二年十二月辛巳條云：「以刑部侍郎、資政殿學士王欽若爲兵部侍郎、資政殿大學士，班在文明殿學士之下，翰林學士承旨之上。上初見欽若班在翰林學士李宗諤之下，怪之，以問左右，左右以故事對。欽若因訴上曰：『臣前自翰林學士爲參知政事，無罪而罷，其班乃下故官一等，是貶也。』上悟，即日改焉。資政殿置大學士自此始。」

〔八〕天禧元年拜相　長編卷九〇天禧元年八月庚午條載樞密使、同平章事王欽若爲左僕射、平章事，云：「先是，上欲相欽若，王旦曰：『欽若遭逢陛下，恩禮已隆，且乞令在樞密院，兩府任用亦均。臣見祖宗朝未嘗使南方人當國，雖古稱立賢無方，然必賢士乃可。臣位居元宰，不敢阻抑人，此亦公議也。』上遂止。及旦罷，上卒相欽若。欽若嘗語人曰：『爲王子明故，使我作相晚卻十年。』」

〔九〕商州捕得道士譙之易畜禁書能使六丁六甲神而欽若贈之詩故罷知杭州　長編卷九三天禧三年六月甲午條載左僕射、平章事王欽若罷爲太子太保，云：「時欽若恩遇浸衰，人有言其受金者，欽若於上前自辨，乞下御史臺覆實。上不悦，曰：『國家置御史臺，固欲爲人辨虚實耶？』欽若皇恐，因求出藩。會商州捕得道士譙文易畜禁書，能以術使六丁六甲神，自言嘗出入欽若家，得欽若所遺詩及書。上以問欽若，欽若謝不省，遂罷相。……尋命判杭州。」

〔一〇〕復資政大學士資善堂侍讀　長編卷九六天禧四年十月壬辰條載「以太子太保王欽若爲資政殿大學士，仍令日赴資善堂侍皇太子講讀」。

〔一一〕既而除節制檢校太師除平章事判河南府　長編卷九六天禧四年是二月丁酉條載資政殿大學士、司空王欽若爲山南東道節度使、同平章事、判河南府，云：「初，欽若與丁謂善，援引至兩府，及謂得志，稍叛欽若，欽若恨之。時上不豫久，事多遺忘。欽若先以太子太保在東宮，位三少上，謂不悦，因改授司空。欽若晏見，上問曰：『卿何故不之中書？』對曰：『臣不爲宰相，安敢之中書？』上顧都知，送欽若詣中書視事，謂令設饌以待之，曰：『上命中書設饌耳。』欽若既出，使都知入奏，以無白麻，不敢奉詔，因歸私第。有詔學士院降麻，謂乃除欽若使相，爲西京留守。上但聞宣制，亦不之寤也。」

〔一二〕以疾不俟報赴闕降司農卿分司南京　長編卷九七天禧五年十一月戊子條云：「山南東道節度使、同平章事、判河南府王欽若有疾，詔遣中使將太醫診視。先是，欽若累表請就醫京師，未報，丁謂密使人給欽若曰：『上數語及君，甚思一見，君第上表徑來，上必不訝也。』欽若信之，即令其子右贊善大夫從益移文河南府，輿疾而歸。謂因言欽若擅去官守，無人臣禮。命御史中丞薛映就第按問，欽若惶恐伏罪。戊子，責授司農卿，分司南京，奪從益一官。」

〔一三〕三年薨于位　據長編卷一〇三，其卒於天聖三年十一月戊申，云：「司徒兼門下侍郎、平章事、冀國公王欽若既兼譯經使，始赴傳法院，感疾亟歸。車駕臨門，賜白金五千兩。戊申卒，皇太后臨奠出涕。……欽若狀貌短小，項有附疣，時人目爲『瘿相』。智數過人，每朝廷有所興造，委曲遷就，以申上意。又性傾巧，敢爲矯誕。太后以先朝所寵異，故復用之。及吴植事敗，太后頗解體，同列稍侵之，欽若亦邑邑以殁。」夏竦文莊集卷二九王公墓誌銘云其「享年六十有四」。

〔一四〕視刺字乃唐裴晋公也　湘山野録卷上云：「冀公王欽若淳化二年自懷州赴舉，與西州武覃偕行，途次圃田，忽失公所在。覃遂止於民家，散僕尋之。俄見僕闊步而至，驚悸言曰：『自此數里有一神祠，見公所乘馬弛韁宇下，某徑至蕭屏，有門吏約云：「令公適與王相歡飲，不可入也。」某竊窺見其中果有笙歌杯盤之具。』覃亟與僕同往，見公已來，將半酣矣。詢之，笑而不答。覃却到民家，指公會處，乃裴晉公廟，覃心異之，知公非常人矣。公登第後，不數年爲翰林學士，使兩川，回軺至褒城驛，方憩於正寢，將吏忽見導從自外而至，中有一人云：『唐宰相裴令公入謁。』公忻然接之。因密謂公大用之期，乃懷中出書一卷，示公以富貴爵命默定之事，言終而隱。

及公登庸，圃田神祠出俸修飾，爲文紀之。」

［一五］奏蠲乾德至咸平逋負千餘萬　青箱雜記卷六云：「世傳文穆遭遇章聖，本由一言之寤。蓋章聖踐祚之初，天下宿逋數百萬計，時文穆判三司理欠司，一日抗疏請盡蠲放以惠民。上遽召詰之曰：『此若惠民，曷爲先帝不行？』公對曰：『先帝所以不行者，欲以遺陛下，使結天下人心。』於是上慼然領之。」又國老談苑卷二云：「王欽若、毋賓古同倅三司。一日，賓古曰：『天下宿逋之財，自五代迄今，理督未已，亡族破家，疵民大矣，俟啓而蠲之。』欽若即命吏理其數。翌日上奏，真宗大驚曰：『先帝豈不知耶？』欽若曰：『先帝非不審其弊，蓋與陛下收天下心。』真宗霑泣久之，遽詔有司俾盡釋焉。欽若自此宸眷之厚。」

［一六］有訟欽若及洪湛貢舉受賂　長編卷五一咸平五年三月庚戌條載：「先是，有河陰民常德方者，訟臨津尉任懿納賄登第，下御史臺鞫，得懿欵云：『咸平三年補太學生，寓僧仁雅舍，仁雅問懿就舉有知識否，懿曰「無」。仁雅曰：「我院内有長老僧惠秦者，多識朝貴，當爲道達。」懿署紙許銀七鋌。仁雅、惠秦私隱其二，易爲五鋌。惠秦素識王欽若，欽若時已在貢院，乃因欽若館客寧文德、僕夫徐興納署紙欽若妻李氏。李氏密召家僕祁睿，書懿名於睿左臂，并口傳許賂之數，入省告欽若。及懿過五場，睿復持湯飲至省。欽若遣睿語李氏，令取所許物。懿未即與，而懿預奏名登科，授官未行，丁内艱還鄉里。仁雅爲文德、惠秦輩所迫，馳書河陰，形於詛詈。』德方者賣卜縣市，獲仁雅書以告。昌言具得其事，白請逮欽若屬吏。先是，欽若爲亳州判官，睿即其廳幹，及代歸，以睿從行，雖久事欽若而未除州之役籍。貢舉事畢，會州人張續還鄉里持服，欽若託爲睿解去名籍。至是欽若自訴，云睿休役之後，始傭於家，而惠秦未嘗及門。欽若方被寵顧，上謂昌言曰：『朕待欽若至厚，欽若欲銀，當就朕求之，何苦受舉人賂耶？且欽若纔登政府，豈可遽令下獄乎？』昌言争不能得。乃詔翰林侍讀學士邢昺、内侍副都知閻承翰，并驛召知曹州工部郎中邊肅、知許州虞部員外郎毋賓古就太常寺別鞫，得懿欵云：『有妻兄張駕舉進士，識湛，懿亦與駕同造湛門，嘗以石榴二百枚、木炭百斤餽之。懿之輸銀也，但憑二僧達一主司，實不知誰何。』至是，昺等緣懿識湛，以爲湛納其銀。湛適使陝西，中途召還。時張駕已死，寧文德、徐興悉遁去。欽若近參機務，門下僕使多新募置，不識惠秦，故無與爲證。又欽若固執知舉時未有祁睿，而懿欵已具，遂以湛受銀爲實，議法當死，特貸之。」

［一七］與馬知節同在樞府知節惡其爲人不能相下故兩罷之　長編卷八二大中祥符七年六月乙亥條載樞密使王欽若罷爲吏部尚書，陳堯叟爲户部尚書，副使馬知節爲潁州防禦使，云：「欽若性傾巧，敢爲矯誕，知節薄其爲人，未嘗詭隨。……欽若寵顧方深，

知節愈不爲之下，爭於上前者數矣。及王懷信等上平蠻功，樞密院議行賞，欽若、堯叟請轉一資，知節云：『邊臣久無立功者，請重賞以激其餘。』議久不決。上趣之，知節忿恚，因面訐欽若之短。既而不暇奏稟，即超授懷信等官。上怒，謂向敏中等……曰：『欽若等異常不和，事無大小，動輒爭競。朕於臣下止可如此爾，其如事君之禮人所具瞻何？』知節又歷詆朝列，審刑、審官、兩制、三館、諫官，御史都無其人，其薄人厚己也如此。』於是三人者俱罷。欽若、堯叟各守本官；知節以檢校太傅、宣徽北院使兼副使但除防禦使，尋出知潞州。」

〔一八〕天下言符瑞欽若皆與焉　涑水記聞卷六云：「蘇子容曰：王冀公既以城下之盟短寇萊公于真宗，真宗曰：『然則如何可以洗此恥？』冀公曰：『今國家欲以力服契丹，所未能也。戎狄之性，畏天而信鬼神，今不若盛爲符瑞，引天命以自重，戎狄聞之，庶幾不敢輕中國。』上疑未決，因幸秘閣，見杜鎬，問之曰：『卿博通墳典，所謂河圖洛書者，果有之乎？』鎬曰：『此蓋聖人神道設教耳。』上遂決冀公之策，作天書等事。故世言符瑞之事，始於冀公，成於杜鎬云。」又青箱雜記卷六云：「真宗封岱祠汾，雖則繼述先志，昭答靈貺，中外臣民，協謀同欲，然實由文穆之力贊焉。祠禮畢，章聖登太山頂，偕近臣周覽前代碑刻，内一碑首云：『朕欽若昊天。』真宗顧文穆笑曰：『元來此事前定，只是朕與欽若。』」

〔一九〕微欽若幾爲衆所咍　長編卷八二大中祥符七年六月乙亥條云時真宗作喜雪詩，誤用韻，「王旦欲白上，欽若曰：『天子詩豈當以禮部格校之？』旦遂止。欽若退，遽密以聞。已而上諭二府曰：『前所賜詩，微欽若言，幾爲衆笑。』旦唯唯，知節具斥其姦狀，上亦不罪也」。又文正王公遺事云：「上出喜雨詩示二府，聚看於上前，公袖歸，因諭同列曰：『上詩有一字誤，莫進入却上？』欽若曰：『此亦無害。』欽若沮而有奏陳。翌日，上怒謂公曰：『昨日朕詩有誤寫字，卿等皆見，何不奏來？』公再拜稱謝曰：『昨日得詩，未暇再閱，有失奏陳，不勝皇懼。』諸公皆再拜，獨樞密馬公知節不拜，具言：『公欲奏白而欽若沮之，又王某略不自辯，真宰相器也。』上顧笑而撫諭之。」按，宋史卷二八二王旦傳亦作「喜雨詩」。

〔二〇〕列宿萬靈朝真二圖　玉海卷一景祐古今天文圖注云：「初天禧元年六月戊辰朔，王欽若上列宿朝真、萬靈朝真二圖，并目録六卷。」按，通志卷七二圖譜略著録萬靈朝真圖、列宿朝真圖，未著撰人名氏。

丁晉公謂[一]　同前

丁謂字公言，初字謂之，蘇州人①。嘗袖文謁王禹偁，禹偁愛其文，即爲詩贈孫何及謂，比之韓柳[二]，名遂大振。淳化三年登進士第[三]。累擢知制誥、諫議大夫，兩爲三司使。大中祥符五年，參知政事[四]。九年，除節制、知昇州[五]。天禧間，復參知政事，改樞密使。四年，與李迪同相[六]。迪對上斥謂姦邪，同罷，而謂獨留②[七]。加司空，封晉國公。

仁宗即位，進司徒兼侍中。坐雷允恭移山陵皇堂事，罷少保，分司，再貶崖州司户參軍[八]。凡五年，徙雷州，又三年徙道州③[九]。明道末，復秘書監致仕，居安州，又徙光州。卒[一〇]，年七十二。詔賜錢十萬、絹百疋。

謂淳化間爲福建轉運使，初置龍焙，歲貢團茶數品供御[一一]。咸平初，峽路蠻擾邊，會分川峽爲四路④[一二]，謂領夔州轉運使，措置蠻事，作誓刻石柱境上。其後又入寇，止委其酋領討平之[一三]。居五年，詔許自舉代，乃舉薛顔。景德初，契丹入寇。謂知鄆州，虜騎稍南，民大驚，趣楊劉渡⑤，舟人邀利，不時濟，謂斬死罪囚

① 蘇州人　按，宋史丁謂傳云其蘇州長洲人。又中吴紀聞卷一丁晉公稱其「家世於冀，其祖仕錢氏，遂爲吴人」。

② 而謂獨留　「獨」，隆平集丁謂傳作「詔」。

③ 凡五年徙雷州又三年徙道州　「徙雷州」，隆平集丁謂傳作「又徙光州」，誤。按，宋史丁謂傳作「在崖州踰三年，徙雷州，又五年徙道州」。

④ 會分川峽爲四路　「川峽」原作「川陜」，據隆平集、東都事略、宋史丁謂傳改。

⑤ 趣楊劉渡　「楊劉渡」，長編卷五八景德元年十月庚寅條作「楊流渡」。

于河上，舟人懼，不復稽阻。又令廣旗幟，擊刁斗①，聲振百餘里，虜亟走遁。大中祥符初，議封禪未決，謂因言「大計有餘」，議遂定。

謂機敏有智謀，憸巧險詖，亦鮮其儔[一四]。文字經目，雖千百言無遺忘②。在三司，案牘有差，老吏不能曉者，決於一言，皆中其理。朝廷營造，莫不兼領。凡奏祥瑞事，皆謂及王欽若與焉。少遊江南，遇呂洞賓語之曰：「君狀貌同李德裕[一五]。」言訖不見，其後果驗。弟誦、説、諫，子珙、珝、玘、珷。

辨證：

[一]丁晉公謂　本傳又載於曾鞏隆平集卷四。按，丁謂，東都事略卷四九、宋史卷二八三有傳。

[二]禹偁愛其文即爲詩贈孫何及謂比之韓柳　涑水記聞卷二云：「孫何、丁謂舉進士第，未有名，翰林學士王禹偁見其文，大賞之，贈詩云：『三百年來文不振，直從韓柳到孫丁。如今便好令修史，二子文章似六經。』二人由是名大振。」

[三]淳化三年登進士第　中吳紀聞卷一丁晉公稱其淳化三年「登進士科，名在第四」。

[四]參知政事　儒林公議卷上云：「楊億雖以辭藝進，然理識清直，不爲利變。章獻太后寵冠妃御，人有諷億使上言，請升配宮壼，則立可致身二府。億深拒之。未幾，丁謂奏章稱揚后德，當正椒闈。未半歲，乃參大政。」

[五]除節制知昇州　長編卷八八大中祥符九年九月甲辰條載兵部尚書、參知政事丁謂罷爲平江節度使，云：「謂上章請外，即授本鎮旄鉞，以寵其行。尋命謂知昇州。」注曰：「謂忽請外任，當有説，而實録、正史皆不載，疑此未得其實也。」

[六]四年與李迪同相　宋史卷二八一寇準傳云寇準爲相，「時真宗得風疾，劉太后預政於内。準請間，曰：『皇太子人所屬望，願

① 擊刁斗　「刁」原作「刀」，據庫本及隆平集丁謂傳改。

② 雖千百言無遺忘　「千」原作「十」，據庫本及隆平集丁謂傳改。

陛下思宗廟之重，傳以神器，擇方正大臣爲羽翼。丁謂、錢惟演佞人也，不可以輔少主。』帝然之。準密令翰林學士楊億草表請太子監國，且欲援億輔政。已而謀洩，罷爲太子太傅，封萊國公。時懷政反側不自安，且憂得罪，乃謀殺大臣，請罷皇后預政，奉帝爲太上皇，而傳位太子，復相準。客省使楊崇勳等以告丁謂，謂微服，夜乘犢車詣曹利用計事，明日以聞。乃誅懷政，降準爲太常卿、知相州，徙安州，貶道州司馬」。宋史丁謂傳云「時寇準爲相，尤惡謂，謂媒蘖其過，遂罷準相」，既而丁謂拜相。

〔七〕迪對上斥謂姦邪同罷而謂獨留　宋史丁謂傳載時「詔皇太子聽政，皇后裁制於内，以二府兼東宫官，遂加謂門下侍郎兼太子少傅，而李迪先兼少傅，乃加中書侍郎兼尚書左丞。故事，左右丞非兩省侍郎所兼，而謂意特以抑迪也。謂所善林特自賓客改詹事，謂欲引爲樞密副使兼賓客，迪執不可，因大詬之。既入對，斥謂姦邪不法事，願與俱付御史雜治。……帝因格前制不下，乃罷謂爲户部尚書，迪爲户部侍郎；尋以謂知河南府，迪知鄆州。明日，入謝，帝詰所争狀，謂對曰：『非臣敢争，乃迪忿詈臣爾，願復留。』遂賜坐。左右欲設墩，謂顧曰：『有旨復平章事。』乃更以杌進，即入中書視事如故。仍進尚書左僕射、門下侍郎、平章事兼太子少師」。

〔八〕坐雷允恭移山陵皇堂事罷少保分司再貶崖州司户參軍　東都事略丁謂傳云「内臣雷允恭者，嬖臣也，謂之進，皆允恭之力」。至此，丁謂「爲山陵使，允恭既有力於謂，謂德之，故遣允恭修陵域。允恭惑司天邢中和妄言，移皇堂於東南二十步。王曾具奏其事，以謂擅易陵寢，意有不善。……允恭既誅，謂罷相，爲太子少保，分司西京。謂次子玘與女冠劉德妙通，出入謂家，謂坐貶崖州司户參軍，玘除名，籍其家。自參知政事任中正等十數人皆坐貶」。

〔九〕凡五年徙雷州又三年徙道州　國老談苑卷二云：「丁謂在朱崖，家於洛陽，爲書敘致真宗恩遇，厚自刻責，且勵家人不可興怨。遂寄洛守，託達於家。洛守不敢私開，遽奏之。上覽而感動，遂有雷州之命。」長編卷一〇三天聖三年十二月癸亥條載：「徙崖州司户參軍丁謂爲雷州司户參軍。謂家寓洛陽，嘗爲書自克責，叙國厚恩，戒家人毋輒怨望，遣人致於西京留守劉曄，祈付其家。戒使者伺曄會衆僚時達之。曄得書不敢私，即以聞。上見之感惻，故有是命，謂雅多智，是猶出於揣摩也。」東都事略丁謂傳云：「謂在朱崖凡五年，嘗以家財與土人商販，斸其息。其人問所欲，謂曰：『欲煩齎家書至洛陽爾。』仍戒其人曰：『俟有中貴人至，與留守宴，即投之。』其人如教，留守得之大驚，不敢拆其書，遂奏之。乃謂作陳情表，假家書以達之也。其表叙其受遺册立之功，有云：『臣有彌天之罪，亦有彌天之功。』章獻與仁宗覽之惻然，遂徙雷州。又三年徙道州，復秘書監致仕，居安州，又徙光州。」

〔一〇〕卒　按，長編卷一二〇景祐四年四月己亥條載丁謂卒，又云：「王曾聞之，語人曰：『斯人智數不可測，在海外，猶用詐得還。若不死，數年未必不復用。斯人復用，則天下之不幸可勝道哉！吾非幸其死也。』」

〔一一〕初置龍焙歲貢團茶數品供御　畫墁録云：「有唐茶品，以陽羨爲上供，建溪北苑未著也。貞元中，常衮爲建州刺史，始蒸焙而研之，謂研膏茶。其後稍爲餅樣其中，故謂之一串。陸羽所烹，惟是草茗爾。迨至本朝，建溪獨盛，採焙製作，前世所未有也。士大夫珍尚鑒別，亦過古先。丁晉公爲福建轉運使，始製爲鳳團，後又爲龍團。貢不過四十餅，專擬上供。雖近臣之家，徒聞之，而未嘗見也。」

〔一二〕會分川峽爲四路　玉壺清話卷八云：「許驤知益州歸，首奏曰：『乞預爲劍外之備。』上怪問之，驤曰：『臣解秩時，實無烽警。蜀民浮窳，易擾難安，以物情料之，但恐狂嘯不測。』既而不久，李順果叛，時皆伏其先見。朝廷遣王繼恩討之，既平，除張乖崖知益州。繼恩等素失督御之略，師旅驕很。詠密奏，乞命近臣分屯師旅，以殺其勢。朝廷命張鑑往，上召對後苑。鑑雖進士，本出身將家，奏曰：『成都新復，軍旅未和，聞使命遽至，貿易戎伍，慮有猜懼，變生不測。乞假臣一安撫之命，臣至彼自措置。』上嘉納。後果以川峽分爲益、梓、利、夔四路。」

〔一三〕措置蠻事作誓刻石柱境上其後又入寇止委其酋領討平之　宋史丁謂傳云：「初，王均叛，朝廷調施、黔、高、溪州蠻子弟以捍賊，既而反爲寇。謂至，召其種酋開諭之，且言有詔赦不殺。酋感泣，願世奉貢。乃作誓刻石柱，立境上。蠻地饒粟而常乏鹽，謂聽以粟易鹽，蠻人大悦。……時溪蠻别種有入寇者，謂遣高、溪酋帥其徒討擊，出兵援之，擒生蠻六百六十，得所掠漢口四百餘人。復上言黔南蠻族多善馬，請致館犒給緡帛，歲收市之。其後徙置夔州城砦，皆謂所經畫也。」

〔一四〕謂機敏有智謀憸巧險詖亦鮮其儔　東都事略丁謂傳云：「謂性憸巧而善談笑，在朱崖，嘗問客天下州郡孰爲大，客曰：『京師也。』謂曰：『不然。朝廷宰相作崖州司户參軍，則崖州爲大也。』聞者絶倒。先是，謂逐寇準，京師爲之語曰：『欲得天下寧，當拔眼中釘。欲得天下好，莫如召寇老。』及謂得罪，人以爲報云。」

〔一五〕少遊江南遇吕洞賓語之曰君狀貌同李德裕　宋史丁謂傳稱：「謂初通判饒州，遇異人曰：『君貌類李贊皇。』既而曰：『贊皇不及也。』」

李文定公迪遺直之碑闕[一]　同前

李迪字復古①，濮州人②。少從柳開學爲古文，開謂門人張景、高弁曰：「此公輔器也[二]。」景德二年，登進士甲科[三]。累擢知制誥、翰林學士。天禧元年，參知政事。東宮建，兼太子賓客[四]。

寇準罷相，上欲相之③，迪固辭。一日，對資福殿④[五]，皇太子出拜上前曰：「蒙以賓客爲宰相⑤。」上顧迪曰：「復何辭耶？」先丁謂拜相，而以丁謂爲昭文館大學士⑥，位迪上。帝不豫，令皇太子總軍國事。丁謂獨請皇太子止決常務⑦，它皆聽旨。迪争不勝[六]。謂益擅權，至除吏不以聞。迪語同列曰：「迪起布衣至宰相，能取容徇權臣耶？」時詔二府並進秩，兼東宮官，乃遷迪中書侍郎兼尚書左丞。故事，宰相無作左丞者，謂欲以抑迪也。又欲進所善林特樞密副使兼賓客。迪執不可，因於待漏所待之⑧，至上前斥謂擅權不法事，且言寇準無罪

---

① 李迪字復古　庫本及隆平集丁謂傳云「字復吉」，誤。

② 濮州人　按，東都事略李迪傳稱其「濮州鄄城人」。宋史李迪傳云「其先趙郡人，後徙幽州。曾祖在欽，避五代亂，又徙家濮」。

③ 上欲相之　「相」，隆平集李迪傳作「用」。

④ 對資福殿　東都事略、宋史李迪傳作「對滋福殿」，當是。按，宋史卷七真宗紀載大中祥符二年七月「辛酉，復以萬安宮爲滋福殿」。

⑤ 蒙以賓客爲宰相　按，宋史李迪傳云「陛下用賓客爲宰相，敢以謝」。

⑥ 而以丁謂爲昭文館大學士　「士」字原闕，據隆平集李迪傳補。

⑦ 丁謂獨請皇太子止決常務　「皇太子」，隆平集李迪傳作「皇太后」，誤。

⑧ 因於待漏所待之　「待之」，隆平集李迪傳作「大詬之」，似是。

不當黜。因格前制不下，出謂知河南府，迪鄆州。謂入謝，自陳無罪，復留。及仁宗即位，貶迪衡州團練使①。謂使人逼之，至自裁不死[七]。謂竄，迪稍復。及章獻皇后崩，乃再相[八]。

景祐二年，范諷以罪貶，迪坐諷姻家以出知亳州[九]。久之，除翰林侍讀學士，留京師。奏呂夷簡結荆王元儼，爲除門僧惠清守闕鑒義②。鞫之，乃迪在中書時補。降太常卿、知密州[一〇]。久之，復資政殿大學士，知兖州。元昊反，乃上章請臨邊，除節制，判天雄軍。康定二年請老，以太子太傅致仕③。卒[一一]，年七十七，贈司空，謚文定，賜御篆碑額曰「遺直之碑」。子柬之、徽之、輔之④。

初，迪在翰林時，荐飢，三司調用不給。上召迪問，迪對曰：「祖宗置内藏庫，欲攻取西北，且備凶年。今邊無它費，以佐國用，則民不加賦。」上爲大發内庫金繒賜三司。知秦州曹瑋今上舊諱。數言唃嘶囉欲内寇⑤，請益兵，不遣，迺求罷。上問誰可代之，迪曰：「非瑋莫能制也。陛下重發兵，得非將上玉皇聖號耶⑥？」上因問陜西兵數，對曰：「臣向在本道，以方寸小策記兵及粮，以備調發，今猶置佩囊中。」上令探取之，目小黄門取帋札⑦。

① 貶迪衡州團練使　「團練使」，張方平集卷三六李公神道碑銘及東都事略、宋史李迪傳作「團練副使」，是。

② 爲除門僧惠清守闕鑒義　「闕」字原脱，據隆平集、東都事略、宋史李迪傳及長編卷一一六景祐二年二月庚辰條補。

③ 康定二年請老以太子太傅致仕　「二年」，隆平集李迪傳作「元年」。據長編卷一三七慶曆二年七月癸丑條載「彰信軍節度使李迪爲太子太傅致仕」，則作「二年」者是。

④ 子柬之徽之輔之　按，隆平集李迪傳、張方平集卷三六李公神道碑銘同，宋史李迪傳云其「子柬之、肅之、承之、及之」。

⑤ 知秦州曹瑋今上舊諱數言唃嘶囉欲内寇　按，「今上舊諱」，據宋史孝宗傳，孝宗於紹興三十年二月立爲皇子，賜名瑋；三十二年五月立爲皇太子，改名眘。又，「唃嘶囉」，諸書多寫作「唃厮囉」。

⑥ 陛下重發兵得非將上玉皇聖號耶　按，宋史李迪傳云「陛下重發兵，豈非將上玉皇聖號，惡兵出宜秋門邪？今關右兵多，可分兵赴瑋」。

⑦ 目小黄門取帋札　「目」原作「白」，據隆平集、宋史李迪傳改。

迪悉上合存留及調塞下數，上曰：「不意頗、牧在吾禁中矣。」未幾，唃厮囉寇邊，復召問，對曰：「瑋必克。」後數日，捷報至。上曰：「卿何料之審也？」曰：「彼舉兵遠來，此堅壁待之，是以知其必勝耳。」垂簾日，迪知河南，許朝見。章獻太后謂迪曰：「卿不欲吾與國事，吾今保養天子至此，如何？」迪曰：「不知太后有聖德也。」后喜。

辨證：

[一] 李文定公迪遺直之碑闕　本傳又載於曾鞏隆平集卷五。按，李迪，東都事略卷五一、宋史卷三一〇有傳；張方平集卷三六載有大宋故推誠保德崇仁守正翊戴功臣開府儀同三司太子太傅致仕上柱國隴西郡開國公食邑八千一百户食實封二千四百户贈司空侍中謚文定李公神道碑銘。又按，宋史李迪傳載李迪卒，「帝篆其墓碑曰『遺直之碑』，又改所葬鄧侯鄉曰遺直鄉」。張方平集卷三六李公神道碑銘有云慶曆七年冬十一月壬子，李迪「薨於京師，……越庚午幰帷就引，内使典喪以返濮上。越明年閏正月丙午，葬我文定公於鄄城縣之鄧侯鄉。越三月，申命史臣譔揚休烈表之神隧，蓋恩禮始終備已」。時張方平爲翰林學士，據長編卷一六五，其於慶曆八年八月丁丑自翰林學士落職知滁州。則知張方平乃受天子之命撰李迪神道碑，此後仁宗賜碑額曰「遺直之碑」。則知此「遺直之碑」乃指碑額，而非指神道碑，故傳文此云「遺直之碑闕」者似不確。

[二] 此公輔器也　邵氏聞見録卷七云：「李文定公迪爲學子時，從种放明逸先生學。將試京師，從明逸求當塗公卿薦書，明逸曰：『有知滑州柳開仲塗者，奇才善士，當以書通君之姓名。』文定攜書見仲塗，以文卷爲贄，與謁俱入。久之，仲塗出曰：『讀君之文，須沐浴乃敢見。』因留之門下。一日，仲塗自出題，令文定與其諸子及門下客同賦。賦成，驚曰：『君必魁天下，爲宰相。』令門下客與諸子拜之曰：『異日無相忘也。』」

[三] 景德二年登進士甲科　東都事略、宋史李迪傳稱其「舉進士第一」。石林燕語卷八云：「李文定公在場屋有盛名，景德二年預省試，主司皆欲得之，以置高第。已而乃不在選。主司意其失考，取所試卷覆視之，則以賦落韻而黜也，遂奏乞特取之。王魏公（旦）時爲相，從其請。既廷試，遂爲第一。」宇文紹奕考異云：「此説據范蜀公東齋記事。然景德二年，乃畢文簡（士安）、寇萊公（準）爲

相，王魏公參政。此云王魏公時爲相，非也。」

［四］兼太子賓客　長編卷九二天禧二年八月壬子條載參知政事李迪兼太子賓客，云：「上初欲授迪太子太傅，迪辭以太宗時未嘗立保傅，乃止兼賓客，而詔皇太子禮賓客如師傅。」

［五］對資福殿　長編卷九六天禧四年七月癸亥條載：「對參知政事李迪、兵部尚書馮拯、翰林學士錢惟演于滋福殿。寇準罷，上欲相迪，迪固辭。於是又以屬迪，有頃，皇太子出拜上前曰：『蒙恩用賓客爲相，敢以謝。』上顧謂迪曰：『尚復何辭耶？』」又丙寅條載「以禮部侍郎、參知政事李迪爲吏部侍郎兼太子少傅、平章事」。甲戌條載昭宣使、入内副都知周懷政伏誅，時「有欲并責太子者，上意惑之。李迪從容奏曰：『陛下有幾子，乃爲此計？』上大寤，由是東宫得不動摇，迪之力居多」。

［六］丁謂獨請皇太子止決常務它皆聽旨迪争不勝　長編卷九六天禧四年十一月庚午條云：「詔自今中書、樞密院、諸司該取旨公事仍舊進呈外，其常程事務，委皇太子與宰臣、樞密使已下，就資善堂會議施行訖奏。皇太子上表陳讓，優詔不允。初議欲令皇太子總軍國事，丁謂以爲不可，曰：『即日上體平，朝廷何以處此？』李迪曰：『太子監國，非古制耶？』力争不已。迪既罷出，故有是詔。」注曰：「迪本傳以爲此詔在迪未罷相時，蓋誤也。」

［七］謂使人逼之至自裁不死　涑水記聞卷八云：「迪貶衡州團練副使。謂使侍禁王仲宣押迪如衡州。仲宣始至鄆州，見通判以下而不見迪，迪皇恐，以刃自刎，人救得免。仲宣凌侮迫脅，無所不至；人往見迪者，輒籍其名；或饋之食，留至臭腐，棄捐不與。迪客鄧餘怒曰：『豎子欲殺我公以媚丁謂耶？鄧餘不畏死，汝殺我公，我必殺汝！』從迪至衡州，不離左右。仲宣頗憚之，迪由是得全。」又龍川别志卷上云：「丁謂既逐李公於衡州，遣中使齎詔賜之，不道所以。李聞之欲自裁，其子柬之救之得免。」按，張方平集卷三六李公神道碑銘云丁謂貶李迪「檢校尚書水部員外郎、衡州團練副使，志且殺公。或説謂：『衡州之謫，若士議何！』謂曰：『是庸何傷？他日好事生傳衡州事，不過云天下惜之而已。』時乾興元年三月也」。

［八］及章獻皇后崩乃再相　涑水記聞卷六云：「真宗晚年不豫，嘗對宰相盛怒曰：『昨夜皇后以下皆去劉氏，獨置朕於宫中。』衆知上眊亂誤言，皆不應。李迪曰：『果如是，何不以法治之？』良久，上寤曰：『無是事也。』章獻在帷下聞之，由是惡迪。初，自給事中、參知政事除工部尚書、平章事，既而貶官，十餘年歷諸侍郎，景祐初，復以工部尚書入相。」儒林公議卷上云：「李迪既與丁謂論事得罪，

遷徙淹淪久之。上即位，知其名節，深所屬意。明肅太后既崩，吕夷簡等皆罷鈞軸，亟召迪爲相。」

［九］范諷以罪貶迪坐諷姻家以出知亳州　長編卷一一六景祐二年二月戊辰條載工部尚書、平章事李迪罷爲刑部尚書、知亳州，云：「先是，上御延和殿，召宰臣吕夷簡、參知政事宋綬決范諷獄，以迪素黨諷，不召。迪惶恐還第，翼日遂罷相。制辭略曰：『姻聯之内，險詐相朋，靡先事而上言，頗爲臣而有隱。』然迪性純直，實不察諷之多誕也。」按，宋史卷三一一龐籍傳云龐籍「爲開封府判官。尚美人遣内侍稱教旨免工人市租，籍言祖宗以來，未有美人稱教旨下府者，當杖内侍。詔有司自今宫中傳命毋得輒受。數劾范諷罪，諷善李迪，皆寢不報，反坐言宫禁事不得實，以祠部員外郎罷爲廣南東路轉運使」。龐籍屢奏劾，范諷貶官。東都事略卷六六龐籍傳云「范諷喜放曠，不遵禮法，籍屢奏其狀」。

［一〇］降太常卿知密州　長編卷一一六景祐二年二月庚辰條載降資政殿大學士兼翰林侍讀學士、刑部尚書李迪爲太常卿、知密州，云：「始，迪再入相，自以受不世之遇，盡心輔佐，知無不爲。及吕夷簡繼入中書，事頗專制，心忌迪，潛短之於上，迪性直而疏，不悟也。既坐范諷姻黨罷政，怨夷簡，因奏夷簡私交荆王元儼，嘗爲補門下僧惠清爲守闕鑒義。夷簡請辨，上遣知制誥胥偃、度支副使張傳即訊，乃迪在中書時所行，夷簡以齋祠不豫。迪慚懼待罪，故貶。然補惠清實夷簡意，迪但行文書，顧謂夷簡獨私荆王，蓋迪偶忘之。他日語人曰：『吾自以爲宋璟，而以夷簡爲姚崇，不知其待我乃如是也。』」

［一一］卒　長編卷一六一慶曆七年十一月壬子條云：「太子太傅致仕李迪既歸濮州，其子柬之爲侍御史知雜事，奉迪來京師，帝數遣使勞問，欲召見，以羸疾辭。」卒，「帝篆其墓碑曰『遺直之碑』，又改迪所葬鄄城之鄧鄉曰遺直鄉」。按，「鄧鄉」，宋史李迪傳云「鄧侯鄉」。又張方平集卷三六李公神道碑銘亦載李迪卒於慶曆七年冬十一月壬子。

名臣碑傳琬琰集下卷四

畢文簡公士安傳[一]　學士畢仲游

畢氏出自姬姓，周文王第十五子高封於畢，以國爲氏。後漢兗州別駕諶，世居東平①，遂爲東平人。諶之五世孫曰衆慶，宋兗州大中正。衆慶之五世孫曰憬，仕唐至司衛少卿、許州刺史。憬生構與相②，構爲户部尚書，謚景公；相爲鄭王府司馬。相之孫誠，懿宗朝爲宰相。而御名。之五代孫積③，爲振武、天德營田判官。積生宗昱，仕至雲州雲中令，贈太子太保；娶吴氏，追封鄧國太夫人。宗昱生球，仕至本州別駕，贈太子太傅；娶史氏，追封韓國太夫人。球生府君乂琳④，嘗以策干漢高祖於太原，高祖深悦其言而不能用。相國扈彦珂、司空蘇禹

① 世居東平　西臺集卷一六丞相文簡公行狀無「世」字。

② 憬生構與相　「相」，西臺集卷一六丞相文簡公行狀、永樂大典卷二〇二〇四丞相文簡公事跡、忠肅集卷一一畢文簡神道碑及舊唐書卷一七七、新唐書卷一八三畢諴傳皆作「栩」，當是。按，下文同。

③ 而御名之五代孫積　「御名」，庫本及西臺集卷一六丞相文簡公行狀作「構」，此處乃避宋高宗諱。又，「積」，忠肅集卷一一畢文簡神道碑同，西臺集卷一六丞相文簡公行狀作「楨」，此處乃避宋仁宗嫌名諱改。按，下文同。

④ 球生府君乂琳　「乂琳」，忠肅集卷一一畢文簡神道碑同，西臺集卷一六丞相文簡公行狀、永樂大典卷二〇二〇四丞相文簡公事跡作「義琳」，宋史畢士安傳作「義林」。

珪數以府君太原策中事言於朝，欲召用之而亦不果。卒於澶州觀城縣令，贈太子太師。娶藥氏、祝氏，追封代國、鄭國太夫人。由太保至鄭國，皆文簡公貴之贈典也。

文簡公諱士安[二]，字仁叟，太師之子也。太師而上，世居代之雲中。太師卒於觀城，公纔年二十，奉祝夫人居喪以禮聞。祝夫人取太師手自抄書數篋授公使讀，及出太師公所撰清白規檢使行之①。夫人曰：「澶之士人，吾略知之矣，孺子無可與游者。」乃與公之宋，宋猶澶也，夫人未知所適。或言鄭多士大夫，子弟有賢者，乃自宋復與公之鄭，果得處士楊璞及韓丕、劉錫從游。公於是博綜群經，通諸子百家之言，究極古今治亂得失、君臣父子、忠孝仁義、治民行己之本末。祝夫人乃喜曰：「吾固知孺子之可教也。」

乾德三年，公舉進士②，而故晉公王祐方知貢舉③，見公文大喜，遂以公爲第三人[三]。開寶三年，選授濟州團練推官[四]。州民王禹偁爲磨家兒，年絶少④，數以事至推官廨中。禹偁貌類有知者⑤，問：「孺子識字乎？」曰：「識。」「嘗讀書乎？」曰：「嘗從市中學讀書⑥。」「能捨而磨家事，從我游乎？」曰：「幸甚。」遂留禹偁於推官廨中，使治書學爲文。久之，公從州守會後園中，酒行，州守爲令，屬諸賓客，竟席對未有工者。公歸，書其令於

---

① 及出太師公所撰清白規檢使行之　「撰」，西臺集卷一六丞相文簡公行狀作「選」。

② 乾德三年公舉進士　按，西臺集卷一六丞相文簡公行狀及云「乾德四年，公舉進士」。隆平集、宋史畢士安傳稱其乾德四年登進士第。

③ 而故晉公王祐方知貢舉　按，「王祐」當作「王祜」。晉書卷三四羊祜傳，羊祜字叔子。王祜字景叔，其取義當由此。

④ 年絶少　西臺集卷一六丞相文簡公行狀作「年最少」。

⑤ 禹偁貌類有知者　「貌」下，西臺集卷一六丞相文簡公行狀、永樂大典卷二〇二〇四丞相文簡公事跡有「不及中人，然公陰察禹偁」十字。

⑥ 嘗從市中學讀書　「市中」，文海本作「市人」。

壁上，禹偁竊從後對，甚工①，亦書於壁。公見大驚，因假冠帶，以客禮見之。按州守之令「鸚鵡能言爭似鳳」，禹偁對「蜘蛛雖巧不如蠶②[五]」。由此禹偁寖有聲，後遂登第，進用反在公前。及公除知制誥，禹偁先已爲舍人，其詞禹偁所行也。世以公爲知人。

公在濟州二年，太祖皇帝聞公名，詔赴闕，面授兖州管内觀察推官。太平興國初，擢大理寺丞，兼三門發運事。吴越王錢俶入侍，選公知台州。公至臨海，上言：「錢氏籍其土地人民上之於有司，而賦入之數倍於其舊，蓋欲張大以自納於朝廷。然海瀕之民新得天子之吏牧養安輯，務從便省，苟徵倍稱之賦，恐失民心。今州縣文書具存，宜明詔有司，一取錢氏舊籍爲賦入之正③，則上之惠澤可以下究，海瀕之民亦欣得天子之吏，宜不失職。」詔下有司行之。至今浙右之賦有輕者，因公言而用舊籍者也。明年，上遣使採訪吴越官吏治狀，公居最，以名聞，遷左贊善大夫、知饒州④，改殿中丞。歸朝，爲監察御史、知乾州。祝夫人益老，治家益嚴，公與陳國夫人事之益盡孝道，辯色即往問安，因侍側，食焉而後敢退。蓋嘗新其室，墻堵未堅⑤，問安未退，或倚以立，至隱之成迹而不自知。至是，從京師走乾州道遠，非祝夫人所便，乞下遷，改監汝州稻田務。

---

① 甚工　西臺集卷一六丞相文簡公行狀、永樂大典卷二〇二〇四丞相文簡公事跡作「甚佳」。

② 按州守之令鸚鵡能言爭似鳳禹偁對蜘蛛雖巧不如蠶　西臺集卷一六丞相文簡公行狀無「按」字，且其下諸字，西臺集卷一六丞相文簡公行狀、永樂大典卷二〇二〇四丞相文簡公事跡皆作小字注文，則此處乃屬注文羼入正文。

③ 一取錢氏舊籍爲賦入之正　「正」，西臺集卷一六丞相文簡公行狀、永樂大典卷二〇二〇四丞相文簡公事跡作「理」。

④ 知饒州　「饒州」下，西臺集卷一六丞相文簡公行狀有小字注文「事見公集題國清寺詩序」十字，永樂大典卷二〇二〇四丞相文簡公事跡有小字注文「其事見公集題國清寺詩序」十一字。

⑤ 墻堵未堅　「堵」，西臺集卷一六丞相文簡公行狀作「圬」。

雍熙二年，諸王出閤，以左拾遺召公，兼冀王府記室參軍。太宗皇帝延見勞問，賜襲衣銀帶、鞍勒馬。勞問之詞，史傳載之①〔六〕。遷考功員外郎。端拱中，詔王府官各獻所著文章，上讀累日②，謂近臣曰：「才則吾自見矣，行孰優乎？」有以公對，上喜曰：「卿之言，朕意之所屬也。」遂以本官知制誥。冀王入見③，頓首再拜願留，上曰：「朕不以愛子而妨用賢也。」卒不許。事載史傳與真録第四十六卷④。是時宋興四十餘年，中外幾平，文學侍從、言語政事之臣輻凑上前，至論德行，必以公爲稱首。淳化二年冬，上欲召公爲翰林學士，而執政欲用張洎，因對言：「洎之文學久次⑤，不在畢某下。」上曰：「劇知洎文學資任不下畢某，第以洎之德行不及畢某耳⑥。」執政乃退，公遂爲學士〔七〕。明年，與蘇易簡同知貢舉〔八〕，拜主客郎中，學士如故。

以疾辭職，授右諫議大夫、知潁州。會歲大饑，公發倉廩以賑濟，且上言：「州界民轉徙逃去者甚衆，由訴失時⑦，無以爲賦租，故逃。乞不問有狀無狀，復額經檢未經檢，一切賜當年田租，以安流亡。」書奏不報，而公被召，乃以狀上中書力言之，上始詔有司從公請。公雖去，而所活與安存蓋千萬數⑧。

---

① 勞問之詞史傳載之　西臺集卷一六丞相文簡公行狀、永樂大典卷二〇二〇四丞相文簡公事跡無此八字。

② 上讀累日　「日」原作「目」，據文海本、庫本及西臺集卷一六丞相文簡公行狀、永樂大典卷二〇二〇四丞相文簡公事跡改。

③ 冀王入見　「冀王」，長編卷三〇端拱二年四月條作「越王」。按，長編卷二九端拱元年二月乙未條載「冀王元份爲威武建寧節度使，進封越王」。則此處似以「越王」爲是。

④ 事載史傳與真録第四十六卷　西臺集卷一六丞相文簡公行狀、永樂大典卷二〇二〇四丞相文簡公事跡無此十二字。按，真録指真宗實録。

⑤ 洎之文學久次　「久」，西臺集卷一六丞相文簡公行狀作「資」。

⑥ 第以洎之德行不及畢某耳　「第」原作「弟」，據文海本、庫本及西臺集卷一六丞相文簡公行狀改。

⑦ 由訴失時　「由」，西臺集卷一六丞相文簡公行狀作「申」。

⑧ 而所活與安存蓋千萬數　「數」下，西臺集卷一六丞相文簡公行狀、永樂大典卷二〇二〇四丞相文簡公事跡有「奏疏與上中書狀及三司牒見存」十三字。

真宗皇帝將爲皇太子，先以壽王尹京，公由諫議大夫爲開封府判官。及置東宮官屬，詔兼太子右庶子，遷給事中。其出入輔導，咨訪謀畫①，從容與皇太子議論，陰爲天下之賜者甚衆，而慎重周密，世莫得而聞也。真宗皇帝即位，遂授尚書工部侍郎、樞密直學士、權知開封府。公自爲他官時，以嚴正稱，及爲京尹，上亦知人以嚴正憚公，故宮府常從爲庭職授外任者，必遣至公所，戒敕而後使行。公所至以嚴正稱，及宮府常從授外任，必令公戒飭，見本傳及真録第四十六卷②。會有貴人以攀附居近職，放恣不法，民家子既定婚，輒强買之。公請對，具言放恣無狀，卒得民家子還其父母，使成婚。公之請對也，事連翰林學士王禹偁，故其人日夜訴公、禹偁於上前。久之，公罷開封府，以禮部侍郎復入翰林爲學士，請出，遂以尚書兵部侍郎知潞州。而禹偁亦罷職知黄州[九]。其事史傳與真録四十六卷載其略③。歲滿，召入爲翰林侍讀學士，兼秘書監。

契丹謀入寇，上以御劄詔百官言事。時中外久安，承太祖、太宗休養生息之後，府庫廩庾充實，財賦贍足，雖有邊難，而興造建設④、恩賜如平日。公預以爲憂，乃言五事應詔，四事論遣將、用兵、使命、轉餉，一事指言財用。大略以「國家穀帛金錢儲峙徧於天下，觀之平日，常若有餘，軍旅既興，則虞不足。蓋俄頃之費，或至萬金；半夜傳餐，即須千數。散亡抄掠，尚未敢論。臣若不極言其理，則兵未罷而財先匱，何以枝梧？乞申嚴有司，唯英雄材武籌策之人，或陷陣摧堅，執俘折馘，與夫瘡殘死事，有功朝廷，並厚其禄廩，豐以貨財，府庫

---

① 咨訪謀畫　「畫」原作「晝」，據庫本及西臺集卷一六丞相文簡公行狀改。

② 公所至以嚴正稱及宮府常從授外任必令公戒飭見本傳及真録第四十六卷　西臺集卷一六丞相文簡公行狀、永樂大典卷二〇二〇四丞相文簡公事跡無此三十一字。

③ 其事史傳與真録四十六卷載其略　西臺集卷一六丞相文簡公行狀、永樂大典卷二〇二〇四丞相文簡公事跡無此十四字。

④ 而興造建設　「建」原作「屢」，據庫本及西臺集卷一六丞相文簡公行狀改。

困倉，無所愛惜。其如貴近恩澤，僧佛施利，伎巧麋蠹，土木修營，左右無厭之求，後宮靡曼之費，願一切罷去，以贍軍須。非唯事理之當然，因可得人之死力。」書奏，上納用之。公善談論，美風采，疎眉隆準，望之如冠玉。常寫九經子史，字皆方寸，手自讎校，日以爲常，其略載史傳與真録四十六卷中①。無復出處之慮。而耆年厚德，上益尊禮之。

會李沆卒，中書無宰相，上欲用公爲相，乃先以公爲吏部侍郎、參知政事。公入謝，上曰：「未也，行以卿爲相矣。」公頓首辭謝，上曰：「朕倚卿爲相，豈特今日？然國家多事，誰可與卿並爲相者？」公復頓首辭謝，曰②：「宰相者，非可以假人也。必有宰相之器，然後可以寄宰相之事。如臣駑朽，豈足勝任？寇準兼資忠義，臨事不惑，此宰相器也。」上曰：「準固朕意所在，而人言其性剛使氣難用，奈何？」公曰：「準嘗自任以重，復尚氣節，不爲流俗所悦，或致人言。然方今中國之民，蒙陛下聖德，耕桑戮力，安樂無事，而西北攙搶，獨未有寧歲。如準器識，朝臣無出其上。通達善謀，能決大事，此正宜用準之秋也，臣竊以謂無難者。」上曰：「雖然，當藉卿宿德以鎮之。」不三旬，公遂以本官平章事，寇準亦同日爲相，而公監修國史，位居準上，蓋上意也。用準，藉公宿德以鎮之，及監修國史，俾居準上，其略見本傳③。

契丹益犯邊，北州大略皆警。公既與萊公爲相，始議請上幸澶淵親征，時景德元年九月也。而萊公欲遂治兵請行，公議猶有所待，與萊公不同。上一日御便殿，公與萊公議於上前曰：「累得邊奏，契丹已謀南侵。國家

---

① 其略載史傳與真録四十六卷中　西臺集卷一六丞相文簡公行狀、永樂大典卷二〇二〇四丞相文簡公事跡無此十三字。

② 公復頓首辭謝曰　「曰」上，永樂大典卷二〇二〇四丞相文簡公事跡有「因」字。

③ 用準藉公宿德以鎮之及監修國史俾居準上其略見本傳　西臺集卷一六丞相文簡公行狀、永樂大典卷二〇二〇四丞相文簡公事跡無此二十三字。

重兵多在河北，若不深策其事，則邊防之患，蓋未息也。」公曰：「陛下已命將出帥①，委任責成，復議戎輅親行，駐蹕澶淵，以見武節。然澶淵郛廓非廣，難久聚大兵，設或輕動，則反失機會。時巡早晚，當俟中冬。」萊公曰：「大兵在外②，故須陛下親行澶淵，車駕之發，不宜緩也。」上乃詔二府具所議以狀聞，卒用公議。公與萊公對上幸澶淵早晚，其詞真録第三十九卷載之③。

其後契丹統軍、順國王撻覽引兵壓境，從騎掠威虜、順安，攻北平寨，侵保州，遂合勢以攻定武，所至爲官軍擊却，乃益引兵東駐陽城淀。初，咸平六年，雲州觀察使王繼忠戰陷虜中〔一〇〕，至是自契丹附奏請議通和，大臣皆莫能任其虛實，止令莫州石普以書答之，上令石普以書答繼忠，見沂公筆談④。而公獨以爲可信，力贊上覊縻不絕，漸許其通和。上曰：「自古獯鬻爲中原强敵，非懷之以至德，威之以大兵，則獷悍之性，詎能柔服？今繼忠之奏雖至，而虜情不可測也，何以任之？」對曰⑤：「陛下以至仁撫天下，德冠今古。臣嘗聞契丹歸款之人皆言其國聚謀，以陛下精於求理，軍國雄富，常慮一旦舉兵，遠復燕境。今既來寇封略，鋭氣屢挫，雖欲罷去，且耻於無名，故兹勤請，諒非妄也。繼忠之奏，臣請任之。」上於是始以手詔賜繼忠⑥，許議通和。上與公論繼忠之奏，見真録第三十九卷⑦。

---

① 陛下已命將出帥　「帥」，西臺集卷一六丞相文簡公行狀、永樂大典卷二〇二〇四丞相文簡公事跡及長編卷五七景德元年九月丁酉條作「師」。

② 大兵在外　「大」原作「人」，據西臺集卷一六丞相文簡公行狀、永樂大典卷二〇二〇四丞相文簡公事跡改。

③ 公與萊公對上幸澶淵早晚其詞真録第三十九卷載之　西臺集卷一六丞相文簡公行狀、永樂大典卷二〇二〇四丞相文簡公事跡無此二十二字。

④ 見沂公筆談　「沂公」，西臺集卷一六丞相文簡公行狀、永樂大典卷二〇二〇四丞相文簡公事跡作「王沂公」。

⑤ 對曰　西臺集卷一六丞相文簡公行狀、永樂大典卷二〇二〇四丞相文簡公事跡作「公對曰」。

⑥ 上於是始以手詔賜繼忠　「賜」原作「腸」，據文海本、庫本及西臺集卷一六丞相文簡公行狀改。

⑦ 上與公論繼忠之奏見真録第三十九卷　「録」字原闕，據庫本補。按，西臺集卷一六丞相文簡公行狀、永樂大典卷二〇二〇四丞相文簡公事跡無此十六字。

而契丹之衆遂犯王超大軍，超等按兵不動，乃引兵攻瀛洲甚急。瀛洲拒之不得入，欲乘虛抵貝、冀、天雄①，兵猶二十萬。當是時，已詔隨駕諸軍赴澶州，用雍王元份爲留守，而朝論洶洶不定。公與萊公請對，力陳於上前，上乃駕北幸澶②。契丹之來也，亦知上欲幸澶淵親征，不信，後聞車駕之發，大軍會城下，與駕前諸軍合數十萬，大懼，悔其深入，然業已南，遂掠德清，侵至澶州城北。及車駕次衛南，戎帥順國王撻覽出行軍，伏弩自發射殺之，其衆宵遁[一二]。萊公從上卒至澶州觀兵，而曹利用使虜，得其要領，亦與使人姚東之俱來③，遂定通和之約。至今九十餘年，北州生育蕃息，牛羊被野，戴白之人不見干戈，多出公計議，及薦寇準同爲宰相之力也。

先是，上已嚴兵備未發，太白晝見，有流星出上台，北貫斗魁。或言兵未宜北，當姑止；或言大臣應之。而公適有疾病，欲舁疾從行，真宗手詔固止之。公乃移書萊公曰：「雖病宜行，上不聽許。大計已定，唯公勉之。某病非所憂，得以身應星變而就國事，顧其願也。」數日疾少間，追及澶淵，見於行在。其事見史傳及真録第四十六卷④。及從上還，兵罷，乃擇要害，因河北諸將易置之：雄州李允則，定州馬知節，鎮州孫全照，保州楊延明⑤，與他守將皆各當其任。遂通互市⑥，除鐵禁，招復流亡，使得契丹牛馬皆還之以示信，北方稍安。乃廣蓄積，

---

① 欲乘虛抵貝冀天雄　「貝」原作「具」，據西臺集卷一六丞相文簡公行狀、永樂大典卷二〇二〇四丞相文簡公事跡改。

② 上乃駕北幸澶　「澶」，西臺集卷一六丞相文簡公行狀、永樂大典卷二〇二〇四丞相文簡公事跡作「澶淵」。

③ 亦與使人姚東之俱來　「東」字原闕，據西臺集卷一六丞相文簡公行狀、永樂大典卷二〇二〇四丞相文簡公事跡、忠肅集卷一一畢文簡神道碑補；長編卷五八景德元年十二月甲申條作「東」。

④ 其事見史傳及真録第四十六卷　西臺集卷一六丞相文簡公行狀、永樂大典卷二〇二〇四丞相文簡公事跡無此十三字。

⑤ 保州楊延明　「楊延明」，西臺集卷一六丞相文簡公行狀作「楊延朗」。據長編卷五九景德二年正月乙卯條載「莫州團練使楊延朗知保州」。按，景德中楊延朗尚未改名楊延昭，故傳文乃避聖祖趙玄朗諱而改「朗」爲「明」。

⑥ 遂通互市　「通」原作「還」，據西臺集卷一六丞相文簡公行狀、永樂大典卷二〇二〇四丞相文簡公事跡改。

已逋責①，因當時之務而爲法制。如諸道榷酤之額不得增益，囚已論死而雪活者爲勞，與訴不干己事特以重論之類，相次行於天下，至今安之②。

而小人多不便萊公，有欲傾之者。布衣申宗古伐登聞鼓，告萊公與安王元傑通謀，朝聽大駭。萊公皇恐，未有以自明。公徐起論於上前，請治宗古，具得其誣罔，遂斬之。萊公復安於位。未幾，夏人趙德明亦款塞内附，西北二方皆定。於是復置賢良方正直言極諫等數科取士。而公每見上，唯言去佞諛，近忠正，要在天下無事，人給家足。故公居位未逾年，而郡國豐登，刑罰衰減③。江南唯袁有二盜，餘皆獄空。上下晏然，稱爲至治。

而公素羸多病，一歲間凡四在告，數上章求去位。真宗皇帝遣使諭公，至于七八，公不得已，起視事。一日將朝，公復自占上台有變，因召家人約束家事④，且曰：「吾將得出矣。」家人不喻。及至崇政殿門廬，與它執政論所條奏事甚悉。未入對，疾作。上聞，使中貴人絡繹致問。及疾甚，上不俟興輦，步出至殿廬視之，殆不知人。詔太醫治療，及詔内侍省副都知竇神保肩輿公歸私第而薨⑤[一二]，年六十有八。上即日至其家，臨哭之慟，贈太傅、中書令，廢朝五日，制服，百官奉慰。詔皇城使、愛州刺史衛紹欽監護喪事。發引日⑥，有司具鹵簿鼓吹，大

① 已逋責　西臺集卷一六丞相文簡公行狀作「蠲逋負」，永樂大典卷二〇二〇四丞相文簡公事跡作「已逋負」。
② 至今安之　「安」，西臺集卷一六丞相文簡公行狀、永樂大典卷二〇二〇四丞相文簡公事跡作「守」。
③ 刑罰衰減　「減」，永樂大典卷二〇二〇四丞相文簡公事跡作「滅」。
④ 因召家人約束家事　「束」原作「東」，據文海本、庫本及西臺集卷一六丞相文簡公行狀、永樂大典卷二〇二〇四丞相文簡公事跡改。
⑤ 及詔内侍省副都知竇神保肩輿公歸私第而薨　「及」，西臺集卷一六丞相文簡公行狀作「不及」，從上句。
⑥ 發引日　「引」原作「百」，據西臺集卷一六丞相文簡公行狀、永樂大典卷二〇二〇四丞相文簡公事跡改。

鴻臚持節護葬。謚曰文簡。公薨，上謂寇準等曰：「畢某事朕南府、東宮，以至輔相，飭躬勵行，有古人之風[一三]。今其亡矣，深可痛惜！」上宣喻準等，見真録四十六卷及史傳①。

公娶駱氏，封陳國夫人。生二子：長曰世長，公薨時爲太子中舍，後終衛尉卿；次慶長②，公薨時爲大理寺丞，後終太府卿。孫九人：從善，終光禄少卿③；從古，終駕部郎中；從厚，早卒；從誨，終檢校水部員外郎；從簡，終惠州博羅縣令；從道，終殿中丞；從範，終山南西道節度推官；從益，終太常寺太祝；從周，今爲朝散郎、知洋州。曾孫十八人④。

公喪代國夫人，事繼母祝夫人至孝，以孝聞於當世。王禹偁作公知制誥詞云⑤：「文炳國華，行敦天爵。老於儒學，久次周行。且其事繼母以孝聞⑥，兼郡符而治最⑦。謹厚周密，博達謙恭。求之古人，未易多得。」而史傳亦載公事繼母以孝聞。自束髮

---

① 上宣喻準等見真録四十六卷及史傳　西臺集卷一六丞相文簡公行狀、永樂大典卷二〇二〇四丞相文簡公事跡無此十五字。

② 次慶長　原作「次長慶」，據西臺集卷一六丞相文簡公行狀、永樂大典卷二〇二〇四丞相文簡公事跡及武夷新集卷一一畢公墓誌銘、忠肅集卷一一畢文簡神道碑、宋史畢士安傳乙改。

③ 終光禄少卿　「光禄」二字原闕，據西臺集卷一六丞相文簡公行狀、永樂大典卷二〇二〇四丞相文簡公事跡及忠肅集卷一一畢文簡神道碑、宋史畢士安傳補。

④ 曾孫十八人　按，宋史畢士安傳載録其曾孫五人「仲達、仲偃仕至郡守，仲衍、仲游、仲愈」。

⑤ 王禹偁作公知制誥詞云　「王禹偁」上，永樂大典卷二〇二〇四丞相文簡公事跡有「按」字。「作」原作「人」，據西臺集卷一六丞相文簡公行狀改，永樂大典卷二〇二〇四丞相文簡公事跡作「行」。「詞」下，西臺集卷一六丞相文簡公行狀、永樂大典卷二〇二〇四丞相文簡公事跡有「其略」二字。

⑥ 且其事繼母以孝聞　「且」原作「目」，據西臺集卷一六丞相文簡公行狀、永樂大典卷二〇二〇四丞相文簡公事跡改。

⑦ 兼郡符而治最　「兼」，西臺集卷一六丞相文簡公行狀、永樂大典卷二〇二〇四丞相文簡公事跡作「典」。

即知修飭，爲忠臣義士、君子長者而躬行之。至爲輔相，終身操行未嘗有玷，口語未嘗有過失。其諫説人主至切，不爲曼辭，發言十數，中理而解。景德中，崇文院鏤晋書百三十卷，板成，欲印賜輔臣宗室。或上言兩晋事多鄙惡，不可流行。上疑，欲罷之，公曰：「惡以戒世，善以勸後。善惡之事，春秋備載，豈獨晋史①？」上以爲名言，遂即印賜。其他進對開發，多此類也。晋書之對，見真録第四十九卷②。

平生奉養，至自貶約，而賑贍宗族，賙恤故舊甚厚。未嘗問家事，四海之内無田園，亦無居第。身没之日，所餘俸禄無幾，比過詔葬③，家遂貧。其喪未終，陳國夫人使人問王文正公家假貸。是時文正已爲宰相，乃見真宗皇帝面奏之，且曰：「陛下嘗謂畢某清德，有古人之風，群臣莫不聞。今畢某仕宦至宰相，而四海之内無田園，亦無居第，身歿之後，家用不足，則陛下所謂清德有古人之風者可信矣。畢某，先臣祐所舉之進士也，素與臣通家。今喪未終，其妻陳國夫人駱氏使人至臣家假貸。臣備位宰相，所得俸賜有餘。然畢某之清德，陛下所素知，其家至假貸爲生。竊謂陛下之所宜恤，非臣敢爲私惠之時也。」真宗皇帝聞之，歎息者良久，遂賜錢五百萬④。天禧中，陳國夫人卒於家。上念公未已⑤，因詔給其孤俸使終喪，仍加賜縑帛緡錢，非常比也。國朝故相之子給俸終喪則有之，加賜縑帛緡錢唯文簡公家，見真録⑥。

---

① 豈獨晋史　「獨」，西臺集卷一六丞相文簡公行狀、永樂大典卷二〇二〇四丞相文簡公事跡作「特」。

② 晋書之對見真録第四十九卷　西臺集卷一六丞相文簡公行狀、永樂大典卷二〇二〇四丞相文簡公事跡無此十二字。

③ 比過詔葬　「詔」，西臺集卷一六丞相文簡公行狀作「殯」。

④ 遂賜錢五百萬　按，忠肅集卷一一畢文簡神道碑、宋史畢士安傳稱「賜白金五千兩」。

⑤ 上念公未已　「公」原作「功」，據西臺集卷一六丞相文簡公行狀、永樂大典卷二〇二〇四丞相文簡公事跡改。

⑥ 國朝故相之子給俸終喪則有之加賜縑帛緡錢唯文簡公家見真録　西臺集卷一六丞相文簡公行狀、永樂大典卷二〇二〇四丞相文簡公事跡無此二十七字。又「俸」原作「侔」，據庫本及西臺集卷一六丞相文簡公行狀改。

公在朝廷，唯吕端、王祐相引重，與寇準、王旦、楊億及少所從游韓丕、劉錫、楊璞友善①[一四]，而王禹偁、陳彭年乃公門下人也。公既力薦寇準爲相，準深德公，兩女皆嫁公之次子[一五]。而韓丕、劉錫、禹偁、彭年遂皆爲名臣。唯楊璞數徵不起[一六]，有高節，世人謂之「徵君」。他無妄交者。開封之對，禹偁謫黄州，公亦罷職守潞州，人皆咎禹偁，公曰：「元之家貧，安能遽之任乎？」乃致白金三百兩贐禹偁，禹偁乃能爲黄州之行。其後濟人作堂，繪公與禹偁之像，歲時禮之，號曰二賢堂。

公爲冀王府記室，宫中謂之畢校書。及後爲宰相，宫中因事猶以爲「校書」名之。莊獻明肅太后垂簾，問畢校書之子孫安在，當時輔臣對公有二子，皆在外爲郡守。太后曰：「畢校書有德行，先帝疾革猶思之，宜善視其子，與遷官。」二子素不事干謁，聞太后言，亦竟不請問執政，避匿殊甚，未嘗遷也。仁宗皇帝時，王文正之子素作諫官，始上言：「澶淵之役，寇準之勞居多。準之爲相，畢某所薦也，有功，願禄用其子孫。」而公之次子爲光禄卿十年，不自言，有司遷官，乃特遷少府監而已。

公多藏古書[一七]，博覽無所不記。著爲文章詩篇，皆辨麗閎遠，指物見意，有古風，不用當時文體。景德中，陳彭年次爲三十卷。尤善議論，其論朝廷事奏議甚衆，然退輒毁其藁，今稀有存者。

畢氏自居代雲中時，貧無産。及公遭遇，又不治産。其子去丞相未遠，仕宦亦至九卿，尤貧，不肯問生事，諸孫亦然。故畢氏自太師而上、丞相而下可記者，蓋七世無田園云。

辨證：

[一] 畢文簡公士安傳　本傳又載於畢仲游西臺集卷一六，題曰「丞相文簡公行狀」；永樂大典卷二〇二〇四畢士安亦載之，題曰

① 楊璞友善　「友」原作「又」，據文海本、庫本、西臺集卷一六丞相文簡公行狀、永樂大典卷二〇二〇四丞相文簡公事跡改。

「丞相文簡公事跡」。按，畢士安，隆平集卷四、東都事略卷四一、宋史卷二八一有傳；楊億武夷新集卷一一載有宋故推忠協謀佐理功臣金紫光禄大夫行尚書吏部侍郎同中書門下平章事監修國史上柱國太原郡開國公食邑二千户食實封四百户贈太傅中書令謚曰文簡畢公墓誌銘，劉摯忠肅集卷一一載有畢文簡神道碑。

〔二〕文簡公諱士安　宋史畢士安傳稱「士安本名士元，以『元』犯王諱遂改焉」。按，宋太宗子名皆有「元」字。

〔三〕遂以公爲第三人　避暑録話卷上云：「國初猶右武，廷試進士多不過二十人，少或六七人。自建隆至太平興國二年，更十五榜，所得宰相畢文簡公一人而已。」

〔四〕開寶三年選授濟州團練推官　宋史畢士安傳云「開寶四年，歷濟州團練推官，專掌莞榷，歲課增羡」。

〔五〕按州守之令鸚鵡能言爭似鳳禹偁對蜘蛛雖巧不如蠶　邵博邵氏聞見後録卷一七載：「王元之濟州人，年七八歲已能文。畢文簡公爲郡從事，始知之，聞其家以磨麵爲生，因令作磨詩。元之不思以對：『但存心裏正，無愁眼下遲。若人輕着力，便是轉身時。』文簡大奇之，留于子弟中講學。一日，太守席上出詩句『鸚鵡能言爭似鳳』，坐客皆未有對。文簡寫之屏間，元之書其下：『蜘蛛雖巧不如蠶。』文簡歎息曰：『經綸之才也。』遂加以衣冠，呼爲小友。至文簡入相，元之已掌書命矣。」又江少虞宋朝事實類苑卷三四所載稍異：「王黄州始居濟陽，父本磨家。時畢文簡公爲州從事，元之七歲，一日代其父輸麵至公宇，立庭下，應對不懾。文簡方命諸子屬句『鸚鵡能言寧比鳳』，文簡曰：『童子口舌喧呶，顧能對此乎？』意惡犯分而譏之。元之抗首應聲曰：『蜘蛛雖巧不如蠶。』復涵諷意報文簡，文簡歎曰：『子精神滿腹，將且鳴世矣。』其後與公接武朝廷焉。」而説郛卷五一吕希哲侍講日記誤以爲是梁灝事：「翰林梁狀元灝丱角時，從其父至官府。畢士安時爲郡官，見其有異于人。及坐定，目看便廳壁上書字。問其父曰：『此子亦讀書耶？』曰：『亦就學。』又問：『曾學對屬否？』曰：『其師嘗教之，但某俱不識其能否。』乃指壁間字曰：『此有一句詩，無人得對。』曰『鸚鵡能言爭似鳳』。灝應聲曰：『蜘蛛雖巧不如蠶。』畢大驚異，延之家塾，自教養之，卒成大名。」此事又載於吕希哲吕氏雜記卷下，誤作「王狀元灝」，據宋史卷二九六梁顥傳，當作「梁顥」，且云其「父文度早世，顥養於叔父。王禹偁始與鄉貢，顥依以爲學」。

〔六〕勞問之詞史傳載之　宋史畢士安傳載時「太宗召謂曰：『諸子生長宫庭，未閑外事，年漸成人，必資良士贊導，使日聞忠孝之道，卿等勉之。』」

〔七〕公遂爲學士　宋史畢士安傳載「士安以父名乂林抗章引避，朝議謂二名不偏諱，不聽」。

〔八〕與蘇易簡同知貢舉　宋會要輯稿選舉一之三載淳化「三年正月六日，以翰林學士承旨蘇易簡權知貢舉，翰林學士畢士安、知制誥呂祐之、錢若水、王旦權同知貢舉」。

〔九〕遂以尚書兵部侍郎知潞州而禹偁亦罷職知黄州　長編卷四三咸平元年十月己丑條云時「攀附者日夜訴士安於上前，士安因求解府事，上許之，復入翰林爲學士」。注曰：「畢仲游文簡公事跡載文簡白上，卒得民家子還其父母，使成昏。今從之。仲游又載：文簡之請對也，事連王禹偁，故其人日夜訴文簡及禹偁于上前。久之，文簡罷開封，復入翰林，請出，遂知潞州；禹偁亦責黄州。按士安明年四月乃出知潞州，禹偁事在今年十二月，亦與本史不合。」宋史畢士安傳云：「士安以目疾求解，改兵部侍郎，出知潞州，特加月給之數。」又長編卷四三咸平元年十二月甲寅條載「刑部郎中、知制誥王禹偁預修太祖實録，或言禹偁以私意輕重其間，甲寅，落職知黄州」。注曰：「江休復云：『真宗初即位，禹偁謁畢相于開封，云某事某事舊僚宜有規諷，出知黄州。』此亦誤。真宗初即位，禹偁實自揚州召入，當其責時，畢相去開封矣。」按，畢士安十月罷知開封府，王禹偁十二月出知黄州，則「攀附者日夜訴」畢士安、王禹偁者，似與「禹偁謁畢相于開封，云某事某事舊僚宜有規諷」事相關。

〔一〇〕雲州觀察使王繼忠戰陷虜中　長編卷五七景德元年閏九月癸酉條云：「初，殿前都虞候、雲州觀察使王繼忠戰敗，爲敵所獲，即授以官，稍親信之，繼忠乘間言和好之利。時契丹母老，有厭兵意，雖大舉深入，然亦納繼忠說，於是遣小校李興等四人持信箭，以繼忠書詣莫州部署石普，且致密奏一封，願速達闕下，詞甚懇激。興等言契丹主與母召至車帳前面授此書，戒令速至莫州送石帥，獲報簡即馳以還。是日，普遣使賫其奏至。上發視之，即繼忠狀，具言：『臣先奉詔充定州路副都部署，望都之戰，自晨達酉，營帳未備，資糧未至，軍不解甲、馬不芻秣二日矣，加以士卒乏飲，冒刃爭汲。翌日，臣整衆而前，邀其偏將，雖勝負且半，而策援不至，爲北朝所擒，非唯王超等輕敵寡謀，亦臣之罪也。北朝以臣早事宫庭，嘗荷邊寄，被以殊寵，列於諸臣。臣嘗念昔歲面辭，親奉德音，唯以息民止戈爲事。況北朝欽聞聖德，願修舊好，必冀睿慈俯從愚瞽。』」後促成和議。

〔一一〕其衆宵遁　按長編卷五八景德元年十一月甲戌條稱時「敵大挫衄，退卻不敢動，但時遣輕騎來覘王師」。

〔一二〕及詔内侍省副都知竇神保肩輿公歸私第而薨　長編卷六一景德二年八月乙酉條載「吏部侍郎、平章事畢士安早朝至崇政殿廬，疾暴作。上聞之，亟遣使撫問，還奏疾甚，上即步出臨視，已不能言。詔太醫診脉，内侍竇神寶以肩輿送歸第而卒」。

〔一三〕飭躬勵行有古人之風　自警編卷二檢身云：「畢文簡公端方沈雅，有清識，所至以嚴正稱，然性謙退，嘗謂人曰：『僕仕宦無赫赫之譽，但力自規檢，庶幾寡過耳。』」

〔一四〕公在朝廷唯吕端王祐相引重與寇準王旦楊億及少所從游韓丕劉錫楊璞友善　文正王公遺事云：王旦「與故相畢士安、給事中柴成務同在兩府。二公皆先晉公（王祜）門生，翰林王禹偁有詩曰：『如今身後榮名少，兩制門生伴鳳毛。』時人傳誦，今刻石於家」。

〔一五〕兩女皆嫁公之次子　本書上集卷二寇忠愍公準旌忠之碑稱寇準有女四人，其「次適太府卿畢慶長，次又爲畢氏繼室」。

〔一六〕唯楊璞數徵不起　侯鯖録卷七載：「真宗東封，訪天下隱者，得杞人楊朴，能爲詩。召對，自言不能。上問：『臨行有人作詩送卿否？』朴言：『獨臣妻有詩一首云：「更休落魄貪杯酒，亦莫猖狂愛詠詩。今日捉將官裏去，這回斷送老頭皮。」』上大笑，放還山。」

〔一七〕公多藏古書　墨莊漫録卷五云：「藏書之富，如宋宣獻（綬）、畢文簡、王原叔（洙）、錢穆父（勰）、王仲至（欽臣）家及荆南田氏、歷陽沈氏，各有書目。」

李處耘子繼隆[一]　舍人曾鞏

李處耘字正元，上黨人①。在周以右職隸太祖帳下[二]。建隆元年，擢宣徽北院使[三]。三年，改南院兼樞密副使。乾德初，周保權乞師討張文表[四]，命處耘與慕容延釗赴之。太祖面授處耘方略，俾圖荆南。處耘次江陵百餘里外，潛遣數千騎入據其城，高繼冲請舉族歸朝，荆湖平[五]。坐與延釗不協，責淄州刺史[六]。卒[七]，年四十七。

處耘多機謀，嘗權知揚州，有善政[八]。識度詳敏，論事造理，頗以功名自任。惟受遇思報，勇於敢爲。朝廷以延釗宿將，乃處罪處耘②，處耘亦不自辨。

子繼隆、繼和、繼明、繼靖③。太宗明德皇后[九]，即其女也。

① 上黨人　按，宋史李處耘傳稱其潞州上黨人。
② 乃處罪處耘　「處」，庫本作「遽」，隆平集李處耘傳作「獨」。
③ 子繼隆繼和繼明繼靖　按，東都事略、宋史李處耘傳載其子曰繼隆、繼恂、繼和。

繼隆字霸圖，以父任爲供奉官。嘗從宦還自蜀，與馬墜棧道絶澗十餘丈不死①[一〇]。又更戍邵州，至長沙遇蠻寇，手足中藥箭，得良藥無恙[一一]。從曹彬平江南，太祖謂曰：「昇州平，可持捷書來。」時内侍十數，皆伺獻捷，有機事，悉不願行。繼隆獨赴闕。太祖以城未下，頗怒其來②。繼隆奏曰：「塗遇大風，天地冥晦，城破之兆也。」翌日捷書至，上語之曰：「如汝所料矣。」江南僞將盧絳擁兵數萬，繼隆獨諭之威信而降[一二]。

征太原，討幽州，圍范陽，繼隆皆與焉。又從崔翰戰徐河，從潘美出代北，皆有功[一三]。雍熙初，屢破繼遷之衆[一四]。曹彬北伐，繼隆獲虜僞貴臣一人，彬欲上其功，繼隆力止之。師還，諸將兵敗，獨繼隆振旅成列，虜不敢犯。即以繼隆知定州。有敗軍數萬集城下，繼隆給券，俾各持詣所隸。太宗嘉其有謀。端拱初，爲鎮州都帥③，以萬人敗虜八萬，逐北數十里[一五]。初，詔止令堅壁清野。繼隆曰：「閫外之事，將帥得裁也。」中黄門杜延壽止之不能④，故成功[一六]。太宗召還，面加獎激。

嘗受詔，由旱海護靈州軍糧。繼隆固執由古原州蔚如河路爲便⑤，太宗從之。乃帥師以進，壁古原州，是爲鎮戎軍。累擢至節度使。

---

① 與馬墜棧道絶澗十餘丈不死　「死」，隆平集李繼隆傳作「傷」。

② 頗怒其來　東都事略李繼隆傳云「怪其來」，宋史李繼隆傳云「甚訝之」。

③ 端拱初爲鎮州都帥　按，宋史李繼隆傳稱其「出爲定州都部署」，東都事略李繼隆傳亦稱其「出帥定州」。據長編卷二九端拱元年十一月己丑條及注文，時李繼隆爲定州都部署，鎮州都部署爲郭守文。則傳文稱「鎮州」者不確。

④ 中黄門杜延壽止之不能　「杜延壽」，東都事略李繼隆傳同，長編卷二九端拱元年十一月條、太平治迹統類卷三太宗經制契丹、宋史李繼隆傳皆作「林延壽」。

⑤ 繼隆固執由古原州蔚如河路爲便　「蔚如河」，隆平集、東都事略、宋史李繼隆傳及武夷新集卷一〇李公墓誌銘皆作「蔚茹河」。

真宗即位，加同平章事[一七]。景德初，北虜入寇。上親出征，命繼隆爲駕前東面排陣使，先至澶州。十一月二十四日，虜數十萬逼州北城，繼隆與石保吉大破之，獘虜將順國王撻覽①，追奔數十里②。二十六日，駕至澶州，幸北門觀兵，召見，問勞久之。其部伍嚴整。二年春，加賞進其階邑，命下而卒[一八]，年五十六，贈中書令。

繼隆雖貴胄，而能以智謀自將。好學，喜接儒士。

子昭慶，避章獻太后祖諱，故改名昭亮③[一九]。四歲補供奉官。父繼隆北征，昭亮尚幼，遣持詔軍中，問方略及營陣衆寡之勢，還奏稱旨。累擢至西上閤門使。仁宗即位，遷東上。自是屢領邊任管軍[二〇]。慶曆八年，除宣徽北院使，加南院，知定州[二一]。以疾願還，爲景靈宮使④，改昭德軍節度使。卒[二二]，年七十一，贈中書令，謚良僖。

昭亮爲人和易[二三]，喜交權要，而軍政頗嚴。爲殿帥，有卒博於都市而徹屋椽相擊者，捕斬之，其軍校連州刺史廷謝⑤，亦杖之庭下。上祀南郊，而騎卒失所挾弓。明日當以恩釋，昭亮謂宿衛不謹，不可赦原，卒配隸下軍。

子惟賢、惟寶、惟賁、惟贄、惟賡、惟賀、惟貫、惟賞⑥。

---

① 獘虜將順國王撻覽　「獘」上，隆平集李繼隆傳有「强弩」二字。

② 追奔數十里　宋史李繼隆傳無「十」字。

③ 故改名昭亮　「昭亮」二字原脱，據隆平集李繼隆傳補。

④ 爲景靈宮使　「靈」原作「陵」，據東都事略、宋史李昭亮傳改。

⑤ 其軍校連州刺史廷謝　「刺史」下，隆平集李繼隆傳有「宋緒」二字。

⑥ 子惟賢惟寶惟賁惟贄惟賡惟賀惟貫惟賞　「惟寶」下，隆平集李繼隆傳有「惟實」二字。按，大宋故贈中書令良僖李公神道之碑載其五子：惟寶、惟賓、惟賞、惟質、惟賁。按長編卷一八四嘉祐元年十一月己丑條云「上以塗金紋羅書曰：『李昭亮親賢勳舊。』命其子閤門祗候惟賓持以賜之」。故疑此處所記諸子之名，有一乃「惟賓」之譌。

辨證：

〔一〕李處耘子繼隆　本傳又載於曾鞏隆平集卷九。按，李處耘，東都事略卷二〇、宋史卷二五七有傳；李繼隆，東都事略卷二〇、宋史卷二五七有傳，楊億武夷新集卷一〇載有宋故推誠翊戴同德功臣山南東道節度管内觀察處置橋道等使特進檢校太尉同中書門下平章事使持節襄州諸軍事行襄州刺史判許州軍州事上柱國隴西郡開國公食邑一萬四百户食實封三千二百户贈中書令謚曰忠武李公墓誌銘。

〔二〕在周以右職隸太祖帳下　宋史李處耘傳云後周顯德間，李處耘原在河陽帥李繼勳帳下，「詔署以右職」。時宋太祖趙匡胤「領殿前親軍，繼勳罷鎮，世宗以處耘隸太祖帳下，補都押衙」。

〔三〕建隆元年擢宣徽北院使　宋史李處耘傳云：「會太祖出征，駐軍陳橋，處耘見軍中謀欲推戴，遽白太宗，與王彦昇謀，召馬仁瑀、李漢超等定議，始入白太祖，太祖拒之。俄而諸軍大譟入驛門，太祖不能却。處耘臨機決事，謀無不中，太祖嘉之。授客省使，兼樞密承旨、右衛將軍。從平澤潞，遷羽林大將軍、宣徽北院使。討李重進，爲行營兵馬都監。賊平，以處耘知揚州。」

〔四〕周保權乞師討張文表　隆平集卷一二僞國云湖南周行逢卒，其子保權年十一，繼位。其將張文表舉兵叛，周保權「乞師朝廷，詔慕容延釗、李處耘率師赴之」。

〔五〕荆湖平　宋史李處耘傳云宋軍「次荆門，高繼沖遣其叔保寅及軍校梁延嗣奉牛酒犒師，且來覘也。處耘待之有加，諭令翌日先還。延嗣大喜，令報繼沖以無虞。荆門距江陵百餘里，是夕，召保寅等宴飲延釗之帳。處耘密遣輕騎數千倍道前進。繼沖但俟保寅、延嗣之還，遽聞大軍奄至，即惶怖出迎，遇處耘於江陵北十五里。處耘揖繼沖令待延釗，遂率親兵先入登北門。比繼沖還，則兵已分據城中，荆人束手聽命。即調發江陵卒萬餘人，并其師，晨夜趨朗州。又先遣別將分麾下及江陵兵趨岳州，大破賊於三江口，獲船七百餘艘，斬首四千級。又遇賊帥張從富於澧江，擊敗之。逐北至敖山砦，賊棄砦走，俘獲甚衆。處耘釋所俘體肥者數十人，令左右分啗之，黥其少健者，令先入朗州。會暮，宿砦中，遲明，延釗大軍繼至。黥者先入城，言被擒者悉爲大軍所啗，朗人大懼，縱火焚城而潰。會朗帥周保權年尚幼，爲大將汪端劫匿於江南砦僧寺中。處耘遣麾下將田守奇帥師渡江獲之。遂入潭州，盡得荆湖之地」。

〔六〕坐與延釗不協責淄州刺史　長編卷四乾德元年九月丁卯條載宣徽南院使、兼樞密副使李處耘責授淄州刺史，云：「荆湖之役，處耘以近臣護軍，臨事專斷，不顧群議。初至襄陽，衢肆鬻餠餌者率減少，倍取軍士之直，處耘捕得尤甚者二人，送慕容延釗，延釗怒不受，往復三四，處耘遂命斬于市以徇。延釗所部小校司義，舍于荆州客將王氏，使酒兇恣，王氏愬于處耘，召義訶責。義又譖處耘於延釗。至白湖，處耘望見軍士入民舍，良久，舍中人大呼求救，遣捕之，則延釗圉人也，乃鞭其背，延釗怒斬之。由是大不協，更相論奏。上以延釗宿將，赦其過，止罪處耘，處耘亦恐懼不敢自明。」

［七］卒　按，長編卷七載其卒於乾德四年閏八月乙酉。

［八］嘗權知揚州有善政　長編卷一建隆元年十一月乙丑條載命宣徽北院使李處耘權知揚州，云「時揚州兵火之餘，闔境凋弊。處耘勤於撫綏，輕徭薄賦，召屬縣父老訪民間疾苦悉去之。揚州遂安」。

［九］太宗明德皇后　宋史李處耘傳云李處耘貶死，「後太祖頗追念之，及開寶中，爲太宗納其次女爲妃，即明德皇后也」。又卷二四二后妃傳云皇后爲「淄州刺史處耘第二女。開寶中，太祖爲太宗聘爲妃，既納幣，會太祖崩，至太平興國三年始入宫，年十九。雍熙元年十二月，詔立爲皇后」。

［一〇］嘗從宦還自蜀與馬墜棧道絶澗十餘丈不死　宋史李繼隆傳載其入蜀，其母「將輔以處耘左右。繼隆曰：『是行兒自有立，豈須此輩，願不以爲慮。』母慰而遣之。代還，夜涉棧道，雨滑，與馬偕墜絶澗，深十餘丈，絓於大樹。騎卒馳數十里外，取火引絙以出之」。

［一一］至長沙遇蠻寇手足中藥箭得良藥無恙　宋史李繼隆傳云：「會征江南，領雄武卒三百戍邵州，止給刀盾。蠻賊數千陣長沙南，截其道。繼隆率衆力戰，賊遁去，手足俱中毒矢，得良藥而愈，部卒死傷者三之一。」

［一二］江南僞將盧絳擁兵數萬繼隆獨諭之威信而降　陸游南唐書卷十四盧絳傳云：時盧絳「走保宣州。金陵城陷，諸郡皆下，絳獨不降，謀南據閩中。過歙州，怒刺史龔慎儀不出迎，殺之而行。太祖使絳弟襲招絳，絳初欲殺襲以明不屈，已而卒降，至京師，授冀州團練使。遇龔慎儀兄子贊善大夫穎於朝，詬絳曰：『是殺我叔父者。』執至殿陛訴冤，詔屬吏。樞密使曹彬言其才略可用，願宥其死，使自効。太祖曰：『是貌類侯霸榮，何可留也？』斬於西市。絳臨刑大呼曰：『陛下不記以鐵券誓書招臣乎？』霸榮河東將，嘗來降，已而復叛歸，弑其主劉繼恩者，故太祖深惡之」。

〔一三〕皆有功　宋史李繼隆傳云其「從征太原，爲四面提舉都監，與李漢瓊領梯衝地道攻城西面，機石過其旁，從卒仆死，繼隆督戰無怠。討幽州，與郭守文領先鋒，破契丹數千衆。及圍范陽，又與守文爲先鋒，大敗其衆于湖濯河南。後爲鎮州都監，契丹犯邊，與崔翰諸將禦之。初，太宗授以陣圖，及臨陣有不便，衆以上命不可違。繼隆曰：『事有應變，安可預定，設獲違詔之罪，請獨當也。』即從宜而行，敗之于徐河。四年，遷宫苑使、領嬀州刺史，護三交屯兵。與潘美出征北邊，破靈丘縣，盡略其人以歸。改定州駐泊都監。嘗領兵出土鐙砦，與賊戰，獲牛羊、車帳甚衆。詔書褒美」。

〔一四〕屢破繼遷之衆　宋史李繼隆傳云：「李繼遷叛，命繼隆與田仁朗、王侁率兵擊之。四月，出銀州北，破悉利諸族，追奔數十里，斬三千餘級，俘蕃漢老幼千餘，梟代州刺史折羅遇及其弟埋乞首，牛馬、鎧仗所獲尤多。又出開光谷西杏子坪，破保寺、保香族，斬其副首領埋乜巳五十七人，降銀三族首領折八軍等三千餘衆，復破没邵浪、悉訛諸族，及濁輪川東、兔頭川西，生擒七十八人，斬首五十九級，俘獲數千計。引師至監城，吴移、越移四族來降，惟岌伽羅膩十四族怙其衆不下，乃與尹憲襲擊之，夷其帳千餘，俘斬七千餘級。」

〔一五〕以萬人敗虜八萬逐北數十里　宋史李繼隆傳稱端拱「二年冬，送芻粟入威虜軍，蕃將于越率騎八萬來邀王師。繼隆所領步騎裁一萬，先命千人設伏城北十里，而與尹繼倫列陣以待敵。衆方食，繼倫出其不意擊走之。繼隆追奔過徐河，俘獲甚衆」。然據長編卷三〇端拱二年七月戊子條，擊敗契丹于越者乃宋將尹繼倫，云：「威虜軍糧餽不繼，契丹欲窺取之，詔定州路都部署李繼隆發鎮、定大軍護送輜重，凡數千乘。敵將于越諜知之，率精鋭數萬騎來逆，崇儀使、北面緣邊都巡檢尹繼倫率領步騎千餘人，按行塞上，正當敵所入道，敵不擊而過，徑襲大軍。繼倫謂麾下曰：『彼視我猶魚肉耳，南出而捷，乘勝驅我輩北去；不捷，亦洩怒于我，我無遺類矣。今捲甲銜枚襲其後，彼鋭氣前去，心輕我，不虞我之至，萬一有所成，縱死猶不失忠義，豈能爲邊地鬼乎！』衆皆憤激從命。繼倫因令軍中秣馬，會夜，遣人持短兵潛發躡敵後。行數十里，至唐河、徐河之間，天未明，敵去大軍四十五里，繼倫列陣於城北以待之。敵方會食，既食，則將進戰，繼倫出其不意，急擊之，殺敵將一人，號皮室，皮室者，彼相也，衆遂驚亂。于越食未竟，棄匕箸，爲短兵中其臂，創甚，乘馬先遁。敵望見大軍，遂奔潰，自相蹂踐死者無數。繼倫與鎮州副都部署范廷召追奔過徐河十餘里，俘獲甚衆。定州副都部署孔守正又與敵戰曹河之斜村，梟其帥大盈相公等三十餘級。」

〔一六〕初詔止令堅壁清野至故成功　長編卷二九端拱元年十一月條云：「契丹大至唐河北，將入寇。諸將欲以詔書從事，堅壁清野勿與戰。定州監軍、判四方館事袁繼忠曰：『契丹在近，今城中屯重兵而不能剪滅，令長驅深入，侵略它郡，謀自安之計可也，豈折衝禦侮之用乎？我將身先士卒，死於敵矣。』辭氣慷慨，衆皆伏。中黄門林延壽等五人猶執詔書止之，都部署李繼隆曰：『閫外之事，將帥得專焉。往年河間不即死者，固將有以報國家耳。』乃與繼忠出兵距戰。先是，易州静塞騎兵尤驍果，繼隆取以隸麾下，留妻子城中。繼忠言於繼隆曰：『此精卒，止可令守城，萬一寇至，城中誰與捍敵？』繼隆不從，既而敵果入寇，易州遂陷，卒之妻子皆爲敵所掠。繼隆欲以卒分隸諸軍，繼忠曰：『不可，但奏陞其軍額，優以廪給，使之盡節可也。』繼隆從其言，衆皆感悦，繼忠因乞之隸麾下。至是摧鋒先入，契丹騎大潰，追擊逾曹河，斬首萬五千級，獲馬萬匹。」

〔一七〕真宗即位加同平章事　宋史李繼隆傳載：「真宗即位，改領鎮安軍節度、檢校太傅。踰月召還，加同中書門下平章事，解兵柄，歸本鎮。」又卷六真宗紀一載至道三年二月真宗即位，四月，侍衛馬步軍都虞候傅潛、殿前都指揮使王超、侍衛馬軍都指揮使李繼隆、侍衛步軍都指揮使高瓊並領諸軍節度；五月，以鎮安軍節度使李繼隆同平章事。按，宋史卷二八一呂端傳載「真宗爲皇太子，端日與太子問起居，及疾大漸，内侍王繼恩忌太子英明，陰與參知政事李昌齡、殿前都指揮使李繼勳、知制誥胡旦謀立故楚王元佐。太宗崩」，辛相呂端定策立真宗，尋「以繼勳爲使相，赴陳州；貶昌齡忠武軍司馬；繼恩右監門衛將軍，均州安置，旦除名，流潯州」。按，李繼勳乃太祖時大將，早已卒，故此「李繼勳」實爲「李繼隆」之訛。

〔一八〕命下而卒　據長編卷五九載其卒於景德二年二月癸未，又云：「始，繼隆病癧，醫言不可治。上謂近臣曰：『繼隆往歲西征，枉道誤期，致陝西之民殍死甚衆，加之倉卒，頗多殺戮，其間豈無冤枉乎？此可爲戒也。』於是擇兩街名僧二十一人，就所居作佛事四十九日而罷。」

〔一九〕子昭慶避章獻太后祖諱故改名昭亮　據宋史卷二四二章獻明肅劉皇后傳，其祖名延慶。長編卷一〇三天聖三年二月乙丑條稱「東上閤門使李昭慶避皇太后祖諱，更名昭亮。然太后止令群臣避父諱，而近戚多并祖諱避之」。按，李昭亮，東都事略卷二〇、宋史卷四六四有傳。又，洛陽名碑集釋載有馮元大宋故贈中書令良僖李公神道之碑，有闕文。據大宋故贈中書令良僖李公神道之碑云：「忠武（李繼隆）生三子，其二蚤卒，公其季也」。

[二〇] 自是屢領邊任管軍　東都事略李昭亮傳云：「仁宗即位，進東上閤門使、知代州，又知定州，徙瀛州。踰年，拜成州團練使，遷寧州防禦使。徙定州，改延州觀察使，拜感德軍留後，爲秦鳳路副都總管。徙永興軍路，又徙天雄軍，道除殿前副都指揮使。尋知代州，徙真定路都總管。……以功拜懷康軍留後、知定州。」

[二一] 除宣徽北院使加南院知定州　東都事略李昭亮傳云：「慶曆八年，拜宣徽北院使、判河陽，徙延州，加南院使。判澶州，徙并州、成德軍，拜同平章事，判大名府、定州。」

[二二] 卒　按，長編卷一九八載其卒於嘉祐八年三月甲寅。

[二三] 昭亮爲人和易　長編卷一九八嘉祐八年三月甲寅條：「昭亮爲人和易，諳練近事，於吏治頗通敏，善委僚佐，故數更藩鎮，無他過。然妻早亡，三妾並嬖，迭擅家政，昭亮莫能制也。」

侍中曹公利用[一]　舍人曾鞏

曹利用字用之，趙州人①。少慷慨有志節，讀書略通大意。父諫，明經及第，至右補闕，換崇儀使[二]。利用以父遺恩補殿前承旨，轉右班殿直，選鄜延路走馬承受②。景德初，駕幸澶淵，契丹來議通和[三]，利用適奏事行在，樞密院選以使虜。既講好，擢東上閤門使、忠州刺史，仍賜第一區。四年，宜州軍校陳進反[四]，命利用爲廣南安撫使。賊平，遷引進使。大中祥符七年，樞密副使，加宣徽北院使③。天禧元年，同知院。二年，

① 趙州人　按，宋史曹利用傳稱其趙州寧晉人。
② 選鄜延路走馬承受　「選」，庫本及隆平集曹利用傳作「遷」。
③ 加宣徽北院使　按，據長編卷九〇，曹利用於天禧元年九月癸卯自樞密副使爲同知樞密院事時，方加宣徽北院使。

知院事。三年，樞密使。四年，加同平章事。乾興元年，加左僕射兼侍中[五]，充武寧軍節度使。天聖三年，加司空。五年，封鄆國公。明年，改保平節制[六]。又明年，趙人告其從子汭逆謀①，遂罷，以本官兼侍中、判鄧州[七]。及汭誅，降上將軍②、知隨州。又坐私貸景靈宮公用錢，貶節度副使，房州安置[八]。至襄州，内臣楊懷敏逼使自縊，以暴疾卒聞[九]，年五十九。

利用狃奉使之勞，驟居大任，遂自驕肆，奏事簾前，頗不祗肅。多裁抑貴戚、宦官，而親舊或乘間獲進，故不免禍。既死，人或以爲冤[一〇]。子沔、淵、泳。

初，樞密院既以利用名聞③，真宗令召問以觀其志。明日，王繼英奏利用言得將君命，雖死不避，即授閤門祗候，假崇儀副使，奉書以行。真宗曰：「彼如貪歲賂，亦細事爾。或求關南，當以理絶之。」對曰：「若有妄求，臣不敢生還。」上壯其言④。及見戎母，横板車軛，布器皿，與利用共飲食，果首及關南。利用曰：「若歲求金帛以助軍費，猶恐大臣議或不同[一一]。割地之議，死不敢聞。」其政事舍人高正始曰⑤：「舉國而來，本爲關南，止得金帛，誠愧見國人。」利用曰：「若爾，則兩國之兵未有休時矣。」虜度不可屈，遂決通好之議。而與報使韓杞同

---

① 趙人告其從子汭逆謀　「汭」原作「納」，據隆平集、東都事略、宋史曹利用傳及長編卷一〇七天聖七年正月癸卯條改。按，下文同改。

② 降上將軍　「降」，隆平集曹利用傳作「改」。按，東都事略、宋史曹利用傳云降左千牛衛上將軍。

③ 樞密院既以利用名聞　隆平集曹利用傳無「院」字。

④ 上壯其言　「上壯」二字原闕，據庫本及隆平集曹利用傳補。

⑤ 其政事舍人高正始曰　按，宋史曹利用傳亦作「高正始」，然遼史無高正始其人，疑爲「高正」之訛。高正，遼史卷八八有傳。遼史卷一四聖宗紀五載統和二十三年十一月，遼遣「政事舍人高正使宋賀正旦」。長編卷六一景德二年十二月庚子條載「契丹遣使保静軍節度使耶律乾寧、左衛大將軍耶律昌主，副使宗正卿高正、右金吾衛將軍韓椅奉書禮來賀來年正旦」。

至，復致書幣以往，許其和好。自是河朔罷兵，利用與有力焉。其後，宰相李迪面斥丁謂姦邪，利用、馮拯皆有朋黨。利用曰：「以片文遇主，臣不如迪；捐軀入不測之虜，迪不逮臣也。」及王曾作首相，利用争班。曾爲班首，利用有不平之意[一二]。皆其驕盈自伐故爾。

辨證：

[一] 侍中曹公利用　本傳又載於隆平集卷一〇。按，曹利用，東都事略卷五〇、宋史卷二九〇有傳。

[二] 换崇儀使　宋史曹利用傳稱曹諫「以武略改崇儀使」。

[三] 駕幸澶淵契丹來議通和　宋史曹利用傳云「契丹寇河北，真宗幸澶州，射殺契丹大將撻覽，契丹欲收兵去，使王繼忠議和」。

[四] 宜州軍校陳進反　長編卷六六景德四年七月壬申條云：「初，知宜州劉永規馭下嚴酷，課澄海卒伐木葺州廨，數不中程即杖之，至有率妻孥趣山林以采斫者。雖甚風雨，不停其役。六月乙卯，軍校陳進因衆怨，鼓譟殺永規及監押國均，擁判官盧成均爲帥，僭號南平王，據城反。廣南西路轉運使舒賁移牒招撫，發桂潯等州兵趣柳城討之。」

[五] 加左僕射兼侍中　東齋記事卷一稱「曹利用先賜進士出身，而後除僕射，乃知進士之爲貴也如此」。按，此説未見他書記載。

[六] 改保平節制　長編卷一〇六天聖六年三月壬子條載曹利用「改保平節度使，進封鄆國公」。按，「節制」義同「節度使」。

[七] 遂罷以本官兼侍中判鄧州　長編卷一〇七天聖七年正月癸卯條載：「樞密使曹利用罷，以保平節度使、守司空、檢校太師兼侍中判鄧州。初，太后臨朝，威震天下。中人與貴戚稍能軒輊爲禍福，而利用以勳舊自居，不卹也。凡內降恩，力持不予，左右多怨。太后亦嚴憚利用，稱侍中而不名。利用奏事簾前，或以指爪擊帶鞓，左右指以示太后曰：『利用在先帝時，何敢爾耶？』太后頷之。利用奏抑內降恩，或屢卻而復下，則有黽勉從之者。久之，人測知其然，或給白太后曰：『蒙恩得內降，雖屢卻於樞密院，今利用之家媪陰諸臣請，其必可得矣。』下之而驗。太后始疑其私，頗銜怒。內侍羅崇勳得罪，太后使利用召崇勳戒敕之。利用去崇勳冠幘，詬斥良久，崇勳恥恨。會利用從子汭爲趙州兵馬監押，而州民趙德崇詣闕告汭不法事；奏上，崇勳方侍，自請往按治，乃詔龍圖閣待制王博文、監察御

史崔暨與崇勳鞫汭於真定府。即罷利用樞密使，制辭猶以利用累章請外爲辭。利用既受命，請對，不許。而崇勳等窮探其獄，獄具，汭坐被酒衣黄衣，令軍民王旻、王元亨等八人呼萬歲；且傅致汭辭，云利用實教之。上以問執政，皆顧望未有對者。張士遜進曰：『此獨不肖子爲之，利用大臣，宜不知狀。』太后大怒，將并逐士遜。而王曾徐亦爲利用解，太后曰：『卿嘗言利用横肆，今何解也？』曾曰：『利用恃恩素驕，臣每以理折之。今加以大惡，則非臣所知也。』太后意少釋。」又歸田録卷一云：「樞密曹侍中利用，澶淵之役以殿直使於契丹，議定盟好，由是進用。當莊獻明肅太后時，以勳舊自處，權傾中外，雖太后亦嚴憚之，但呼侍中而不名。凡内降恩澤，皆執不行。然以其所執既多，故有三執而又降出者，則不得已而行之。久之爲小人所測，凡有求而三降不行者，必又請之。太后曰：『侍中已不行矣。』請者徐啓曰：『臣已告得侍中宅嬭婆或其親信爲言之，許矣。』於是又降出，曹莫知其然也，但以三執不能已，僶俛行之。於是太后大怒，自此切齒，遂及曹芮之禍。」按，「曹芮」爲「曹汭」之譌。默記卷上亦云：「曹襄悼利用既忤宦者，明年，會其姪汭在真定因侍婢與中饋争寵，嫁出之，而汭猶過其家不已。其夫不勝憤，因汭衩衣衣淡黄袄子入其家，而其夫山呼，汭倉卒不知避。宦者爲走馬奏之，即倡言汭與其叔利用謀不軌，差王博文勘其事。鍛鍊既成，以大鑊煎油，拉汭烹之。……歐陽叔弼（棐）言：『頃於青州王家見章獻與王沂公親札一紙云：「曹利用與其姪兒謀叛，事理分明也，須早殺却。若落他手，便悔不及也。」』」又，長編卷一二二寶元元年四月癸酉條載同知樞密院事王博文「以吏事進，多任劇繁，爲政務平恕。嘗語諸子曰：『吾平生決罪至流刑，未嘗不陰擇善水土處，汝曹志之。』然治曹汭獄，議者多謂博文希章獻旨，縱羅崇勳傅致其罪云」。

〔八〕貶節度副使房州安置　長編卷一〇七天聖七年二月癸酉條云：「初，曹利用領景靈宫使，令樞密主事蘇藏用、令使趙兼素、中書堂後官孟昱主宫中公使錢，而利用嘗私貸錢未還。法寺定利用爲首，當除名；藏用等爲從，應徒二年半。詔藏用、兼素、昱並勒停，利用同時坐數罪，而貸官錢法尤重。癸酉，再貶利用爲崇信節度副使，房州安置。」

〔九〕至襄州内臣楊懷敏逼使自縊以暴疾卒聞　長編卷一〇七天聖七年閏二月辛卯條云：「宦者多惡曹利用，必欲置之死。楊懷敏護送利用，行至襄陽驛，懷敏不肯前，且以語逼之。利用素剛，遂自經死。懷敏乃奏利用暴卒。」歸田録卷一云：「曹初貶隨州。再貶房州。行至襄陽渡北津，監造内臣楊懷敏指江水謂曹曰：『侍中，好一江水。』蓋欲其自投也，再三言之，曹不諭。至襄陽驛，遂逼其自縊。」又江鄰幾雜志云：「曹貂利用將赴漢東，入内供奉官楊懷敏盡逐其左右，且將上馬，坐驛廳，無人至。使數輩立屏後，時引首來窺，楊則揮手令去。曹夙懷憂懼，睹此疑將就刑，楊又徐進云：『侍中且宜歇息。』遂閉堂自經。」宋史曹利用傳稱時「以暴卒聞」。東都事略曹利用傳云「以疫暴卒聞」。按，鐵圍山叢談卷三曰：「國朝實録諸史，凡書事皆備春秋之義，隱而顯。若至貴者以不善終，則多曰『無疾而崩』，大臣親王則曰『暴卒』，或云『暴疾卒』。無疾者，如李穀是也；暴疾卒，如魏王德昭是也。」

［一〇］既死人或以爲冤　長編卷一〇七天聖七年閏二月辛卯條云曹利用雖有過，「然其在朝廷，忠藎有守，始終不爲屈柔，死非其罪，天下冤之。後其家請居鄧州，上惻然從之，且命利用子内殿崇班淵監本州税」。又宋史曹利用傳云：「明道二年，追復節度兼侍中，後贈太傅，還諸子官，賜謚襄悼。命學士趙概作神道碑，帝爲篆其額曰『旌功之碑』。」

［一一］若歲求金帛以助軍費猶恐大臣議或不同　宋史曹利用傳云：「利用再使契丹，契丹母曰：『晉德我，畀我關南地，周世宗取之，今宜還我。』利用曰：『晉人以地畀契丹，周人取之，我朝不知也。若歲求金帛以佐軍，尚不知帝意可否？割地之請，利用不敢以聞。』」長編卷五八景德元年十二月甲申條云：「曹利用與韓杞至契丹寨，契丹復以關南故地爲言，利用輒沮之，且謂曰：『北朝既興師尋盟，若歲希南朝金帛之資以助軍旅，則猶可議也。』」

［一二］及王曾作首相利用爭班曾爲班首利用有不平之意　東都事略曹利用傳云：「初，曹彬爲樞密使兼侍中，位在宰相李沆下。及王曾拜平章事，利用爲樞密使兼侍中，乃令利用班曾上，然中外深以爲失。至是，曾拜首相，曾與利用告謝，而利用爭班。閤門屢請班首姓名，曾抗聲曰：『但言宰相王曾以下告謝。』班始定，而利用寖不説。時張知白爲次相，見其不平之意，終推利用班其上。」按，宋史曹利用傳略同。

李漢超觀察［一］　前人

李漢超字顯忠，雲中人①。仕周至殿前都虞候。宋興，累遷至齊州防禦使、關南兵馬都監［二］。有善政，齊人

① 雲中人　按，宋史李漢超傳云其雲州雲中人。

愛之①，詣闕求立碑。太祖命徐鉉爲文，賜之刻石。太平興國間，除觀察使[三]。卒[四]，贈忠武軍節度使、檢校太傅②。

漢超知人疾苦，善撫士卒，死之日，軍中皆殞涕。初在關南，人有訟漢超强取其女爲妾及貸而不償者，太祖召而問之曰：「汝女可適何人？」曰：「農家也。」又問：「漢超未至關南，契丹如何？」曰：「歲苦侵暴。」曰：「今復爾邪？」曰：「否。」曰③：「漢超，朕之貴臣也。爲其妾，不猶愈於農婦乎？使漢超不守關南，尚能保汝家之所有乎？」責而遣之。密使諭漢超曰：「亟還其女并所負，朕姑貰汝，慎勿復爲也。不足於用，何不以告朕耶[五]？」齊、棣鹽酒之利數倍它郡④，何繼筠在棣，漢超涖齊，皆得用以養士，而朝廷不計其所費[六]。

辨證：

[一] 李漢超觀察　本傳又載於隆平集卷一六。按，李漢超，東都事略卷二九、宋史卷二七三有傳。

[二] 關南兵馬都監　長編卷五乾德二年十二月「是歲」條注曰：「漢超本傳爲齊州防禦使即兼關南都監，按新録漢超爲齊州防禦使在建隆二年秋七月，不書其兼關南都監也，不知傳何以即言之。徐鉉所爲漢超德政碑云建隆二年爲齊州防禦使，乾德二年乃兼關南兵馬都監，當得其實。故附見此年之末。鉉碑又云開寶二年赴京師，其冬復爲關南都監，而本傳不載。」按，徐鉉所撰文載於徐騎省集卷二五，題曰大宋推誠宣力翊戴功臣金紫光禄大夫檢校司徒使持節齊州諸軍事齊州刺史充本州防禦使河隄等使關南兵馬都監前御史大

---

① 齊人愛之　「之」原作「人」，據文海本、庫本及隆平集李漢超傳改。

② 贈忠武軍節度使檢校太傅　「檢校太傅」，長編卷一八太平興國二年九月癸卯條及東都事略、宋史李漢超傳皆作「太尉」。

③ 曰　原作「且」，據隆平集李漢超傳改。

④ 齊棣鹽酒之利數倍它郡　「鹽酒」，東都事略卷二九本傳作「鹽海」，似是。

夫上柱國隴西郡開國侯食邑一千九百户李公德政碑銘。

［三］太平興國間除觀察使　長編卷一七開寶九年十一月庚午條載「以齊州防禦使李漢超爲雲州觀察使、判齊州，仍護關南屯兵；洺州防禦使郭進領應州觀察使、判邢州，兼西山巡檢如故」。按，是年十二月甲寅改元太平興國。東都事略李漢超傳云「太平興國初，除應州觀察使」。宋史李漢超傳「除」作「遷」，餘同。又宋史卷二七三郭進傳云：「太平興國初，領雲州觀察使、判邢州，仍兼西山巡檢。」則知長編所云「李漢超爲雲州觀察使」、「郭進領應州觀察使」當誤，即李漢超當爲應州觀察使，而郭進領雲州觀察使；且其時在開寶九年十一月，雖已入太宗朝，然尚未改元，不當稱「太平興國初」。

［四］卒　宋史李漢超傳云其於太平興國「二年八月卒於屯所」。而長編卷一八太平興國二年九月癸卯條載「關南巡檢、應州觀察使李漢超卒」。當爲宋廷獲聞訃告之時。

［五］何不以告朕耶　東都事略、宋史李漢超傳稱李漢超聞太祖之語，「感泣，誓以死報」。按，長編卷八乾德五年二月戊戌條載此爲張美事，注曰：「歐陽修歸田録載奪民女乃李漢超事。按漢超在關南，民爲立碑頌德，當不如是，今從記聞。」

［六］齊棣鹽酒之利數倍它郡何繼筠在棣漢超涖齊皆得用以養士而朝廷不計其所費　長編卷一七開寶九年十一月庚午條云：「國初并、益、廣南各僭大號，荆、湖、江表止通貢奉，西戎北狄皆未賓伏。太祖垂意將帥，分命漢超及進等控禦西北，其家族在京師者，撫之甚厚。所部州縣筦榷之利悉與之，恣其回圖貿易，免所過征税，許令召募驍勇以爲爪牙，凡軍中事悉聽便宜處置。每來朝，必召對命坐，賜以飲食，錫賚殊異，遣還。由是邊臣皆富於財，得以養士用間，洞見蕃夷情狀，時有寇鈔，亦能先知預備，設伏掩擊，多致克捷。故終太祖世，無西北之憂，諸叛以次削平，武功蓋世，斯乃得壯士以守四方，推赤心置人腹中之所致也。」又東齋記事卷一云：「太祖時，李漢超鎮關南，馬仁瑀守瀛州，韓令坤常山，賀惟忠易州，何繼筠棣州，郭進西山，武守琪晉陽，李謙溥隰州，李繼勳昭義，趙贊延州，姚内斌慶州，董遵誨環州，王彦昇原州，馮繼業靈武，筦榷之利，悉以與之，其貿易則免其征税。故邊臣皆富於財，以養死士，以募諜者，敵人情狀，山川道路，罔不備見而周知之。故十餘年無西、北之憂也。」

郭進巡檢[一]　前人

郭進，深州人①。少傭作，有膂力，多結豪俠飲博。人有欲殺之者，富人婦竺氏陰告之[二]，乃之晉陽，漢祖留帳下。北寇屠安陽，漢祖遣進拒戰，虜敗走[三]。以功除刺史。及德光盜據汴京，復北歸，進請以奇兵間道入洛州，因定河北諸郡。仕周，改登州刺史。郡多寇盜，進悉爲翦除，吏民願紀其事，詔近臣撰文賜之[四]。改刺衛州。河朔盜匿汲郡山間者稍衆，間出攘奪，久不能滅。進往攻勦絶，民以安居[五]。改洛州團練使，郡人頌其善政[六]。

建隆初，遷防禦使[七]，久之除雲州觀察使。訪竺氏已死，得其女撫養，以適富民。時劉繼元據并門未下，以進兼西山巡檢，二十年不易其任。進聽訟，善以鉤距得其情。軍政嚴肅[八]，戰無不克。太祖遣戍西山，必戒之曰：「汝謹奉法，我猶赦汝，郭進殺汝矣。」以郡之租賦，聽其養士卒，有司不復會其出入。其待之如此。

太宗征太原，命進控石嶺關，北虜來援晉寇，進擊敗之，并人氣喪[九]。既而爲田欽祚所誣，進剛忿不能辨，乃自經而死。欽祚僞以暴疾聞②[一〇]，上深悼之。

進喜賙人急，所至有遺愛。在洛州，植柳種荷芰，徧城中外。其後郡民皆見之，有垂涕者③。

太祖剗五季之弊，開億世之業，明於知人，任將有術。付郭進以邢州，李謙溥以隰州④，俾制太原；畀何繼

---

① 深州人　按，東都事略、宋史郭進傳云其深州博野人。

② 欽祚僞以暴疾聞　「欽祚」原作「欽詐」，據文海本、隆平集郭進傳及上文改。

③ 其後郡民皆見之有垂涕者　隆平集郭進傳無「皆」字。

④ 李謙溥以隰州　「謙溥」原作「謙浦」，據宋史卷二七三李謙溥傳改。

筠以滄、景，賀惟忠以易州，李漢超以關南，俾控北虜；授姚内斌以慶州，董遵誨以通遠軍，王彦昇以原州，俾禦西寇。不易其任，皆十餘年。待之以不疑，蘄之以遠效。來朝賜食殿坐，遣之則賜予加等。擢何繼筠以節制，示必以懋功之賞①。餘不過沿邊巡檢，欲激其進取之心，故二十年間邊郡無事者，非適然也。

辨證：

[一] 郭進巡檢　本傳又載於隆平集卷一六。按，郭進，東都事略卷二九、宋史卷二七三有傳。

[二] 人有欲殺之者富人婦竺氏陰告之　宋史郭進傳稱其「少貧賤，爲鉅鹿富家傭保。有膂力，倜儻任氣，結豪俠，嗜酒蒲博。其家少年患之，欲圖殺進。婦竺氏陰知其謀，以告進，遂走晉陽，依漢祖」。

[三] 北寇屠安陽漢祖遣進拒戰虜敗走　通鑑卷二八六後漢紀一天福十二年載：三月戊戌，「契丹主將攻相州，梁暉請降，契丹主赦之，許以爲防禦使。暉疑其詐，復乘城拒守。夏四月己未未明，契丹主命蕃漢諸軍急攻相州，食時克之，悉殺城中男子，驅其婦女而北。胡人擲嬰孩於空中，舉刃接之以爲樂。留高唐英守相州。唐英閱城中遺民，男女得七百餘人。其後節度使王繼弘斂城中髑髏瘞之，凡得十餘萬」。六月甲子，後漢高祖「至大梁。晉之藩鎮相繼來降」。「初，契丹主德光命奉國都指揮使南宫王繼弘、都虞候樊暉以所部兵戍相州，彰德節度使高唐英善待之。……唐英聞帝南下，舉鎮請降。使者未返，繼弘、暉殺唐英，繼弘自稱留後，遣使告云唐英反覆，詔以繼弘爲彰德留後。庚辰，以暉爲磁州刺史」。按，遼太宗耶律德光已於是年初入據汴京，三月北歸，卒於途中。

[四] 仕周改登州刺史至詔近臣撰文賜之　宋史郭進傳稱其於後漢少帝時改磁州刺史。「周廣順初，移淄州。二年，吏民詣觀察使舉留。是秋，遷登州刺史。會群盜攻劫居民，進率鎮兵平之，部内清肅。民吏千餘人詣闕請立屏盜碑，許之」。

[五] 進往攻勦絶民以安居　宋史郭進傳云：「衛、趙、邢、洺間多亡命者，以汲郡依山帶河，易爲出没，伺間椎剽，吏捕之輒遁去，故

① 示必以懋功之賞　「示必」，隆平集郭進傳作「必示」。

累歲不能絶其黨類。進備知其情狀，因設計發擿之，數月間剪滅無餘，郡民又請立碑記其事。」

［六］改洺州團練使郡人頌其善政　宋史郭進傳云其在洺州「有善政，郡民復詣闕請立碑頌德，詔左拾遺鄭起撰文賜之」。

［七］建隆初遷防禦使　宋史郭進傳云「建隆初，太祖親征澤潞，遷本州防禦使，充西山巡檢」。

［八］軍政嚴肅　宋史郭進傳稱其「性喜殺，士卒小違令，必置於死，居家御婢僕亦然」。

［九］北虜來援晉寇進擊敗之并人氣喪　長編卷二〇太平興國四年三月乙未條云：「郭進言契丹數萬騎入侵，大破之石嶺關南。於是北漢援絶。北漢主復遣使間道齎蠟書走契丹告急，進捕得之，徇於城下，城中氣始奪矣。」

［一〇］既而爲田欽祚所誣進剛忿不能辨乃自經而死欽祚僞以暴疾聞　長編卷二〇太平興國四年四月癸酉條云：「田欽祚在石嶺關，恣爲姦利諸不法事，郭進不能禁止，屢形於言，欽祚憾之。進武人剛烈，戰功高，欽祚數加陵侮，進不能堪，癸酉，遂縊而死，欽祚以卒中風眩聞。上悼惜良久，優詔贈安國節度使。左右皆知，而無敢言者。」東都事略郭進傳云：「時田欽祚護石嶺軍，恣爲姦利，以他事侵進，進剛直，不能辨，乃自經死。」宋史郭進傳云：「時田欽祚護石嶺軍，恣爲姦利諸不法事，進雖力不能禁，亦屢形於言。進武人，性剛烈，戰功高，欽祚以他事侵之，心不能甘，自經死，年五十八。欽祚以暴卒聞，太宗悼惜久之，贈安國軍節度，中使護葬。後頗聞其事，因罷欽祚內職，出爲房州團練使。」按，郭進「不能辨」之事，史籍無載。

党進節使［一］　同前

党進，朔北戎人［二］。幼爲天雄節度使杜重威奴，重威愛其淳謹，雖長，猶令與婢妾雜侍。重威敗［三］，周祖得之，以爲鐵騎都虞候。建隆初，除刺史，以軍功累擢至節度使［四］。嘗總禁旅，不識字，不記兵籍。一日，太祖問之，舉梃以軍司所書兵騎戎器數請上自視，上益喜其朴直［五］。巡徼京師①，見珍禽奇獸必放之，曰：「不養父母，

① 巡徼京師　「徼」原作「檄」，據隆平集党進傳改。

反養此邪？」晉邸命親吏臂鷹鶻，亟欲放，及知，乃戒之曰：「汝謹養視[六]。」小民傳以爲笑。其變詐多此類。杜重威之後寒飢，進常分俸以給[七]，士夫或媿焉。

辨證：

[一]党進節使　本傳又載於隆平集卷一七。按，党進，東都事略卷二八、宋史卷二六〇有傳，云：「進名進，自稱曰暉，人問之，則曰：『吾欲從吾便耳。』」

[二]朔北戎人　玉壺清話卷八稱党進「朔州人，本出溪戎」。按，東都事略、宋史党進傳稱其朔州馬邑人。

[三]重威敗　舊五代史卷一〇九杜重威傳載：漢高祖定京師，重威叛，高祖自將攻之，城内食盡，重威出降，拜檢校太師、守太傅、兼中書令。「車駕還宮，高祖不豫，既而大漸，顧命之際，謂近臣將佐曰：『善防重威。』帝崩，遂收重威、重威子弘璋、弘璉、弘璨誅之」。

[四]以軍功累擢至節度使　宋史党進傳載其於乾德五年「領彰信軍節度，兼侍衛步軍都指揮使」。

[五]上益喜其朴直　長編卷七乾德四年九月丁巳條載：「以龍捷左右廂都指揮使馬邑黨進權侍衛步軍司事。先是，禁軍校自都虞候以上悉以所掌卒伍之數細書於所執之梃，謂之杖記，如笏記焉。進本出外裔，不識文字。上一日問進兵籍幾何，進不能對，舉梃曰：『盡在是矣。』上笑謂其忠實，益厚之。」

[六]汝謹養視　宋朝事實類苑卷六四党太尉引楊文公談苑云：「太宗在藩邸，有名鷹鷂，令圉人調養。進忽見，詰責欲解放，圉人曰：『晉王令養此。』且欲走白晉王，進遽止之，與錢令市肉，謂之曰：『汝當謹視此，無使爲貓狗所傷。』」

[七]進常分俸以給　宋史党進傳稱「進分月俸給之」。宋朝事實類苑卷六四党太尉引楊文公談苑云其「故爲杜氏奴，後見其子孫，必下拜，常分俸以給之。其所長也」。

曹翰節使[一]　同前

曹翰，魏郡人。少爲郡小吏，周祖鎮鄴，奇之，以隸世宗幕下。世宗鎮澶淵，以爲牙校。及尹開封，翰猶在澶淵，聞周祖寢疾，不俟召來見世宗，密言曰：「王爲冢嗣，不侍醫藥①，何以副天下望？」世宗悟，入侍禁中，以府事命翰總決。即位，補供奉官，稍遷樞密承旨。世宗征淮南，留鎧甲千數在正陽。既而遣降卒八百來京師，翰遇於道，懼其過正陽劫兵器叛，盡殺之，世宗不加責[二]。

乾德中伐蜀，以翰帥荆襄，鑿山開道，商旅以濟②。又詔兼漕運，而糧餽不乏[三]。蜀平，全師雄擁衆十萬叛[四]，翰與曹彬、劉廷讓討平之③。又軍校呂翰盜據嘉州[五]，翰及諸將奪其城，諜知賊欲三鼓復攻城，誡擊柝使緩，向晨猶二鼓，賊衆不集而潰。遷蔡州團練使。從征太原。會河決，詔翰董役，指日而訖事。後復有決，其績用亦然[六]。曹彬平江南，翰獨下池陽。而煜將有胡則者，以江州拒命，翰遂屠其城[七]，得公私金帛億萬計，僞言欲致廬山羅漢鑄像於闕下，詔從其請，因調巨艦十百，同所得以歸。朝廷函容④，不加詰問，録其功，授桂州觀察使，判潁州。

復從太宗征太原，因伐幽州，命翰兵東隅[八]。有卒得蟹以獻，翰謂諸將曰：「蟹水物而陸居，非其所也。又能行不能進，則城不可進拔之象，其班師乎？」卒如其言。師還，除威塞軍節度使，仍判潁州。未行，詔翰督役開河，南自雄至莫⑤，以通漕運。翰遣徒伐巨木於虜地，授五騎以五色旗爲斥候，如遇寇，則舉白旗之類[九]。又起

① 不侍醫藥　宋史曹翰傳作「不侍醫藥而決事於外廷」。
② 商旅以濟　「商」，宋史曹翰傳作「師」，當是。
③ 翰與曹彬劉廷讓討平之　「劉廷讓」原作「劉延讓」，據隆平集曹翰傳及宋史卷二五九劉廷讓傳改。按，宋史曹翰傳作「劉光毅」，其原名劉光義，避太宗諱改名廷讓；稱「光毅」者，屬臨文改字。
④ 朝廷函容　「函」，隆平集曹翰傳作「涵」。
⑤ 詔翰督役開河南自雄至莫　「河南」，宋史曹翰傳、長編卷二一太平興國五年十二月丁丑條作「南河」，似是。

烽燧於境上，虜疑而不敢近塞，事遂濟，乃歸鎮。居數歲，汝陰令孫崇訟其不法，鞫得實，削奪官爵送登州①〔一〇〕。久之，復千牛衛上將軍〔一一〕。卒，年六十五〔一二〕，贈太尉。咸平初，賜謚武毅。

翰天資殘忍貪冒②，多智數，喜誕妄〔一三〕，飲酒至數斗不亂。對上奏事，雖數十條，皆嘿記不少差。

辨證：

〔一〕曹翰節使　本傳又載於隆平集卷一七。按，曹翰，東都事略卷二八、宋史卷二六〇有傳。

〔二〕世宗不加責　宋史卷二六〇本傳稱其事後「及見世宗，具言其事，世宗不悦。翰曰：『賊以困歸我，非心服也，所得器甲，盡在正陽，苟爲所劫，是復生一淮南矣。』因不之罪」。

〔三〕又詔兼漕運而糧餽不乏　宋史曹翰傳載時「詔兼西南諸州轉運使，自石門徑趨歸州，餉運不乏」。

〔四〕全師雄擁衆十萬叛　長編卷六乾德三年三月「是月」條云：「初，詔發蜀兵赴闕，並優給裝錢，王全斌等擅減其數，仍縱部曲侵撓之，蜀兵憤怨思亂。兩路隨軍使臣，亡慮百數，全斌及王仁贍、崔彦進等共護恤之，不令部送，但分委諸州牙校。蜀兵至緜州，果劫屬縣以叛。會文州刺史全師雄挈其族趣京師，過緜州，師雄嘗爲蜀將，有威惠，恐叛兵脅之，乃棄其家自匿。後數日，叛兵搜得之江曲民舍，遂推以爲帥，衆十餘萬，號『興國軍』。全斌遣馬軍都監朱光緒將七百騎往招撫之，光緒盡滅師雄之族，納其愛女及橐裝。師雄怒，不復有歸志。」

〔五〕又軍校呂翰盜據嘉州　長編卷六乾德三年「是歲」條云：「虎捷指揮使呂翰怨其帥不禮，率部下兵叛於嘉州，横衝指揮使吴

---

① 汝陰令孫崇訟其不法鞫得實削奪官爵送登州　「孫崇」，長編卷二四太平興國八年五月壬申條及東都事略、宋史曹翰傳作「孫崇望」，當是；「削奪官爵送登州」，宋史曹翰傳作「削官爵流錮登州」。

② 翰天資殘忍貪冒　「殘」字原脱，據隆平集曹翰傳補。

壞、虎捷水軍校孫進等皆應之，殺知州客省使武懷節、戰棹都監劉漢卿，遂與全師雄僞所署將劉澤合勢，衆至五萬，逐普州刺史劉楚信，殺通判劉沂。」

［六］從征太原至其績用亦然　宋史曹翰傳云：「開寶二年，從征太原，復爲行營都壕砦使。既班師，會河決澶州，令翰董其役，翰出銀器助役，沉所乘白馬以祭；復決陽武，再護役，皆有成績。」

［七］而煜將有胡則者以江州拒命翰遂屠其城　長編卷一七開寶九年四月丁巳條云：「初，李煜既降，曹彬令煜作書諭江南諸城守，皆相繼歸順，獨江州軍校胡則與牙校宋德明殺刺史，據城不降。詔先鋒都指揮使曹翰爲招安巡檢使，率兵討焉。江州城險固，翰攻之不克，自冬訖夏，死者甚衆。丁巳，始拔之，衆猶巷鬭，則時病甚，卧床上，翰執縛，責其拒命，對曰：『犬吠非其主，公何怪也。』命腰斬之，并殺德明。先是，上命右補闕張霽知江州，與翰俱入城。翰兵掠民家，民訴於霽，霽按誅翰兵。翰以江州民拒守，又忿民訴誅其兵，發怒屠城。死者數萬人，取其屍投井坎，皆填溢，餘悉棄江中。誣奏霽，徙知饒州。民家貲貲鉅萬，皆爲翰所得。上聞江州城垂破，遣使持詔賜翰，禁止殺戮。使者至獨樹浦，值大風不能渡，比至，城已屠矣。翰因請載廬山東林寺五百鐵羅漢像歸，至潁州新造佛舍。遂調發巨艦十餘艘，盡載金帛，置鐵像於其上，時號爲『押綱羅漢』。」程史卷八九江郡城云：「九江郡……城負江面山，形勝盤據，三方阻水，頗難於攻取。開寶中，曹翰討胡則，踰年不下。或獻計於翰曰：『城形爲上水龜，非腹脇不可攻。』從之，果得城。至今父老指所由入，云在北闉新倉後。」密齋筆記卷一云：「江州蟻聚，詬罵王師。先鋒曹翰竟屠其城，横死三萬七千餘。」

［八］命翰兵東隅　長編卷二〇太平興國四年七月癸未條載：太宗「初命諸將攻城，桂州觀察使曹翰與洮州觀察使米信率兵屯城之東南隅，以備非常。軍士掘土得蟹以獻，翰謂諸將曰：『蟹水物而陸居，失其所也。且多足，敵救將至之象。又蟹者解也，其班師乎？』」按，東都事略、宋史曹翰傳亦稱曹翰扎營于幽州「東南隅」。

［九］授五騎以五色旗爲斥候如遇寇則舉白旗之類　長編卷二一太平興國五年十二月丁丑條云：「命曹翰部署修雄霸州、平戎破虜乾寧等軍城池；開南河，自雄州達莫州，以通漕運；築大隄捍水勢，調役夫數萬人，拒敵境伐木以給用。遣五駿騎爲斥候，授以五色旂，人執其一，前有林木則舉青旂，煙火舉赤旂，寇兵舉白旂，陂澤舉黑旂，丘陵舉黄旂。」

［一〇］汝陰令孫崇訟其不法鞫得實削奪官爵送登州　長編卷二四太平興國八年五月壬申條云：「威塞節度使、判潁州曹翰在州

歲久，專務苛酷掊斂，政事不治。上雖知之，以其有功，故優焉。會汝陰令孫崇望詣闕擊登聞鼓，訟翰部内爲姦贓，私市弓弩、槍劍、長矛、鎧馬、具裝；又發民築烽臺，諸縣有寇盜，令舉烽以應城中；又擅部署牙吏，官賣鹽所得錢銀、民歲輸租粟及絲緜，絹，翰悉取其餘羨；又擅賦斂民以入己，侵官地爲蔬圃果園；判官山元羽掌官麴，翰又取其常額外錢五百萬、絹百疋。詔遣知雜御史滕中正乘傳往鞫之，獄具，法當棄市。百官集議，翰林學士承旨李昉等議，如有司所定。壬申，詔特削奪在身官爵，御史臺遣吏護送登州禁錮，其盜用官物及侵擅賦斂並徵之。」

［一一］久之復千牛衛上將軍　宋史曹翰傳云：「雍熙二年，起爲右千牛衛大將軍、分司西京。四年，召入爲左千牛衛上將軍。」按魏泰東軒筆録卷一〇載：「曹翰以罪謫爲汝州副使，凡數年。一日，有内侍使京西，朝辭日，太宗密諭之曰：『卿至汝州，當一訪曹翰，觀其良苦。然慎勿泄我意也。』内侍如旨往見，因序其遷謫之久，翰泣曰：『罪犯深重，感聖恩不殺，死無以報，敢怨苦耶？但以口衆食貧，不能度日，幸内侍哀憐，欲以故衣質十千以繼飯粥，可乎？』内侍曰：『太尉有所須，敢不應命，何煩質也？』翰固不可，於是封裹一複以授，内侍收複，以十千答之。洎回奏翰語及言質衣事，太宗命取其複開視之，乃一大幅畫障，題曰下江南圖。太宗惻然念其功，即日有旨詔赴闕，稍復金吾將軍。蓋江南之役，翰爲先鋒也。」

［一二］卒年六十五　宋史曹翰傳稱其卒於淳化三年，年六十九。東都事略曹翰傳亦稱其享年六十九歲。

［一三］多智數喜誕妄　宋史曹翰傳云：「世宗大漸，諭范質等以王著爲相，翰爲宣徽使。質以著嗜酒，翰飾詐而專，並寢之。」又云其「嘗作退將詩曰：『曾因國難披金甲，恥爲家貧賣寶刀。』翰直禁日，因語及之，上憫其意，故有銀錢之賜」。玉壺清話卷七云：「翰有宏材偉特之度，能詩，有玉關集。領金吾日，當直，太宗詔與語曰：『朕曾覽卿詩，有「曾舒國難披金甲，恥爲家貧賣寶刀」；「他日燕山磨峭壁，定應先勒大名曹」，頗佳，朕每愛之。』翰因叩謝。」然青箱雜記卷六所記稍異，云：「曹翰嘗平江南有功，後歸環衛，數年不調。一日内宴，太宗、侍臣皆賦詩，翰以武人不預，乃自陳曰：『臣少亦學詩，亦乞應詔。』太宗笑而許之，曰：『卿武人，宜以「刀」字爲韻。』翰援筆立進，因以寄意，曰：『三十年前學六韜，英名常得預時髦。曾因國難披金甲，不爲家貧賣寶刀。臂健尚嫌弓力軟，眼明猶識陣雲高。庭前昨夜秋風起，羞覩盤花舊戰袍。』太宗覽之惻然，即自環衛驟遷數級。」

符彥卿太師[一]　同前

符彥卿字冠侯，宛丘人①。父存審，後唐節度使，封秦王，五代史有傳[二]。彥卿初仕莊宗於太原②，郭從謙之亂，左右皆去，唯彥卿與王全斌力戰，射殺數十人。莊宗遇害，慟哭久之[三]。天成中，大破契丹於喜山③[四]。至晉，領同州節度。兄彥饒以滑臺叛[五]，上表乞歸田里，晉釋不問④。契丹寇河朔，彥卿駐澶淵，高行周被圍於鐵丘，諸將相顧，無敢當其鋒。彥卿獨以數百騎奮擊，虜遂遁，行周獲免。開運二年，契丹十餘萬衆圍晉師於陽城，城中無水，人馬多渴死。會大風揚塵，彥卿遂與張彥澤、皇甫遇謀，乘勢決戰，虜敗，戎主乘橐駞而遁，車帳兵械悉爲彥卿所獲[六]。及德光入汴，召而責之。彥卿曰：「臣事晉主，不敢愛死，今日惟命。」德光笑而釋之，即遣歸鎮武寧。方徐、宋間盜賊蠭起，彥卿至埇橋，遇賊李仁恕擁衆數萬攻徐州⑤。彥卿至城下，賊控馬首請同入城。彥卿之子昭序自城中遣人大呼曰：「相公助賊何也？城不可入[七]。」賊之計不行，相率拜馬前而去。漢祖得天下，封彥卿魏國公。至周，封衛王，加太傅，改魏王。

---

① 宛丘人　按，宋史符彥卿傳云其陳州宛丘人。

② 彥卿初仕莊宗於太原　「仕」原作「任」，據文海本及隆平集符彥卿傳改。

③ 大破契丹於喜山　「喜山」，宋史符彥卿傳及舊五代史卷五四王郁傳、卷六四王晏球傳、卷七四張虔釗傳皆作「嘉山」，當是。

④ 晉釋不問　「晉」，宋史符彥卿傳作「晉祖」。

⑤ 遇賊李仁恕擁衆數萬攻徐州　「攻」字原脱，據隆平集符彥卿傳補。

宋興，加太師[八]。開寶三年，引疾納節鉞，退居洛下八年①[九]。間乘小駟游佛寺名園，人伏其曠達。性不飲酒，謙恭待士，對賓客清談終日，不及世務。爲將有謀善戰，所得俸賜，皆分給士卒，故人樂爲用。卒，年七十六②。

周世宗皇后及太宗皇后，皆其女也[一〇]。周恭帝及太祖兩朝，俱賜詔不名。虜自陽城之敗，不敢呼其名③，馬不飲齕，則叱之曰④：「此豈有符王耶[一一]？」虜主北歸，其母問人曰：「符王安在？」對曰：「鎮彭門。」曰：「符王不來，何其失策之甚？」其爲契丹所憚如此。

辨證：

[一]符彦卿太師　本傳又載於隆平集卷一六。按，符彦卿，東都事略卷一九、宋史卷二五一有傳。

[二]五代史有傳　按，符存審傳載舊五代史卷五六、新五代史卷二五。按，存審嘗爲晉王李克用養子，賜姓李。新五代史卷三六義兒傳注曰：「李存審後復以符氏，大顯，故別自爲傳。」舊五代史卷五六符存審傳注曰：「歐陽史義兒傳惟符存審不在其列，別自爲傳。蓋存審子彦卿有女爲宋太宗后，故存其本姓也。」

[三]莊宗遇害慟哭久之　通鑑卷二七五後唐紀四天成元年四月丁亥條云：後唐莊宗殺睦王存乂，存乂假子從馬直指揮使郭從謙

---

① 開寶三年引疾納節鉞退居洛下八年　按，據長編卷一〇、卷一六，符彦卿罷節度在開寶二年十二月，卒於開寶八年六月辛酉。此云「八年」者不確，疑「八」乃「六」之譌。

② 年七十六　按，東都事略、宋史符彦卿傳稱其卒「年七十八」。

③ 不敢呼其名　「不敢」上，隆平集符彦卿傳有「畏」字。又，「其」原作「女」，據文海本、庫本及隆平集符彦卿傳改。

④ 則叱之曰　「叱」原作「宛」，據隆平集符彦卿傳改。

大懼，且「不知睦王存乂已死，欲奉之以作亂，帥所部兵，自營中露刃大呼，與黄甲兩軍攻興教門。帝方食，聞變，帥諸王及近衛騎兵擊之，逐亂兵出門。時蕃漢馬步使朱守殷將騎兵在外，帝遣中使急召之，欲與同擊賊；守殷不至，引兵憩於北邙茂林之下。亂兵焚興教門，緣城而入，近臣宿將皆釋甲潛遁，獨散員都指揮使李彦卿及宿衛軍校何福進、王全斌等十餘人力戰。俄而帝爲流矢所中，鷹坊人善友扶帝自門樓下，至絳霄殿廡下抽矢，渴懣求水，皇后不自省視，遣宦者進酪，須臾帝殂。李彦卿等慟哭而去，左右皆散」。按，李彦卿即符彦卿，因其父存審嘗爲晉王李克用養子，賜姓李故爾。

〔四〕大破契丹於喜山　宋史符彦卿傳載其於「天成三年，以龍武都虞候、吉州刺史討王都于定州，大破契丹于嘉山」。

〔五〕兄彦饒以滑臺叛　舊五代史卷九一符彦饒傳載：天福二年七月，「范延光據鄴都叛，朝廷遣侍衛馬軍都指揮使白奉進率騎軍三千，屯于州之開元寺。一日，彦饒與奉進因事忿爭于牙署，……奉進厲聲曰：『爾莫是與范延光同反耶？』拂衣而起，彦饒不留，帳下介士大譟，擒奉進殺之。奉進從騎散走，傳呼于外。時步軍都校馬萬、次校盧順密聞奉進被害，即率其部衆攻滑之子城，執彦饒以出。遣裨校方太拘送闕下，行及赤岡南，高祖遣中使害于路左」。

〔六〕虜敗戎主乘橐駞而遁車帳兵械悉爲彦卿所獲　宋史符彦卿傳云：「時晉師居下風，將戰，弓弩莫施。彦卿謂張彦澤、皇甫遇曰：『與其束手就擒，曷若死戰，然未必死。』彦澤等然之。遂潛兵尾其後，順風擊之，契丹大敗，其主乘橐駝以遁，獲其器甲、旗仗數萬以歸。」

〔七〕相公助賊何也城不可入　宋史符彦卿傳云時「彦卿子昭序自城中遣軍校陳守習縋而出，大呼賊中曰：『相公當爲國討賊，何故自入虎口，乃助賊攻城？我雖父子，今爲仇敵，當死戰，城不可入。』」

〔八〕宋興加太師　長編卷一建隆元年正月丁巳條載：「天雄節度使、守太尉兼中書令、魏王宛丘符彦卿上表乞呼名，詔不允。彦卿宿將，且前朝近親，皇弟匡義汝南郡夫人，又彦卿女也，上每優其禮遇云。」又卷四乾德元年二月丙戌條載：「天雄節度使符彦卿來朝，對於廣政殿，賜襲衣玉帶。上欲使彦卿典兵，樞密使趙普以爲彦卿名位已盛，不可復委以兵柄，屢諫不聽。宣已出，普復懷之請見，上迎謂曰：『豈非符彦卿事耶？』對曰：『非也。』因別以事奏，既罷，乃出彦卿宣進之，上曰：『果然，宣何得在卿所？』普曰：『臣託以處分之語有未備者，復留之。惟陛下深思利害，勿復悔。』上曰：『卿苦疑彦卿何也？朕待彦卿至厚，彦卿豈能負朕耶？』普曰：『陛下何以能負周世宗？』上默然，事遂中止。」

［九］開寶三年引疾納節鉞退居洛下八年　長編卷四乾德元年二月戊戌條載「符彥卿辭歸鎮」。又六月庚戌條載：「命大理正奚嶼知館陶縣、監察御史王祜知魏縣、楊應夢知永濟縣、屯田員外郎于繼徽知臨清縣。常參官知縣，自嶼等始也。時符彥卿久鎮大名，專恣不法，屬邑頗不治，故特選彊幹者往莅之。其後右贊善大夫周渭亦知永濟，彥卿郊迎，渭揖於馬上，就館始與彥卿相見，略不降屈。縣有盜傷人而逸，渭捕獲，暴其罪斬之，不以送府。」又卷一〇開寶二年七月丙寅條載「以天雄節度使符彥卿爲鳳翔節度使。彥卿鎮大名十餘年，委政於牙校劉思遇。思遇貪而黠，招權黷貨，軍府久不治，於是始議擇官代之」。又十二月己亥條載：「鳳翔節度使符彥卿被病，肩輿赴鎮，至西京，上言疾亟，詔許就醫洛陽。假滿百日，受俸如故，爲御史所糾，請下留臺鞫問。上以彥卿姻舊，特釋之，但罷其節度。」

［一〇］周世宗皇后及太宗皇后皆其女也　宋史符彥卿傳云：「周世宗宣懿皇后、太宗懿德皇后，皆彥卿女也。」又通鑑卷二九四顯德六年六月癸未，「立皇后符氏，宣懿皇后之女弟也」。注云宣懿符后殂於顯德三年。按，小符后，入宋後尊爲周太后。

［一一］此豈有符王耶　長編卷一六開寶八年六月辛酉條云「彥卿武勇有謀，善用兵。契丹自陽城之敗，尤畏彥卿，或馬病不飲齕，必唾而呪曰：『是豈有符王耶？』」

名臣碑傳琬琰集下卷六

參政李公若谷[一]　曾太史肇

李若谷字子淵，徐州人①。少孤，遊洛下[二]，因葬其考妣於緱氏而占籍焉。咸平元年登進士第，多歷外官，累擢至諫議大夫、集賢院學士、龍圖閣直學士②。寶元元年，參知政事。康定元年，以耳疾辭位，罷爲資政殿學士③。明年，以太子少傅致仕。卒[三]，年八十。以子淑在近侍，優贈太子太傅[四]。

天聖初，若谷奉使契丹，時章獻太后同聽政，奉使者辭於庭下，例升殿受旨。若谷辭已即趨出，太后怒，遂不遣[五]。荆南駐泊都監王蒙正恃太后姻家[六]，多不法。若谷知府，屢繩之。監司佐蒙正④，奏徙若谷潭州。州有

① 徐州人　按，宋史李若谷傳云其徐州豐人。
② 龍圖閣直學士　此句下，隆平集卷七本傳有「樞密直學士龍圖閣學士」十字。
③ 罷爲資政殿學士　「學士」，長編卷一二八康定元年九月戊午條及東都事略、宋史李若谷傳作「大學士」，疑脱一「大」字。
④ 監司佐蒙正　「佐」，隆平集李若谷傳作「阿」；長編卷一〇五天聖五年三月戊申條作「佑」，宋史李若谷傳作「右」。按，「監司」，據長編卷一〇五天聖五年三月戊申條知爲轉運使王碩。

盜，阻洞庭之險，劫舟殺人，投屍湖中。前此捕獲，多減死配隸它郡。久復逸歸，爲患滋甚。若谷至，潛使人擒屬吏①，條前後罪狀，磔于市。湖中之盜遂息[七]。知延州，夏人遣使來，前守多延之堂上，若谷獨廡下飲食之。安豐芍陂②[八]，孫叔敖所創，爲南北渠，溉田萬頃餘。陂因旱歲，民多侵耕其間③，雨集將盈，則盜決之。陂涸，失灌溉之利者甚衆。若谷知壽州，陂決，獨調瀕陂之民，使之完築④，自是無盜決者。并州自昔未有學舍，若谷知州，始建學於文宣王廟。州多降胡，間常爲盜。若谷命集累犯者⑤，以三人爲保，有犯則并坐，悛者則久而釋之。

在政府，嘗言：「近歲風俗澆薄，駕朋黨之説以汙善良。君子小人，各有氣類⑥，今一概以朋黨名之，忠臣恐懼，臣亦無以立朝矣。」上善其言，爲下詔儆諭焉[九]。又言：「轉運使、提點刑獄失按所部官受贓，類降差遣，且監司所部甚廣，巡按不過留三二日，蓋未能遍察也。苟州郡密發一贓吏⑦，先聞朝廷，則監司不可勝黜。」自是詔轉運使、提點刑獄再不覺察部内官受贓，則降黜之。若谷質厚，長於治民，所至郡邑，去多見思。

一子淑，字獻臣。若谷通判亳州，真宗朝謁太清宫，淑年方十三⑧，獻文行在。上命賦朝謁太清宫詩，稱旨，賜童子出身，授試校書郎。天禧三年，宰相寇準薦之，除館閣校勘。準注釋御集，表爲檢閱官。天聖五年，召試，

---

① 潛使人擒屬吏　「擒」下，隆平集李若谷傳有「以」字。

② 安豐芍陂　「芍陂」原作「苟陂」，據文海本、庫本及隆平集、宋史李若谷傳改。

③ 民多侵耕其間　「民」，宋史李若谷傳作「豪右」。

④ 使之完築　「完」，隆平集李若谷傳作「畚」。

⑤ 若谷命集累犯者　「集」，宋史李若谷傳作「籍」，似是。

⑥ 各有氣類　「氣」，宋史李若谷傳作「其」。

⑦ 苟州郡密發一贓吏　「密」，隆平集李若谷傳作「察」。按，東都事略李若谷傳亦作「密」。

⑧ 淑年方十三　「十三」，東都事略李淑傳同，宋史李淑傳、宋會要輯稿選舉九之二二作「十二」。又，隆平集李若谷傳無「方」字。

賜進士及第[一〇]。箋注御制三寶贊、章獻皇太后發願文，擢史館修撰。

上時政十議，曰國體，曰災旱，曰言事，曰大臣，曰擇官，曰貢舉，曰科選，曰閱武，曰時令，曰入閤。其議國體曰：「今災沴既頻，賦入有限，用度不足，恩賞或濫，吏員滋多，甄別殊少。近臣暫出外任，若欲自留，有固辭而罷者。進不滿望，或不即拜，有中路而易者①。願陛下號令一出，要在必當，官職一授，勿復再改。至於國用未足，濫官未澄，冗兵疲馬，横賞之類，願命近臣知治體者，準三朝出入之數而撙節之。」議災旱曰：「頻歲以來，亢陽爲孽，民多艱阨，歲不順成。洪範曰：『僭，常暘若②。』謂爵賞僭差，號令迭改。今聞遣使，溥推存救之澤③，農服田畝，無國家贍養之理。臣願陛下修人事以應天變，不然徒匱國力，未足以弭民災也。」議言事曰：「先朝有劉驥者，輕爲奏疏。先帝語左右曰：『此人言多捭闔，期在必行，而近僞亂真，詞旨易辨。』驥嘗枉法受賂，古人察言觀行，正爲此言也④。願陛下於進對之際，防邪僻之人。」議大臣曰：「今歲兩府遷易頗頻，其於政體似傷簡静。太祖初定天下，用周朝三相六年⑤，始以趙普代之；凡十年，始代以薛居正、沈倫⑥。太宗嗣位，唯盧多遜以罪去，而復用趙普。是後十八年中，雖三四易相，然所用者李昉、宋琪、吕蒙正、張齊賢、吕端而已。當是時，進者盡忠，退則修省，蓋進退皆出睿斷也。真宗景德已前三命相，惟張齊賢、李沆⑦、向敏中、吕蒙正、畢士安、寇準六人，其

① 有中路而易者　「路」，長編卷一一四景祐元年二月乙未條作「宿」。
② 常暘若　「常」，庫本及尚書洪範作「恒」。按，此乃避真宗諱改。
③ 今聞遣使溥推存救之澤　「聞」，鐵琴銅劍樓本、庫本及隆平集李若谷傳作「間」；「溥」，隆平集李若谷傳作「傳」，屬上句。
④ 正爲此言也　隆平集李若谷傳無「言」字。
⑤ 用周朝三相六年　按，據宋史卷二一〇宰輔表一等，范質等三相罷於乾德二年正月戊子，前後五年。
⑥ 沈倫　原作「沈淪」，據文海本、隆平集李若谷傳及宋史卷二六四沈倫傳改。
⑦ 李沆　原作「李伉」，據庫本及隆平集李若谷傳改。

後任王旦十二年，向敏中再相亦十年①。此二人在位之日，非無疑似之嫌②，誠信任無間而不重以權故也。蓋權太重則難以久居，言易入則得以譖愬。真宗嘗謂宰臣曰：『今四方無虞，與卿等慎守祖宗經制，最爲急務。』此委相之大體也。」議擇官曰：「太平興國初，文武朝官班簿纔二百人，咸平初已四百人，天聖元年遂踰千人。去歲覃恩，以臣料之，又軼天聖之數矣。先朝嘗諭審官、流内銓主判，若灼有能績，爲衆所稱者，密以名聞，當特旨升擢。陛下引對之際③，一如先朝故事行之。其老疾懦庸，間以退黜，庶有所懲勸矣。」議貢舉曰：「皇朝開寶以前，歲取進士不過三十人，經學不過五十人。自克復僞國，吏員益衆，始有廷試廣收人之制。願陛下納今歲吏部闕官之數，爲來年入等之準。」議科選曰：「吏部故事，選人吏限未至，能試判三節，謂之拔萃，止用疑案古義，觀其能否，詞美者優以授職。此有司銓名之式。今常調選人，判超循資，是其比也。陛下親御軒陛，審覈課試，非其稱已④，願罷此科。又禮部茂材異等，求出類之俊。頗聞鄉薦不獲，始來應書⑤。望更爲嚴制，以革僥冒。」議閱武曰：「開寶通禮有四時講武儀。國初疆候未平，多親閱試，按礮角射。太平興國間⑥，築臺楊村，備大閱之禮。

① 向敏中再相亦十年　按，據宋史卷二一〇宰輔表一等，向敏中於大中祥符五年四月戊申再相，天禧四年三月己卯卒於相位，前後九年。

② 非無疑似之嫌　「無」原作「其」，據隆平集李若谷傳及長編卷一一四景祐元年二月乙未條改。

③ 陛下引對之際　「陛下」上，隆平集李若谷傳、東都事略李淑傳有「願」字。

④ 非其稱已　「已」，長編卷一一四景祐元年二月乙未條作「也」。

⑤ 始來應書　「書」，隆平集李若谷傳作「舉」。

⑥ 太平興國間　「間」，長編卷一一四景祐元年二月乙未條引李淑奏議作「後」，疑不確。按，長編卷一八太平興國二年九月辛亥條有載：「上屬意戎事，每朝罷，即於便殿或後苑親閱禁卒，取壯健者隸親軍，罷軟老弱悉分配外州。自是藩衛之士益以精强。乃令築講武臺於城西之楊村。辛亥，大閱，上與文武大臣從官等登臺而觀。」

咸平中，闢場東武原①，發卒會射。其後再幸飛山教場，躬親訓練。今兵甲不試三十年矣②，士不聞鉦鼓之聲，人不識行伍之列。願陛下按通禮，厲兵講事而躬閱之③。」議時令曰：「開元定禮，有明堂及太極殿五時讀令之儀。冠服佩玉，悉從方色。月令不順，則五沴應之。近歲氣序繆戾，水旱不節。天應以異，固當變而修正。願陛下申命有司，以氣至之日，集百官讀時令於天安殿。至尊升坐，近臣伏聽，上下交儆，以凝庶績。」議入閣曰：「唐寶曆之後，常以月朔御紫宸，行入閣之禮。後雖五代，猶或講求。施及聖朝，太祖五行其禮，多御崇元殿。備殿中金吾諸仗，設待制，復轉對官。崇元即今天安殿也。乾德之後，改御大明殿，即今集英殿也。太宗三行其禮，別定新制，就文德殿廷，增設黄麾仗。真宗亦三行之。其禮之廢，向踰二紀④。願因盛時，遵復其制。」

景祐初，知制誥。自是五除翰林學士，兩以人言不拜；而三授端明殿學士，侍讀、龍圖學士亦皆再兼。初，知鄭州[一一]，作周陵詩三章刻石。國子博士陳求古以舊怨訟其譏訕朝廷⑤[一二]，乃徙應天府。其後包拯、吴奎言其嘗請侍養父而不養母，中丞張昇繼論奏之，知河中府⑥[一三]。感風眩而卒[一四]，年五十八，贈尚書右丞。

淑聰悟博學，詳練典故[一五]，預修國朝會要、三朝訓鑒圖、閤門儀制、康定行軍賞罰格，又獻係訓二篇。所著

① 闢場東武原　「場」，長編卷一一四景祐元年二月乙未條作「鬭場」。
② 今兵甲不試三十年矣　「兵甲」，隆平集李若谷傳、東都事略李淑傳及長編卷一一四景祐元年二月乙未條引李淑奏議作「兵革」。
③ 厲兵講事而躬閱之　長編卷一一四景祐元年二月乙未條引李淑奏議作「厲兵講武而躬習閲之」。
④ 向踰二紀　隆平集李若谷傳作「已踰一紀」，疑誤。
⑤ 國子博士陳求古以舊怨訟其譏訕朝廷　「其譏」二字原脱，據隆平集李若谷傳補。
⑥ 知河中府　「知」，隆平集李若谷傳作「出知」。

有書殿集二十卷，潁皐集五卷，內制集三卷，祭範一卷，平棘集、邯鄲集各十卷，別集并筆語各十五卷。子壽朋①、復圭、德芻[一六]。

辨證：

[一] 參政李公若谷　本傳又載於隆平集卷七。按，李若谷及其子李淑，傳載於東都事略卷五七、宋史卷二九一。

[二] 遊洛下　宋史李若谷傳稱其「依姻家趙況於洛下」。

[三] 卒　按，長編卷一六六載其卒於皇祐元年六月戊子。

[四] 優贈太子太傅　按，長編卷一六六皇祐元年六月戊子條又云「後毋得爲例」。

[五] 太后怒遂不遣　長編卷一〇二天聖二年七月丁未條載：「刑部郎中、判户部勾院李若谷爲契丹妻生辰使，內殿承制、閤門祗候范守慶副之。若谷等辭日，不俟垂簾請對，遽詣長春殿奏事，太后不悦，尋命刑部郎中直史館章得象、供奉官閤門祗候馮克忠代焉。」注曰：「附傳云：『太后聽政，奉使者辭于庭，已而陞殿，若谷等辭已輒趨出，遂罷使。』與正傳及實録不同。」按，宋史李若谷傳云：「天聖初，判三司户部勾院。使契丹，陛辭，不俟垂簾請對，迺遽詣長春殿奏事，罷知荆南。」

[六] 荆南駐泊都監王蒙正恃太后姻家　揮麈後録卷二云：「昭陵聘后，蜀中有王氏女，姿色冠世，入京備選。章獻一見，以爲妖艷太甚，恐不利於少主，乃以嫁其姪從德，而擇郭后位中宫。上終不樂之。王氏之父蒙正由劉氏姻黨，屢典名藩。」

[七] 若谷至潛使人擒屬吏條前後罪狀磔于市湖中之盜遂息　長編卷一〇五天聖五年三月癸卯條載「洞庭有宿賊，數邀賈船，殺人投湖水，每捕獲，以所殺尸漂没無可驗，輒貸死，隸他州，既而逃歸，復攻劫。若谷以術擒致，磔於市，自是湖中少寇」。宋史李若谷傳云「自是寇稍息」。

① 子壽朋　「朋」原作「明」，宋史李淑傳等皆作「壽朋」，據改。

［八］安豐芍陂　按後漢書卷七六王景傳云：「郡界有楚相孫叔敖所起芍陂稻田。」李賢注曰：「陂在今壽州安豐縣東。陂徑百里，灌田萬頃。」

［九］爲下詔儆諭焉　長編卷一二二寶元元年十月丙寅條載李若谷奏語，并注曰：「按實録丙寅詔書專戒朋黨，蓋爲稱薦仲淹者設。仲淹本傳載語士遜云云，與實録亦同。而若谷傳乃云若谷建言，帝悟，爲下詔諭中外。然詔書則與若谷所言異意矣。疑此詔既下，若谷始納説，帝因若谷納説，遂釋朋黨之疑耳。初下此詔，實不緣若谷建言也。」

［一〇］天聖五年召試賜進士及第　據長編卷一〇六天聖六年五月丁巳條載：「賜光禄寺丞、集賢校理李淑進士及第。時淑預修史，同修史官劉筠等列奏淑夙負詞學，時稱俊敏。召試學士院，策論甚優，而有是命。」則李淑非天聖五年賜第。

［一一］知鄭州　長編卷一四三慶曆三年九月壬辰條載翰林學士、端明殿學士兼翰林院侍讀學士、中書舍人李淑罷翰林學士，爲給事中，出知鄭州，以「權知開封府吴育言淑前在府多褻近吏人故也」。

［一二］國子博士陳求古以舊怨訟其譏訕朝廷　長編卷一六五慶曆八年十一月乙未條云：「初，淑奉詔撰陳堯佐神道碑，少所推稱，其家積憾，求所以報。會淑嘗作周陵詩，有『不知門外倒戈回』之句，國子博士陳求古者，堯佐子也，因上淑詩石本，且言辭涉謗訕，下兩制及臺諫官參定，皆以謂引喻非當，遂黜之。淑累表論辨，不報，因請解官侍養，許之。」東軒筆録卷三云：「李淑在翰林，奉詔撰陳文惠公神道碑。李爲人高亢，少許可與，文章尤尚奇澁。碑成，殊不稱文惠之功烈文章，但云平生能爲二韻小詩而已。文惠之子述古等懇乞改去『二韻』等字，答以已經進呈，不可刊削，述古極銜之。會其年李出知鄭州，奉時祀於泰陵，而作恭帝詩曰：『弄楯牽車挽鼓催，不知門外倒戈迴。荒墳斷隴纔三尺，猶認房陵（平伏）［半仗］來。』述古得其詩，遽諷寺僧刻石，打墨百本，傳於都下。俄有以詩上聞者，仁宗以其詩送中書，翰林學士葉清臣等言本朝以揖遜得天下，而淑誣以干戈，且臣子非所宜言。仁宗亦深惡之，遂落李所居職，自是連蹇，爲侍從垂二十年，竟不能用而卒。」然邵博邵氏聞見後録卷一七乃云：「慶曆中，翰林侍讀學士淑守鄭州，題周少主陵云：『弄耜牽車挽鼓催，不知門外倒戈回。荒墳斷隴才三尺，剛道房陵半仗來。』時上命淑作陳文惠公堯佐墓銘，淑書堯佐『好爲小詩，間有奇句』及有『厎愎弗咸』等語，陳氏子弟請易去，淑以文先奏御，不可易，陳氏子弟恨之，刻淑周陵詩于石，指『倒戈』爲謗。上亦以藝祖應天順人，非逼伐而取之，落淑學士。淑上章辨尚書之義，蓋紂之前徒自倒戈攻紂，非武王倒戈也。上知淑深于經術，待之如初。」

〔一三〕其後包拯吳奎言其嘗請侍養父而不養母中丞張昪繼論奏之知河中府　長編卷一七一皇祐三年十月乙未條載翰林學士兼端明殿學士、翰林侍讀學士、禮部侍郎、知制誥李淑落翰林學士，云：「淑始除父喪，以端明、侍讀二學士奉朝請，尋復入翰林。諫官包拯、吳奎言：『淑性姦邪，嘗乞侍養其父而不及其母；既得侍養，又復出仕，有謀身之端，無事親之實。作周三陵詩，語涉怨懟，非所宜言。且陛下事章獻太后，母子之際，無纖介隙，而淑誌吕夷簡墓，有「過猜雞晨」之語，深累上德。宜奪禁職，以戒懷姦隱慝之臣。』故有是命。」又卷一八二嘉祐元年四月丙辰條云：「翰林學士兼端明殿學士、翰林侍讀學士李淑兼龍圖閣學士，落翰林學士。淑復召入翰林，未閱月，御史中丞張昪等言淑姦邪，又嘗匿服。亟罷之。」

〔一四〕感風眩而卒　按，長編卷一八九嘉祐四年四月壬申條載河中府言李淑卒。

〔一五〕淑聰悟博學詳練典故　長編卷一八九嘉祐四年四月壬申條云：「淑警慧過人，博習諸書，詳練朝廷典故，凡有沿革，帝必咨訪。在内外制作誥命，頗爲時所稱。其他詩賦碑記，多裁取古語駢偶之，務爲奇險僻奥，能文者不之愛也。既喜傾詖，故屢爲言者所斥，訖不得志，抑鬱以死。」

〔一六〕子壽朋復圭德芻　愛日齋叢鈔卷一云：「前輩名其子弟，多不可遽解。李邯鄲將名三子，期必用經語之言三者，又必四字成文，第二、三字皆仄聲，第四字平聲，然後取第二、第四字名之。長曰復圭，取『三復白圭』；仲曰壽朋，取『三壽作朋』；季獨無之，乃於佛經取『三德苾芻』，名曰德芻。項平甫得之曾仲躬侍郎。王仲言亦記其事，但以壽朋爲長。」

學士錢公若水〔一〕　同前

錢若水字淡成①，又字長卿，河南人②。十歲能屬文，華山陳摶一見，以爲有仙風道骨〔二〕。雍熙中，登進士

① 字淡成　宋史錢若水傳作「字澹成」。

② 河南人　按，宋史錢若水傳云其河南新安人。

第[三]。至道初，同知樞密院。真宗即位，屢求解機務，不允，以親年高，爲請益堅，乃罷爲集賢院學士，改鄧州觀察使、判并州。以疾召還，卒[四]，年四十四，贈户部尚書。

若水風流儒雅，有文學，善議論。事母以孝聞，所至有譽望。接物必以誠，評人貴賤壽夭多驗[五]。自知不壽，故懇辭勢位。賢士大夫皆宗慕之。有文集二十卷。自翰林草詔賜趙保忠云：「不斬繼遷，開狡兔之三穴；潛疑光嗣①，持首鼠之兩端。」太宗深嘉之[六]。知天雄軍，詔遣決議城綏州[七]。率衆過河，分布隊伍，動有師律，宿將見者莫不歎服。還言城之無益，詔已之。

修太宗實録②。初至道三年春，太宗晏駕，有馴犬號呼不食，詔遣送陵寢。參知政事李至欲若水書其事，遺之詩曰：「白麟朱鴈且勿書，勸君書此懲浮俗。」若水不從。至因若水奏成書不列監修官吕端名，以爲若水掠美。若水援唐故事，有實録不書監修官名[八]，衆不能折。

嘗從幸大名，詔御史中丞令訪近臣邊事③。若水言：「臣聞用兵以伐謀爲上，御將以用法當先④。比者傅潛爲帥，擁數十萬⑤，閉關縱寇，坐看醜虜殘虐生民，不正典刑，曷懲其後？楊延朗、楊嗣勇於赴敵，奮不顧身，授任

① 潛疑光嗣　「疑」，隆平集錢若水傳作「歸」。按，宋史錢若水傳作「疑」。
② 修太宗實録　按，據長編卷四二，此事載於至道三年十一月己巳，在錢若水知天雄軍前。
③ 詔御史中丞令訪近臣邊事　「詔」原作「訪」，據隆平集錢若水傳改。
④ 臣聞用兵以伐謀爲上御將以用法當先　「當」，隆平集錢若水傳作「爲」。又宋朝諸臣奏議卷一三〇錢若水上真宗答詔論邊事、長編卷四五咸平二年十二月丙子條引錢若水言作「臣聞孫武著書，以伐謀爲上；漢高將將，以用法爲先。」
⑤ 擁數十萬　隆平集、東都事略錢若水傳作「擁衆十萬」；宋朝諸臣奏議卷一三〇錢若水上真宗答詔論邊事、長編卷四五咸平二年十二月丙子條引錢若水言作「領數萬雄師」。按，宋史卷二七九傅潛傳稱「潛麾下步騎凡八萬餘」。

尚輕，見功未大①。臣願陛下誅傳潛以徇衆，擢嗣、朗以勸能②。使諸將承風，各思用命，聲馳塞外，威懾群胡。昔僞晉劉崇結契丹入寇，懦將樊愛能、何徽臨敵不戰，周世宗陳宴而戮之③，因使偏將十數分擊太原，崇不敢支，戎亦遁去。其後收淮甸，下秦鳳，平關南，如席卷之易。此用兵伐謀之効也。欲消外侮，必本安邊。用得其人，莫如太祖。畀董遵誨以通遠軍，郭進之在關南④，何繼筠之處鎮定，隰州則李謙溥，易州則賀惟忠，王彦昇之治原，姚内斌之守慶，名不過沿邊巡檢，責其效皆十餘年。閼略其細故，則無畏避之心；就録其功賞，則絶幸遷之意。官卑故易以使，久任故知虜情。間授睿謀，戒其生事。是以西寇北虜十七年間遣使稱藩，不爲外患。已試之效，今皆可行。」久之，北虜未賓，復内出手詔，詢若水備禦翦滅之術。若水言：「臣讀前史，論匈奴者多矣。若漢婁敬、樊噲、季布、賈誼、晁錯、主父偃、徐樂、王恢、韓安國、朱買臣、董仲舒之所陳，特和親、征伐之二議。唐李靖、魏徵、温彦博、郭正一、狄仁傑之所及，亦不過戰、守之兩端。晉桑維翰不背約之言，出於微弱；故相趙普請回軍之奏，姑冀息民。悉非遠謀，臣所不取。嚴尤謂自古禦戎無上策，臣竊笑之。守在四夷，制勝以静，非上策而何？臣聞唐魏博一鎮爾，戎兵固不衆於今日，而胡騎未嘗南牧者，以幽薊爲北門，扼其險阻故也。石晉割地之後，由定武達滄海，千里受敵。雖設二關⑤，鎮之以重兵，莫可以禦。故晉末渡長河，漢初復擾邊徼。以周

① 見功未大　「大」，隆平集錢若水傳作「賞」。
② 擢嗣朗以勸能　「嗣朗」，隆平集錢若水傳作「朗嗣」。
③ 周世宗陳宴而戮之　「宴」原作「晏」，據隆平集、東都事略錢若水傳及長編卷四五咸平二年十二月丙子條引錢若水言改。
④ 郭進之在關南　宋朝諸臣奏議卷一三〇錢若水上真宗答詔論邊事、長編卷四五咸平二年十二月丙子條引錢若水言、宋史錢若水傳皆作「郭進在邢州，李漢超在關南」，是傳文有脱文。
⑤ 雖設二關　「二關」，宋朝諸臣奏議卷一三〇錢若水上真宗論邊備之要有五、長編卷四六咸平三年三月「是月」條作「三關」。

世宗之英武，曾未能絶其寇中山，窺上黨。今御札詢備禦翦滅之術，臣以爲未得幽州，未可翦滅也。後唐莊宗在河北，命周德威取幽州，然後南向而争天下，蓋先爲萬全之計，使不能勝①。此善用兵者也。夫戰守不同心，將不能料敵，重兵在外，輕兵在内，則今之所患也。臣願陛下選智謀可以任邊郡者，聽召壯士以爲部曲，而官爲廩給之。又募民爲招收軍，厚其糧賜，捐其租賦②，彼供輸兩地，各有親屬，則敵之動息得以知之。如是同心，將能料敵，而在外者皆輕兵矣。然無以統衆，則不能用衆；無以制勝，則不能勝敵。故必擇大臣領近鎮、提重兵以專閫外之事，有警則督戰，已事則班師。既無舉兵之名，又得馭兵之要。三軍同力，上下一心，備禦之方，舉積此矣。若迺患民力之困，則廣邊地之營田；防戍卒之驕③，則嚴將帥之法令。古語有之曰：『法不可疑④，令不可違。』又曰：『賞不勸謂之止善，罰不懲謂之縱惡。』昔太祖用郭進守西山，遣戍卒，必戒之曰：『汝謹奉法，我猶赦汝，郭進殺汝矣。』其假借如此。故郭進所止⑤，兵未嘗小衄。臣願陛下推太祖所以待進之心而待諸將，則法令不患不嚴，勸懲不患不至。」上善其議。

---

① 使不能勝　宋朝諸臣奏議卷一三〇錢若水上真宗論邊備之要有五作「向使幽州未下，安敢決渡河之計乎」。
② 捐其租賦　隆平集錢若水傳作「蠲其租税」。
③ 防戍卒之驕　「防」字原脱，據隆平集錢若水傳補。
④ 法不可疑　「疑」，東都事略、宋史錢若水傳及宋朝諸臣奏議卷一三〇錢若水上真宗論邊備之要有五作「移」，長編卷四六咸平三年「是春」條作「離」。
⑤ 故郭進所止　「止」，隆平集、東都事略、宋史錢若水傳及宋朝諸臣奏議卷一三〇錢若水上真宗論邊備之要有五、長編卷四六咸平三年「是春」條作「至」。

辨證：

［一］學士錢公若水　本傳又載於隆平集卷九。按，錢若水，東都事略卷三五、宋史卷二六六有傳；楊億武夷新集卷九載有宋故推誠保德翊戴功臣鄧州管内觀察使金紫光禄大夫檢校司空兼御史大夫上柱國長城郡開國公食邑二千四百户食實封四百户贈户部尚書錢公墓誌銘。

［二］華山陳摶一見以爲有仙風道骨　宋史錢若水傳云：「華山陳摶見之，謂曰：『子神清，可以學道；不然，當富貴，但忌太速爾。』」邵氏聞見録卷七云：「錢若水爲舉子時，見陳希夷於華山。希夷曰：『明日當再來。』若水如期往，見有一老僧與希夷擁地罏坐。僧熟視若水久之，不語，以火箸畫灰作『做不得』三字，徐曰：『急流中勇退人也。』若水辭去，希夷不復留。後若水登科爲樞密副使，年才四十致政。希夷初謂若水有仙風道骨，意未決，命老僧者觀之。僧云『做不得』，故不復留。然急流中勇退，去神仙不遠矣。」

［三］雍熙中登進士第　玉壺清話卷一云劉綜「雍熙二年，擢第于梁顥榜中。同年錢若水深器之」。則錢若水亦當於雍熙二年登第。楊億武夷新集卷九錢公墓誌銘云「太平興國七年詔郡國貢士，河南太守以公首薦于賢能之書，時纔弱冠。會有期功之喪，不克隨計。再上，登甲科，解褐同州觀察推官」。

［四］卒　按，長編卷五五咸平六年十月己卯條載錢若水卒。武夷新集卷九錢公墓誌銘云是年「十月戊寅，宿戒知友，會竺乾之宇，爲桑門之饌，與開士輩談苦空，讚真諦。俄起更衣，偃然就枕，若假寐焉。少頃視之，乃風眩暴作，如大醉狀，肩舁歸第。是夕，以不起聞」。

［五］評人貴賤壽夭多驗　歸田録卷一載「錢副樞若水嘗遇異人傳相法，其事甚怪。錢公後傳楊大年，故世稱此二人有知人之鑒」。

［六］太宗深嘉之　宋朝事實類苑卷四〇錢若水引金坡遺事云：「錢若水爲學士，太宗禮遇殊厚。嘗草賜趙保忠詔云：『不斬繼遷，存狡兔之三穴；潛疑光嗣，持首鼠之兩端。』太宗覽之甚悦，謂若水曰：『此四句正道著我意。』又與趙保忠詔有『既除手足之親，已失輔車之勢』，其辭甚美，太宗御筆批其後云：『依此詔本，極好。』至今其子延年寶藏之。」

［七］知天雄軍詔遣決議城綏州　長編卷五〇咸平四年十二月丁未條云：「先是，邊臣請城綏州，大屯兵積穀，以遏党項，朝臣互執利害，久而未決。詔中書、樞密院會議，而吕蒙正、王旦、王欽若以爲修之不便；李沆言修之便，但恐勞民；向敏中、周瑩、王繼英、馮拯、

陳堯叟皆曰修之便。上以境土遐邈，不可遥度其事，乃命比部員外郎直史館洪湛、侍禁閤門祇候程順奇同往按視焉。」又閏十二月丙戌條云：「洪湛等使還，言城綏州，其利有七而害有二。丙戌，詔築綏州城。」卷五一咸平五年二月丁丑條載：「孫全照至綏州，乃言築城非便，朝論亦多異同。丁丑，詔知天雄軍、工部侍郎錢若水與并代鈐轄陳興乘傳詳度之，儻有所利，急令施功，如其不然，即可罷役。」四月辛未條載錢若水上言城綏州不便，「已罷其役。若水復詣闕面陳其事，上甚嘉納。初，若水率衆過河，分布軍伍，咸有節制，深爲戍將所服。上知之，謂左右曰：『若水儒臣中知兵者也。』尋復遣若水巡撫陝西沿邊諸州，聽便宜制置邊事，及還，拜鄧州觀察使」。按，東軒筆録卷一五云「太宗時，錢若水言綏州不可城，以其下有無定河，歲被水害」。

〔八〕若水援唐故事有實録不書監修官名　長編卷四三咸平元年八月乙巳條云：「若水稱詔旨專修，不隸史局，又援唐朝故事若此者甚衆。」

包孝肅公拯〔一〕　同前

包拯字希仁，廬州人①。天聖五年登進士第②，累擢天章閣待制、龍圖閣直學士、權三司使。嘉祐六年，遷給事中，正三司使，數日拜樞密使③，遷侍郎，辭不受。七年薨于位④，年六十四，贈禮部尚書，謚孝肅。子綖⑤〔二〕。

① 廬州人　按，包拯集附録一包公墓誌銘、國史本傳及東都事略、宋史包拯傳云其廬州合肥人。

② 天聖五年登進士第　「天聖」原作「天祐」，據隆平集包拯傳及包拯集附録一包公墓誌銘、國史本傳改。

③ 數日拜樞密使　「樞密使」，包拯集附録一包公墓誌銘、國史本傳及東都事略、宋史包拯傳皆作「樞密副使」，是。

④ 七年薨于位　包拯集附録一包公墓誌銘言其卒於嘉祐七年五月辛未（二十五日），然長編卷一九六載嘉祐七年五月庚午（二十四日）載樞密副使包拯卒。按，其間當有一誤。

⑤ 子綖　「綖」原作「誕」，據隆平集、宋史包拯傳及包拯集附録一包公墓誌銘、國史本傳改。

初，拯以大理評事知建昌縣，辭以親年高，改和州管庫①，而親不欲去鄉里，遂解官就養。及親亡，廬墓側終喪，不忍仕。久之，知揚州天長縣。有訴盜割牛舌者[三]，拯曰：「第殺而鬻之。」俄有告私屠牛，拯曰：「已割其舌矣，非私殺也。」盜色變，遂引伏。嘗使北，虜之典客曰②：「雄州開便門，欲誘納叛人，刺候疆事耶③？」拯曰：「誠欲刺之，自有正門，何必便門也？此豈嘗問涿州門耶？」虜有沮色。

爲御史，言諸道轉運加按察使之名，以苛察相尚，奏劾官吏，更倍於前日，捃摭細故，使吏不自安。詔爲罷之[四]。除陜西轉運使，既行數日，有它路監司對而求章服者。上不悦，因傳宣中書曰：「包拯使陜西，未嘗自言也，可賁三品服賜之。」及知諫院，數論斥大臣[五]，請罷一切内降。又録唐魏鄭公三疏，請置座右，及别條七事[六]，言明慎聽納、辨别朋黨④、愛惜人才、不主先入之説、蕩去疑法、條責臣下、牽録微過⑤。其論甚美。

在陜西，奏罷斜谷務造船材木十萬，及罷七州河椿竹索數十萬⑥。奉使河北，言牧馬占邢、洺、趙三州沃壤萬五千頃，悉請以予民，從之。知瀛州，除放一路所負回易公使錢十餘萬，仍奏諸州無得回易公使錢⑦，遂爲著令。開封舊制，訟牒令知牌司收之於門外，拯知府，開門使徑至庭下辨曲直。京師大水，拯以勢家多置園第惠民

---

① 改和州管庫　按，包拯集附録一包公墓誌銘、國史本傳及宋史包拯傳稱其監和州税。

② 嘗使北虜之典客曰　隆平集包拯傳「北虜」作「北虜虜」，無「之」字。

③ 刺候疆事耶　「疆」原作「彊」，據庫本及隆平集包拯傳改。

④ 辨别朋黨　「别」原作「刑」，據文海本、庫本及隆平集、東都事略包拯傳改。

⑤ 牽録微過　「微」原作「懲」，據隆平集、東都事略包拯傳及包拯集附録一國史本傳改。

⑥ 及罷七州河椿竹索數十萬　「椿」，東都事略、宋史包拯傳作「橋」。

⑦ 仍奏諸州無得回易公使錢　「無」，隆平集包拯傳作「毋」。

河上，歲久湮塞，遂盡毁去。宦者僞增地契步數，悉奏劾之，權貴爲之斂迹。

權中執法，請立皇嗣[七]，陳教養宗室之法，責諸路監司，聽御史府自舉屬官，御史不避二府薦舉①，兩制得至執政私第，減一歲休假日[八]，皆施行。及攻罷張方平三司使而除宋祁，拯又屢擊祁在蜀宴飲過度[九]，遂除拯三司使。翰林學士歐陽脩疏拯所謂奪蹊田之牛②，罰已重矣，又貪其富，不亦甚乎？拯居家避命者久之。在三司，和市上供物，以革科率之擾。

其爲人不苟合，未嘗僞辭色以悦人。平居無私書，故人親黨亦皆絶之。人多憚其方嚴，雖里巷婦人穉子，莫不知其名[一〇]。仕至通顯，奉己儉約如布衣時。少爲劉筠所知，筠無子③，爲奏其族子爲後，而請還其所没田廬。

辨證：

[一] 包孝肅公拯　本傳又載於隆平集卷一一。按，包拯，東都事略卷七三、宋史卷三一六有傳；包拯集附録一載有吴奎宋故樞密副使孝肅包公墓誌銘、國史本傳。

[二] 子綖　包拯集附録一包公墓誌銘稱其「子繶，太常寺太祝，先公卒；綖，五歲兒也」。

[三] 有訴盗割牛舌者　按，宋時斷「盗割牛舌」案，史載頗夥。如類説卷四五佚名聖宋掇遺云：「張詠知永興，有父老訴牛舌爲人數割，詠曰：『爾爲鄰居，誰是最隙？』曰：『有甲氏，嘗貸粟於某，不遂，怨之深者。』詠遣去，云：『至家，徑解其牛貨之。』父老如教。翌日，有人訴擅屠牛，詠叱曰：『爾割某民牛舌，以償貸粟之怨，而返致訟耶？』其人伏罪。」又端明集卷三八尚書都官員外郎致仕葉府君墓

---

① 御史不避二府薦舉　「御史」上，隆平集、東都事略包拯傳及包拯集附録一國史本傳有「諫官」二字。

② 翰林學士歐陽脩疏拯所謂奪蹊田之牛　「謂」字原脱，據東都事略、宋史包拯傳及包拯集附録一國史本傳補。

③ 筠無子　按，宋史卷三〇五劉筠傳稱劉筠有「一子早卒」。

誌銘記葉賓知泉州永興縣，「盜截牛舌，其主以聞，府君陽爲叱去，陰令屠之。即有告其自殺牛者，府君誚告者曰：『截牛舌盜汝也。』訊之，伏其罪」。宋史卷三三二穆衍傳云穆衍「調華池令，民牛爲仇家斷舌，而不知何人，訟于縣，衍命殺之。明日，仇以私殺告，衍曰：『斷牛舌者乃汝耶？』訊之具服」。趙鼎臣竹隱畸士集卷十八韓至之墓誌銘云韓至之爲湯陰尉，「湯陰田舍翁亡其耕牛之舌，來訴至之，至之謝曰：『牛不可活矣，恣烹之。』俄有告翁屠牛者，亟執之，曰：『若盜牛舌，柰何又以是誣翁？』盜立服」。

［四］詔爲罷之　按，據長編卷一五一，包拯於慶曆四年八月乙卯奏言。又通考卷六一職官考一五轉運使注云：慶曆「三年，詔諸路轉運使並兼按察使，每歲具官吏能否。先是，歐陽修請遣使按察官吏，賈昌朝言轉運以按察官吏，故令兼而領之。六年，赦書以爲所過煩擾，吏不能安其職，遂並罷之」。

［五］及知諫院數論斥大臣　長編卷一七〇皇祐三年三月庚申條云：「諫官包拯、吳奎、陳旭言工部尚書、平章事宋庠不戢子弟，在政府無所建明。又言庠聞有劾章，即求退免，表既再上，乃不待答，復入視事。庚申，罷爲刑部尚書、觀文殿學士、知河南府。」又卷一七一皇祐三年十月辛丑條載：「樞密副使、給事中梁適爲參知政事，翰林學士承旨兼端明殿學士、給事中、知制誥王堯臣爲樞密副使，起居舍人、知諫院吳奎知密州。包拯奏乞留奎，且言『唐介因彈大臣，并以中奎，誣惑天聽』。上曰：『介昨言奎、拯皆陰結文彥博，今觀此奏，則非誣也。』」

［六］及别條七事　按，包拯所上七事，載包孝肅奏議集卷一。

［七］權中執法請立皇嗣　宋史包拯傳云其權御史中丞日，「奏曰：『東宮虛位日久，天下以爲憂。陛下持久不決，何也？』仁宗曰：『卿欲誰立？』拯曰：『臣不才備位，乞豫建太子者，爲宗廟萬世計也。陛下問臣欲誰立，是疑臣也。臣年六十，且無子，非邀福者。』帝喜曰：『徐當議之。』」按，東都事略包拯傳載「嘉祐三年，除右諫議大夫、御史中丞」。

［八］減一歲休假日　文昌雜録卷三云：「初，包拯爲三司使，上言每節假七日，廢事頗多，請今後祗給假五日，自此始也。」

［九］及攻罷張方平三司使而除宋祁拯又屢擊祁在蜀宴飲過度　後山談叢卷一云：「張文定公方平爲三司使，孝肅極言其失，遂罷歸院。宋景文公代爲使，文定亦爲上言：『故事，執政用三司使、知開封府與御史中丞耳。包拯自府入臺，又言臺官不爲執政，所可假以進者，惟三司耳。極力攻臣，冀得其處。而用宋祁，其勢必復攻祁，不遂與之，則三司使無其人矣。』孝肅逐景文公而代之，遂遷西府。孫

文節公抃自西府遷右省，御史韓縝言其不可，仁宗曰：『御史謂誰可參知政事者？』韓素不經意，卒然對曰：『包拯可。』仁宗熟視而笑曰：『包拯非昔之包拯矣。』」

〔一〇〕人多憚其方嚴雖里巷婦人穉子莫不知其名　宋史包拯傳稱：「人以包拯笑比黃河清，童稚婦女亦知其名，呼曰『包待制』。京師爲語之曰：『關節不到，有閻羅、包老。』」

名臣碑傳琬琰集下卷七

陶翰林穀[一]　曾太史鞏

陶穀字秀實，邠州人①。北齊尚書令唐邕，唐内史侍郎唐儉，皆其遠祖。姓因避晋祖諱而爲陶②，遂不復其舊[二]。父涣，唐末仕至刺史，爲邠州帥楊崇本所害。穀隨母育崇本家[三]。幼有俊才，漢相李崧奇之，自單州判官擢爲集賢校理③[四]，未幾遂知制誥。在周爲翰林學士承旨。宋興，歷禮、刑、户部三尚書。卒[五]，年六十八，贈右僕射。

宋之南郊，法物制度，皆其所定。博記美詞翰，滑稽好大言。佛老之書，陰陽之學，亦能詳究[六]。傾險巧詆，爲時論所薄[七]。其進緣李崧，崧之及禍，穀自謂有力焉[八]。周世宗召魚崇諒爲學士，未至，穀譖以爲顧望劉崇，而遂代其任④[九]。世宗語趙上交多謁告，穀乃及其受門生名薗事[一〇]，而上交被黜。若是者蓋不可徧録。

① 邠州人　按，東都事略、宋史陶穀傳稱其邠州新平人。
② 姓因避晋祖諱而爲陶　「而」下，隆平集陶穀傳有「更」字。
③ 自單州判官擢爲集賢校理　「賢」字原脱，據隆平集、東都事略、宋史陶穀傳補。
④ 穀譖以爲顧望劉崇而遂代其任　隆平集陶穀傳無「劉崇」二字；「而遂」，隆平集陶穀傳作「世宗遂令」。

辨證：

［一］陶翰林穀　本傳又載於隆平集卷一三。按，陶穀，東都事略卷三〇、宋史卷二六九有傳。

［二］姓因避晉祖諱而爲陶遂不復其舊　澠水燕談録卷九雜録云：「穀避晉祖名改陶，後歷事累朝，不復還本姓，士大夫譏之。」按，晉祖即後晉高祖石敬瑭。

［三］穀隨母育崇本家　宋史陶穀傳云「時穀尚幼，隨母柳氏育崇本家」。

［四］漢相李崧奇之自單州判官擢爲集賢校理　宋史陶穀傳云其「嘗以書干宰相李崧，崧甚重其文。時和凝亦爲相，同奏爲著作佐郎、集賢校理」。

［五］卒　按，長編卷一一載陶穀卒於開寶三年十二月庚午。

［六］陰陽之學亦能詳究　玉壺清話卷二云陶穀「明博該敏，尤工曆象。時僞晉虜勢方熾，謂所親曰：『五星數夜連珠於西南，已累累大明，吾輩無左衽之憂，有真主已在漢地。觀虜帳騰蛇氣纏之，虜主必不歸國。』未幾，德光薨於漢。又孛東起，芒侵於北，穀曰：『胡雛非久，自相吞噬，安能亂華。』後皆盡然」。

［七］傾險巧詆爲時論所薄　東軒筆録卷一云：「陶穀自五代至國初，文翰爲一時之冠。然其爲人，傾險狠媚，自漢初始得用，即致李崧赤族之禍，由是縉紳莫不畏而忌之。太祖雖不喜，然藉其詞章足用，故尚寘於翰苑。穀自以久次舊人，意希大用。建隆以後，爲宰相者往往不由文翰，而聞望皆出穀下。穀不能平，乃俾其黨與因事薦引，以爲久在詞禁，宣力實多，亦以微伺上旨。太祖笑曰：『頗聞翰林草制，皆檢前人舊本，改換詞語，此乃俗所謂「依樣畫葫蘆」耳，何宣力之有？』穀聞之，乃作詩，書於玉堂之壁，曰：『官職須由生處有，才能不管用時無。堪笑翰林陶學士，年年依樣畫葫蘆。』太祖益薄其怨望，遂決意不用矣。」又續湘山野録所載稍異：「國初文章，惟陶尚書穀爲優，以朝廷眷待詞臣不厚，乞罷禁林。太祖曰：『此官職甚難做，依樣畫葫蘆，且做且做。』不許罷，復不進用。穀題詩於玉堂曰：『官職有來須與做，才能用處不憂無。堪笑翰林陶學士，一生依樣畫葫蘆。』駕幸見之，愈不悦，卒不大用。」按，宋初留用後周三相，此後僅趙普獨相，至開寶三年陶穀卒。則東軒筆録所謂「建隆以後，爲宰相者往往不由文翰，而聞望皆出穀下」者，當指趙普而言。又宋史陶穀傳云其「爲人儁辨宏博，然奔競務進。見後學有文采者，必極言以譽之；聞達官有聞望者，則巧詆以排之。其多忌好名類此。初，太

祖將受禪，未有禪文，穀在旁，出諸懷中而進之曰：『已成矣。』太祖甚薄之。嘗自曰：『吾頭骨法相非常，當戴貂蟬冠爾。』蓋有意大用也，人多笑之」。

［八］崧之及禍穀自謂有力焉　宋史陶穀傳載：「初，崧從契丹以北，（後漢）高祖入京師，以崧第賜蘇逢吉，而崧別有田宅在西京，逢吉皆取之。崧自北還，因以宅券獻逢吉，逢吉不悦，而崧子弟數出怨言。其後逢吉乃誘告崧與弟嶼、嶬等下獄，崧懼，移病不出。崧族子昉爲祕書郎，嘗往候崧，崧語昉曰：『邇來朝廷於我有何議？』昉曰：『無他聞，唯陶給事往往於稠人中厚誣叔父。』崧歎曰：『穀自單州判官，吾取爲集賢校理，不數年擢掌誥命，吾何負於陶氏子哉？』及崧遇禍，昉嘗因公事詣穀，穀問昉：『識李侍中否？』昉斂衽應曰：『遠從叔爾。』穀曰：『李氏之禍，穀出力焉。』昉聞之汗出。」

［九］周世宗召魚崇諒爲學士未至穀譖以爲顧望劉崇而遂代其任　按宋史陶穀傳云其「從征太原，時魚崇諒迎母後至，穀乘間言曰：『崇諒宿留不來，有顧望意。』世宗頗疑之。崇諒又表陳母病，詔許歸陝州就養，以穀爲翰林學士」。

［一〇］世宗語趙上交多謁告穀乃及其受門生名園事　宋史卷二六二趙上交傳載顯德「二年拜吏部侍郎，多請告不朝，時出游別墅。世宗因問陶穀曰：『上交豈衰老乎？』穀對曰：『上交昔掌貢舉，放鬻市家子李觀及第，受所獻名園，多植花卉，優游自適。』世宗怒，免其官」。

戚學士綸［一］　同前

戚綸字仲言，應天府楚丘人。篤於古學，喜談名教。太平興國八年登進士第。

父同文，字文約［二］。幼孤，事祖母以孝聞。從邑人楊懿受經①［三］，懿隱居不仕，而以女弟妻同文。遇疾，因託以家事。同文爲葬其三世之未葬者。遭世喪亂，亦不復仕，聚徒講學，相繼登科者五十六人［四］，踐臺閣者亦

① 從邑人楊懿受經　「楊懿」，東都事略、宋史戚同文傳作「楊慤」。

至十數[五]。尚信義，喜賙人急，所與交皆當世之名士。楊徽之因使至郡，多所酬唱。及卒，徽之及其門人追號「堅素先生」。長子曰維，仕至户部郎中①。綸，其次子也。

大中祥符二年，應天府言民有曹誠者，即同文舊居，廣舍百五十楹，聚書千餘卷，以延學者。真宗嘉之，賜名曰「應天府書院」，命綸之子奉禮郎舜賓主之，補誠爲府助教[六]。

綸與兄維友愛甚至。真宗初置龍圖閣待制，首以任綸[七]。久之，進樞密直學士。大中祥符初，祥文荐降，歌頌日興，綸恐流俗託朝廷嘉瑞事，詐爲靈木石之異，幻惑愚衆如少君、欒大者，上疏亟論[八]。上嘉納之。出知杭州，發運使胡則、李溥惡其修潔，相與捃摭，徙揚、徐、青、鄆州[九]。復爲勸農使王遵誨、李仲容所誣奏②，謂嘗訕朝廷，降太常少卿分司[一〇]。卒[一一]，年六十八。

辨證：

[一] 戚學士綸　本傳又載於隆平集卷一三。按，戚綸，東都事略卷四七、宋史卷三〇六有傳。

[二] 父同文字文約　按，戚同文，東都事略卷四七、宋史卷四五七有傳。宋史戚同文傳稱其名同文、字同文，且云「時晉末喪亂，絶意禄仕，且思見混一，遂以『同文』爲名字」。童蒙訓卷下云：「太宗、真宗朝睢陽有戚先生者，名同文，字同文，有至行，鄉人皆化之。」然宋史戚綸傳亦云「同文字文約」。

[三] 從邑人楊懿受經　宋史戚同文傳云其「始聞邑人楊慤教授生徒，日過其學舍，因授禮記，隨即成誦，日諷一卷，慤異而留之。不終歲畢誦五經」。

---

① 仕至户部郎中　按，宋史戚同文傳稱戚維「累官職方郎中」。

② 復爲勸農使王遵誨李仲容所誣奏　「王遵誨」上原衍「爲」字，據隆平集、東都事略戚綸傳删。

［四］相繼登科者五十六人　玉壺清話卷一稱其門人登第者自「孫何而下七榜五十六人」。

［五］踐臺閣者亦至十數　宋史戚同文傳稱其門人「宗度、許驤、陳象輿、高象先、郭成範、王礪、滕涉皆踐臺閣」。又童蒙訓卷下云：「睢陽初建學，同文實主之。范文正與嵇内翰穎之父皆嘗師事焉。」

［六］補誠爲府助教　容齋三筆卷五州郡書院記録此事，并云：「宋興，天下州府有學自此始。」

［七］真宗初置龍圖閣待制首以任綸　宋史戚綸傳稱「時初建是職，與杜鎬並命，人皆榮之」。

［八］上疏亟論　國老談苑卷二云：「戚綸待制龍圖閣，天書初降，群臣表賀，詞皆溢美，綸獨言曰：『曠古未有此事，不可恃之爲祥。當戒慎修省，以答天意。』真宗覽而嘉之。」按，戚綸疏文載於宋朝諸臣奏議卷三六，題曰上真宗論受天書。

［九］發運使胡則李溥惡其修潔相與捃摭徙揚徐青鄆州　長編卷八二大中祥符七年三月癸卯條云：「江淮制置發運使胡則嘗居杭州，肆縱無檢，知州戚綸惡之。通判吴耀卿，則之黨也，伺綸動静，密以報則。則又厚結李溥，溥方爲當塗者所昵，因共捃摭綸過。癸卯，詔徙知揚州。維揚亦溥、則巡内，持之益急，綸求换僻郡，是冬又徙徐州。」注曰：「本傳云：『江潮爲患，綸立埽岸以易柱石之制，雖免水害，而衆頗非其法。』按此即陳堯佐傳所載與丁謂争議者，蓋堯佐及綸同議變法，謂先徙綸，相繼徙堯佐。……然所以徙綸，又不獨緣作隄也。」又卷九一天禧二年三月戊戌條云：「徙河北都轉運使李士衡知青州，代戚綸，以綸知鄆州。綸嘗作書勸臨淄麻氏出粟以濟饑民，太常丞致仕景宗拒之，答綸書極不遜。綸憤甚，具奏其事，上怒曰：『綸選懦不能抑豪强，乃煩朝廷耶？』亟命士衡代之。」

［一〇］復爲勸農使王遵誨李仲容所誣奏謂嘗訕朝廷降太常少卿分司　長編卷九三天禧三年五月壬戌條亦載：「左諫議大夫、知鄆州戚綸責授岳州團練副使。先是，有王遵誨者，嘗任西邊，寓家永興，閨門不肅，事將發，知府寇準爲平之。及是，遵誨爲同提點刑獄官，綸因諧戲語及準，遵誨怒，以爲斥己，遂與提點刑獄官李仲容奏綸有訕上語，故坐責。」宋史戚綸傳亦稱其「徙鄆州。王遵誨爲勸農副使，嘗任西邊，寓家永興，閨門不肅，事將發，知府寇準爲平之。綸因戲謔語及準，遵誨恚怒，以爲污己，遂奏綸謗訕，坐左遷岳州團練副使。易和州，天禧四年改保静軍副使。是冬，以疾求歸故里，改太常少卿，分司南京」。則知戚綸當時實左遷岳州團練副使，而改太常少卿分司乃次年冬時事。此處云「降太常少卿分司」者不確。

［一一］卒　據宋史戚綸傳，其卒於天禧五年。長編卷一〇六天聖六年六月己丑條載「追復太常少卿戚綸爲左諫議大夫。綸以責

死，天禧間其子舜舉上綸平生奏議，詔復之」。

徐常侍鉉①［一］　同前

徐鉉字鼎臣，廣陵人［二］。十歲能屬文，與韓熙載齊名江東，謂之「韓徐」。仕李煜至吏部尚書②。歸朝，屢遷至散騎常侍。坐累貶邠州行軍司馬［三］。卒［四］，年七十六。

鉉恬淡無矯僞，不喜釋氏，而好神怪，有以此獻者，多遂其所請。布衣蒯亮事夸誕，年逾九十，鉉延置門下，稽神録之事，多亮之言也［五］。初，自江南入使，會報城陷，太祖厲聲責之［六］，鉉對曰：「臣爲江南大臣，而其國滅亡，此死有餘罪，不必他問。」太祖歎曰：「忠臣也。」命坐，賜予甚厚。鉉至京師，見披毛褐者輒哂之。邠州苦寒，終不御毛褐，冷氣致腹疾而卒［七］。

李穆常使江南③，見鉉及其弟鍇文章，曰：「二陸不能及也。」鍇死於江南［八］。鉉好李斯小篆，尤得其妙［九］；隸書亦工。尺牘爲士大夫所得，皆珍藏之。有文集二十卷④，又有質論、稽神録行於世⑤。嘗受詔與句

---

① 徐常侍鉉　按，底本本篇及楊文莊公徽之及「王翰林禹偁同前」七字原錯置於孫學士何下，據鐵琴銅劍樓本、庫本改移至戚學士綸下。

② 仕李煜至吏部尚書　「仕」原作「任」，據庫本及隆平集徐鉉傳改。

③ 李穆常使江南　「李穆」原作「李睦」，據隆平集、東都事略、宋史徐鉉傳及宋史卷二六三李穆傳改。

④ 有文集二十卷　按，湘山野録卷中亦云其文集爲二十卷，然徐騎省集附録徐公墓誌銘及東都事略、宋史徐鉉傳稱三十卷。又晁志卷一八著録徐鉉集三十卷，陳録卷一七著録徐常侍集三十卷，宋史卷二〇八藝文志七著録徐鉉集三十二卷。

⑤ 又有質論稽神録行於世　「質論」，東都事略、宋史徐鉉傳作「質疑論」。

中正重定說文。

辨證：

[一] 徐常侍鉉　本傳又載於隆平集卷一三。按，徐鉉，東都事略卷三八、宋史卷四四一有傳；徐鉉徐騎省集附録載有宋故金紫光禄大夫左散騎常侍上柱國東海縣開國伯食邑七百户責授静難軍節度使行軍司馬徐公年七十六行狀，李昉大宋故静難軍節度行軍司馬檢校工部尚書東海徐公墓誌銘。

[二] 廣陵人　徐騎省集附録徐公墓誌銘云「其先會稽人，自言生于揚州」。十國春秋卷二八徐鉉傳云其「父延休，爲吴江都少尹，遂家廣陵」。

[三] 坐累貶邠州行軍司馬　宋會要輯稿職官六四之八載：淳化二年「九月二日，左司諫、知制誥、判大理寺王禹偁，庫部員外郎、知制誥、判刑部宋湜，秘書丞、權大理正李壽，左贊善大夫、刑部詳覆趙曦，左散騎常侍徐鉉，開封府判官、左諫議大夫張去華，皆免所居官，仍削一任。續責禹偁商州團練副使，湜均州團練副使，鉉静難軍節度行軍司馬，去華安遠軍節度行軍司馬。坐廬州尼道安嘗請開封府訟兄蕭獻臣、嫂姜氏不養母姑，府不爲理，械繫道安送本郡。至是，道安復擊登聞鼓，自言嘗訴兄嫂不孝，嫂姜氏，徐鉉妻之兄女，鉉以尺牘請託張去華，故不爲治，且誣鉉與姜奸。帝頗駭其事，以道安、獻臣、姜氏及鉉、去華屬吏。獄具，大理寺以鉉之奸罪無實。刑部詳覆，議與大理寺同，尼道安當反坐。帝疑其未實，盡捕三司官吏繫獄，而有是命」。

[四] 卒　按，據徐騎省集附録徐公墓誌銘，其卒於淳化三年八月二十六日。

[五] 稽神録之事多亮之言也　宋朝事實類苑卷六五詼啁二引楊文公談苑云：「徐鉉不信佛，而酷好鬼神之説，江南中主常語鉉以『佛經有深義，卿頗閲之否？』鉉曰：『臣性所不及，不能留意。』中主以楞嚴經一帙授之，令看讀，可見其精理。經旬餘，鉉表納所借經求見，言曰：『臣讀之數過，見其談空之説，似一器中傾出，復入一器中，此絶難曉，臣都不能省其義。』因再拜，中主哂之。後嘗與近臣通佛理者説以爲笑。專搜求神怪之事，記於簡牘，以爲稽神録。嘗典選，選人無以自通，詭言有神怪之事，鉉初令録之，選人言不閑筆綴，願得口述。亟呼

見問之，因以私禱，罔不遂其請。歸朝，有江東布衣蒯亮，年九十餘，好爲大言夸誕，鉉館於門下，心喜之。稽神録中事，多亮所言。亮嘗忤鉉，鉉甚怒，不與話累日。忽一日，鉉將入朝，亮迎呼爲中闌，云：『適有異人，肉翅自廳飛出，升堂而去，亮目送久之，方滅。』鉉即喜笑，命紙筆記之，待亮如故。江陵從祖重内典，嘗謂鉉曰：『公鄙斥浮屠之教，而重神變之事，瞿曇豈不得作黄面神人乎？』鉉笑而不答。」

〔六〕自江南入使會報城陷太祖厲聲責之　按，長編卷一七開寶九年正月辛未條稱「徐鉉從煜至京師，上召見鉉，責以不早勸煜歸朝，聲色甚厲」。則金陵城破，徐鉉非在汴京；而太祖責徐鉉，乃在其隨李煜北至汴京時。傳文誤。

〔七〕邠州苦寒終不御毛褐冷氣致腹疾而卒　丁晉公談録云：「徐左省鉉職居近列，雖盛寒入奉朝請，即未嘗披毛衫。或詰之，曰：『豈有雙闕之下衣戎服歟？』每覩待漏院前燈火人物，賣肝夾粉粥，來往喧雜，即皺眉惡之，曰：『真同寨下耳。』一生好服寬袴，未嘗窄衣裳，謂諸士夫曰：『軒裳之家，雞豕、魚鱉、果實、蔬茹，皆可備矣。』蓋沽酒市脯不食爾。其敦尚儒素也如此。」又演繁露卷一三毛裘云：「徐常侍鉉入中原，以織毛衣制本出胡虜，不肯被服，寧忍寒至死，信其有守。然古固以狐羔麑爲裘，聖人服之矣。若謂古人不以織毛之衣襲朝服者，則今貂蟬亦古乎？若其篤古堅毅，死且不易，上於人多矣。」宋史徐鉉傳云：「邠州苦寒，終不御毛褐，致冷疾，一日晨起，方冠帶，遽索筆手疏，約束後事，又別署曰：『道者天地之母。』書訖而卒，年七十六。鉉無子，門人鄭文寶護其喪至汴，胡仲容歸其葬於南昌之西山。」

〔八〕鍇死於江南　宋史徐鉉傳稱徐鍇「因鉉奉使入宋，憂懼而卒」。馬令南唐書卷十四徐鍇傳云「鍇以開寶八年卒於金陵圍城中，卒之踰月南唐亡」。陸游南唐書卷五徐鍇傳云「時國勢日削，鍇憂憤，鬱鬱得疾，謂家人曰：『吾今乃免爲俘虜矣。』開寶七年七月卒，年五十五，贈禮部侍郎，謚曰文」。按，據宋史卷三太祖紀載：開寶七年九月，太祖命「伐江南」，并「以知制誥李穆爲江南國信使」。八年初，兵臨金陵城下。「十月己亥朔，江南主遣徐鉉、周惟簡來乞緩師」。至「十一月辛未，江南主遣徐鉉等再奉表乞緩師，不報」。「乙未，曹彬克昇州，俘其國主煜」。可知陸游南唐書云徐鍇「開寶七年七月卒」者不確，徐鍇當卒於開寶八年十月間。

〔九〕鉉好李斯小篆尤得其妙　夢溪筆談卷一七書畫云：「江南徐鉉善小篆，映日視之，畫之中心，有一縷濃墨，正當其中，至於屈折處亦當中，無有偏側處，乃筆鋒直下不倒側，故鋒常在畫中，此用筆之法也。鉉嘗自謂吾晚年始得竵匾之法，凡小篆喜瘦而長，竵匾之法，非老筆不能也。」

楊文莊公徽之[一]　同前

楊徽之字仲猷，建州浦城人[二]。世尚武力，父澄始業儒。徽之少好學，同邑有江文蔚善賦，江爲善詩，皆延置客館。未幾①，遂與齊名。聞廬山學舍盛，即往肄業。周顯德中，登進士甲科[三]。建隆初，監方城商税。因故人出使，訪問謡俗，徽之爲言海内寧一，宜崇儒術以厚風教。太祖疑以訕，黜爲天興令[四]。蜀平，徙峨眉令。太宗嗣位，召還，累擢至諫議大夫。爲張洎、劉昌言所誣，貶鎮安軍司馬[五]。真宗尹京，驛召復舊官，爲開封府推官②。即位，除工部侍郎，兼秘書監，遷樞密直學士、翰林侍讀學士[六]。卒[七]，年八十。無子，一女適宋氏。時外孫綬纔十歲③，特授太常寺太祝。姪孫偓、集，皆同學究出身。

徽之清素，重名教，尚風誼[八]，常言：「温仲舒、寇準以博取貴位，使後進趨競，禮俗寖薄矣。」與石熙載、李穆、賈黄中爲文義之友。多識典故，唐之士族人物④，悉能詳記。尤工吟咏，有集二十卷⑤。景祐二年，詔以徽之先帝宫僚⑥，特贈太子太師，謚文莊[九]。

① 未幾　隆平集楊徽之傳作「未朞」。

② 爲開封府推官　按，據武夷新集卷一一楊公行狀、長編卷三六淳化五年十月丙戌條、宋史楊徽之傳，其與畢士安並充開封府判官，當是。

③ 時外孫綬纔十歲　「歲」原作「年」，據隆平集楊徽之傳改。

④ 唐之士族人物　宋史楊徽之傳云「唐室以來士族人物」。

⑤ 有集二十卷　按，宋史卷二〇八藝文志七著録楊徽之集五卷。

⑥ 詔以徽之先帝宫僚　「宫僚」，隆平集楊徽之傳作「官僚」，誤。

辨證：

［一］楊文莊公徽之　本傳又載於隆平集卷一三。按，楊徽之，東都事略卷三八、宋史卷二九六有傳，楊億武夷新集卷一一載有故翰林侍讀學士正奉大夫尚書兵部侍郎兼祕書監上柱國江陵郡開國侯食邑一千三百户食實封三百户賜紫金魚袋贈兵部尚書楊公行狀，蘇頌蘇魏公集卷五一載有翰林侍講學士正奉大夫尚書兵部侍郎兼秘書監上柱國江陵郡開國侯食邑一千三百户食實封二百户贈太子太師謚文莊楊公神道碑銘。

［二］建州浦城人　蘇魏公集卷五一楊公神道碑銘云其「胄出華陰著姓，漢太尉震七世孫信安侯嚮之子奢仕晉鬱林太守。永嘉南渡，徙籍上饒。奢之十五世孫光翼，唐上元中爲信州刺史，以劉展亂江左，遣其子建安令宣挈族人歸於閩，因家浦城，遂占數建安焉」。

［三］周顯德中登進士甲科　涑水記聞卷二云：「是時福建屬江南，江南亦置進士科以延士大夫，徽之耻之，乃間道詣中朝應舉，夜浮江津。周世宗時及第。」按，蘇魏公集卷五一楊公神道碑銘稱其顯德二年進士及第。

［四］黜爲天興令　長編卷四乾德元年十二月己亥條載殿中侍御史鄭起爲西河令，云鄭起「顯德末爲殿中侍御史，見上握禁兵，有人望，乃貽書范質，極言其事，質不聽」。入宋，出掌泗州市征，刺史張延範「密奏起嗜酒廢職，起坐左遷右拾遺。浦城楊徽之亦嘗言於世宗，以爲上有人望，不宜典禁兵。上即位，將因事誅之。皇弟光義曰：『此周室忠臣也，不宜深罪。』於是亦出爲天興令」。注曰：「楊徽之與鄭起同出，據實録及本傳，事則取記聞。」按，涑水記聞卷二載「是時，太祖已爲時望所歸，徽之上書言之。及太祖即位，將殺徽之，太宗時爲晉王，力救之，曰：『此周室忠臣也，不可殺。』其後左遷爲峨眉令，十餘年不得調」。

［五］爲張洎劉昌言所誣貶鎮安軍司馬　宋史楊徽之傳云：「時劉昌言拔自下位，不踰時參掌機務，懼無以厭人望，常求自安之計。董儼爲右計使，欲傾昌言代之，嘗謂徽之曰：『上遇張洎、錢若水甚厚，旦夕將大用。』有直史館錢熙者，與昌言厚善，詣徽之，徽之語次及之。熙遽以告昌言，昌言以告洎。洎方固寵，謂徽之遺熙構飛語中傷己，遂白上。上怒，召昌言質其語。出徽之爲山南東道行軍司馬，熙落職通判朗州。徽之未行，改鎮安軍行軍司馬。」

［六］翰林侍讀學士　長編卷四五咸平二年七月丙午條載：「置翰林侍讀學士，以兵部侍郎楊徽之、户部侍郎夏侯嶠、工部郎中呂文仲爲之。置翰林侍講學士，以國子祭酒邢昺爲之。初，太宗命文仲爲翰林侍讀，寓直禁中，以備顧問，然名秩未崇。上奉承先志，特建

此職，擇老儒舊德以充其選，班秩次翰林學士，祿賜如之。設直廬於秘閣，侍讀更直，侍講長上，日給尚食珍膳，夜則迭宿，令監館閣書籍。中使劉崇超日具當宿官名於内東門進入，自是多召對詢訪，或至中夕焉。」

〔七〕卒　按，據武夷新集卷一一楊公行狀，其卒於咸平三年正月二十三日。

〔八〕重名教尚風誼　涑水記聞卷二引黄希言「徽之性介特，人罕能入其意者，雖親子弟，不肖不爲奏任爲官，平生獨奏外孫宋綬、族人自誠及某三人而已」。

〔九〕景祐二年詔以徽之先帝宫僚特贈太子太師謚文莊　蘇魏公集卷五一楊公神道碑銘云：「景祐二年冬十二月，宣獻公奏疏上前曰：『臣之外祖，早事先帝，在天府爲上介，在春坊爲首僚。際會龍飛，待遇無比。殂謝之日，恩備始終。官應定謚，而故吏失於陳請。二夫人配食，復闕從子加贈之文。竊惟聖朝，敦奬世臣，宜蒙褒賁，非敢以臣備位，輒覬恩榮。』是月，制以太子太師襚章、文莊公誄策告其第。」

王翰林禹偁〔一〕　同前

王禹偁字元之，濟州鉅野人。家世微賤〔二〕，九歲能爲歌詩。州從事畢士安見而異之，勉其勤業。及長，善屬文。太平興國八年登進士第。太宗聞其名，召試相府，擢詞館，獻端拱箴①〔三〕，上初喜納②，趙普尤器重之。端拱二年，庭試貢士，詔使作歌，援筆立就。太宗謂侍臣曰：「此歌不踰月偏天下矣③。」以左司諫知制誥。駕幸

① 獻端拱箴　「獻」字原脱，據隆平集王禹偁傳補。
② 上初喜納　「初喜」，隆平集王禹偁傳作「深嘉」。
③ 此歌不踰月偏天下矣　「偏」，文海本作「滿」。

瓊林苑，召至御榻前顧問，語宰相曰：「禹偁文章，獨步當世。」其將大遇如此。因抗疏爲徐鉉雪誣，貶商州團練副使[四]。久之，復知制誥，召入翰林爲學士。孝章皇后崩，梓宮遷主第。禹偁語賓客：「后嘗母儀天下，當用舊典。」坐訕謗，罷職知滁州[五]。真宗即位，遷刑部郎中，召知制誥。咸平初，求補外，守本官知黄州[六]。卒[七]，年四十八。初，境内有二虎鬭，其一死而食其半。又群雞夜鳴，經月不止。禹偁以其事聞，上遣中貴人乘馹問勞，且爲禳醮。詢日官，云：「守土當其咎。」亟命遷蘄州。力疾上道，卒[八]。上嘗聞訃嗟悼①，賜一子出身。

禹偁辭章敏贍，喜談世事，臧否人物，以正道自持，故屢被擯斥[九]。所與游必儒雅，稱獎後進，如孫何、丁謂，遂名重一時[一〇]。有小畜集三十卷，奏議十卷，後集、詩三卷。

辨證：

[一]王翰林禹偁　本傳又載於隆平集卷一三。按，王禹偁，東都事略卷三九、宋史卷二九三有傳。

[二]家世微賤　東都事略王禹偁傳稱其「家世爲農」。本書下集卷四畢文簡公士安傳稱「州民王禹偁爲磨家兒」。

[三]獻端拱箴　按，此箴載於聖宋名賢五百家播芳大全文粹卷一〇九。

[四]因抗疏爲徐鉉雪誣貶商州團練副使　宋史王禹偁傳稱其「判大理寺。廬州妖尼道安誣訟徐鉉，道安當反坐，有詔勿治。禹偁抗疏雪鉉，請論道安罪，坐貶商州團練副使」。

[五]坐訕謗罷職知滁州　東都事略王禹偁傳載：「孝章皇后崩，梓宮遷于燕國長公主第。禹偁争之曰：『皇后嘗母儀天下，當遵用舊典。』罷知滁州。」長編卷三七至道元年五月甲寅條載：「開寶皇后之喪，群臣不成服。禹偁與賓友言：『后嘗母天下，當遵用舊禮。』或以告，上不悦。甲寅，禹偁坐輕肆，罷爲工部郎中、知滁州。上謂宰相曰：『人之性分固不可移，朕嘗戒勖禹偁，令自修飭。近觀舉措，

① 上嘗聞訃嗟悼　隆平集王禹偁傳無「嘗」字，疑衍。

終焉不改，禁署之地，豈可復處乎？』」按，孝章皇后，即太祖皇后宋氏，所謂「開寶皇后」，乃以太祖開寶年號相稱。

［六］求補外守本官知黄州　東都事略王禹偁傳云時「修太祖實録，禹偁直書其事，執政以禹偁爲輕重其間，出知黄州」。長編卷四三咸平元年十二月甲寅條載：「刑部郎中、知制誥王禹偁預修太祖實録，或言禹偁以私意輕重其間」，故而落職知黄州。注曰：「按禹偁黄州謝上表，則此出端坐史事，而本傳乃云：『宰相張齊賢、李沆不協，意禹偁譖其間，故罷職。』今但從記聞，更須考之。或云禹偁撰太祖增上徽號册文，語涉譏訕。此大誤也。江休復云：『真宗初即位，禹偁謁畢相于開封，云「某事某事，舊僚宜有規諷」。出知黄州。』此亦誤。真宗初即位，禹偁實自揚州召入，當其責時，畢相去開封矣。」

［七］卒　按，長編卷四九載其卒於咸平四年六月。

［八］力疾上道卒　澠水燕談録卷六先兆云：「王元之謫守黄州，有二虎鬭，一虎死，食之殆半；群雞夜鳴。日官謂守土者當其咎，真宗惜其才，即徙蘄州。謝表有『茂陵封禪之書，止期身後』之語，帝深異之，促詔還臺。未行，捐館，帝甚歎息之。」四六話卷下云：「元之自黄移蘄州，臨終作遺表曰：『豈期游岱之魂，遂協生桑之夢。』蓋昔人夢生桑而占者云『桑字乃四十八』，果以是歲終。元之亦以四十八而殁也。臨殁用事精當如此，足以見其安於死生之際矣。」

［九］以正道自持故屢被擯斥　珍席放談卷下云：「王元之詞學器識，度越當代，太宗深所器異。而天資忠勁，知無不言，言無所徇。始以知制誥坐事貶商州團練副使，還朝，上曰：『王文章俊穎，人罕偕者，但性剛直，不甚容物。』命宰相召戒之。後又繼被貶斥，皆以論議也。」玉壺清話卷四云王禹偁「嘗侍宴瓊林，太宗獨召至御榻，面誡之曰：『卿聰明，文章在有唐不下韓、柳之列，但剛不容物，人多沮卿，使朕難庇。』」又長編卷四九咸平四年六月戊午條載：「禹偁詞學敏贍，時所推重，丰裁峻厲，以直躬行道爲己任，遇事敢言，雖屢危困，封奏無輟。嘗云：『吾若生元和時，從事於李絳、崔群間，斯無媿矣。』又爲文著書，師慕古昔，多涉規諷，以是不容於流俗，故累登文翰之職，尋即罷去焉。」

［一〇］稱獎後進如孫何丁謂遂名重一時　石林燕語卷一〇云：「丁晉公、孫何皆游門下，元之亦極力延譽，由是衆多側目。」澠水燕談録卷三知人云：「孫何、孫僅，學行文辭，傾動場屋。何既爲狀元，王黄州覽僅文編，書其後曰：『明年再就堯階試，應被人呼小狀元。』後牓僅果爲第一。」

孫學士何[一]　同前

孫何字漢公，蔡州人①。幼嗜學，爲文必本經②。與丁謂同爲王禹偁所題獎，時謂之「孫丁」。淳化三年舉進士，殿試及省闈俱爲第一[二]。累擢起居舍人、知制誥。卒[三]，年四十四。性卞急③，嘗任京西、兩浙轉運使，頗事苛察[四]，然獨喜稱譽後進④。有文集四十卷。子言，弟僅。

僅字鄰幾。咸平初登進士第，皆冠天下士⑤，學者榮之[五]。僅復舉賢良方正科入等。累擢知制誥、集賢院學士、給事中。卒[六]，年四十九。僅端懿無競，篤於儒學，士大夫高其履尚。有文集五十卷。子和。

路振字時發⑥[七]。唐相巖四世孫。巖貶死嶺外，其子孫避地湖湘，遂爲永州人[八]。振幼穎悟，七歲聽誦陰符經⑦，裁百言而止。父使終業，振曰：「百言演道足矣。」父異其對。淳化中舉進士，殿試卮言日出賦，獨振知所出[九]，而文亦典贍，遂登甲科。累擢知制誥，詞命温雅，深愜物論。卒[一〇]，年五十八。振淳厚無臧否，恂恂

① 蔡州人　按，東都事略、宋史孫何傳云其蔡州汝陽人。
② 爲文必本經　「經」下，宋史孫何傳有「義」字。
③ 性卞急　「卞」原作「辨」，據隆平集孫何傳改。
④ 然獨喜稱譽後進　「然」原作「殆」，據隆平集孫何傳改。
⑤ 皆冠天下士　「皆」上，隆平集孫何傳有「兄弟」二字，是。
⑥ 路振字時發　按，東都事略、宋史路振傳及晁志卷七、陳録卷五皆稱其字子發。
⑦ 七歲聽誦陰符經　「七歲」，隆平集、東都事略、宋史路振傳作「十歲」。

如也。作詩有唐人風。有文集二十卷。子綸。

校證：

[一]孫學士何　本傳又載於隆平集卷一三。按，孫何，東都事略卷四七、宋史卷三〇六有傳。又其弟孫僅，傳附載於孫何傳。

[二]殿試及省闈俱爲第一　歸田録卷一云：「太宗時親試進士，每以先進卷子者賜第一人及第。孫何與李庶幾同在科場，皆有時名，庶幾文思敏速，何尤苦思遲。會言事者上言：『舉子輕薄，爲文不求義理，惟以敏速相誇。』因言：『庶幾與舉子於餅肆中作賦，以一餅熟成一韻者爲勝。』太宗聞之大怒，是歲殿試，庶幾最先進卷子，遽叱出之。由是何爲第一。」

[三]卒　按，宋史孫何傳稱其卒於景德元年冬。

[四]頗事苛察　涑水記聞卷三稱：「何爲轉運使，令人負礓礫自隨，所至散之地，吏應對小失誤，則於地倒曳之。故從者憑依其威，妄爲寒暑，所至騷擾，人不稱賢。」

[五]皆冠天下士學者榮之　澠水燕談録卷三知人云：「何既爲狀元，王黄州覽僅文編，書其後曰：『明年再就堯階試，應被人呼小狀元。』後牓僅果爲第一。黄州復以詩寄之云：『病中何幸忽開顔，記得詩稱小狀元。粉壁乍懸龍虎牓，錦標終屬鶺鴒原。』并寄何詩曰：『惟愛君家棣華牓，登科記上並龍頭。』潘逍遥亦有詩曰：『歸來遍檢登科記，未見連年放弟兄。』」按，王黄州即王禹偁，潘逍遥即潘閬。

[六]卒　按，宋史孫何傳稱孫僅卒於天禧元年正月。

[七]路振字時發　按，路振之傳載隆平集卷一三，正在孫何傳後，然其單獨立傳，非附傳於孫何後，當爲編纂者續聯鈔入之。又按，路振，東都事略卷一一五、宋史卷四四一有傳。

[八]巖貶死嶺外其子孫避地湖湘遂爲永州人　新唐書卷一八四路巖傳云其「始爲相時，委事親吏邊咸。會至德令陳蟠叟奏書願請間言財利，帝召見，則曰：『臣願破邊咸家，可佐軍興。』帝問：『咸何人？』對曰：『宰相巖親吏也。』帝怒，斥蟠叟，自是人無敢言。咸乃與郭籌者相依倚爲姦，巖不甚制，軍中惟邊將軍、郭司馬爾，妄給與以結士心。嘗閱武都場，咸、籌涖之，其議事以書相示則焚之，軍中

驚，以有異圖，恟恟，遂聞京師。巖坐是徙荆南節度使，道貶新州刺史，至江陵免官，流儋州，籍入其家。……捕誅咸、籌等。巖至新州，詔賜死」。宋史路振傳云路巖「其子琛避地湖湘間」，其後遂爲永州祁陽人。

［九］淳化中舉進士殿試卮言日出賦獨振知所出　太平治迹統類卷二七祖宗科舉取人稱其淳化三年及第。宋史路振傳載：「太宗以詞場之弊，多事輕淺，不能該貫古道，因試卮言日出賦，觀其學術。時就試者凡數百人，咸愕眙忘其所出，雖當時馳聲場屋者亦有難色。振寒素，遊京師人罕知者，所作賦尤爲典贍，太宗甚嘉之。」能改齋漫録卷一試詩賦題示出處云：「本朝試進士詩賦題，元不具出處。因淳化三年殿試卮言日出賦，獨路振知所出，遂中第三人。是年，孫何第一人，朱台符第二人，亦不能知，止取其文耳。自後所試進士詩賦題，皆明示出處。」

［一〇］卒　按，宋史路振傳云路振「嗜酒得疾」，卒於大中祥符七年冬。

宋文安公白[一]　同前

宋白字素臣①，開封人②。十二善屬文③。建隆二年登進士第，又舉拔萃科，中高等。釋褐授著作佐郎，賜襲衣犀帶。求外補嘉州玉津令④[二]。久之，從太宗征太原，劉繼元降，白獻平晉頌，太宗獎諭[三]。還京，遂除中書舍人，賜金紫，入翰林爲學士。至道初，加承旨。真宗即位，擬陸贄牓子集以獻⑤，上察其意希大用，遂命尹

① 宋白字素臣　按，宋史宋白傳稱其字太素。故兩宋名賢小集卷五廣平別集云：「宋白字太素，一字素臣。」

② 開封人　按，東都事略、宋史宋白傳及長編卷四乾德元年閏十二月丁卯條稱其大名人。

③ 十二善屬文　「十二」，東都事略宋白傳稱「年十一」，宋史宋白傳稱「年十三」。

④ 求外補嘉州玉津令　「外補」，隆平集宋白傳作「補外授」。

⑤ 擬陸贄牓子集以獻　「牓子集」原作「牓于集」，據隆平集、東都事略、宋史宋白傳及陳録卷一六「陸宣公集二十二卷」條云「牓子集十二卷」改。

京。無政事才，不任劇，乃自求罷。以疾請老，授兵部尚書致仕[四]，進吏部。卒[五]，年七十七，贈右僕射①，謚文安[六]。

白之文，頗事浮麗，而理致或不工。善諧謔，不拘小節。典貢舉，得王禹偁、田錫、胡旦，時謂之得人。至它所取，有納賂者[七]，伶人舉爲戲言。又高年不能決退，多致譏誚。殆能贍濟親族而恤其孤幼，是亦其所長也。

辨證：

[一] 宋文安公白　本傳又載於隆平集卷一三。按，宋白，東都事略卷三八、宋史卷四三九有傳。

[二] 求外補嘉州玉津令　宋史宋白傳云：「蜀平，授玉津縣令。開寶中，閻丕、王洞交薦其才，宜預朝列。白以親老，祈外任，連知蒲城、衛南二縣。」

[三] 太宗獎諭　宋史宋白傳云時「太宗夜召至行宮褒慰，且曰：『俟還京師，當以璽書授職。』」

[四] 以疾請老授兵部尚書致仕　長編卷六七景德四年十一月丁丑條載刑部尚書宋白爲兵部尚書致仕，云：「白年踰耳順，圖進不休。御史中丞王嗣宗屢使人諷之。知樞密院事陳堯叟，其子壻也，亦數懇勸。白不得已始上表，上猶以舊臣眷然未許；再表，乃許焉。」

[五] 卒　按，長編卷七七載其卒於大中祥符五年正月乙亥。

[六] 謚文安　長編卷七七大中祥符五年正月乙亥條云「有司議謚曰文憲。内出密奏，言白素無檢操，不當獲此謚，遂改爲文安」。

[七] 至它所取有納賂者　涑水記聞卷一云：「太祖時，宋白知舉，疑爲陶穀。多受金銀，取捨不公，恐榜出群議沸騰，迺先具姓名以白上，欲託上指以自重。上怒曰：『吾委汝知舉，取舍汝當自決，何爲白我？我安能知其可否？若牓出別致人言，當斫汝頭以謝衆。』白大懼而悉改其牓，使協公議而出之。」按，「太祖」當爲「太宗」之譌，長編卷二九端拱元年閏五月壬寅條云：「先是，翰林學士、禮部侍郎宋

---

① 贈右僕射　長編卷七七大中祥符五年正月乙亥條及東都事略、宋史宋白傳作「贈左僕射」。

白知貢舉，放進士程宿以下二十八人，諸科一百人。牓既出，而謗議蜂起，或擊登聞鼓求別試。上意其遺才，壬寅，召下第人覆試於崇政殿，得進士馬國祥以下及諸科凡七百人，令樞密院用白紙爲牒賜之，以試中爲目，令權知諸縣簿、尉。……白凡三掌貢士，所取如蘇易簡、王禹偁輩皆知名，而罷黜者衆，因致謗議。」

楊文公億[一]　同前

楊億字大年，建州浦城人。祖文逸，嘗夢一羽衣自稱懷玉山人，覺而億生。有毛被體，其長盈尺，踰月始墮。能言，母口授以小經①，隨即記誦。六歲學吟詩，七歲善屬文。太宗聞而詔江南轉運使李去華以所試文同送赴闕②，繼三日賜對，而試詩賦五篇③[二]，援筆立成，時纔十一歲。上大嗟賞，命内侍送至中書，令賦詩一章。宰臣等剡章稱賀。詔授秘書省正字，有「進脩不已，砥礪彌堅，越景絶塵，一日千里」之句④。既謝，即求歸鄉里。喪父服除，從祖徽之知許州，往依焉。徽之間與語，歎其學問該博，曰：「興吾門在汝矣。」淳化中，詣闕獻文，命讀書秘閣。

---

①　母口授以小經　「小經」，宋史楊億傳同，隆平集楊億傳作「孝經」。按，新唐書卷四四選舉志上云：「凡禮記、春秋左氏傳爲大經，詩、周禮、儀禮爲中經，易、尚書、春秋公羊傳穀梁傳爲小經。」然此爲唐制。宋太宗皇帝實録卷三三雍熙二年四月丙子條載有詔令曰：「今後以周易、尚書，各爲一科，而附以論語、爾雅、孝經三小經。」則此處作「小經」者是。

②　太宗聞而詔江南轉運使李去華以所試文同送赴闕　「聞而」，隆平集楊億傳作「聞之」。「李去華」，宋太宗皇帝實録卷三一雍熙元年十一月癸酉條、長編卷二五雍熙元年十一月癸酉條及宋史楊億傳作「張去華」，是。按，張去華，宋史卷三〇六有傳。

③　而試詩賦五篇　「而試」，隆平集楊億傳作「面試」。

④　有進脩不已砥礪彌堅越景絶塵一日千里之句　按，據東都事略楊億傳，此乃授楊億秘書省正字制詞内文句。又，「日」原作「具」，據隆平集、東都事略、宋史楊億傳改。

召試，賜進士出身[三]。久之，除直集賢院。徽之在襄邸幕下[四]，書疏一以委億。及真宗即位，累擢知制誥。景德三年，入翰林爲學士。母有疾，謁告不俟報而行，因以疾求解官，授太常少卿分司[五]。疾愈，知汝州[六]。會加玉皇聖號，表請陪祠，召爲寶册參詳儀制副使。久之，遷工部侍郎。知貢舉，坐譴，降秘書監[七]。母喪，詔起復工部侍郎[八]、翰林學士。卒[九]，年四十七①。子紘[一〇]，給俸終喪。

景祐元年，樞密使王曙叔上億天禧四年代寇準草奏請皇太子親政、斥丁謂等姦邪事[一一]，準既逐，億亦憂畏而卒。仁宗嘉歎，下詔褒顯之，特贈禮部尚書，賜謚曰文。有司舉故事，非嘗任二府及事東宮賜四品②，無贈官。上曰：「億爲國竭忠，有君子之大節，可拘以常典乎？」

億初爲光禄寺丞，太宗賞花後苑，召命賦詩座側，對輔臣誦其警策句。明年苑中曲燕，億復獻詩。上詰有司不時召③，對曰：「非貼職，制不與。」立命兼直院④[一二]。表求歸里中迎母，特賜錢十五萬。太宗知其貧，故屢有霑賚。時之公卿牋翰，皆出其手。在西掖，有詔以吏部主事爲大理評事，億封還詞頭⑤[一三]。後同王欽若修册府元龜，詔書局衆論取決於億[一四]。脩太宗實録八十卷⑥，億獨成五十六卷。於歷代典章制度尤爲該洽，故朝廷議論，必取正焉。經傳子史百家之學，罔不通貫。爲文敏贍，起草細字，一幅數千言，不加點竄[一五]。對客談笑，揮

---

① 年四十七　宋史楊億傳作「年五十七」，不確。

② 有司舉故事非嘗任二府及事東宮賜四品　「二府」原作「工府」，據隆平集、東都事略楊億傳及長編卷一一四景祐元年四月甲午條改。

③ 上詰有司不時召　「詰」，隆平集楊億傳作「詔」，疑誤。

④ 立命兼直院　「兼」，隆平集楊億傳作「除」。

⑤ 億封還詞頭　「詞頭」，隆平集楊億傳作「詔書」。

⑥ 脩太宗實録八十卷　「宗」原作「平」，據隆平集、東都事略、宋史楊億傳改。

毫無滯。論治道，談世務，必稽古驗今，究切利病。厚風義，重名教，誘進後學[一六]，樂道人善，賢士大夫翕然宗之。然評品人物，黑白大分①，姦邪之所戾惡譏毀[一七]。因以聞母病，不俟報而行，皆以爲慢朝廷②，又以詆時政之語達於上[一八]，上愛之有素，而又且力爲開釋[一九]，故僅免焉。在翰林，嘗以疾告，上遣使挾太醫診視。表謝，上批紙尾賜詩，有「副予前席待名賢」之句③，其顧遇如此。

晚年留意釋典[二〇]，臨終有空頌一章。其文有括倉④、武夷⑤、潁陰、韓城⑥、退居、汝陽、蓬山、冠鼇、内外制、刀筆集，共一百九十四卷[二一]，又別出西崑酬唱、虢郡文齋、潁陰聯唱、南陽釋苑等集，又手録時人所作爲儒苑時文録數十篇⑦。真宗嘗謂王旦：「億詞學無比，後學多所法則[二二]，如劉筠、宋綬、晏殊而下，比比相繼。文章有正元、元和風格⑧，自億始也。」旦曰：「後進皆師慕億。唯李宗諤久與之遊，終不能得其鱗甲。」蓋李昉詞體弱，不宗尚經典故也[二三]。

---

① 黑白大分　「大」，文海本、庫本作「太」。

② 不俟報而行皆以爲慢朝廷　「行皆」原作「皆行」，據隆平集楊億傳乙改。

③ 有副予前席待名賢之句　「待」原作「侍」，據隆平集、東都事略、宋史楊億傳改。

④ 其文有括倉　「括倉」，宋史楊億傳作「括蒼」。按，元和郡縣志卷二七處州云隋開皇九年改永嘉爲處州，十二年又改爲括倉，大業三年復改爲永嘉郡。唐武德四年復立括州，天寶元年爲縉雲郡，乾元元年復爲括州，大曆十四年改爲處州。

⑤ 武夷　原作「夷武」，據隆平集、宋史楊億傳乙改。

⑥ 韓城　原作「寒城」，據隆平集、宋史楊億傳改。

⑦ 又手録時人所作爲儒苑時文録數十篇　「十」，隆平集楊億傳作「千」。

⑧ 文章有正元元和風格　「正元」，庫本及東都事略楊億傳作「貞元」，此避宋仁宗嫌名諱而改字。

辨證：

〔一〕楊文公億　本傳又載於隆平集卷一三。按，楊億，東都事略卷四七、宋史卷三〇五有傳。

〔二〕太宗聞而詔江南轉運使李去華以所試文同送赴闕繼三日賜對而試詩賦五篇　長編卷二五雍熙元年十一月癸酉條載：「以建州進士楊億爲祕書省正字，時年十一。億，徽之從孫，七歲能屬文。上聞其名，詔江南轉運使張去華就試詞藝，遣赴闕。連三日得對，試賦五篇，皆援筆立成。上深歎賞，命中使送至中書，又賦詩一章，略不杼思。宰相駭其俊異，削章爲賀。上曰：『可與一官，留京師。』時詔令賦詩於前以適意，故有是命。」又湘山野録卷上云：「楊大年年十一，建州送入闕下，太宗親試一賦一詩，頃刻而就。上喜，令中人送中書，俾宰臣再試。時參政李至狀：『臣等今月某日，入内都知王仁睿傳聖旨，押送建州十一歲習進士楊億到中書。其人來自江湖，對敭軒陛，殊無震慴，便有老成，蓋聖祚承平，神童間出也。臣亦令賦喜朝京闕詩，五言六韻，亦頃刻而成。其詩謹封進。』詩内有『七閩波渺邈，雙闕氣岧嶤。曉登雲外嶺，夜渡月中潮』，斷句云『願秉清忠節，終身立聖朝』之句。」

〔三〕召試賜進士出身　宋史楊億傳云其「獻二京賦，命試翰林，賜進士第」。

〔四〕徽之在襄邸幕下　宋史楊億傳云「真宗在京府，徽之爲首僚」。按，據宋史真宗紀，真宗繼位前，於端拱元年封襄王，淳化五年進封壽王。

〔五〕母有疾謁告不俟報而行因以疾求解官授太常少卿分司　長編卷八〇大中祥符六年六月辛未條云：「翰林學士、户部郎中、知制誥楊億嘗草答契丹書云『鄰壤交歡』，上自注其側作『朽壤』、『鼠壤』、『糞壤』等字，億遽改爲『鄰境』。明日引唐故事，學士草制有所改爲不稱職，亟求罷，上慰諭之。他日，謂輔臣曰：『楊億真有氣性，不通商量。』及議册皇后，上欲得億草制，使丁謂諭旨，億難之，因請三代。謂曰：『大年勉爲此，不憂不富貴。』億曰：『如此富貴，亦非所願也。』乃命它學士草制。億雖頻忤旨，恩禮猶不衰。王欽若、陳彭年等深害之，益加譖毁，上意稍怠。億嘗入直，忽被召至禁中，既見賜坐，從容顧問，徐出文藁數篋以示億曰：『卿識朕書跡乎？此皆朕自起草，未嘗命臣下代作也。』億皇恐不知所對，頓首再拜趨出，知譖者之言得行，即謀退遁。億有别墅在陽翟，億母往視之，會得疾，億遂留謁告牓子與孔目吏，中夕奔去。先一日，上聞億母病，遣使者以湯藥、金幣賜之，使者及門，則億既亡去矣。朝論諠然，以爲不可。上亦謂輔臣王旦等曰：『億侍從官，安得如此自便？』旦曰：『億本寒士，先帝賞其詞學，寘諸館殿，陛下拔擢至此。責以公議，誠爲罪人。

賴陛下矜容，不然，顛躓久矣。然近職不可居外地，今當罷之。』上終愛其才，踰月命弗下。億素體羸，於是稱疾，請解官。辛未，以億爲太常少卿、分司西京，仍許就所居養療，候損日赴任。」注曰：「錢惟演金坡遺事載：『億以五月二日奔陽翟，使者及門，始知億已亡去。』則湯藥、金幣，非億去後始賜也。本傳云『億不待報行，上親緘藥劑洎金帛賜之』，蓋飾説也。……億既亡去，朝論即諠然，王旦等乞罷其近職，此命當亟下，乃自五月二日至今月辛未幾四旬始責降，真宗愛才容直之盛德於此可見。而實録、正史並皆脱略，深可惜也，今特著之。億稱疾求罷，因授分司，本傳當不謬。又云有嗾憲官彈億者，則又恐未必然也。其時之爲憲官者，蓋姜遵也，彈億在明年八月億除汝守之時，分司西京之授，初不見有憲官舉劾。疑本傳别有所據，當考。」

[六] 疾愈知汝州　長編卷八三大中祥符七年八月戊辰條云：「秘書監、分司西京楊億以疾愈求入朝。上謂王旦曰：『億性峭直，無所附會，文學固無及者，然或言其好竊議朝政，何也？』旦曰：『此蓋與億不足，誣謗之耳。億受國深恩，非土木類，諸謔過當，則恐有之，訕讟之事，保其必無也。』戊辰，命億知汝州。」

[七] 坐譴降秘書監　長編卷九三天禧三年三月癸未條云：「翰林學士錢惟演、樞密直學士王曙、工部侍郎楊億、知制誥李諮、直史館陳從易並降一官，進士陳損、黄異等五人，并決杖配隸諸州，其連狀人並殿一舉。初，損、異等率衆伐登聞鼓，訴惟演等考校不公。命龍圖閣直學士陳堯咨、左諫議大夫朱巽、起居舍人吕夷簡於尚書省召損、異等，令具析所陳事，及閲視試卷以聞。堯咨等言惟演等貢院所送進士内五人文理稍次，從易别頭所送進士内三人文理荒繆，自餘合格，而損、異等所訟有虚妄，故并責焉。」按，宋會要輯稿選舉一之八載天禧「三年正月九日，以翰林學士錢惟演權知貢舉，樞密直學士王曉、工部侍郎楊億、知制誥李諮權同知貢舉」。

[八] 母喪詔起復工部侍郎　宋史楊億傳云其「丁内艱，屬行郊禮，以億典司禮樂，未卒哭，起復工部侍郎，令視事」。

[九] 卒　按，長編卷九六載其卒於天禧四年十二月丁丑。

[一〇] 子紘　宋史楊億傳云「億無子，以從子紘爲後」。則楊紘爲楊億弟楊偉之子。

[一一] 樞密使王晦叔上億天禧四年代寇準草奏請皇太子親政斥丁謂等姦邪事　長編卷一一四景祐元年四月甲午條云：「贈故翰林學士、禮部侍郎、知制誥楊億爲禮部尚書，賜謚曰文。國朝故事，非嘗任二府及事東宮，則四品無贈官。樞密使王曙言：『億嘗爲寇準草奏，請太子親政，爲丁謂所排，不得志而没。準既贈中書令，億宜蒙旌賁。』故特贈之。初，準令億草奏，曙知其不可，嘗勸止準。準敗，

曙取奏草付其妻縫置夾衣中。及朝廷欲理準舊勳，曙乃出之，其字漫滅，幾不可識矣。鎮國節度使、駙馬都尉李遵勖乞加賜億『忠』字，奏雖不行，詔送史館。」注曰：「龍川別志載王曙藏楊億草稿及勸止寇準事，當得實，但云立太子、廢劉后、逐丁謂，遣曙出使誅不附己者，則誤矣。……魏泰記事云追贈楊億由李遵勖論列，與別志不同，今從別志。遵勖蓋乞加謚『忠』字爾，事見會要，今附見。」按，王晦叔即王曙，因避宋英宗諱，故稱字。

［一二］立命兼直院　按：玉壺清話卷四云：「楊大年二十一歲爲光祿丞，賜及第。太宗極稱愛。三月，後苑曲宴，未貼職不得預，公以詩貽館中諸公曰：『聞戴宮花滿鬢紅，上林絲管侍重瞳。蓬萊咫尺無因到，始信仙凡迥不同。』諸公不敢匿，即時進呈。上訝有司不即召，左右以未貼職爲對，即日直集賢院，免謝，令預曲宴。」

［一三］有詔以吏部主事爲大理評事億封還詞頭　宋史楊億傳云：「時以吏部銓主事、前宜黃簿王太沖爲大理評事，億以丞史之賤，不宜任清秩，即封詔還。未幾，太沖補外。」長編卷六三景德三年五月丁未條云：「有王太沖者，初以專經中第，罷宜黃主簿，赴選調，命爲流內銓主事，擢授大理評事。時知制誥楊億知通進銀臺司兼門下封駮事，即封還詔書，以爲丞史之賤，不宜任清官，不聽。既而太沖居職累歲，無所裨贊，丁未，送審官院，令釐務外州。」注曰：「楊億本傳載太沖事，與實録小不同，今參取刪修。」

［一四］詔書局衆論取決於億　玉壺清話卷四云：「後修册府元龜，王相欽若總其事，詞臣二十八人，分撰篇序。下詔須經楊億刪定，方許用之。」

［一五］爲文敏贍起草細字一幅數千言不加點竄　歸田録卷一云：「楊大年每欲作文，則與門人賓客飲博、投壺、奕棋，語笑喧譁，而不妨構思。以小方紙細書，揮翰如飛，文不加點，每盈一幅，則命門人傳録，門人疲於應命，頃刻之際，成數千言，真一代之文豪也。」

［一六］誘進後學　本書上集卷四張文懿公士遜舊德之碑云「號略楊億在翰林，高持風鑒，少所器可，薦公才堪御史，因授監察御史」。又中集卷四章丞相得象墓誌銘云：「公爲省郎，楊文公億屬廣坐，謂公曰：『希言當爲賢宰相。』」中集卷五胡太傅宿墓誌銘云：「公自爲進士，知名于時。楊文公億得其詩，題于秘閣，歎曰：『吾恨未識此人。』」中集卷七王待制質墓誌銘云其「嘗師事楊文公，文公器之，每謂朝中名公曰：『是子英妙，加於人遠矣。』」中集卷二一謝學士絳墓誌銘云「楊文公薦其材，召試，充秘閣校理」。下集卷八宋宣憲公綬云「楊億嘗稱其文淳麗，尤善賦詠，自以爲不及也」。

〔一七〕然評品人物黑白大分姦邪之所戾惡讒毀　長編卷七八大中祥符五年九月癸巳條云：「億剛介寡合，在書局唯與李維、路振、刁衎、陳越、劉筠輩善。當時文士咸賴其品題，或被貶議者，退多怨誹。王欽若驟貴，億素薄其爲人，欽若銜之。陳彭年方以文史售進，忌億名出己右，相與毀訾于上。上素重億，未始聽也。」

〔一八〕又以詆時政之語達於上　儒林公議卷上云：「楊億雖以辭藝進，然理識清直，不爲利變。章獻太后寵冠妃御，人有諷億使上言，請升配宫壼，則立可致身二府，億深拒之。未幾，丁謂奏章稱揚后德，當正椒闈，未半歲，乃參大政，億終不悔。朝廷議封禪，億謂不若愛民息用爲本，復爲邪佞者所排，眷寵寖衰矣。億性又疎放，言或輕發。時陳彭年方親幸，潤色帝制，有讒億云『竊議聖文非親製』者，上不樂甚。」

〔一九〕而又且力爲開釋　據長編卷八〇大中祥符六年六月辛未條，楊億聞母疾，「謁告不俟報而行」，「朝論諠然，以爲不可」。真宗亦以爲「億侍從官，安得如此自便」，宰相王旦力爲開釋。又卷八三大中祥符七年八月戊辰條載：「秘書監分司西京楊億以疾愈求入朝。上謂王旦曰：『億性峭直，無所附會，文學固無及者，然或言其好竊議朝政，何也？』旦曰：『此蓋與億不足，誣謗之耳。億受國深恩，非土木類，諧謔過當，則恐有之，訕讟之事，保其必無也。』」故命楊億知汝州。按，據上引長編，疑傳文「且力爲開釋」之「且」，乃王旦之「旦」字之譌。

〔二〇〕晚年留意釋典　青箱雜記卷一載王旦與「楊文公億爲空門友，楊公謫汝州，公適當軸，每音問不及他事，唯談論真諦而已。余嘗見楊公親筆與公云：『山栗一秤，聊表村信。』蓋汝唯產栗，而億與王公忘形，以一秤栗遺之，斯亦昔人雞黍縞紵之意也」。又卷一〇云：「楊文公深達性理，精悟禪觀，捐館時，作偈曰：『漚生復漚滅，二法本來齊。要識真歸處，趙州東院西。』」

〔二一〕共一百九十四卷　苕溪漁隱叢話後集卷三四陳去非云：「去非詩云：『一官成一集，盡付古沙頭。』蓋用王筠事，而楊大年亦如此。南史：王筠自撰其文章，以一官爲一集，自洗馬、中書、中庶、吏部、左佐、臨海、大府各十卷，尚書三十卷，凡一百卷行于世。本朝名人傳：楊億爲文，每官成一集，所著括蒼、武夷、潁陰、韓城、退居、汝陽、蓬山、辭榮、冠鼇等集。」

〔二二〕億詞學無比後學多所法則　邵氏聞見後録卷一六云：「本朝四六，以劉筠、楊大年爲體，必謹四字六字律令，故曰四六。然其敝類俳語可鄙。」中山詩話云：「祥符天禧中，楊大年、錢文僖（惟演）、晏元獻（殊）、劉子儀（筠）以文章立朝，爲詩皆宗尚李義山，號『西崑體』。後進多竊義山語句。」

〔一三〕真宗嘗謂王旦至不宗尚經典故也　按，此段君臣對話，他書所載頗有不同。長編卷八五大中祥符八年八月庚寅條載：「知汝州、秘書監楊億言部内秋稼甚盛，粟一本至四十穗，麻一本至九百角。上覽其章，謂輔臣曰：『億之詞筆冠映當世，後學皆慕之。』王旦曰：『如劉筠、宋綬、晏殊輩相繼屬文，有貞元、元和風格者，自億始也。』」東都事略楊億傳云：「真宗嘗謂王旦曰：『億辭學無比，後學皆師慕之。文章有貞元、元和風格，自億始也。』旦曰：『後學皆師慕億，唯李宗諤久與之遊，終不得其鱗甲。』謂其體弱，不宗經典云。」按，李昉爲李宗諤之父。此處論李宗諤之文，忽及李昉，疑有誤文。

柳開〔一〕　同前

柳開字仲塗〔二〕，大名人。父承翰，仕至監察御史。開幼警悟豪勇。父顯德末爲南樂令，有盜入其家，衆不敢動。開十三歲，亟取劍逐之，盜踰垣，開揮刃斷其足二指。及就學，講説能究經旨〔三〕。開寶六年登進士第〔四〕。官至如京使，知忻州①，徙滄州，未至卒〔五〕，年五十四。子涉，遷居荆南，仕爲皇城使②。

五代學者少尚義理，有趙生者得韓愈文數十篇，未達，乃攜以示開。開一見，遂知爲文之趣，自是屬辭必法韓柳〔六〕，初名肩愈，蓋慕之也。著書號東郊野夫，又號補亡先生，作二傳以見意〔七〕。時范杲好古學③，開與

---

① 知忻州　原作「知沂」，按隆平集柳開傳作「知忻」，宋史柳開傳稱其「徙忻州刺史」，河東先生集卷一六柳公行狀、長編卷四三咸平元年歲末條及東都事略柳開傳亦作「忻州」，又長編卷四五咸平二年十月甲戌條載「如京使柳開上言『臣去年蒙陛下差知代州，今年移知忻州』」云云，知「沂」爲「忻」字之譌，下又脱一「州」字，據補改。

② 仕爲皇城使　「皇」原作「隍」，蘇頌蘇魏公文集卷三三有皇城使宜州團練使柳涉可左千牛衛大將軍宜州團練使制，當即此人，據改。

③ 時范杲好古學　「范杲」原作「范景」，據隆平集柳開傳及宋史柳開傳、河東先生集卷一六柳公行狀改。

齊名，謂之「柳范」。開垂絶，語門人張景曰：「吾十年著一書，可行於世。」景爲名之曰默書。辭義稍隐，讀難遽曉①。

開尚氣自任，不顧小節[八]，所與交者，必時之豪俊。太宗征河東，開從駕督糧[九]。適常、潤有小寇，遂選開知常州。開至治所，招誘群盜，以俸金給賞之[一〇]。又解衣與賊酋，置之左右。或謂不可，開曰：「彼失所則盜，不爾則吾民也。始懼死，故假息鋒刃之下。今推以赤心，夫豈不捷②？」未半歲，境内輯寧。雍熙初，坐與監軍忿争，貶上蔡令。會王師北伐，開部糧至涿州，遇米信與北虜戰，久不解，遣使求和③。開謂信曰：「兵法：『無約而請和④，謀也。』亟攻必勝。」信不能決。後三日⑤，復引兵挑戰，諜知求降乃以矢盡，及幽州救至⑥，故復戰爾。開因上書，願効死邊鄙。太宗憐之，除殿中侍御史。命使河北，又上書願賜步騎數千以滅胡。上方擇文臣有武略者，即受開崇儀使[一一]，知寧遠軍⑦。

契丹貴將白萬德本真定人，統緣邊七百餘帳⑧。開因其親族往來，令説萬德，許以藩鎮，俾挈幽州之衆内

---

① 讀難遽曉　「讀」，宋史柳開傳作「讀者」。
② 夫豈不捷　「捷」，隆平集柳開傳作「懷」。
③ 遣使求和　「和」，隆平集宋史柳開傳及河東先生集卷一六柳公行狀作「降」。
④ 無約而請和　「無」字原脱，東都事略、宋史柳開傳作「無約而請和」，又孫子行軍篇云「無約而請和，謀也」，據補。
⑤ 後三日　「三」，隆平集、東都事略、宋史柳開傳及河東先生集卷一六柳公行狀皆作「二」。
⑥ 及幽州救至　「救」，隆平集柳開傳作「取」。
⑦ 知寧遠軍　「寧遠軍」，宋史柳開傳作「寧邊軍」。按，長編卷二八雍熙四年十二月「是月」條云「雄、霸等州皆相告以敵將犯邊，急設備。寧邊軍數日間連受八十餘牒，知軍柳開」云云。則作「寧邊軍」者是。
⑧ 統緣邊七百餘帳　「統」字原脱，據隆平集柳開傳補。

屬。萬德喜，請爲期約，使未還，詔徙知全州[一二]。州之西有蠻溪洞粟氏，久爲邊患，朝廷設峽口、香煙等七寨不能禦[一三]。開至，選勇辨吏往説之，不踰月，攜老幼至州[一四]。開賦其居業，作時鑑一篇，刻石戒之。遣其酋赴闕，授州上佐，邊患遂息。詔賜開緡錢三十萬。會有黥卒訟非辜，州下吏①，削二官[一五]。頃之，上書自陳，復還舊秩。知環州，爲理互市之不直者，戎落悦附。徙知邠州。真宗即位，遷如京使。上書言時政，上嘉納之。又徙代州，葺城壘戰具，諸將沮議，因謂其從子浩曰②：「吾觀胡星有光③，雲多從北來，寇殆將至。諸將見嫉，一旦寇至，必危我矣。」即丐小郡，得忻州④。是秋，虜犯塞。

辨證：

[一]柳開　本傳又載於隆平集卷一八。按，柳開，東都事略卷三八、宋史卷四四〇有傳，柳開河東先生集卷一六載有張景故如京使金紫光禄大夫檢校司空知滄州軍州事兵馬鈐轄兼御史大夫上柱國河東縣開國伯食邑九百户柳公行狀。

[二]柳開字仲塗　宋史柳開傳云其「慕韓愈、柳宗元爲文，因名肩愈，字紹先。既而改名字，以爲能開聖道之塗也」。

[三]講説能究經旨　河東先生集卷一六柳公行狀云：「公凡誦經籍，不從講學，不由疏義，悉曉其大旨。注解之流，多爲其指摘。」

[四]開寶六年登進士第　石林燕語卷八云：「柳開少學古文，有盛名，而不工爲詞賦，累舉不第。開寶六年，李文正昉知舉，被黜

---

① 州下吏　按，「州」字疑訛。

② 因謂其從子浩曰　「從子」，隆平集柳開傳作「子」，誤。按，長編卷四三咸平元年歲末條及東都事略、宋史柳開傳皆作「從子」，河東先生集卷一六柳公行狀亦作「姪」。又，「浩」，河東先生集卷一六柳公行狀作「涚」。

③ 吾觀胡星有光　「胡星」，隆平集柳開傳作「虜星」，宋史柳開傳作「昴宿」。按，史記卷二七天官書云：「昴曰髦頭，胡星也。」正義云：「搖動若跳躍者，胡兵大起。」

④ 得忻州　原作「得沂州」，據上文改。

下第。……（盧）多遜爲言開英雄之士，不工篆刻，故考校不及。太祖即召對，大悦，遂特賜及第。」

〔五〕未至卒　按，河東先生集卷一六柳公行狀云咸平三年「三月六日，卒于并」，宋史柳開傳稱其於咸平四年「道病首瘍卒」。

〔六〕自是屬辭必法韓柳　能改齋漫録卷一〇古文自柳開始云：「本朝承五季之陋，文尚儷偶，自柳開首變其風。始天水趙生，老儒也，持韓愈文數十篇授開，開歎曰：『唐有斯文哉！』因謂文章宜以韓爲宗，遂名肩愈，字紹元，亦有意於子厚耳。故張景謂：『韓道大行，自開始也。』」宋史卷四三九梁周翰傳云：「五代以來，文體卑弱，周翰與高錫、柳開、范杲習尚淳古，齊名友善，當時有『高、梁、柳、范』之稱。」

〔七〕作二傳以見意　按，即東郊野夫傳、補亡先生傳，載於河東先生集卷二。

〔八〕開尚氣自任不顧小節　續湘山野録云：「如京使柳開與處士潘閬爲莫逆之交，而尚氣自任，潘常嗤之。端拱中典全州，途出維揚，潘先世卜居於彼，迎謁江涘，因偕往傳舍，止於廳事。見中堂扃鐍甚秘，怒而問吏，吏曰：『凡宿者多不自安，向無人居，已十稔矣。』柳曰：『吾文章可以驚鬼神，膽氣可以讋夷夏，何畏哉！』即啓户埽除，處中而坐。閬潛思曰：『豈有人不畏鬼神乎？』乃託事告歸，請公獨宿。閬出門密謂驛吏曰：『柳公，我之故人，常輕言自衒，今作戲怖渠，無致訝也。』閬薄暮以黛染身，衣豹文犢鼻，吐獸牙，被髮執巨筆，由外垣而入，據廳脊俯視堂廡。是夕，月色倍霽，洞鑒毛髮。柳臾劍循階而行。閬忽變聲呵之，柳悚然舉目。再呵之，似覺惶懼，遽云：『某假道赴任，暫憩此館，非意干忤，幸賜恕之。』閬遂疏柳生平幽隱不法之事，厲聲曰：『陰府以汝積戾如此，俾吾持符追攝，便須急行。』柳忙然設拜，曰：『事誠有之，其如官序未達，家事未了，倘垂恩庇，誠有厚報。』言訖再拜，繼之以泣。閬徐曰：『汝識吾否？』柳曰：『塵土下士，不識聖者。』閬曰：『只我便是潘閬也。』柳乃速呼閬下。閬素知公性躁暴，是夕潛遁。柳以慙恧，詰朝解舟。」玉壺清話卷三云：「柳仲塗開知潤州，胡旦秘監爲淮漕，二人者，俱喜以名驚於時。旦造漢春秋編年，立五始先經、後經，發明凡例之類，切侔聖作。書甫畢，邀開於金山觀之，頗以述作自矜。開從其招而赴焉，方拂案開編，未暇展閱，開拔劍叱之曰：『小子亂常，名教之罪人也。生民以來，未有如夫子者，至若丘明而下，公、穀、鄒、郟數子，止取傳述而已。爾何輩，輒敢竊聖經之名冠於編首！今日聊贈一劍，以爲後世狂斐之戒。』語訖，勇逐之。旦闊步攝衣，急投舊艦，鋒幾及身，賴舟人擁入，參差不免，猶斫數劍於舷，聊以快憤。」夢溪筆談卷九人事一云：「柳開少好任氣，大言凌物。應舉時，以文章投主司於簾前，凡千軸，載以獨輪車，引試日衣襴自擁車以入，欲以此駭衆取名。」青箱雜記卷六云：「柳崇儀開家雄於財，好交結，樂散施，而季父主家，多靳不與。時趙昌言方在布衣，旅游河朔，因以謁開。開屢請以錢乞趙，季父不與，開乃夜搆火燒舍，季父大駭，即出錢三百緡乞趙，由此恣其所施，不復吝也。」

［九］太宗征河東開從駕督糧　宋史柳開傳云：「太平興國中，擢右贊善大夫。會征太原，督楚、泗八州運糧，選知常州。」

［一〇］開至治所招誘群盜以俸金給賞之　河東先生集卷一六柳公行狀云：「公至，使諭盜曰：『吾來，汝速歸，歸則生，又厚賞汝；不歸，將盡死矣。』遂設奇，多捕獲，咸戮之。賊懼，稍稍有歸者，公撫慰之，給府庫衣物，私出緡錢益之。」

［一一］上方擇文臣有武略者即受開崇儀使知寧遠軍　長編卷二八雍熙四年五月乙丑條云：「初，開以殿中侍御史知貝州，坐與監軍忿爭，貶上蔡令。及自涿州還，詣闕上書，願効死北邊，上憐之，復授以故官。開又上書言：『臣受非常之恩，未有微報。年才四十，膽力方壯。今匈奴未滅，陛下賜臣步騎數千，任以河朔用兵之地，必能出生入死，爲陛下復取幽薊。雖身没戰場無恨。』於是上亦欲並用文武戡定寇亂，乃詔文臣中有武略知兵者許换秩」，遂授柳開爲崇儀使。注曰：「實録及開本傳皆云：『先是五代戰爭，方鎮、刺史皆用武臣，率不曉政事，人受其禍，上欲兼用文士，漸復舊制，故先擢鄭宣等爲内職。』此事恐非當時本意，蓋以文臣治州郡自太祖始矣，及今而復圖之，不亦晚乎？按張景所爲開行狀云：『詔舉文臣中有武略知兵者，開奉詔，改崇儀使。』然則開等换秩，自以時方治兵講武，急于將帥耳，非爲武臣不曉政事，人受其禍也。」

［一二］詔徙知全州　長編卷二八雍熙四年十二月「是月」條云：「有白萬德者，真定人，爲契丹貴將，統緣邊兵七百餘帳。寧邊有豪傑，即萬德姻族，往往出境外見之。柳開因使説萬德爲内應，挈幽州納王師，許以裂地封侯之賞，萬德許諾，來請師期。使未及還，會詔徙開知全州，事遂寢。」

［一三］朝廷設峽口香煙等七寨不能禦　按，據武經總要前集卷二〇荆湖南路，七寨乃指峽口砦、香煙砦、羊狀砦、磨石砦、護源砦、長烏砦、禄塘砦。

［一四］開至選勇辨吏往説之不踰月攜老幼至州　河東先生集卷一六柳公行狀云：「公至，乃出府庫帛製衣，造銀帶暨巾帽百副，選衙吏之勇力可使者，得三人，俾入溪洞，諭粟氏曰：『天子擇我來此，爾輩倚山恃嶮而害我民。爾出，當與爾賞，與爾屋，爲爾居，與爾田，爲爾業。不然，將益兵深入，盡滅爾類矣。』粟氏懼，留衙吏二人爲質，其一與粟氏酋長五人俱出，公賜以衣帽、銀帶、緡錢，親犒勞撫慰，謂吏民曰：『粟氏自此不爲爾患，可犒之。』吏民争以鼓樂飲粟氏。居數日，公命粟氏乘馬還洞，口約日并族而出。至日，酋長先率數十人來歸。不月，攜老幼盡數百口俱至，公賞犒如一，遂營室而使聚居焉。」

〔一五〕會有黥卒訟非辜州下吏削二官　宋史柳開傳云：「初，開在全州，有卒訟開，開即杖背黥面送闕下。有司言卒罪不及徒，召開下御史獄劾繫，削二官，黜爲復州團練副使。」

蘇學士易簡 子耆　孫舜欽〔一〕　同前

蘇易簡字太簡，梓州人①。父協，仕至光禄寺丞。易簡弱冠舉進士甲科〔二〕。累擢知制誥、翰林學士，加承旨。淳化四年，參知政事〔三〕。與張洎不協②，爲洎所攻。至道元年，張洎進而易簡罷〔四〕。未幾卒〔五〕，年三十九，贈禮部尚書。

易簡警悟，初屬文未工，及掌誥命，能自刻勵，在翰林多振舉故事。太宗爲飛白書院額曰「玉堂」，及以詩賜〔六〕，以御書宋玉大言賦③，易簡因擬賦以獻曰：

皇帝以白龍牋書大言賦，賜玉堂詞臣易簡④，御筆煌煌，雄辭洋洋，瓌瑋博達，不可備詳。詔易簡陛殿⑤，躬指其理，且歎宋玉之奇怪也。因伏而奏曰：「恨宋玉不得與陛下同時⑥。」帝曰：「噫！何代無人焉，

---

① 梓州人　按，宋史蘇易簡傳云其梓州銅山人，本書中集卷三七載有歐陽修蘇長史舜欽墓誌銘云其「上世居蜀，後徙開封，爲開封人」。

② 與張洎不協　「張洎」原作「張泊」，據文海本、庫本、隆平集蘇易簡傳、宋史卷二六七張洎傳及下文改。

③ 以御書宋玉大言賦　「宋玉」原作「宋王」，據清鈔本、庫本、隆平集蘇易簡傳及下文改。

④ 皇帝以白龍牋書大言賦賜玉堂詞臣易簡　古今事文類聚別集卷十一引蘇易簡擬大言賦并序作「淳化四年，上皇帝書曰：龍牋草書宋玉大言賦，賜玉堂臣蘇易簡」。

⑤ 詔易簡陛殿　「陛」原作「陞」，據隆平集、宋史蘇易簡傳及古今事文類聚別集卷十一引蘇易簡擬大言賦并序改。

⑥ 恨宋玉不得與陛下同時　古今事文類聚別集卷十一引蘇易簡擬大言賦并序無「得」字。

卿爲朕繼之①。」易簡拜手稽首曰②：

聖人興兮告成功，登崑崙兮展升中。地爲席兮享祖宗，天作籟兮調笙鏞③。日烏月兔，耀文明也；參旗井鉞，嚴武衛也。執北斗兮，奠玄酒也；削西華兮，爲石磩也。飛雲涌震④，騰焰燔也⑤；刳鵬腊鯨⑥，代牲魚也⑦。迅雷三發⑧，山神呼也；流雹三激，爟火舉也。禮再獻兮淳風還⑨，君百拜兮三神歡，四時一周兮萬八千年。泰山融兮滄海乾⑩，圓蓋穴兮方輿穿，君王壽兮無窮焉。

時殿上皆呼萬歲，太宗覽而嘉之，賜手詔褒寵[七]。

易簡嗜酒，上嘗以詩戒之[八]。入直雖不敢飲，在私第未嘗不醉。

子耆，仕至直集賢院。耆子舜欽。

---

① 卿爲朕繼之　「繼」，古今事文類聚別集卷十一引蘇易簡擬大言賦并序作「言」。

② 易簡拜手稽首曰　古今事文類聚別集卷十一引蘇易簡擬大言賦并序作「易簡因擬宋玉作大言賦，以獻其詞曰」。

③ 地爲席兮享祖宗天作籟兮調笙鏞　「地爲席」、「天作籟」，古今事文類聚別集卷十一引蘇易簡擬大言賦并序作「芳席地」、「天籟起」。

④ 飛雲涌震　「震」，東都事略蘇易簡傳、翰苑群書卷九蘇耆次續翰林志引擬大言賦序作「霞」，古今事文類聚別集卷十一引蘇易簡擬大言賦并序作「霧」。按，「霧」字義長。

⑤ 騰焰燔也　「焰燔」，翰苑群書卷九蘇耆次續翰林志引擬大言賦序、古今事文類聚別集卷十一引蘇易簡擬大言賦并序作「燔燎」。

⑥ 刳鵬腊鯨　隆平集蘇易簡傳作「刳鵬脂鯨」，翰苑群書卷九蘇耆次續翰林志引擬大言賦序、古今事文類聚別集卷十一引蘇易簡擬大言賦并序作「刳鯨腊鵬」。

⑦ 代牲魚也　「牲魚」，翰苑群書卷九蘇耆次續翰林志所録擬大言賦序、古今事文類聚別集卷十一引蘇易簡擬大言賦并序作「鶼鰈」。

⑧ 迅雷三發　「迅」，翰苑群書卷九蘇耆次續翰林志引擬大言賦序作「飛」，古今事文類聚別集卷十一引蘇易簡擬大言賦并序作「變」。

⑨ 禮再獻兮淳風還　「再」，翰苑群書卷九蘇耆次續翰林志引擬大言賦序作「載」。

⑩ 泰山融兮滄海乾　「泰山」、「滄海」，古今事文類聚別集卷十一引蘇易簡擬大言賦并序作「太山」、「溟海」。

辨證：

［一］蘇學士易簡子耆孫舜欽　本傳又載於隆平集卷六。按，蘇易簡，東都事略卷三五、宋史卷二六六有傳。子耆字國老，蘇舜欽集卷十四載有先公墓志銘。孫舜欽字子美，東都事略卷一一五、宋史卷四四二有傳，本書中集卷三七載有歐陽修蘇長史舜欽墓誌銘。又按，蘇舜欽傳附隆平集卷六蘇易簡傳，本書未録。

［二］易簡弱冠舉進士甲科　宋史蘇易簡傳稱「太平興國五年，年踰弱冠，舉進士」。按，爲是年進士第一人及第。

［三］淳化四年參知政事　長編卷三四淳化四年十月辛未條載翰林學士承旨蘇易簡爲給事中、參知政事，云：「易簡外若坦率，中有城府，由知制誥爲學士，年未滿三十。在翰林八年，特受人主之遇，夐絶倫等，或一日至三召見。李沆後人，在易簡下，及先參政，乃以易簡爲承旨，錫賚與參政等。上意欲遵舊制，遂正台席，且俟稔其名望。而易簡以親老，急於進用，因召見，頗言時政闕失，沆等罷，即命易簡代之。」

［四］張洎進而易簡罷　長編卷三七至道元年四月癸未條載參知政事蘇易簡罷爲禮部侍郎，翰林學士張洎爲給事中、參知政事，云「洎與易簡嘗同在翰林，尤不協。及易簡遷中書，洎多攻其失，易簡去位，洎因代之」。

［五］未幾卒　東軒筆録卷二云蘇易簡「性特躁進，罷參政，爲禮部侍郎、知鄧州，纔逾壯歲，而其心鬱悒，有不勝閑冷之歎。鄧州有老僧，獨處郊寺，蘇贈詩曰：『憔悴貳卿三十六，與師氣味不争多。』又移書於舊友曰：『退位菩薩難做。』竟不登强仕而卒」。據長編卷四○，其卒於至道二年十二月乙巳。

［六］太宗爲飛白書院額曰玉堂及以詩賜　宋朝事實類苑卷六蘇内翰引楊文公談苑云：「蘇易簡爲學士，最被恩遇。初與賈黄中、李沆同時上擢，黄中、沆參知政事，以易簡爲中書舍人，充承旨，並賜白金三千兩，諭旨曰：『朕之待卿，非必執政而爲重矣。』上作五、七言詩各一首賜之，爲真、草、行三體，刻於石。又飛白書『玉堂之署』四字以賜本院，今龕於堂南門之上。」石林燕語卷七云：「學士院正廳曰『玉堂』，蓋道家之名。初，李肇翰林志未言居翰苑者，皆謂『凌玉清，遡紫霄，豈止於登瀛洲哉，亦曰登玉堂焉』。自是遂以『玉堂』爲學士院之稱，而不爲榜。太宗時，蘇易簡爲學士，上嘗語曰：『玉堂之設，但虚傳其説，終未有正名。』乃以紅羅飛白『玉堂之署』四字賜之。易簡即扃鐍置堂上。每學士上事，始得一開視，最爲翰林盛事。」

〔七〕太宗覽而嘉之賜手詔褒寵　宋朝事實類苑卷三九大言賦引楊文公談苑云時「上覽之大喜，又作大言賦銘四句以褒之，易簡刻石于院内之北壁」。

〔八〕易簡嗜酒上嘗以詩戒之　宋史蘇易簡傳云：「易簡性嗜酒，初入翰林，謝日飲已微醉，餘日多沉湎。上嘗戒約深切，且草書勸酒二章以賜，令對其母讀之。自是每入直，不敢飲。及卒，上曰：『易簡果以酒死，可惜也。』」玉壺清話卷一云：「蘇翰林易簡一日直禁林，得江南徐邈所造欹器，遂以水試於玉堂。一小璫傳宣於公，見之不識其名，因密奏。既曉，太宗召對，問曰：『卿所玩者，得非欹器乎？』公奏曰：『然。』亟取進之於便坐，上親試之以水，或增損一絲許，器則隨欹，合其中，則凝然不搖。上歎曰：『真聖人切誡之器也。』公奏曰：『願陛下執大寶神器，持盈守成，皆如此器，則王者之業可與天地同矣。』上徐笑謂公曰：『若腹之容酒，得此器之節，安有沈湎之過耶？』蓋公嘗嗜飲過中，故託此以規之。易簡泣謝慚佩，上親撰欹器銘及草書誡酒詩以賜焉。」類説卷二二金坡遺事御筆戒酒云：「蘇易簡嗜酒，御筆戒之云：『卿若覆杯，朕有何慮？』易簡承詔斷酒，已而復飲，上亦不責。及參大政，見上不復敘待，但嚴顔色，責吏事而已，故易簡詩什之中多思禁林。」

劉羲叟〔一〕　同前

劉羲叟字仲更①，澤州人②。舉進士不中第，歐陽脩使河東，薦其學術，擢試大理評事〔二〕，留爲唐書律曆、天文、五行志編修官。書成，授崇文院檢討，未謝，卒〔三〕。

① 劉羲叟字仲更　「仲更」，隆平集劉羲叟傳作「仲叟」。按，本書中集卷三八羲叟檢討墓誌銘、東齋記事卷二及東都事略、宋史劉羲叟傳皆作「仲更」，是。

② 澤州人　按，本書中集卷三八羲叟檢討墓誌銘及東都事略、宋史劉羲叟傳云其澤州晉城人。

羲叟通經史百家之學，國朝典故、財賦、刑名、兵械、鍾律皆所究知，星曆、數術尤得其要。嘗以春秋、洪範變異休咎，著書十數篇①，斥古人所强合者。其占日月星辰，無或不驗。皇祐五年日蝕心，是時朝廷制樂，聲鍾太鬱而不發②，又陝西錢法大弊，羲叟曰：「此所謂害金再興③，與周景王同占也。上將感心腹之疾乎[四]？」其後月入太微，曰：「宮中當有喪。」而張貴妃薨。至和初，四月日蝕，客星出乎昴，曰：「契丹主且死矣④。」其言無差。所著有十三代史志、劉氏輯曆、春秋災異、南北史韻目⑤。

辨證：

[一] 劉羲叟　本傳又載於隆平集卷一五。按，劉羲叟，東都事略卷六五、宋史卷四三二有傳；本書中集卷三八載有范鎮羲叟檢討墓誌銘。

[二] 歐陽脩使河東薦其學術擢試大理評事　長編卷一五六慶曆五年六月癸亥條云：「以澤州進士劉羲叟爲試大理評事。羲叟精算術，兼通大衍諸曆，嘗注司馬遷天官書及著洪範災異論，歐陽修薦之，召試學士院，而有是命。」

[三] 未謝卒　長編卷一九二嘉祐五年七月戊戌條云：「翰林學士歐陽修等上所修唐書二百五十卷，刊修及編修官皆進秩或加職，仍賜器幣有差。著作佐郎劉羲叟爲崇文院檢討，未入謝，疽發背卒。」東齋記事卷二云劉羲叟「以修唐書授崇文院檢討，未及謝，瘡發背

① 著書十數篇　「著書」二字原脱，據隆平集、東都事略劉羲叟傳補。

② 聲鍾太鬱而不發　「聲鍾」，據隆平集劉羲叟傳作「鐘聲」。

③ 此所謂害金再興　「興」字原脱，據隆平集、宋史劉羲叟傳補。

④ 契丹主且死矣　按，「契丹主」，宋史劉羲叟傳稱「宗真」，即遼興宗。

⑤ 南北史韻目　「韻」原作「韶員」，隆平集劉羲叟傳作「韶韻」；又本書中集卷三八羲叟檢討墓誌銘、玉海卷四六劉羲叟十三代史志稱劉羲叟所撰有南北史韻目，故此「韶」字當屬衍文，據删改。

而卒」。

［四］上將感心腹之疾乎　東齋記事卷二云：「皇祐中，再定雅樂。胡瑗鑄十二鐘，大小輕重如一，其狀類鐸，爲大環，鑄盤龍、蹲熊、辟邪其上，謂之旋蟲，而平縶之，故其聲鬱而不發。又陝西鑄大錢，民以爲患。是冬，日食心宿，劉羲叟謂予曰：『上將感心腹之疾，是與周景王同占也。』予初不信然之，尋使契丹，還至雄州，聞上得心腹之疾矣。歸問其故，羲叟曰：『景王鑄大錢，又鑄無射，而爲大林，所謂「害金再興」者也。是時，日亦食於心，而景王得是疾，故曰與景王同占。』噫！羲叟而不言，則左丘明所載伶州鳩之語爲誣矣。是羲叟不獨爲知術數，其發揚丘明功亦爲不細。」

名臣碑傳琬琰集下卷八

吕文靖公夷簡懷忠之碑闕[一]　曾舍人肇

吕夷簡字坦夫，壽州人[二]。曾祖夢奇，後唐爲工部侍郎。咸平三年，夷簡登進士第。累擢知制誥、龍圖閣直學士。仁宗即位，除參知政事。天聖六年拜相[三]，明道二年罷[四]，是年復相。景祐二年，封申國公。四年罷，以使相判許州[五]，徙天雄軍。未幾復相。慶曆元年，進封許國公，判樞密院。以判院太重，改兼樞密使[六]。二年，以病特進司空、平章軍國重事。上憂之，剪髭賜以療其疾[七]。夷簡薦富弼等數人可大用[八]，因再辭位，進司徒。固請老，以太尉致仕。卒[九]，年六十六。贈太師、中書令，謚文靖，賜御篆碑額曰「懷忠之碑」。子公綽、公餗、公弼、公著、公孺①。

始，王旦嘗謂王曾曰：「夷簡器識遠大，君其善交之。」後果與曾並相[一〇]。夷簡通判貝州，按河北水災，請除田器之筭以重本②。因詔天下農器皆除筭。寇準知永興軍，擿巨姦徙湖南，過闕有上變事者。夷簡曰：「此

① 子公綽公餗公弼公著公孺　按，張方平集卷三六吕公神道碑銘載其七子，曰公綽、公弼、公著、公孺、公餗，餘早夭。
② 請除田器之筭以重本　「以」字原脱，據隆平集吕夷簡傳補。

必有使之者，宜勿問，益徙之遠方。」上從之。權知開封，與魯宗道同按雷允恭徙皇堂事。真宗即祔廟①，太后欲神主復日，悉陳其平生服玩。夷簡曰：「太后奉遺以保嗣君②，非遠姦進忠、愛民欽天，未足爲報也。」故事，輔臣因郊恩遷官，夷簡與同僚豫辭之，遂著爲式。章懿太后上仙，夷簡因奏事簾前曰：「聞夜中有宮嬪亡者。」太后即起，有頃獨出③，謂夷簡曰：「卿欲離吾母子耶④？」夷簡曰：「太后它日不欲保全劉氏乎？」太后悟，迺發喪成服，備禮葬之[一一]。大内災，宮門晨未闢，輔臣請對，上御拱辰門樓，百官拜樓下。夷簡獨不拜，上遣問其故，曰：「宮庭有變，願一見上。」上爲舉簾見之⑤。

章獻太后崩，夷簡手疏請正朝綱，塞邪徑，禁貨賂，辨佞士⑥，絶女謁，遠近習⑦，罷力役，節冗費。既又立州郡學校；授宗室環衛官，建睦親宅，增教授官，置大宗正以總之[一二]。郭后廢[一三]，上欲立民間女陳氏爲后，夷簡力止之[一四]。

慶曆初，契丹兵壓境，夷簡請建都大名，示親征之意。或欲修京城⑧，夷簡曰：「此囊瓦城郢計也。」於是建

---

① 真宗即祔廟　「即」，隆平集吕夷簡傳作「既」。

② 太后奉遺以保嗣君　「遺」，庫本作「遺詔」。

③ 太后即起有頃獨出　東都事略吕夷簡傳作「章獻即起，挽仁宗入内，有頃獨坐」。

④ 卿欲離吾母子耶　「欲離吾」，隆平集吕夷簡傳作「何間我」。

⑤ 上爲舉簾見之　「簾」原作「廉」，據文海本及隆平集吕夷簡傳改。

⑥ 辨佞士　「士」，隆平集吕夷簡傳作「壬」。

⑦ 遠近習　「習」原作「悉」，據隆平集、東都事略、宋史吕夷簡傳改；又「遠」，隆平集、宋史吕夷簡傳作「疏」。

⑧ 或欲修京城　隆平集吕夷簡傳無此五字。

北京[一五]。天聖初，太后臨朝，內外無間言，夷簡之力爲多。議者以其再相，增北虜歲賜①，授宗室環衛官，非計之得也[一六]。

辨證：

[一] 呂文靖公夷簡懷忠之碑闕　本傳又載於隆平集卷五。按，呂夷簡，東都事略卷五二、宋史卷三一一有傳，張方平集卷三六載有故推誠保德宣忠亮節崇仁協恭守正翊戴功臣開府儀同三司守太尉致仕上柱國許國公食邑一萬八千四百户食實封七千六百户贈太師中書令謚文靖呂公神道碑銘。又按，宋史呂夷簡傳稱呂夷簡與王曾「並相，後曾家請御篆墓碑，帝因慘然思夷簡，書『懷忠之碑』四字以賜之」。則天子所賜乃碑額，神道碑由張方平撰，存。此言「懷忠之碑闕」者似不確。

[二] 壽州人　東都事略呂夷簡傳云其「河南人，祖龜祥嘗知壽州，遂以家焉」。宋史呂夷簡傳稱其「先世萊州人。祖龜祥知壽州，子孫遂爲壽州人」。

[三] 天聖六年拜相　據長編卷一〇七，呂夷簡於天聖七年二月丙寅拜相，且云：「王曾薦夷簡可相，久不用。士遜將免，曾因對言：『太后不相夷簡，以臣度聖意，不欲其班樞密使張耆上爾。耆一赤腳健兒，豈容妨賢至此？』太后曰：『吾無此意，行用之矣。』於是卒相夷簡，以代士遜。」

[四] 明道二年罷　宋史呂夷簡傳稱仁宗親政，「始與夷簡謀，以張耆、夏竦皆太后所任用者也，悉罷之，退告郭皇后。后曰：『夷簡獨不附太后邪？但多機巧、善應變耳。』由是夷簡亦罷爲武勝軍節度使、檢校太傅、同中書門下平章事、判陳州」。

[五] 四年罷以使相判許州　長編卷一二〇景祐四年四月甲子條載右僕射兼門下侍郎、平章事呂夷簡罷爲鎮安節度使、同平章事、判許州，右僕射兼門下侍郎、平章事王曾罷爲左僕射、資政殿大學士、判鄆州，吏部侍郎、參知政事宋綬罷爲尚書左丞、資政殿學士，禮部

① 增北虜歲賜　「北虜」，隆平集呂夷簡傳作「契丹」。

侍郎、參知政事蔡齊罷爲吏部侍郎，歸班，云：「天聖中，曾爲首相，夷簡參知政事，事曾甚謹。曾力薦夷簡爲亞相。未幾曾罷，夷簡爲首相，居五年罷，不半歲復位。李迪爲次相，與夷簡不協，夷簡欲傾迪，乃援曾入使樞密。不半歲，迪罷，曾即代之。始曾久外，有復入意，綬實爲曾達意於夷簡，夷簡即奏召曾。及將以曾代迪，綬謂夷簡曰：『孝先於公，事契不薄，宜善待之，勿如復古也。』夷簡笑諾其言，綬曰：『公已位昭文，處孝先以集賢可也。』夷簡曰：『不然，吾雖少下之，何害？』遂請用曾爲首相，帝不可，乃爲亞相。既而夷簡專決，事不少讓，曾不能堪，論議多不合，曾數求去，夷簡亦屢匄罷。上疑焉，問曾曰：『卿亦有所不足耶？』曾言：『夷簡招權市恩。』時外傳夷簡納知秦州王繼明饋賂，曾因及之。帝詰夷簡，至交論帝前，夷簡乞置對，而曾言亦有失實者。帝不悦，綬素與夷簡善，齊議事間附曾，故并綬、齊皆罷。」

［六］以判院太重改兼樞密使　長編卷一三七慶曆二年九月乙巳條云：「初，命宰臣呂夷簡判樞密院事，既宣制，黄霧四塞，風霾終日，朝論甚喧。參知政事王舉正言二府體均，判名太重，不可不避也。右正言田況復以爲言，夷簡亦不敢當。」又丙午條載「夷簡改兼樞密使」。據宋史宰輔表二，呂夷簡判樞密院事在慶曆二年七月壬午，改兼樞密使在九月丙午。

［七］剪髭賜以療其疾　珍席放談卷中載：「呂文靖慶曆在相府久病，昭陵手詔曰：『古人言髭可療疾，雖無痊驗，今朕剪髭與夷簡合湯藥，表予意也。』」

［八］夷簡薦富弼等數人可大用　按，長編卷一三七慶曆二年閏九月庚辰條云：「先是，呂夷簡當國，人莫敢抗，弼既數論事侵之，及堂吏以僞署度僧牒誅，夷簡益恨，因薦弼使契丹，變易國書，欲因事罪之。」按，與傳文所言頗異。

［九］卒　按，長編卷一五二載其卒於慶曆四年九月戊辰。注曰：「呂氏家塾記云：『皇祐初，王沂公家始乞御篆碑額，仁宗同日自製二碑名，親書以賜二家，沂公曰「旌賢碑」，文靖公曰「懷忠碑」，各三字。王子和乞上爲沂公親書碑額，上曰：「呂夷簡何故無請？」左右曰：「非故事也。」遂親書「懷忠碑」賜之，以墳寺爲懷忠薦福院，爲改馬亭鄉爲懷忠。』春明退朝録云『「懷忠」踵沂公而賜』，誤也。」

［一〇］後果與曾並相　東齋記事卷三云：「王文正公（旦）之爲相也，王沂公（曾）爲知制誥，呂許公爲太常博士、知濱州。沂公嘗見文正公，問：『君識太常博士呂夷簡否？』沂公曰：『不識也。』他日復見，復問之，沂公曰：『見朝士多稱其才者。』凡三見三問，乃

曰：『此人異日當與公同秉國政。』是時，沂公既有名當世，頗以器業自許，中不能平，因曰：『公識之耶？』曰：『不識也。』『然則何以知之？』曰：『吾見其奏請爾。』沂公猶不信，强應曰：『諾。』其後，丁晉公（謂）既敗，沂公先在中書，而許公自知開封府除參知政事，二人卒同秉政。沂公乃爲許公言之，問其當時奏請，乃不税農器等事也。」

〔一一〕章懿太后上仙至備禮葬之　按，章懿太后，仁宗生母李宸妃。邵氏聞見録卷八云：「吕文靖公爲相，章獻太后垂簾同聽政。李宸妃薨，章獻祕之，欲以宫人常禮治喪於外。文靖早朝，留身奏曰：『聞禁中貴人暴薨，喪禮宜從厚。』章獻遂挽仁宗入内。少頃，獨坐簾下，召文靖問曰：『一宫人死，相公云云何與？』公曰：『臣待罪宰相，事内外無不當預。』章獻怒曰：『相公欲離間我母子耶？』公從容對曰：『陛下不以劉氏爲念，臣不敢言；尚念劉氏也，喪禮宜從厚。』章獻悟，遽曰：『宫人李宸妃也，且奈何？』文靖乃請治喪皇儀殿，太后與帝舉哀後苑，百官奉靈轝由西華門以出，用一品禮殯洪福寺。」長編卷一一一明道元年二月丁卯條云：「有司希太后旨，言歲月未利，夷簡黜其説，請發哀成服，備宫仗葬之。」東軒筆録卷四云：「章懿太后之葬也，明肅方聽政，有旨令鑿内城垣以出柩。是時吕文靖公夷簡當國，遽求對，而明肅已揣知其意，止令入内都知羅崇勳問有何事。文靖具奏鑿垣非禮，宜開西華門以出神柩。明肅使崇勳報曰：『向夷簡道，豈意卿亦如此也。』文靖答曰：『臣備位宰相，朝廷大事當廷争，太后不允，臣終不退。』崇勳三返，而太后之意不回。文靖正色謂崇勳曰：『宸妃誕育聖主，而送終之禮如此，異時治今日之事，莫道夷簡不争。』太尉日侍太后左右，不能開述諷導，當爲罪魁矣。』崇勳大懼，馳告明肅，於是始允所請。」

〔一二〕置大宗正以總之　聞見近録云：「景祐中，仁宗皇帝嘗寢疾，雖安，羸弱，時相吕文靖請置大宗正司，以濮安懿王暨守節知其事，蓋意有所在而人無知者。」長編卷一一七景祐二年十一月丙午條注曰：「記聞載：『吕申公當國，見上體不安，故擢允讓管勾宗正司。宗室聽换西班官，皆申公之策也。故時自借職十遷至諸司副使，及换西班官，自率府副率四遷即爲遥郡刺史，俸禄十倍於舊，國用益廣，至今爲患。』按上不豫乃去年八月，其九月即康復，然則允讓管勾宗正及宗子换官，自别有所爲也。」

〔一三〕郭后廢　長編卷一一三明道二年十二月云：「初，郭皇后之立，非上意，寢見疏，而后挾莊獻勢，頗驕。後宫爲莊獻所禁遏，希得進。及莊獻崩，上稍自縱，宫人尚氏、楊氏驟有寵。后性妬，屢與忿争。尚氏嘗於上前出不遜語，侵后；后不勝忿，起批其頰，上救之，后誤批上頸，上大怒，有廢后意。内侍副都知閻文應白上出爪痕示執政近臣與謀之。吕夷簡以前罷相故怨后，而范諷方與夷簡相結。諷乘間言后立九年無子當廢，夷簡贊其言。……乃定議廢后。」

〔一四〕上欲立民間女陳氏爲后夷簡力止之　長編卷一一五景祐元年九月辛丑條云：「廢郭后以後，仁宗嘗「令參知政事宋綬面作詔云：『當求德門，以正內治。』既而左右引壽州茶商陳氏女入宮，綬諫曰：『陛下乃欲以賤者正位中宮，不亦與前日詔語戾乎？』後數日，樞密使王曾入對，又奏引納陳氏爲不可。上曰：『宋綬亦如此言。』宰相呂夷簡、樞密副使蔡齊相繼論諫，兼侍御史知雜事楊偕、同知諫院郭勸復上疏，卒罷陳氏」。

〔一五〕或欲修京城夷簡曰此囊瓦城郢計也於是建北京　長編卷一三六慶曆二年五月戊午條云：「景祐中，范仲淹知開封，建議城洛陽以備急難。及契丹將渝盟，言事者請從仲淹之請。呂夷簡謂：『契丹畏壯侮怯，遽城洛陽，亡以示威，必長敵勢。景德之役，非乘輿濟河，則契丹未易服也。宜建都大名，示將親征，以伐其謀。』詔既下，仲淹又言：『此可張虛聲耳，未足恃也。城洛陽既弗及，請速修京城。』議者多附仲淹議。夷簡曰：『此囊瓦城郢計也。使敵得渡河而固守京師，天下殆矣。故設備宜在河北。』卒建北京，識者韙之。」

〔一六〕議者以其再相增北虜歲賜授宗室環衛官非計之得也　宋史呂夷簡傳云其「建募萬勝軍，雜市井小人，浮脆不任戰鬭，用宗室補環衛官，驟增俸賜，又加遺契丹歲金繒二十萬，當時不深計之，其後費大而不可止。」

竇參政偁〔一〕　同前

竇偁字日彰。其先漁陽人。父禹鈞，在周爲諫議大夫，避亂徙居河南。禹鈞五子，儀、儼、僖、偁、侃，皆有文學，中進士第〔二〕。馮道嘗贈詩曰：「燕山竇十郎，教子以義方。靈椿一株老①，丹桂五枝芳。」世多誦之。儀字可象。晉天福中登進士第。在周爲翰林及端明殿學士。建隆初，授禮部尚書②、翰林學士。時御

① 靈椿一株老　「株」，隆平集竇儀傳及玉壺清話卷二作「樹」。

② 建隆初授禮部尚書　按，東都事略、宋史竇儀傳稱其宋建隆初「遷工部尚書」，未載其嘗爲禮部尚書，然竇儀墓誌稱「始以公爲工部尚書，復以公爲禮部尚書」。

史臺議①，欲以左右僕射爲表首，太常禮院言東宮三師合爲表首。儀援典故，以僕射合爲表首者六，而三師無所據②。朝廷以儀之議爲定。五代喪亂之間，儀、儼乃以文章學問自見於一時[三]，所謂豪傑之士也。

儼字望之。建隆初，終於禮部侍郎、翰林學士。儼博物洽聞，通音律曆數[四]。宋興，禮樂多所裁定③[五]。周世宗觀大水泗州記，以問儼。儼以爲：「天地有五德，曰潤、曰暵、曰生、曰成、曰動。五德陰陽之使，陰陽水火之本。陰陽有常數④，水火有常分。奇耦相半，盈虛有準，謂之通正。羨備過亢⑤，極無不至，謂之咎證。陰之始主于淵獻，水之行紀于九六⑥。凡千七百二十有八歲，爲浩浩之會。雖堯舜在上不能免者，數也。若夫辟狂臣專，乂昏不明，苦雨數至不潤下，乃政之所致，非數也。唐正元壬申之水是已⑦。德宗闇蔽，篤於自任⑧，陸贄盡忠而斥遠，裴延齡專利而信用，常雨之應，夫豈虛生？」

偁，周廣順初登進士第[六]，其後同與賈琰在開封府晉王幕下⑨[七]。一日，晉王燕射，偁、琰同預，而琰贊美

① 時御史臺議　「議」原作「諫」，據隆平集、東都事略、宋史竇儀傳改。
② 而三師無所據　「而」下，隆平集、東都事略、宋史竇儀傳有「謂」字，於義爲長。
③ 宋興禮樂多所裁定　「多」，隆平集竇儼傳作「皆」。
④ 陰陽有常數　「數」，隆平集竇儼傳及全唐文卷八六三竇儼貞元泗州大水論、玉堂嘉話卷八竇儼水論皆作「德」。
⑤ 羨備過亢　「亢」，隆平集竇儼傳作「皇」。
⑥ 水之行紀于九六　「紀」原作「祀」，據隆平集、東都事略竇儼傳及全唐文卷八六三竇儼貞元泗州大水論、玉堂嘉話卷八竇儼水論改。
⑦ 唐正元壬申之水是已　「正元」，東都事略竇儼傳及全唐文卷八六三竇儼貞元泗州大水論、玉堂嘉話卷八竇儼水論皆作「貞元」，此乃避仁宗嫌名諱改字；「是已」，隆平集卷六本傳作「是以」，屬下句。
⑧ 篤於自任　「任」，隆平集竇儼傳作「疲」。
⑨ 其後同與賈琰在開封府晉王幕下　「幕」，隆平集竇偁傳作「席」。

稱過①，偁叱之曰：「賈氏子導諛，豈不自愧？」坐客皆失色。王亦不樂，因罷燕，尋白太祖出之[八]。太平興國四年，駕幸魏郡②，召偁至行在。上方議北征，偁抗疏極諫而止[九]。遂除樞密直學士、參知政事[一〇]。入謝，上曰：「汝何由至此？」偁曰：「陛下不忘藩邸之舊耳。」上曰：「乃賞汝面折賈琰也。」未幾薨于位[一一]。時明日燕群臣，以偁喪故罷。

辨證：

[一] 竇參政偁　本傳又載於隆平集卷六。按，竇偁及其兄竇儀、竇儼，傳載於東都事略卷三〇、宋史卷二六三；又，趙振華北宋竇儀墓誌疏證，録有竇儀墓誌全文，載湖南科技學院學報二〇〇五年第一〇期；張驍飛北宋竇儼墓誌疏證，録有竇僖竇儼墓誌全文，載寧波大學學報（人文科學版）二〇一五年第四期。

[二] 皆有文學中進士第　宋史竇儀傳云竇儀與「弟儼、侃、偁、僖皆相繼登科，馮道與禹鈞有舊，嘗贈詩，有『靈椿一株老，丹桂五枝芳』之句，縉紳多諷誦之，當時號爲『竇氏五龍』」。

[三] 儀儼乃以文章學問自見於一時　國老談苑卷一云：「竇儀自周朝以來，負文章識度，有望于時，搢紳許以廊廟之器。儀因以公台自許，急於大用，乃設方略以經營之。爲端明殿學士、判河南府時，括責民田，增其賦調，欲期恩寵，以致相位。當時洛人苦之。又嘗奉詔按筠州獄，希世宗旨，鍛煉成罪，枉陷數人。士君子以此少之。」舊五代史卷一一八周世宗紀五載顯德五年四月「丙辰，太常博士、權知宿州軍州事趙礪除名，坐推劾弛慢也。先是，翰林醫官馬道玄進狀，訴壽州界被賊殺却男，獲正賊見在宿州，本州不爲勘斷。帝大

---

① 而琰贊美稱過　「稱過」，隆平集竇偁傳作「偁」，似誤。

② 太平興國四年駕幸魏郡　「四年」，宋史竇偁傳載事在太平興國五年。又長編卷二一亦載此事於太平興國五年十一月戊午，則作「四年」者不確。

怒，遣端明殿學士竇儀乘馹往按之。及獄成，坐族死者二十四人。儀奉辭之日，帝旨甚峻，故儀之用刑傷于深刻。」則國老談苑所云「筠州」當爲「宿州」之譌，因筠州在江南，不屬周境。

［四］儼博物洽聞通音律曆數　玉壺清話卷二云：「儼素蘊文學，爲周世宗所重，判太常寺，校管籥鐘磬，辨清濁上下之數，分律呂還相之法，去京房清宮一筦，調之二年，方合大律。又善樂章，凡三弦之通，七弦之琴，十二弦之筝，二十五弦之瑟，三漏之籥，七漏之笛，八漏之篪，十七管之笙，二十三管之簫，皆立譜調，按通而合之。器雖異而均和不差，編於歷代樂章之後，目曰大周正樂譜。樂寺掌之，依文教習。尤善推步星曆，與盧多遜、楊徽之同在諫垣，預謂二公曰：『丁卯歲，五星當連珠於奎，奎主文，又在魯分，自此天下始太平，二拾遺必見之，老夫不與也。』果在乾德丁卯歲，五星連珠於奎，太宗鎮兗海，其明博如此。」又，丁晉公談録云：「竇家二侍郎儼，爲文宏贍，不可企及。有集一百卷，得常、楊之體。又撰釋門數事五十件，從一至百數，皆節其要妙、典故。」

［五］宋興禮樂多所裁定　長編卷一建隆元年三月己巳條云：「兼判太常寺竇儼上言：『三王之興，禮樂不相沿襲。洪惟聖宋，肇建皇極，一代之樂，宜乎立名。禋享宴會樂章，固當易以新詞，式遵舊典。』即詔儼專其事。儼請改周樂文舞崇德之舞爲文德之舞，武舞象成之舞爲武功之舞，改樂章十二順爲十二安。……夏四月癸酉，詔儼所定付有司行之。儼復請僖祖室奏大善之舞，順祖奏大寧，翼祖奏大順，宣祖奏大慶，並從之。」

［六］周廣順初登進士第　宋史竇偁傳稱其「漢乾祐二年舉進士」。

［七］其後同與賈玭在開封府晉王幕下　宋史竇偁傳云：「太宗領開封尹，選偁判官。時賈玭爲推官。」

［八］尋白太祖出之　東都事略竇偁傳云時「太宗白太祖，黜爲彰義軍節度判官」。

［九］偁抗疏極諫而止　宋史竇偁傳云：「偁請休兵牧馬，以徐圖之，上從其言。」

［一〇］參知政事　據隆平集竇偁傳、宋史宰輔表一，竇偁參知政事在太平興國七年。

［一一］未幾薨于位　據長編卷二三，其卒於太平興國七年十月己卯；宋史竇偁傳稱其享年五十八。按丁晉公談録云：「儼謂其弟偁參政曰：『儼兄弟五人，皆不爲相，兼總無壽，其間惟四哥稍得。然結裹得自家兄弟姊妹了，亦住不得。』後偁果爲參政，只有姊王家太夫人，即王沔參政之母，儀、儼之妹也，無何亦得疾。偁尋以抱病而歎曰：『二哥嘗言，結裹姊妹兄弟亦住不得，必不可矣。』果數日而薨。」

魯肅簡公宗道[一] 同前

魯宗道字貫之①，亳州人②。少孤苦學[二]，嘗袖所爲文謁戚綸，綸器賞之。咸平二年登進士第，徧歷州縣。天禧元年，詔兩省置諫官六員，不兼它職，考所言以爲殿最[三]。宗道與劉曄同選，擢爲正言。仁宗升儲，除户部員外郎兼右諭德。踰年，改正左諭德。及即位，遷户部郎中、龍圖閣直學士兼侍讀③。詔與吕夷簡按視雷允恭擅遷山陵黄堂事④。還，是年參知政事。天聖七年薨于位[四]，年六十四，贈兵部尚書，謚肅簡[五]。時太常禮院言禮無廢朝，特輟視朝一日。

宗道質直，遇事敢言，不爲勢所屈。爲諭德時，真宗一日遣中人召之，至其家，俟之久，方從酒家還。使者曰：「即上訝遲，將何以對？」宗道曰：「第直言之。」及宗道見，帝詢其所之，對曰：「有鄉人來，貧乏杯盤，至酒家飲之也。」帝善其無隱，而知其可大用[六]。

初，爲秀州海鹽縣令，疏治東南舊港口，道海水至邑下⑤，人以爲利，號魯公浦。在諫垣，時諫章由閤門始得進，而罕嘗賜對，宗道請得面論事而上奏通進司，自是爲故事。因言：「守宰與民至近，而未見有區别能否，豈朝

---

① 魯宗道字貫之 「貫之」原作「少之」，據隆平集、東都事略、宋史魯宗道傳改。
② 亳州人 按，宋史魯宗道傳稱其亳州譙人。
③ 遷户部郎中龍圖閣直學士兼侍讀 「侍讀」，長編卷九八乾興元年三月壬申條、宋史魯宗道傳作「侍講」。
④ 詔與吕夷簡按視雷允恭擅遷山陵黄堂事 「黄堂」，隆平集魯宗道傳作「皇堂」。
⑤ 道海水至邑下 「道」，隆平集魯宗道傳作「導」。

廷所以爲民之意？今除一知州，補一縣令，雖甚庸暗，有司無敢擯斥。舉天下親民之官，黷貨害政，十常二三，介然自守，孶孶政事，殆未易得，尚何裕民美化之可冀乎？昔漢宣帝除刺史、守相，必親見而考察之。今命知州、通判、知縣，雖未暇親見，宜令中書以言而察其應對，設以事而問其施爲，才與不才，得以進退。縣令則命流内銓倣此施行。庶乎得良守宰，助宣聖化。」真宗嘉納之。

宗道在選調久，頗患銓格繁密，而曲爲銓吏之奸弊①。判吏部流内銓，多釐革之。凡科條闕次②，悉揭示廡下，人以爲便。七年居政府，裁抑僥倖，不肯以名器私人[七]。時樞密使曹利用有所憑恃，肆爲驕横，宗道屢折之於上前。凡貴戚近習，莫不斂迹。子有功、有立、有開。

辨證：

[一] 魯肅簡公宗道　本傳又載於隆平集卷六。按，魯宗道，東都事略卷五三、宋史卷二八六有傳。

[二] 少孤苦學　宋史魯宗道傳稱其「少孤，鞠于外家，諸舅皆武人，頗易宗道，宗道益自奮厲讀書」。

[三] 詔兩省置諫官六員不兼它職考所言以爲殿最　按長編卷八九天禧元年二月丁丑條云：「詔別置諫官、御史各六員，增其月俸，不兼他職，每月須一員奏事，或有急務，聽非時入對，及三年則黜其不勝任者。先是，上謂宰相曰：『朕以去秋螟蝗，因内自省，天下至廣，豈民政有闕耶？比聞外廷浮議，謂朝廷鮮納諫諍，殊不知群臣言事，朕每虚懷聽受，苟有可採，隨即施行，蓋中外之人猶未深悉爾。且今朝士中固多才識，近覽賦頌之作，尤覺文風丕變，直言讜論，豈無其人？當下詔別置臺省官專主諫奏，然所選尤須謹厚端雅識大體者，至於比周浮薄，朕不取焉。』」

① 而曲爲銓吏之奸弊　「爲」，隆平集魯宗道傳作「知」。

② 凡科條闕次　「次」，隆平集魯宗道傳作「者」。

〔四〕天聖七年薨于位　長編卷一〇七載其卒於天聖七年二月庚申。夢溪續筆談云：「魯肅簡公勁正，不徇愛憎，出於天性。素與曹襄悼不協，天聖中因議茶法，曹力擠肅簡，因得罪去。賴上察其情，寢前命止從罰俸。……及肅簡病，有人密報肅簡，但云『今日有佳事』。魯聞之，顧壻張昷之曰：『此必曹利用去也。』試往偵之，果襄悼謫隨州。肅簡曰：『得上殿乎？』張曰：『已差人押出門矣。』魯大驚曰：『諸公誤也。利用何罪至此？進退大臣，豈宜如此之遽？利用在樞密院，盡忠於朝廷，但素不學問，倔强不識好惡耳。此外無大過也。』嗟惋久之，遽覺氣塞，急召醫視之，曰：『此必有大不如意事動其氣。脈已絶，不可復治。』是夕，肅簡薨。」

〔五〕謚肅簡　歸田録卷一云：「魯肅簡公立朝剛正，嫉惡少容，小人惡之，私目爲『魚頭』。當章獻垂簾時，屢有補益，讜言正論，士大夫多能道之。公既卒，太常謚曰『剛簡』，議者不知爲美謚，以爲因謚譏之，竟改曰『肅簡』。公與張文節公知白當垂簾之際，同在中書，二公皆以清節直道爲一時名臣，而魯尤簡易，若曰『剛簡』，尤得其實也。」按，國老談苑卷二云：「魯宗道爲正言，言事違忤，真宗稍忌之。宗道一日自訟於上前，曰：『臣在諫列，言事乃臣之職。陛下以數而忌之，豈非有納諫之虚名，俾臣負素飡之辱矣。臣竊愧之，謹願罷去。』上喜其忠懇，勉而遣之。他日，追念其言，御筆題殿壁曰『魯直』。」又云：「魯宗道爲參政，以忠鯁自任。嘗與宰執議事，時有不合者，宗道堅執不回，或議少有異，則遷諍不已，然多從宗道所論。時人謂曰『魚頭公』，蓋以骨鯁目之也。」

〔六〕帝善其無隱而知其可大用　歸田録卷一云：「仁宗在東宫，魯肅簡公宗道爲諭德，其居在宋門外，俗謂之浴堂巷，有酒肆在其側，號仁和，酒有名於京師，公往往易服微行，飲於其中。一日，真宗急召公，將有所問。使者及門而公不在，移時乃自仁和肆中飲歸。中使遽先入白，乃與公約曰：『上若怪公來遲，當託何事以對？幸先見教，冀不異同。』公曰：『但以實告。』中使曰：『然則當得罪。』公曰：『飲酒人之常情，欺君臣子之大罪也。』中使嗟歎而去。真宗果問，使者具如公對。真宗問曰：『何故私入酒家？』公謝曰：『臣家貧無器皿，酒肆百物具備，賓至如歸。適有鄉里親客自遠來，遂與之飲。然臣既易服，市人亦無識臣者。』真宗笑曰：『卿爲宫臣，恐爲御史所彈。』然自此奇公，以爲忠實可大用。晚年每爲章獻明肅太后言群臣可大用者數人，公其一也。其後章獻皆用之。」

〔七〕七年居政府裁抑僥倖不肯以名器私人　長編卷一〇七天聖七年二月庚申條云：「太后臨朝，宗道屢有獻替。太后問：『唐武后何如主？』對曰：『唐之罪人也，幾危社稷。』后默然。時有上言請立劉氏七廟者，太后以問輔臣，衆不敢對。宗道乃曰：『不可。』退謂同列曰：『若立劉氏七廟，如嗣君何？』帝與太后將同幸慈孝寺，欲以大安輦前帝行，宗道曰：『婦人有三從，在家從父，嫁從夫，夫歿從子。』太后命輦後乘輿。執政多任子于館閣讀書，宗道曰：『館閣育天下英才，豈紈袴子弟得以恩澤處耶？吾子誠幼，已任京官，然終不使恩國恩。』曹利用恃權驕橫，宗道屢折之帝前。自貴戚用事者，莫不憚之。時目爲『魚頭參政』，因其姓，且言骨鯁如魚頭也。在政府七年，務裁抑僥倖，不以名器私于人。」

盛文肅公度[一]　同前

盛度字公量，餘杭人[二]。端拱初登進士第[三]。數上疏論邊事，奉使陝西，參質漢、唐故地，繪爲西域圖以獻。累擢知制誥、翰林學士。寇準罷相，度以嘗交結周懷政，貶和州團練副使[四]。天聖初，牽復翰林學士、龍圖學士，承旨①，兼侍讀學士。景祐二年參知政事，四年知樞密院。坐令開封府吏馮士元强取其鄰所賃官舍，爲知府鄭戩所發，罷[五]。知揚州、蔡州、應天府。以太子少傅致仕，還京數日卒[六]，年七十四，贈太子太保，謚文肅。子山甫、申甫②、崇甫。

初，度因奏事便殿，真宗問其所上西域圖，内出繒，命工別繪。度因言：「前已圖漢所置酒泉、張掖、武威、燉煌、金城五郡，以復究尋五郡之東南，自秦築長城，西起臨洮，東至遼碣，延袤萬里，有郡、有軍、有守捉③，襟帶相屬，烽火相望，其形勢禦備亦至矣。唐始置節度使，後又以宰相兼領。用非其人，有山河之險而未能固，有甲兵

① 承旨　宋史盛度傳作「進承旨」，是。

② 申甫　原作「中甫」，隆平集盛度傳作「申甫」，按長編卷一一〇天聖九年正月辛未條載「翰林學士盛度請其子奉禮郎申甫於館閣讀書」，麟臺故事卷一上亦有「與盛度之子申甫皆賜同進士出身」，據改。

③ 有郡有軍有守捉　「守捉」，隆平集盛度傳脱「守」字。按新唐書卷五〇兵志云：「唐初，兵之戍邊者，大曰軍，小曰守捉。」

之利而不能禦，豈不惜哉！今復繪其山川道路、區聚壁壘，爲河西隴右圖，願備聖覽。」上稱其博。

度嘗坐開封獄失實①［七］，調監洪州稅②。上言請復賢良方正科。密詔撰策題，馳驛以聞。又請建四科以取士［八］，且言：「經術之士，若典刑備舉，則政教流行，請設博通墳典達於教化科。堯試臣以事，不直以言語筆札求人，審官期於適用，請設才識兼茂明於體用科。今戒警未除③，調邊牢戍④，必資良帥以集事功，請設軍謀宏遠堪任將帥科。獄市之繁，民命所係，若推按失實，則枉情傷生，請設諳曉法律能按章覆科⑤。」後亦取其才識兼茂明於體用科，與賢良方正能直言極諫兼行。

明道中，詔度與御史中丞王隨參定在京并外三十一州軍舊禁解鹽地分⑥［九］，曉商旅入錢算鹽⑦。度言通商有五利［一〇］，遂施行之。

度好學，家居唯圖書滿前，每歸，未嘗釋手。真宗嘗命李宗諤、楊億、王曾、李維、舒雅、任隨、石中立同編通典⑧、文

---

① 度嘗坐開封獄失實　「坐」原作「在」，據隆平集盛度傳改。

② 調監洪州稅　「調」，隆平集盛度傳作「謫」，當是。

③ 今戒警未除　「戒」，長編卷一〇七天聖七年閏二月壬子條作「戎」，似是。

④ 調邊牢戍　「牢」，據庫本作「守」，隆平集盛度傳作「勞」。

⑤ 請設諳曉法律能按章覆科　「諳」字原脫，據隆平集盛度傳補。按，宋史盛度傳、長編卷一〇七天聖七年閏二月壬子條作「明曉法律能按章覆問科」，疑脫「問」字。

⑥ 詔度與御史中丞王隨參定在京并外三十一州軍舊禁解鹽地分　「王隨」下，隆平集盛度傳有「及三司」三字，長編卷一一一明道元年十二月庚申條、東都事略盛度傳亦同；「參定」，隆平集盛度傳作「詳定」。

⑦ 曉商旅入錢算鹽　「曉」，隆平集、東都事略、宋史盛度傳作「聽」，義長。

⑧ 石中立同編通典　「通典」，宋史盛度傳作「續通典」，是。

苑英華，又嘗預注釋御集。真宗祀汾陰，仁宗在藩邸，以度掌起居箋表及留守章奏。封壽春郡王①，特詔令撰謝恩表。所著有愚谷集、中書制集、銀臺集、翰林制集、極中集②。

天禧三年郊恩赦文，許舍人、給事中、諫議母封郡太君，而學士不預。度官兵部郎中，因請進封其母，上特從其請。自是學士官未至諫議者，皆得封其母焉。

度多猜險，僚友皆畏其傾，不敢妄語言。肌體豐大，艱於拜起[一一]，有拜之者，俯伏不能興，或至詬罵。其褊戾如此[一二]。

辨證：

[一]盛文肅公度　本傳又載於隆平集卷七。按，盛度，東都事略卷五五、宋史卷二九二有傳。

[二]餘杭人　宋史盛度傳稱「世居應天府，後徙杭州餘杭縣」。

[三]端拱初登進士第　齊東野語卷六解頤云盛度「以第二名登第」。

[四]寇準罷相度以嘗交結周懷政貶和州團練副使　長編卷九五天禧四年六月丙申條載「以右僕射兼中書侍郎、平章事寇準爲太子太傅、萊國公」。卷九六天禧四年七月丁丑條載「太子太傅寇準降授太常卿、知相州，翰林學士盛度、樞密直學士王曙並落職，度知光州，曙知汝州，皆坐與懷政交通」。卷九八乾興元年二月戊辰條載貶道州司馬寇準爲雷州司户參軍，兵部郎中、知光州盛度授和州團練副使，「凡前附寇準者並再加貶黜」。

[五]爲知府鄭戩所發罷　長編卷一二五寶元二年十一月丁酉條載降寧武節度使、知樞密院事盛度爲尚書左丞、知揚州，尚書左

---

① 封壽春郡王　「壽」原作「千」，據隆平集盛度傳改。按，宋史卷八真宗紀稱大中祥符八年十二月「辛卯，皇子慶國公封壽春郡王」。

② 極中集　「極中」，宋史盛度傳作「樞中」。

丞、參知政事程琳爲光禄卿、知潁州，云：「先是，權知開封府鄭戩按使院行首馮士元姦贓及私藏禁書事，而士元嘗爲度强取其鄰所賃官舍。故樞密副使張遜第在武成坊，其曾孫偕才七歲，宗室女所生也，貧不自給，乳媪擅出券鬻之。琳陰使士元諭以偕幼，宜得御寶許鬻乃售。其乳媪以宗室女故入宫見章惠太后，既得御寶，琳即市取之，及令弟琰同士元市材木。……士元既杖脊，配沙門島，而（開封府判官李）宗簡輒私發公案欲營救之，開封府推官王逵具以白戩，遂奏移鞫御史臺，獄具，詔翰林學士柳植録問。是日旬休，上特御延和殿，召宰臣等議決之」，遂貶之。

[六] 以太子少傅致仕還京數日卒　宋史盛度傳稱其「暴感風眩，以太子少傅致仕」。據長編卷一三二，其卒於慶曆元年八月辛巳。

[七] 度嘗坐開封獄失實　宋史盛度傳稱其爲開封府判官，因「坐決獄失實」遭貶。

[八] 上言請復賢良方正科密詔撰策題馳驛以聞又請建四科以取士　長編卷一〇七天聖七年閏二月壬子條注曰：「度本傳云：『初，度謫洪州，建議復賢良方正科，密詔度撰策目以進。度又請建四科。既而用夏竦議，置六科，其議亦自度始。』按賢良方正科，自乾德二年始復置。是年，穎贄應詔；四年，姜涉應詔。咸平四年，又置。是年，查道、王曉、陳越等應詔，真宗親策何亮、孫暨、孫僅、丁遜等。而度謫洪州，乃景德元年閏九月，然則傳所稱度請復賢良方正科，誤矣。蓋賢良方正科，其復已久，度更欲廣其科目，而景德二年所置六科，實用度議，故度雖在謫所，真宗猶令度撰策目以進也。及仁宗用夏竦議，更置六科，其科目尚多取度所言者，故傳云其議亦自度始。」

[九] 詔度與御史中丞王隨參定在京并外三十一州軍舊禁解鹽地分　涑水記聞卷四云：「晉鹽之利，唐氏以來可以半天下之賦。神功以此法令嚴峻，民不敢私煮煉，官鹽大售。真廟以降，益緩刑罰，寬聚斂，私鹽多，官利日耗。章獻時，（王）景爲選人，始建通商之策，大臣陳堯咨等多謂不便。章獻力欲行之，廷謂大臣曰：『聞外間多苦惡鹽，信否？』對曰：『唯御膳及宫中鹽善耳，外間皆是土鹽。』章獻曰：『不然。御膳亦多土鹽，不可食。欲爲通商，則何如？』大臣皆以爲：『必如是，縣官所耗，失利甚多。』章獻曰：『雖棄數千萬亦可，耗之何害？』大臣乃不敢復言。於是命盛度與三司詳定，卒行其法。詔下，蒲、解之民皆作感聖恩齋。」

[一〇] 度言通商有五利　長編卷一〇九天聖八年十月壬辰條云：「度、隨與權三司使胡則畫通商五利上之，曰：『方禁商時，官伐木造船，以給輦運，而兵民罷勞，不堪其命，今無復其弊，一利也。始以陸運，既差貼頭，又役車户，貧人懼役，連歲逋逃，今悉罷之，二利也。又船運河流，有沈溺之患，綱吏侵盗，雜以泥砂、硝石，其味苦惡，疾生重腿，今皆得食真鹽，三利也。國之錢幣，謂之貨泉，蓋欲使之

通流，而富室大家多藏鏹不出，故民用益蹙，今得商人六十餘萬，頗助經費，四利也。歲減鹽官、兵卒、畦夫、傭作之給，五利也。』」

〔一一〕肌體豐大艱於拜起　涑水記聞卷三云：「度雖肥，拜起輕健。爲翰林學士時，嘗自前殿將赴後殿，宰相在其後，度初不知，忽見，趨而避之，行百餘步，乃得直舍，隱於其中。翰林學士石中立見其喘甚，問之，度告其故，中立曰：『相公不問否？』度曰：『不問。』別去十餘步乃悟，罵曰：『奴乃以我爲牛也。』」

〔一二〕其褊戾如此　青箱雜記卷六云：「盛文肅公正剛蹇，絶無他腸，而性微狷急。時爲内相，孫抃方召試館職，以文投之，文肅大怒曰：『投贄盡皆邪道，非公朝所尚。』呵責再三，孫惶恐失措而退。比試學士院，孫夙夕憂其擯落，文肅乃題所試卷爲三等上，其公正如此。」

韓忠憲公億〔一〕　同前

韓億字宗魏。其先真定人，後徙開封之雍丘〔二〕。少力學〔三〕，咸平五年登進士第，王旦以女妻之。久歷外官，以旦在政府避親〔四〕，及旦薨，乃稍進用。仁宗即位，累擢龍圖閣待制、樞密直學士、御史中丞。景祐二年，同知樞密院事①，四年改參知政事。因諫官言不當以子壻爲群牧判官，寶元元年罷知應天府〔五〕，加資政殿學士，徙成德軍、澶亳州②，遷尚書右丞③，以太子太傅致仕④。卒〔六〕，年七十三，贈太子太保，謚忠憲。子綱、綜、絳、繹、

① 同知樞密院事　「知」字原脱，據隆平集、東都事略、宋史韓億傳及蘇舜欽集卷一六韓公行狀等補。
② 徙成德軍澶亳州　「州」原作「幾」，據鐵琴銅劍樓本、庫本及隆平集韓億傳改。
③ 遷尚書右丞　「右丞」，東都事略、宋史韓億傳及蘇舜欽集卷一六韓公行狀、張方平集卷三七韓公神道碑銘、卷三九韓公墓誌銘作「左丞」。
④ 以太子太傅致仕　「太傅」，蘇舜欽集卷一六韓公行狀、張方平集卷三七韓公神道碑銘、卷三九韓公墓誌銘及東都事略、宋史韓億傳皆作「少傅」。按，下文稱其「贈太子太保」，則此處「太傅」當作「少傅」。

維、縝、緯、緬①。

億性方重有守，治家嚴肅[七]，雖燕居，未嘗見其墮容。嘗奉詔監視向敏中諸子分財産，方丁謂用事，陰遣所親諭億，欲買向氏長安華嚴川田。億至向第，而戒其諸子曰②：「土田，衣食之源，不可鬻也。」遂忤謂意。謂忌知定州曹瑋③，斥知萊州，慮其或拒命，乃詔億馳往，代收其兵，欲緣以中億。而瑋既奉詔，謂亦不能害[八]。三司更茶法④，歲課不登。億承詔劾之，由丞相而下，當坐失當之罰⑤。其不撓如此。

益州故事，歲首官出米六萬石，或五六倍之，以濟貧民。億知州，當歲儉，乃數倍賑之。又疏江流，溉民田數千頃，至今以爲利[九]。初，通判陳州，河決屬邑。億集瀕河丁夫，就伐薪茭⑥，親督築，不賦於民而河患平。知洋州，有富民李甲喪兄而迫嫁其嫂⑦，又誣從子爲它姓，而并其資産。嫂訟之十餘歲，吏受賂不得直。億按舊牘，獨未嘗證以乳醫。億密致乳醫以驗決，衆皆詘服[一〇]。

在樞府，元昊歲遣人至京師，出入民間無他禁。億請爲除館舍，以優待遠人，乃官爲主其貿易⑧，實欲防之

---

① 緬　蘇舜欽集卷一六韓公行狀、張方平集卷三七韓公神道碑銘作「緬」。

② 而戒其諸子曰　「而」，隆平集韓億傳作「面」。

③ 謂忌知定州曹瑋　「謂忌」，隆平集韓億傳作「謂出之」，屬上句。

④ 三司更茶法　「三司」，隆平集韓億傳作「二司」，疑誤。

⑤ 當坐失當之罰　「當坐」，宋史韓億傳作「皆坐」，當是。

⑥ 就伐薪茭　「茭」原作「芰」，據隆平集韓億傳改。

⑦ 有富民李甲喪兄而迫嫁其嫂　「富民」，宋史韓億傳稱「州豪」，蘇舜欽集卷一六韓公行狀稱「大校」，張方平集卷三七韓公神道碑銘稱「豪吏」；「迫」原作「追」，據隆平集、東都事略、宋史韓億傳及蘇舜欽集卷一六韓公行狀、張方平集卷三七韓公神道碑銘改。

⑧ 乃官爲主其貿易　「乃」，隆平集韓億傳作「仍」。

也。詔從之。又言天下承平之久①，武備不戒，請二府各舉才任將帥者數人②，稍試用之。唃厮囉與元昊相攻，已而來獻捷，朝廷議寵厮囉以節制。億曰：「二虜皆藩臣，今不能諭令解仇，又因捷而賞之，豈綏御四夷之道當如是耶？」固執不可，遂罷。又言武臣宜知兵書，而法在所禁，請纂其要略以頒焉。於是上自集神武秘略以賜邊臣〔二〕，其書遂偏天下。

辨證：

〔一〕韓忠憲公億　本傳又載於隆平集卷七。按，韓億，東都事略卷五八、宋史卷三一五有傳；蘇舜欽集卷一六載有韓公行狀；張方平集卷三九載有推誠保德功臣正奉大夫守太子少傅致仕上柱國南陽郡開國公食邑三千三百户食實封八百户賜紫金魚袋贈太子太保謚忠憲韓公墓誌銘，卷三七載有推誠保德功臣正奉大夫守太子少傅致仕上柱國昌黎郡開國公食邑三千三百户食實封八百户賜紫金魚袋累贈太師中書令尚書令許國公謚忠憲韓公神道碑銘。

〔二〕其先真定人後徙開封之雍丘　張方平集卷三七韓公神道碑銘及東都事略、宋史韓億傳稱其真定靈壽人，蘇舜欽集卷一六韓公行狀稱其「皇考以明經游京師，遂家焉」。

〔三〕少力學　桐陰舊話云：「忠憲公少年貧時，學書無紙，莊門前有大石，就其上學字，晚即滌去。遇烈日及小雨，張弊繖自蔽，率以爲常。」

〔四〕久歷外官以旦在政府避親　長編卷七四大中祥符三年八月甲子條載宰相王旦「長女婿殿中丞韓億後亦嘗獻所爲文，上亟欲召試，旦力辭之。億例當守遠郡，上特召見，改太常博士、知洋州。旦私語其女曰：『韓郎入川，汝第歸吾家，勿憂也。吾若有求於上，他

① 又言天下承平之久　「之」，隆平集韓億傳作「已」。

② 請二府各舉才任將帥者數人　「數人」，宋史韓億傳稱「數十人」。

日使人指韓郎緣婦翁奏免遠適，則其爲損不細矣。』億聞之喜曰：『公待我厚也。』」

〔五〕寶元元年罷知應天府　宋史韓億傳云：「會忻州地大震，諫官韓琦言宰相王隨、陳堯佐非輔弼才，又言億子綜爲群牧判官，不當自請以兄綱代之，遂與宰相皆罷。」

〔六〕卒　據蘇舜欽集卷一六韓公行狀、張方平集卷三七韓公神道碑銘，其卒於慶曆四年八月十五日。

〔七〕治家嚴肅　五朝名臣言行録卷六之五參政韓忠憲公引蘇氏談訓云：「韓忠憲以教子，嚴肅不可犯。知亳州，第二子舍人自西京倅謁告省覲，康公與右相及姪杜史宗彦皆中甲科歸。公喜置酒，召寮屬之親厚者，俾諸子坐於隅。惟持國多深思，知必有義方之訓，託疾不赴。坐中忽云：『二郎，吾聞西京有疑獄奏讞者，其詳云何？』舍人思之未得，已訶之。再問，未能對，遂推案索杖，大詬曰：『汝食朝廷厚禄，倅貳一府，事無巨細，皆當究心。大辟奏案，尚不能記，則細務不舉可知。吾在千里外，無所干預，猶能知之。爾叨冒廪禄，何顔報國！』必欲撻之。衆賓力解方已。諸子股栗，累日不能釋。家法之嚴如此，所以多賢子孫也。」

〔八〕而瑋既奉詔謂亦不能害　長編卷九八乾興元年二月戊辰条载：「宣徽南院使、鎮國軍留後曹瑋責授左衛大將軍、容州觀察使、知萊州。瑋時任鎮定都部署，丁謂疑瑋不受命，詔河北轉運使、侍御史韓億馳往收其兵。先是，億嘗受詔爲向敏中諸子析私財，丁謂使所親謂億，欲市向氏長安華嚴川田。億至向第，面戒諸子曰：『土田，衣食之原，決不可鬻。』由是忤謂意，謂欲緣是并中億。而瑋得詔，即日上道，弱卒十餘人，不以弓韔矢箙自隨，謂卒不能加害。」

〔九〕又疏江流溉民田數千頃至今以爲利　張方平集卷三七韓公神道碑銘云：「自秦李冰鑿離堆，避沫水之害，穿二江成都中，釃以溉田，若歲大旱，溝塍猶涸。公更決九升口，水行徑易，迄今享其利。」

〔一〇〕有富民李甲喪兄而迫嫁其嫂至衆皆詘服　東軒筆録卷一一云：「韓忠憲公億知洋州日，有大校李甲以財豪於鄉里，誣其兄之子爲他姓，賂里嫗之貌類者，使認之爲己子，又醉其嫂而嫁之，盡奪其奩槖之蓄。嫂、姪皆訴于州及提刑、轉運司，每勘劾，多爲甲行賂於胥吏，其嫂、姪被笞掠，反自誣服，受杖而去，積十餘年矣。暨韓公至，又出訴，韓公察其冤，因取前後案牘視之，皆未嘗引乳醫爲證。一日，盡召其黨立庭下，出乳醫示之，皆伏罪，子母復歸如初。」

〔一一〕於是上自集神武秘略以賜邊臣　長編卷一二〇景祐四年六月戊子條云：「以御製神武秘略賜河北、河東、陝西緣邊部署、鈐轄、知州軍，每得代，更相付授。始韓億同知樞密院事，建言武臣宜知兵書，而禁不傳，請纂集其要賜之。上於是作神武秘略凡三十篇，分十卷，仍自作序焉。」

宋宣憲公綬①[一]　同前

宋綬字公垂，趙州人②。幼聰警，額有異相，其外祖楊徽之器愛之。徽之無子，盡付以家所藏書。以徽之遺恩，授太常寺太祝。年方十五，召試中書。真宗奇其文，特遷大理評事，聽於秘閣讀書，同校勘天下圖經。久之，復召試學士院，除集賢校理。與父皐同在館閣③，每賜書，必得二本，世以爲榮。累擢知制誥。仁宗即位，擢直學士院。天聖三年，爲翰林學士，明年兼侍讀。改龍圖學士，出知應天府[二]。召還，欲大用，爲宰相張士遜所抑。復翰林學士兼侍讀、龍圖閣學士[三]，加端明殿學士。端明殿，後唐初置學士，馮道、趙鳳首當其任。太平興國中改爲文明殿學士④，至是又置端明殿學士以寵綬[四]。綬辭免龍圖。及士遜罷相，明道二年，綬遂參知政事。景祐四年，罷爲尚書左丞、資政殿學士[五]，留侍經筵。明年加大學士[六]，知河南府。康定元年，知樞密院，改參知政事。薨于位[七]，年五十，贈司徒兼侍中，謚宣憲。子敏求、敏脩。

大中祥符初，封禪覃慶，上先賜綬同進士出身。翌日，遂由大理評事遷本寺丞。後苑賞花，群臣皆賦詩，命

---

① 宋宣憲公綬　「宣憲」，長編卷一二九康定元年十二月癸卯條及東都事略、宋史宋綬傳皆稱其謚曰「宣獻」，是。按，下文同。

② 趙州人　按，宋史宋綬傳稱其趙州平棘人。

③ 與父皐同在館閣　「父」原作「文」，據隆平集、東都事略、宋史宋綬傳改。

④ 太平興國中改爲文明殿學士　「文明殿學士」下，隆平集宋綬傳有「以授李昉，未幾殿災，重建改曰文德，遂不復置學士」二十字。

綬與晏殊同爲之序。祀汾陰，綬與錢易、陳越、劉筠所過採集地志、風物、故實，每舍上之，以備詢覽。仁宗即位，章獻太后命綬擇前代文字可以贊孝養、補政治者以上①。遂録唐謝偃惟皇戒德賦、孝經論語節要、唐太宗所撰帝範二卷、開元臣僚所獻聖典三卷、君臣正理論三卷上之。

太后稱制既久，上未嘗獨對群臣。綬言：「唐開元中②，睿宗爲太上皇，五日一受朝，處分軍國重務及三品以上除授，決重刑。明皇日聽朝，除授三品以下，決徒刑。請令中書、樞密院約先天制度，非軍國大事及大除拜，皆前殿取旨，臣僚亦只前殿對。」由是忤太后意，而有應天之命。太后崩，詔綬定章獻明肅、章懿二太后祔廟禮③。綬舉春秋考仲子之宫、唐儀坤故事，請别立章懿太后廟，建名奉慈，以安神主，上從其議[八]。

綬又言：「帝王之御臣下，在乎總握威柄，賞罰二者必自天子出。一紀以來，政出簾箔之間④。今陛下方躬親萬務，聽斷有祖宗英風。天下延頸跂踵，渴見聖政。若非懲姦革弊⑤，無以新四方耳目⑥。而刑政號令，未見

---

① 章獻太后命綬擇前代文字可以贊孝養補政治者以上　「代」字原脱，據隆平集宋綬傳補。

② 唐開元中　宋史宋綬傳、長編卷一一〇天聖九年十月己卯條、宋朝諸臣奏議卷九二宋綬上仁宗乞約先天制度前殿取旨皆稱「唐先天中」，是；又下文亦稱「先天」。

③ 詔綬定章獻明肅章懿二太后祔廟禮　「二」原作「三」，據隆平集宋綬傳及上下文義改。

④ 政出簾箔之間　「箔」，隆平集宋綬傳作「簿」。

⑤ 若非懲姦革弊　「姦」原作「建」，據庫本及隆平集宋綬傳改；宋史宋綬傳、長編卷一一三明道二年八月丁巳條、皇朝編年綱目備要卷九明道二年「秋八月置端明殿學士」條作「違」。

⑥ 無以新四方耳目　「四方」，宋史宋綬傳、長編卷一一三明道二年八月丁巳條、皇朝編年綱目備要卷九明道二年「秋八月置端明殿學士」條作「百姓」。

勝於垂簾之日，豈非三事大臣未能盡輔佐之道耶？頃者除授恩澤，多所希望，而因緣邪倖者遂取升擢①。議者皆以謂恩出太后，而不由陛下。自親政以來，恩賞雖行，議者又云悉出大臣。蓋大臣公爲朋黨，罔冒天聰。朋黨相結，其害實甚。或窺測上旨，密令陳奏，或附會己意，以進退人。大臣恃恩以招權②，小人趍利以售進。此風寖長，有蠹邦政。太宗嘗云：『國家若無外憂，必有内患。外憂不過邊事，皆可預防。惟姦邪無狀，若爲内患，深可懼也。』真宗亦云：『唐朝朋黨尤盛，漸不可制，以至帝室衰弱。』願陛下思祖宗之訓，念王業艱難，整頓紀綱，正在今日。」上大感悟。

章惠太后嘗王中正舊第爲道觀③，諫官、御史皆言近詔罷修寺觀，而復有此興造，是詔令數更也。上曰：「此太后自出奩中物爾，言者豈非邀名乎？」綬因曰：「是豈知太后所爲，但見忽興土木，違近詔爾。疑似之事，人猶奏論。設少失周防④，雖臺諫官不言，四方亦自傳布，爲聖政之累。太祖嘗謂：『太宗受人諫疏⑤，直抵其非，曾不爲耻，豈若自不爲之而使人無言？』望陛下深鑒皇祖之言，常防外廷之議。已出詔令，且要遵守，無令喋喋之人自取名譽也。」

綬又言：「自古守成之君，必兢兢抑畏，不忘顧省。人心逸於久安，患害生於所忽，故立防於無事之際，消患

---

① 而因緣邪倖者遂取升擢　「遂」，隆平集宋綬傳作「邀」，長編卷一一三明道二年八月丁巳條、宋史宋綬傳作「徑」。

② 大臣恃恩以招權　「恃」，隆平集、東都事略、宋史宋綬傳及長編卷一一三明道二年八月丁巳條作「市」。

③ 章惠太后嘗王中正舊第爲道觀　按，底本闕「中正舊第爲道觀」以下至本傳末，而錯置入上集卷八王太師珪神道碑「嘗爲三司鹽鐵判官」至「臣恐祖」一葉文字，據鐵琴銅劍樓本、庫本及隆平集宋綬傳删補。

④ 設少失周防　「失」，隆平集宋綬傳作「決」，似訛。按，宋史宋綬傳作「或陛下有大闕失」。

⑤ 太宗受人諫疏　「太宗」，長編卷一一九景祐三年七月己卯條及東都事略、宋史宋綬傳作「唐太宗」，是。

於未萌之前。若事至而後應，不亦殆歟？此固聖心所詳究，臣猶願飭勵群司，交修庶職，勿以治平自息①，勿以纖微不慎②，則可以保至尊而享洪業矣。臣又切惟御下之道有三：臨事尚乎守，當幾貴乎斷，兆謀先乎密。守則不可移，斷則不可惑，密則不可干③。是三者，治亂安危之所係，願陛下欽之念之。至若朝務清夷④，深居閒燕，亦願陛下愛養聖躬，節宣所欲。夫四時聲味，所以調適六氣，乃克和平自然，擁百靈之休，享無疆之福，豈不美哉⑤。」初，尚美人出宮[九]，上召綬面草詔云：「當求德閫⑥，以稱坤儀。」既而聞左右以茶商陳氏女入宮，綬因間見曰：「陛下乃欲以卑賤者正位中宮⑦，不亦與前日詔語戾乎？」及樞密使王曾入對，上首詢之，曾深以爲不可。上曰：「宋綬亦如此言。」時宰相呂夷簡屢論列上前，卒罷之。修郊祀，綬嘗攝太僕卿，陪玉輅顧問儀物典故，召對辯洽⑧，因撰鹵簿圖以進。

綬資性孝謹，清介寡言。經史百家，莫不通貫。朝廷有大議論，皆所裁定。於前世文章，必深考其得失，而時之作者，無所臧否。集外祖楊徽之詩，刻石嘉州明月湖上。家藏書萬卷，皆手自校正[一〇]。楊億嘗稱其文淳麗，尤

① 勿以治平自息　「息」，隆平集、東都事略、宋史宋綬傳及宋朝諸臣奏議卷二〇宋綬上仁宗乞勿以治平自怠作「怠」。

② 勿以纖微不慎　「微」，隆平集宋綬傳作「釁」。

③ 守則不可移斷則不可惑密則不可干　宋朝諸臣奏議卷二〇宋綬上仁宗乞勿以治平自怠作「能守則姦莫由移，斷則邪莫由惑，密則事莫由變」。

④ 至若朝務清夷　「夷」，隆平集宋綬傳作「暇」。

⑤ 豈不美哉　「美」，宋朝諸臣奏議卷二〇宋綬上仁宗乞勿以治平自怠作「善」。

⑥ 當求德閫　「閫」，鐵琴銅劍樓本原作「問」，據隆平集、宋史宋綬傳改；庫本、長編卷一一五景祐元年九月辛丑條作「門」。

⑦ 陛下乃欲以卑賤者正位中宮　「中宮」，長編卷一一五景祐元年九月辛丑條及東都事略、宋史宋綬傳同，隆平集宋綬傳作「宮中」。按，漢書卷一一哀帝紀顏師古注曰：「中宮，皇后之宮。」則此作「中宮」者是。

⑧ 召對辯洽　隆平集宋綬傳作「占對辯給」。

善賦詠，自以爲不及也。綬之筆扎精妙，上嘗取所書千字文及其家之墨迹藏禁中［一］。所著有七集［二］。始綬疾，不視事①，母問之，必曰：「少瘳矣②。」又通賓客候問，若且安，以紓母憂③。然後事俱已詳處，雖家人不知也。

辨證：

［一］宋宣憲公綬　本傳又載於隆平集卷七。按，宋綬，東都事略卷五七、宋史卷二九一有傳。

［二］改龍圖學士出知應天府　長編卷一一〇天聖九年十月己卯條載以翰林學士兼侍讀學士宋綬爲龍圖閣學士、知應天府，云：「時太后猶稱制，五日一御承明殿，垂簾決事，而上未始獨對群臣也。綬言：『唐先天中，睿宗爲太上皇，五日一受朝處分軍國重務，除三品以上官，決重刑。明皇日聽朝，除三品以下官，決徒刑。今宜約先天制度，令群臣對前殿，非軍國大事及除拜，皆前殿取旨。』書上，忤太后意，故命出守。侍御史知雜事劉隨、殿中侍御史郭勸並言綬有辭學，當留在朝，不宜處外。不聽。」

［三］復翰林學士兼侍讀龍圖閣學士　長編卷一一二明道二年五月丁丑條載：「帝始召宋綬，將大用之，爲張士遜所沮。丁丑，以綬爲翰林侍讀學士兼龍圖學士、判都省兼判太常寺、知審官院。」東都事略宋綬傳云時其「爲宰相張士遜所抑，復入翰林爲學士，兼侍讀」。宋史宋綬傳云其爲「宰相張士遜沮止之，復加翰林侍讀學士」。然據學士年表，宋綬自天聖九年十月出知應天府以後，未再入學士院爲翰林學士。且長編卷一一三明道二年八月壬寅條載「名章獻明肅太后、章懿太后新廟曰奉慈，從翰林學士馮元、侍讀學士宋綬等議也」。又丁巳條載初置端明殿學士，「以翰林侍讀學士兼龍圖閣學士宋綬爲之」。則知宋綬時於龍圖閣學士上加翰林侍讀學士，未復入學士院，隆平集、東都事略宋綬傳云其「復翰林學士」、「復入翰林爲學士」，皆誤。

---

① 不視事　「事」原作「家」，據隆平集、宋史宋綬傳改。

② 少瘳矣　「少」，隆平集宋綬傳作「小」。

③ 以紓母憂　「紓」，隆平集宋綬傳作「舒」。

［四］至是又置端明殿學士以寵綬　青箱雜記卷三云：「後唐明宗不知書，每四方章奏，止令樞密使安重誨讀之，而重誨亦不曉文義。　宰相孔循請置端明殿學士二員，班在翰林學士上，以馮道、趙鳳爲之。　則端明學士自馮道、趙鳳始也。　國初亦嘗置此職，而班在翰林學士之下，尋改爲文明殿學士，以侍郎程羽爲之，序立乃在樞密副使下。　逮明道初，復改承明殿爲端明，再置端明殿學士，而班在資政殿學士下，以宋綬爲之。　則本朝端明殿學士自宋綬始也。」又長編卷一一三明道二年八月丁巳條載：「置端明殿學士，班翰林、資政學士之下，以翰林侍讀學士兼龍圖學士宋綬爲之。　太平興國五年初改端明殿學士班樞密副使之下，自程羽、李昉後不復除授。　承明既災，更命新殿曰端明，於是復置學士，與文明之職並見，而班益降矣。　然訖無拜文明殿學士者。　綬固辭端明，不聽；　請解龍圖閣，許之。」

［五］罷爲尚書左丞資政殿學士　長編卷一二〇景祐四年四月甲子條載宰相呂夷簡、王曾與參知政事宋綬、蔡齊皆罷，云：「夷簡專決，事不少讓，曾不能堪，論議多不合，曾數求去，夷簡亦屢匄罷。　上疑焉，問曾曰：『卿亦有所不足耶？』曾言：『夷簡招權市恩。』時外傳夷簡納知秦州王繼明饋賂，曾因及之。　帝詰夷簡，至交論帝前，夷簡乞置對，而曾言亦有失實者。　帝不悦，綬素與夷簡善，齊議事間附曾，故并綬、齊皆罷。」宋朝事實類苑卷一六盛文肅引歸田録云：「景祐中，王沂公曾、呂許公夷簡爲相，宋綬、盛度、蔡齊爲參知政事。沂公素喜蔡文忠，呂公喜宋公垂，惟盛文肅不得志于二公。　晚年王、呂相失，交章乞退。　一日，盛文肅致齋于中書，仁宗召問曰：『王曾、呂夷簡乞出甚堅，其意安在？』文肅對曰：『二人腹心之事，臣亦不能知。　但陛下各詢以誰可爲代者，即其情可察矣。』仁宗果以此問沂公，公以文忠薦。　一日又問許公，公以公垂薦。　仁宗察其朋黨，於是四人者俱罷政事。」

［六］明年加大學士　長編卷一二一寶元元年三月戊申條載資政殿學士宋綬爲資政殿大學士，注曰：「葉夢得云：　王欽若始爲大資政，其後向敏中、李迪、王曾皆以前宰相爲之。　非宰相而除者，惟綬一人。」

［七］薨于位　按，長編卷一二九載其卒於康定元年十二月癸卯。

［八］上從其議　長編卷一一三明道二年八月壬寅條云「名莊獻明肅太后、莊懿太后新廟曰奉慈，從翰林學士馮元、侍讀學士宋綬等議也」。　則章懿太后實與章獻明肅太后同廟合祀，未嘗別建祀廟。

［九］尚美人出宮　長編卷一一五景祐元年八月壬申條云：「詔：『淨妃郭氏出居于外。　美人尚氏爲道士，居洞真宮。　楊氏別宅安置。……』郭后既廢，尚、楊二美人益有寵，每夕侍上寢，上體爲之弊，或累日不進食，中外憂懼，皆歸罪二美人。　楊太后亟以爲言，上未能去。　入内都知閻文應早暮侍上，言之不已，上不勝其煩，乃頷之。　文應即命氈車載二美人出，二美人泣涕，詞說云云，不肯行，文應搏

其頰，駡曰：『宫婢尚何言！』驅使登車。翼日，降是詔。」

［一○］家藏書萬卷皆手自校正　夢溪筆談卷二五雜誌二云：「宋宣獻博學，喜藏異書，皆手自校讎。常謂：『校書如掃塵，一面掃，一面生。故有一書每三四校，猶有脱謬。』」孫公談圃卷下云：「宋宣獻家藏書過祕府。章獻明肅太后稱制，未有故實，於其家討論，盡得之。」容齋續筆卷一五書籍之厄云：「宋宣獻家兼有畢文簡（士安）、楊文莊（徽之）二家之書，其富蓋有王府不及者。元符中，一夕災爲灰燼。」

［一一］綬之筆扎精妙上嘗取所書千字文及其家之墨迹藏禁中　宣和書譜卷六正書四宋云：宋綬「作字，尤爲時所推右，然亦自喜其書，在翰苑日，凡制藁必集成篇，至於點畫亦不妄作，意其文必附書以垂後世耳。嘗爲小字正書，整整可觀，真是黄庭經、樂毅論一派之法。在天聖、明道間，章獻明肅后聞綬書名，乃命楷法千文以規仁祖。今綬所書千文，實天章閣所藏之書也。……國初稱能書者惟李建中與綬二人，而建中之字肥而重濁，或爲時輩譏評，謂有五代以來衰亂之氣；至綬則無間言。蓋其書富於法度，雖清癯而不弱，亦古人所難到者。而議者又謂世之作字，於左右布置處或枯或秀，惟綬左右皆得筆，自非深造者特未易知。綬有子曰敏求，能世其家，凡當時巨卿銘碣，必得敏求字爲榮。故二宋之書，人到於今稱之。今御府所藏正書八：草制、草劄、密表、杜甫謁廟詩、和園池詩筆、飛白書上下二、千文」。

［一二］所著有七集　東都事略宋綬傳稱其「所著有文館、記事、外制、禁林、甲乙、祕殿、遺札七集」。

劉丞相沆 思賢之碑闕［一］　同前

劉沆字冲之，吉州永新人。父素，不仕，以財雄鄉里。曾祖景洪①，事楊行密爲江西牙將②。有彭玗者③，據

① 曾祖景洪　按，東都事略劉沆傳、古今紀要卷一八劉沆條、輿地紀勝卷三一吉州人物「劉景洪」條同，宋史劉沆傳作「祖景洪」，似脱「曾」字。

② 事楊行密爲江西牙將　按，自本傳篇首至「事楊」，底本錯置入上集卷八王太師珪神道碑文字，據鐵琴銅劍樓本、庫本及隆平集宋綬傳删補。又，「江西」，隆平集劉沆傳作「江南」。

③ 有彭玗者　「彭玗」，東都事略劉沆傳、江南野史卷六彭玗傳、馬令南唐書卷九周本傳同，隆平集劉沆傳及新五代史卷六一吴世家、新唐書卷一九○鍾傳傳、資治通鑑卷二六七開平三年七月癸酉條、九國志卷一一楚彭玕傳、陸游南唐書卷三周本傳皆作「彭玕」。

州稱太守①，脅景洪附湖南，景洪僞許之，復以州歸行密，遂不仕。嘗謂人曰：「我不從彭玗，當活萬餘人，後必有隆者。」因所居山曰後隆山。山有唐牛僧孺讀書堂故基②，即其上築臺曰聰明臺。沆母夢牛相公來而生沆〔二〕。天聖八年登進士第〔三〕。累擢知制誥、龍圖閣學士。皇祐三年參知政事，至和元年拜相，嘉祐元年罷知南京，徙知陳州。卒〔四〕，年六十六。仁宗作挽詩賜其家，又篆其碑額曰「思賢之碑〔五〕」。

沆倜儻任氣〔六〕，所至有治聲，決訟多中理，時論比之張詠。知衡州，有大姓尹氏爲僞券，以欺鄰人之孤，訟久不得直。沆至，其孤纔二十，詰尹氏曰：「若券曾取證他鄰否？其人當有存者③。」尹氏辭絀，服刑而歸其田。知潭州〔七〕。州有草寇黄捉鬼、鄧和尚誘溪洞夷人④，以擾湖湘⑤，北軍至，多病死。沆募土兵，使保地分，賊稍困。乃令提點刑獄楊畋等八路入討，斬首萬餘級，遂頓兵開一路，榜曰：「賊由此路出降，敢殺者與擅殺同。」於是降者三四萬人。賊平，召還，而餘黨復叛，殺裨將。降知鄂州〔八〕。其後權知開封府。有張彦方受富民金，僞爲張貴妃母越國太夫人奏補助教勑，沆抵彦方死，不問越國。及參知政事〔九〕，包拯論沆緣貴妃進。後追册貴妃爲后，而沆爲園陵使〔一〇〕，既葬，賜妃閤金器百兩，辭不受〔一一〕。

在相位，疾言者，屢加裁抑。又舉行御史遷次之格，滿二歲者與知州⑥。范師道、趙抃歲滿求郡，獨引

---

① 據州稱太守　「太守」原作「太宗」，據庫本及隆平集、東都事略、宋史劉沆傳改。

② 山有唐牛僧孺讀書堂故基　「基」原作「墓」，據隆平集、東都事略、宋史劉沆傳改。

③ 若券曾取證他鄰否其人當有存者　按，宋史劉沆傳云「若田千頃，歲輸豈特此耶？爾始爲券時，嘗如敕問鄰乎？其人固多在，可訊也」。其義豁然。

④ 州有草寇黄捉鬼鄧和尚誘溪洞夷人　「洞夷」，隆平集劉沆傳作「峒猺」。

⑤ 以擾湖湘　隆平集劉沆傳無「以」字。

⑥ 滿二歲者與知州　「二歲」，東都事略、宋史劉沆傳同，而長編卷一四八嘉祐元年九月癸卯條、皇朝編年綱目備要卷一五嘉祐元年九月「舉行御史遷次格」條作「三年」。

勑出之①。中丞張昇等言沆挾私出御史[一二]，沆乃言臺官將有不測之謀，論辨不已，遂罷知南京[一三]。子瑾、瑑、瑄。

辨證：

[一] 劉丞相沆思賢之碑闕　本傳又載於隆平集卷五。按，劉沆，東都事略卷六六、宋史卷二八五有傳。又宋史劉沆傳云：「沆長於吏事，性豪率，少儀矩。然任數，善刺探權近過失，陰持之，以軒輊取事，論者以此少之。卒，贈左僕射兼侍中，知制誥張瓌草詞詆沆，其家不敢請謚，帝爲篆墓碑曰『思賢之碑』。」則「思賢之碑」乃仁宗所賜碑額而已，此處云「闕」者不確。

[二] 沆母夢牛相公來而生沆　能改齋漫録卷五辨誤載此事，且云：「予按江南野史彭昌傳云：『初，唐相牛僧孺，其祖遠仕交廣，罷秩，還至郴、衡間，爲山賊所剽掠。唯僧孺母子獲存，遂亡入江南，止於廬陵禾川。迨長，爲母所訓，遂習先業。縣之北有山名絮芋源，下有古臺，古老傳爲聰明臺。其下有湧水，曰聰明泉。古今學者，多此成業。僧孺乃舍其上而肄業，迨十數年，博有文學。會母死，遂葬于縣之西南才德鄉太學里。既隨計長安，以文投韓退之、皇甫湜爲知遇，由是擢上第。不十數年，累秩輔相。時彭昌四世祖，居於僧孺母墓之側。應諸科舉，至京師，僧孺聞而引與見，問其墳陵，彭氏幼而不知，默不能對。及歸，爲修其塋。會僧孺罷相，出鎮襄陽，未幾暴薨，故其墳未曾封。至今本縣圖經，但載聰明泉側，有牛相讀書堂，餘址尚存。』野史本吉州人龍袞所撰，或得其真。今沆傳以祖景洪即其上築臺，曰聰明臺，誤也。野史以爲故老相傳爲聰明臺耳。此國史之失也。」

[三] 天聖八年登進士第　宋史劉沆傳云其「及長，倜儻任氣。舉進士不中，自稱『退士』，不復出，父力勉之。天聖八年，始擢進士第二」。青箱雜記卷三云：「相國劉公沆累舉不第，天聖中，將辦裝赴省試，一夕，夢被人砍落頭，心甚惡之。有鄉人爲解釋曰：『狀元不

① 獨引勑出之　「勑」，宋史劉沆傳、長編卷一四八嘉祐元年九月癸卯條、皇朝編年綱目備要卷一五嘉祐元年九月「舉行御史遷次格」條作「格」，當是。

到十二郎做，劉公第十二只得第二人。』劉公因詰之，曰：『雖砍却頭，留沆在裏。』蓋南音謂『項』爲『沆』，『留』、『劉』同音，後果第二人及第。」

［四］卒　按，長編卷一九一載其卒於嘉祐五年三月癸巳。

［五］仁宗作挽詩賜其家又篆其碑額曰思賢之碑　江西通志卷一一〇邱墓載：「丞相劉沆墓，在永新縣北十里。仁宗御篆『思賢之碑』。碑陰有楚公遺像。」又卷一二一藝文載明人劉定之思賢阡碑云：「吾邑劉楚公沆薨時，宋仁宗御篆其墓碑曰『思賢之碑』，故墓前阡曰思賢阡，墓下之鄉公子孫世居之曰思賢鄉。鄉統於區曰思賢區，里統于鄉曰遺直里，取仁宗輓詩『此日悲遺直』之語，皆著君恩也。若賈昌朝墓碑御篆曰『大儒元老』，因之改其鄉名曰大儒，里名曰元老。當時崇待輔相大率類此。今公『思賢碑』刻已缺仆。」

［六］沆倜儻任氣　青箱雜記卷七稱劉沆「少以氣義自許，嘗詠牡丹詩云：『三月内方有，百花中更無。』述懷詩云：『虎生三日便窺牛，獵犬寧能掉尾求。若不去登黄閣貴，便須來伴赤松游。奴顔婢舌誠堪恥，羊狠狼貪自合羞。三尺太阿星斗焕，何時去取魏齊頭？』皇祐初，公出領豫章，轉運使潘夙素有詩名，乃以小孤山四十字示公。公即席和呈，文不加點，詩曰：『擎天有八柱，一柱此焉存。石聳千尋勢，波留四面痕。江湖中作鎮，風浪裏蟠根。平地安然者，饒他五嶽尊。』覽者皆知公有宰相器矣」。

［七］知潭州　長編卷一三五慶曆二年四月壬午條載右正言、知制誥劉沆出知潭州，云：「始，沆使契丹，館伴杜防强沆以酒，沆需醉，拂袖起，曰：『我不能飲，何强我！』因詈之，於是契丹使來，以爲言，故出之。」東都事略劉沆傳稱劉沆「因詆曰『蕃狗』」云云。

［八］降知鄂州　宋史卷四九三西南溪峒諸蠻傳上云慶曆「五年二月，餘黨唐和等復内寇，乃詔湖南安撫、轉運、提點刑獄便宜從事，又特賜官兵土丁錢有差。於是沆檄楊畋等八路入討，覆蕩桃油平、能家源等，皆其巢穴，捕斬首級甚衆。……然唐和等猶未平。又詔：『如聞賊黨欲降，其罷出兵，逃匿者諭使歸復，州縣拊存之。』是冬，蠻復入寇，與胡元及右侍禁郭正趙鼎、殿侍王孝先戰于華陰峒隘口，元等死之，劉沆、楊畋皆坐黜」。

［九］及參知政事　宋史劉沆傳云其「拜參知政事。初，沆在府，有張彦方者，客越國夫人曹氏家，受富民金，爲僞告敕。既敗繫獄，沆抵彦方死，辭不及曹氏。曹氏，張貴妃母也。沆既用，諫官、御史皆謂沆於彦方獨不盡，疑以此進，争論之，帝不聽」。按，東都事略卷六六本傳略同。

〔一〇〕而沆爲園陵使　本書上集卷八趙清獻公抃愛直之碑云：「温成皇后方葬，始命參知政事劉沆監護其役，及沆爲相而領事如故。公論其當罷，以全國體。」

〔一一〕辭不受　長編卷一七七至和元年十一月辛巳條載「宰臣劉沆子太常寺太祝瑾令學士院召試館職。温成皇后既葬，賜后閤中金器數百兩，沆力辭，而爲瑾請之」。宋史劉沆傳云時劉沆「力辭，而請其子瑾試學士院，遂帖職」。

〔一二〕疾言者至中丞張昪等言沆挾私出御史　長編卷一八四嘉祐元年九月癸卯條載侍御史范師道知常州、殿中侍御史趙抃知睦州，云：「先是，宰相劉沆進不以道，深疾言事官，因言自慶曆後，臺諫用事，朝廷命令之出，事無當否，悉論之，必勝而後已。又專務抉人陰私莫辨之事，以中傷士大夫。執政畏其言，進擢尤速，遂舉行御史遷次之格，滿三歲者與知州。而抃等又嘗乞避范鎮，各請補外，沆遽引格出之。師道及抃蓋嘗攻沆之短。中丞張昪等言沆挾私出御史，請留抃及師道，不報。」

〔一三〕遂罷知南京　長編卷一八四嘉祐元年十二月壬子條載兵部侍郎、平章事劉沆罷爲工部尚書、觀文殿大學士、知應天府，云：「范師道、趙抃既出，御史中丞張昪言：『天子耳目之官，進退用舍，必由陛下，奈何以宰相怒斥之？願明曲直，以正名分。』又請與其屬俱出。吴中復指沆治温成喪，天下謂之『劉彎』，俗謂鬻棺者爲『彎』，則沆素行可知。沆亦極詆臺官朋黨。先是，狄青以御史言罷樞密使，沆因奏御史去陛下將相，削陛下爪牙，殆將有不測之謀。而昪等益論辨不已，凡上十七章。沆知不勝，乃自請以本官兼一學士守南京，故有是命。」

名臣碑傳琬琰集下卷九

范蜀公鎮傳[一]　文正公司馬光

范景仁名鎮，益州華陽人。少舉進士，善文賦，場屋師之。爲人和易修飭，故參知政事薛簡肅公、端明殿學士宋景文公皆器重之[二]。補國子監生及貢院奏名，皆第一。故事，殿廷唱第過三人，則爲奏名之首者必抗聲自陳以祈恩，雖考校在下，天子必擢寘上列。以吴春卿、歐陽永叔之耿介，猶不免從衆。景仁獨不然，左右與並立者屢趣之使自陳，景仁不應。至七十九人始唱名及之，景仁出拜[三]，退就列，訖無一言，衆皆服其安恬。自是人始以自陳爲耻，舊風遂絶。

釋褐新安主簿。到官數旬，時宋宣獻公留守西京，不欲使與下吏共勞辱，召置國子監，使教諸生。秩滿，又薦於朝，爲東監直講。未幾，宋景文公奏同修唐書。又用參知政事王公薦[四]，召試學士院。詩用「彩霓」字，學士以沈約郊居賦「雌霓連蜷」讀「霓」爲入聲，以景仁爲失韻，由是除館閣校勘。殊不知約賦但取聲律便美，非「霓」不可讀爲平聲也[五]。皆爲景仁憤鬱①，而景仁處之晏然，不自辯。

① 皆爲景仁憤鬱　「皆」上，司馬光集卷六七范景仁傳有「當時有學者」五字。

爲校勘四年，應遷校理。丞相龐公薦景仁有美才，不汲汲於進取，特除直秘閣。未幾，以起居舍人知諫院。仁宗性寬仁，言事者競爲激訐以采名，或緣愛憎，污人以帷箔不可明之事。景仁獨引大體，自非關朝廷安危，繫生民利病，皆闊略不言。陳恭公爲相，嬖妾張氏笞殺婢，御史劾奏，欲逐去之，不能得，乃誣之云私其女。景仁上言：「朝廷設臺諫官，使之除讒慝，非使之爲讒慝也①。審如御史所言，則執中可斬。如其不然，御史亦可斬。」御史怒，共劾景仁，以爲阿附宰相。景仁不顧，力爲辨其不然，深救當時之弊，識者韙之。

仁宗即位三十五年，未有繼嗣。嘉祐初暴得疾，旬日而人不知②，中外小大之臣無不寒心，而畏避嫌疑，相倚伏，莫敢發言。景仁獨奮曰：「天下事尚有大於此者乎？捨此不言，顧惟抉擿細微以塞職，是真負國，吾不忍也。」即上言：「太祖捨其子而立太宗。周王既薨，真宗取宗室子養之宫中。陛下宜爲宗廟社稷計，早擇宗室賢者，優其禮數，試之以政，與圖天下之事，以系天下之心。」章累上，寢不報。景仁因闔門家居，自求誅譴。執政或諭以奈何効干名希進之人[六]，景仁上執政書言：「繼嗣不定，將有急兵。鎮義當死朝廷之刑，不可死亂兵之下。此乃鎮擇死之時，尚安暇顧干名希進之嫌，而不爲去就之決哉！」又奏稱：「臣竊原大臣之意，恐行之而事有中變，故畏避而爲容身之計也。萬一兵起，大臣家族首領顧不可保，其爲身計亦已疎矣。就使事有中變而死陛下之職，與其死於亂兵，不由愈乎？乞陛下以臣此章示大臣，使其自擇死所。」聞者爲之股栗。尋除兼侍御史知雜事。景仁固辭不受，乞解言職，就散地。執政復諭以上之不豫，諸大臣亦嘗建此策，今姦言已入，爲之甚難。景仁復上執政書云：「但當論事之是非，不當問其難易。況事早則濟，緩則不及。此聖賢所以貴機會也。諸

① 非使之爲讒慝　司馬光集卷六七范景仁傳無此六字。

② 旬日而人不知　司馬光集卷六七范景仁傳作「旬日不知人」，當是。

公謂今日難於前日，安知他日不難於今日乎？謂今日姦言已入不可弭，它日可弭乎？」凡見上面陳者三，奏章者十有九①，朝廷不能奪，乃罷諫職，改集賢殿修撰。頃之，拜知制誥，遷翰林學士。

英宗即位，中書奏請追尊濮安懿王，事下兩制議，以爲宜稱皇伯，高官大國，極其尊榮。大迕執政意，更下尚書省集百官議之，意朝士必有迎合者。既而臺諫争上言：「爲人後者爲之子，不得顧私親。今陛下既爲仁宗後，若復追尊濮王，是二統也。殆非所以報仁宗之盛德。」衆論鼎沸，執政欲緩其事，乃下詔罷百官集議，曰：「當令禮官檢詳典禮以聞。」景仁時判太常寺，即具列爲人後之禮及漢魏以來論議得失，悉奏之，與兩制、臺諫官合。執政怒，召景仁詰責之曰：「詔書云『當令檢詳』，奈何遽列上耶？」景仁曰：「有司得詔書，不敢稽留，即以聞，乃其職也，奈何更以爲罪乎？」會宰相遷官，景仁當草制，坐失於考按，不合故事，改侍讀學士②，出知陳州[七]。

今上即位，復召還翰林。王介甫參知政事，置三司條例司，更變祖宗法令，專以聚斂爲務，斥逐忠直，引進姦佞。景仁上疏極言其不可，朝廷不報。景仁時年六十三，因上言：「即不用臣言，臣無顔復居位食禄，願聽臣致仕。」章累上，語益切直。介甫大怒，自草制書，極口醜詆，使以本官户部侍郎致仕，凡所應得恩例，悉不之與[八]。於是當時在位者皆自愧，景仁名益重於天下。介甫雖詆之深，人更以爲榮焉。

景仁既退居，有園池在京師③，專以讀書賦詩自娱。客至無貴賤，皆野服見之，不復報謝。故人或爲具召之，雖權貴不拒也，不召則不往見之。或時乘輿出遊，則無遠近皆往。嘗乘籃輿歸蜀，與親舊樂飲，賑施其貧者，

① 奏章者十有九　「十有九」，司馬光集卷六七范景仁傳作「十有七」。按，本書中集卷一八范忠文公鎮墓誌銘、南陽集卷三〇范公神道碑及東都事略、宋史范鎮傳皆作「十九」，當是。

② 改侍讀學士　「改」，司馬光集卷六七范景仁傳作「加」，誤。按，庫本傳家集卷七二范景仁傳亦作「改」。

③ 有園池在京師　「園池」，司馬光集卷六七范景仁傳作「園第」。

周覽江山，窮其勝賞，朞年然後返。年益老而視聽聰明，支體尤堅强。嗚呼！嚮使景仁枉道希世以得富貴，蒙屈辱，任憂患，豈有今日之樂邪？然則景仁所失甚少，所得殊多矣。詩云：「愷悌君子，神所勞矣。」又曰：「樂只君子，遐不眉壽。」景仁有焉。

客有問今日之勇於迂叟者，叟曰：「有范景仁者，其爲勇，人莫之敵。」客曰：「景仁長僅五尺，循循如不勝衣，奚其勇？」叟曰：「何哉而所謂勇者？而以瞋目裂眥、髮上指冠、力曳九牛、氣陵三軍者爲勇乎？是特匹夫之勇耳①，勇於外者也。若景仁，勇於内者也。自唐宣宗以來，不欲聞人言立嗣，萬一有言之者，輒切齒疾之，與背叛無異。而景仁獨唱言之，十餘章不已，視身與宗族如鴻毛。後人見景仁無恙，而繼爲之者則有矣。然景仁首冒不測之淵②，無勇者能之乎？人之情，孰不畏天子與執政？親愛之至隆者，孰若父子？執政欲尊天子之父，而景仁引古義以争之，無勇者能之乎？禄與位皆人所貪，或老且病，前無可冀，猶戀戀不忍捨去，況景仁身已通顯，有聲望，視公相無跬步之遠，以言不行，年六十三即拂衣歸，終身不復起，無勇者能之乎？」凡人有所不能，而人或能之，無不服焉。如吕獻可之先見，范景仁之勇決，皆余所不及也。余心誠服之，故作范景仁傳。

辨證：

［一］范蜀公鎮傳　本傳又載於司馬光集卷六七，題曰「范景仁傳」。按，范鎮，東都事略卷七七、宋史卷三三七有傳；本書中集卷一八載有蘇軾范忠文公鎮墓誌銘，韓維南陽集卷三〇載有端明殿學士銀青光禄大夫致仕柱國蜀郡開國公食邑二千六百户食實封五百

---

① 是特匹夫之勇耳　「特」，司馬光集六七范景仁傳作「恃」。按，庫本傳家集卷七二范景仁傳亦作「特」。

② 然景仁首冒不測之淵　「首」，司馬光集卷六七范景仁傳作「者」，疑誤。按，庫本傳家集卷七二范景仁傳亦作「首」。

戸贈右金紫光禄大夫謚忠文范公神道碑。

〔二〕故參知政事薛簡肅公端明殿學士宋景文公皆器重之　本書中集卷一八范忠文公鎮墓誌銘云：「薛奎守蜀，道遇鎡，求士可客者，鎡以公對。公時年十八，奎與語，奇之曰：『大范恐不壽，其季廊廟人也。』還朝與公俱。或問奎入蜀所得，曰：『得一偉人，當以文學名於世。』時故相宋庠與弟祁名重一時，見公稱之，相與爲布衣交。」

〔三〕至七十九人始唱名及之景仁出拜　涑水記聞卷三稱「景祐五年御試進士，上以時議之故，密詔陳博古、韓氏四子及兩家門下士范鎮、家静試卷皆不考。考官奏：『鎮、静實有文，久在場屋有名聲，非附兩家之勢得之。』乃聽考而降其等級。故事，省元及第未有在第二甲者，雖近下猶升之，省元及第二甲自鎮始」。

〔四〕又用參知政事王公薦　據本書中集卷一八范忠文公鎮墓誌銘，此「王公」乃王舉正。

〔五〕非霓不可讀爲平聲也　按王觀國學林卷八霓：「南史：沈約郊居賦有『雌霓連蜷』之句，注曰：『霓，五結切。』蓋與『齧』同音也。范蜀公召試用『彩霓』字作平聲，考試者引郊居賦以爲證，於是止除館閣校勘。觀國詳考『霓』字雖有『倪』、『齧』兩音，然文字用『倪』音多，而用『齧』音少。若專用『雌霓』則當音『齧』，若泛用『霓』字，則『倪』、『齧』兩音可通用，但取平側順而已。杜子美石龕詩曰：『驅車石龕下，仲冬見虹霓。』於『迷』字韻中押。又滕王亭子詩曰：『尚思歌吹入，千騎把霓旌。』凡此類皆作平聲用『霓』字也。然則范蜀公用『彩霓』字，是泛用『霓』字，讀作平聲，何傷也？」

〔六〕執政或諭以奈何効干名希進之人　按，長編卷一八三嘉祐元年八月甲寅條載范鎮復遺執政書言及「相公又教以不可效干名希進之人」云云，檢此時宰相爲劉沆、富弼。

〔七〕會宰相遷官景仁當草制坐失於考按不合故事改侍讀學士出知陳州　宋會要輯稿職官六五之二三載翰林學士范鎮罷爲翰林侍讀學士，云：「初，遷宰相各一官，而鎮草制，已遷曾公亮一官，誤以兼門下侍郎。後帝覺其誤，而公亮亦辭，遂帖制而絀鎮焉。」然宋史范鎮傳云「會草制誤遷宰相官，改侍讀學士。明年遷翰林，出知陳州」。則改翰林侍讀學士與出知陳州非一時之事。按，長編卷二〇七治平三年正月壬申條云：「初，鎮草韓琦遷官制，稱引周公、霍光，諫官吕誨駁之。於是琦表求去位，鎮批答曰：『周公不之魯，欲天下之一乎周。』上以鎮不當引聖人比宰相，其意謂琦去位，則謳歌獄訟不歸京師，欲罷鎮内職。執政因諭鎮令自請外，而有是命。或曰鎮與歐陽修雅相善，及議濮王追崇事，首忤修意，修乘間爲上言：『鎮以周公待琦，則是以孺子待陛下也。』鎮坐此出。」

［八］使以本官户部侍郎致仕凡所應得恩例悉不之與　宋史范鎮傳云范鎮上疏論新法，「其後指安石用喜怒爲賞罰，曰：『陛下有納諫之資，大臣進拒諫之計；陛下有愛民之性，大臣用殘民之術。臣知言入，觸大臣之怒，罪且不測。然臣職獻替，而無一言，則負陛下矣。』疏入，安石大怒，持其疏至手顫，自草制極詆之，以户部侍郎致仕，凡所得恩典，悉不與。鎮表謝，略曰：『願陛下集群議爲耳目，以除壅蔽之姦；任老成爲腹心，以養和平之福。』天下聞而壯之。安石雖詆之深切，人更以爲榮。既退，蘇軾往賀曰：『公雖退，而名益重矣。』鎮愀然曰：『君子言聽計從，消患於未聞，使天下陰受其賜，無智名，無勇功。吾獨不得爲政，使天下受其害，而吾享其名，吾何心哉！』」

傳跋［一］　劉安世［二］

熙寧中，王介甫初拜參知政事①。神考方勵精求治，一日紫宸殿早朝，二府奏事頗久②，日刻既晏，例隔登對官於後殿，須上更衣復坐③，以次贊引。時吕獻可任御史中丞［三］，將待對於崇政④，而司馬温公爲翰林學士⑤，侍講邇英，亦將趨資善堂，以俟宣召，相遇於朝路，並行而比⑥。温公密問曰：「請對欲言何事⑦？」獻可舉

① 王介甫初拜參知政事　「拜參知政事」，邵氏聞見後録卷二三引書范景仁傳後作「參大政」。
② 二府奏事頗久　「頗久」，邵氏聞見後録卷二三引書范景仁傳後作「畢」。
③ 例隔登對官於後殿須上更衣復坐　邵氏聞見後録卷二三引書范景仁傳後作「例隔言事官於中廡，須上入更衣復出」。
④ 將待對於崇政　「待」，文海本作「侍」。按，邵氏聞見後録卷二三引書范景仁傳後無此六字。
⑤ 而司馬温公爲翰林學士　「温公」，邵氏聞見後録卷二三引書范景仁傳後作「文正公」。按，下文同。
⑥ 侍講邇英亦將趨資善堂以俟宣召相遇於朝路並行而比　邵氏聞見後録卷二三引書范景仁傳後作「侍讀邇英閣，將趨經筵，相遇於庭中」。
⑦ 請對欲言何事　「請對」上，三朝名臣言行録卷五之三御史中丞吕公引劉諫議集有「今日」二字；邵氏聞見後録卷二三引書范景仁傳後作「今日請見言何事邪」。

袖曰①：「袖中彈文，乃新參也②[四]。」温公愕然曰③：「以介甫之文學行義，命下之日，衆皆喜於得人，奈何論之④？」獻可正色曰：「君實亦爲此言耶⑤？安石雖有時名，上意所向，然好執偏見⑥，不通物情，信姦回⑦，喜人佞己，聽其言則美，施於用則疎。若在侍從，猶或可容，置諸宰輔，天下必受其弊矣⑧。」温公又論之曰：「與公爲心友⑨，苟有所懷，不敢不盡。今日之論，未見其不善之迹⑩，似傷怱遽。或別有章疏，願先進呈，姑留是事，更加籌慮，可乎？」獻可曰：「上新即位，富於春秋，所與朝夕謀議者，二三執政而已，苟非其人，將敗國事。此乃心腹之疾，治之唯恐不及，顧可緩耶？」語未竟，閤門吏抗聲追班，乃趨而去⑪。温公退自經筵，默坐玉堂⑫，終日思

---

① 獻可舉袖曰　「袖」，三朝名臣言行録卷五之三御史中丞吕公引劉諫議集、邵氏聞見後録卷二三引書范景仁傳後作「手」。

② 乃新參也　「也」，邵氏聞見後録卷二三引書范景仁傳後作「政」。

③ 温公愕然曰　「愕」，三朝名臣言行録卷五之三御史中丞吕公引劉諫議集作「憚」。

④ 奈何論之　「論」，邵氏聞見後録卷二三引書范景仁傳後作「遽言」。

⑤ 君實亦爲此言耶　邵氏聞見後録卷二三引書范景仁傳後無此七字。

⑥ 然好執偏見　「偏」，邵氏聞見後録卷二三引書范景仁傳後作「邪」。

⑦ 信姦回　三朝名臣言行録卷五之三御史中丞吕公引劉諫議集、邵氏聞見後録卷二三引書范景仁傳後作「輕信難回」。

⑧ 天下必受其弊矣　「弊矣」，邵氏聞見後録卷二三引書范景仁傳後作「禍」。

⑨ 與公爲心友　三朝名臣言行録卷五之三御史中丞吕公引劉諫議集、邵氏聞見後録卷二三引書范景仁傳後作「與公素爲心交」。

⑩ 未見其不善之迹　「其」，三朝名臣言行録卷五之三御史中丞吕公引劉諫議集、邵氏聞見後録卷二三引書范景仁傳後作「有」。

⑪ 乃趨而去　「去」，邵氏聞見後録卷二三引書范景仁傳後作「出」。

⑫ 温公退自經筵默坐玉堂　「退」字原脱，據三朝名臣言行録卷五之三御史中丞吕公引劉諫議集、邵氏聞見後録卷二三引書范景仁傳後補。又「經筵」，邵氏聞見後録卷二三引書范景仁傳後作「講筵」。

之，不得其說。而縉紳間有傳其疏者，往往偶語竊議，疑其太過①。

未幾，聞中書置三司條例司，相與講議於局中②，以經綸天下爲己任，始變祖宗法，專務聚斂，造出條目，頒於四方③。妄引周官④[五]，教其誅剥之實⑤。輔弼近臣異議不能回⑥，臺諫從官力争不可奪，州縣監司奉行微忤其意，則譴黜隨之⑦。於是昔之懷疑者⑧，始愧仰歎服，以爲不可及。獻可終緣兹事，出知鄧州[六]。

嗚呼！「行僞而堅，言僞而辨，學非而博⑨，順非而澤[七]」，唯孔子乃能識之，雖子貢之賢⑩，有所不知也。方

① 往往偶語竊議疑其太過　「竊」原作「切」，據三朝名臣言行録卷五之三御史中丞吕公引劉諫議集、邵氏聞見後録卷二三引書范景仁傳後改。「疑」，邵氏聞見後録卷二三引書范景仁傳後作「議」。

② 聞中書置三司條例司相與講議於局中　「相與講議於局中」，三朝名臣言行録卷五之三御史中丞吕公引劉諫議集作「平日介甫之門，躁進諂諛之士，悉辟召爲僚屬，日相與講議於局中」，邵氏聞見後録卷二三引書范景仁傳後作「平日介甫之門，諂諛躁進之士，悉辟召爲屬吏，朝夕相與謀議」。

③ 始變祖宗法專務聚斂造出條目頒於四方　邵氏聞見後録卷二三引書范景仁傳後作「務變更祖宗法，斂民財以足國用」。

④ 妄引周官　邵氏聞見後録卷二三引書范景仁傳後作「妄引用古書」。

⑤ 教其誅剥之實　「教」，邵氏聞見後録卷二三引書范景仁傳後作「蔽」。

⑥ 輔弼近臣異議不能回　「近臣」，三朝名臣言行録卷五之三御史中丞吕公引劉諫議集、邵氏聞見後録卷二三引書范景仁傳後作「大臣」。

⑦ 則譴黜隨之　「隨之」下，三朝名臣言行録卷五之三御史中丞吕公引劉諫議集、邵氏聞見後録卷二三引書范景仁傳後有「於是百姓騷然矣」七字。

⑧ 於是昔之懷疑者　三朝名臣言行録卷五之三御史中丞吕公引劉諫議集、邵氏聞見後録卷二三引書范景仁傳後作「然後前日之議者」。

⑨ 行僞而堅言僞而辨學非而博　「行僞」，三朝名臣言行録卷五之三御史中丞吕公引劉諫議集、邵氏聞見後録卷二三引書范景仁傳後作「行僻」，是；「學非」，邵氏聞見後録卷二三引書范景仁傳後作「記醜」。

⑩ 雖子貢之賢　「賢」，邵氏聞見後録卷二三引書范景仁傳後作「智」。

介甫自小官以至禁從，其學行聲名暴著於天下①，士大夫識與不識，咸想聞其風采，且曰：「朝廷不用則已，用之則必能推其學以致太平②。」及參大政，中外相賀③，而獻可猶以爲不然④，衆莫不恠之。已而考其事業⑤，卒如所料。非明智不惑，出於視聽之表⑥，何以及此？易曰：「知幾其神乎。」又曰：「幾者動之微，吉凶之先見也⑦。」獻可有焉。

温公既辭樞密之命〔八〕，退居洛陽⑧，每論當世人物，必曰：「吕獻可之先見，范景仁之勇決，余所不及，心誠服之。」故作范景仁傳。蓋景仁之勇決，得温公之傳後明。獻可之先見⑨，亦成於公手，然止載其平生大節，而自

① 其學行聲名暴著於天下　「天下」下，三朝名臣言行録卷五之三御史中丞吕公引劉諫議集有「久矣」二字。

② 咸想聞其風采且曰朝廷不用則已用之則必能推其學以致太平　邵氏聞見後録卷二三引書范景仁傳後作「皆謂介甫不用則已，用之則必能興起太平」。

③ 及參大政中外相賀　邵氏聞見後録卷二三引書范景仁傳後無此八字。

④ 而獻可猶以爲不然　「猶」，庫本及三朝名臣言行録卷五之三御史中丞吕公引劉諫議集作「獨」。

⑤ 已而考其事業　「事業」，三朝名臣言行録卷五之三御史中丞吕公引劉諫議集、邵氏聞見後録卷二三引書范景仁傳後作「行事」。

⑥ 出於視聽之表　「出」，三朝名臣言行録卷五之三御史中丞吕公引劉諫議集作「傑出」；「視聽」，三朝名臣言行録卷五之三御史中丞吕公引劉諫議集、邵氏聞見後録卷二三引書范景仁傳後作「世俗」。

⑦ 吉凶之先見也　三朝名臣言行録卷五之三御史中丞吕公引劉諫議集、邵氏聞見後録卷二三引書范景仁傳後及周易註疏卷八無「凶」字。

⑧ 温公既辭樞密之命退居洛陽　「既辭樞密之命」，邵氏聞見後録卷二三引書范景仁傳後無此六字。又「樞密」，三朝名臣言行録卷五之三御史中丞吕公引劉諫議集作「副樞」。

⑨ 獻可之先見　邵氏聞見後録卷二三引書范景仁傳後作「獻可埋文」，據上下文義，是。按，三朝名臣言行録卷五之三御史中丞吕公引劉諫議集作「獻可理文」，「理」字誤。

相論難之語，不欲相著①，故獻可之先見，天下莫有知者②。予嘗從學於温公③[九]，親聞其說，觀賢者之正論遠識④，遂將淪沒無傳於世，乃書蜀公之傳後⑤，以詔樂善之君子云⑥。

辨證：

[一] 傳跋　本傳跋又載於三朝名臣言行録卷五之三御史中丞呂公引劉諫議集；亦見於邵氏聞見後録卷二三，題曰「書范景仁傳後」。

[二] 劉安世　安世（一〇四八～一一二五年）字器之，號元城，讀易老人，大名人。熙寧六年進士及第，官至寶文閣待制、樞密都承旨。東都事略卷九四、宋史卷三四五有傳，本書下集卷一九載有劉諫議安世傳。

[三] 時呂獻可任御史中丞　按，獻可，呂誨字。本書中集卷二四載有司馬光呂中丞誨墓誌銘。

[四] 袖中彈文乃新參也　宋史卷三二一呂誨傳云：「著作佐郎章辟光上言，岐王顥宜遷居外邸。皇太后怒，帝令治其離間之罪。安石謂無罪。誨請下辟光吏，不從，遂上疏劾安石。」又長編紀事本末卷五五濮議載熙寧三年三月，「王安石曰：『先帝詔書，明言濮安懿王之子不稱濮安懿王爲考，此是何理？人有所生父母，所養父母，皆稱父母，雖閭巷亦不以爲礙。而兩制、臺諫乃欲令先帝稱濮安懿王

---

① 不欲相著　「相」，三朝名臣言行録卷五之三御史中丞呂公引劉諫議集、邵氏聞見後録卷二三引書范景仁傳後作「詳」，似是。

② 天下莫有知者　「莫」下原衍「不」字，據三朝名臣言行録卷五之三御史中丞呂公引劉諫議集、邵氏聞見後録卷二三引書范景仁傳後删。

③ 予嘗從學於温公　「予」原作「子」，據庫本改。

④ 觀賢者之正論遠識　「觀」，三朝名臣言行録卷五之三御史中丞呂公引劉諫議集、邵氏聞見後録卷二三引書范景仁傳後作「懼」，於意爲長。又，「遠」字原闕，據庫本、三朝名臣言行録卷五之三御史中丞呂公引劉諫議集、邵氏聞見後録卷二三引書范景仁傳後補；文海本作「特」。

⑤ 乃書蜀公之傳後　邵氏聞見後録卷二三引書范景仁傳後作「故書蜀公之傳」。

⑥ 以詔樂善之君子云　「詔」，三朝名臣言行録卷五之三御史中丞呂公引劉諫議集、邵氏聞見後録卷二三引書范景仁傳後作「貽」。

爲皇伯，歐陽修笑其無理，故衆怒而攻之，此豈是正論？司馬光爲奏議，乃言仁宗令陛下被袞服冕，世世子孫，南面有天下，豈得復顧其私親哉？如此言，則是以得天下之故可以背棄其父，悖埋傷教，孰甚於此？且禮「爲人後者爲之子」，雖士大夫亦如此，豈是以得天下之故爲之子也？司馬光嘗問臣，臣以此告之，并諭以上曾問及此事，臣具如此對。呂誨所以怒臣者，尤以此事也。』」

〔五〕妄引周官　晁志卷二著録新經周禮義，云：「介甫以其書理財者居半，愛之，如行青苗之類，皆稽焉，所以自釋其義者，蓋以其所創新法盡傳著之，務塞異議者之口。後其黨蔡卞、蔡京紹述介甫，期盡行之，圜土方田皆是也。」按，王文公文集卷四五上五事札子有云：「蓋免役之法，出於周官所謂府史胥徒，王制所謂『庶人在官』者也。然而九州之民，貧富不均，風俗不齊，版籍之高下不足據，今一旦變之，則使之家至户到，均平如一，舉天下之役，人人用募，釋天下之農，歸於畎畝。」

〔六〕出知鄧州　宋史呂誨傳稱呂誨上疏彈劾王安石，時「帝方注倚安石，還其章。誨求去，帝謂曾公亮曰：『若出誨，恐安石不自安。』安石曰：『臣以身許國，陛下處之有義，臣何敢以形跡自嫌，苟爲去就？』乃出誨知鄧州」。按，宋史卷一四神宗紀載熙寧二年二月「庚子，以王安石參知政事。……甲子，陳升之、王安石創置三司條例，議行新法」。長編紀事本末卷五八呂晦劾王安石載五月「丙戌，王安石以呂誨劾章乞辭位，上即封還其奏，令視事如故」。宋史卷一四神宗紀載「六月丁巳，右諫議大夫、御史中丞呂誨以論王安石，罷知鄧州」。

〔七〕行僞而堅言僞而辨學非而博順非而澤　按，尹文子大道下引孔子曰：「人有惡者五，而竊盜、姦私不與焉。一曰心達而險，二曰行僻而堅，三曰言僞而辯，四曰强記而博，五曰順非而澤。」

〔八〕温公既辭樞密之命　長編紀事本末卷六八青苗法上載熙寧三年，「先是，上欲置光西府，王安石曰：『光雖好爲異論，然其才豈能害政？但如光者，異論之人倚以爲重。今擢在高位，則是爲異論之人立赤幟也。光朝夕所與切磋琢磨者，乃劉攽、劉恕、蘇軾、蘇轍之徒而已。觀近臣以其所主，所主者如此，其人可知也。』安石在告，上乃用光。及安石復視事，因固辭，遂欲罷之。曾公亮以爲不可，曰：『青苗事，臣等亦數論奏。』上曰：『此事何豫于樞密副使？光不當以此辭。』公亮乃已」。

〔九〕予嘗從學於温公　宋史卷三四五劉安世傳稱其「登進士第，不就選。從學於司馬光，咨盡心行己之要，光教之以誠，且令自『不妄語』始」。

名臣碑傳琬琰集下卷十

呂正獻公公著傳[一]　實録[二]

元祐四年二月甲辰，司空、同平章軍國重事呂公著薨。

公著字晦叔。世本河東人，自從祖蒙正相太宗，因家於開封[三]。父夷簡，相仁宗，謚曰文靖。

公著幼不好弄，嗜學忘寢食，夷簡尤器之，曰：「它日必至公輔。」任爲奉禮郎①。登慶曆二年進士第。累遷殿中丞，詔試館職，不就。皇祐初，就判吏部南曹。仁宗諭曰：「知卿有恬退之節[四]。」賜五品服。嘉祐中，同判太常寺兼禮儀事。數言濮安懿王在殯，請燕北使無用樂，輟上元遊幸，廢温成廟爲祠殿[五]，多見聽用。擢天章閣待制。召試知制誥，三辭不就。除天章閣待制兼侍講②，賜三品服。壽星觀建真宗神御殿，公著言：「都城中真宗有三御殿，而營建不已，非祀無豐昵之義[六]。」

治平元年，爲諫議大夫。時修慶寧宫，建本命殿。公著言：「畿内、京東西、淮南飢，修宫非急務，宜罷以息

① 仕爲奉禮郎　「任」，庫本作「仕」。

② 除天章閣待制兼侍講　「侍講」，長編卷一八九嘉祐四年正月己酉條同，宋史呂公著傳作「侍讀」，似不確。

民[七]。」王疇爲樞密副使，知制誥錢公輔坐封還詞頭貶，公著極論公輔舉職不宜黜[八]。九月五日開邇英閣，至重陽節當罷，公著言：「陛下始初清明而親經術，講治道，願不惜頃刻之間，以御經筵。」從之。二年，同判流内銓，除龍圖閣直學士。郊祀攝太僕，參[九]，上問：「今之郊與古之郊何如？」對曰：「古之郊也，貴誠而尚質；今之郊也，盛儀衛而已。」因言：「仁宗親祀，去黄茵，不入小次。」上皆循用之。

詔廷臣議追崇濮安懿王，或欲稱皇伯考。公著曰：「真宗以太祖爲皇伯考，非可加於濮王也。」及詔下稱親，公著言「於仁宗有兩考之嫌」。又班濮王諱，公著曰：「此群臣於上前不當稱耳①，不宜與祖宗七廟諱同[一〇]。」御史吕誨、傅堯俞、范純仁、吕大防、趙瞻坐論濮王事貶，公著曰：「陛下臨御以來，納諫之風未形於天下，而誨等以言事去，非所以風示天下。」争之不可，因累章乞補外。上曰：「學士朕所重，豈得輕去朝廷？」復懇請，家居者百餘日。上遣内侍楊安道敦請，且戒云：「吕公著勁直，宜徐勸諭之，語無太迫也。」起就職，數日復請去②，出知蔡州。

神宗即位，召爲翰林學士兼侍讀。頃之，兼寶文閣學士、知通進銀臺司。時御史中丞司馬光罷爲學士③[一一]，公著封還制書，言：「光以言舉職而賜罷，則有言責者不得盡其言矣。陛下雖有欲治之心，而安危利害何從而知？」於是内出光誥付閤門。又言：「誥不由封駁而出，則是職因臣而廢。乞正臣之罪，以正紀綱。」上手批其奏：「俟邇英當諭朕意。」後數日講退，獨留之語曰：「朕欲光勸講左右，非爲其言事也。」公著請不已，會奉

① 此群臣於上前不當稱耳　「稱」字原脱，據東都事略吕公著傳補。
② 數日復請去　「日」，長編卷二〇八治平三年八月己亥條作「月」。
③ 時御史中丞司馬光罷爲學士　「爲」字原脱，據文海本及東都事略吕公著傳、宋史卷三三六司馬光傳補。

使契丹，使還，解銀臺司。

熙寧元年，修英宗實録，轉禮部侍郎、知開封府。自夏秋淫雨，地震①，公著言：「自昔人君遇災異者，或恐懼以致福，或簡誣以致禍。上以至誠待下，則下思盡誠以應之，上下能相與以誠而變異不消者，未之有也。夫衆人之言不一，而至當之論難見。君人者去偏聽獨任之弊，而不私先入之言，則不爲邪説所亂。顔淵問爲邦，孔子以遠佞人爲戒。蓋佞人惟恐不合於君，則其勢易親；正人惟恐不合於義，則其勢易疎。『惟先格王，正厥事。』蓋未有正事而世不治者，惟陛下勉行之而勉修之。」數月請罷，復還翰林，兼侍讀學士。

禮官議欲用唐故事，五月朔請御大慶殿受朝，因上尊號。公著言：「五月會朝始於唐德宗，取術數厭勝之②，憲宗以下罷之。況尊號非古典，不係人主重輕。」於是罷議尊號不受[一二]。近臣有請吏非領郡者毋任監司③，公著曰：「人才類伏下流④，而資格愈峻，則簡拔愈難。審其才可用，宜不次用之，試而無效，則已之。」及請增館閣之選，以長育人才；文武官致仕，非素有罪戾者，宜給俸以示始終。多用其言。二月，拜御史中丞[一三]。時兄公弼方爲樞密使，特聽不避，固辭，亦不許。

王安石秉政，始置三司條例司，行青苗助斂法。公著極論其不可曰：「自昔有爲之君，未有失人心而能圖治者，亦未有脅之以威、勝之以辨而能得人心者⑤。今在位之賢者率以此舉爲非，而議者一切以流俗浮論詆黜之，

---

① 自夏秋淫雨地震　「地震」上，宋史呂公著傳有「京師」二字。
② 取術數厭勝之　「之」下，東都事略呂公著傳有「説」字，似是。
③ 近臣有請吏非領郡者毋任監司　「毋」原作「兼」，據東都事略呂公著傳及下文義改。
④ 人才類伏下流　「流」，東都事略呂公著傳作「僚」。
⑤ 亦未有脅之以威勝之以辨而能得人心者　「未有」原作「有未」，據文海本及東都事略、宋史呂公著傳乙改。

豈有昔者賢而今皆不肖乎？」會韓琦論青苗不便，罷河北安撫使，公著坐嘗面奏「若韓琦因人心不忍，如趙鞅舉晉陽之甲，除君側之惡，陛下何以待之[一四]」，罷爲翰林侍讀學士①、知潁州[一五]。宋敏求草公著詞云：「敷陳失實，援據非宜。」上令陳升之易，乃曰：「厚誣藩鎮，興除惡之名；深駭予聞②，乖事理之實。」其後公著爲相，提舉修實録，嘗辨其不然云[一六]。

五年，復寶文閣學士③。召還經筵，辭疾，提舉嵩山崇福宮[一七]。八年，彗星見，詔求直言。公著疏曰：「陛下臨朝願治，日已久，左右前後莫敢正言。使陛下有欲治之心，而無致治之實者，此任事之臣負陛下也。夫士之邪正、賢不肖，蓋素定也。今則不然，前日舉之以爲天下之至賢，後日逐之以爲天下之至不肖。其於人才既反覆而不常，則於政事亦乖戾而不當矣。古之爲政，初不信於民者有之矣，鄭之子産是也，一年而鄭人怨之，三年而歌之。陛下垂拱仰成，七年于兹矣，輿人之誦，亦未異於七年之前也，陛下獨不察乎？」

十年，起知河陽。召還，提舉中太一宮。元豐元年，除翰林學士承旨，懇辭，改端明殿學士、知審官西院[一八]。一日，邇英進讀罷，上與之極論治道，遂及釋老虚寂之旨。公著曰：「堯舜知此道乎？」上曰：「堯舜豈不知？」公著曰：「堯舜雖知此，然常以知人安民爲難，此所以爲堯舜也。」上又言唐太宗能以權智御臣下，公著曰：「太宗所以成帝業者，以其屈己從諫耳。」上善其言[一九]。頃之，拜同知樞密院事。時有請復肉刑者，詔執政議。公著曰：「後世禮教疏而刑獄繁，肉辟不可復，將有踴貴屨賤之譏。」或欲取天府死囚試劓刖之[二〇]，公著

---

① 罷爲翰林侍讀學士　「侍讀」二字原脱，據東都事略呂公著傳、長編卷二一〇熙寧三年四月戊辰條及宋章定名賢氏族言行類稿卷三六呂補。

② 深駭予聞　「予」原作「子」，據文海本、庫本及長編卷二一〇熙寧三年四月戊辰條改。

③ 五年復寶文閣學士　按，據長編卷二二六，復職在熙寧四年九月己亥。

曰：「不可，刖而不死，則此法遂行矣。」議遂寢。三年，官制行，改正議大夫，充樞密副使。四年，復同知樞密院[二二]。乞補外，上賜手扎曰：「顧在廷之臣，可託中外腹心之寄，均皇家休戚之重，無逾卿者，可亟起視事。」

初，夏人幽其主秉常，上將大舉兵討之。公著曰：「問罪之師①，當得人爲帥，未得人，不如勿舉。」及兵興，河東、陝西民力大困，大臣不敢言，公著數爲上言其狀[二三]。五年，辭樞密，迺以資政殿學士、光禄大夫知定州[二三]。是年九月，永樂城陷，奏至，上特開天章閣，對輔臣曰：「邊民疾弊如此，獨呂公著爲朕言之，它人未嘗及也[二四]。」在定州，坐違制使禁卒護送囚徒，降秩[二五]。徙知揚州。久之，除資政殿大學士，復降官[二六]。神宗將建儲，諭執政曰：「來年皇子出就學，當以呂公著爲師傅[二七]。」

哲宗即位，加銀青光禄大夫，召兼侍讀、提舉中太一宫。未至，太皇太后遣使迎問其所欲言，公著奏曰：「先帝即位之初，臣與學士命草詔，以寬民力爲先。既而秉政者建議變舊法，以侵民爲意，言不便者，一切以沮壞新法斥去之。故日久而弊愈深，法行而民愈困。陛下既深燭其弊，誠得中正之士，使講求天下利害，上下協力而爲之，宜不難矣。」至則建言曰：「人君即位之始，宜講求修德爲治之要，以正其始。」乃條上十事，曰畏天，曰愛民，曰修身，曰講學，曰任賢，曰納諫，曰薄斂，曰省刑，曰去奢，曰無逸。又言：「先帝定官制，設諫員之目甚備，宜選忠鯁敢言士，偏置諸左右，使職諫諍。」從之[二八]。拜尚書左丞。

官制行，三省並建，而中書獨爲取旨之地，門下、尚書奉行而已。公著言：「三省官均輔臣也，正如同舟共興，以濟江陸，當一心並力，以修政事。諸事干三省者，自今執政同進呈取旨，而各行之。」遂定爲令。遷門下侍郎，拜尚書右僕射兼中書侍郎，提舉修神宗實録。先是，執政五日或三日一聚都堂，事多長官專決，同列不預可

① 問罪之師 原作「問師之罪」，據東都事略、宋史呂公著傳改。

否。至公著秉政，始日聚都堂，遂爲故事。司馬光薨，公著獨總揆務，所除吏皆一時之選，而端良質厚之士居多焉。時科舉專用王安石經義，士無自得之學，而朝廷文辭之官漸難其選。神宗以答高麗書不稱旨，嘗以爲言。議者欲以詩賦代經義，公著請於經義科中益以詩賦，而先經義，以盡多士之能。又戒有司無以老莊書出題，而學者不得以申韓、釋氏書爲説，參用古今諸儒之學，無專用王氏。又復賢良方正科，以致異能之士。邊穀舊法，儲三年而不足，公著請增爲五年，大出糴本錢以助之，邊用益給。

吐蕃大酋領鬼章清宜結者，董氊之別將也，性凶悍，爲洮河之患者二十年，間朝廷罷兵①，減隴右戍，又知夏人之怨失蘭州也，遂合從寇邊。公著建議遣軍器監丞游師雄諭旨諸將[二九]，以便宜出師。不逾月，熙河將种誼生擒鬼章致闕下，夏人因遣使修朝貢之職[三〇]。

元祐三年，懇辭位，拜司空、同平章軍國事[三一]。自宋興，大臣以三公平章軍國者四人[三二]，二人公著父子也，士豔其榮。詔建第於東府之南，啓北扉以便執政會議，三省、樞密院條例所當關者，目曰軍馬事焉②。一月三至經筵，間日一入朝，非朝日不至都堂，其出也不以時。蓋異禮也。四年，以寢疾告，不能朝，薨，年七十二。輟視朝三日，乘輿臨奠，成服苑中。敕有司治葬，贈太師、申國公，謚正獻。

公著識慮深敏，量閎而學粹[三三]，苟便於國，不以私利害動其心。與人誠，不事表襮[三四]。其好士樂善，出於天性。士大夫有以人物爲意者，必問其所聞③，相參覈以待上求[三五]。神宗嘗謂執政曰：「呂公著之於人材，

---

① 間朝廷罷兵　「間」，皇朝編年綱目備要卷二二元祐二年八月「復洮州」條作「聞」，當是。

② 三省樞密院條例所當關者目曰軍馬事焉　三朝名臣言行録卷八之一丞相申國呂正獻公引神道碑作「三省、樞密院條其所當關者，以爲軍國事」，似是。

③ 必問其所聞　長編卷四二二元祐四年二月甲辰條作「必問其所知與其所聞」，疑此處脱「所知與其」四字。

其言不欺，如權衡之稱物。」上前議政事，盡誠去飾，博取衆人之善以爲善。至其所當守，毅然不可回奪之。初入館，與王安石善，後安石秉政，公著爲中丞，安石冀其助己，已而公著論其過，不爲少屈也。

紹聖元年，用諫官翟思、張商英、周秩章疏，削公著謚，毁所賜神道碑[三六]。四年二月，追貶建武軍節度副使[三七]，又貶昌化軍司户參軍，盡奪遺表等恩數[三八]。元符三年，徽宗皇子生，詔公著可復太子太保，於是盡給還遺表等恩數，追取貶昌化軍司户參軍告毁抹，議者謂節副告亦當毁，而用事者不以爲然，故止追告。崇寧元年五月，有司言復官太優，詔降授左光禄大夫。自是蔡京擅朝，指公著爲姦黨首惡，始置元祐黨籍。三年六月，刻石文德殿及尚書省[三九]，又頒其書天下，立石於監司、郡守廳事。其後徽宗因灾異感悟，毁石刻，盡除黨禁[四〇]，有詔復公著銀青光禄大夫。今上紹興元年，追復贈太師、申國公[四一]，謚正獻。

子希哲、希績、希純①。

辨證：

[一]吕正獻公公著傳　按，吕公著，東都事略卷八八、宋史卷三三六有傳。又按，要録卷七七紹興四年六月庚子條云「吏部員外郎吕聰問上故相吕大防所撰其祖公著神道碑，且言『臣猶記憶少時，親見大防取索當時詔本、日曆、時政記以爲案據，撰成此文』」。

[二]實録　按，據傳文述及吕公著卒於元祐四年，又云「今上紹興元年」者，據玉海卷四八紹興重修哲宗實録云：紹興初，「宰臣朱勝非言哲宗實録經（蔡）京卞之手，議論不公，遂詔史官看詳重修」。又云：「初，元符三年，詔修哲宗實録，至大觀四年四月成書。紹興四年五月庚申，詔條具重修事件。八年六月九日癸亥，左僕射監修趙鼎，修撰勾濤，祕書少監尹焞，著作郎張嵲、佐郎胡珵，校勘朱松

---

①　希純　原作「希絶」，據庫本及東都事略、宋史吕公著傳改。

李彌正、高閌、范如圭等以重修哲宗元豐八年至元祐八年實録上之。至九月甲午書成，起紹聖元年至元符三年，通前録爲一書，成一百五十卷，先後進呈。」故知此處「實録」當爲紹興重修之哲宗實録。

[三] 自從祖蒙正相太宗因家於開封　本書上集卷一一五呂文穆公蒙正神道碑云：「唐末徙籍太原，國初遷居洛，今遂爲洛陽人也。」又宋史卷三一一呂夷簡傳云其「先世萊州人。祖龜祥知壽州，子孫遂爲壽州人」。

[四] 知卿有恬退之節　三朝名臣言行録卷八之一丞相申國呂正獻公引家傳云：「公既中第，詔敘次所業以進，將召試館職，公謙避，終無所進。朝廷知其意，不復索所業，令徑就試，亦不赴，故仁宗心重之。及領南曹，因引選人對便殿，奏事畢，帝謂公曰：『知卿恬退，有顔氏之節。』時仁宗臨朝淵默，雖貴近亦罕聞德音，公以小官對，獨被褒語。」

[五] 廢温成廟爲祠殿　長編卷一九六嘉祐七年正月乙亥條云：「詔太常禮院……改温成皇后廟爲祠殿，歲時令宮臣以常饌致祭。初，諫官楊畋上言：『洪範五行傳曰：「簡宗廟則水不潤下。」又曰：「聽之不聰，厥罰常水。」去年夏秋之交，久雨傷稼，澶州河決，東南數路大水爲災。陛下臨御以來，容受直諫，非聽之不聰也；以孝事親，非簡於宗廟也。然而災異數見，臣愚殆以爲萬幾之聽，必有失於當者；七廟之享，必有失於順者。惟陛下精思而矯正之。』於是詔太常禮院檢詳郊廟未順之事。乃言：『……温成皇后立廟城南，四時祭奠，以待制、舍人攝事，玉帛祼獻，登歌設樂，並同太廟之禮，蓋當時有司失於講求。昔高宗遭變，飾己思咎，祖己訓以祀無豐於暱，而況以嬖寵列於秩禮，非所以享天心，奉祖宗之意也。』復下兩制議，而翰林學士王珪等議曰：『……後宮有廟，欲以廣恩也，而適所以瀆乎饗親。請如禮官所議。』故降是詔。」

[六] 非祀無豐昵之義　按長編卷一九五嘉祐六年十一月癸亥條於此奏下云「不許」，東都事略呂公著傳於此奏下云「不報」。

[七] 宜罷以息民　按長編卷二〇四治平二年二月辛丑條於此奏下云「從之」。

[八] 公著極論公輔舉職不宜黜　長編卷二〇三治平元年十二月丁未條云時「知制誥錢公輔封還詞頭，言（王）疇望輕資淺，在臺素餐，不可大用；又頗薦引近臣可爲輔弼者。上以初政除兩府，而公輔沮格制命不行，丁未，責授滁州團練副使，不簽書本州事。……知諫院事呂誨言：『疇自登科三十五年，仕宦不出京城，進身由徑，從而可知。公輔言其資淺望輕，蓋欲朝廷選任賢才，未爲過也。責降太重，士論紛紜，臣竊爲陛下惜之。伏乞復公輔舊官，止奪其職，移知僻小州軍，俾令思過，以稍息紛紜之論。』天章閣待制兼侍講呂公著

亦上疏乞寢公輔責命，不報。後數日，龍圖閣直學士盧士宗因奏審刑院事對便殿，從容又爲上言外議皆謂責公輔太重，訖不從」。

［九］郊祀攝太僕參　長編卷二〇六治平二年十一月壬申條載「龍圖閣直學士吕公著攝太僕卿，參乘。故事，參乘皆以翰林學士，知雜學士參乘自公著始」。

［一〇］又班濮王諱公著曰此群臣於上前不當稱耳不宜與祖宗七廟諱同　宋朝諸臣奏議卷九〇吕公著上英宗論迴避濮王名諱云：「臣近覩勑文，中書門下奏濮安懿王名下一字，應中外文書合行迴避，奉聖旨依奏。數日以來，朝野有學識者皆以爲未安。臣謹按禮文，七廟之諱，雖不及於天下，皆頒告於天下。又晉尚書王彪之等議所生之諱，臣下不當迴避，當時以彪之之議爲當。今來輔弼奏請，蓋緣臣子之心。陛下未有謙抑之辭，切恐四方後世不免譏議。臣愚欲乞特降詔，可濮安懿王名下一字，唯上書奏事並聽回改，餘公私文字不須諱避。若續降此指揮，則與祖宗七廟名諱小有差別，在於天下臣子，亦安敢故犯？臣忝守經術，又爲禮官，臣若不言，誰當言者。」注曰：「治平三年正月上。先是中書請避濮王名下一字，置園令及奉園兵。公著時判太常，上此奏，奏入不從。」

［一一］時御史中丞司馬光罷爲學士　宋宰輔編年録卷七治平四年九月辛丑條云：「初，（張）方平代吳奎爲參知政事，御史中丞司馬光因進言：『方平姦邪，仁宗知之，故不用。不然，則方平兩登制，入二府久矣。』上作色曰：『朝廷每有除拜，衆言輒紛紛，何也？』既退，復上奏言方平。奏入，於是光有復歸翰林之命。」

［一二］於是罷議尊號不受　按長編紀事本末卷八一聖德云：「熙寧元年七月己卯，群臣表上尊號曰『奉元憲道文武仁孝』，詔不許。及第三表，司馬光入直，因言：『上尊號之禮，非先王令典。……』遂終不許。」

［一三］拜御史中丞　邵氏聞見録卷一二云：「吕晦叔、王介甫同爲館職，當時閣下皆知名士，每評論古今人物治亂，衆人之論必止於介甫，介甫之論又爲晦叔止也。……介甫平生待晦叔甚恭，嘗簡晦叔曰：『京師二年，鄙吝積於心，每不自勝。一詣長者，即廢然而反。夫所謂德人之容使人之意消者，於晦叔得之矣。以安石之不肖，不得久從左右，以求於心而稍近於道。』又曰：『師友之義，實有望於晦叔。』故介甫作相，薦晦叔爲中丞。」又云：「王荆公與吕申公素相厚，荆公嘗曰：『吕十六不作相，天下不太平。』又曰：『晦叔作相，吾輩可以言仕矣。』其重之如此。議按舉時，其論尚同。荆公薦申公爲中丞，欲其爲助，故申公初多舉條例司人作臺官。……方其薦申公爲中丞，其辭以謂『有八元、八凱之賢』。」宋宰輔編年録卷八元豐元年九月乙酉條云：「安石始期公著甚遠，……故安石薦公著爲御史

中丞。時其辭以謂『有八元、八凱之賢』，冀公著之能爲己助也。」三朝名臣言行録卷八之一丞相申國呂正獻公引温公日録云：「介甫與晦叔素親，患臺諫多横議，故用晦叔爲中丞。」

〔一四〕公著坐嘗面奏若韓琦因人心不忍如趙鞅舉晉陽之甲除君側之惡陛下何以待之　長編卷二一〇熙寧三年四月戊辰條載「司馬光記所聞于趙抃曰：『上諭執政，以呂公著自貢院出，上殿言，朝廷推沮韓琦太甚，將興晉陽之甲以除君側之惡。王安石怨公著叛己，因此用爲公著罪。及中書呈公著責官誥詞，宋敏求但云「敷陳失實，援據非宜」。安石怒，請明著罪狀。陳升之不可，曰：「如此，使琦何以自安？」安石曰：「公著誣琦，于琦何損也？如向日諫官言升之媚内臣以求兩府，朝廷豈以此遂廢升之？」皆俛首不敢對。上既從安石所改，且曰：「不爾，則青苗細事豈足以逐中丞？」』光又云：『公著素謹，初無此對，或謂孫覺嘗爲上言：「今藩鎮大臣如此論列而遭挫辱，若唐末五代之際，必有興晉陽之師，以除君側之惡者矣。」上誤記以爲公著也。』」又東都事略呂公著傳云：「公著素謹密，實無此言。蓋孫覺嘗爲神宗言：『今藩鎮大臣如此論列，而遭挫折，若當唐末五代之際，必有興晉陽之甲，以除君側之惡者矣。』神宗因誤以爲公著也。」按，此蓋據司馬光語。

〔一五〕罷爲翰林侍讀學士知潁州　東都事略呂公著傳云呂公著遭貶，「宋敏求草公著詞云：『敷陳失實，援據非宜。』安石不快，欲明著其語，陳升之以爲不可。安石乃自易之曰：『厚誣藩鎮，興除惡之名；深駭予聞，乖事理之實。』」宋史卷二九一宋敏求傳稱：「王安石惡呂公著，誣其言『韓琦欲因人心，如趙鞅興晉陽之甲，以逐君側之惡』，出知潁州。敏求當草制，安石諭旨使明著罪狀，敏求但言『敷陳失實』。安石怒白於帝，命陳升之改其語。」又邵氏聞見後録卷八云：「呂晦叔族子嘉問，先以晦叔欲論王介甫之疏告介甫，故晦叔爲介甫所逐。」按，長編卷二一〇熙寧三年四月戊辰條載詔文云「御史中丞呂公著，比大臣之抗章，因便坐之與對，乃誣方鎮，有除惡之謀，深駭予聞，乖事理之實，可翰林侍讀學士、知潁州」。

〔一六〕其後公著爲相提舉修實録嘗辨其不然云　長編卷二一〇熙寧三年四月戊辰條載：「王安石著時政記，曰：『公著數言事失實，又求見，言：「朝廷申明常平法意，失天下心。若韓琦因人心如趙鞅舉甲，以除君側惡人，不知陛下何以待之？」因涕泣論奏，以爲此社稷宗廟安危存亡所繫，又屢求罷言職。上察其爲姦，故黜。初，上欲明言公著罪狀，令曾公亮等以旨諭當制舍人。公亮諭宋敏求草制，但言引義未安而已。安石曰：「聖旨令明言罪狀，若但言引義未安，非旨也。」敏求草制如公亮所教。翌日再取旨，公亮、陳升之、趙抃等皆爭以爲不可。上曰：「公著有遠近虛名，不明言罪狀，則人安知其所以黜，必復紛紛矣。」公亮等以爲如此則四方傳聞大臣有欲舉甲者，非便；且于韓琦不安。上曰：「既黜公著，明其言妄，則韓琦無不安之理；雖傳聞于四方，亦何所不便？」公亮等猶力爭，至日旰，上終弗許，而面令升之改定制辭行之。』安石所記如此。後公著復召用，至哲宗即位，領實録事，上奏：『臣先任御史中丞，前後乞罷制置三司條例司，論差官散青苗錢不當，不蒙施行，五乞責降外任差遣。亦嘗入對面陳，蒙神宗曲賜敦諭，聖意温厚，初無譴怒之旨。四月五日，聞除臣翰林學士兼侍講學士、寶文閣學士、知審官院，臣於六月再奏，以言事不效，乞降責，至七日，聞有指揮落兩學士，黜知潁州。是時王安石方欲主行新法，怒議論不同，遂取舍人已撰詞頭，輒改修，添入數句，誣臣曾因對論及韓琦以言事不用，將有除君側小人之謀。緣臣累次奏對，不曾語及韓琦一字，方欲因入辭自辨，時已過正衙，忽有旨放臣朝辭，令便赴任。至元豐中，臣再對朝廷，先帝待臣甚厚，未幾，遂除柄任，及嘗賜臣手詔，大略云：「顧在廷之臣，可以託中外心腹之寄，均皇家休戚之重，無逾卿者。」被誣遭逐，全不出于聖意，止是王安石怒臣異議，吕惠卿興造事端。日月既久，臣本不欲自明。適以宰職總領史任，今實録若即依安石所誣編録，既因臣提舉修進，則便爲實事，它時直筆之士雖欲辨正，亦不可得。望以臣奏付實録院，許令紀實，以信後世。』內批：『依所奏施行。』時元祐二年也。」

〔一七〕提舉嵩山崇福宮　長編卷二三七熙寧五年八月己卯條云：「翰林侍讀學士、判太常寺吕公著提舉崇福宮，從所請也。上始欲令公著歸朝，公著以病辭。王安石因言：『公著既誣韓琦欲舉晉陽之甲，乃自諱匿云未嘗言。』其意恐公著復用，故力排之。」

〔一八〕改端明殿學士知審官西院　長編卷二八七元豐元年閏正月辛巳條載翰林侍讀學士、寶文閣學士、提舉中太一宮吕公著兼端明殿學士、知審官西院，云：「先是，上批：『公著侍從舊臣，宜除翰林學士承旨兼舊職。』而公著以齒髮向衰，辭不就，故改是命。」

〔一九〕上善其言　長編卷二八八元豐元年三月壬午條云神宗、吕公著論「治道」，時「上臨御日久，群臣畏上威嚴，莫敢進規。至是，聞公著言，竦然敬納之」。

〔二〇〕或欲取天府死囚試劓刖之　據長編卷二九二元豐元年九月乙酉條，云「上初即位，韓絳即建議復肉刑，至是，復詔執政議」，而宰相王珪乃「欲取天府死囚試劓刖之」。

〔二一〕四年復同知樞密院　長編卷三一一元豐四年正月辛亥條注曰：「（吕氏）家傳云『用先朝故事』。按故事，樞密院置知院，則當爲副使者，皆改同知院。」按，時孫固除知樞密院事。

［一一二］公著數爲上言其狀　涑水記聞卷一四載宋軍五路攻西夏，「高遵裕既敗歸，元豐五年，李憲請發兵自涇原築寨稍前，直抵靈州攻之，可以必取，詔從之。先是，朝廷知陝西困於夫役，下詔諭民，更不調夫。至是，李憲牒都轉運司，復調夫餽糧，以和雇爲名，官日給錢二百，仍使人逼之，云『受密詔，若乏軍興，斬都運使以下』。民間騷然，出錢百緡不能雇一夫，相聚立柵於山澤，不受調，吏往輒毆之。解州枷知縣以督之，不能集；知州、通判自詣縣督之，亦不能集；命巡檢、縣尉逼之，則執梃欲鬭，州縣無如之何。士卒前出塞，涷餒死者什五六，存者皆憚行，無鬭志；倉庫蓄積皆竭。群臣莫敢言，獨西京留守文潞公（彥博）上言『師不可再舉』，天子遜辭謝之。樞密副使呂晦叔亦言其不可。」按，長編卷三三〇元豐五年十月戊申條載宋神宗言：「在內惟呂公著、在外惟趙卨嘗言用兵不是好事耳。」

［一一三］迺以資政殿學士光禄大夫知定州　長編卷三二五元豐五年四月丁丑條載正議大夫、同知樞密院呂公著爲光禄大夫、資政殿學士、知定州，云「及西師無功，公著言外議皆謂王中正宜正典刑。於是用李憲策，將圖再舉，公著又固諫，上不悦。會章惇自定州召爲門下侍郎，公著固乞代惇守邊。上曰：『朕待卿不止此，卿其少安。』或謂公著曰：『今官制新行，所用爲相者，或素出公下；又西府方以二員爲制，而公與孫和甫（固）、韓玉汝（縝）爲三人，有溢員，上以是詔未用二員之制。今遽求去，得毋近於躁乎？』公著曰：『所謂大臣者，病不能以義進退耳，皇卹其他？』章繼上，乃有是命。」注曰：「神宗史職官志云：『……上又以樞密聯職輔弼，非驅使之官，乃定置知院、同知院二人。時有知院事孫固、同知院事呂公著、韓縝凡三員，官制既行，上欲以禮退公著，逡巡數月，公著始請補外，乃以資政殿學士出知定州。』按：志所稱『上欲以禮退公著』，蓋作史者私意，公著自緣議論不合故罷耳。二員之制，更須考詳。……孫固以元年閏正月壬辰除同知，呂公著以元年九月乙酉與薛向並除同知，三年九月癸未，三人並改副使；丙戌，向罷；四年正月辛亥，固改知院，公著改同知，韓縝初除同知。」

［一一四］邊民疾弊如此獨呂公著爲朕言之它人未嘗及也　長編卷三三〇元豐五年十月戊申條云：宋神宗「及聞城陷，涕泣悲憤，爲之不食。早朝，對輔臣慟哭，莫敢仰視。既而嘆息曰：『永樂之舉，無一人言其不可者。』右丞蒲宗孟進曰：『臣嘗言之。』上正色曰：『何嘗有言？在內惟呂公著、在外惟趙卨嘗言用兵不是好事耳。』」朱子語類卷一三三云：「本朝則自橫山以北，盡爲西夏所有，山河之固，與吾共之，反據高以臨我。……神宗鋭意欲取橫山，蓋得橫山，則可據高以臨彼。然取橫山之要，又在永樂。故永樂之城，夏人以死爭之，

我師大敗。神宗聞喪師大慟。」

[二五] 坐違制使禁卒護送囚徒降秩　長編卷三四〇元豐六年十月癸巳條云：「詔定、祁州官吏，資政殿學士、光禄大夫吕公著以下八人各降一官，坐違法差禁軍防送罪人也。初，上患禁兵有防送之勞，乃定令凡罪人當配流者，皆就隸當州；其一條編管遷鄉人，以遞鋪卒轉送。至是，祁州得河埽重役人尚進等五人贓狀，既斷當遷之役所，祁以武衛卒護至定，定復以饒武卒送之。陸中素不快於公著，亟奏其事。李寧案鞫，即觀望以爲河埽重役人應即用編管人法，以遞鋪卒轉送。既上於朝，大理亦附會以蔽罪，然理官自知其大謾，併引不應爲律，公著與屬官遞減，當贖金三斤至一斤。執政請奪職，上以爲太重，故有是命。」

[二六] 除資政殿大學士復降官　長編卷三四二元豐七年十一月癸丑條云：「吕公著自定州徙揚州，請覲，許之。是日入對，……言：『定州官吏，坐小法皆奪官衝替。如臣忝竊已厚，固無甚害，自餘小官，皆失所宜。定州以禁卒護重役人，而議獄者以爲犯編管人用遞鋪法，豈非舞文耶？若於法明審，則理官不當復引不應爲律矣。』上意悟，諭公著曰：『朝廷姑欲法行耳，然此法誠未明，當更增修之。』公著既辭，未行，即除資政殿大學士，且謂執政曰：『仁皇侍從，所餘無幾。』咨嗟久之。尋又復光禄大夫。」

[二七] 來年皇子出就學當以吕公著爲師傅　長編卷三五〇元豐七年「歲末」條云：「是歲秋宴，上感疾，始有建儲意。又謂輔臣曰：『來春建儲，其以司馬光及吕公著爲師保。』」注曰：「此據邵伯温元祐辨誣，及吕大防所爲吕公著墓碑。大防止稱公著，不及光。」

[二八] 又言先帝定官制至從之　長編卷三五七元豐八年六月戊子條載吕公著又奏曰：「臣邇具手奏，乞陛下廣開言路，登用正人，此最爲當今急務。臣尚慮陛下深居九重，未能盡知人才，輒敢冒陳愚見，以助收采。臣伏睹祕書少監孫覺，方正有學識，可以充諫議大夫或給事中。直龍圖閣范純仁，勁挺有風力，可充諫議大夫或户部右曹侍郎，使議青苗、免役、市易等法。禮部侍郎李常，清直有守，可備御史中丞。吏部郎中劉摯，資性端厚，可充侍御史。承議郎蘇轍、新授察官王巖叟，並有才氣，可充諫官或言事御史。」

[二九] 公著建議遣軍器監丞游師雄諭旨諸將　長編卷四〇二元祐二年六月甲申條載：「初，王師拓土至枹罕，始建州縣。唃氏餘種，獨董氊尚存，退保青唐，國祚不絶如綫。其首領鬼章誘知河州景思立、偏將王寧會踏白城，伏發，二將俱没。自是鬼章頗自矜大，函二將首級，時出之以懾制西域于闐等，諸國皆畏憚之。董氊籍此一戰之勝，遂復其國，而王師亦不復西矣。神宗深軫之，乃下詔，獲鬼章，官正使、金帛各數千，命李憲等購之十餘年，不能得，竟以漢爵縻之，歲有廩賜。元祐初，專務安静，罷制置府，減戍卒，削冗官，握兵

將帥相繼以罪罷去。由是鬼章有窺覬故土之心，與夏國陰相結連，約分其地，自引兵攻南川寨，城洮州，使其子結呃齪詣宗哥請益兵，爲入寇計。阿里骨以鞍馬報聘甚厚，遣人鬻馬漢界，結屬羌爲內應，凡受要約者以至本族蕃塔爲驗，自熙河五郡，秦、渭、文、龍、階、成等州，及鎮戎軍、德順軍兩軍，至蕃塔而應之者十已七八，而人不知也。知岷州种誼獨刺得其情，以爲不除鬼章，邊患不能息，乃暴其姦狀，條具攻取大利，申經略司，凡十餘狀，不報，遂聞於朝廷。朝廷下其議於經略司，經略司輒沮抑，朝廷疑之，擇可使者與邊臣共議。執政言游師雄可使。」

〔三〇〕熙河將种誼生擒鬼章致闕下夏人因遣使修朝貢之職　據長編卷四〇四，擒鬼章在元祐二年八月戊戌；而宋史卷四八六夏國傳下又載，夏人於元祐「三年三月，攻德靖砦，諸將米贇、郝普戰死。……夏人遂攻龕谷砦，砦兵及東關堡巡檢等戰不利，死者幾百人。四年二月，始遣使謝封册」。

〔三一〕拜司空同平章軍國事　長編卷四〇九元祐三年四月辛巳條云：「金紫光祿大夫、守尚書右僕射兼中書門下侍郎呂公著爲司空、同平章軍國事，仍一月三赴經筵，二日一朝，因至都堂議事。……先是，太皇太后實封御札付呂大防曰：『呂公著以年老堅乞休退，方今皇帝沖幼，正要宿德大臣輔佐，公著豈易得也？欲堅留依舊供職，誠慮中書、尚書兩省日逐事務繁擁，恐未副尊待老臣之意。今欲轉官，罷尚書右僕射，除攝太保、同平章軍國事，一月三赴經筵，二日一入朝，因至都堂議軍國事，未知如何？卿可相度合如何爲便，親書實封進入。』大防即奏曰：『臣伏詳詔旨，有以見陛下尊德優老之意，周旋曲折，莫不精當，臣愚不肖，不勝大幸。以臣愚見，只欲因其舊官而優假之，但進一官，作特進，依前令充右僕射，加以平章軍國事，即煩勞職事悉已蠲免，亦不至闕事。如未合聖意，即乞罷右僕射，進兩官，作司空，平章軍國事，仍令三省、樞密院各令議軍國事條目聞奏，餘依文彥博已得指揮。』」

〔三二〕自宋興大臣以三公平章軍國者四人　建炎以來朝野雜記乙集卷一三官制一平章軍國事云：「國朝舊相，特命平章軍國事者凡四人。天禧初，王文正公（旦）以首相告老，拜太尉兼侍中，五日一朝，遇軍國大事，不以時入參決，公懇辭不拜。慶曆初，呂文靖公（夷簡）亦以首相求罷，拜司空、平章軍國重事，公卒辭之。元祐初，文忠烈公（彥博）自太師落致仕，除平章軍國重事。未幾，呂正獻公以右揆求去，亦除司空、同平章軍國事。潞公（文彥博）五日一朝，申公兩日一朝，非朝日不至都堂，蓋祖宗所以優待元勳重德之意，非他相比也。」按，據宋史卷二一〇宰輔表一，天禧元年「二月戊寅，王旦自工部侍郎、平章事加太保。五月戊申，加太尉、兼侍中」，未嘗授銜「平章軍國事」；而長編卷八九天禧元年五月戊申條云王旦「制授太尉兼侍中，聽五日一赴起居，因入中書，遇軍國重事，不限時入預參決」。又據宋史卷二一一宰輔表二，吕夷簡拜司空、平章軍國重事在慶曆二年冬。

〔三三〕公著識慮深敏量閎而學粹　涑水記聞卷一四云：「馮當世（京）、孫和甫（固）、吕晦叔、薛師正（向）同在樞府，三人屢於上前争論，晦叔獨默不言。既而上顧問之，晦叔方爲之開析可否，語簡而當，上常納之，三人亦不能違也。出則未嘗語人。外皆譏晦叔循默，不副衆望，晦叔亦不辨也，而同僚或爲辨之。」龜山先生語録云：「吕晦叔真大人，其言簡而意足。孫莘老（覺）嘗言『裕陵好問』，且曰：『好問則裕。』晦叔曰：『好問而裕，不若聽德而聰。』人有非劉向强聒而不舍者，吕晦叔曰：『劉向貴戚之卿。』此語可謂忠厚。」三朝名臣言行録卷八之一丞相申國吕正獻公引家塾記云：「正獻公平生未嘗較曲直，聞謗未嘗辯也。少時書于座右曰：『不善加己，直爲受之。』蓋其初自懲艾也如此。至和中，手書東漢延篤與李文德書于座右，又書古人詩『好衣不近節士體，粱穀似怕腹中書』兩句于子舍屏風。」

〔三四〕不事表襮　曲洧舊聞卷四云：「吕申公公著當文靖（吕夷簡）秉政時，自書鋪中投應舉家狀，敝衣蹇驢，謙退如寒素。見者雖愛其容止，亦不異也。既去，問書鋪家，知是吕廷評，乃始驚歎。」

〔三五〕士大夫有以人物爲意者必問其所聞相參覈以待上求　三朝名臣言行録卷八之二崇政殿説書滎陽吕公引家傳云：「元祐初，正獻公廣用當世善士，人之有一善，無不用也。嘗以數幅紙書當世名士姓名，既而失之，後復見此紙，則所書人姓名悉用之矣。正獻公嘗親書遺公（吕希哲）曰：『當世善士，無不用者，獨爾以吾故不得用，亦命也。』」

〔三六〕削公著謚毀所賜神道碑　宋宰輔編年録卷一〇紹聖四年二月乙未條引丁未録云：「章惇欲起史禍，先於日曆、時政記删去以司馬光、吕公著爲師保聖語，又欲發光、公著墓，取碑銘毀之。上曰：『何益於國？』議累日不決。是時，御史中丞黄履、右正言張商英、監察御史周秩交章論之十數，且請重責（吕）大防、（劉）摯、（蘇）轍等。至是，章惇乃以履等章疏進呈，且曰：『前後臣僚論列司馬光等罪惡未正典刑及吕大防等罪大罰輕未厭公論事，可考據者凡十九疏。』遂詔司馬光、吕公著各追所贈官并謚告，追所賜神道碑，仍下陜府、鄂州，各差官許會本縣于逐官墳所拆去碑樓及倒碑磨毁奉敕所撰碑文訖奏，時紹聖元年五月也。且詔今日以前已行遣責降斥外，應其餘一切不問，餘者亦勿復言。仍具録前項臣僚章疏，降下朝堂，出榜曉諭。初，章惇力請發光、公著墓，上不許。惇退，上顧許將曰：『卿獨無言何也？』將對曰：『臣以爲發人之墓非盛德事。』上曰：『朕意正如此。』然至是猶毁碑樓，磨神道碑，追賜額，俱勉從惇也。曾布密啓請罷毁碑事，疏入不報。」

〔三七〕追貶建武軍節度副使　宋宰輔編年録卷一〇紹聖四年二月乙未條引長編云：「紹聖四年二月，三省言：『司馬光、吕公著倡爲姦謀，詆毁先帝，變更法度，肆造邪誣。偶緣已死，未正典刑，尚且優以恩數及其子孫親屬，使後世亂臣賊子何以懲艾？』光遂追貶清海軍節度副使，公著追貶建武軍節度副使。光與公著制詞，皆葉濤所草也。」

〔三八〕又貶昌化軍司户參軍盡奪遺表等恩數　長編卷四八六紹聖四年四月辛丑條云：「是日，故追貶建武軍節度副使吕公著特追貶昌化軍司户參軍，故追貶清海軍節度副使司馬光特追貶朱崖軍司户參軍。先是，邢恕爲章惇言：『元豐八年神宗晏駕，三月二十七日范祖禹自西京赴召，司馬光送别於下浮橋船中，光謂祖禹曰：「方今主少國疑，宣訓事不可不慮。」』宣訓者，北齊武明婁太后宫名也。婁太后廢其孫少主殷，立其子常山王演。恕專謗宣仁聖烈皇后有廢立意，又僞造光此言，以信己説。然祖禹實以七年冬末赴召，雖惇亦知其誕妄，故不復窮究，但借此以罪光。謂光志在傾摇，猥用齊武明事擬宣仁聖烈皇后，并吕公著復追貶之。惇常稱：『司馬光村夫子，無能爲。吕公著素有家風，凡變改法度，皆公著教之也。』」又曲洧舊聞卷六云：「元祐更張新政之初，不本於人情者。和叔（邢恕）見申公，密啟曰：『今日更張，雖出於簾幃，然子改父法，上春秋鼎盛，相公不自爲他日地乎？』申公不答。未幾，復以此撼摇温公。温公曰：『他日之事，吾豈不知？顧爲趙氏慮，當如此耳。』和叔忿然，曰：『趙氏安矣，司馬氏豈不危乎？』温公曰：『光之心本爲趙氏，如其言不行，趙氏自未可知，司馬氏何足道哉！』和叔恚恨二公不聽納其説，紹聖中言二公有廢立之意，而己獨逆之，陰沮其事。蔡元度乘虚助之，蹤迹詭秘，士大夫莫不知之。章子厚入其言，醖釀已成，密令覘者於高氏南北二第譏察其出入，哲宗將御後殿施行之。欽成知之而不能遏，以聞欽聖。欽聖曰：『事急矣。』乃同邀車駕，問曰：『常時不曾御後殿，今必有大事也。』哲宗亦不隱。欽聖曰：『大臣既有異謀，必上累娘娘。且官家即位後，飲食起居盡在娘娘閤，未嘗頃刻相離也。使娘娘果懷此心，當時何所不可，乃與外廷謀乎？』哲宗始大悟，懷中探一小册子以授欽聖。遂降指揮不御後殿，其事遂寢。然申、温二公猶追貶也。」

〔三九〕刻石文德殿及尚書省　道命録卷二元祐黨籍碑云：「皇帝嗣位之五年，旌别淑慝，明信賞刑，黜元祐害政之臣，靡有佚罰，乃命有司夷考罪狀，第其首惡與其附麗者以聞，得三百九人焉。皇帝書而刊之石，置於文德殿門之東壁，永爲萬世臣子之戒，乃詔臣

（蔡）京書之，將以頒之天下。」道山清話云：「崇寧三年四月，大内火。宰輔請以司馬光等三百九人姓名，大書刻石於文德殿門，謂之元祐黨人。凡元符三年應詔直言人爲邪等，附黨籍於刑部，云以禳火災。」又玉照新志卷一云：「元祐黨人，天下後世莫不推尊之。紹聖所定止七十三人，至蔡元長（京）當國，凡所背己者皆著其間，殆至三百九人，皆石刻姓名頒行天下。其中愚智溷淆，不可分別，至於前日詆訾元祐之政者，亦獲厠名矣，唯有識講論之熟者，始能辨之。然而禍根實基於元祐嫉惡太甚焉。呂汲公（大防）、梁況之（燾）、劉器之（安世）定王介甫（安石）親黨呂吉甫（惠卿）、章子厚（惇）而下三十人，蔡持正（確）親黨安厚卿（燾）、曾子宣（布）而下六十人，榜之朝堂。范淳父（祖禹）上疏以爲殲厥渠魁，脅從罔治。范忠宣（純仁）太息語同列曰：『吾輩將不免矣。』後來時事既變，章子厚建元祐黨，果如忠宣之言。大抵皆出於士大夫報復，而卒使國家受其咎，悲夫！」

［四〇］其後徽宗因災異感悟毁石刻盡除黨禁　長編紀事本末卷一二四追復元祐黨人云：「崇寧五年正月戊戌，是夕彗星出西方，由奎貫胃昴畢，至戊午没。乙巳，詔以星文變見避正殿，損常膳，中外臣寮等並許直言朝廷闕失。又詔：『應元祐及元符末係籍人等，今既還謫累年，已足懲戒，可復仕籍，許其自新，朝堂石刻已令除毁，如外處有姦黨石刻亦令除毁。今後更不許以前事彈糾，常令御史臺覺察，違者劾奏。』」

［四一］今上紹興元年追復贈太師申國公　按，要録卷三九建炎四年十一月癸卯條載高宗下詔追封呂公著魯國公，贈太師。